国家出版基金项目
NATIONAL PUBLICATION FOUNDATION

2021—2035年国家古籍工作规划重点出版项目

『十四五』时期国家重点图书出版物出版专项规划项目

『十四五』安徽省重点出版物规划项目

本书获国家社科基金项目『西夏文《大宝积经》整理研究集成』资助
主持人：孙伯君　批准号：16BMZ026

西夏文《大宝积经》整理研究集成

第一辑　第九册

孙伯君◎主编

段玉泉　骆　艳◎著

黄山书社

图书在版编目(CIP)数据

西夏文《大宝积经》整理研究集成. 第一辑. 第九册/孙伯君主编；段玉泉，骆艳著.—合肥：黄山书社，2024.3

ISBN 978-7-5737-1205-9

Ⅰ. ①西… Ⅱ. ①孙… ②段… ③骆… Ⅲ. ①西夏语-佛经-研究 Ⅳ. ①B948

中国国家版本馆 CIP 数据核字(2024)第 031636 号

西夏文《大宝积经》整理研究集成(第一辑)·第九册

XIXIAWEN DABAOJIJING ZHENGLI YANJIU JICHENG

孙伯君 主编

段玉泉 骆 艳 著

出 品 人 葛永波

策　　划 葛永波 李 旭 张向奎

项目统筹 李玲玲 代立媛

责任编辑 张元婷 金 红

责任印制 李 磊

装帧设计 尹 晨

出版发行 黄山书社(http://www.hspress.cn)

地址邮编 安徽省合肥市蜀山区翡翠路 1118 号出版传媒广场 7 层 230071

印　　刷 安徽新华印刷股份有限公司

版　　次 2024 年 3 月第 1 版

印　　次 2024 年 3 月第 1 次印刷

开　　本 890 mm × 1240 mm 1/16

字　　数 329 千字

印　　张 32.75

书　　号 ISBN 978-7-5737-1205-9

定　　价 275.00 元

服务热线 0551-63533706

销售热线 0551-63533761

官方直营书店(https://hsss.tmall.com)

目录

西夏文《大宝积经》

·卷三十·

《出现光明会》

第十一之一整理与研究

内容和版本介绍

《大宝积经·出现光明会》主要讲述佛在耆阇崛山，与五百比丘，八十那由他补处菩萨，及四十那由他大士俱。月光童子问佛昔修何业，能得决定光明等一切光明。佛以偈答，先五言偈，答光音；次七言偈，答光用；次四言偈，说月光本事；次七言偈，明爱乐此经不爱乐此经差别，及显受持功德；次五言偈，明昔求经之行，及悬知未来之事；次明八十种善根资粮成就，出现光明；复有八十种法，能成如来无碍解脱。月光偈赞发愿，世尊微笑放光。弥勒偈赞广问，世尊摩月光顶，说偈付嘱。月光请佛受食，佛入城时，现大神变，空中宣百千颂，广说妙法，及说咒二章。既受供已，为说行施资粮，有八十种殊胜功德，次说欲成陀罗尼者，应当远离八十种人。（明智旭：《阅藏知津》卷二《大乘经藏·方等部》之《大宝积经》）

《大宝积经》共 49 会，其中 26 会 39 卷为菩提流志新译，译成时间在唐神龙二年（706 年）至玄宗先天二年（713 年）。《出现光明会》即此 26 会新译经之一，共 5 卷，纳入《大宝积经》第十一会，包括《大宝积经》卷三十至卷三十四。《出现光明会》第十一之一主要是佛以偈颂回答月光童子之问，包括：以五言偈，答光音；次以七言偈，答光用；再次以四言偈，说月光本事；又以七言偈，明爱乐此经不爱乐此经差别及显受持功德。

西夏文《出现光明会》第十一之一见《大宝积经》卷三十，俄藏编号 инв. № 440、2396、6397，皆经折装，残缺内容较多；另有写本梵夹装 инв. № 7377，似完整。《俄藏黑水城文献》所刊为 инв. № 440，每折 6 行，行 14 字。前残，存后半部分及尾题，共 10 折。这里的释读以《大正藏》第 310 号《大宝积经》卷三十之汉文本进行对勘。

文本释读

30.1.1

[illegible]	[illegible]	[illegible]	[illegible]	[illegible]	[illegible]	[illegible]，
tjij^{1}	·ju^{2}	mur^{1}	·jij^{1}	dźjɨ$^{?}$	kha^{1}	ka^{2}
若	夫	凡	之	行	中	离，
[illegible]	[illegible]	[illegible]	[illegible]	[illegible]	[illegible]	[illegible]。①
thja^{1}	thjɨ^{2}	lwər^{2}	lhejr^{2}	dzu^{1}	mjijr^{2}	ŋwu^{2}
彼	此	经	契	爱	者	是。

彼则离诸凡夫行，是人爱乐于此经。

30.1.2

[illegible]	[illegible]	[illegible]	[illegible]	[illegible]	[illegible]	[illegible]，
tjij^{1}	dzjwo^{2}	mej^{1}	ŋa^{2}	mjij^{1}	mji^{1}	tsjij^{2}
若	人	眼	我	无	不	了，
[illegible]	[illegible]	[illegible]	[illegible]	[illegible]	[illegible]	[illegible]，
mej^{1}	sji^{1}	tsjir̠^{2}	ɣa^{2}	·ju^{2}	lhạ^{2}	ljɨj^{1}
眼	尽	性	于	常	迷	惑，

若人不了眼无我，于眼尽性常迷惑，

30.1.3

[illegible]	[illegible]	[illegible]	[illegible]	[illegible]	[illegible]	[illegible]，
rjur^{1}	·ju^{2}	mur^{1}	·jij^{1}	dźjɨ$^{?}$	kha^{1}	ljị^{1}
诸	夫	凡	之	行	中	堕，
[illegible]	[illegible]	[illegible]	[illegible]	[illegible]	[illegible]	[illegible]。
thja^{1}	thjɨ^{2}	lwər^{2}	lhejr^{2}	dzu^{1}	mjijr^{2}	mjij^{1}
彼	此	经	契	爱	者	无。

彼则堕诸凡夫行，是人不乐于此经。

---

① 西夏文本自此行开始，图版原文残存半行，此据残存字形并参汉文录出。

30.1.4

[illegible]	[illegible]	[illegible]	[illegible]	[illegible]	[illegible]	[illegible],
tjij^{1}	dzjwo^{2}	mjij^{1}	ŋa^{2}	mjij^{1}	tsjij^{2}	njwi^{2}
若	人	无	我	无	了	能,
[illegible]	[illegible]	[illegible]	[illegible]	[illegible]	[illegible]	[illegible],
mej^{1}	sji^{1}	tsji̱r^{2}	ɣa^{2}	·ju^{2}	mjijr^{2}	dar^{1}
眼	尽	性	于	常	通	达,

若人能了眼无我,于眼尽性常通达,

30.1.5

[illegible]	[illegible]	[illegible]	[illegible]	[illegible]	[illegible]	[illegible],
·ju^{2}	mur^{1}	·jij^{1}	dźjɨ$^{?}$	khwa^{1}	ka^{2}	njwi^{2}
夫	凡	之	行	远	离	能,
[illegible]	[illegible]	[illegible]	[illegible]	[illegible]	[illegible]	[illegible]。
thja^{1}	thjɨ^{2}	lwər^{2}	lhejr^{2}	dzu^{1}	mjijr^{2}	ŋwu$^{?}$
彼	此	经	契	爱	者	是。

彼则离于凡夫行,是人爱乐于此经。

30.1.6

[illegible]	[illegible]	[illegible]	[illegible]	[illegible]	[illegible]	[illegible],
tjij^{1}	dzjwo^{2}	mej^{1}	ŋa^{2}	mjij^{1}	mji^{1}	tsjij^{2}
若	人	眼	我	无	不	了,
[illegible]	[illegible]	[illegible]	[illegible]	[illegible]①	[illegible]	[illegible],
zeew^{2}	dźjɨ$^{?}$	do^{2}	ɣa^{2}	·ju^{2}	lhạ^{2}	ljɨ̣j^{1}
忍	行	处	于	常	迷	惑,

若人不了眼无我,于忍行处常迷惑,

30.2.1

[illegible]	[illegible]	[illegible]	[illegible]	[illegible]	[illegible]	[illegible],
rjur^{1}	·ju^{2}	mur^{1}	·jij^{1}	dźjɨ$^{?}$	kha^{1}	ljị^{1}

① 原文作"[illegible][illegible]",倒文。此参 30.1.2 句改。

诸	夫	凡	之	行	中	堕，
[illegible]	[illegible]	[illegible]	[illegible]	[illegible]	[illegible]	[illegible]。
thja^{1}	thjɨ^{2}	lwər^{2}	lhejr^{2}	dzu^{1}	mjijr^{2}	mjij^{1}
彼	此	经	契	爱	者	无。

彼则堕诸凡夫行，是人不乐于此经。

30.2.2

[illegible]	[illegible]	[illegible]	[illegible]	[illegible]	[illegible]	[illegible]，
tjij^{1}	dzjwo^{2}	mej^{1}	ŋa^{2}	mjij^{1}	tsjij^{2}	njwi^{2}
若	人	眼	我	无	了	能，
[illegible]	[illegible]	[illegible]	[illegible]	[illegible]①	[illegible]	[illegible]，
zeew^{2}	dźjɨ$^{?}$	do^{2}	ɣa^{2}	·ju^{2}	mjijr^{2}	dar^{1}
忍	行	处	于	常	通	达，

若人能了眼无我，于忍行处常通达，

30.2.3

[illegible]	[illegible]	[illegible]	[illegible]	[illegible]	[illegible]	[illegible]，
rjur^{1}	·ju^{2}	mur^{1}	·jij^{1}	dźjɨ$^{?}$	khwa^{1}	ka^{2}
诸	夫	凡	之	行	远	离，
[illegible]	[illegible]	[illegible]	[illegible]	[illegible]	[illegible]	[illegible]。
thja^{1}	thjɨ^{2}	lwər^{2}	lhejr^{2}	dzu^{1}	mjijr^{2}	ŋwu^{2}
彼	此	经	契	爱	者	是。

彼则离诸凡夫行，是人爱乐于此经。

30.2.4

[illegible]	[illegible]	[illegible]	[illegible]	[illegible]	[illegible]	[illegible]，
tjij^{1}	dzjwo^{2}	mej^{1}	sji^{1}	tsji̱r^{2}	mji^{1}	tsjij^{2}
若	人	眼	尽	性	不	了，
[illegible]	[illegible]	[illegible]②	[illegible]	[illegible]	[illegible]	[illegible]，

① 原文作“[illegible]”，倒文。

② [illegible]，依者戒。此与汉文“无依戒”不合。参下句，“无依戒”西夏文当作“[illegible]”。考虑“[illegible]”mjijr^{2}（者）、“[illegible]”mjij^{1}（无）二字音近，疑“[illegible]”为“[illegible]”之音讹，亦或“[illegible]”通“[illegible]”。

bju^{1} mjijr^{2} kie^{1} tsjɨ^{1} mji^{1} śjɨj^{1} ·jiw^{2}
依 者 戒 亦 不 成 就，
若人不了眼尽性，彼不成就无依戒，

30.2.5

[illegible] [illegible] [illegible] [illegible] [illegible] [illegible] [illegible]，
bju^{1} mjij^{1} kie^{1} mji^{1} śjɨj^{1} ·jiw^{2} ku^{1}
依 无 戒 不 成 就 则，
[illegible] [illegible] [illegible] [illegible] [illegible] [illegible] [illegible]。
thja^{1} thjɨ^{2} lwər^{2} lhejr^{2} dzu^{1} mjijr^{2} mjij^{1}
彼 此 经 契 爱 者 无。
以不成就无依戒，是人不乐于此经。

30.2.6

[illegible] [illegible] [illegible] [illegible] [illegible] [illegible] [illegible]，
tjij^{1} dzjwo^{2} mej^{1} sji^{1} tsji̱r^{2} tsjij^{2} njwi^{2}
若 人 眼 尽 性 了 能，
[illegible] [illegible] [illegible] [illegible] [illegible] [illegible] [illegible]，
bju^{1} mjij^{1} kie^{1} tsjɨ^{1} śjɨj^{1} ·jiw^{2} njwi^{2}
依 无 戒 亦 成 就 能，
若人能了眼尽性，彼则成就无依戒，

30.3.1

[illegible] [illegible] [illegible] [illegible] [illegible] [illegible] [illegible]，
bju^{1} mjij^{1} kie^{1} śjɨj^{1} ·jiw^{2} njwi^{2} ku^{1}
依 无 戒 成 就 能 则，
[illegible] [illegible] [illegible] [illegible] [illegible] [illegible] [illegible]。
thja^{1} thjɨ^{2} lwər^{2} lhejr^{2} dzu^{1} mjijr^{2} ŋwu^{2}
彼 此 经 契 爱 者 是。
以能成就无依戒，是人爱乐于此经。

30.3.2

[illegible] [illegible] [illegible] [illegible] [illegible] [illegible] [illegible]，

tjij^{1}	dzjwo^{2}	mej^{1}	sji^{1}	tsji̱r^{2}	mji^{1}	tsjij^{2}
若	人	眼	尽	性	不	了，
[illegible]	[illegible]	[illegible]	[illegible]	[illegible]	[illegible]	[illegible]，
rar^{2}	mjij^{1}	kie^{1}	tsjɨ^{1}	mji^{1}	śjɨj^{1}	·jiw^{2}
漏	无	戒	亦	不	成	就，

若人不了眼尽性，彼不成就无漏戒，

30.3.3

[illegible]	[illegible]	[illegible]	[illegible]	[illegible]	[illegible]	[illegible]，
rar^{2}	mjij^{1}	kie^{1}	mji^{1}	śjɨj^{1}	·jiw^{2}	ku^{1}
漏	无	戒	不	成	就	则，
[illegible]	[illegible]	[illegible]	[illegible]	[illegible]	[illegible]	[illegible]。
thja^{1}	thjɨ^{2}	lwər^{2}	lhejr^{2}	dzu^{1}	mjijr^{2}	mjij^{1}
彼	此	经	契	爱	者	无。

以不成就无漏戒，是人不乐于此经。

30.3.4

[illegible]	[illegible]	[illegible]	[illegible]	[illegible]	[illegible]	[illegible]，
tjij^{1}	dzjwo^{2}	mej^{1}	sji^{1}	tsji̱r^{2}	tsjij^{2}	njwi^{2}
若	人	眼	尽	性	了	能，
[illegible]	[illegible]	[illegible]	[illegible]	[illegible]	[illegible]	[illegible]，
rar^{2}	mjij^{1}	kie^{1}	tsjɨ^{1}	śjɨj^{1}	·jiw^{2}	njwi^{2}
漏	无	戒	亦	成	就	能，

若人能了眼尽性，彼则成就无漏戒，

30.3.5

[illegible]	[illegible]	[illegible]	[illegible]	[illegible]	[illegible]	[illegible]，
rar^{2}	mjij^{1}	kie^{1}	śjɨj^{1}	·jiw^{2}	njwi^{2}	ku^{1}
漏	无	戒	成	就	能	则，
[illegible]	[illegible]	[illegible]	[illegible]	[illegible]	[illegible]	[illegible]。
thja^{1}	thjɨ^{2}	lwər^{2}	lhejr^{2}	dzu^{1}	mjijr^{2}	ŋwu^{2}
彼	此	经	契	爱	者	是。

以能成就无漏戒,是人爱乐于此经。

30.3.6

𗍫	𗧓	𗼃	𗗙	𗤶	𗅋	𗟲①,
tjij1	dzjwo2	mej1	sji1	tsjir2	mji1	tsjij2
若	人	眼	尽	性	不	了,
𘈩	𗏁	𗫡	𗫂	𗅋	𗦇	𗧅,
rar2	mjij1	źjɨr1	tsjɨ1	mji1	śjɨj1	·jiw2
漏	无	慧	亦	不	成	就,

若人不了眼尽性,彼不成就无漏慧,

30.4.1

𘈩	𗏁	𗫡	𗅋	𗦇	𗧅	𗗙,
rar2	mjij1	źjɨr1	mji1	śjɨj1	·jiw2	ku1
漏	无	慧	不	成	就	则,
𗧓	𗖠	𘝦	𗫈	𗤋	𗗂	𗏁。
thja1	thjɨ2	lwər2	lhejr2	dzu1	mjijr2	mjij1
彼	此	经	契	爱	者	无。

以不成就无漏慧,是人不乐于此经。

30.4.2

𗍫	𗧓	𗼃	𗗙	𗤶	𗟲	𗍊,
tjij1	dzjwo2	mej1	sji1	tsjir2	tsjij2	njwi2
若	人	眼	尽	性	了	能,
𘈩	𗏁	𗫡	𗫂	𗦇	𗧅	𗍊,
rar2	mjij1	źjɨr1	tsjɨ1	śjɨj1	·jiw2	njwi2
漏	无	慧	亦	成	就	能,

若人能了眼尽性,彼则成就无漏慧,

① 原文作"𗍫𗧓𗼃𗗙𗟲𗅋𗤶",不合西夏语法。"𗟲𗅋𗤶"(了不性)当"𗤶𗅋𗟲"(性不了)之倒文,此参他句改。

30.4.3

[illegible] [illegible] [illegible] [illegible] [illegible] [illegible] [illegible]，
rar^{2} mjij^{1} źjɨr^{1} śjɨj^{1} ·jiw^{2} njwi^{2} ku^{1}
漏 无 慧 成 就 能 则，
[illegible] [illegible] [illegible] [illegible] [illegible] [illegible] [illegible]。
thja^{1} thjɨ^{2} lwər^{2} lhejr^{2} dzu^{1} mjijr^{2} ŋwu^{2}
彼 此 经 契 爱 者 是。

以能成就无漏慧，是人爱乐于此经。

30.4.4

[illegible] [illegible] [illegible] [illegible] [illegible] [illegible] [illegible]，
tjij^{1} dzjwo^{2} mej^{1} sji^{1} tsjir̠^{2} mji^{1} tsjij^{2}
若 人 眼 尽 性 不 了，
[illegible] [illegible] [illegible] [illegible] [illegible] [illegible] [illegible]，
mej^{1} ŋa^{1} tsjir̠^{2} ɣa^{2} ·ju^{2} lhạ^{2} ljɨj^{1}
眼 空 性 于 常 迷 惑，

若人不了眼尽性，于眼空性常迷惑，

30.4.5

[illegible] [illegible] [illegible] [illegible] [illegible] [illegible] [illegible]，
zji^{2} ·jiij^{1} sjij^{2} tsjɨ^{1} śjwo^{1} mjɨ^{1} njwi^{2}
总 持 智 亦 生 不 能，
[illegible] [illegible] [illegible] [illegible] [illegible] [illegible] [illegible]。
thja^{1} thjɨ^{2} lwər^{2} lhejr^{2} dzu^{1} mjijr^{2} mjij^{1}
彼 此 经 契 爱 者 无。

彼不能生总持智，是人不乐于此经。

30.4.6

[illegible] [illegible] [illegible] [illegible] [illegible] [illegible] [illegible]，
tjij^{1} dzjwo^{2} mej^{1} sji^{1} tsjir̠^{2} tsjij^{2} njwi^{2}
若 人 眼 尽 性 了 能，

[illegible] [illegible] [illegible] [illegible] [illegible] [illegible] [illegible],
mej^1 ŋa^1 tsjir^2 ɣa^2 ·ju^2 mjijr^2 dar^1
眼 空 性 于 常 通 达,
若人能了眼尽性,于眼空性常通达,

30.5.1

[illegible] [illegible] [illegible] [illegible] [illegible] [illegible] [illegible],
zji^2 ·jiij^1 sjịj^2 tsjɨ^1 śjwo^1 njwi^2 ku^1
总 持 智 亦 生 能 则,
[illegible] [illegible] [illegible] [illegible] [illegible] [illegible] [illegible]。
thja^1 thjɨ^2 lwər^2 lhejr^2 dzu^1 mjijr^2 ŋwu^2
彼 此 经 契 爱 者 是。
彼则能生总持智,是人爱乐于此经。

30.5.2

[illegible] [illegible] [illegible] [illegible] [illegible] [illegible] [illegible],
tjij^1 dzjwo^2 mej^1 sji^1 tsjir^2 nwə^1 tsjij^2
若 人 眼 尽 性 知 了,
[illegible] [illegible] [illegible] [illegible] [illegible] [illegible] [illegible],
zji^2 ·jiij^1 sjịj^2 nioow^1 zji^2 phju^2 sjịj^2
总 持 智 及 最 上 智,
若人了知眼尽性,彼则成就总持智,

30.5.3

[illegible] [illegible] [illegible] [illegible] [illegible] [illegible] [illegible],
rjɨr^2 njɨ^2 zjịj^1 mjij^1 sjịj^2 śjɨj^1 ·jiw^2
乃 至 著 无 智 成 就,
[illegible] [illegible] [illegible] [illegible] [illegible] [illegible] [illegible]。
thja^1 thjɨ^2 lwər^2 lhejr^2 dzu^1 mjijr^2 ŋwu^2
彼 此 经 契 爱 者 是。
乃至无上无著智,是人爱乐于此经。

30.5.4

[illegible]，
tjij¹ dzjwo² thjɨ² lwər² lhejr² mji¹ dzu¹
若 人 此 经 契 不 爱，
[illegible]，
mej¹ sji¹ tsjir̠² ɣa² ·ju² lhạ² ljɨj¹
眼 尽 性 于 常 迷 惑，

若人不乐于此经，于眼尽性常迷惑，

30.5.5

[illegible]，
rjur¹ śjã¹ djɨj² tsjɨ¹ ·ju² lhjii¹ phjɨ¹
诸 禅 定 亦 常 悔 舍，
[illegible]。
zji² phju² sjịj² ljạ¹ źjɨr¹ gie¹ we²
最 上 智 证 实 难 为。

彼则退失诸禅定，证无上智实为难。

30.5.6

[illegible]，
tjij¹ dzjwo² thjɨ² lwər² lhejr² dzu¹ ŋwe¹
若 人 此 经 契 爱 乐，
[illegible]，
mej¹ sji¹ tsjir̠² ɣa² mjijr² dar¹ njwi²
眼 尽 性 于 通 达 能，

若人爱乐于此经，于眼尽性能通达，

30.6.1

[illegible]，
rjur¹ śjã¹ djɨj² tsjɨ¹ zji² śjɨj¹ ·jiw²
诸 禅 定 亦 皆 成 就，

[illegible]	[illegible]	[illegible]	[illegible]	[illegible]	[illegible]	[illegible]。
zji^{2}	phju^{2}	sjịj^{2}	ljạ^{1}	gie^{1}	mji^{1}	we^{2}
最	上	智	证	难	不	为。

彼则成就诸禅定，证无上智不为难。

30.6.2

[illegible]	[illegible]	[illegible]	[illegible]	[illegible]	[illegible]	[illegible]，
tjij^{1}	dzjwo^{2}	mej^{1}	sji^{1}	tsjir̠^{2}	nwə^{1}	tsjij^{2}
若	人	眼	尽	性	知	了，
[illegible]	[illegible]	[illegible]	[illegible]	[illegible]	[illegible]	[illegible]，
ŋa^{2}	mjij^{1}	·jij^{1}	ɣa^{2}	mjijr^{2}	dar^{1}	njwi^{2}
我	无	相	于	通	达	能，

若人了知眼尽性，于无我相能通达，

30.6.3

[illegible]	[illegible]	[illegible]	[illegible]	[illegible]	[illegible]	[illegible]，
thja^{1}	thjɨ^{2}	sju^{2}	thjoo^{1}	tsjiir^{1}	·ju^{2}	mji^{1}
彼	此	如	妙	法	常	闻，
[illegible]	[illegible]①	[illegible]	[illegible]	[illegible]	[illegible]	[illegible]。
njiij^{1}	njaa^{1}	dźiej^{2}	tsjij^{2}	·jiw^{2}	mjij^{1}	rjir^{2}
心	黑	信	解	疑	无	证。

彼则常闻如是法，深生信解得无疑。

30.6.4

[illegible]	[illegible]	[illegible]	[illegible]	[illegible]	[illegible]	[illegible]，
tjij^{1}	dzjwo^{2}	mej^{1}	sji^{1}	tsjir̠^{2}	sjwɨ^{1}	ljɨr^{2}
若	人	眼	尽	性	思	惟，
[illegible]	[illegible]	[illegible]	[illegible]	[illegible]	[illegible]	[illegible]，
njɨɨ^{2}	gjɨ^{2}	·jɨr^{2}	dźjij^{1}	low^{2}	ljij^{1}	mjij^{1}
昼	夜	勤	精	懈	惓	无，

① [illegible] njaa^{1}（黑），通“[illegible]”na^{1}（深）。

若人思惟眼尽性，昼夜精勤无懈倦，

30.6.5

[illegible]	[illegible]	[illegible]	[illegible]	[illegible]	[illegible]	[illegible]，
zji^{2}	·jiij^{1}	nwə$^{?}$	ŋwo^{2}	śjɨj^{1}	·jiw^{2}	ku^{1}
总	持	辩	才	成	就	故，
[illegible]	[illegible]	[illegible]	[illegible]	[illegible]	[illegible]	[illegible]。
·ju^{2}	thjɨ^{2}	lwər^{2}	lhejr^{2}	ṇe^{1}	tshjiij^{1}	njwi^{2}
常	此	经	契	演	说	能。

彼则成就总持辩，常能演说于此经。

30.6.6

[illegible]	[illegible]	[illegible]	[illegible]	[illegible]	[illegible]	[illegible]，
tjij^{1}	dzjwo^{2}	thjɨ^{2}	lwər^{2}	lhejr^{2}	sjwɨ^{1}	ljɨr^{2}
若	人	此	经	契	思	惟，
[illegible]	[illegible]	[illegible]	[illegible]	[illegible]	[illegible]	[illegible]，
bji^{1}	swew^{1}	to^{2}	śja^{2}	sjịj^{2}	śjɨj^{1}	·jiw^{2}
光	明	出	现	智	成	就，

若人思惟于此经，成就出现光明智，

30.7.1

[illegible]	[illegible]	[illegible]	[illegible]	[illegible]	[illegible]	[illegible]，
rjur^{1}	mjor^{1}	ljij^{2}	·jij^{1}	zji^{2}	tjạ^{1}	wer^{1}
诸	如	来	之	皆	装	饰，
[illegible]	[illegible]	[illegible]	[illegible]	[illegible]	[illegible]	[illegible]。
mej^{1}	ŋa^{1}	tsjir̠^{2}	ɣa^{2}	mjijr^{2}	dar^{1}	njwi^{2}
眼	空	性	于	通	达	能。

彼则显发诸如来，于眼空性能通达。

30.7.2

[illegible]	[illegible]	[illegible]	[illegible]	[illegible]	[illegible]	[illegible]，
tjɨ^{1}	tjij^{1}	·jir^{2}	tụ^{1}	bə^{2}	rjir^{2}	śjwo^{1}

假	若	百	千	塔		起，
[illegible]	[illegible]	[illegible]	[illegible]	[illegible]	[illegible]	[illegible]，
rjur^{1}	tha^{1}	zji^{2}	·jij^{1}	rjijr^{2}	tshwew^{1}	tsjɨ^{1}
诸	佛	皆	之	△	养	亦，

假使建立百千塔，供养一切诸世尊，

30.7.3

[illegible]	[illegible]	[illegible]	[illegible]	[illegible]	[illegible]	[illegible]，
tjij^{1}	dzjwo^{2}	thjɨ^{2}	lwər^{2}	lhejr^{2}	sjwɨ^{1}	ljɨr^{2}
若	人	此	经	契	思	惟，
[illegible]	[illegible]	[illegible]	[illegible]	[illegible]	[illegible]	[illegible]。
lhjụ^{2}	rjir^{1}	tśhja^{2}	·ioow^{1}	thja^{1}	su^{1}	dzjịj^{1}
获	得	德	功	彼	于	过。

若人思惟于此经，所获功德复过彼。

30.7.4

[illegible]	[illegible]	[illegible]	[illegible]	[illegible]	[illegible]	[illegible]，
tjɨ^{1}	tjij^{1}	·jir^{2}	tụ^{1}	rjur^{1}	tshow^{1}	ŋwu^{2}
假	若	百	千	诸	伎	以，
[illegible]	[illegible]	[illegible]	[illegible]	[illegible]	[illegible]	[illegible]，
tha^{1}	śja^{1}	lji^{2}	·jij^{1}	rjijr^{2}	tshwew^{1}	tsjɨ^{1}
佛	舍	利	之	△	养	亦，

假使百千诸伎乐，供养如来之舍利，

30.7.5

[illegible]	[illegible]	[illegible]	[illegible]	[illegible]	[illegible]	[illegible]，
tjij^{1}	dzjwo^{2}	thjɨ^{2}	lwər^{2}	lhejr^{2}	mji^{1}	rjir^{1}
若	人	此	经	契	闻	得，
[illegible]	[illegible]	[illegible]	[illegible]	[illegible]	[illegible]	[illegible]。
lhjụ^{2}	rjir^{1}	tśhja^{2}	·ioow^{1}	thja^{2}	su^{1}	dzjịj^{1}
获	得	德	功	彼	于	过。

若人得闻于此经，所获功德复过彼。

30.7.6

[illegible]	[illegible]	[illegible]	[illegible]	[illegible]	[illegible]	[illegible]，
tha1	mej1	ljij2	lew2	dźiã2	tśhju1	·jij1
佛	眼	见	应	众	生	之，
[illegible]	[illegible]	[illegible]	[illegible]	[illegible]	[illegible]	[illegible]，
zji2	mjor1	lji̦j2	rjir2	·ja1	tjɨj2	tshwew1
皆	如	来	与	一	样	供，

佛眼所见诸众生，皆同如来而供养，

30.8.1

[illegible]	[illegible]	[illegible]	[illegible]	[illegible]	[illegible]	[illegible]，
mjɨ1	pju̦1	kju2	tśji2	kja2	zar2	tsjɨ1
无	量	俱	胝	劫	受	亦，
[illegible]	[illegible]	[illegible]	[illegible]	[illegible]	[illegible]	[illegible]。
thjɨ2	lwər2	·jiij1	zji̦j1	ljo1	mjɨ1	?
此	经	持	时	福	无	及。

过于无量俱胝劫，不如受持于此经。

30.8.2

[illegible]	[illegible]	[illegible]	[illegible]	[illegible]	[illegible]	[illegible]，
tjij1	dzjwo2	thjɨ2	thjoo1	lwər2	lhejr2	kha1
若	人	此	妙	经	契	中，
[illegible]	[illegible]	[illegible]	[illegible]	[illegible]	[illegible]	[illegible]，
ljɨɨr1	gjwi2	ljaa1	ɣiwej1	·jiij1	ne̦1	tshjiij1
四	句	偈	受	持	演	说，

若人于此契经中，受持演说四句偈，

30.8.3

[illegible]	[illegible]	[illegible]	[illegible]	[illegible]	[illegible]	[illegible]，
thjɨ2	dzjwo2	dzjwɨ̦1	lhejr2	njiij1	śjwo1	ku1
此	人	恭	敬	心	生	则，

[illegible]

dzjọ^{1} zji^{2} buu^{2} ljịj^{2} wjuu^{1} pjụ^{1} sju^{2}

譬 最 胜 大 悲 尊 如。

当于是人生恭敬，犹如最胜大悲尊。

30.8.4

[illegible]

ŋa^{2} njwo^{2} zjọ^{2} ·jir^{2} tụ^{1} kja^{2} kha^{1}

我 昔 世 百 千 劫 中，

[illegible]

sọ^{1} dju^{1} lhji^{2} wee^{1} kha^{1} dźiə^{2} dźiej^{2}

三 有 死 生 中 轮 转，

我于往昔百千劫，流转三有生死中，

30.8.5

[illegible]

mjɨ^{1} pjụ^{1} rjur^{1} tha^{1} mjor^{1} ljịj^{2} do^{2}

无 量 诸 佛 如 来 处，

[illegible]

thjɨ^{2} lwər^{2} lhejr^{2} ·jij^{1} kjụ^{1} tshwew^{1} djij^{2}

此 经 契 之 供 养 曾。

曾于无量诸佛所，为是经故而供养。

30.8.6

[illegible]

tjij^{1} mjɨ^{1} pjụ^{1} ·jir^{2} tụ^{1} tjij^{1} njwị^{2}

若 无 量 百 千 灯 燃，

[illegible]

tjij^{1} kạ twụ^{1} ·jiw^{1} sjwɨ^{1} swu^{2} ka^{1}

灯 炷 各 由 旬 与 等，

或燃无量百千灯，其炷各等由旬量，

30.9.1

[illegible]	[illegible]	[illegible]	[illegible]	[illegible]	[illegible]	[illegible],
thjɨ^{2}	lwər^{2}	lhejr^{2}	nioow^{1}	·jij^{1}	dzju^{2}	rjir^{2}
此	经	契	因	自	在	得,
[illegible]	[illegible]	[illegible]	[illegible]	[illegible]	[illegible]	[illegible]。
tśhjwo^{1}	ljịj^{2}	śio^{1}	dzjiij^{2}	·jij^{1}	kjụ^{1}	tshwew^{1}
故	大	导	师	之	供	养。

为于此经得自在，是故供养大导师。

30.9.2

[illegible]	[illegible]	[illegible]	[illegible]	[illegible]	[illegible]	[illegible],
tjij^{1}	tśja^{1}	pho^{1}	pa^{1}	lji^{2}	wją^{1}	sej^{1}
或	薝	卜	婆	利	花	净,
[illegible]	[illegible]	[illegible]	[illegible]	[illegible]	[illegible]	[illegible],
su^{1}	mo^{2}	no^{1}	wją^{1}	sjwɨ^{1}	mjij^{1}	wją^{1}
苏	摩	那	花	忧	无	花,

或以薝卜婆利花，苏摩那花无忧花，

30.9.3

[illegible]	[illegible]	[illegible]	[illegible]	[illegible]	[illegible]	[illegible],
thjɨ^{2}	wją^{1}	rer^{2}	nioow^{1}	dźjow^{1}	ɣja^{2}	wją^{1}
此	花	鬘	及	幢	盖	花,
[illegible]	[illegible]	[illegible]	[illegible]	[illegible]	[illegible]	[illegible]。
mjor^{1}	ljij^{2}	rjir^{2}	·jij^{1}	mə^{2}	kjụ^{1}	tshwew^{1}
如	来	塔	之	种	供	养。

以此花鬘及幢盖，种种供养如来塔。

30.9.4

[illegible]	[illegible]	[illegible]	[illegible]	[illegible]	[illegible]	[illegible],
ŋa^{2}	njwo^{2}	zjọ^{2}	ɣa^{2}	lhji^{2}	wee^{1}	kha^{1}
我	昔	世	于	死	生	中,

kjụ^{1} mjijr^{2} dju^{1} ·jij^{1} zji^{2} mjii^{1} njwi^{2}

求 者 有 之 皆 施 能，

我于往昔生死中，有来求者咸能施，

30.9.5

tjij^{1} wją^{1} mjaa^{1} rjur^{1} ·ią bo^{1} mjii^{1}

或 花 果 诸 苑 林 施，

tjij^{1} dzow^{1} tśja^{1} nioow^{1} khja^{2} mə^{2} mjii^{1}

或 桥 道 及 井 泉 施，

或施花果诸林苑，或施桥梁及井泉，

30.9.6

tjij^{1} bju^{2} phiow^{1} nioow^{1} kiwej^{2} tshjịj^{2} mjii^{1}

或 象 白 及 麒 麟 施，

tjij^{1} ljɨ̣^{1} rjijr^{1} nioow^{1} ljuu^{2} mjịj^{1} mjii^{1}

或 宝 马 及 彩 女 施，

或施白象及麒麟，或施宝马并彩女，

30.10.1

tjij^{1} kię^{1} dźjwi^{2} kiwej^{2} ljɨ̣^{1} ·jɨj^{2} mjii^{1}

或 金 床 珍 宝 帐 施，

tjij^{1} ·jɨr^{2} rer^{2} nioow^{1} wją^{1} rer^{2} mjii^{1}

或 璎 珞 及 花 鬘 施，

或施金床珍宝帐，或施璎珞杂花鬘，

30.10.2-3

[illegible]	[illegible]	[illegible]	[illegible]	[illegible]	[illegible]	[illegible],
thjɨ^{2}	sju^{2}	ljɨ^{1}	ljɨ^{1}	·jir^{2}	tụ^{1}	sə^{1}
此	如	一	一	百	千	满,
[illegible]	[illegible]	[illegible]	[illegible]	[illegible]	[illegible]	[illegible]。
lwər^{2}	lhejr^{2}	nioow^{1}	ku^{1}	njiij^{1}	dwər^{1}	mjij^{1}
经	契	为	则	心	倦	无。

如是一一满百千,为此经故心无倦。

30.10.5

[illegible]	[illegible]	[illegible]	[illegible]	[illegible]	[illegible]	[illegible]	[illegible]	[illegible]
ljịj^{2}	ljị^{1}	tśiow^{1}	lwər^{2}	lhejr^{2}	?	sọ^{1}	ɣạ^{2}	tsew^{2}
大	宝	积	经	契	卷	三	十	第

《大宝积经》卷第三十

汉文本

彼则离诸凡夫行,是人爱乐于此经。

若人不了眼无我,于眼尽性常迷惑,彼则随诸凡夫行,是人不乐于此经。

若人能了眼无我,于眼尽性常通达,彼则离于凡夫行,是人爱乐于此经。

若人不了眼无我,于忍行处常迷惑,彼则随诸凡夫行,是人不乐于此经。

若人能了眼无我,于忍行处常通达,彼则离诸凡夫行,是人爱乐于此经。

若人不了眼尽性,彼不成就无依戒,以不成就无依戒,是人不乐于此经。

若人能了眼尽性,彼则成就无依戒,以能成就无依戒,是人爱乐于此经。

若人不了眼尽性,彼不成就无漏戒,以不成就无漏戒,是人不乐于此经。

若人能了眼尽性,彼则成就无漏戒,以能成就无漏戒,是人爱乐于此经。

若人不了眼尽性,彼不成就无漏慧,以不成就无漏慧,是人不乐于此经。

若人能了眼尽性,彼则成就无漏慧,以能成就无漏慧,是人爱乐于此经。

若人不了眼尽性,于眼空性常迷惑,彼不能生总持智,是人不乐于此经。

若人能了眼尽性,于眼空性常通达,彼则能生总持智,是人爱乐于此经。

若人了知眼尽性,彼则成就总持智,乃至无上无著智,是人爱乐于此经。

若人不乐于此经,于眼尽性常迷惑,彼则退失诸禅定,证无上智实为难。

若人爱乐于此经,于眼尽性能通达,彼则成就诸禅定,证无上智不为难。

若人了知眼尽性，于无我相能通达，彼则常闻如是法，深生信解得无疑。
若人思惟眼尽性，昼夜精勤无懈倦，彼则成就总持辩，常能演说于此经。
若人思惟于此经，成就出现光明智，彼则显发诸如来，于眼空性能通达。
假使建立百千塔，供养一切诸世尊，若人思惟于此经，所获功德复过彼。
假使百千诸伎乐，供养如来之舍利，若人得闻于此经，所获功德复过彼。
佛眼所见诸众生，皆同如来而供养，过于无量俱胝劫，不如受持于此经。
若人于此契经中，受持演说四句偈，当于是人生恭敬，犹如最胜大悲尊。
我于往昔百千劫，流转三有生死中，曾于无量诸佛所，为是经故而供养。
或燃无量百千灯，其炷各等由旬量，为于此经得自在，是故供养大导师。
或以薝卜婆利花，苏摩那花无忧花，以此花鬘及幢盖，种种供养如来塔。
我于往昔生死中，有来求者咸能施，或施花果诸林苑，或施桥梁及井泉，
或施白象及麒麟，或施宝马并彩女，或施金床珍宝帐，或施璎珞杂花鬘，
如是一一满百千，为此经故心无倦。
《大宝积经》卷第三十

西夏文《大宝积经》

·卷三十一·

《出现光明会》

第十一之二整理与研究

内容和版本介绍

《大宝积经·出现光明会》主要讲述佛在耆阇崛山，与五百比丘，八十那由他补处菩萨，及四十那由他大士俱。月光童子问佛昔修何业，能得决定光明等一切光明。佛以偈答，先五言偈，答光音；次七言偈，答光用；次四言偈，说月光本事；次七言偈，明爱乐此经不爱乐此经差别，及显受持功德；次五言偈，明昔求经之行，及悬知未来之事；次明八十种善根资粮成就，出现光明；复有八十种法，能成如来无碍解脱。月光偈赞发愿，世尊微笑放光。弥勒偈赞广问，世尊摩月光顶，说偈付嘱。月光请佛受食，佛入城时，现大神变，空中宣百千颂，广说妙法，及说咒二章。既受供已，为说行施资粮，有八十种殊胜功德，次说欲成陀罗尼者，应当远离八十种人。（明智旭：《阅藏知津》卷二《大乘经藏·方等部》之《大宝积经》）

《大宝积经》共 49 会，其中 26 会 39 卷为菩提流志新译，译成时间在唐神龙二年（706 年）至玄宗先天二年（713 年）。《出现光明会》即此 26 会新译经之一，共 5 卷，纳入《大宝积经》第十一会，包括《大宝积经》卷三十至卷三十四。《出现光明会》第十一之二主要包括佛继续答月光童子之问，以五言偈明昔求经之行及悬知未来之事；又明具八十种善根资粮成就，出现光明；复有八十种法，能成如来无碍解脱；月光童子偈赞发愿，世尊微笑放光；弥勒菩萨首以五言偈赞而问佛。

西夏文《出现光明会》第十一之二见《大宝积经》卷三十一，俄藏编号 инв. № 441、568，皆经折装；另有写本梵夹装 инв. № 7377。《俄藏黑水城文献》所刊为 инв. № 441，每折 6 行，足行 18 字。内容完整，共 73 折。这里的释读以《大正藏》第 310 号《大宝积经》卷三十之汉文本进行对勘。

文本释读

31.1.2

[illegible]	[illegible]	[illegible]	[illegible]	[illegible]	[illegible]	[illegible]	[illegible]	[illegible]	[illegible]	[illegible]①
lji̱j^2	ljɨ̣^{1}	tśiow^1	lwər^2	lhejr^2	?	so̱^{1}	ɣa̱^{2}	lew^1	tsew^2	pə^1
大	宝	积	经	契	卷	三	十	一	第	矿

《大宝积经》卷第三十一　矿

31.1.2

[illegible]	[illegible]	[illegible]	[illegible]
tshjwu^1	bju^1	tśja^1	dźju^1
天	奉	道	显

奉天显道②

31.1.3

[illegible]	[illegible]	[illegible]	[illegible]	[illegible]	[illegible]	[illegible]	[illegible]	[illegible]	[illegible]
bji^1	swew^1	to^2	śja^2	ljwu^2	ɣa̱^{2}	lew^1	tsew^2	·jij^1	njɨɨ^1
光	明	出	现	会	十	一	第	之	二

出现光明会第十一之二

31.1.4

[illegible]	[illegible]	[illegible]	[illegible]	[illegible]，	[illegible]	[illegible]	[illegible]	[illegible]	[illegible]，
ŋa^2	njwo^2	thjɨ^2	lwər^2	nioow^1	gji^1	sej^1	kie^1	·wejr^2	·jiij^1
我	昔	此	经	因，	清	净	戒	护	持，
[illegible]	[illegible]	[illegible]③	[illegible]	[illegible]，					
·ju^2	sji̱j^2	źjɨr^1	djo̱^{2}	dzjɨɨ^2					

① [illegible]，矿。西夏文卷三十一至四十帙号，汉文本无。

② 奉天显道，为仁宗皇帝尊号之省称。此为西夏本译者题记。他卷如卷一有全称。汉文本有“唐天竺三藏菩提流志译”，西夏本缺。

③ [illegible]，智慧。汉文本作“定慧”。

常　智　慧　修　习，

我昔为是经，护持清净戒，常修于定慧，

31.1.5

□　□　□　□　□。　□　□　□　□　□，

nioow^{1}　rjur^{1}　dźiã^{2}　tśhju^{1}　mjii^{1}　ŋa^{2}　njwo^{2}　thjɨ^{2}　lwər^{2}　nioow^{1}

及　诸　众　生　施。　我　昔　此　经　因，

□　□　□　□　□，

dzjwo^{2}　niow^{2}　pjo^{1}　lja^{1}　zji̠j^{1}

人　凶　谤　来　时，

及施诸众生。我昔为是经，恶人来毁骂，

31.1.6

□　□　□　□　□，　□　□　□　□　□。

ŋa^{2}　dzjɨj^{1}　njij^{2}　śjow^{1}　śjwo^{1}　thja^{1}　do^{2}　tśjuu^{1}　njiij^{1}　mjij^{1}

我　时　怜　愍　生，　彼　于　害　心　无。

□　□　□　□　□，

ŋa^{2}　njwo^{2}　thjɨ^{2}　lwər^{2}　nioow^{1}

我　昔　此　经　因，

我时生怜愍，于彼不加害。我昔为是经，

31.2.1

□　□　□　□　□，　□　□　□　□　□，

śjij^{2}　·jij^{1}　zji^{2}　mjii^{1}　khjow^{1}　·jij^{1}　twụ^{1}　kjɨ^{1}　dzu^{1}　bju^{1}

求　之　皆　施　与，　各　自　△　爱　随，

□　□　□　□　□。

zji^{2}　njiij^{1}　ljɨ̣j^{2}　rjir^{1}　phji^{1}

皆　心　喜　得　令。

求者皆施与，各随其所乐，悉令得欢喜。

31.2.2

□　□　□　□　□，　□　□　□　□　□，

ŋa^{2} njwo^{2} thjɨ^{2} lwər^{2} nioow^{1} ·ji^{1} ljɨ̣^{1} rer^{2} śjwo^{2} tshjịj^{2}

我 昔 此 经 因， 众 宝 网 庄 严，

[illegible] [illegible]① [illegible] [illegible] [illegible]，

rjur^{1} mjii^{1} pjụ^{2} zji^{1} mjii^{1}

诸 施 殿 布 施，

我昔为是经，奉施诸宫殿，庄严众宝网，②

31.2.3

[illegible] [illegible] [illegible] [illegible] [illegible]。 [illegible] [illegible] [illegible] [illegible] [illegible]，

rjur^{1} tha^{1} ·jij^{1} kjụ^{1} tshwew^{1} ŋa^{2} njwo^{2} thjɨ^{2} lwər^{2} nioow^{1}

诸 佛 之 供 养。 我 昔 此 经 因，

[illegible] [illegible] [illegible] [illegible] [illegible]，

mə^{2} mə^{2} kiwej^{2} ljɨ̣^{1} ·war^{2}

种 种 珍 宝 物，

供养于诸佛。我昔为是经，舍种种珍玩，

31.2.4

[illegible] [illegible] [illegible] [illegible] [illegible]， [illegible] [illegible] [illegible] [illegible] [illegible]。

mo^{2} dźji^{1} ljɨ̣^{1} dźjɨɨr^{1} ŋwu^{2} rjur^{1} tha^{1} ·jij^{1} kjụ^{1} tshwew^{1}

摩 尼 宝 舍 以， 诸 佛 之 供 养。

[illegible] [illegible] [illegible] [illegible] [illegible]，

ŋa^{2} njwo^{2} thjɨ^{2} lwər^{2} nioow^{1}

我 昔 此 经 因，

及以摩尼宝，供养于诸佛。我昔为是经，

31.2.5

[illegible] [illegible] [illegible] [illegible] [illegible]， [illegible] [illegible] [illegible] [illegible] [illegible]，

ljị^{2} tśhju^{1} ·ju^{2} sjwɨ^{1} ljɨr^{2} rjɨr^{2} njɨ^{2} ·ja^{1} ljaa^{1} mji^{1}

恩 有 常 忆 念， 乃 至 一 偈 闻，

[illegible] [illegible] [illegible] [illegible] [illegible]。

① [illegible] mji^{1}，施。通"[illegible]"mjii^{1}，宫。二字音同。

② 此两句西夏译本与汉文本顺序相反。

thja^{1} ɣa^{2} ·ju^{2} pju̥^{1} bjuu^{1}

彼 于 常 尊 敬。

有恩常忆念,乃至闻一偈,于彼恒尊重。

31.2.6

[illegible] [illegible] [illegible] [illegible] [illegible], [illegible] [illegible] [illegible] [illegible] [illegible],

ŋa^{2} njwo^{2} thjɨ^{2} lwər^{2} nioow^{1} kie^{1} ·jiij^{1} mjijr^{2} ·jij^{1} bjuu^{1}

我 昔 此 经 因, 戒 持 者 之 敬,

[illegible] [illegible] [illegible] [illegible] [illegible],

rjɨr^{2} njɨ^{2} dzjɨɨ^{2} dźjij^{1} twu̥^{1}

乃 至 习 行 处,

我昔为是经,尊重持戒者,乃至经行处,

31.3.1

[illegible] [illegible] [illegible] [illegible] [illegible]。 [illegible] [illegible] [illegible] [illegible] [illegible],

thja^{2} ·jij^{1} ·ju^{2} dzjwɨ̣^{1} lhejr^{2} ŋa^{2} njwo^{2} thjɨ^{2} lwər^{2} nioow^{1}

彼 于 常 恭 敬。 我 昔 此 经 因,

[illegible] [illegible] [illegible] [illegible] [illegible],

tjij^{1} lhji^{2} wee^{1} kha^{1} dźjiij^{1}

或 死 生 中 住,

于彼常恭敬。我昔为是经,或处于生死,

31.3.2

[illegible] [illegible] [illegible] [illegible] [illegible], [illegible] [illegible] [illegible] [illegible] [illegible]。

rjɨr^{2} njɨ^{2} zjɨɨr^{1} lji̥^{2} dźjij^{2} thja^{2} ·jij^{1} tshja^{2} njiij^{1} tśhju^{1}

乃 至 少 恩 有, 彼 于 报 心 有。

[illegible] [illegible] [illegible] [illegible] [illegible],

ŋa^{2} njwo^{2} thjɨ^{2} lwər^{2} nioow^{1}

我 昔 此 经 因,

乃至有少恩,于彼常怀报。我昔为是经,

31.3.3

[illegible] [illegible] [illegible] [illegible] [illegible], [illegible] [illegible] [illegible] [illegible] [illegible],

gji̠j1 nioow1 tsjiir1 mji1 pjo1 njij1 wjɨ1 rjur1 dźiã2 tśhju1

利 因 法 不 谤， 亲 友 诸 众 生，

[illegible]

zji2 ·jij1 njij2 śjow1 wji1

皆 于 慈 悲 为。

不求利谤法，哀愍于亲友，乃至诸众生。①

31.3.4

[illegible]

ŋa2 njwo2 thjɨ2 lwər2 nioow1 rejr2 mji1 nioow1 tshjiij1 njwi2

我 昔 此 经 因， 多 闻 及 说 善，

[illegible]

tsjiir1 ɣa2 zji̠j1 lew2 mjij1

法 于 著 所 无，

我昔为是经，具多闻善说，于法无所著，

31.3.5

[illegible]

njij1 wjɨ1 nji1 mji1 lhjuu1 ŋa2 njwo2 thjɨ2 lwər2 nioow1

亲 友 家 不 悭。 我 昔 此 经 因，

[illegible]

tjij1 mji1 neew2 njiij1 śjwo1

若 不 善 心 生，

不悭亲友家。我昔为是经，若心生不善，

31.3.6

[illegible]

xja1 dźjar2 rewr2 tjij1 dzjar2 tśjo? mji1 lhu1 dzja1 phji1

即 忏 悔 除 灭， 永 不 增 长 令。

[illegible]

① “哀愍于亲友，乃至诸众生”，此两句西夏文本直译当作“于亲友诸众生皆哀愍”。

ŋa^{2} njwo^{2} thjɨ^{2} lwər^{2} nioow^{1}

我 昔 此 经 因,

速忏令除灭,终不使增长。我昔为是经,

31.4.1

[illegible] [illegible] [illegible] [illegible] [illegible], [illegible] [illegible] [illegible] [illegible] [illegible],

njij^{2} ·jij^{1} tha^{2} no^{2} wji^{1} rjir^{1} rjir^{1} rjur^{1} kiwej^{2} ljɨ^{1}

王 之 太 子 为, 得 得 诸 珍 宝,

[illegible] [illegible] [illegible] [illegible] [illegible]。

ma^{2} śja^{1} nioow^{1} mẹ^{2} śja^{1}

涂 香 及 末 香。

身为王太子,所得诸珍宝,涂香及末香。

31.4.2

[illegible] [illegible] [illegible] [illegible] [illegible], [illegible] [illegible] [illegible] [illegible] [illegible]。

ŋa^{2} dzjɨj^{1} sej^{1} njiij^{1} śjwo^{1} rjur^{1} tha^{1} do^{2} zji^{1} mjii^{1}

我 时 净 心 生, 诸 佛 于 布 施。

[illegible] [illegible] [illegible] [illegible] [illegible],

ŋa^{2} njwo^{2} thjɨ^{2} lwər^{2} nioow^{1}

我 昔 此 经 故,

我时生净心,回施于诸佛。我昔为是经,

31.4.3

[illegible] [illegible] [illegible] [illegible] [illegible], [illegible] [illegible] [illegible] [illegible] [illegible],

mə^{2} mə^{2} tśjị^{1} lhjịj^{2} mjijr^{2} rjur^{1} dzow^{1} ·jij^{1} njij^{2} śjow^{1}

种 种 苦 受 者, 诸 囚 于 慈 悲,

[illegible] [illegible] [illegible] [illegible] [illegible]。

thja^{1} ɣu^{1} twụ^{1} tśjị^{1} lhjịj^{2}

彼 换 各 苦 受。

愍诸囚徒类,种种加楚毒,以身而代受。

31.4.4

[illegible] [illegible] [illegible] [illegible] [illegible], [illegible] [illegible] [illegible] [illegible] [illegible],

ŋa^{2} njwo^{2} thjɨ^{2} lwər^{2} nioow^{1} rjur^{1} ŋwə^{1} kiej^{2} rejr^{2} tja^{1}

我 昔 此 经 因， 诸 五 欲 乐 者，

[illegible] [illegible]① [illegible] [illegible] [illegible]，

lhjịj^{2} ŋewr^{2} tśhjiw^{1} tsew zow^{2}

月 数 六 斋 持，

我昔为是经，舍诸五欲乐，常于月六斋，

31.4.5

[illegible] [illegible] [illegible] [illegible] [illegible]。 [illegible] [illegible] [illegible] [illegible] [illegible]，

rjur^{1} tśhjwɨj^{1} kie^{1} ɣiwej^{1} ·jiij^{1} ŋa^{2} njwo^{2} thjɨ^{2} lwər^{2} nioow^{1}

诸 禁 戒 受 持。 我 昔 此 经 因，

[illegible] [illegible] [illegible] [illegible] [illegible]，

·ju^{2} no^{2} zeew^{2} djọ^{2} dźjịj^{1}

常 安 忍 修 行，

受持诸禁戒。我昔为是经，常修行忍辱，

31.4.6

[illegible] [illegible] [illegible] [illegible] [illegible]， [illegible] [illegible] [illegible] [illegible] [illegible]。

rjɨr^{2} njɨ^{2} gji^{2} bjij^{2} ɣa^{2} lẹj^{2} lhjuu^{1} njiij^{1} mji^{1} śjwo^{1}

乃 至 妻 妾 于， 贪 吝 心 不 生。

[illegible] [illegible] [illegible] [illegible] [illegible]，

ŋa^{2} njwo^{2} thjɨ^{2} lwər^{2} nioow^{1}

我 昔 此 经 因，

乃至于妻室，亦不生贪吝。我昔为是经，

31.5.1

[illegible] [illegible] [illegible] [illegible] [illegible]， [illegible] [illegible] [illegible] [illegible] [illegible]，

rjur^{1} sjwi^{1} lụ^{2} dzjwo^{2} ·jij^{1} to^{2} zji^{2} no^{2} rejr^{2} rjir^{1}

诸 贫 乏 人 于， 悉 皆 安 乐 得，

[illegible] [illegible] [illegible] [illegible] [illegible]。

① [illegible]，月数。这里表示"每月"。

lo　rjijr^{1}　ljɨ̣^{1}　rjir^{1}　phji^{1}
富　足　宝　得　令。

令诸贫乏者，皆悉得安乐，丰足诸财宝。

31.5.2

[illegible] [illegible] [illegible] [illegible] [illegible]，[illegible] [illegible] [illegible] [illegible] [illegible]，
ŋa^{2}　njwo^{2}　thjɨ^{2}　lwər^{2}　nioow^{1}　śia^{1}　mẽ^{1}　pho^{1}　lo^{1}　mẽ
我　昔　此　经　因，沙　门　婆　罗　门，
[illegible] [illegible] [illegible] [illegible] [illegible]，
mə^{2}　mə^{2}　dźiã^{2}　tśhju^{1}　djịj^{1}
种　种　众　生　类，

我昔为是经，摄受于一切，沙门婆罗门，

31.5.3

[illegible] [illegible] [illegible] [illegible] [illegible]。[illegible] [illegible] [illegible] [illegible] [illegible]，
ŋowr^{2}　ŋowr^{2}　zji^{2}　ɣjiw^{1}　ɣiwej^{1}　ŋa^{2}　njwo^{2}　thjɨ^{2}　lwər^{2}　nioow^{1}
一　切　皆　摄　受。我　昔　此　经　因，
[illegible] [illegible] [illegible] [illegible] [illegible]，
ŋowr^{2}　ŋowr^{2}　·jij^{1}　gjịj^{1}　ɣie^{2}
一　切　于　利　益，

种种群生类。① 我昔为是经，利益于一切，

31.5.4

[illegible] [illegible] [illegible] [illegible] [illegible]，[illegible] [illegible] [illegible] [illegible] [illegible]。
·ju^{2}　tha^{2}　mjii^{1}　wə^{1}　wji^{1}　śjij^{2}　·jij^{1}　njiij^{1}　mji^{1}　lhjuu^{1}
常　大　施　主　为，求　于　心　不　吝。
[illegible] [illegible] [illegible] [illegible] [illegible]，
tjij^{1}　dzjwo^{2}　wja̱^{1}　mjaa^{1}　ljị^{1}
若　人　花　果　植，

常为大施主，求者心无吝。或莳于华果，

① 此上三句西夏本语序不同，将“摄受于一切”置于结尾。

31.5.5

[illegible] [illegible] [illegible] [illegible] [illegible]，[illegible] [illegible] [illegible] [illegible] [illegible]，
rjur^{1} dzjwo^{2} mji^{1} kjwị^{2} phji^{1} dźiā^{2} tśhju^{1} ·jij^{1} zji^{2} mjii^{1}
诸 人 不 割 令， 众 生 于 皆 施，
[illegible] [illegible] [illegible] [illegible] [illegible]。
phji^{1} bju^{1} zji^{2} sə^{1} lhə$^{?}$
意 依 皆 满 足。

不令人剪伐，普施诸众生，随意皆充足。

31.5.6

[illegible] [illegible] [illegible] [illegible] [illegible]，[illegible] [illegible] [illegible] [illegible] [illegible]，
ŋa^{2} njwo^{2} zji^{1} mjii^{1} zjọ^{2} njiij^{1} phji^{1} ·ju^{2} tśhja^{2} ka^{1}
我 昔 布 施 时， 心 意 常 平 等，
[illegible] [illegible] [illegible] [illegible] [illegible]，
kie^{1} ·jiij^{1} tśhja^{2} ·ioow^{1} ŋowr^{2}
戒 持 功 德 全，

我昔布施时，其心常平等，持戒具功德，

31.6.1

[illegible] [illegible] [illegible] [illegible] [illegible]。[illegible] [illegible] [illegible] [illegible] [illegible]，
kie^{1} ljiij^{2} bjuu^{1} ·ju^{1} mjij^{1} tjij^{1} tha^{2} mee^{1} mjijr^{2} ljạ^{1}
戒 破 惭 愧 无。 或 大 神 通 证，
[illegible] [illegible] [illegible] [illegible] [illegible]，
bji^{2} njɨ^{2} wẹ^{1} mur^{1} djịj^{1}
下 至 愚 俗 类，

破戒无惭愧。或证大神通，下至凡愚类，

31.6.2

[illegible] [illegible] [illegible] [illegible] [illegible]，[illegible] [illegible] [illegible] [illegible] [illegible]。
tjij^{1} zjɨɨr^{1} dju^{1} njiij^{1} śjwo^{1} dzjwɨ̣^{1} lhejr^{2} zji^{2} mjii^{1} khjow^{1}
或 希 有 心 生， 恭 敬 皆 施 与。

[illegible]	[illegible]	[illegible]	[illegible]	[illegible],
ŋa^{2}	njwo^{2}	zji^{1}	mjii^{1}	zjọ^{2}
我	昔	布	施	时,

皆生希有心,恭敬而周给。我昔布施时,

31.6.3

[illegible]	[illegible]	[illegible]	[illegible]	[illegible],	[illegible]	[illegible]	[illegible]	[illegible]	[illegible],
njiij^{1}	phji^{1}	bji^{2}	bjij	mjij^{1}	neew^{2}	tshwew^{1}	wee^{1}	mji^{1}	kjụ^{1}
心	意	下	高	无,	善	趣	生	不	求,
[illegible]	[illegible]	[illegible]	[illegible]	[illegible];					
njiij^{1}	tjị^{1}	thjɨ^{2}	lwər^{2}	dzu^{1}					
心	诚	此	经	爱;					

其心无高下,不求生善趣,志乐于此经;

31.6.4

[illegible]	[illegible]	[illegible]	[illegible]	[illegible],	[illegible]	[illegible]	[illegible]	[illegible]	[illegible],
tjij^{1}	rjur^{1}	lhjịj^{2}	·iọ^{1}	·u^{2}	ŋowr^{2}	ŋowr^{2}	ljwịj	dwər	mjij^{1}
或	诸	国	土	中,	一	切	怨	敌	无,
[illegible]	[illegible]	[illegible]	[illegible]	[illegible],					
rjur^{1}	we^{1}	·ji^{1}	rjur^{1}	·jar^{2}					
诸	龙	众	调	御,					

或令国界中,一切无怨敌,调伏诸龙众,

31.6.5

[illegible]	[illegible]	[illegible]	[illegible]	[illegible]。	[illegible]	[illegible]	[illegible]	[illegible]	[illegible],
dzjɨj^{1}	bju^{1}	zər	ljịj	dzjụ^{2}	lhjịj^{2}	bji^{1}	nji^{2}	nwə^{1}	lew^{2}
时	依	露	甘	雨。	月	光	汝	知	应,
[illegible]	[illegible]	[illegible]	[illegible]	[illegible],					
ŋa^{2}	mjɨ^{1}	pjụ^{1}	kja^{2}	kha^{1}					
我	无	量	劫	中,					

应时霔甘雨。月光汝当知,我于无量劫,

31.6.6

[illegible]	[illegible]	[illegible]	[illegible]	[illegible]，	[illegible]	[illegible]	[illegible]	[illegible]	[illegible]，
thjɨ^{2}	lwər^{2}	kjụ^{1}	nioow^{1}	ku^{1}	rjur^{1}	tśjị^{1}	dźjɨ$^{?}$	djọ^{2}	dzjɨɨ^{2}
此	经	求	因	故，	诸	苦	行	修	习，
[illegible]	[illegible]	[illegible]	[illegible]	[illegible]，					
·jir^{2}	tụ^{1}	kja^{2}	zar^{2}	tsjɨ^{1}					
百	千	劫	受	亦，					

为求是经故，修习诸苦行，设于百千劫，

31.7.1

[illegible]	[illegible]	[illegible]	[illegible]	[illegible]。	[illegible]	[illegible]	[illegible]	[illegible]	[illegible]，
nẹ^{1}	tshjiij^{1}	sji^{1}	mjɨ^{1}	njwi^{2}	nji^{2}	gji^{1}	sej^{1}	dźiej^{2}	dźjiij^{1}
宣	说	尽	无	能。	汝	清	净	信	住，
[illegible]	[illegible]	[illegible]	[illegible]	[illegible]，					
kụ^{1}	lja^{1}	mjiij^{2}	zjọ^{2}	zjịj^{1}					
后	来	末	世	时，					

宣说不能尽。汝已住净信，当来末世时，

31.7.2

[illegible]	[illegible]	[illegible]	[illegible]	[illegible]，	[illegible]	[illegible]	[illegible]	[illegible]	[illegible]。
ŋa^{2}	ljɨr^{2}	njiij^{1}	gu^{1}	śjwo^{1}	thjɨ^{2}	lwər^{2}	lhejr^{2}	tshjiij^{1}	lew^{2}
我	念	心	生	起，	此	经	契	说	应。
[illegible]	[illegible]	[illegible]	[illegible]	[illegible]，					
ŋa^{2}	tha^{1}	mej^{1}	ŋwu^{2}	bio̱^{1}					
我	佛	眼	以	观，					

应生正念心，演说是经典。我以佛眼观，

31.7.3

[illegible]	[illegible]	[illegible]	[illegible]	[illegible]，	[illegible]	[illegible]	[illegible]	[illegible]	[illegible]，
·jij^{1}	ljịj^{2}	zjọ^{2}	dźju^{1}	ljij^{2}	thja^{1}	mə^{2}	mə^{2}	dźjɨ$^{?}$	bju^{1}
未	来	世	显	见，	其	种	种	行	依，

[illegible] [illegible] [illegible] [illegible] [illegible]。

ŋowr² ŋowr² zji² nwə¹ tsjij²

一 切 皆 知 晓。

明见未来世,随其种种行,一切皆了知。

31.7.4

[illegible] [illegible] [illegible] [illegible] [illegible], [illegible] [illegible] [illegible] [illegible] [illegible],

tjɨ¹ tjij¹ rjur¹ phji¹ khjiw² zji² phju² sji̠j² kju̠¹ nioow¹

假 若 诸 比 丘, 最 上 智 求 因,

[illegible] [illegible] [illegible] [illegible] [illegible],

sej¹ dźiej² njiij¹ śjwo¹ ŋwu²

净 信 心 生 以,

若有诸比丘,为求无上智,能以净信心,

31.7.5

[illegible] [illegible] [illegible] [illegible] [illegible], [illegible] [illegible] [illegible] [illegible] [illegible],

thjɨ² lwər² lhejr² ne̠¹ tshjiij¹ thja¹ dzjwo² nioow¹ rjijr² do²

此 经 契 说 讲, 其 人 及 方 处,

[illegible] [illegible] [illegible] [illegible] [illegible]。

ŋowr² ŋowr² zji² nwə¹ tsjij²

一 切 皆 知 晓。

演说此经典,是人及方所,一切皆了知。

31.7.6

[illegible] [illegible] [illegible] [illegible] [illegible], [illegible] [illegible] [illegible] [illegible] [illegible],

tjij¹ ku̠¹ mjiij² zjo̠² zji̠j¹ thjɨ² lwər² lhejr² mji¹ dzu¹

若 后 末 世 时, 此 经 契 闻 爱,

[illegible] [illegible] [illegible] [illegible] [illegible],

njiij¹ tji̠¹ nioow¹ tśier¹ ·ju²

心 归 及 方 便,

若于末世时,闻是经爱乐,志愿及方便,

31.8.1

[illegible]	[illegible]	[illegible]	[illegible]	[illegible]。	[illegible]	[illegible]	[illegible]	[illegible]	[illegible]，
ŋowr^{2}	ŋowr^{2}	zji^{2}	nwə^{1}	tsjij^{2}	tjij^{1}	rjur^{1}	dźju^{2}	bji^{2}	dzjwo^{2}
一	切	皆	知	晓。	若	诸	卑	下	人，
[illegible]	[illegible]	[illegible]	[illegible]	[illegible]，					
thjɨ^{2}	lwər^{2}	lhejr^{2}	mji^{1}	mji^{1}					
此	经	契	不	闻，					

一切皆了知。若诸下劣人，不闻是经典，

31.8.2

[illegible]	[illegible]	[illegible]	[illegible]	[illegible]，	[illegible]	[illegible]	[illegible]	[illegible]	[illegible]。
nioow^{1}	tshjiij^{1}	mjijr^{2}	·jij^{1}	pjo^{1}	ŋowr^{2}	ŋowr^{2}	zji^{2}	nwə^{1}	tsjij^{2}
及	说	者	之	谤，	一	切	皆	知	晓。
[illegible]	[illegible]	[illegible]	[illegible]	[illegible]，					
tjɨ^{1}	tjij^{1}	rjur^{1}	phji^{1}	khjiw^{2}					
假	若	诸	比	丘，					

诽谤宣说者，一切皆了知。若有诸比丘，

31.8.3

[illegible]	[illegible]	[illegible]	[illegible]	[illegible]，	[illegible]	[illegible]	[illegible]	[illegible]	[illegible]，
nioow^{1}	rjur^{1}	phji^{1}	khjiw^{2}	dźji^{1}	thjɨ^{2}	lwər^{2}	lhejr^{2}	mji^{1}	zjịj^{1}
及	诸	比	丘	尼，	此	经	契	闻	时，
[illegible]	[illegible]	[illegible]	[illegible]	[illegible]，					
ŋo^{2}	djịj	ŋwu	nioow^{1}	lwụ					
悲	感	涕	及	泣，					

及诸比丘尼，得闻于是经，悲感而涕泣，

31.8.4

[illegible]	[illegible]	[illegible]	[illegible]	[illegible]，	[illegible]	[illegible]	[illegible]	[illegible]	[illegible]。
ŋa^{2}	zji^{2}	la^{1}	ɣiwej^{1}	khjow^{1}	zji^{2}	buu^{2}	pjụ^{1}	ljij^{2}	rjir^{1}
我	皆	记	受	与，	最	胜	尊	见	得。

□	□	□	□	□，
lhịj^{2}	bji^{1}	nji^{2}	nwə^{1}	lew^{2}
月	光	汝	知	应，

我皆与受记,得见最胜尊。月光汝当知,

31.8.5

□	□	□	□	□，	□	□	□	□	□，
rjur^{1}	tha^{1}	mee^{2}	mjijr^{2}	ɣie^{1}	tjij^{1}	dzjwo^{2}	phji^{1}	gji^{1}	sej^{1}
诸	佛	神	通	力，	若	人	意	清	净，
□	□	□	□	□，					
tjij^{1}	nioow^{1}	mji^{1}	gji^{1}	sej^{1}					
或	有	不	清	净，					

诸佛神通力,若人意清净,或有不清净,

31.8.6

□	□	□	□	□，	□	□	□	□	□。
rjɨr^{2}	njɨ^{2}	dźiej^{2}	tsjij^{2}	śjwo^{1}	ŋowr^{2}	ŋowr^{2}	zji^{2}	nwə^{1}	tsjij^{2}
乃	至	信	解	生，	一	切	皆	知	晓。
□	□	□	□	□，					
tjɨ^{1}	tjij^{1}	rjur^{1}	dźiã^{2}	tśhju^{1}					
假	若	诸	众	生，					

乃至于信解,一切皆了知。若有诸众生,

31.9.1

□	□	□	□	□，	□	□	□	□	□，
njiij^{1}	tjị^{1}	mjij^{1}	sej^{1}	ŋwe^{1}	rjur^{1}	śjã^{1}	djɨj^{2}	no^{2}	dźjiij^{1}
心	诚	寂	静	乐，	诸	禅	定	安	住，
□	□	□	□	□，					
lhji^{2}	wee^{1}	kha^{1}	mji^{1}	zjij^{1}					
死	生	中	不	著，					

志乐常寂静,安住诸禅定,不著生死中,

31.9.2

[illegible]	[illegible]	[illegible]	[illegible]	[illegible]，	[illegible]	[illegible]	[illegible]	[illegible]	[illegible]，
rjɨr^{2}	njɨ^{2}	sjwɨ^{1}	mẹ^{2}	·jij^{1}	zji^{2}	dźjwa^{1}	zji^{2}	tśjo$^{?}$	phja^{1}
乃	至	习	气	于，	究	竟	皆	永	断，
[illegible]	[illegible]	[illegible]	[illegible]	[illegible]，					
thjɨ^{2}	sju^{2}	njɨ^{2}	tśhja^{2}	·ioow^{1}					
此	如	等	功	德，					

乃至于习气，究竟皆永断，如是等功德，

31.9.3

[illegible]	[illegible]	[illegible]	[illegible]	[illegible]。	[illegible]	[illegible]	[illegible]	[illegible]	[illegible]，
ŋowr^{2}	ŋowr^{2}	zji^{2}	nwə^{1}	tsjij^{2}	tjɨ^{1}	tjij^{1}	rjur^{1}	dźiã^{2}	tśhju^{1}
一	切	皆	知	晓。	假	若	诸	众	生，
[illegible]	[illegible]	[illegible]	[illegible]	[illegible]；					
tshọ^{2}	la̦^{1}	tsjiir^{1}	dzu^{1}	zjịj^{1}					
虚	妄	法	爱	著；					

一切皆了知。或有诸众生，耽著虚妄法；

31.9.4

[illegible]	[illegible]	[illegible]	[illegible]	[illegible]，	[illegible]	[illegible]	[illegible]	[illegible]	[illegible]；
tjɨ^{1}	tjij^{1}	rjur^{1}	dźiã^{2}	tśhju^{1}	tha^{1}	do^{2}	dzu^{1}	ŋwe^{1}	śjwo^{1}
假	若	诸	众	生，	佛	于	喜	乐	生；
[illegible]	[illegible]	[illegible]	[illegible]	[illegible]，					
thjɨ^{2}	sju^{2}	·jij^{1}	ljịj^{2}	dạ^{2}					
此	如	未	来	事，					

或有诸众生，于佛生欣乐；如是未来事，

31.9.5

[illegible]	[illegible]	[illegible]	[illegible]	[illegible]。	[illegible]	[illegible]	[illegible]	[illegible]	[illegible]，
ŋowr^{2}	ŋowr^{2}	zji^{2}	nwə^{1}	tsjij^{2}	tjɨ^{1}	tjij^{1}	rjur^{1}	dźiã^{2}	tśhju^{1}
一	切	皆	知	晓。	假	若	诸	众	生，

[illegible]	[illegible]	[illegible]	[illegible]	[illegible],
rjur^{1}	kha^{1}	rejr^{2}	laa^{1}	zjịj^{1}
世	间	乐	染	著,

一切皆了知。若有诸众生,染著世间乐,

31.9.6

[illegible]	[illegible]	[illegible]	[illegible]	[illegible],	[illegible]	[illegible]	[illegible]	[illegible]	[illegible],
tha^{1}	po^{1}	tjɨj^{1}	sjwɨ^{1}	ɣa^{2}	phie^{2}	neej^{2}	zji^{2}	mjɨ^{1}	njwi^{2}
佛	菩	提	习	于,	开	示	皆	不	能,
[illegible]	[illegible]	[illegible]	[illegible]	[illegible],					
thjɨ^{2}	nioow^{1}	nioow^{1}	bju^{1}	ku^{1}					
此	因	缘	因	故,					

于佛菩提种,不能善开发,以是因缘故,

31.10.1

[illegible]	[illegible]	[illegible]	[illegible]	[illegible]。	[illegible]	[illegible]	[illegible]	[illegible]	[illegible],
rjur^{1}	tśier^{1}	·ju^{2}	lhjii^{1}	phjɨ^{1}	rjur^{1}	tha^{1}	po^{1}	tjɨj^{1}	sjwɨ^{1}
诸	方	便	退	失。	诸	佛	菩	提	种,
[illegible]	[illegible]	[illegible]	[illegible]	[illegible],					
tjij^{1}	nwə^{1}	tsjij^{2}	njwi^{2}	ku^{1}					
若	知	晓	善	故,					

退失诸方便。若有能了知,诸佛菩提种,①

31.10.2

[illegible]	[illegible]	[illegible]	[illegible]	[illegible],	[illegible]	[illegible]	[illegible]	[illegible]	[illegible]。
gji^{1}	sej^{1}	bju^{2}	mjij^{1}	bji^{1}	thja^{1}	dzjwo^{2}	xja^{1}	ljạ^{1}	rjir^{1}
清	净	边	无	光,	是	人	即	证	得。
[illegible]	[illegible]	[illegible]	[illegible]	[illegible],					
lhjịj^{2}	bji^{1}	nji^{2}	bio̱^{1}	lew^{2}					
月	光	汝	观	应,					

① 此两句西夏译本与汉文本顺序相反。

是人当获得，清净无边光。① 月光汝当观，

31.10.3

[illegible]	[illegible]	[illegible]	[illegible]	[illegible]，	[illegible]	[illegible]	[illegible]	[illegible]	[illegible]，
thjɨ²	sju²	bji¹	swew¹	njɨ²	ljɨ¹	ljɨ¹	rjur¹	nioow¹	nioow¹
此	如	光	明	等，	一	一	诸	因	缘，
[illegible]	[illegible]	[illegible]	[illegible]	[illegible]，					
·jij¹	twụ¹	do²	pha¹	dju¹					
各	自	差	别	有，					

如是光明等，一一诸因缘，各各有差别，

31.10.4

[illegible]	[illegible]	[illegible]	[illegible]	[illegible]，	[illegible]	[illegible]	[illegible]	[illegible]	[illegible]。
nji²	sjịj²	źjɨr¹	ɣie¹	ŋwu²	ŋowr²	ŋowr²	nwə¹	tsjij²	lew²
汝	智	慧	力	以，	一	切	知	晓	应。
[illegible]	[illegible]	[illegible]	[illegible]	[illegible]，					
tjij¹	niow²	nwə¹	sjij²	dźjɨr¹					
若	恶	知	识	舍，					

汝以智慧力，一切应了知。若舍恶知识，

31.10.5

[illegible]	[illegible]	[illegible]	[illegible]	[illegible]，	[illegible]	[illegible]	[illegible]	[illegible]	[illegible]，
neew²	wjị¹	rjir²	?	njij¹	gji¹	sej¹	kie¹	·wejr²	·jiij¹
善	友	与	亲	近，	清	净	戒	护	持，
[illegible]	[illegible]	[illegible]	[illegible]	[illegible]。					
tha¹	bji¹	swew¹	śjɨj¹	·jiw²					
佛	光	明	成	就。					

亲近于善友，护持清净戒，成就佛光明。

31.10.6

[illegible]	[illegible]	[illegible]	[illegible]	[illegible]，	[illegible]	[illegible]②	[illegible]	[illegible]	[illegible]，

① 此两句西夏译本与汉文本顺序相反。

② [illegible][illegible]，惭愧。[illegible]，原文作“[illegible]”（常），误。

nji² rjur¹ tśhji² khju̱ tjij¹ bjuu¹ ·ju² mjij¹ dźjɨɨr¹ ka²

汝 诸 根 守 若, 惭 愧 无 舍 离,

[illegible]

neew² tsjiir¹ djọ² dźjịj¹ lew²

善 法 修 行 应,

汝当护诸根,舍离无惭愧,修行于善法,

31.11.1

[illegible]

rjur¹ dźiã² tśhju¹ ·wejr² bju¹ nji² ɣwej dzeej¹ dźjɨɨr¹ lew²

诸 众 生 护 随。 汝 斗 诤 舍 当,

[illegible]

tsji̱r² ŋa¹ ·jij¹ tsjij² dar¹

性 空 之 悟 达,

随护诸众生。汝当舍违诤,了达于性空,

31.11.2

[illegible]

gjịj¹ ·jur lẹj² mji¹ zjịj¹ rejr² mji¹ nioow¹ tshjiij¹ njwi²

利 养 贪 不 著, 多 闻 及 说 善。

[illegible]

nji² sjij¹ gjịj¹ ·jur ·jij¹

汝 今 利 养 之,

不贪著利养,具多闻善说。汝当观利养,

31.11.3

[illegible]

nji̱ do² wjɨ² sju² bio̱¹ gjịj¹ ·jur ror² dźjɨɨr¹ ŋwu²

粪 于 △ 如 观, 利 养 垢 舍 以,

[illegible]

sej¹ dzjwo² tji¹ laa¹ phjo²

净 人 无 污 使,

犹如于粪秽，无以利养垢，染污清净心，

31.11.4

[illegible]	[illegible]	[illegible]	[illegible]	[illegible]，	[illegible]	[illegible]	[illegible]	[illegible]	[illegible]。
·ju²	swew¹	bie²	kjụ¹	ku¹	·ju²	zji²	phju²	gjịj¹	rjir¹
常	明	脱	求	故，	常	最	上	利	得。
[illegible]	[illegible]	[illegible]	[illegible]	[illegible]，					
nji²	tha¹	tśja¹	djọ²	lew²					
汝	佛	道	修	应，					

常求于明脱，常得无上利。汝当修佛道，

31.11.5

[illegible]	[illegible]	[illegible]	[illegible]	[illegible]，	[illegible]	[illegible]	[illegible]	[illegible]	[illegible]，
tha¹	bio̲¹	tsjiir¹	tsjir̲²	thwu̲	·ju²	ljịj²	tsjiir¹	tjij¹	njwɨ²
佛	观	法	性	同，	常	大	法	灯	燃，
[illegible]	[illegible]	[illegible]	[illegible]	[illegible]。					
rjur¹	kha¹	zji²	swew¹	lew²					
世	间	皆	照	应。					

观佛同法性，常燃大法炬，普照于世间。

31.11.6

[illegible]	[illegible]	[illegible]	[illegible]	[illegible]，	[illegible]	[illegible]	[illegible]	[illegible]	[illegible]，
nji²	sjij¹	ŋər¹	njij²	sju²	njiij¹	phji¹	no²	mji¹	mju²
汝	今	山	王	如，	心	意	安	不	动，
[illegible]	[illegible]	[illegible]	[illegible]	[illegible]，					
pjo¹	tsjij	nioow¹	tjwɨ¹	pjij					
辱	谤	及	捶	打，					

汝当如山王，其心安不动，毁骂及捶打，

31.12.1

[illegible]	[illegible]	[illegible]	[illegible]	[illegible]。	[illegible]	[illegible]	[illegible]	[illegible]	[illegible]，
ŋowr²	ŋowr²	zji²	ze̲w²	lew²	nji²	rjur¹	dźiã²	tśhju¹	·jij¹

一　切　皆　忍　可。　汝　诸　众　生　于,

□　□　□　□　□,

neew^{2}　wjɨ^{1}　ɣiej^{1}　wji^{1}　lew^{2}

善　友　真　作　应,

一切皆能忍。汝当为众生,作真实善友,

31.12.2

□　□　□　□　□,　□　□　□　□　□。

bji^{2}　dźju^{2}　njiij^{1}　dźjɨɨr^{1}　ka^{2}　·ju^{2}　sej^{1}　sjwɨj^{1}　djọ^{2}　lew^{2}

下　卑　心　舍　离,　常　净　业　修　应。

□　□　□　□　□,

nji^{2}　gjwɨ^{1}　lwo^{2}　njiij^{1}　ŋwu^{2}

汝　坚　固　心　以,

应舍下劣心,常修于净业。汝以坚固心,

31.12.3

□　□　□　□　□,　□　□　□　□　□,

zji^{2}　phju^{2}　tsjiir^{1}　nẹ^{1}　tshjiij^{1}　thjɨ^{2}　sju^{2}　zji^{2}　thjoo^{1}　lwər^{2}

最　上　法　宣　说,　此　如　最　妙　经,

□　□　□　□　□。

njij^{2}　njiij^{1}　dzjwo^{2}　·jij^{1}　khjow^{1}

慈　心　人　之　授。

演说无上法,如是微妙经,当授慈心者。

31.12.4

□　□　□　□　□,　□　□　□　□　□,

zji^{2}　phju^{2}　sjịj^{2}　kjụ^{1}　kiẹj^{2}　lhji^{2}　wee^{1}　·jij^{1}　tji^{1}　kjạ

最　上　智　求　欲,　死　生　于　勿　畏,

□　□　□　□　□,

thjɨ^{2}　nioow^{1}　rjur^{1}　niow^{2}　dźjɨɨr^{1}

此　因　诸　凶　舍,

欲求无上智,勿怖于生死,由此舍诸恶,

31.12.5

[illegible]	[illegible]	[illegible]	[illegible]	[illegible]。	[illegible]	[illegible]	[illegible]	[illegible]	[illegible]，
buu^{2}	gjij^{1}	lja̱^{1}	rjir^{1}	ljɨ^{1}	dzjo̱^{1}	sju^{2}	bju^{1}	dźjwo	dzjwo^{2}
胜	殊	证	得	也。	譬	如	明	智	人，
[illegible]	[illegible]	[illegible]	[illegible]	[illegible]，					
məə^{1}	ŋwu^{2}	mə^{2}	mə^{2}	wji̱^{1}					
火	以	种	种	味，					

当得于胜利。譬如明智人，善能用于火，

31.12.6

[illegible]	[illegible]	[illegible]	[illegible]	[illegible]，	[illegible]	[illegible]	[illegible]	[illegible]	[illegible]。
to^{2}	zji^{2}	śjɨj^{1}	·jiw^{2}	njwi^{2}	məə^{1}	lu	lew^{2}	mji^{1}	we
悉	皆	成	就	善，	火	烧	应	不	为。
[illegible]	[illegible]	[illegible]	[illegible]	[illegible]，					
tjij^{1}	rjur^{1}	we̱	lə	dzjwo^{2}					
若	诸	愚	痴	人，					

成熟种种味①，不为火所烧。若诸愚痴人，

31.13.1

[illegible]	[illegible]	[illegible]	[illegible]	[illegible]，	[illegible]	[illegible]	[illegible]	[illegible]	[illegible]，
tśier^{1}	·ju^{2}	neew^{2}	ɣjɨr^{1}	mjij^{1}	məə^{1}	zow^{2}	pja̱^{1}	tśhjaa^{1}	tji̱
方	便	善	做	无，	火	持	掌	于	置，
[illegible]	[illegible]	[illegible]	[illegible]	[illegible]。					
tśhjɨ^{2}	rjar^{2}	məə^{1}	ŋwu^{2}	lu					
立	即	火	以	烧。					

无有善方便，将火置于掌，便为火所烧。

31.13.2

[illegible]	[illegible]	[illegible]	[illegible]	[illegible]，	[illegible]	[illegible]②	[illegible]	[illegible]	[illegible]，

① 此两句西夏文本当合为一，意思是"能善以火悉皆成就种种味"。

② [illegible][illegible]，迷闷。[illegible]，原文作"[illegible]"（死），误。

dzjọ^{1} dzjwo^{2} do^{1} do^{2} zji̱j^{1} lhji^{2} mji̱j njiij^{1} be ɣạ

如 人 蛊 毒 中， 迷 闷 心 癫 狂，

[illegible] [illegible] [illegible] [illegible] [illegible]，

mǝǝ^{1} ŋwu^{2} tshjwa dji̱^{2} ku^{1}

火 以 烤 治 则，

亦如人中毒，迷闷心狂乱，以火而炙疗，

31.13.3

[illegible] [illegible] [illegible] [illegible] [illegible]。 [illegible] [illegible] [illegible] [illegible] [illegible]，

thjɨ^{2} nioow^{1} ŋwǝr tji̱j^{1} rjir^{1} lhji̱j^{2} bji^{1} nji^{2} nwǝ^{1} lew^{2}

此 因 愈 除 得。 月 光 汝 知 应，

[illegible] [illegible] [illegible] [illegible] [illegible]，

sji̱j^{2} mjijr^{2} tsjɨ^{1} thjɨ^{2} sju^{2}

智 者 亦 此 如，

因此得痊愈。月光汝当知，智者亦如是，

31.13.4

[illegible] [illegible] [illegible] [illegible] [illegible]， [illegible] [illegible] [illegible] [illegible] [illegible]。

phji^{1} bju^{1} phji^{1} ŋa^{1} tsjij^{2} tśhjwo^{1} lhji^{2} wee^{1} kha^{1} dźjiij^{1}

意 依 意 空 晓， 故 死 生 中 住。

[illegible] [illegible] [illegible] [illegible] [illegible]，

mej^{1} bju^{1} mej^{1} ŋa^{1} tsjij^{2}

眼 依 眼 空 晓，

依意了意空，故处于生死。依眼了眼空，

31.13.5

[illegible] [illegible] [illegible] [illegible] [illegible]， [illegible] [illegible] [illegible] [illegible] [illegible]，

mej^{1} ɣa^{2} zow^{2} zji̱j^{1} mjij^{1} tjij^{1} thjɨ^{2} sju^{2} nwǝ^{1} ku^{1}

眼 于 持 著 无， 或 此 如 知 则，

[illegible] [illegible] [illegible] [illegible] [illegible]。

mej^{1} dźjiij^{1} tsjɨ^{1} źji̱^{1} mjij^{1}

眼 住 亦 恼 无。

于眼无执著,若能如是知,住眼亦无恼。

31.13.6

[illegible] [illegible] [illegible] [illegible] [illegible], [illegible] [illegible] [illegible] [illegible] [illegible],

tjij^{1} mej^{1} tsjɨ̱r^{2} ŋa^{1} tsjij^{2} źjɨr^{1} ɣiej^{1} sjịj^{2} śjɨj^{1} ·jiw^{2}

或 眼 性 空 晓, 实 真 智 成 就,

[illegible] [illegible] [illegible] [illegible] [illegible],

źjɨr^{1} ɣiej^{1} sjịj^{2} nioow^{1} ku^{1}

实 真 智 因 故,

若了眼性空,成就真实智,以真实智故,

31.14.1

[illegible] [illegible] [illegible] [illegible] [illegible]。 [illegible] [illegible] [illegible] [illegible] [illegible],

to^{2} śja^{2} bji^{1} rjir^{1} njwi^{2} tjij^{1} mej^{1} tsjɨ̱r^{2} ŋa^{1} tsjij^{2}

出 现 光 得 能。 若 眼 性 空 晓,

[illegible] [illegible] [illegible] [illegible] [illegible],

lẹj^{2} kiẹj^{2} tśjo$^{?}$ tjịj^{1} dzjar^{2}

贪 欲 永 除 灭,

当得出现光。若了眼性空,永灭于贪欲,

31.14.2

[illegible] [illegible] [illegible] [illegible] [illegible], [illegible] [illegible] [illegible] [illegible] [illegible]。

lẹj^{2} kiẹj^{2} mjij^{1} nioow^{1} ku^{1} to^{2} śja^{2} bji^{1} rjir^{1} njwi^{2}

贪 欲 无 故 则, 出 现 光 得 能。

[illegible] [illegible] [illegible] [illegible] [illegible],

thjɨ̣^{2} sju^{2} tshjạ^{1} nioow^{1} lə^{2}

此 如 瞋 与 痴,

以无贪欲故,当得出现光。如是瞋与痴,

31.14.3

[illegible] [illegible] [illegible] [illegible] [illegible], [illegible] [illegible] [illegible] [illegible] [illegible],

ŋa^{2} zow^{2} nioow^{1} ɣja^{2} źjị^{1} lhju̱ sew^{1} bjuu^{1} ·ju^{2} mjij^{1}

我 执 及 覆 恼， 悭 妒 惭 愧 无，

[illegible]

mji^{1} zeew^{2} pjụ^{1} bjij^{2} ·jij^{1}

不 忍 尊 高 之，

我执并覆恼，悭嫉无惭愧，不忍将贡高，

31.14.4

[illegible]

mjɨ^{1} gjiw nioow^{1} ·jij^{1} khwẹj^{1} lạ^{1} ljoor^{1} nioow^{1} śja^{1} wjạ^{2}

不 恭 及 自 慢， 谄 诳 及 逸 放，

[illegible]

rjɨr^{2} njɨ^{2} khwẹj^{1} dzew njɨ^{2}

乃 至 慢 诈 等，

憍慢及增上，谄诳兼放逸，乃至憍诈等，

31.14.5

[illegible]

ljɨ^{1} ljɨ^{1} lẹj^{2} sju^{2} tshjiij^{1} tjij^{1} źjɨr^{1} ɣiej^{1} sjịj^{2} rjir^{1}

一 一 贪 如 说。 若 实 真 智 得，

[illegible]

mej^{1} mjij^{1} dzjar^{2} nwə^{1} tsjij^{2}

眼 寂 灭 知 晓，

一一如贪说。若得真实智，了知眼寂灭，

31.14.6

[illegible]

mjij^{1} dzjar^{2} nwə^{1} nioow^{1} ku^{1} to^{2} śja^{2} bji^{1} rjir^{1} njwi^{2}

寂 灭 知 因 则， 出 现 光 得 能。

[illegible]

tjij^{1} źjɨr^{1} ɣiej^{1} sjịj^{2} rjir^{1}

若 实 真 智 得，

以知寂灭故，当得出现光。若得真实智，

31.15.1

[illegible]	[illegible]	[illegible]	[illegible]	[illegible]，	[illegible]	[illegible]	[illegible]	[illegible]	[illegible]，
tha^{1}	wo^{2}	tshwew^{1}	kha^{1}	dźjiij^{1}	wo^{2}	tshwew^{1}	dźjiij^{1}	nioow^{1}	ku^{1}
佛	理	趣	中	住，	理	趣	住	因	故，
[illegible]	[illegible]	[illegible]	[illegible]	[illegible]。					
to^{2}	śja^{2}	bji^{1}	rjir^{1}	njwi^{2}					
出	现	光	得	善。					

住佛理趣中，以住理趣故，当得出现光。

31.15.2

[illegible]	[illegible]	[illegible]	[illegible]	[illegible]，	[illegible]	[illegible]	[illegible]	[illegible]	[illegible]，
tjij^{1}	źjɨr^{1}	ɣiej^{1}	sjịj^{2}	rjir^{1}	tha^{1}	tśier^{1}	·ju^{2}	kha^{1}	dźjiij^{1}
若	实	真	智	得，	佛	方	便	中	住，
[illegible]	[illegible]	[illegible]	[illegible]	[illegible]，					
tśier^{1}	·ju^{2}	dźjiij^{1}	nioow^{1}	ku^{1}					
方	便	住	故	则，					

若得真实智，住佛方便中，以住方便故，

31.15.3

[illegible]	[illegible]	[illegible]	[illegible]	[illegible]。	[illegible]	[illegible]	[illegible]	[illegible]	[illegible]，
to^{2}	śja^{2}	bji^{1}	rjir^{1}	njwi^{2}	tjij^{1}	źjɨr^{1}	sjịj^{2}	mji^{1}	djọ^{2}
出	现	光	得	善。	若	实	智	不	修，
[illegible]	[illegible]	[illegible]	[illegible]	[illegible]，					
lə^{1}	źjị^{1}	tśjo$^{?}$	khwa	ka^{2}					
障	恼	永	远	离，					

当得出现光。若不修实智，永离于障恼，

31.15.4

[illegible]	[illegible]	[illegible]	[illegible]	[illegible]，	[illegible]	[illegible]	[illegible]	[illegible]	[illegible]。
to^{2}	śja^{2}	bji^{1}	śjɨj^{1}	tja^{1}	mji^{1}	ljij^{2}	mjɨ^{1}	tśhjɨ^{1}	djij^{2}
出	现	光	成	者，	闻	见	无	尔	曾。

[illegible]	[illegible]	[illegible]	[illegible]	[illegible]，
tjij^{1}	źjɨr^{1}	sjịj^{2}	·jɨr^{2}	djọ^{2}
若	实	智	勤	修，

成就出现光，我昔未闻见。若勤修实智，

31.15.5

[illegible]	[illegible]	[illegible]	[illegible]	[illegible]，	[illegible]	[illegible]	[illegible]	[illegible]	[illegible]，
lə^{1}	źjị^{1}	tśjo$^{?}$	khwa^{1}	ka^{2}	thjɨ^{2}	dźjɨ$^{?}$	bju^{1}	śjij^{1}	njwi^{2}
障	恼	永	远	离，	此	行	依	随	能，
[illegible]	[illegible]	[illegible]	[illegible]	[illegible]。					
to^{2}	śja^{2}	bji^{1}	ljạ^{1}	rjir^{1}					
出	现	光	证	得。					

永离于障恼，能顺于是行，当得出现光。

31.15.6

[illegible]	[illegible]	[illegible]	[illegible]	[illegible]，	[illegible]	[illegible]	[illegible]	[illegible]	[illegible]，
tjij^{1}	zji^{2}	buu^{2}	dźjɨ$^{?}$	kjụ^{1}	thjɨ^{2}	lwər^{2}	lhejr^{2}	ɣiew^{1}	lew^{2}
若	最	胜	行	求，	此	经	契	学	当，
[illegible]	[illegible]	[illegible]	[illegible]	[illegible]，					
rjur^{1}	tha^{1}	·jij^{1}	kjụ^{1}	tshwew^{1}					
诸	佛	于	供	养，					

若求最胜行，当学于此经，供养诸如来，

31.16.1

[illegible]	[illegible]	[illegible]	[illegible]	[illegible]。	[illegible]	[illegible]	[illegible]	[illegible]	[illegible]，
źjɨr^{1}	sjịj^{2}	tśier^{1}	·ju^{2}	rjir^{1}	tjij^{1}	źjɨr^{1}	ɣiej^{1}	sjịj^{2}	djọ^{2}
实	智	方	便	得。	若	实	真	智	修，
[illegible]	[illegible]	[illegible]	[illegible]	[illegible]，					
rjur^{1}	tha^{1}	·jij^{1}	kjụ^{1}	tshwew^{1}					
诸	佛	之	供	养，					

得实智方便。若修真实智，当供养诸佛，

31.16.2

[illegible]	[illegible]	[illegible]	[illegible]	[illegible]，	[illegible]	[illegible]	[illegible]	[illegible]	[illegible]。
to2	śja2	bji1	śjɨj1	·jiw2	pja̱1	gu	mja̱	wjɨ2	sju2
出	现	光	成	就，	掌	中	果	△	如。
[illegible]	[illegible]	[illegible]	[illegible]	[illegible]，					
tjij1	mej1	ŋa2	mjij1	lha̱2					
若	眼	我	无	迷，					

成就出现光，犹如掌中果。若迷眼无我，

31.16.3

[illegible]	[illegible]	[illegible]	[illegible]	[illegible]，	[illegible]	[illegible]	[illegible]	[illegible]	[illegible]，
śia1	mẽ	tsjiir1	lhjii1	phjɨ1	thjɨ2	sju2	to2	śja2	bji1
沙	门	法	退	失，	此	如	出	现	光，
[illegible]	[illegible]	[illegible]	[illegible]	[illegible]。					
thja1	dzjwo2	rjir1	mjɨ1	njwi2					
彼	人	得	无	能。					

退失沙门法，彼人不能得，如是出现光①。

31.16.4

[illegible]	[illegible]	[illegible]	[illegible]	[illegible]，	[illegible]	[illegible]	[illegible]	[illegible]	[illegible]，
tjij1	mej1	ŋa2	mjij1	tsjij2	śia1	mẽ	tsjiir1	śjɨj1	·jiw2
若	眼	我	无	知，	沙	门	法	成	就，
[illegible]	[illegible]	[illegible]	[illegible]	[illegible]，					
thjɨ2	sju2	to2	śja2	bji1					
此	如	出	现	光，					

若了眼无我，成就沙门法，彼人当证得，

31.16.5

[illegible]	[illegible]	[illegible]	[illegible]	[illegible]。	[illegible]	[illegible]	[illegible]	[illegible]	[illegible]，
thja1	dzjwo2	lja̱1	rjir1	njwi2	tjij1	mej1	bju2	ljow2	tsjij2

① 此两句西夏文本与汉文本语序相反。下诸偈中皆同。

彼	人	证	得	能。	若	眼	际	边	知，
[illegible]	[illegible]	[illegible]	[illegible]	[illegible]，①					
to^{2}	śja^{2}	bji^{1}	lja̱^{1}	rjir^{1}					
出	现	光	证	得，					

如是出现光。若了眼尽际，亦了耳生边，

31.16.6

[illegible]	[illegible]	[illegible]	[illegible]	[illegible]，	[illegible]	[illegible]	[illegible]	[illegible]	[illegible]。
nju^{1}	wee^{1}	bju^{2}	tsjij^{2}	ku^{1}	ljij^{2}	śia^{1}	mẽ	tsjiir^{1}	ŋwu^{2}
耳	生	边	知	故，	大	沙	门	法	是。
[illegible]	[illegible]	[illegible]	[illegible]	[illegible]，					
tjij^{1}	mej^{1}	tsjir̠^{2}	bju^{2}	ljow^{2}					
若	眼	性	际	边，					

由了耳生边，是大沙门法。若不遍了知，

31.17.1

[illegible]	[illegible]	[illegible]	[illegible]	[illegible]，	[illegible]	[illegible]	[illegible]	[illegible]	[illegible]，
zji^{2}	nwə^{1}	mjɨ^{1}	njwi^{2}	ku^{1}	mej^{1}	wee^{1}	bju^{2}	ljow^{2}	tsjɨ^{1}
皆	知	无	能	故，	眼	生	际	边	亦，
[illegible]	[illegible]	[illegible]	[illegible]	[illegible]，					
zji^{2}	nwə^{1}	tsjij^{2}	mjɨ^{1}	njwi^{2}					
皆	知	得	无	能，					

眼性之边际，于眼生边际，亦不能遍知，

31.17.2

[illegible]	[illegible]	[illegible]	[illegible]	[illegible]，	[illegible]	[illegible]	[illegible]	[illegible]	[illegible]。
thjɨ^{2}	sju^{2}	to^{2}	śja^{2}	bji^{1}	thja^{1}	dzjwo^{2}	rjir^{1}	mjɨ^{1}	njwi^{2}
此	如	出	现	光，	彼	人	得	无	能。
[illegible]	[illegible]	[illegible]	[illegible]	[illegible]，					
tjij^{1}	mej^{1}	tsjir̠^{2}	bju^{2}	ljow^{2}					

① [illegible]，证得出现光。此句汉文本无。

若	眼	性	际	边，

彼人不能得，如是出现光。若能遍了知，

31.17.3

[illegible]	[illegible]	[illegible]	[illegible]	[illegible]，	[illegible]	[illegible]	[illegible]	[illegible]	[illegible]，
zji^{2}	nwə^{1}	tsjij^{2}	njwi^{2}	ku^{1}	mej^{1}	wee^{1}	bju^{2}	ljow^{2}	tsjɨ^{1}
皆	了	知	能	故，	眼	生	际	边	亦，
[illegible]	[illegible]	[illegible]	[illegible]	[illegible]，					
zji^{2}	nwə^{1}	tsjij^{2}	njwi^{2}	ljɨ^{1}					
皆	了	知	能	也，					

眼性之边际，于眼生边际，亦能遍了知，

31.17.4

[illegible]	[illegible]	[illegible]	[illegible]	[illegible]，	[illegible]	[illegible]	[illegible]	[illegible]	[illegible]。
thjɨ^{2}	sju^{2}	to^{2}	śja^{2}	bji^{1}	thja^{1}	dzjwo^{2}	lja̱^{1}	rjir^{1}	njwi^{2}
此	如	出	现	光，	彼	人	证	得	善。
[illegible]	[illegible]	[illegible]	[illegible]	[illegible]，					
tjij^{1}	mej^{1}	tsji̱r^{2}	bju^{2}	ljow^{2}					
若	眼	性	际	边，					

彼人当证得，如是出现光。若不善了知，

31.17.5

[illegible]	[illegible]	[illegible]	[illegible]	[illegible]，	[illegible]	[illegible]	[illegible]	[illegible]	[illegible]，
nwə^{1}	tsjij^{2}	mjɨ^{1}	njwi^{2}	ku^{1}	mej^{1}	wee^{1}	bju^{2}	ljow^{2}	tsjɨ^{1}
了	知	无	善	故，	眼	生	边	边	亦，
[illegible]	[illegible]	[illegible]	[illegible]	[illegible]，					
nwə^{1}	tsjij^{2}	mjɨ^{1}	njwi^{2}	ljɨ^{1}					
了	知	无	善	也，					

眼性之边际，于眼生边际，亦不能善知，

31.17.6

[illegible]	[illegible]	[illegible]	[illegible]	[illegible]，	[illegible]	[illegible]	[illegible]	[illegible]	[illegible]。

thjɨ[2] sju[2] to[2] śja[2] bji[1] thja[1] dzjwo[2] rjir[1] mjɨ[1] njwi[2]
此 如 出 现 光, 彼 人 得 无 能。
[illegible]
tjij[1] mej[1] tsjir̠[2] ljow[2] bju[2]
若 眼 性 边 际,

彼人不能得,如是出现光。若能善了知,

31.18.1

[illegible]
nwə[1] tsjij[2] ljɨ̣[1] njwi[2] ku[1] mej[1] ·jij[1] wee[1] bju[2] ljow[2]
了 知 虽 善 故, 眼 之 生 际 边,
[illegible]
thja[1] tsjɨ[1] nwə[1] tsjij[2] njwi[2]
彼 亦 了 知 善,

眼性之边际,于眼生边际,亦能善了知,

31.18.2

[illegible]
thjɨ[2] sju[2] to[2] śja[2] bji[1] thja[1] dzjwo[2] ljạ[1] rjir[1] njwi[2]
此 如 出 现 光, 彼 人 证 得 善。
[illegible]
tjij[1] mej[1] tsjir̠[2] bju[2] ljow[2]
若 眼 性 边 际,

彼人当证得,如是出现光。若不现了知,

31.18.3

[illegible]
mjor[1] tsjij[2] mjɨ[1] njwi[2] ku[1] mej[1] wee[1] bju[2] ljow[2] tsjɨ[1]
现 知 无 善 故, 眼 生 边 际 亦,
[illegible]
mjor[1] nwə[1] tsjij[2] mjɨ[1] njwi[2]
现 知 得 无 能,

眼性之边际，于眼生边际，亦不能现知，

31.18.4

[illegible]	[illegible]	[illegible]	[illegible]	[illegible]，	[illegible]	[illegible]	[illegible]	[illegible]	[illegible]。
thjɨ^{2}	sju^{2}	to^{2}	śja^{2}	bji^{1}	thja^{1}	dzjwo^{2}	rjir^{1}	mjɨ^{1}	njwi^{2}
此	如	出	现	光，	彼	人	得	无	能。
[illegible]	[illegible]	[illegible]	[illegible]	[illegible]，					
tjij^{1}	mej^{1}	tsjir̠^{2}	bju^{2}	ljow^{2}					
若	眼	性	边	际，					

彼人不能得，如是出现光。若能现了知，

31.18.5

[illegible]	[illegible]	[illegible]	[illegible]	[illegible]，	[illegible]	[illegible]	[illegible]	[illegible]	[illegible]，
mjor^{1}	nwə^{1}	tsjij^{2}	njwi^{2}	ku^{1}	mej^{1}	wee^{1}	bju^{2}	ljow^{2}	tsjɨ^{1}
现	知	得	能	故，	眼	生	边	际	亦，
[illegible]	[illegible]	[illegible]	[illegible]	[illegible]，					
mjor^{1}	nwə^{1}	tsjij^{2}	njwi^{2}	ljɨ^{1}					
现	知	得	能	也，					

眼性之边际，于眼生边际，亦能现了知，

31.18.6

[illegible]	[illegible]	[illegible]	[illegible]	[illegible]，	[illegible]	[illegible]	[illegible]	[illegible]	[illegible]。
thjɨ^{2}	sju^{2}	to^{2}	śja^{2}	bji^{1}	thja^{1}	dzjwo^{2}	ljạ^{1}	rjir^{1}	njwi^{2}
此	如	出	现	光，	彼	人	证	得	善。
[illegible]	[illegible]	[illegible]	[illegible]	[illegible]，					
tjij^{1}	mej^{1}	tsjir̠^{2}	bju^{2}	ljow^{2}					
若	眼	性	边	际，					

彼人当证得，如是出现光。若不善了知，

31.19.1

[illegible]	[illegible]	[illegible]	[illegible]	[illegible]，	[illegible]	[illegible]	[illegible]	[illegible]	[illegible]，
nwə^{1}	tsjij^{2}	mjɨ^{1}	njwi^{2}	ku^{1}	mej^{1}	wee^{1}	bju^{2}	ljow^{2}	tsjɨ^{1}

知　得　无　能　故，　眼　生　边　际　亦，

[illegible]

zji^2　nwə^1　tsjij^2　mjɨ^1　njwi^2

皆　知　得　无　能，

眼性之边际，于眼生边际，亦不能遍知，

31.19.2

[illegible]

thjɨ^2　sju^2　to^2　śja^2　bji^1　thja^1　dzjwo^2　rjir^1　mjɨ^1　njwi^2

此　如　出　现　光，　彼　人　得　无　能。

[illegible]

tjij^1　mej^1　tsjir̠^{2}　bju^2　ljow^2

若　眼　性　边　际，

彼人不能得，如是出现光。若能善了知，

31.19.3

[illegible]

nwə^1　tsjij^2　ljɨ̣^{1}　njwi^2　ku^1　mej^1　wee^1　bju^2　ljow^2　tsjɨ^1

了　知　虽　能　故，　眼　生　边　际　亦，

[illegible]

ku^1　nwə^1　tsjij^2　njwi^2　ljɨ^1

现　知　得　能　也，

眼性之边际，于眼生边际，亦能现了知，

31.19.4

[illegible]

thjɨ^2　sju^2　to^2　śja^2　bji^1　thja^1　dzjwo^2　ljạ^1　mjɨ^1　njwi^2

此　如　出　现　光，　彼　人　证　无　能。

[illegible]

tjij^1　mej^1　tsjir̠^{2}　gji^1　sej^1

若　眼　性　清　净，

彼人当证得，如是出现光。若不善了知，

31.19.5

[illegible]	[illegible]	[illegible]	[illegible]	[illegible]，	[illegible]	[illegible]	[illegible]	[illegible]	[illegible]，
nwə^1	tsjij^2	mjɨ^1	njwi^2	ku^1	nju^1	tsj$\underline{\text{ir}}^2$	gji^1	sej^1	tsjɨ^1
了	知	无	能	故，	耳	性	清	净	亦，
[illegible]	[illegible]	[illegible]	[illegible]	[illegible]，					
nwə^1	tsjij^2	mjɨ^1	njwi^2	ljɨ^1					
了	知	无	能	也，					

眼性之清净，于耳性清净，亦不能善知，

31.19.6

[illegible]	[illegible]	[illegible]	[illegible]	[illegible]，	[illegible]	[illegible]	[illegible]	[illegible]	[illegible]。
thjɨ^2	sju^2	to^2	śja^2	bji^1	thja^1	dzjwo^2	rjir^1	mjɨ^1	njwi^2
此	如	出	现	光，	彼	人	得	无	能。
[illegible]	[illegible]	[illegible]	[illegible]	[illegible]，					
tjij^1	mej^1	tsj$\underline{\text{ir}}^2$	gji^1	sej^1					
若	眼	性	清	净，					

彼人不能得，如是出现光。若能善了知，

31.20.1

[illegible]	[illegible]	[illegible]	[illegible]	[illegible]，	[illegible]	[illegible]	[illegible]	[illegible]	[illegible]，
nwə^1	tsjij^2	ljɨ̣^{1}	njwi^2	ku^1	nju^1	tsj$\underline{\text{ir}}^2$	gji^1	sej^1	ɣa^2
了	知	虽	能	故，	耳	性	清	净	于，
[illegible]	[illegible]	[illegible]	[illegible]	[illegible]，					
thja^1	tsjɨ^1	nwə^1	tsjij^2	njwi^2					
彼	亦	了	知	能，					

眼性之清净，于耳性清净，亦能善了知，

31.20.2

[illegible]	[illegible]	[illegible]	[illegible]	[illegible]，	[illegible]	[illegible]	[illegible]	[illegible]	[illegible]。
thjɨ^2	sju^2	to^2	śja^2	bji^1	thja^1	dzjwo^2	ljạ^1	mjɨ^1	njwi^2
此	如	出	现	光，	彼	人	证	无	能。

[illegible]	[illegible]	[illegible]	[illegible]	[illegible]，
rjɨr^2	njɨ^2	nju^1	njii^2	lhjwa^1
乃	至	耳	鼻	舌，

彼人当证得，如是出现光。乃至耳鼻舌，

31.20.3

[illegible]	[illegible]	[illegible]	[illegible]	[illegible]，	[illegible]	[illegible]	[illegible]	[illegible]	[illegible]，
ljụ^2	phji^1	nioow^1	tsə^1	ɣiẹ^2	lji^2	wjị^1	nioow^1	tsjụ^1	tsjiir^1
身	意	与	色	声，	香	味	及	触	法，
[illegible]	[illegible]	[illegible]	[illegible]	[illegible]，					
ljɨ̣^{2}	zjɨɨr^2	tjij^1	məə^1	ljɨ^1					
地	水	若	火	风，					

身意与色声，香味并触法，地水若火风，

31.20.4

[illegible]	[illegible]	[illegible]	[illegible]	[illegible]，	[illegible]	[illegible]	[illegible]	[illegible]	[illegible]，
tsjɨr̠^{2}	dạ^2	rjur^1	kha^1	tśjị^1	ŋur^1	kiẹj^2	rjur^1	wee^1	zjij^1
性	事	世	中	苦，	蕴	界	世	生	时，
[illegible]	[illegible]	[illegible]	[illegible]	[illegible]，					
nioow^1	thja^1	ɣiẹ^2	mjiij^2	njɨ^2					
及	彼	声	名	等，					

性事世间苦，蕴界世将生，及以声名等，

31.20.5

[illegible]	[illegible]	[illegible]	[illegible]	[illegible]。
ŋowr^2	ŋowr^2	zji^2	thjɨ^2	sju^2
一	切	皆	此	如。

一切皆如是。

汉文本

大宝积经卷第三十一

唐天竺三藏菩提流志译

出现光明会第十一之二

我昔为是经，护持清净戒，常修于定慧，及施诸众生。

我昔为是经，恶人来毁骂，我时生怜愍，于彼不加害。

我昔为是经，求者皆施与，各随其所乐，悉令得欢喜。

我昔为是经，奉施诸宫殿，庄严众宝网，供养于诸佛。

我昔为是经，舍种种珍玩，及以摩尼宝，供养于诸佛。

我昔为是经，有恩常忆念，乃至闻一偈，于彼恒尊重。

我昔为是经，尊重持戒者，乃至经行处，于彼常恭敬。

我昔为是经，或处于生死，乃至有少恩，于彼常怀报。

我昔为是经，不求利谤法，哀愍于亲友，乃至诸众生。

我昔为是经，具多闻善说，于法无所著，不悭亲友家。

我昔为是经，若心生不善，速忏令除灭，终不使增长。

我昔为是经，身为王太子，所得诸珍宝，涂香及末香。我时生净心，回施于诸佛。

我昔为是经，愍诸囚徒类，种种加楚毒，以身而代受。

我昔为是经，舍诸五欲乐，常于月六斋，受持诸禁戒。

我昔为是经，常修行忍辱，乃至于妻室，亦不生贪吝。

我昔为是经，令诸贫乏者，皆悉得安乐，丰足诸财宝。

我昔为是经，摄受于一切，沙门婆罗门，种种群生类。

我昔为是经，利益于一切，常为大施主，求者心无吝。

或莳于华果，不令人剪伐，普施诸众生，随意皆充足。

我昔布施时，其心常平等，持戒具功德，破戒无惭愧。

或证大神通，下至凡愚类，皆生希有心，恭敬而周给。

我昔布施时，其心无高下，不求生善趣，志乐于此经；

或令国界中，一切无怨敌，调伏诸龙众，应时霔甘雨。

月光汝当知，我于无量劫，为求是经故，修习诸苦行，设于百千劫，宣说不能尽。

汝已住净信，当来末世时，应生正念心，演说是经典。

我以佛眼观，明见未来世，随其种种行，一切皆了知。

若有诸比丘，为求无上智，能以净信心，演说此经典，是人及方所，一切皆了知。

若于末世时，闻是经爱乐，志愿及方便，一切皆了知。

若诸下劣人，不闻是经典，诽谤宣说者，一切皆了知。

若有诸比丘，及诸比丘尼，得闻于是经，悲感而涕泣，我皆与受记，得见最胜尊。

月光汝当知，诸佛神通力，若人意清净，或有不清净，乃至于信解，一切皆了知。

若有诸众生，志乐常寂静，安住诸禅定，不著生死中，

乃至于习气，究竟皆永断，如是等功德，一切皆了知。

或有诸众生，耽著虚妄法；或有诸众生，于佛生欣乐；如是未来事，一切皆了知。

若有诸众生，染著世间乐，于佛菩提种，不能善开发，以是因缘故，退失诸方便。

若有能了知，诸佛菩提种，是人当获得，清净无边光。

月光汝当观,如是光明等,一一诸因缘,各各有差别,汝以智慧力,一切应了知。
若舍恶知识,亲近于善友,护持清净戒,成就佛光明。
汝当护诸根,舍离无惭愧,修行于善法,随护诸众生。
汝当舍违诤,了达于性空,不贪著利养,具多闻善说。
汝当观利养,犹如于粪秽,无以利养垢,染污清净心,常求于明脱,常得无上利。
汝当修佛道,观佛同法性,常燃大法炬,普照于世间。
汝当如山王,其心安不动,毁骂及捶打,一切皆能忍。
汝当为众生,作真实善友,应舍下劣心,常修于净业。
汝以坚固心,演说无上法,如是微妙经,当授慈心者。
欲求无上智,勿怖于生死,由此舍诸恶,当得于胜利。
譬如明智人,善能用于火,成熟种种味,不为火所烧。
若诸愚痴人,无有善方便,将火置于掌,便为火所烧。
亦如人中毒,迷闷心狂乱,以火而炙疗,因此得痊愈。
月光汝当知,智者亦如是,依意了意空,故处于生死。
依眼了眼空,于眼无执著,若能如是知,住眼亦无恼。
若了眼性空,成就真实智,以真实智故,当得出现光。
若了眼性空,永灭于贪欲,以无贪欲故,当得出现光。
如是瞋与痴,我执并覆恼,悭嫉无惭愧,不忍将贡高,
憍慢及增上,谄诳兼放逸,乃至憍诈等,一一如贪说。
若得真实智,了知眼寂灭,以知寂灭故,当得出现光。
若得真实智,住佛理趣中,以住理趣故,当得出现光。
若得真实智,住佛方便中,以住方便故,当得出现光。
若不修实智,永离于障恼,成就出现光,我昔未闻见。
若勤修实智,永离于障恼,能顺于是行,当得出现光。
若求最胜行,当学于此经,供养诸如来,得实智方便。
若修真实智,当供养诸佛,成就出现光,犹如掌中果。
若迷眼无我,退失沙门法,彼人不能得,如是出现光。
若了眼无我,成就沙门法,彼人当证得,如是出现光。
若了眼尽际,亦了耳生边,由了耳生边,是大沙门法。
若不遍了知,眼性之边际,于眼生边际,亦不能遍知,彼人不能得,如是出现光。
若能遍了知,眼性之边际,于眼生边际,亦能遍了知,彼人当证得,如是出现光。
若不善了知,眼性之边际,于眼生边际,亦不能善知,彼人不能得,如是出现光。
若能善了知,眼性之边际,于眼生边际,亦能善了知,彼人当证得,如是出现光。
若不现了知,眼性之边际,于眼生边际,亦不能现知,彼人不能得,如是出现光。
若能现了知,眼性之边际,于眼生边际,亦能现了知,彼人当证得,如是出现光。
若不善了知,眼性之边际,于眼生边际,亦不能遍知,彼人不能得,如是出现光。
若能善了知,眼性之边际,于眼生边际,亦能现了知,彼人当证得,如是出现光。
若不善了知,眼性之清净,于耳性清净,亦不能善知,彼人不能得,如是出现光。

若能善了知，眼性之清净，于耳性清净，亦能善了知，彼人当证得，如是出现光。

乃至耳鼻舌，身意与色声，香味并触法，地水若火风，性事世间苦，蕴界世将生，

及以声名等，一切皆如是。

31.20.6

[illegible]	[illegible]，	[illegible]	[illegible]	[illegible]	[illegible]	[illegible]	[illegible]①	[illegible]	[illegible]
tśhjɨ¹	zjọ²	rjur¹	pjụ¹	lhjịj²	bji¹	zjɨ̣¹	lji¹	·jij¹	dạ²
尔	时，	世	尊	月	光	童	子	于	言
[illegible]：	“[illegible]	[illegible]	[illegible]，	[illegible]	[illegible]	[illegible]	[illegible]		
·jɨ¹	neew²	goor¹	gji²	tjɨ¹	tjij¹	dźiã²	tśhju¹		
谓：	“善	男	子，	假	若	众	生		

尔时，世尊告月光童子言：“善男子，若有众生

31.21.1

[illegible]	[illegible]	[illegible]	[illegible]，	[illegible]	[illegible]	[illegible]	[illegible]	[illegible]	[illegible]
ljịj²	khji¹	śjwo¹	tshwew¹	thjɨ²	sju²	to²	śja²	bji¹	·iọ¹
大	乘	生	趣，	此	如	出	现	光	圆
[illegible]	[illegible]	[illegible]	[illegible]	[illegible]，	[illegible]	[illegible]	[illegible]		
sə¹	śjɨj¹	·jiw²	kiẹj²	ku¹	·jar¹	ɣạ²	mə²		
满	成	就	欲	故，	八	十	种		

发趣大乘，为欲圆满成就如是出现光者，有八十种

31.21.2

[illegible]	[illegible]	[illegible]	[illegible]	[illegible]。	[illegible]	[illegible]	[illegible]	[illegible]	[illegible]？
neew²	tśhji²	·wụ²	śjɨj	dju¹	·jar¹	ɣạ²	tja¹	thjij²	sjo²
善	根	助	粮	有。	八	十	者	何	云？
[illegible]	[illegible]	[illegible]	[illegible]	[illegible]	[illegible]，	[illegible]	[illegible]		
thjɨ²	tja¹	dźiã²	tśhju¹	ljɨr²	·wejr²	njiij¹	ŋwo²		
此	者	众	生	念	护，	心	损		

善根资粮。云何八十？所谓护念众生，心无

① [illegible] lji¹，荣。此与“[illegible]”（童）通。

31.21.3

[illegible]	[illegible]，	[illegible]	[illegible]	[illegible]	[illegible]	[illegible]	[illegible]	[illegible]	[illegible]，
tśju̱	mjij^{1}	gji^{1}	sej^{1}	kie^{1}	ɣa^{2}	ŋowr^{2}	lhə$^{?}$	zow^{2}	·jiij^{1}
害	无，	清	净	戒	于	具	足	执	持，
[illegible]	[illegible]	[illegible]	[illegible]，	[illegible]	[illegible]	[illegible]	[illegible]，		
njiij^{1}	phji^{1}	tśhja^{2}	ka^{1}	la̱^{1}	ljoor^{1}	mji^{1}	dju^{1}		
心	意	正	等，	谄	诳	无	有，		

损害，于清净戒奉持无缺，其心平等，无有谄曲，

31.21.4

[illegible]	[illegible]、	[illegible]、	[illegible]	[illegible]	[illegible]	[illegible]	[illegible]，	[illegible]	[illegible]
nioow^{1}	lhju̱	zjɨ̱^{1}	lej^{2}	la̱^{1}	njiij^{1}	tsjɨ^{1}	mjij^{1}	lji̱j^{2}	khji^{1}
复	悭、	嫉、	贪	诳	心	亦	无，	大	乘
[illegible]	[illegible]	[illegible]	[illegible]	[illegible]	[illegible]，	[illegible]	[illegible]		
zji$^{?}$	thjoo^{1}	lwər^{2}	lhejr^{2}	na^{1}	dźiej^{2}	nioow^{1}	ɣiwe		
微	妙	经	典	深	信，	复	贵		

亦无悭、嫉、贪诳之心，深信大乘微妙经典，亦不

31.21.5

[illegible]	[illegible]	[illegible]	[illegible]	[illegible]	[illegible]	[illegible]	[illegible]，	[illegible]	[illegible]
lo$^{?}$	mjɨ^{1}	gjiw	śja^{1}	wja̱^{2}	mji^{1}	dzu^{1}	zji̱j^{1}	zeew^{2}	ɣie^{1}
富	无	恭	放	逸	非	乐	著，	忍	力
[illegible]	[illegible]，	[illegible]	[illegible]	[illegible]	[illegible]，	[illegible]	[illegible]		
ŋowr^{2}	lhə$^{?}$	njiij^{1}	tji̱^{1}	mji^{1}	lhjwo^{1}	njiij^{1}	gji^{1}		
具	足，	心	诚	不	退，	心	清		

耽爱富贵憍逸，忍力具足，志愿无退，意乐

31.21.6

[illegible]	[illegible]，	[illegible]	[illegible]	[illegible]①	[illegible]，	[illegible]	[illegible]、	[illegible]	[illegible]、
sej^{1}	dzu^{1}	·ja^{1}	lã^{1}	rja^{2}	dźjiij^{1}	wjɨ̱^{1}	dźjwɨ^{1}	gji̱j^{1}	·jur

① [illegible][illegible][illegible]，阿兰若。梵文 Āriṇya，寺院之总名。

净 乐， 阿 兰 若 住， 眷 属、 利 养、

[illegible]

mjiij[2] dźjwow ɣa[2] mji[1] gji̱[2] rjur[1] śjā[1] bji[1]

名 扬 于 不 依， 诸 禅 光

清净，住阿兰若，不依眷属、利养、名闻，安住诸

31.22.1

[illegible]

śja[2] sā[1] mej[2] ɣa[2] no[2] dźjiij[1] kie[1] ·jiij[1] mjijr[2] ·jij[1]

现 三 昧 于 安 住， 戒 持 者 于

[illegible]①

ljoor[1] mjij[1] tshji[2] ljij[1] xiwā[1] bio̱[1] thwu̱ mjijr[2]

谄 无 侍 奉， 梵 观 同 者

禅，现光三昧，于有戒者无谄承事，于同梵行

31.22.2

[illegible]

do[2] phji[1] buu[2] ŋwe[1] śjwo[1] tsjiir[1] bjuu[1] nioow[1] ku[1] ·ju[2]

于 意 胜 乐 起， 法 敬 故 则 常

[illegible]

xwa[1] śjow[2] ·ja[1] śja[1] lji[2] do[2] na[1] pju̱[1]

和 尚、 阿 阇 梨 于 深 尊

起胜意乐，以敬法故常于和尚、阿阇梨所深生尊

31.22.3

[illegible]

bjuu[1] śjwo[1] lwər[2] lhejr[2] tsjij[2] dar[1] ne̱[1] tshjiij[1] neew[2] ɣjɨr[1]

敬 生， 经 契 通 达， 宣 说 善 巧，

[illegible]

ŋwuu[1] da̱[2] thju[1] thju[1] tśhja[2] sjwɨ[1] sjiij[2] dźjiij[1]

---

① [illegible]，梵观。汉文本作“梵行”。

言 语 诚 实， 正 思 惟 住，

重，了达契经，善巧宣说，所言诚谛，住正思惟，

31.22.4

[illegible]

·jɨr2 neew2 tśhji2 lji̠1 ·ju2 zji1 mjii1 dźji̠j1 ljiij2 sjwɨj1

勤 善 根 种， 常 布 施 行， 魔 业

[illegible]①

nwə1 dwewr2 rjur1 tśhji2 dwu̱2 ·wejr2 lwow1 da̠2

知 觉， 诸 根 密 护， 妄 言

勤种善根，常行慧施，觉知魔业，密护诸根，言词

31.22.5

[illegible]②

mji1 thjɨ1 ɣiej1 dźjar2 tsjij2 njwi2 rjur1 ljɨ̠2 ·jij1 ·jij1

不 说， 真 谛 晓 善， 诸 地 自 相

[illegible]

tsjɨ1 zji2 nwə1 tsjij2 njwi2 mji1 dzjar2 tsə̠1

亦 皆 知 晓 能， 无 尽 色

安审，善解真谛，亦能了知诸地自相，求无尽色，

31.22.6

[illegible]

kju̠1 lju̠2 ka̠1 mji1 ·wier1 ljɨɨr1 ·ji1 ·jij1 dzjiij2 rjur1

求， 身 命 不 惜， 四 众 于 教， 世

[illegible] □， [illegible]

sjwɨ1 sjiij2 ku̠1 zjo̠2 tsjiir1 mjij1 njɨ2

思 惟 □， 后 世 法 无 等，

不惜身命，教于四众，绝世思惟，离诸邪见，无

① [illegible] rjur1（诸），通“[illegible]”rjur1（世）。

② [illegible]，不说妄言。汉文本作“言词安审”。

31.23.1

[illegible]	[illegible]	[illegible]	[illegible],	[illegible]	[illegible]	[illegible]①	[illegible]	[illegible]	[illegible]
rjur^{1}	dow^{1}	ljij^{2}	ka^{2}	·jij^{1}	mjɨ^{1}	wjị	tja^{1}	lạ^{1}	ŋwu^{2}
诸	邪	见	离,	自	不	会	者	安	以
[illegible]	[illegible],	[illegible]	[illegible]	[illegible]	[illegible]	[illegible]②	[illegible]		
mji^{1}	tshjiij^{1}	·jij^{1}	wjị	tja^{1}	rjijr	bju^{1}	phie^{2}		
非	说,	自	会	者	才	依	开		

后世法,不于未学矫现其相,常于己学任力开

31.23.2

[illegible],	[illegible]	[illegible]	[illegible]	[illegible]	[illegible]	[illegible]	[illegible]	[illegible],	[illegible]
neej^{2}	mju^{2}	kjạ^{1}	mə^{2}	ɣiẹ^{2}	·jow^{2}	śja^{2}	mjij^{2}	djij^{2}	śjwo
示,	咏	歌	声	音	赞	叹	未	曾,	庄
[illegible]	[illegible]	[illegible]	[illegible]	[illegible]	[illegible]	[illegible]	[illegible],		
tshjịj^{2}	·wụ^{2}	gju^{2}	tsjɨ^{1}	mjɨ^{1}	tśhjɨ^{1}	·jow^{2}	śja^{2}		
严	资	具	亦	无	尔	赞	叹,		

示,曾不赞美歌咏音声,亦不称誉庄严资具,

31.23.3

[illegible]	[illegible]	[illegible]	[illegible],	[illegible]	[illegible]	[illegible]	[illegible],	[illegible]	[illegible]
rjur^{1}	dźjar^{2}	ljạ^{1}	·o^{2}	rejr^{2}	mji^{1}	ŋowr^{2}	lhə$^{?}$	·jɨ	me
诸	谛	证	入,	多	闻	具	足,	睡	眠
[illegible]	[illegible],	[illegible]	[illegible]	[illegible]	[illegible],	[illegible]	[illegible]		
dźjɨɨr^{1}	ka^{2}	tśhja^{2}	tsjiir^{1}	·jɨr^{2}	kjụ^{1}	tha^{1}	·jij^{1}		
舍	离,	正	法	勤	求,	佛	于		

证入诸谛,具足多闻,舍离睡眠,勤求正法,于佛

31.23.4

[illegible]	[illegible],	[illegible]	[illegible]	[illegible]	[illegible],	[illegible]	[illegible]	[illegible]	[illegible],

① [illegible][illegible][illegible],己不会。汉文本作“未学”。下文“[illegible][illegible]”意“己会”,汉文本作“己学”。

② [illegible][illegible],依才。汉文本作“任力”。

pjụ^{1} bjuu^{1} po^{1} tjɨj^{1} njiij^{1} śjwo^{1} rjur^{1} sjwɨj^{1} phjɨ dźjɨɨr^{1}

尊 敬， 菩 提 心 发， 诸 业 弃 舍，

[illegible] [illegible] [illegible] [illegible]， [illegible] [illegible] [illegible] [illegible]

rjur^{1} ɣiew^{1} do^{2} djọ^{2} tsjiir^{1} dzu^{1} nioow^{1} ku^{1}

诸 学 处 修， 法 爱 因 故

尊重，发菩提心，舍于世业，修诸学处，为爱法故

31.23.5

[illegible] [illegible] [illegible] [illegible] [illegible]， [illegible] [illegible] [illegible] [illegible] [illegible]

buu^{2} wjɨ̣^{1} ɣa^{2} bju^{1} gjị^{2} rjur^{1} neew^{2} tśhji^{2} kjụ^{1} njiij^{1}

胜 友 于 依 靠， 诸 善 根 求 心

[illegible] [illegible] [illegible]， [illegible] [illegible] [illegible] [illegible]， [illegible]

mji^{1} dwər^{1} lhə$^{?}$ nji^{1} phjɨ^{1} dzu^{1} ŋwe^{1} tha^{1}

无 厌 足， 家 出 爱 乐， 佛

依于胜友，求诸善根心无厌足，爱乐出家，护

31.23.6

[illegible] [illegible] [illegible]， [illegible] [illegible] [illegible]① [illegible]， [illegible] [illegible] [illegible]

tsjiir^{1} ·wejr^{2} ·jiij^{1} niow^{2} śjwo^{1} sjwɨj^{1} śjwo^{1} tsjiir^{1} ɣa^{2} ·jiw^{2}

法 护 持， 恶 起 业 起， 教 于 疑

[illegible] [illegible] [illegible] [illegible] [illegible]， [illegible] [illegible] [illegible]

mjij^{1} dzjọ^{1} dza^{2} tshjiij^{1} njwi^{2} dwu̱ rjɨj phie^{2}

无， 譬 喻 说 善， 秘 谋 开

持佛法，不起恶业，于教无疑，善说譬喻，开示秘

31.24.1

[illegible]， [illegible] [illegible] [illegible] [illegible] [illegible] [illegible] [illegible] [illegible]， [illegible]

neej^{2} tha^{2} po^{1} tjɨj^{1} ɣa^{2} njiij^{1} tjị^{1} mji^{1} dwər^{1} rjɨr^{2}

示， 大 菩 提 于 心 诚 无 厌， △

[illegible] [illegible] [illegible] [illegible] [illegible] [illegible] [illegible]， [illegible]

① 此字原文不清，此处根据汉文本文意补。

ɣiwej^{1}	lwər^{2}	lhejr^{2}	phjɨ^{1}	mjɨ̣	mjij^{2}	djij^{2}	·jij^{1}
受	经	契	失	忘	未	曾，	自

密，于大菩提志求无倦，所受经典未尝忘失，不

31.24.2

[illegible]	[illegible]	[illegible]，	[illegible]	[illegible]①	[illegible]	[illegible]，	[illegible]	[illegible]	[illegible]
ɣiew^{1}	mji^{1}	dźjɨɨr^{1}	mjɨ^{1}	ljɨ^{1}	dźjwu	·wə̣	lho$^{?}$	ka^{2}	tśja^{1}
学	不	舍，	他	虽	摧	伏，	出	离	道
[illegible]，	[illegible]	[illegible]	[illegible]	[illegible]，	[illegible]	[illegible]	[illegible]		
kjụ^{1}	mjɨ^{1}	pjụ^{1}	dźjɨ$^{?}$	djọ^{2}	thja^{1}	tsjiir^{1}	sjịj^{2}		
求，	无	量	行	修，	彼	法	智		

舍自学，摧伏他论，求出离道，修无量行，于彼法智

31.24.3

[illegible]	[illegible]	[illegible]	[illegible]	[illegible]，	[illegible]	[illegible]	[illegible]	[illegible]	[illegible]
ɣa^{2}	njiij^{1}	phji^{1}	kjɨ^{1}	djɨj^{2}	·jiw^{1}	mjaa^{1}	twẹ^{2}	twẹ^{2}	dźiə^{2}
于	心	意	必	定，	因	果	相	续	轮
[illegible]	[illegible]	[illegible]，	[illegible]	[illegible]	[illegible]	[illegible]，	[illegible]		
dźiej^{2}	dźju^{1}	ljij^{2}	sọ^{1}	dju^{1}	mji^{1}	zjịj^{1}	buu^{2}		
回	明	见，	三	有	不	著，	胜		

其心决定，明见因果相续轮回，不著三有，离

31.24.4

[illegible]②	[illegible]	[illegible]，	[illegible]	[illegible]	[illegible]	[illegible]	[illegible]	[illegible]	[illegible]
gjij^{1}	khwẹj^{1}	ka^{2}	dźiej^{2}	mjijr^{2}	dzjwo^{2}	ɣa^{2}	ŋwer^{1}	djị^{2}	gu^{1}
殊	慢	离，	信	者	人	于	对	治	建
[illegible]，	[illegible]	[illegible]	[illegible]	[illegible]	[illegible]	[illegible]	[illegible]		
śjwo^{1}	mjij^{2}	ljịj^{2}	mjaa^{1}	tshja^{2}	do^{2}	pha^{1}	tsjij^{2}		
立，	未	来	果	报	差	异	了		

增上慢，为于信者建立对治，了达未来果报差

① [illegible] ljɨ^{1}，虽。当通"[illegible]"ljɨ^{1}（论），亦或形近之误。

② [illegible][illegible]，殊胜。汉文本作"增上"。

31.24.5

[illegible],	[illegible]	[illegible]	[illegible]	[illegible]	[illegible]	[illegible]	[illegible]	[illegible]	[illegible],
dar^{1}	śji^{1}	bju^{2}	nwə^{1}	njwi^{2}	dzjij^{2}	·jiw^{1}	ɣa^{2}	mji^{1}	tha^{2}
达,	前	际	知	善	他	缘	于	不	依,
[illegible]	[illegible]	[illegible]	[illegible]	[illegible]	[illegible]	[illegible],	[illegible]		
khwa^{1}	ka^{2}	dźjɨ$^{?}$	ɣa^{2}	djọ^{2}	·jɨr^{2}	dzjiij^{2}	tha^{1}		
远	离	行	于	修	勤	习,	佛		

别,善知前际不假他缘,于远离行精勤修习,于

31.24.6

[illegible]	[illegible]	[illegible]	[illegible]	[illegible]	[illegible]	[illegible],	[illegible]	[illegible]	[illegible]
·jij^{1}	ŋạ^{2}	ɣa^{2}	ŋowr^{2}	lhə$^{?}$	ljuu^{2}	tshjịj^{2}	thjɨ^{2}	tja^{1}	·jar^{1}
相	好	于	具	足	庄	严,	此	者	八
[illegible]	[illegible]。	[illegible]	[illegible],	[illegible]	[illegible],	[illegible]	[illegible]		
ɣạ^{2}	ŋwu^{2}	nioow^{1}	gie̱	bji^{1}	lhjịj^{2}	thjɨ^{2}	·jar^{1}		
十	是。	复	次,	光	月,	此	八		

佛相好具足庄严,是为八十。复次,月光,此八

31.25.1

[illegible]	[illegible]	[illegible]	[illegible]	[illegible]	[illegible]。	[illegible]	[illegible]	[illegible]	[illegible]?
ɣạ^{2}	tsjiir^{1}	ŋwə	tsjiir^{1}	ɣa^{2}	·o^{2}	ŋwə	tja^{1}	thjij^{2}	sjo^{2}
十	法	五	法	于	入。	五	者	何	云?
[illegible]	[illegible]	[illegible]	[illegible]	[illegible],	[illegible]	[illegible]、			
thjɨ^{2}	tja^{1}	lhji^{2}	wee^{1}	nwə^{1}	phã^{1}	djiij^{2}			
此	者	死	生	知,	槃	涅、			

十法入于五法。云何为五?所谓知生死,知涅槃,

31.25.2

[illegible]	[illegible]	[illegible]	[illegible],	[illegible]	[illegible]	[illegible],	[illegible]	[illegible]	[illegible]
źjị^{1}	njɨɨ^{2}	sji^{1}	nwə^{1}	buu^{2}	gjij^{1}	nwə^{1}	ljo^{1}	mjaa^{1}	nwə^{1}
烦	恼	尽	知,	胜	殊	知,	福	果	知

[illegible]。	[illegible]	[illegible]，	[illegible]	[illegible]，	[illegible]	[illegible]	[illegible]
ŋwu^{2}	nioow^{1}	tśjɨɨ^{1}	lhjịj^{2}	bji^{1}	thjɨ^{2}	sju^{2}	ŋwə
是。	复	次，	月	光，	此	如	五

知烦恼尽，知增上，知福果。复次，月光，如是五

31.25.3

[illegible]	[illegible]	[illegible]	[illegible]	[illegible]。	[illegible]	[illegible]	[illegible]	[illegible]？	[illegible]
tsjiir^{1}	njɨɨ^{1}	tsjiir^{1}	ɣa^{2}	·o^{2}	njɨɨ^{1}	tja^{1}	thjij^{2}	sjo^{2}	thjɨ^{2}
法	二	法	于	入。	二	者	何	云？	此
[illegible]	[illegible]	[illegible]	[illegible]	[illegible]	[illegible]，	[illegible]	[illegible]		
tja^{1}	njiij^{1}	gji^{1}	sej^{1}	ljuu^{2}	tshjịj^{2}	tsə̣^{1}	gji^{1}		
者	心	清	净	庄	严，	色	清		

法入于二法。云何为二？所谓心清净庄严，色清

31.25.4

[illegible]	[illegible]	[illegible]	[illegible]。	[illegible]	[illegible]，	[illegible]	[illegible]，	[illegible]	[illegible]
sej^{1}	ljuu^{2}	tshjịj^{2}	ŋwu^{2}	nioow^{1}	tśjɨɨ^{1}	lhjịj^{2}	bji^{1}	thjɨ^{2}	sju^{2}
净	庄	严	是。	复	次，	月	光，	此	如
[illegible]	[illegible]	[illegible]	[illegible]	[illegible]	[illegible]。	[illegible]	[illegible]		
njɨɨ^{1}	tsjiir^{1}	lew^{1}	tsjiir^{1}	ɣa^{2}	·o^{2}	lew^{1}	tja^{1}		
二	法	一	法	于	入。	一	者		

净庄严。复次，月光，如是二法入于一法。云何

31.25.5

[illegible]	[illegible]？	[illegible]	[illegible]	[illegible]	[illegible]	[illegible]	[illegible]	[illegible]	[illegible]
thjij^{2}	sjo^{2}	thjɨ^{2}	tja^{1}	rjur^{1}	tha^{1}	mjor^{1}	ljịj^{2}	·jij^{1}	ɣiẹ^{2}
何	云？	此	者	诸	佛	如	来	之	碍
[illegible]	[illegible]	[illegible]	[illegible]	[illegible]	[illegible]。				
mjij^{1}	bie^{2}	lhew^{2}	śjɨj^{1}	·jiw^{2}	ŋwu^{2}				
无	解	脱	成	就	是。				

为一？所谓能成诸佛如来无碍解脱。

汉文本

尔时,世尊告月光童子言:“善男子,若有众生发趣大乘,为欲圆满成就如是出现光者,有八十种善根资粮。云何八十?所谓护念众生,心无损害,于清净戒奉持无缺,其心平等,无有谄曲,亦无悭、嫉、贪诳之心,深信大乘微妙经典,亦不耽爱富贵憍逸,忍力具足,志愿无退,意乐清净,住阿兰若,不依眷属、利养、名闻,安住诸禅,现光三昧,于有戒者无谄承事,于同梵行起胜意乐,以敬法故常于和尚、阿阇梨所深生尊重,了达契经,善巧宣说,所言诚谛,住正思惟,勤种善根,常行慧施,觉知魔业,密护诸根,言词安审,善解真谛,亦能了知诸地自相,求无尽色,不惜身命,教于四众,绝世思惟,离诸邪见,无后世法,不于未学矫现其相,常于已学任力开示,曾不赞美歌咏音声,亦不称誉庄严资具,证入诸谛,具足多闻,舍离睡眠,勤求正法,于佛尊重,发菩提心,舍于世业,修诸学处,为爱法故依于胜友,求诸善根心无厌足,爱乐出家,护持佛法,不起恶业,于教无疑,善说譬喻,开示秘密,于大菩提志求无倦,所受经典未尝忘失,不舍自学,摧伏他论,求出离道,修无量行,于彼法智其心决定,明见因果相续轮回,不著三有,离增上慢,为于信者建立对治,了达未来果报差别,善知前际不假他缘,于远离行精勤修习,于佛相好具足庄严,是为八十。复次,月光,此八十法入于五法。云何为五?所谓知生死,知涅槃,知烦恼尽,知增上,知福果。复次,月光,如是五法入于二法。云何为二?所谓心清净庄严,色清净庄严,复次,月光,如是二法入于一法。云何为一?所谓能成诸佛如来无碍解脱。

31.25.6

“[illegible]	[illegible],	[illegible]	[illegible],	[illegible]	[illegible]	[illegible]	[illegible]	[illegible]	[illegible],
nioow^{1}	tśjɨɨ^{1}	lhjịj^{2}	bji^{1}	nioow^{1}	·jar^{1}	ɣạ^{2}	mə^{2}	tsjiir^{1}	dju^{1}
复	次,	月	光,	复	八	十	种	法	有,
[illegible]	[illegible]	[illegible]	[illegible]	[illegible]	[illegible]	[illegible]	[illegible]		
rjur^{1}	tha^{1}	mjor^{1}	ljịj^{2}	·jij^{1}	ɣiẹ^{2}	mjij^{1}	bie^{2}		
诸	佛	如	来	之	碍	无	解		

“复次,月光,复有八十种法,善能成就诸佛如来

31.26.1

[illegible]	[illegible]	[illegible]	[illegible]。	[illegible]	[illegible]	[illegible]	[illegible]	[illegible]?	[illegible]
lhew^{2}	śjɨj^{1}	·jiw^{2}	njwi^{2}	·jar^{1}	ɣạ^{2}	tja^{1}	thjij^{2}	sjo^{2}	thjɨ^{2}
脱	成	就	能。	八	十	者	何	云?	此
[illegible]	[illegible]	[illegible]	[illegible]	[illegible],	[illegible]	[illegible]	[illegible]		
tja^{1}	zji^{1}	mjii^{1}	·wụ^{2}	śjɨj	wạ^{2}	ljịj^{2}	sjịj^{2}		
者	布	施	助	粮,	弘	大	智		

无碍解脱。云何八十?所谓布施资粮,广大智

31.26.2

[illegible]， [illegible] [illegible] [illegible] [illegible]， [illegible] [illegible] [illegible] [illegible]， [illegible]

źjɨr^{1} gji^{1} sej^{1} kie^{1} djọ^{2} źjị^{1} njɨɨ^{2} tsja^{1} ka^{2} mjɨ^{1}

慧， 清 净 戒 修， 烦 恼 热 离， 无

[illegible] [illegible] [illegible]， [illegible] [illegible] [illegible] [illegible]， [illegible]

gjiw^{1} ·jar^{2} ·wə̱ ŋwuu^{1} dạ^{2} ·wə̱^{1} lhjii^{1} mə^{2}

恭 调 伏， 言 词 柔 软， 种

慧，修清净戒，离烦恼热，摧伏憍慢，柔软言词，于种

31.26.3

[illegible] [illegible] [illegible] [illegible] [illegible] [illegible] [illegible]， [illegible] [illegible] [illegible]

mə^{2} dạ^{2} ɣa^{2} mjɨ^{1} nwə^{1} tja^{1} mjij^{1} neew^{2} wjɨ̣^{1} tsjɨ^{1}

种 事 于 无 知 者 无， 善 友 亦

[illegible]， [illegible] [illegible] [illegible] [illegible]， [illegible] [illegible] [illegible]

nwə^{1} ljịj^{2} ·ụ^{2} śjwo^{1} tshwew^{1} khu^{1} dźjij^{1} zjir^{2}

知， 大 乘 生 趣， 进 精 铠

种事无不知时，亦知善友，发趣大乘，被精进

31.26.4

[illegible]， [illegible] [illegible] [illegible] [illegible]， [illegible] [illegible] [illegible] [illegible] [illegible]

gjwi^{2} pjụ^{1} wer^{1} gjịj^{1} war^{2} źjị^{1} njɨɨ^{2} kha^{1} ljɨ^{1} mjijr^{2}

穿， 威 仪 利 物， 烦 恼 中 堕 者

[illegible] [illegible] [illegible] [illegible] [illegible]， [illegible] [illegible] [illegible]

·jij^{1} ·jiw^{2} ljɨ̣j^{1} phja^{1} phji^{1} rjur^{1} mji^{1} neew^{2}

于 疑 惑 断 令， 诸 不 善

甲，威仪利物，堕烦恼者令断疑惑，毁诸不

31.26.5

[illegible]， [illegible] [illegible] [illegible] [illegible]， [illegible] [illegible] [illegible] [illegible] [illegible]

kjịj^{1} neew^{2} tsjiir^{1} djọ^{2} dźjịj^{1} niow^{2} dzjwo^{2} rjir^{2} wjɨ̣^{1} dźjwɨ^{1}

毁， 善 法 修 行， 凶 人 与 友 属

[illegible]	[illegible],	[illegible]	[illegible]	[illegible]	[illegible]	[illegible]	[illegible]
mji^{1}	wji^{1}	rjur^{1}	neew^{2}	tśhji^{2}	ljị	dwər^{1}	lhə$^{?}$
不	为，	诸	善	根	种	厌	足

善，修行白法①，不与恶人而为伴侣，种诸善根无有

31.26.6

[illegible]	[illegible],	[illegible]	[illegible]	[illegible]	[illegible],	[illegible]	[illegible]	[illegible]	[illegible],
mji^{1}	dju^{1}	po^{1}	tjɨj^{1}	njiij^{1}	śjwo^{1}	kjir^{1}	·jiw^{2}	khu^{1}	dźjij^{1}
不	有，	菩	提	心	生，	勇	猛	进	精，
[illegible]	[illegible]	[illegible]	[illegible],	[illegible]	[illegible]	[illegible]	[illegible],		
ljiij^{2}	dạ^{2}	nwə^{1}	dwewr^{2}	rjur^{1}	dźjar^{2}	ljạ^{1}	njwi^{2}		
魔	事	知	觉，	诸	谛	证	能，		

厌足，发菩提心，勇猛精进，觉知魔事，证于诸谛，

31.27.1

[illegible]	[illegible]	[illegible]	[illegible],	[illegible]	[illegible]	[illegible]	[illegible],	[illegible]	[illegible]
źjɨr^{1}	ɣiej^{1}	kjụ^{1}	tshwew^{1}	kjɨ^{1}	djɨj^{2}	·jiw^{2}	mjij^{1}	njiij^{1}	dźiã^{2}
实	真	供	养，	△	定	疑	无，	心	众
[illegible]	[illegible],	[illegible]	[illegible]	[illegible]	[illegible]	[illegible],	[illegible]		
tśhju^{1}	ljɨr^{2}	·ju^{2}	gju^{1}	gjuu^{2}	njiij^{1}	tśhju^{1}	rjur^{1}		
生	念，	常	渡	济	心	生，	诸		

真实供养，决了无疑，心念众生，常怀济度，不

31.27.2

[illegible]	[illegible]	[illegible],	[illegible]	[illegible]	[illegible]	[illegible],	[illegible]	[illegible]	[illegible]
dju^{1}	mji^{1}	zjịj^{1}	tha^{2}	njiij^{1}	gu^{1}	śjwo^{1}	mji^{1}	neew^{2}	dźiã^{2}
有	不	著，	大	心	生	发，	不	善	众
[illegible]	[illegible]	[illegible]	[illegible]	[illegible]	[illegible],	[illegible]、	[illegible]、		
tśhju^{1}	·jij^{1}	niow^{2}	dźjar^{2}	lju	neej^{2}	lẹj^{2}	tshjạ^{1}		
生	之	凶	过	罪	示，	贪、	瞋、		

① 白法，西夏文本作“善法”([illegible])。

著诸有，起于大心，不善众生示其过恶，舍贪、瞋、

31.27.3

[illegible]	[illegible]，	[illegible]	[illegible]	[illegible]	[illegible]，	[illegible]	[illegible]	[illegible]	[illegible]，
lə^{2}	dźjɨɨr^{1}	kiẹj^{2}	gjịj^{1}	mji^{1}	kjụ^{1}	dźiã^{2}	tśhju^{1}	śjɨj^{1}	we^{1}
痴	舍，	欲	利	不	求，	众	生	成	熟，
[illegible]	[illegible]	[illegible]	[illegible]	[illegible]，	[illegible]	[illegible]	[illegible]		
tha^{1}	bə^{2}	rjir^{2}	djọ^{2}	djị^{2}	rjur^{1}	śjɨj^{2}	mjijr^{2}		
佛		塔	修	理，	诸	圣	者		

痴，不求欲利，成熟众生，修治佛塔，于诸圣者

31.27.4

[illegible]	[illegible]	[illegible]	[illegible]	[illegible]，	[illegible]	[illegible]	[illegible]	[illegible]	[illegible]
·jij^{1}	pjụ^{1}	bjuu^{1}	zjwɨ̣^{1}	lhejr^{2}	ljịj^{2}	khji^{1}	dźjiij^{1}	mjijr^{2}	·jij^{1}
于	尊	敬	恭	敬，	大	乘	住	者	于
[illegible]	[illegible]	[illegible]	[illegible]，	[illegible]	[illegible]	[illegible]	[illegible]		
?	njij^{1}	tshji^{2}	ljịj^{1}	bji^{2}	dźju^{2}	khji^{1}	dzjwo^{2}		
亲	近	侍	奉，	下	卑	乘	人		

尊重恭敬，住大乘者亲近承事，终不赞叹

31.27.5

[illegible]	[illegible]	[illegible]	[illegible]	[illegible]，	[illegible]	[illegible]	[illegible]	[illegible]，	[illegible]
·jij^{1}	tśjo$^{?}$	mji^{1}	·jow^{2}	śja^{2}	ɣiẹ^{2}	mji^{1}	khwa^{1}	ka^{2}	ljwịj
之	终	不	赞	叹，	声	闻	远	离，	怨
[illegible]	[illegible]	[illegible]，	[illegible]	[illegible]	[illegible]	[illegible]	[illegible]		
dwər	dźjwu	·wạ	rjur^{1}	rjur^{1}	pjụ^{1}	do^{2}	wạ^{2}		
敌	摧	伏，	诸	世	尊	处	广		

下劣乘人，远离声闻，摧伏怨敌，于世尊所广

31.27.6

[illegible]	[illegible]	[illegible]，	[illegible]	[illegible]	[illegible]	[illegible]	[illegible]	[illegible]	[illegible]
ljịj^{2}	kjụ^{1}	tshwew^{1}	buu^{2}	gjij^{1}	njiij^{1}	ŋwu^{2}	mə^{2}	mə^{2}	zji^{1}

大 供 养，胜 殊 心 以 种 种 布

[illegible]，[illegible]，[illegible]，

mjii1 ɣiẹ2 mjij1 sjịj2 rjir2 nwə? ŋwo2 ŋowr2

施，碍 无 智 得，辩 才 具

大供养，以殊胜心种种奉施，得无碍智，具足辩

31.28.1

[illegible]，[illegible]，

lhə? rjur1 dzjọ1 dza2 ŋwu2 tśhja2 tsjiir1 phie2 neej2 thja1

足，诸 譬 喻 以 正 法 开 示，彼

[illegible]，

tsjịr2 ŋa1 rjir2 dźjwɨ1 mji1 ljwu1 nu1 tsjiir1

性 空 与 相 不 违 背，法

才，以诸譬喻开示正法，而于性空不相违背，求

31.28.2

[illegible]，[illegible]，

kjụ1 mji1 low na1 wo2 dźju1 phie2 ljịj2 zji2 ·jiij1

求 无 懈，深 义 显 开，大 总 持

[illegible]，[illegible]，

ŋowr2 tsjiir1 tshjiij1 mji1 laa1 wạ2 deej1 dźjịj1

具，法 说 不 染，广 传 行

法无懈，显发深义，具大总持，说法无染，能广流

31.28.3

[illegible]，[illegible]，[illegible]，

njwi2 dzjiij2 śio1 mji1 dwər1 rjur1 dźjɨ? ·iọ1 sə1 ljịj2

能，化 导 无 厌，诸 行 圆 满，大

[illegible]，[illegible]，

pjụ1 tśhja2 dźjij2 nwə? ŋwo2 ɣiẹ2 mjij1 rejr2

威 德 有，辩 才 障 无，多

布，化导无厌，圆满诸行，有大威德，辩才无滞，成

31.28.4

[illegible]	[illegible]	[illegible]，	[illegible]	[illegible]	[illegible]	[illegible]	[illegible]，	[illegible]	[illegible]
mji^1	śjɨj^1	·jiw^2	dzjwo^2	niow^2	·jij^1	mji^1	·jow^2	neew^2	sjwɨj^1
闻	成	就，	人	恶	之	不	赞，	善	业
[illegible]	[illegible]，	[illegible]	[illegible]	[illegible]①	[illegible]，	[illegible]	[illegible]		
djọ^2	dzjɨ̱	rjur^1	ŋur^1	tśjɨ^1	tsjij^2	rjur^1	ljij^2		
修	习，	诸	蕴	知	悟，	诸	见		

就多闻，不赞恶人，修于善业，解了诸蕴，舍离

31.28.5

[illegible]	[illegible]，	[illegible]	[illegible]	[illegible]	[illegible]，	[illegible]	[illegible]	[illegible]	[illegible]，
dźjɨɨr^1	ka^2	·jiw^1	tsjɨ̣r^2	tsjij^2	dar^1	dźjịj^1	lew^2	gjiij^1	dzjịj^1
舍	离，	因	性	通	达，	行	所	超	越，
[illegible]	[illegible]	[illegible]	[illegible]，	[illegible]	[illegible]	[illegible]	[illegible]，		
mjɨɨ^2	njaa^2	khwa^1	ka^2	gji^1	sej^1	dźiej^2	śjwo^1		
境	非	远	离，	清	净	信	生，		

诸见，通达因性，超过所行，远离非境，生清净信，

31.28.6

[illegible]	[illegible]	[illegible]	[illegible]，	[illegible]	[illegible]	[illegible]	[illegible]，	[illegible]	[illegible]
tśhja^2	tśja^1	ɣa^2	dźjiij^1	ljịj^2	·ụ^2	dzu^1	ŋwe^1	tśhja^2	ka^1
正	道	于	住，	大	乘	爱	乐，	平	等
[illegible]	[illegible]，	[illegible]	[illegible]	[illegible]	[illegible]，	[illegible]	[illegible]		
ɣjiw^1	ɣiwej^1	ŋa^2	mjij^1	mji^1	zjịj^1	lhji^2	wee^1		
摄	受，	我	无	不	著，	死	生		

住于正道，爱乐大乘，平等摄受，不著无我，不厌

31.29.1

[illegible]	[illegible]，	[illegible]	[illegible]	[illegible]	[illegible]，	[illegible]	[illegible]	[illegible]	[illegible]，
mji^1	dwər^1	djiij^2	phã^1	kjụ^1	ŋwe^1	zjɨɨr^1	kiẹj^2	nioow^1	ku^1

① [illegible] tśjɨ^1，赠送。当通"[illegible]"tśjɨ^1（解、悟）。下文汉文"解了"一词，西夏文皆作"[illegible][illegible]"。

不 厌， 涅 槃 求 乐， 少 欲 因 故，

□ □ □ □， □ □ □ □，

·ja^{1} lā^{1} rja^{2} dźjiij^{1} ·ju^{2} dźjij^{1} tji̤^{1} kju̱^{1}

阿 兰 若 住， 常 行 食 求，

生死，乐求涅槃，以少欲故，住阿兰若，常行乞食，

31.29.2

□ □① □ □， □ □② □ □， □ □③

low lji̤j^{1} mji^{1} dju^{1} zjɨɨr^{1} tha^{2} rjir^{1} bju^{1} lhə$^{?}$ nwə^{1}

懈 悟 不 有， 微 大 得 随， 足 知

□ □， □ □ □ □， □ □

njiij^{1} śjwo^{1} bjuu^{1} ·ju^{2} mjij^{1} ka^{2} tha^{1} rjijr^{2}

心 生， 惭 愧 无 离， 佛 方

无有懈惓，随有所得，心生喜足，离无惭愧，亲近

31.29.3

□ □， □ □ □ □ □， □ □ □

? njij^{1} neew^{2} wjɨ̣^{1} rjir^{2} thwuu^{1} dźjiij^{1} dji̤j^{1} njaa^{2} dźjɨɨr^{1}

亲 近， 善 友 与 同 住， 类 非 舍

□， □ □ □ □ □， □ □

ka^{2} ·ju^{2} mur^{1} ·jij^{1} njij^{2} śjow^{1} dźiā^{2} tśhju^{1}

离， 夫 凡 之 慈 愍， 众 生

于佛，善友同止，舍于非类，愍诸凡夫，同众

31.29.4

□ □ □， □ □ □ □， □ □ □

rjir^{2} dźjɨ$^{?}$ thwuu^{1} tha^{1} ·jij^{1} sej^{1} dźiej^{2} gju^{2} njaa^{2} khwa^{1}

与 行 同， 佛 于 净 信， 器 非 远

□， □ □ □ □ □ □ □

① 原文字迹漫漶，据残存构件，当为“□”字，若此“□”lji̤j^{1} 当通“□”ljij^{1}（惰）。

② □□，微大。此对汉文“有所”。

③ □□，知足。梵文 Tuṣita（都史多、兜率陀）之意译，又意译“喜足”。

ka^{2}	ljwu^{1}	nu^{1}	mjijr^{2}	rjir^{2}	dạ^{2}	mjɨ^{1}	tśhjɨ^{1}
离，	违	背	者	与	言	不	尔

生行，于佛净信，离于非器，有相违者不与言说，

31.29.5

[illegible]，	[illegible]	[illegible]	[illegible]	[illegible]	[illegible]	[illegible]	[illegible]	[illegible]	[illegible]，
wji^{1}	mji^{1}	kjụ^{1}	lja^{1}	mjijr^{2}	·jij^{1}	mji^{1}	phie^{2}	tshjiij^{1}	wji^{1}
为，	不	求	来	者	之	不	开	说	为，
[illegible]	[illegible]	[illegible]	[illegible]	[illegible]	[illegible]①	[illegible]	[illegible]，		
tjij^{1}	kjụ^{1}	lja^{1}	ku^{1}	dzjɨj^{2}	bju^{1}	tshjiij^{1}	wji^{1}		
若	求	来	则	宜	如	说	为，		

不来求者不为开晓，若有来求如应为说，

31.29.6

[illegible]	[illegible]	[illegible]	[illegible]，	[illegible]	[illegible]	[illegible]	[illegible]，	[illegible]	[illegible]
tjị^{1}	dzji	tśhja^{2}	ka^{1}	·ju^{2}	mjii^{1}	ka^{1}	mjii^{1}	mji^{1}	?
食	饮	平	等，	常	施	等	施，	不	拒
[illegible]	[illegible]。	[illegible]	[illegible]	[illegible]	[illegible]，	[illegible]	[illegible]		
tha^{2}	mjii^{1}	lhjịj^{2}	bji^{1}	zjɨ^{1}	lji^{2}	thjɨ^{2}	·jar^{1}		
大	施。	月	光	童	子，	是	八		

于食平等，常施等施，开门大施。如是，童子，此八

31.30.1

[illegible]	[illegible]，	[illegible]	[illegible]	[illegible]	[illegible]	[illegible]	[illegible]	[illegible]	[illegible]
ɣạ^{2}	tsjiir^{1}	rjur^{1}	tha^{1}	·jij^{1}	ɣiẹ^{2}	mjij^{1}	bie^{2}	lhew^{2}	rjir^{1}
十	法，	诸	佛	之	碍	无	解	脱	得
[illegible]。	[illegible]	[illegible]，	[illegible]	[illegible]	[illegible]	[illegible]②，	[illegible]		
njwi^{2}	tśhjɨ^{1}	zjọ^{2}	lhjịj^{2}	bji^{1}	zjɨ^{1}	lji^{1}	thjɨ^{2}		
能。	尔	时，	月	光	童	利，	此		

十法，能得诸佛无碍解脱。"尔时，月光童子得

---

① [illegible][illegible]，合宜。汉文本作"如应"。

② [illegible] lji^{1}，当与"[illegible]"lji^{1}(童)通。

31.30.2

[illegible]	[illegible]	[illegible]，	[illegible]	[illegible]	[illegible]	[illegible]，	[illegible]	[illegible]	[illegible]
tsjiir^{1}	mji^{1}	nioow^{1}	ljịj^{2}	njiij^{1}	ljɨ̣j^{2}	śjwo^{1}	xja^{1}	tha^{1}	·ju^{2}
法	闻	已，	大	心	喜	生，	即	佛	面
[illegible]，	[illegible]	[illegible]	[illegible]	[illegible]：					
rjir^{2}	ljaa^{1}	ŋwu^{2}	·jow^{2}	śja^{2}					
前，	偈	以	赞	叹：					

闻是法，生大欢喜，即于佛前，以偈赞曰：

汉文本

复次，月光，复有八十种法，善能成就诸佛如来无碍解脱。云何八十？所谓布施资粮，广大智慧，修清净戒，离烦恼热，摧伏憍慢，柔软言词，于种种事无不知时，亦知善友，发趣大乘，被精进甲，威仪利物，堕烦恼者令断疑惑，毁诸不善，修行白法，不与恶人而为伴侣，种诸善根无有厌足，发菩提心，勇猛精进，觉知魔事，证于诸谛，真实供养，决了无疑，心念众生，常怀济度，不著诸有，起于大心，不善众生示其过恶，舍贪、瞋、痴，不求欲利，成熟众生，修治佛塔，于诸圣者尊重恭敬，住大乘者亲近承事，终不赞叹下劣乘人，远离声闻，摧伏怨敌，于世尊所广大供养，以殊胜心种种奉施，得无碍智，具足辩才，以诸譬喻开示正法，而于性空不相违背，求法无懈，显发深义，具大总持，说法无染，能广流布，化导无厌，圆满诸行，有大威德，辩才无滞，成就多闻，不赞恶人，修于善业，解了诸蕴，舍离诸见，通达因性，超过所行，远离非境，生清净信，住于正道，爱乐大乘，平等摄受，不著无我，不厌生死，乐求涅槃，以少欲故，住阿兰若，常行乞食无有懈惓，随有所得，心生喜足，离无惭愧，亲近于佛，善友同止，舍于非类，愍诸凡夫，同众生行，于佛净信，离于非器，有相违者不与言说，不来求者不为开晓，若有来求如应为说，于食平等，常施等施，开门大施。如是，童子，此八十法，能得诸佛无碍解脱。

尔时，月光童子得闻是法，生大欢喜，即于佛前，以偈赞曰：

31.30.3

"[illegible]	[illegible]	[illegible]	[illegible]	[illegible]	[illegible]	[illegible]，	[illegible]	[illegible]	[illegible]
mjor^{1}	ljịj^{2}	mej^{1}	·jij^{1}	sji^{1}	bju^{2}	tsjij^{2}	thjɨ^{2}	nioow^{1}	gji^{1}
"如	来	眼	之	尽	边	晓，	此	故	清
[illegible]	[illegible]	[illegible]	[illegible]，						
sej^{1}	sjịj^{2}	to^{2}	njwi^{2}						
净	智	出	能，						

"如来了知眼尽边，故能出现清净智，

31.30.4

[Tangut]	[Tangut]	[Tangut]	[Tangut]	[Tangut]	[Tangut]	[Tangut]，	[Tangut]	[Tangut]	[Tangut]
gji^{1}	sej^{1}	sjịj^{2}	to^{2}	śja^{2}	njwi^{2}	ku^{1}	mjor^{1}	ljịj^{2}	·jij^{1}
清	净	智	出	现	能	故，	如	来	之
[Tangut]	[Tangut]	[Tangut]	[Tangut]。						
sej^{1}	bji^{1}	ŋowr^{2}	lhə$^{?}$						
净	光	具	足。						

以能出现清净智，具足如来清净光。

31.30.5

[Tangut]	[Tangut]	[Tangut]	[Tangut]	[Tangut]	[Tangut]	[Tangut]，	[Tangut]	[Tangut]	□
mjor^{1}	ljịj^{2}	mej^{1}	·jij^{1}	ŋa^{2}	mjij^{1}	tsjij^{2}	thjɨ^{2}	nioow^{1}	?
如	来	眼	之	我	无	晓，	此	故	?
□①	[Tangut]	[Tangut]	[Tangut]，						
?	ɣiẹ^{2}	to^{2}	njwi^{2}						
?	音	出	能，						

如来了知眼无我，故能出现清净音，

31.30.6

[Tangut]	[Tangut]	[Tangut]	[Tangut]	[Tangut]	[Tangut]	[Tangut]，	[Tangut]	[Tangut]	[Tangut]
gji^{1}	sej^{1}	ɣiẹ^{2}	to^{2}	śja^{2}	njwi^{2}	ku^{1}	mjor^{1}	ljịj^{2}	xiwã^{1}
清	净	音	出	现	能	故，	如	来	梵
[Tangut]	[Tangut]	[Tangut]	[Tangut]。						
ɣiẹ^{2}	·jij^{1}	ŋowr^{2}	lhə$^{?}$						
音	相	具	足。						

以能出现清净音，具足如来梵音相。

31.31.1

[Tangut]	[Tangut]	[Tangut]	[Tangut]	[Tangut]	[Tangut]	[Tangut]，	[Tangut]	[Tangut]	[Tangut]
tha^{1}	njwo^{2}	zjọ^{2}	ɣa^{2}	dźiã^{2}	tśhju^{1}	gjịj^{1}	thjɨ^{2}	nioow^{1}	dạ^{2}

① 文献图片残缺。据汉文本当为“[Tangut][Tangut]”（清净）二字。

佛	昔	世	于	众	生	利，	此	故	语
[illegible]	[illegible]	[illegible]	[illegible]，						
gji^{1}	sej^{1}	śjɨj^{1}	njwi^{2}						
清	净	成	能，						

佛于往昔利众生，故能成就语清净，

31.31.2

[illegible]	[illegible]	[illegible]	[illegible]	[illegible]	[illegible]	[illegible]，	[illegible]	[illegible]	[illegible]
dạ^{2}	gji^{1}	sej^{1}	śjɨj^{1}	·jiw^{2}	njwi^{2}	ku^{1}	mjɨ^{1}	pjụ^{1}	rjur^{1}
语	清	净	成	就	能	故，	无	量	诸
[illegible]	[illegible]	[illegible]	[illegible]。						
rjur^{1}	kiẹj^{2}	mji	ɣie^{2}						
世	界	饶	益。						

以能成就语清净，饶益无量诸世间。

31.31.3

[illegible]	[illegible]	[illegible]	[illegible]	[illegible]	[illegible]	[illegible]，	[illegible]	[illegible]	[illegible]
mjor^{1}	ljịj^{2}	mej^{1}	·jij^{1}	tsjịr^{2}	ŋa^{1}	tsjij^{2}	thjɨ^{2}	nioow^{1}	zji^{2}
如	来	眼	之	性	空	晓，	此	故	皆
[illegible]	[illegible]	[illegible]	[illegible]，						
·jiij^{1}	sjịj^{2}	śjɨj^{1}	njwi^{2}						
持	智	成	能，						

如来了知眼性空，故能成就总持智，

31.31.4

[illegible]	[illegible]	[illegible]	[illegible]	[illegible]	[illegible]	[illegible]，	[illegible]	[illegible]	[illegible]
zji^{2}	·jiij^{1}	sjịj^{2}	śjɨj^{1}	·jiw^{2}	njwi^{2}	ku^{1}	mjor^{1}	ljịj^{2}	mjɨ^{1}
皆	持	智	成	就	能	故，	如	来	无
[illegible]	[illegible]	[illegible]	[illegible]。						
pjụ^{1}	bji^{1}	to^{2}	śja^{2}						
量	光	出	现。						

以能成就总持智，出现如来无量光。

31.31.5

[illegible]	[illegible]	[illegible]	[illegible]，	[illegible]	[illegible]	[illegible]	[illegible]	[illegible]	[illegible]
tha^{1}	mej^{1}	do^{2}	pha^{1}	nioow^{1}	mej^{1}	mjiij^{2}	do^{2}	pha^{1}	bju^{2}
佛	眼	差	异，	及	眼	名	差	异	边
[illegible]	[illegible]	[illegible]	[illegible]，						
mjij^{1}	nwə^{1}	tsjij^{2}	njwi^{2}						
无	知	晓	能，						

如来了知眼差别，眼名差别亦无边，

31.31.6

[illegible]	[illegible]	[illegible]	[illegible]	[illegible]	[illegible]	[illegible]，	[illegible]	[illegible]	[illegible]
mjiij^{2}	dji^{2}	bju^{2}	mjij^{1}	nwə^{1}	nioow^{1}	ku^{1}	mjor^{1}	ljịj^{2}	mjɨ^{1}
名	字	边	无	知	因	故，	如	来	无
[illegible]	[illegible]	[illegible]	[illegible]。						
pjụ^{1}	bji^{1}	to^{2}	śja^{2}						
量	光	出	现。						

以知名字无边故，出现如来无量光。

31.32.1

[illegible]	[illegible]	[illegible]	[illegible]	[illegible]	[illegible]	[illegible]，	[illegible]	[illegible]	[illegible]
tha^{1}	·jwɨr^{2}	dji^{2}	do^{2}	ɣa^{1}	nwə^{1}	ku^{1}	mej^{1}	ŋa^{1}	·jwɨr^{2}
佛	文	字	差	门	知	故，	眼	空	文
[illegible]	[illegible]	[illegible]	[illegible]，						
dji^{2}	ka^{2}	tsjɨ^{1}	nwə^{1}						
字	离	亦	知，						

佛知文字差别门，即知眼空离文字，

31.32.2

[illegible]	[illegible]	[illegible]	[illegible]	[illegible]	[illegible]	[illegible]，	[illegible]	[illegible]	[illegible]
mej^{1}	ŋa^{1}	·jwɨr^{2}	dji^{2}	ka^{2}	nwə^{1}	ku^{1}	mjor^{1}	ljịj^{2}	mjɨ^{1}
眼	空	文	字	离	知	故，	如	来	无

pjụ^{1} bji^{1} to^{2} śja^{2}

量 光 出 现。

以知眼空离文字，出现如来无量光。

31.32.3

tjij^{1} dzjwo^{2} mej^{1} ŋa^{2} mjij^{1} sjwɨ^{1} ku^{1} tśhjwo^{1} tha^{1} tshjiij^{1}

或 人 眼 我 无 思 故， 则 佛 语

źjɨr^{1} ɣiej^{1} tsjij^{2} njwi^{2}

实 真 晓 能，

若人思惟眼无我，即了佛语为真实，

31.32.4

tha^{1} tshjiij^{1} źjɨr^{1} ɣiej^{1} tsjij^{2} njwi^{2} ku^{1} mjor^{1} ljịj^{2} kjɨ^{1}

佛 语 实 真 晓 能 故， 如 来 决

djɨj^{2} bji^{1} to^{2} śja^{2}

定 光 出 现。

以能知佛语真实，出现如来决定光。

31.32.5

tha^{1} ·jij^{1} buu^{2} mee^{2} mjijr^{2} śjɨj^{1} ku^{1} tśhjwo^{1} bju^{2} mjij^{1}

佛 之 胜 神 通 成 故， 则 边 无

mej^{1} dzjar^{2} ljiij^{2} tsjij^{2}

眼 灭 坏 晓，

如来成就胜神通，即了无边眼灭坏，

31.32.6

[illegible]	[illegible]	[illegible]	[illegible]	[illegible]	[illegible]	[illegible]，	[illegible]	[illegible]	[illegible]
mej^{1}	dzjar^{2}	ljiij^{2}	nwə^{1}	tsjij^{2}	njwi^{2}	ku^{1}	rjur^{1}	rjur^{1}	kha^{1}
眼	灭	坏	知	晓	能	故，	世	诸	间
[illegible]	[illegible]	[illegible]	[illegible]，						
·jij^{1}	zji^{2}	gji̩j^{1}	ɣie^{2}						
之	皆	利	益，						

以能了知眼灭坏，利益一切诸世间。

31.33.1

[illegible]	[illegible]	[illegible]	[illegible]	[illegible]	[illegible]	[illegible]，	[illegible]	[illegible]	[illegible]
lji̩j^{2}	wjuu^{1}	zji^{2}	buu^{2}	njɨɨ^{1}	rewr^{2}	pju̩^{1}	bju^{2}	mjij^{1}	mej^{1}
大	悲	最	胜	两	足	尊，	边	无	眼
[illegible]	[illegible]	[illegible]	[illegible]，						
gu^{1}	śjwo^{1}	tsjij^{2}	dar^{1}						
生	发	了	达，						

大悲最胜两足尊，了达无边眼生起，

31.33.2

[illegible]	[illegible]	[illegible]	[illegible]	[illegible]	[illegible]	[illegible]，	[illegible]	[illegible]	[illegible]
tha^{1}	mej^{1}	gu^{1}	śjwo^{1}	nwə^{1}	njwi^{2}	sju^{2}	ŋa^{2}	tsjɨ^{1}	mji^{1}
佛	眼	生	发	知	能	如，	我	亦	不
[illegible]	[illegible]	[illegible]	[illegible]。						
khwa	djij^{2}	rjor^{2}	ŋa^{2}						
远	△	得	我。						

如佛能知眼生起，愿我不久亦当然。

31.33.3

[illegible]	[illegible]	[illegible]	[illegible]	[illegible]	[illegible]	[illegible]，	[illegible]	[illegible]	[illegible]
thjɨ^{2}	sju^{2}	nju^{1}	njii^{2}	lhjwa^{1}	lju̩^{2}	njiij^{1}	tsə̩^{1}	ɣie̩^{2}	lji^{2}
此	如	耳	鼻	舌	身	心，	色	声	香

[illegible]

wjị^{1} nioow^{1} tsjụ^{1} tsjiir^{1}

味 及 触 法，

如是耳鼻舌身心，色声香味并触法，

31.33.4

[illegible]

rjɨr^{2} njɨ^{2} rjur^{1} wee^{1} ɣiẹ^{2} mjiij^{2} njɨ^{2} thja^{1} bju^{1} ŋowr^{2}

乃 至 世 生 声 名 等， 彼 依 一

[illegible]

ŋowr^{2} zji^{2} wji^{1} lew^{2}

切 皆 为 所。

乃至世生声名等，当知一切皆应作。

31.33.5

[illegible]

ljịj^{2} wjuu^{1} zji^{2} buu^{2} njɨɨ^{1} rewr^{2} pjụ^{1} zji^{1} mjii^{1} po^{1}

大 悲 最 胜 两 足 尊， 布 施 波

[illegible]

lo^{1} bjii^{2} ŋowr^{2} lhə$^{?}$

罗 蜜 具 足，

大悲最胜两足尊，已具布施波罗蜜，

31.33.6

[illegible]

tha^{1} ·jij^{1} zji^{1} mjii^{1} po^{1} lo^{1} sju^{2} ŋa^{2} tsjɨ^{1} khwa

佛 之 布 施 波 罗 如， 我 亦 远

[illegible]

mji^{1} djij^{2} rjor^{2} ŋa^{2}

不 △ 得 我。

如佛布施波罗蜜，愿我不久亦当然。

31.34.1

[illegible]	[illegible]	[illegible]	[illegible]	[illegible]	[illegible]	[illegible]，	[illegible]	[illegible]	[illegible]
ljịj^{2}	wjuu^{1}	zji^{2}	buu^{2}	njɨɨ^{1}	rewr^{2}	pjụ^{1}	kie^{1}	sej^{1}	po^{1}
大	悲	最	胜	两	足	尊，	戒	净	波
[illegible]	[illegible]	[illegible]	[illegible]，						
lo^{1}	bjii^{2}	ŋowr^{2}	lhə$^{?}$						
罗	蜜	具	足，						

大悲最胜两足尊，已具净戒波罗蜜，

31.34.2

[illegible]	[illegible]	[illegible]	[illegible]	[illegible]	[illegible]	[illegible]，	[illegible]	[illegible]	[illegible]
tha^{1}	·jij^{1}	kie^{1}	sej^{1}	po^{1}	lo^{1}	sju^{2}	ŋa^{2}	tsjɨ^{1}	mji^{1}
佛	之	戒	净	波	罗	如，	我	亦	不
[illegible]	[illegible]	[illegible]	[illegible]。						
khwa	djij^{2}	rjor^{2}	ŋa^{2}						
远	△	得	我。						

如佛净戒波罗蜜，愿我不久亦当然。

31.34.3

[illegible]	[illegible]	[illegible]	[illegible]	[illegible]	[illegible]	[illegible]，	[illegible]	[illegible]	[illegible]
ljịj^{2}	wjuu^{1}	zji^{2}	buu^{2}	njɨɨ^{1}	rewr^{2}	pjụ^{1}	no^{2}	zeew^{2}	po^{1}
大	悲	最	胜	两	足	尊，	安	忍	波
[illegible]	[illegible]	[illegible]	[illegible]，						
lo^{1}	bjii^{2}	ŋowr^{2}	lhə$^{?}$						
罗	蜜	具	足，						

大悲最胜两足尊，已具忍辱波罗蜜，

31.34.4

[illegible]	[illegible]	[illegible]	[illegible]	[illegible]	[illegible]	[illegible]，	[illegible]	[illegible]	[illegible]
tha^{1}	·jij^{1}	no^{2}	zeew^{2}	po^{1}	lo^{1}	sju^{2}	ŋa^{2}	tsjɨ^{1}	mji^{1}
佛	之	安	忍	波	罗	如，	我	亦	不

[illegible] [illegible] [illegible] [illegible]。

khwa djij^{2} rjor^{2} ŋa^{2}

远 △ 得 我。

如佛忍辱波罗蜜,愿我不久亦当然。

31.34.5

[illegible] [illegible] [illegible] [illegible] [illegible] [illegible] [illegible], [illegible] [illegible] [illegible]

ljịj^{2} wjuu^{1} zji^{2} buu^{2} njɨɨ^{1} rewr^{2} pjụ^{1} khu^{1} dźjij^{1} po^{1}

大 悲 最 胜 两 足 尊, 进 精 波

[illegible] [illegible] [illegible] [illegible],

lo^{1} bjii^{2} ŋowr^{2} lhə$^{?}$

罗 蜜 具 足,

大悲最胜两足尊,已具精进波罗蜜,

31.34.6

[illegible] [illegible] [illegible] [illegible] [illegible] [illegible] [illegible], [illegible] [illegible] [illegible]

tha^{1} ·jij^{1} khu^{1} dźjij^{1} po^{1} lo^{1} sju^{2} ŋa^{2} tsjɨ^{1} mji^{1}

佛 之 进 精 波 罗 如, 我 亦 不

[illegible] [illegible] [illegible] [illegible]。

khwa djij^{2} rjor^{2} ŋa^{2}

远 △ 得 我。

如佛精进波罗蜜,愿我不久亦当然。

31.35.1

[illegible] [illegible] [illegible] [illegible] [illegible] [illegible] [illegible], [illegible] [illegible] [illegible]

ljịj^{2} wjuu^{1} zji^{2} buu^{2} njɨɨ^{1} rewr^{2} pjụ^{1} śjã^{1} djɨj^{2} po^{1}

大 悲 最 胜 两 足 尊, 禅 定 波

[illegible] [illegible] [illegible] [illegible],

lo^{1} bjii^{2} ŋowr^{2} lhə$^{?}$

罗 蜜 具 足,

大悲最胜两足尊,已具禅定波罗蜜,

31.35.2

[illegible]	[illegible]	[illegible]	[illegible]	[illegible]	[illegible]	[illegible],	[illegible]	[illegible]	[illegible]
tha^{1}	·jij^{1}	śjã^{1}	djɨj^{2}	po^{1}	lo^{1}	sju^{2}	ŋa^{2}	tsjɨ^{1}	mji^{1}
佛	之	禅	定	波	罗	如，	我	亦	不
[illegible]	[illegible]	[illegible]	[illegible]。						
khwa	djij^{2}	rjor^{2}	ŋa^{2}						
远	△	得	我。						

如佛禅定波罗蜜，愿我不久亦当然。

31.35.3

[illegible]	[illegible]	[illegible]	[illegible]	[illegible]	[illegible]	[illegible],	[illegible]	[illegible]	[illegible]
ljịj^{2}	wjuu^{1}	zji^{2}	buu^{2}	njɨɨ^{1}	rewr^{2}	pjụ^{1}	sjịj^{2}	źjɨr^{1}	po^{1}
大	悲	最	胜	两	足	尊，	智	慧	波
[illegible]	[illegible]	[illegible]	[illegible],						
lo^{1}	bjii^{2}	ŋowr^{2}	lhə$^{?}$						
罗	蜜	具	足，						

大悲最胜两足尊，已具智慧波罗蜜，

31.35.4

[illegible]	[illegible]	[illegible]	[illegible]	[illegible]	[illegible]	[illegible],	[illegible]	[illegible]	[illegible]
tha^{1}	·jij^{1}	sjịj^{2}	źjɨr^{1}	po^{1}	lo^{1}	sju^{2}	ŋa^{2}	tsjɨ^{1}	mji^{1}
佛	之	智	慧	波	罗	如，	我	亦	不
[illegible]	[illegible]	[illegible]	[illegible]。						
khwa	djij^{2}	rjor^{2}	ŋa^{2}						
远	△	得	我。						

如佛智慧波罗蜜，愿我不久亦当然。

31.35.5

[illegible]	[illegible]	[illegible]	[illegible]	[illegible]	[illegible]	[illegible],	[illegible]	[illegible]	[illegible]
ljịj^{2}	wjuu^{1}	zji^{2}	buu^{2}	njɨɨ^{1}	rewr^{2}	pjụ^{1}	tsjiir^{1}	ljụ^{2}	po^{1}
大	悲	最	胜	两	足	尊，	法	身	波

[illegible] [illegible] [illegible] [illegible],

lo¹ bjii² ŋowr² lhə?

罗 蜜 具 足,

大悲最胜两足尊,已具法身波罗蜜,

31.35.6

[illegible] [illegible] [illegible] [illegible] [illegible] [illegible] [illegible], [illegible] [illegible] [illegible]

tha¹ ·jij¹ tsjiir¹ lju̲² po¹ lo¹ sju², ŋa² tsjɨ¹ mji¹

佛 之 法 身 波 罗 如, 我 亦 不

[illegible] [illegible] [illegible] [illegible]。

khwa djij² rjor² ŋa²

远 △ 得 我。

如佛法身波罗蜜,愿我不久亦当然。

31.36.1

[illegible] [illegible] [illegible] [illegible] [illegible] [illegible] [illegible], [illegible] [illegible] [illegible]

lji̲j² wjuu¹ zji² buu² njɨɨ¹ rewr² pju̲¹ bju² mjij¹ gji¹

大 悲 最 胜 两 足 尊, 边 无 清

[illegible] [illegible] [illegible] [illegible],

sej¹ tsə̣¹ ŋowr² lhə?

净 色 具 足,

大悲最胜两足尊,已具无边清净色,

31.36.2

[illegible] [illegible] [illegible] [illegible] [illegible] [illegible] [illegible], [illegible] [illegible] [illegible]

tha¹ ·jij¹ gji¹ sej¹ tsə̣¹ ŋowr² sju², ŋa² tsjɨ¹ mji¹

佛 之 清 净 色 具 如, 我 亦 不

[illegible] [illegible] [illegible] [illegible]。

khwa djij² rjor² ŋa²

远 △ 得 我。

如佛已具清净色,愿我不久亦当然。

31.36.3

[illegible]	[illegible]	[illegible]	[illegible]	[illegible]	[illegible]	[illegible]，	[illegible]	[illegible]	[illegible]
ljịj^{2}	wjuu^{1}	zji^{2}	buu^{2}	njɨɨ^{1}	rewr^{2}	pjụ^{1}	bju^{2}	mjij^{1}	gji^{1}
大	悲	最	胜	两	足	尊，	边	无	清
[illegible]	[illegible]	[illegible]	[illegible]，						
sej^{1}	phji^{1}	ŋowr^{2}	lhə$^{?}$						
净	意	具	足，						

大悲最胜两足尊，已具无边清净意，

31.36.4

[illegible]	[illegible]	[illegible]	[illegible]	[illegible]	[illegible]	[illegible]，	[illegible]	[illegible]	[illegible]
tha^{1}	·jij^{1}	gji^{1}	sej^{1}	phji^{1}	ŋowr^{2}	sju^{2}	ŋa^{2}	tsjɨ^{1}	mji^{1}
佛	之	清	净	意	具	如，	我	亦	不
[illegible]	[illegible]	[illegible]	[illegible]。						
khwa	djij^{2}	rjor^{2}	ŋa^{2}						
远	△	得	我。						

如佛已具清净意，愿我不久亦当然。

31.36.5

[illegible]	[illegible]	[illegible]	[illegible]	[illegible]	[illegible]	[illegible]，	[illegible]	[illegible]	[illegible]
ljịj^{2}	wjuu^{1}	zji^{2}	buu^{2}	njɨɨ^{1}	rewr^{2}	pjụ^{1}	bju^{2}	mjij^{1}	buu^{2}
大	悲	最	胜	两	足	尊，	边	无	胜
[illegible]	[illegible]	[illegible]	[illegible]，						
tśhja^{2}	·ioow^{1}	ŋowr^{2}	lhə$^{?}$						
功	德	具	足，						

大悲最胜两足尊，已具无边胜功德，

31.36.6

[illegible]	[illegible]	[illegible]	[illegible]	[illegible]	[illegible]	[illegible]，	[illegible]	[illegible]	[illegible]
tha^{1}	·jij^{1}	buu^{2}	tśhja^{2}	·ioow^{1}	ŋowr^{2}	sju^{2}	ŋa^{2}	tsjɨ^{1}	mji^{1}
佛	之	胜	功	德	具	如，	我	亦	不

[illegible]	[illegible]	[illegible]	[illegible]。
khwa	djij²	rjor²	ŋa²
远	△	得	我。

如佛已具胜功德,愿我不久亦当然。

31.37.1

[illegible]	[illegible]	[illegible]	[illegible]	[illegible]	[illegible]	[illegible],	[illegible]	[illegible]	[illegible]
ljịj²	wjuu¹	zji²	buu²	njɨɨ¹	rewr²	pjụ¹	bju²	mjij¹	rjur¹
大	悲	最	胜	两	足	尊,	边	无	诸
[illegible]	[illegible]	[illegible]	[illegible],						
tsə̣¹	·jij¹	ŋowr²	lhə?						
色	相	具	足,						

大悲最胜两足尊,已具无边诸色相,

31.37.2

[illegible]	[illegible]	[illegible]	[illegible]	[illegible]	[illegible]	[illegible],	[illegible]	[illegible]	[illegible]
tha¹	·jij¹	rjur¹	tsə̣¹	·jij¹	ŋowr²	sju²	ŋa²	tsjɨ¹	mji¹
佛	之	诸	色	相	具	如,	我	亦	不
[illegible]	[illegible]	[illegible]	[illegible]。						
khwa	djij²	rjor²	ŋa²						
远	△	得	我。						

如佛已具诸色相,愿我不久亦当然。

31.37.3

[illegible]	[illegible]	[illegible]	[illegible]	[illegible]	[illegible]	[illegible],	[illegible]	[illegible]	[illegible]
ljịj²	wjuu¹	zji²	buu²	njɨɨ¹	rewr²	pjụ¹	bju²	mjij¹	ɣie̥²
大	悲	最	胜	两	足	尊,	边	无	声
[illegible]	[illegible]	[illegible]	[illegible],						
gji¹	sej¹	ŋowr²	lhə?						
清	净	具	足,						

大悲最胜两足尊,已具无边声清净,

31.37.4

[illegible]	[illegible]	[illegible]	[illegible]	[illegible]	[illegible]	[illegible],	[illegible]	[illegible]	[illegible]
tha^{1}	·jij^{1}	ɣiẹ^{2}	gji^{1}	sej^{1}	ŋowr^{2}	sju^{2}	ŋa^{2}	tsjɨ^{1}	mji^{1}
佛	之	声	清	净	具	如，	我	亦	不
[illegible]	[illegible]	[illegible]	[illegible]。						
khwa	djij^{2}	rjor^{2}	ŋa^{2}						
远	△	得	我。						

如佛已具声清净，愿我不久亦当然。

31.37.5

[illegible]	[illegible]	[illegible]	[illegible]	[illegible]	[illegible]	[illegible],	[illegible]	[illegible]	[illegible]
ljịj^{2}	wjuu^{1}	zji^{2}	buu^{2}	njɨɨ^{1}	rewr^{2}	pjụ^{1}	bju^{2}	mjij^{1}	ljịj^{2}
大	悲	最	胜	两	足	尊，	边	无	大
[illegible]	[illegible]	[illegible]	[illegible],						
mee^{2}	wjị^{1}	ŋowr^{2}	lhə$^{?}$						
神	变	具	足，						

大悲最胜两足尊，已具无边大神变，

31.37.6

[illegible]	[illegible]	[illegible]	[illegible]	[illegible]	[illegible]	[illegible],	[illegible]	[illegible]	[illegible]
tha^{1}	·jij^{1}	ljịj^{2}	mee^{2}	wjị^{1}	ŋowr^{2}	sju^{2}	ŋa^{2}	tsjɨ^{1}	mji^{1}
佛	之	大	神	变	具	如，	我	亦	不
[illegible]	[illegible]	[illegible]	[illegible]。						
khwa	djij^{2}	rjor^{2}	ŋa^{2}						
远	△	得	我。						

如佛已具大神变，愿我不久亦当然。

31.38.1

[illegible]	[illegible]	[illegible]	[illegible]	[illegible]	[illegible]	[illegible],	[illegible]	[illegible]	[illegible]
ljịj^{2}	wjuu^{1}	zji^{2}	buu^{2}	njɨɨ^{1}	rewr^{2}	pjụ^{1}	dźiã^{2}	tśhju^{1}	·jij^{1}
大	悲	最	胜	两	足	尊，	众	生	之

[illegible]	[illegible]	[illegible]	[illegible],
dzjiij^{2}	sọ^{1}	dju^{1}	dźjiij^{1}
教	三	有	住,

大悲最胜两足尊,为化众生处三有,

31.38.2

[illegible]	[illegible]	[illegible]	[illegible]	[illegible]	[illegible]	[illegible],	[illegible]	[illegible]	[illegible]
tha^{1}	thja^{1}	dźiã^{2}	tśhju^{1}	djị j^{1}	dzjiij^{2}	sju^{2}	ŋa^{2}	tsjɨ^{1}	mji^{1}
佛	彼	众	生	类	教	如,	我	亦	不
[illegible]	[illegible]	[illegible]	[illegible]。						
khwa	djij^{2}	rjor^{2}	ŋa^{2}						
远	△	得	我。						

如佛化彼众生类,愿我不久亦当然。

31.38.3

[illegible]	[illegible]	[illegible]	[illegible]	[illegible]	[illegible]	[illegible],	[illegible]	[illegible]	[illegible]
ljịj^{2}	wjuu^{1}	zji^{2}	buu^{2}	njɨɨ^{1}	rewr^{2}	pjụ^{1}	bju^{2}	mjij^{1}	lhji^{2}
大	悲	最	胜	两	足	尊,	边	无	死
[illegible]	[illegible]	[illegible]	[illegible],						
wee^{1}	dźjɨ$^{?}$	gju^{1}	dzjịj^{1}						
生	行	度	越,						

大悲最胜两足尊,已度无边生死行,

31.38.4

[illegible]	[illegible]	[illegible]	[illegible]	[illegible]	[illegible]	[illegible],	[illegible]	[illegible]	[illegible]
tha^{1}	thja^{1}	lhji^{2}	wee^{1}	dźjɨ$^{?}$	gju^{1}	sju^{2}	ŋa^{2}	tsjɨ^{1}	mji^{1}
佛	彼	死	生	行	度	如,	我	亦	不
[illegible]	[illegible]	[illegible]	[illegible]。						
khwa	djij^{2}	rjor^{2}	ŋa^{2}						
远	△	得	我。						

如佛已度生死行,愿我不久亦当然。

31.38.5

[illegible]	[illegible]	[illegible]	[illegible]	[illegible]	[illegible]	[illegible],	[illegible]	[illegible]	[illegible]
ljịj^{2}	wjuu^{1}	zji^{2}	buu^{2}	njɨɨ^{1}	rewr^{2}	pjụ^{1}	bju^{2}	mjij^{1}	lẹj^{2}
大	悲	最	胜	两	足	尊,	边	无	贪
[illegible]	[illegible]	[illegible]	[illegible],						
kiẹj^{2}	dźjɨ$^{?}$	gju^{1}	dzjịj^{1}						
欲	行	度	越,						

大悲最胜两足尊,已度无边贪欲行,

31.38.6

[illegible]	[illegible]	[illegible]	[illegible]	[illegible]	[illegible]	[illegible],	[illegible]	[illegible]	[illegible]
tha^{1}	thja^{1}	lẹj^{2}	kiẹj^{2}	dźjɨ$^{?}$	gju^{1}	sju^{2}	ŋa^{2}	tsjɨ^{1}	mji^{1}
佛	彼	贪	欲	行	度	如,	我	亦	不
[illegible]	[illegible]	[illegible]	[illegible]。						
khwa	djij^{2}	rjor^{2}	ŋa^{2}						
远	△	得	我。						

如佛度于贪欲行,愿我不久亦当然。

31.39.1

[illegible]	[illegible]	[illegible]	[illegible]	[illegible]	[illegible]	[illegible],	[illegible]	[illegible]	[illegible]
ljịj^{2}	wjuu^{1}	zji^{2}	buu^{2}	njɨɨ^{1}	rewr^{2}	pjụ^{1}	bju^{2}	mjij^{1}	tshjạ^{1}
大	悲	最	胜	两	足	尊,	边	无	瞋
[illegible]	[illegible]	[illegible]	[illegible],						
kwow^{2}	dźjɨ$^{?}$	gju^{1}	dzjịj^{1}						
恚	行	度	越,						

大悲最胜两足尊,已度无边瞋恚行,

31.39.2

[illegible]	[illegible]	[illegible]	[illegible]	[illegible]	[illegible]	[illegible],	[illegible]	[illegible]	[illegible]
tha^{1}	thja^{1}	tshjạ^{1}	kwow^{2}	dźjɨ$^{?}$	gju^{1}	sju^{2}	ŋa^{2}	tsjɨ^{1}	mji^{1}
佛	彼	瞋	恚	行	度	如,	我	亦	不

[illegible] [illegible] [illegible] [illegible]。

khwa djij^{2} rjor^{2} ŋa^{2}

远 △ 得 我。

如佛度于瞋恚行,愿我不久亦当然。

31.39.3

[illegible] [illegible] [illegible] [illegible] [illegible] [illegible] [illegible], [illegible] [illegible] [illegible]

ljịj^{2} wjuu^{1} zji^{2} buu^{2} njɨɨ^{1} rewr^{2} pjụ^{1} mjɨ^{1} pjụ^{1} wẹ^{1}

大 悲 最 胜 两 足 尊, 无 量 愚

[illegible] [illegible] [illegible] [illegible],

lə^{2} dźjɨ$^{?}$ gju^{1} dzjịj^{1}

痴 行 度 越,

大悲最胜两足尊,已度无量愚痴行,

31.39.4

[illegible] [illegible] [illegible] [illegible] [illegible] [illegible] [illegible], [illegible] [illegible] [illegible]

tha^{1} thja^{1} wẹ^{1} lə^{2} dźjɨ$^{?}$ gju^{1} sju^{2} ŋa^{2} tsjɨ^{1} mji^{1}

佛 彼 愚 痴 行 度 如, 我 亦 不

[illegible] [illegible] [illegible] [illegible]。

khwa djij^{2} rjor^{2} ŋa^{2}

远 △ 得 我。

如佛度于愚痴行,愿我不久亦当然。

31.39.5

[illegible] [illegible] [illegible] [illegible] [illegible] [illegible] [illegible], [illegible] [illegible] [illegible]

ljịj^{2} wjuu^{1} zji^{2} buu^{2} njɨɨ^{1} rewr^{2} pjụ^{1} mjɨ^{1} pjụ^{1} lej^{2}

大 悲 最 胜 两 足 尊, 无 量 贪

[illegible] [illegible] [illegible] [illegible],

tshjạ^{1} dźjɨ$^{?}$ gju^{1} dzjịj^{1}

瞋 行 度 越,

大悲最胜两足尊,已度无量贪瞋行,

31.39.6

[illegible]	[illegible]	[illegible]	[illegible]	[illegible]	[illegible]	[illegible]，	[illegible]	[illegible]	[illegible]
tha^{1}	thja^{1}	lẹj^{2}	tshjạ^{1}	dźjɨ$^{?}$	gju^{1}	sju^{2}	ŋa^{2}	tsjɨ^{1}	mji^{1}
佛	彼	贪	瞋	行	度	如，	我	亦	不
[illegible]	[illegible]	[illegible]	[illegible]。						
khwa	djij^{2}	rjor^{2}	ŋa^{2}						
远	△	得	我。						

如佛度于贪瞋行，愿我不久亦当然。

31.40.1

[illegible]	[illegible]	[illegible]	[illegible]	[illegible]	[illegible]	[illegible]，	[illegible]	[illegible]	[illegible]
ljịj^{2}	wjuu^{1}	zji^{2}	buu^{2}	njɨɨ^{1}	rewr^{2}	pjụ^{1}	mjɨ^{1}	pjụ^{1}	tshjạ^{1}
大	悲	最	胜	两	足	尊，	无	量	瞋
[illegible]	[illegible]	[illegible]	[illegible]，						
lə^{2}	dźjɨ$^{?}$	gju^{1}	dzjịj^{1}						
痴	行	度	越，						

大悲最胜两足尊，已度无量瞋痴行，

31.40.2

[illegible]	[illegible]	[illegible]	[illegible]	[illegible]	[illegible]	[illegible]，	[illegible]	[illegible]	[illegible]
tha^{1}	thja^{1}	tshjạ^{1}	lə^{2}	dźjɨ$^{?}$	gju^{1}	sju^{2}	ŋa^{2}	tsjɨ^{1}	mji^{1}
佛	彼	瞋	痴	行	度	如，	我	亦	不
[illegible]	[illegible]	[illegible]	[illegible]。						
khwa	djij^{2}	rjor^{2}	ŋa^{2}						
远	△	得	我。						

如佛度于瞋痴行，愿我不久亦当然。

31.40.3

[illegible]	[illegible]	[illegible]	[illegible]	[illegible]	[illegible]	[illegible]，	[illegible]	[illegible]	[illegible]
ljịj^{2}	wjuu^{1}	zji^{2}	buu^{2}	njɨɨ^{1}	rewr^{2}	pjụ^{1}	mjɨ^{1}	pjụ^{1}	lẹj^{2}
大	悲	最	胜	两	足	尊，	无	量	贪

[illegible] [illegible] [illegible] [illegible],

lə² dźjɨ? gju¹ dzji̤j¹

痴 行 度 越,

大悲最胜两足尊,已度无量贪痴行,

31.40.4

[illegible] [illegible] [illegible] [illegible] [illegible] [illegible] [illegible], [illegible] [illegible] [illegible]

tha¹ thja¹ tshja̤¹ lə² dźjɨ? gju¹ sju² ŋa² tsjɨ¹ mji¹

佛 彼 瞋 痴 行 度 如, 我 亦 不

[illegible] [illegible] [illegible] [illegible]。

khwa djij² rjor² ŋa²

远 △ 得 我。

如佛度于贪痴行,愿我不久亦当然。

31.40.5

[illegible] [illegible] [illegible] [illegible] [illegible] [illegible] [illegible], [illegible] [illegible] [illegible]

lji̤j² wjuu¹ zji² buu² njɨɨ¹ rewr² pjṳ¹ bju² mjij¹ zji²

大 悲 最 胜 两 足 尊, 边 无 皆

[illegible] [illegible] [illegible] [illegible],

dźjij² dźjɨ? gju¹ dzji̤j¹

有 行 度 越,

大悲最胜两足尊,已度无边等分行,

31.40.6

[illegible] [illegible] [illegible] [illegible] [illegible] [illegible] [illegible], [illegible] [illegible] [illegible]

tha¹ thja¹ zji² dźjij² dźjɨ? gju¹ sju² ŋa² tsjɨ¹ mji¹

佛 彼 皆 有 行 度 如, 我 亦 不

[illegible] [illegible] [illegible] [illegible]。

khwa djij² rjor² ŋa²

远 △ 得 我。

如佛度于等分行,愿我不久亦当然。

31.41.1

[illegible]	[illegible]	[illegible]	[illegible]	[illegible]	[illegible]	[illegible]，	[illegible]	[illegible]	[illegible]
śio^{1}	dzjiij^{2}	lẹj^{2}	kiẹj^{2}	wjɨ^{2}	gju^{1}	dzjịj^{1}	rjur^{1}	rjur^{1}	kha^{1}
导	教	贪	欲	过	度	越，	诸	世	间
[illegible]	[illegible]	[illegible]	[illegible]，						
·jij^{1}	zji^{2}	mji̱	njwi^{2}						
之	皆	饶	善，						

导师已度于贪欲，普能饶益诸世间，

31.41.2

[illegible]	[illegible]	[illegible]	[illegible]	[illegible]	[illegible]	[illegible]，	[illegible]	[illegible]	[illegible]
tha^{1}	rjur^{1}	rjur^{1}	kha^{1}	mji̱	ɣie^{2}	sju^{2}	ŋa^{2}	tsjɨ^{1}	thjɨ^{2}
佛	诸	世	间	饶	益	如，	我	亦	此
[illegible]	[illegible]	[illegible]	[illegible]。						
sju^{2}	sjịj^{2}	djij^{2}	śjɨj^{1}						
如	智	△	成。						

如佛饶益诸世间，愿我亦成如是智。

31.41.3

[illegible]	[illegible]	[illegible]	[illegible]	[illegible]	[illegible]	[illegible]，	[illegible]	[illegible]	[illegible]
śio^{1}	dzjiij^{2}	tshjạ^{1}	kwow^{2}	wjɨ^{2}	gju^{1}	dzjịj^{1}	rjur^{1}	rjur^{1}	kha^{1}
导	教	瞋	恚	过	度	越，	诸	世	间
[illegible]	[illegible]	[illegible]	[illegible]，						
·jij^{1}	zji^{2}	mji̱	njwi^{2}						
之	皆	饶	善，						

导师已度于瞋恚，普能饶益诸世间，

31.41.4

[illegible]	[illegible]	[illegible]	[illegible]	[illegible]	[illegible]	[illegible]，	[illegible]	[illegible]	[illegible]
tha^{1}	rjur^{1}	rjur^{1}	kha^{1}	mji̱	ɣie^{2}	sju^{2}	ŋa^{2}	tsjɨ^{1}	thjɨ^{2}
佛	诸	世	间	饶	益	如，	我	亦	此

[illegible] [illegible] [illegible] [illegible]。

sju^{2} sjịj^{2} djij^{2} śjɨj^{1}

如 智 △ 成。

如佛饶益诸世间,愿我亦成如是智。

31.41.5

[illegible] [illegible] [illegible] [illegible] [illegible] [illegible] [illegible], [illegible] [illegible] [illegible]

śio^{1} dzji̱j wẹ^{1} lə^{2} dźjɨ$^{?}$ gju^{1} dzjịj^{1} rjur^{1} rjur^{1} kha^{1}

导 师 愚 痴 行 度 越, 诸 世 间

[illegible] [illegible] [illegible] [illegible],

·jij^{1} zji^{2} mji̱ njwi^{2}

之 皆 饶 善,

导师度于愚痴行,普能饶益诸世间,

31.41.6

[illegible] [illegible] [illegible] [illegible] [illegible] [illegible] [illegible], [illegible] [illegible] [illegible]

tha^{1} rjur^{1} rjur^{1} kha^{1} mji̱ ɣie^{2} sju^{2} ŋa^{2} tsjɨ^{1} thjɨ^{2}

佛 诸 世 间 饶 益 如, 我 亦 此

[illegible] [illegible] [illegible] [illegible]。

sju^{2} sjịj^{2} djij^{2} śjɨj^{1}

如 智 △ 成。

如佛饶益诸世间,愿我亦成如是智。

31.42.1

[illegible] [illegible] [illegible] [illegible] [illegible] [illegible] [illegible], [illegible] [illegible] [illegible]

śio^{1} dzji̱j lẹj^{2} tshjạ^{1} dźjɨ$^{?}$ gju^{1} dzjịj^{1} rjur^{1} rjur^{1} kha^{1}

导 师 贪 瞋 行 度 越, 诸 世 间

[illegible] [illegible] [illegible] [illegible],

·jij^{1} zji^{2} mji̱ njwi^{2}

之 皆 饶 善,

导师已度贪瞋行,普能饶益诸世间,

31.42.2

tha¹	rjur¹	rjur¹	kha¹	mji̠	ɣie²	sju²,	ŋa²	tsjɨ¹	thjɨ²
佛	诸	世	间	饶	益	如，	我	亦	此
sju²	sji̠j²	djij²	śjɨj¹。						
如	智	△	成。						

如佛饶益诸世间，愿我亦成如是智。

31.42.3

śio¹	dzji̠j	tshja̠¹	lə²	dźjɨ?	gju¹	dzji̠j¹,	rjur¹	rjur¹	kha¹
导	师	瞋	痴	行	度	越，	诸	世	间
·jij¹	zji²	mji̠	njwi²,						
之	皆	饶	善，						

导师已度瞋痴行，普能饶益诸世间，

31.42.4

tha¹	rjur¹	rjur¹	kha¹	mji̠	ɣie²	sju²,	ŋa²	tsjɨ¹	thjɨ²
佛	诸	世	间	饶	益	如，	我	亦	此
sju²	sji̠j²	djij²	śjɨj¹。						
如	智	△	成。						

如佛饶益诸世间，愿我亦成如是智。

31.42.5

śio¹	dzji̠j	le̠j²	lə²	dźjɨ?	gju¹	dzji̠j¹,	rjur¹	rjur¹	kha¹
导	师	贪	痴	行	度	越，	诸	世	间

[illegible],

·jij^{1} zji^{2} mji̱ njwi^{2}

之 皆 饶 善,

导师已度贪痴行,普能饶益诸世间,

31.42.6

[illegible], [illegible]

tha^{1} rjur^{1} rjur^{1} kha^{1} mji̱ ɣie^{2} sju^{2} ŋa^{2} tsjɨ^{1} thjɨ^{2}

佛 诸 世 间 饶 益 如, 我 亦 此

[illegible]。

sju^{2} sji̱j^{2} djij^{2} śjɨ̱j^{1}

如 智 △ 成。

如佛饶益诸世间,愿我亦成如是智。

31.43.1

[illegible], [illegible]

śio^{1} dzji̱j zji^{2} dźjij^{2} dźjɨ$^{?}$ gju^{1} dzji̱j^{1} rjur^{1} rjur^{1} kha^{1}

导 师 皆 有 行 度 越, 诸 世 间

[illegible],

·jij^{1} zji^{2} mji̱ njwi^{2}

之 皆 饶 善,

导师已度等分行,普能饶益诸世间,

31.43.2

[illegible], [illegible]

tha^{1} rjur^{1} rjur^{1} kha^{1} mji̱ ɣie^{2} sju^{2} ŋa^{2} tsjɨ^{1} thjɨ^{2}

佛 诸 世 间 饶 益 如, 我 亦 此

[illegible]。

sju^{2} sji̱j^{2} djij^{2} śjɨ̱j^{1}

如 智 △ 成。

如佛饶益诸世间,愿我亦成如是智。

31.43.3

[illegible] [illegible] [illegible] [illegible] [illegible] [illegible] [illegible]， [illegible] [illegible] [illegible]

mjor¹ ljịj² buu² gjij¹ sjịj² ŋowr² lhə? rjur¹ mə¹ ·ji¹

如 来 胜 殊 智 具 足， 诸 天 众

[illegible] [illegible] [illegible] [illegible]，

·jij¹ zji² rjur¹ ·jar²

之 皆 调 御，

如来具足殊胜智，调伏一切诸天众，

31.43.4

[illegible] [illegible] [illegible] [illegible] [illegible] [illegible] [illegible]， [illegible] [illegible] [illegible]

ŋa² tsjɨ¹ thjɨ² sju² sjịj² djij² śjɨj¹ dzjwo² mə¹ ·jij¹

我 亦 此 如 智 △ 成， 人 天 之

[illegible] [illegible] [illegible] [illegible]。

·jar² dzjịj djij² śjɨj¹

御 师 △ 成。

我亦愿成如是智，得为调御天人师。

31.43.5

[illegible] [illegible] [illegible] [illegible] [illegible] [illegible] [illegible]， [illegible] [illegible] [illegible]

mjor¹ ljịj² buu² gjij¹ sjịj² ŋowr² lhə? rjur¹ we¹ ·ji¹

如 来 胜 殊 智 具 足， 诸 龙 众

[illegible] [illegible] [illegible] [illegible]，

·jij¹ zji² rjur¹ ·jar²

之 皆 调 御，

如来具足殊胜智，调伏一切诸龙众，

31.43.6

[illegible] [illegible] [illegible] [illegible] [illegible] [illegible] [illegible]， [illegible] [illegible] [illegible]

ŋa² tsjɨ¹ thjɨ² sju² sjịj² djij² śjɨj¹ dzjwo² mə¹ ·jij¹

我 亦 此 如 智 △ 成， 人 天 之

[illegible]。

·jar^{2} dzjịj djij^{2} śjɨj^{1}

御 师 △ 成。

我亦愿成如是智,得为调御天人师。

31.44.1

[illegible],[illegible]

mjor^{1} ljịj^{2} buu^{2} gjij^{1} sjịj^{2} ŋowr^{2} lhə$^{?}$ ·ja^{2} tśhia^{1} ·ji^{1}

如 来 胜 殊 智 具 足, 夜 叉 众

[illegible],

·jij^{1} zji^{2} rjur^{1} ·jar^{2}

之 皆 调 御,

如来具足殊胜智,调伏一切夜叉众,

31.44.2

[illegible],[illegible]

ŋa^{2} tsjɨ^{1} thjɨ^{2} sju^{2} sjịj^{2} djij^{2} śjɨj^{1} dzjwo^{2} mə^{1} ·jij^{1}

我 亦 此 如 智 △ 成, 人 天 之

[illegible]。

·jar^{2} dzjịj djij^{2} śjɨj^{1}

御 师 △ 成。

我亦愿成如是智,得为调御天人师。

31.44.3

[illegible],[illegible]

mjor^{1} ljịj^{2} buu^{2} gjij^{1} sjịj^{2} ŋowr^{2} lhə$^{?}$ mjɨ^{1} pjụ^{1} kjiw

如 来 胜 殊 智 具 足, 无 量 鸠

[illegible],

phã^{1} khjã^{2} tha^{2} pho^{1}

槃 乾 闼 婆,

如来具足殊胜智,调伏一切乾闼婆,

31.44.4

[illegible] [illegible] [illegible] [illegible]① [illegible] [illegible] [illegible]， [illegible] [illegible] [illegible]

thja^{2} ·jij^{1} tśhjɨ^{1} zjịj^{1} rjur^{1} wjị^{1} dźjwɨ^{1} ŋowr^{2} ŋowr^{2} to^{2}

彼 之 尔 许 诸 眷 属， 一 切 尽

[illegible] [illegible] [illegible] [illegible]，

zji^{2} rjur^{1} ·jar^{2} njwi^{2}

皆 调 御 能，

乃至无量鸠槃荼，所有若干诸眷属，

31.44.5

[illegible] [illegible] [illegible] [illegible] [illegible] [illegible] [illegible]， [illegible] [illegible] [illegible]

ŋa^{2} tsjɨ^{1} thjɨ^{2} sju^{2} sjịj^{2} djij^{2} śjɨj^{1} dzjwo^{2} mə^{1} ·jij^{1}

我 亦 此 如 智 △ 成， 人 天 之

[illegible] [illegible] [illegible] [illegible]。

·jar^{2} dzjịj djij^{2} śjɨj^{1}

御 师 △ 成。

我亦愿成如是智，得为调御天人师。

31.44.6

[illegible] [illegible] [illegible] [illegible] [illegible] [illegible] [illegible]， [illegible] [illegible] [illegible]

mjor^{1} ljịj^{2} buu^{2} gjịj^{1} sjịj^{2} ŋowr^{2} lhə$^{?}$ rjur^{1} tsjiir^{1} źjɨr^{1}

如 来 胜 殊 智 具 足， 诸 法 实

[illegible] [illegible] [illegible] [illegible]，

ɣiej^{1} wo^{2} nwə^{1} tsjij^{2}

真 义 知 晓，

如来具足殊胜智，了知诸法真实义，

31.45.1

[illegible] [illegible] [illegible] [illegible] [illegible] [illegible] [illegible]， [illegible] [illegible] [illegible]

ŋa^{2} tsjɨ^{1} thjɨ^{2} sju^{2} sjịj^{2} djij^{2} śjɨj^{1} thja^{1} źjɨr^{1} ɣiej^{1}

---

① ，字面作“尔许”，对应汉文的“若干”。

我 亦 此 如 智 △ 成, 彼 实 真

[illegible] [illegible] [illegible] [illegible]。

ɣa^{2} ·jiw^{2} djij$^{?}$ mjij^{1}

于 疑 △ 无。

我亦愿成如是智,于彼真实得无疑。

31.45.2

[illegible] [illegible] [illegible] [illegible] [illegible] [illegible] [illegible], [illegible] [illegible] [illegible]

mjor^{1} ljịj^{2} tśjị^{1} ·jij^{1} sji^{1} bju^{2} tsjij^{2} lo wee^{1} djịj^{1}

如 来 苦 之 尽 边 晓, 群 生 类

[illegible] [illegible] [illegible] [illegible],

·jij^{1} zji^{2} gjịj^{1} ɣie^{2}

之 皆 利 益,

如来若了苦尽边,利益一切群生类,

31.45.3

[illegible] [illegible] [illegible] [illegible] [illegible] [illegible] [illegible], [illegible] [illegible] [illegible]

ŋa^{2} tsjɨ^{1} thjɨ^{2} sju^{2} sjịj^{2} djij^{2} śjɨj^{1} thja^{1} tśjị^{1} sji^{1}

我 亦 此 如 智 △ 成, 彼 苦 尽

[illegible] [illegible] [illegible] [illegible]。

ɣa^{2} ·jiw^{2} djij^{2} mjij^{1}

于 疑 △ 无。

我亦愿成如是智,于彼苦尽得无疑。

31.45.4

[illegible] [illegible] [illegible] [illegible] [illegible] [illegible] [illegible], [illegible] [illegible] [illegible]

mjor^{1} ljịj^{2} buu^{2} gjij^{1} sjịj^{2} ŋowr^{2} lhə$^{?}$ rjur^{1} kha^{1} ·jij^{1}

如 来 胜 殊 智 具 足, 世 间 之

[illegible] [illegible] [illegible] [illegible]①,

dźjịj^{1} lew^{2} tsjij^{2} dar^{1}

---

① 此句前,西夏文本缺汉文本“如来善了因尽边,利益一切群生类,我亦愿成如是智,于彼因尽得无疑”相应之偈。

行 所 悟 达，

如来具足殊胜智，了达世间之所行，

31.45.5

[illegible] [illegible] [illegible] [illegible] [illegible] [illegible] [illegible]， [illegible] [illegible] [illegible]

ŋa^{2} tsjɨ^{1} thjɨ^{2} sju^{2} sji̱j^{2} djij^{2} śjɨj^{1} rjur^{1} kha^{1} dźjɨ$^{?}$

我 亦 此 如 智 △ 成， 世 间 行

[illegible] [illegible] [illegible] [illegible]。

ɣa^{2} ·jiw^{2} djij^{2} mjij^{1}

于 疑 △ 无。

我亦愿成如是智，于世间行得无疑。

31.45.6

[illegible] [illegible] [illegible] [illegible] [illegible] [illegible] [illegible]， [illegible] [illegible] [illegible]

mjor^{1} lji̱j^{2} buu^{2} gjij^{1} sji̱j^{2} ŋowr^{2} lhə$^{?}$ rjur^{1} kha^{1} do^{2}

如 来 胜 殊 智 具 足， 世 间 处

[illegible] [illegible] [illegible] [illegible]，

mji^{1} do^{2} tsjij^{2} dar^{1}

非 处 悟 达，

如来具足殊胜智，了达世间处非处，

31.46.1

[illegible] [illegible] [illegible] [illegible] [illegible] [illegible] [illegible]， [illegible] [illegible] [illegible]

ŋa^{2} tsjɨ^{1} thjɨ^{2} sju^{2} sji̱j^{2} djij^{2} śjɨj^{1} rjur^{1} rjur^{1} kha^{1}

我 亦 此 如 智 △ 成， 诸 世 间

[illegible] [illegible] [illegible] [illegible]。

·jij^{1} zji^{2} ɣie^{2} ŋa^{2}

之 皆 益 我。

我亦愿成如是智，利益一切诸世间。

31.46.2

[illegible] [illegible] [illegible] [illegible] [illegible] [illegible] [illegible]， [illegible] [illegible] [illegible] mjor^{1} ljịj^{2} buu^{2} gjij^{1} sjịj^{2} ŋowr^{2} lhə$^{?}$ rjur^{1} kha^{1} rjur^{1}

如 来 胜 殊 智 具 足, 世 间 诸

[illegible] [illegible] [illegible] [illegible],

sjwɨj^{1} mjaa^{1} tsjij^{2} dar^{1}

业 果 悟 达,

如来具足殊胜智,了达世间诸业果,

31.46.3

[illegible] [illegible] [illegible] [illegible] [illegible] [illegible] [illegible], [illegible] [illegible] [illegible]

ŋa^{2} tsjɨ^{1} thjɨ^{2} sju^{2} sjịj^{2} djij^{2} śjɨj^{1} rjur^{1} rjur^{1} kha^{1}

我 亦 此 如 智 △ 成, 诸 世 间

[illegible] [illegible] [illegible] [illegible]。

·jij^{1} zji^{2} ɣie^{2} ŋa^{2}

之 皆 益 我。

我亦愿成如是智,利益一切诸世间。

31.46.4

[illegible] [illegible] [illegible] [illegible] [illegible] [illegible] [illegible], [illegible] [illegible] [illegible]

mjor^{1} ljịj^{2} buu^{2} gjij^{1} sjịj^{2} ŋowr^{2} lhə$^{?}$ rjur^{1} kha^{1} mə^{2}

如 来 胜 殊 智 具 足, 世 间 种

[illegible] [illegible] [illegible] [illegible],

mə^{2} tsjir̠^{2} tsjij^{2} dar^{1}

种 性 悟 达,

如来具足殊胜智,了达世间种种性,

31.46.5

[illegible] [illegible] [illegible] [illegible] [illegible] [illegible] [illegible], [illegible] [illegible] [illegible]

ŋa^{2} tsjɨ^{1} thjɨ^{2} sju^{2} sjịj^{2} djij^{2} śjɨj^{1} rjur^{1} rjur^{1} kha^{1}

我 亦 此 如 智 △ 成, 诸 世 间

[illegible] [illegible] [illegible] [illegible]。

·jij^{1} zji^{2} ɣie^{2} ŋa^{2}

之 皆 益 我。

我亦愿成如是智，利益一切诸世间。

31.46.6

[illegible]	[illegible]	[illegible]	[illegible]	[illegible]	[illegible]	[illegible]，	[illegible]	[illegible]	[illegible]
mjor[1]	ljịj[2]	buu[2]	gjij[1]	sjịj[2]	ŋowr[2]	lhə[?]	rjur[1]	tshwew[1]	dźjɨ[?]
如	来	胜	殊	智	具	足，	诸	趣	行
[illegible]	[illegible]	[illegible]	[illegible]，						
ŋowr[2]	ŋowr[2]	tsjij[2]	dar[1]						
一	切	悟	达，						

如来具足殊胜智，了达一切诸趣行，

31.47.1

[illegible]	[illegible]	[illegible]	[illegible]	[illegible]	[illegible]	[illegible]，	[illegible]	[illegible]	[illegible]
ŋa[2]	tsjɨ[1]	thjɨ[2]	sju[2]	sjịj[2]	djij[2]	śjɨj[1]	mjɨ[1]	pjụ[1]	rjur[1]
我	亦	此	如	智	△	成，	无	量	诸
[illegible]	[illegible]	[illegible]	[illegible]。						
rjur[1]	kha[1]	gjịj[1]	ɣie[2]						
世	间	利	益。						

我亦愿成如是智，利益无量诸世间。

31.47.2

[illegible]	[illegible]	[illegible]	[illegible]	[illegible]	[illegible]	[illegible]，	[illegible]	[illegible]	[illegible]
mjor[1]	ljịj[2]	buu[2]	gjij[1]	sjịj[2]	ŋowr[2]	lhə[?]	rjur[1]	kha[1]	rjur[1]
如	来	胜	殊	智	具	足，	世	间	诸
[illegible]	[illegible]	[illegible]	[illegible]，						
buu[2]	tsjij[2]	tsjij[2]	dar[1]						
胜	悟	悟	达，						

如来具足殊胜智，了达世间诸胜解，

31.47.3

[illegible]	[illegible]	[illegible]	[illegible]	[illegible]	[illegible]	[illegible]，	[illegible]	[illegible]	[illegible]
ŋa[2]	tsjɨ[1]	thjɨ[2]	sju[2]	sjịj[2]	djij[2]	śjɨj[1]	rjur[1]	rjur[1]	kha[1]

我 亦 此 如 智 △ 成, 诸 世 间

[illegible] [illegible] [illegible] [illegible]。

·jij^{1} zji^{2} ɣie^{2} ŋa^{2}

之 皆 益 我。

我亦愿成如是智,利益一切诸世间。

31.47.4

[illegible] [illegible] [illegible] [illegible] [illegible] [illegible] [illegible], [illegible] [illegible] [illegible]

mjor^{1} ljịj^{2} buu^{2} gjij^{1} sjịj^{2} ŋowr^{2} lhə$^{?}$ rjur^{1} tśhji^{2} tsjir̲^{2}

如 来 胜 殊 智 具 足, 诸 根 性

[illegible] [illegible] [illegible] [illegible],

ŋowr^{2} ŋowr^{2} tsjiɨ^{2} dar^{1}

一 切 悟 达,

如来具足殊胜智,了达一切诸根性,

31.47.5

[illegible] [illegible] [illegible] [illegible] [illegible] [illegible] [illegible], [illegible] [illegible] [illegible]

ŋa^{2} tsjɨ^{1} thjɨ^{2} sju^{2} sjịj^{2} djij^{2} śjɨj^{1} rjur^{1} rjur^{1} kha^{1}

我 亦 此 如 智 △ 成, 诸 世 间

[illegible] [illegible] [illegible] [illegible]。

·jij^{1} zji^{2} ɣie^{2} ŋa^{2}

之 皆 益 我。

我亦愿成如是智,利益一切诸世间。

31.47.6

[illegible] [illegible] [illegible] [illegible] [illegible] [illegible] [illegible], [illegible] [illegible] [illegible]

mjor^{1} ljịj^{2} buu^{2} gjij^{1} sjịj^{2} ŋowr^{2} lhə$^{?}$ mjij^{1} sjwɨ^{1} ·jij^{1}

如 来 胜 殊 智 具 足, 寂 虑 之

[illegible] [illegible] [illegible] [illegible],

dźjịj^{1} lew^{2} tsjij^{2} dar^{1}

行 所 悟 达,

如来具足殊胜智,了达静虑之所行,

31.48.1

[illegible]	[illegible]	[illegible]	[illegible]	[illegible]	[illegible]	[illegible]，	[illegible]	[illegible]	[illegible]
$ŋa^2$	$tsjɨ^1$	$thjɨ^2$	sju^2	$sjịj^2$	$djij^2$	$śjɨj^1$	$rjur^1$	$rjur^1$	kha^1
我	亦	此	如	智	△	成，	诸	世	间
[illegible]	[illegible]	[illegible]	[illegible]。						
$·jij^1$	zji^2	$ɣie^2$	$ŋa^2$						
之	皆	益	我。						

我亦愿成如是智，利益一切诸世间。

31.48.2

[illegible]	[illegible]	[illegible]	[illegible]	[illegible]	[illegible]	[illegible]，	[illegible]	[illegible]	[illegible]
$mjor^1$	$ljịj^2$	buu^2	$gjij^1$	$sjịj^2$	$ŋowr^2$	$lhə^?$	bie^2	$lhew^2$	$·jij^1$
如	来	胜	殊	智	具	足，	解	脱	之
[illegible]	[illegible]	[illegible]	[illegible]，						
$dźjịj^1$	lew^2	$tsjij^2$	dar^1						
行	应	悟	达，						

如来具足殊胜智，了达解脱之所行，

31.48.3

[illegible]	[illegible]	[illegible]	[illegible]	[illegible]	[illegible]	[illegible]，	[illegible]	[illegible]	[illegible]
$ŋa^2$	$tsjɨ^1$	$thjɨ^2$	sju^2	$sjịj^2$	$djij^2$	$śjɨj^1$	$rjur^1$	$rjur^1$	kha^1
我	亦	此	如	智	△	成，	诸	世	间
[illegible]	[illegible]	[illegible]	[illegible]。						
zji^2	$·jij^1$	$ɣie^2$	$ŋa^2$						
皆	之	益	我。						

我亦愿成如是智，利益一切诸世间。

31.48.4

[illegible]	[illegible]	[illegible]	[illegible]	[illegible]	[illegible]	[illegible]，	[illegible]	[illegible]①	[illegible]
$mjor^1$	$ljịj^2$	buu^2	$gjij^1$	$sjịj^2$	$ŋowr^2$	$lhə^?$	zji^2	$dźjij^2$	$·jij^1$

① [illegible]，皆有。汉文本作"等分"。又下偈，汉文"等至"，西夏本亦作"[illegible]"（皆有）二字。

如 来 胜 殊 智 具 足， 皆 有 之

[illegible] [illegible] [illegible] [illegible]，

dźjịj1 lew2 tsjij2 dar1

行 应 悟 达，

如来具足殊胜智，了达等分之所行，

31.48.5

[illegible] [illegible] [illegible] [illegible] [illegible] [illegible] [illegible]， [illegible] [illegible] [illegible]

ŋa2 tsjɨ1 thjɨ2 sju2 sjịj2 djij2 śjɨj1 rjur1 rjur1 kha1

我 亦 此 如 智 △ 成， 诸 世 间

[illegible] [illegible] [illegible] [illegible]。

·jij1 zji2 ɣie2 ŋa2

之 皆 益 我。

我亦愿成如是智，利益一切诸世间。

31.48.6

[illegible] [illegible] [illegible] [illegible] [illegible] [illegible] [illegible]， [illegible] [illegible] [illegible]

mjor1 ljịj2 buu2 gjij1 sjịj2 ŋowr2 lhə? zji2 dźjij2 ·jij1

如 来 胜 殊 智 具 足， 皆 有 之

[illegible] [illegible] [illegible] [illegible]，

dźjịj1 lew2 tsjij2 dar1

行 应 悟 达，

如来具足殊胜智，了达等至之所行，

31.49.1

[illegible] [illegible] [illegible] [illegible] [illegible] [illegible] [illegible]， [illegible] [illegible] [illegible]

ŋa2 tsjɨ1 thjɨ2 sju2 sjịj2 djij2 śjɨj1 rjur1 rjur1 kha1

我 亦 此 如 智 △ 成， 诸 世 间

[illegible] [illegible] [illegible] [illegible]。

·jij1 zji2 ɣie2 ŋa2

之 皆 益 我。

我亦愿成如是智，利益一切诸世间。

31.49.2

[illegible]	[illegible]	[illegible]	[illegible]	[illegible]	[illegible]	[illegible]，	[illegible]	[illegible]	[illegible]
lhji²	wee¹	dźiə	dźiej²	bju²	nioow¹	śjwo¹	mjor¹	ljij²	to²
死	生	轮	回	边	因	生，	如	来	悉
[illegible]	[illegible]	[illegible]	[illegible]，						
zji²	tsjij²	dar¹	njwi²						
皆	悟	达	善，						

如来善了于生死，流转皆因烦恼生，

31.49.3

[illegible]	[illegible]	[illegible]	[illegible]	[illegible]	[illegible]	[illegible]，	[illegible]	[illegible]	[illegible]
ŋa²	tsjɨ¹	thjɨ²	sju²	sjij²	djij²	śjɨj¹	rjur¹	rjur¹	kha¹
我	亦	此	如	智	△	成，	诸	世	间
[illegible]	[illegible]	[illegible]	[illegible]。						
·jij¹	zji²	ɣie²	ŋa²						
之	皆	益	我。						

我亦愿成如是智，利益一切诸世间。

31.49.4

[illegible]	[illegible]	[illegible]	[illegible]	[illegible]	[illegible]	[illegible]，	[illegible]	[illegible]	[illegible]
mjor¹	ljij²	ŋowr²	ŋowr²	zji²	nwə¹	tsjij²	rjur¹	kha¹	·jij¹
如	来	一	切	皆	知	晓，	世	间	之
[illegible]	[illegible]	[illegible]	[illegible]，						
gjij¹	ŋwer¹	dźjwɨ¹	mjij¹						
利	比	属	无，						

如来一切皆了知，利益世间无与等，

31.49.5

[illegible]	[illegible]	[illegible]	[illegible]	[illegible]	[illegible]	[illegible]，	[illegible]	[illegible]	[illegible]
ŋa²	tsjɨ¹	thjɨ²	sju²	sjij²	djij²	śjɨj¹	rjur¹	rjur¹	kha¹
我	亦	此	如	智	△	成，	诸	世	间

[illegible]

·jij^{1} zji^{2} ɣie^{2} ŋa^{2}

之 皆 益 我。

我亦愿成如是智,利益一切诸世间。

31.49.6

[illegible]

mjor^{1} ljịj^{2} ka^{1} ·jiij^{1} ɣa^{2} dźjiij^{1} njwi^{2} buu^{2} gjij^{1} tśier^{1}

如 来 等 持 于 住 善, 胜 殊 方

[illegible]

·ju^{2} sjịj^{2} gu^{1} śjwo^{1}

便 智 建 立,

如来善住于等持,发起殊胜方便智,

31.50.1

[illegible]

ŋa^{2} tsjɨ^{1} thjɨ^{2} sju^{2} sjịj^{2} djij^{2} śjɨj^{1} rjur^{1} rjur^{1} kha^{1}

我 亦 此 如 智 △ 成, 诸 世 间

[illegible]

·jij^{1} zji^{2} ɣie^{2} ŋa^{2}

之 皆 益 我。

我亦愿成如是智,利益一切诸世间。

31.50.2

[illegible]

mjor^{1} ljịj^{2} buu^{2} gjij^{1} sjịj^{2} ŋowr^{2} lhə$^{?}$ bju^{2} mjij^{1} njwo^{2}

如 来 胜 殊 智 具 足, 边 无 宿

[illegible]

dźjiij^{1} dźjɨ$^{?}$ tsjij^{2} dar^{1}

住 行 悟 达,

如来具足殊胜智,了达无边宿住行,

31.50.3

[illegible]	[illegible]	[illegible]	[illegible]	[illegible]	[illegible]	[illegible],	[illegible]	[illegible]	[illegible]
ŋa^2	tsjɨ^1	thjɨ^2	sju^2	sjịj^2	djij^2	śjɨj^1	rjur^1	rjur^1	kha^1
我	亦	此	如	智	△	成,	诸	世	间
[illegible]	[illegible]	[illegible]	[illegible]。						
·jij^1	zji^2	ɣie^2	ŋa^2						
之	皆	益	我。						

我亦愿成如是智,利益一切诸世间。

31.50.4

[illegible]	[illegible]	[illegible]	[illegible]	[illegible]	[illegible]	[illegible],	[illegible]	[illegible]	[illegible]
mjor^1	ljịj^2	buu^2	gjij^1	sjịj^2	ŋowr^2	lhə$^?$	lhji^2	wee^1	bju^2
如	来	胜	殊	智	具	足,	死	生	边
[illegible]	[illegible]	[illegible]	[illegible],						
mjij^1	tsjij^2	dar^1	njwi^2						
无	悟	达	善,						

如来具足殊胜智,了达生死无有边,

31.50.5

[illegible]	[illegible]	[illegible]	[illegible]	[illegible]	[illegible]	[illegible],	[illegible]	[illegible]	[illegible]
ŋa^2	tsjɨ^1	thjɨ^2	sju^2	sjịj^2	djij^2	śjɨj^1	rjur^1	rjur^1	kha^1
我	亦	此	如	智	△	成,	诸	世	间
[illegible]	[illegible]	[illegible]	[illegible]。						
·jij^1	zji^2	ɣie^2	ŋa^2						
之	皆	益	我。						

我亦愿成如是智,利益一切诸世间。

31.50.6

[illegible]	[illegible]	[illegible]	[illegible]	[illegible]	[illegible]	[illegible],	[illegible]	[illegible]	[illegible]
mjor^1	ljịj^2	buu^2	gjij^1	sjịj^2	ŋowr^2	lhə$^?$	źjị^1	njɨɨ^2	ŋowr^2
如	来	胜	殊	智	具	足,	烦	恼	一

[illegible] [illegible] [illegible] [illegible],
ŋowr² sji¹ tsjij² dar¹
切 尽 悟 达,

如来具足殊胜智,了达一切烦恼尽,

31.51.1

[illegible] [illegible] [illegible] [illegible] [illegible] [illegible] [illegible], [illegible] [illegible] [illegible]
ŋa² tsjɨ¹ thjɨ² sju² sjịj² djij² śjɨj¹ rjur¹ rjur¹ kha¹
我 亦 此 如 智 △ 成, 诸 世 间
[illegible] [illegible] [illegible] [illegible]。
·jij¹ zji² ɣie² ŋa²
之 皆 益 我。

我亦愿成如是智,利益一切诸世间。

31.51.2

[illegible] [illegible] [illegible] [illegible] [illegible] [illegible] [illegible], [illegible] [illegible] [illegible]
mjor¹ ljịj² buu² gjij¹ sjịj² ŋowr² lhə? zji² phju² tśhja²
如 来 胜 殊 智 具 足, 最 上 正
[illegible] [illegible] [illegible] [illegible],
ka¹ dwewr² śjɨj¹ ·jiw²
等 觉 成 就,

如来具足殊胜智,成就无上正等觉,

31.51.3

[illegible] [illegible] [illegible] [illegible] [illegible] [illegible] [illegible], [illegible] [illegible] [illegible]
ŋa² tsjɨ¹ thjɨ² sju² sjịj² djij² śjɨj¹ rjur¹ rjur¹ kha¹
我 亦 此 如 智 △ 成, 诸 世 间
[illegible] [illegible] [illegible] [illegible]。
·jij¹ zji² ɣie² ŋa²
之 皆 益 我。

我亦愿成如是智,利益一切诸世间。

31.51.4

[illegible]	[illegible]	[illegible]	[illegible]	[illegible]	[illegible]	[illegible]，	[illegible]	[illegible]	[illegible]
mjor1	ljịj2	buu2	gjij1	sjịj2	ŋowr2	lhə?	rjur1	źjị1	njɨɨ2
如	来	胜	殊	智	具	足，	诸	烦	恼
[illegible]	[illegible]	[illegible]①	[illegible]，						
nioow1	sjwɨ1	mẹ2	ka2						
又	习	气	离，						

如来具足殊胜智，离诸烦恼并习气，

31.51.5

[illegible]	[illegible]	[illegible]	[illegible]	[illegible]	[illegible]	[illegible]，	[illegible]	[illegible]	[illegible]
ŋa2	tsjɨ1	thjɨ2	sju2	sjịj2	djij2	śjɨj1	rjur1	rjur1	kha1
我	亦	此	如	智	△	成，	诸	世	间
[illegible]	[illegible]	[illegible]	[illegible]。						
·jij1	zji2	ɣie2	ŋa2						
之	皆	益	我。						

我亦愿成如是智，利益一切诸世间。

31.51.6

[illegible]	[illegible]	[illegible]	[illegible]	[illegible]	[illegible]	[illegible]，	[illegible]	[illegible]	[illegible]
mjor1	ljịj2	buu2	gjij1	sjịj2	ŋowr2	lhə?	kiẹj2	laa1	po1
如	来	胜	殊	智	具	足，	欲	染	菩
[illegible]	[illegible]	[illegible]	[illegible]						
tjɨj1	lə1	nwə1	tsjij2						
提	障	知	悟，						

如来具足殊胜智，了知欲染障菩提，

31.52.1

[illegible]	[illegible]	[illegible]	[illegible]	[illegible]	[illegible]	[illegible]，	[illegible]	[illegible]	[illegible]

① [illegible][illegible]，字面作“种末”，即汉文本之“习气”。按，“习气”又作“烦恼习”“余习”“残气”，梵文作 vāsanā，藏文作 bag chags，即烦恼之影响、后果。

ŋa² tsjɨ¹ thjɨ² sju² sjij² djij² śjɨj¹ rjur¹ rjur¹ kha¹

我 亦 此 如 智 △ 成, 诸 世 间

[illegible] [illegible] [illegible] [illegible]。

·jij¹ zji² ɣie² ŋa²

之 皆 益 我。

我亦愿成如是智,利益一切诸世间。

31.52.2

[illegible] [illegible] [illegible] [illegible] [illegible] [illegible] [illegible], [illegible] [illegible] [illegible]

mjor¹ ljịj² buu² gjij¹ sjij² ŋowr² lhə? lhji² wee¹ ka²

如 来 胜 殊 智 具 足, 死 生 离

[illegible] [illegible] [illegible] [illegible],

sji² tsjiir¹ nwə¹ tsjij²

能 法 知 悟,

如来具足殊胜智,了知出离生死法,

31.52.3

[illegible] [illegible] [illegible] [illegible] [illegible] [illegible] [illegible], [illegible] [illegible] [illegible]

ŋa² tsjɨ¹ thjɨ² sju² sjij² djij² śjɨj¹ rjur¹ rjur¹ kha¹

我 亦 此 如 智 △ 成, 诸 世 间

[illegible] [illegible] [illegible] [illegible]。

·jij¹ zji² ɣie² ŋa²

之 皆 益 我。

愿我亦成如是智,利益一切诸世间。

31.52.4

[illegible] [illegible] [illegible] [illegible] [illegible] [illegible] [illegible], [illegible] [illegible] [illegible]

mjor¹ ljịj² wo² tsjiir¹ nwə¹ tsjij² njwi² mjɨ¹ pjụ¹ rjur¹

如 来 义 法 知 悟 善, 无 量 诸

[illegible] [illegible] [illegible] [illegible],

dźiã² tśhju¹ tsjij² phji¹

众 生 悟 令,

如来善了于法义，觉悟无量诸众生，

31.52.5

[illegible] [illegible] [illegible] [illegible] [illegible] [illegible] [illegible]， [illegible] [illegible] [illegible]
ŋa² tsjɨ¹ thjɨ² sju² sjɨj² djij² śjɨj¹ rjur¹ rjur¹ kha¹
我 亦 此 如 智 △ 成， 诸 世 间
[illegible] [illegible] [illegible] [illegible]。
·jij¹ zji² ɣie² ŋa²
之 皆 益 我。

我亦愿成如是智，利益一切诸世间。

31.52.6

[illegible] [illegible] [illegible] [illegible] [illegible] [illegible] [illegible]， [illegible] [illegible] [illegible]
mjor¹ ljɨj² tsjiir¹ tsjir² ɣa² wjɨ¹ sju² mjiij¹ sju² so²
如 来 法 性 于 幻 如， 梦 如 阳
[illegible] [illegible] [illegible] [illegible]，
lwew¹ sju² tsjij² njwi²
焰 如 晓 善，

如来善了于法性，如幻如梦如阳焰，

31.53.1

[illegible] [illegible] [illegible] [illegible] [illegible] [illegible] [illegible]， [illegible] [illegible] [illegible]
ŋa² tsjɨ¹ thjɨ² sju² sjɨj² djij² śjɨj¹ rjur¹ rjur¹ kha¹
我 亦 此 如 智 △ 成， 诸 世 间
[illegible] [illegible] [illegible] [illegible]。
·jij¹ zji² ɣie² ŋa²
之 皆 益 我。

我亦愿成如是智，利益一切诸世间。

31.53.2

[illegible] [illegible] [illegible] [illegible] [illegible] [illegible]， [illegible] [illegible] [illegible] [illegible]
mjor¹ ljɨj² rjur¹ kha¹ ·jwɨr² dji² ljɨ¹ ŋwuu¹ dạ² ŋowr²

如 来 世 间 文 字， 并 言 说 一

[illegible] [illegible] [illegible] [illegible]，

ŋowr² zji² tsjij? njwi²

切 皆 晓 善，

如来善了于世间，一切文字并言说，

31.53.3

[illegible] [illegible] [illegible] [illegible] [illegible] [illegible] [illegible]，[illegible] [illegible] [illegible]

ŋa² tsjɨ¹ thjɨ² sju² sjịj² djij² śjɨj¹ rjur¹ rjur¹ kha¹

我 亦 此 如 智 △ 成， 诸 世 间

[illegible] [illegible] [illegible] [illegible]。

·jij¹ zji² ɣie² ŋa²

之 皆 益 我。

我亦愿成如是智，利益一切诸世间。

31.53.4

[illegible] [illegible] [illegible] [illegible] [illegible] [illegible] [illegible]，[illegible] [illegible] [illegible]

mjor¹ ljịj² buu² gjij¹ nwə? ŋwo² ŋowr² zji² na¹ zji²

如 来 胜 殊 辩 才 具， 最 深 最

[illegible] [illegible] [illegible] [illegible]，

thjoo¹ tsjiir¹ phie² neej²

妙 法 开 示，

如来具足胜辩才，开示甚深微妙法，

31.53.5

[illegible] [illegible] [illegible] [illegible] [illegible] [illegible] [illegible]，[illegible] [illegible] [illegible]

ŋa² tsjɨ¹ thjɨ² sju² sjịj² djij² śjɨj¹ rjur¹ rjur¹ kha¹

我 亦 此 如 智 △ 成， 诸 世 间

[illegible] [illegible] [illegible] [illegible]。

·jij¹ zji² ɣie² ŋa²

之 皆 益 我。

我亦愿成如是智，利益一切诸世间。

31.53.6

[illegible]	[illegible]	[illegible]	[illegible]	[illegible]	[illegible]	[illegible]，	[illegible]	[illegible]	[illegible]
mjor^{1}	ljịj^{2}	ljụ^{2}	ljaa^{2}	phji^{1}	·jar^{2}	njwi^{2}	ŋowr^{2}	ŋowr^{2}	dźjɨ$^{?}$
如	来	身	口	意	御	善，	一	切	行
[illegible]	[illegible]	[illegible]	[illegible]，						
sjịj^{2}	źjɨr^{1}	bju^{1}	śjɨ^{1}						
智	慧	随	往，						

如来善调身语意，一切皆随智慧行，

31.54.1

[illegible]	[illegible]	[illegible]	[illegible]	[illegible]	[illegible]	[illegible]，	[illegible]	[illegible]	[illegible]
ŋa^{2}	tsjɨ^{1}	thjɨ^{2}	sju^{2}	sjịj^{2}	djij^{2}	śjɨj^{1}	rjur^{1}	rjur^{1}	kha^{1}
我	亦	此	如	智	△	成，	诸	世	间
[illegible]	[illegible]	[illegible]	[illegible]。						
·jij^{1}	zji^{2}	ɣie^{2}	ŋa^{2}						
之	皆	益	我。						

我亦愿成如是智，利益一切诸世间。

31.54.2

[illegible]	[illegible]	[illegible]	[illegible]	[illegible]	[illegible]	[illegible]，	[illegible]	[illegible]	[illegible]
mjor^{1}	ljịj^{2}	sọ^{1}	zjọ^{2}	nwə^{1}	tsjij^{2}	njwi^{2}	lhjwi^{1}	mjij^{1}	zjịj^{1}
如	来	三	世	知	晓	善，	取	无	著
[illegible]	[illegible]	[illegible]	[illegible]，						
mjij^{1}	ɣiẹ^{2}	lụ^{2}	mjij^{1}						
无	障	碍	无，						

如来善了于三世，无取无著无挂碍，

31.54.3

[illegible]	[illegible]	[illegible]	[illegible]	[illegible]	[illegible]	[illegible]，	[illegible]	[illegible]	[illegible]
ŋa^{2}	tsjɨ^{1}	thjɨ^{2}	sju^{2}	sjịj^{2}	djij^{2}	śjɨj^{1}	rjur^{1}	rjur^{1}	kha^{1}
我	亦	此	如	智	△	成，	诸	世	间

[illegible]

·jij^{1} zji^{2} ɣie^{2} ŋa^{2}

之 皆 益 我。

我亦愿成如是智,利益一切诸世间。

31.54.4

[illegible]

mjor^{1} ljịj^{2} kie^{1} djɨj^{2} źjɨr^{1} djọ^{2} njwi^{2} thja^{1} ŋowr^{2} ŋowr^{2}

如 来 戒 定 慧 修 善, 彼 一 切

[illegible]

ɣa^{2} mji^{1} lhjii^{1} lhjwo^{1}

于 不 退 转,

如来善修戒定慧,于彼一切无退转,

31.54.5

[illegible]

ŋa^{2} tsjɨ^{1} thjɨ^{2} sju^{2} sjịj^{2} djij^{2} śjɨj^{1} sọ^{1} kiẹj^{2} ljịj^{2}

我 亦 此 如 智 △ 成, 三 界 大

[illegible]

wjuu^{1} pjụ^{1} djij^{2} śjɨj^{1}

悲 尊 △ 成。

我亦愿成如是智,得为三界大悲尊。

31.54.6

[illegible]

tha^{1} bie^{2} lhew^{2} bie^{2} lhew^{2} sjịj^{2} ljij^{2} to^{2} zji^{2} djọ^{2}

佛 解 脱 解 脱 智 见, 悉 皆 修

[illegible]

njwi^{2} mji^{1} lhjii^{1} lhjwo^{1}

善 不 退 转,

如来善修于解脱,解脱知见无退转,

31.55.1

[illegible]	[illegible]	[illegible]	[illegible]	[illegible]	[illegible]	[illegible]，	[illegible]	[illegible]	[illegible]
ŋa^{2}	tsjɨ^{1}	thjɨ^{2}	sju^{2}	sjịj^{2}	djij^{2}	śjɨj^{1}	sọ^{1}	kiẹj^{2}	ljịj^{2}
我	亦	此	如	智	△	成，	三	界	大
[illegible]	[illegible]	[illegible]	[illegible]。						
wjuu^{1}	pjụ^{1}	djij^{2}	śjɨj^{1}						
悲	尊	△	成。						

我亦愿成如是智，得为三界大悲尊。

31.55.2

[illegible]	[illegible]	[illegible]	[illegible]	[illegible]	[illegible]	[illegible]，	[illegible]	[illegible]	[illegible]
mjor^{1}	ljịj^{2}	tśhja^{2}	bio̱^{1}	djọ^{2}	dzjiij^{2}	njwi^{2}	dzjwo^{2}	mə^{1}	rjur^{1}
如	来	平	观	修	治	善，	人	天	世
[illegible]	[illegible]	[illegible]	[illegible]，						
kha^{1}	ŋwer^{1}	dźjwɨ^{1}	mjij^{1}						
间	比	属	无，						

如来善修于正观，天人世间无等伦，

31.55.3

[illegible]	[illegible]	[illegible]	[illegible]	[illegible]	[illegible]	[illegible]，	[illegible]	[illegible]	[illegible]
ŋa^{2}	tsjɨ^{1}	thjɨ^{2}	sju^{2}	sjịj^{2}	djij^{2}	śjɨj^{1}	sọ^{1}	kiẹj^{2}	ljịj^{2}
我	亦	此	如	智	△	成，	三	界	大
[illegible]	[illegible]	[illegible]	[illegible]。						
wjuu^{1}	pjụ^{1}	djij^{2}	śjɨj^{1}						
悲	尊	△	成。						

我亦愿成如是智，得为三界大悲尊。

31.55.4

[illegible]	[illegible]	[illegible]	[illegible]	[illegible]	[illegible]	[illegible]，	[illegible]	[illegible]	[illegible]
mjor^{1}	ljịj^{2}	buu^{2}	gjij^{1}	sjịj^{2}	ŋowr^{2}	lhə$^{?}$	rjur^{1}	rjur^{1}	tsjiir^{1}
如	来	胜	殊	智	具	足，	诸	世	法

[illegible] [illegible] [illegible] [illegible],

ɣa^{2} laa^{1} tśhja^{2} mjij^{1}

于 染 平 无,

如来具足殊胜智,于诸世法无所染,

31.55.5

[illegible] [illegible] [illegible] [illegible] [illegible] [illegible] [illegible], [illegible] [illegible] [illegible]

ŋa^{2} tsjɨ^{1} thjɨ^{2} sju^{2} sjịj^{2} djij^{2} śjɨj^{1} sọ^{1} kiẹj^{2} ljịj^{2}

我 亦 此 如 智 △ 成, 三 界 大

[illegible] [illegible] [illegible] [illegible]。

wjuu^{1} pjụ^{1} djij^{2} śjɨj^{1}

悲 尊 △ 成。

我亦愿成如是智,得为三界大悲尊。

31.55.6

[illegible] [illegible] [illegible] [illegible] [illegible] [illegible] [illegible], [illegible] [illegible] [illegible]

tha^{1} rjur^{1} kha^{1} mə^{2} mə^{2} rjur^{1} tshwew^{1} ŋowr^{2} ŋowr^{2} tsjij^{2}

佛 世 间 种 种 诸 趣, 一 切 晓

[illegible] [illegible] [illegible] [illegible],

njwi^{2} zji^{2} dźju^{1} ljij^{2}

善 皆 显 见,

如来善了于世间,种种诸趣皆明见,

31.56.1

[illegible] [illegible] [illegible] [illegible] [illegible] [illegible] [illegible], [illegible] [illegible] [illegible]

ŋa^{2} tsjɨ^{1} thjɨ^{2} sju^{2} sjịj^{2} djij^{2} śjɨj^{1} thja^{1} rjur^{1} tshwew^{1}

我 亦 此 如 智 △ 成, 彼 诸 趣

[illegible] [illegible] [illegible] [illegible]。

kha^{1} ɣiẹ^{2} djij^{2} mjij^{1}

间 碍 △ 无。

我亦愿成如是智,于彼诸趣得无碍。

31.56.2

[illegible]	[illegible]	[illegible]	[illegible]	[illegible]	[illegible]	[illegible],	[illegible]	[illegible]	[illegible]
mjor^{1}	ljịj^{2}	sji^{1}	wee^{1}	bju^{2}	tsjij^{2}	njwi^{2}	thjɨ^{2}	nioow^{1}	thja^{1}
如	来	尽	生	边	晓	善，	此	故	彼
[illegible]	[illegible]	[illegible]	[illegible],						
ɣa^{2}	lhạ^{2}	ljɨ̣j^{1}	mjij^{1}						
于	迷	惑	无，						

如来善了尽生边，是故于彼无迷惑，

31.56.3

[illegible]	[illegible]	[illegible]	[illegible]	[illegible]	[illegible]	[illegible],	[illegible]	[illegible]	[illegible]
ŋa^{2}	tsjɨ^{1}	thjɨ^{2}	sju^{2}	sjịj^{2}	djij^{2}	śjɨj^{1}	sji^{1}	wee^{1}	tsjiir^{1}
我	亦	此	如	智	△	成，	尽	生	法
[illegible]	[illegible]	[illegible]	[illegible]。						
ɣa^{2}	·jiw^{2}	djij^{2}	mjij^{1}						
于	疑	△	无。						

我亦愿成如是智，于尽生性得无疑。

31.56.4

[illegible]	[illegible]	[illegible]	[illegible]	[illegible]	[illegible]	[illegible],	[illegible]	[illegible]	[illegible]
mjor^{1}	ljịj^{2}	mjij^{1}	sej^{1}	bju^{2}	tsjij^{2}	njwi^{2}	thjɨ^{2}	nioow^{1}	thja^{1}
如	来	寂	静	边	晓	善，	此	故	彼
[illegible]	[illegible]	[illegible]	[illegible],						
ɣa^{2}	lhạ^{2}	ljɨ̣j^{1}	mjij^{1}						
于	迷	惑	无，						

如来善了寂静边，是故于彼无迷惑，

31.56.5

[illegible]	[illegible]	[illegible]	[illegible]	[illegible]	[illegible]	[illegible],	[illegible]	[illegible]	[illegible]
ŋa^{2}	tsjɨ^{1}	thjɨ^{2}	sju^{2}	sjịj^{2}	djij^{2}	śjɨj^{1}	thja^{1}	mjij^{1}	sej^{1}
我	亦	此	如	智	△	成，	彼	寂	静

[illegible]。

ɣa^{2} ·jiw^{2} djij^{2} mjij^{1}

于 疑 △ 无。

我亦愿成如是智,于彼寂静得无疑。

31.56.6

[illegible], [illegible]

mjor^{1} lji̠j^{2} dźiə dźiej^{2} bju^{2} tsjij^{2} njwi^{2} thjɨ^{2} nioow^{1} thja^{1}

如 来 轮 回 边 晓 善, 此 故 彼

[illegible],

ɣa^{2} lha̠^{2} ljɨ̠j^{1} mjij^{1}

于 迷 惑 无,

如来善了流转边,是故于彼无迷惑,

31.57.1

[illegible], [illegible]

ŋa^{2} tsjɨ^{1} thjɨ^{2} sju^{2} sji̠j^{2} djij^{2} śjɨj^{1} thja^{1} dźiə dźiej^{2}

我 亦 此 如 智 △ 成, 彼 轮 回

[illegible]。

ɣa^{2} ·jiw^{2} djij^{2} mjij^{1}

于 疑 △ 无。

我亦愿成如是智,于彼流转得无疑。

31.57.2

[illegible], [illegible]

mjor^{1} lji̠j^{2} śji^{1} ku̠^{1} bju^{2} tsjij^{2} njwi^{2} thjɨ^{2} nioow^{1} dzjiij^{2}

如 来 先 后 边 晓 善, 此 故 治

[illegible],

mjij^{1} sji̠j^{2} ŋowr^{2} lhə$^{?}$

无 智 具 足,

如来善了前后际,是故具足无师智,

31.57.3

[illegible]	[illegible]	[illegible]	[illegible]	[illegible]	[illegible]	[illegible]，	[illegible]	[illegible]	[illegible]
ŋa^2	tsjɨ^1	thjɨ^2	sju^2	sjịj^2	djij^2	śjɨj^1	śji^1	kụ^1	bju^2
我	亦	此	如	智	△	成，	先	后	边
[illegible]	[illegible]	[illegible]	[illegible]。						
ɣa^2	·jiw^2	djij^2	mjij^1						
于	疑	△	无。						

我亦愿成如是智，于前后际得无疑。

31.57.4

[illegible]	[illegible]	[illegible]	[illegible]	[illegible]	[illegible]	[illegible]，	[illegible]	[illegible]	[illegible]
mjor^1	ljịj^2	wee^1	ljij	bju^2	tsjij^2	njwi^2	thjɨ^2	nioow^1	dzjịj
如	来	生	转	边	晓	善，	此	故	师
[illegible]	[illegible]	[illegible]	[illegible]，						
mjij^1	sjịj^2	ŋowr^2	lhə$^?$						
无	智	具	足，						

如来善了转生边，是故具足无师智，

31.57.5

[illegible]	[illegible]	[illegible]	[illegible]	[illegible]	[illegible]	[illegible]，	[illegible]	[illegible]	[illegible]
ŋa^2	tsjɨ^1	thjɨ^2	sju^2	sjịj^2	djij^2	śjɨj^1	thja^1	wee^1	ljij
我	亦	此	如	智	△	成，	彼	生	转
[illegible]	[illegible]	[illegible]	[illegible]。						
ɣa^2	·jiw^2	djij^2	mjij^1						
于	疑	△	无。						

我亦愿成如是智，于彼生转得无疑。

31.57.6

[illegible]	[illegible]	[illegible]	[illegible]	[illegible]	[illegible]	[illegible]，	[illegible]	[illegible]	[illegible]
mjor^1	ljịj^2	śji^1	kụ^1	bju^2	tsjij^2	njwi^2	mej^1	bja^2	·ju^2
如	来	先	后	边	晓	善，	眼	断	常

紕	蕱	繉	緪，
ɣa^{2}	zow^{2}	lew^{2}	mjij^{1}
于	持	所	无，

如来善了前后际，于眼断常无所执，

31.58.1

繸	尙	旐	珑	豩	祥	霸，	緁	烿	豜
ŋa^{2}	tsjɨ^{1}	thjɨ^{2}	sju^{2}	sjịj^{2}	djij^{2}	śjɨj^{1}	śji^{1}	kụ^{1}	bju^{2}
我	亦	此	如	智	△	成，	先	后	边
紕	艤	祥	緪。						
ɣa^{2}	·jiw^{2}	djij^{2}	mjij^{1}						
于	疑	△	无。						

我亦愿成如是智，于前后际得无疑。

31.58.2

絳	皸	貅	豨	豜	綋	緎，	藏	掕	徽
mjor^{1}	ljịj^{2}	sji^{1}	wee^{1}	bju^{2}	tsjij^{2}	njwi^{2}	mej^{1}	bja^{2}	·ju^{2}
如	来	尽	生	边	晓	善，	眼	断	常
紕	蕱	繉	緪，						
ɣa^{2}	zow^{2}	lew^{2}	mjij^{1}						
于	持	所	无，						

如来善了尽生边，于眼断常无所执，

31.58.3

繸	尙	旐	珑	豩	祥	霸，	貅	豨	嬌
ŋa^{2}	tsjɨ^{1}	thjɨ^{2}	sju^{2}	sjịj^{2}	djij^{2}	śjɨj^{1}	sji^{1}	wee^{1}	lẹj^{2}
我	亦	此	如	智	△	成，	尽	生	贪
紕	艤	祥	緪。						
ɣa^{2}	·jiw^{2}	djij^{2}	mjij^{1}						
于	疑	△	无。						

我亦愿成如是智，于尽生性得无疑。

31.58.4

[illegible]	[illegible]	[illegible]	[illegible]	[illegible]	[illegible]	[illegible],	[illegible]	[illegible]	[illegible]
tjij^{1}	dzjwo^{2}	śji^{1}	kụ^{1}	bju^{2}	mji^{1}	tsjij^{2}	thjɨ^{2}	nioow^{1}	lẹj^{2}
若	人	先	后	边	不	晓,	此	故	贪
[illegible]	[illegible]	[illegible]	[illegible],						
ɣa^{2}	lhjwi^{1}	zjị j^{1}	śjwo^{1}						
于	取	著	生,						

若人不了前后际,彼则于贪生取著,

31.58.5

[illegible]	[illegible]	[illegible]	[illegible]	[illegible]	[illegible]	[illegible],	[illegible]	[illegible]	[illegible]
mjor^{1}	ljị j^{2}	thja^{1}	ɣa^{2}	ljạ^{1}	nwə^{1}	njwi^{2}	tśhjwo^{1}	thjɨ^{2}	lẹj^{2}
如	来	彼	于	证	知	能,	故	此	贪
[illegible]	[illegible]	[illegible]	[illegible]。						
ɣa^{2}	laa^{1}	lew^{2}	mjij^{1}						
于	染	所	无。						

如来于彼能证知,是故于贪无所染。

31.58.6

[illegible]	[illegible]	[illegible]	[illegible]	[illegible]	[illegible]	[illegible],	[illegible]	[illegible]	[illegible]
tjij^{1}	dzjwo^{2}	dju^{1}	mjij^{1}	bju^{2}	mjij^{1}	tsjij^{2}	thjɨ^{2}	nioow^{1}	lẹj^{2}
若	人	有	无	边	无	晓,	此	故	贪
[illegible]	[illegible]	[illegible]	[illegible],						
ɣa^{2}	lhjwi^{1}	śjwo^{1}	zjị j^{1}						
于	取	生	著,						

若人不了有无边,彼①则于贪生取著,

31.59.1

[illegible]	[illegible]	[illegible]	[illegible]	[illegible]	[illegible]	[illegible],	[illegible]	[illegible]	[illegible]
mjor^{1}	ljị j^{2}	thja^{1}	ɣa^{2}	ljạ^{1}	nwə^{1}	njwi^{2}	tśhjwo^{1}	thjɨ^{2}	lẹj^{2}

① 彼,此与下一句西夏文皆用“[illegible]”(此)。

如 来 彼 于 证 知 善, 故 此 贪

[illegible]

ɣa^{2} laa^{1} lew^{2} mjij^{1}

于 染 所 无。

如来于彼能证知,是故于贪无所染。

31.59.2

[illegible]

tjij^{1} dzjwo^{2} sji^{1} mji^{1} sji^{1} mji^{1} tsjij^{2} thjɨ^{2} nioow^{1} lẹj^{2}

若 人 尽 不 尽 不 晓, 此 故 贪

[illegible]

ɣa^{2} lhjwi^{1} zjịj^{1} śjwo^{1}

于 取 著 生,

若人不了尽无边,彼则于贪生取著,

31.59.3

[illegible]

mjor^{1} ljịj^{2} thja^{1} ɣa^{2} ljạ^{1} nwə^{1} njwi^{2} tśhjwo^{1} thjɨ^{2} lẹj^{2}

如 来 彼 于 证 知 善, 故 此 贪

[illegible]

ɣa^{2} laa^{1} lew^{2} mjij^{1}

于 染 所 无。

如来于彼能证知,是故于贪无所染。

31.59.4

[illegible]

tjij^{1} dzjwo^{2} lej^{2} mji^{1} lej^{2} mji^{1} tsjij^{2} thjɨ^{2} nioow^{1} lẹj^{2}

若 人 变 不 变 不 晓, 此 故 贪

[illegible]

ɣa^{2} lhjwi^{1} zjịj^{1} śjwo^{1}

于 取 著 生,

若人不了转无转,彼则于贪生取著,

31.59.5

[illegible]	[illegible]	[illegible]	[illegible]	[illegible]	[illegible]	[illegible],	[illegible]	[illegible]	[illegible]
mjor1	ljịj2	thja1	ɣa2	ljạ1	nwə1	njwi2	tśhjwo1	thjɨ2	lẹj2
如	来	彼	于	证	知	善,	故	此	贪
[illegible]	[illegible]	[illegible]	[illegible]。						
ɣa2	laa1	lew2	mjij1						
于	染	所	无。						

如来于彼能证知，是故于贪无所染。

31.59.6

[illegible]	[illegible]	[illegible]	[illegible]	[illegible]	[illegible]	[illegible],	[illegible]	[illegible]	[illegible]
tshjạ1	lẹj2	kwow2	ɣja2	nioow1	zjɨ̣1	ljoor1	lạ1	nioow1	·jij1
瞋	贪	怒	覆	及	嫉	诳,	妄	及	自
[illegible]	[illegible]	[illegible]	[illegible],						
bjịj	mjɨ1	gjiw	khwẹj1						
傲	无	骄	慢,						

瞋痴忿覆并嫉诳，谄曲贡高与憍慢，

31.60.1

[illegible]	[illegible]	[illegible]	[illegible]	[illegible]	[illegible]	[illegible],	[illegible]	[illegible]	[illegible]
zji1	mjii1	kie1	·jiij1	nioow1	no2	zeew2	śjã1	djɨj2	sjịj2
布	施	戒	持	及	安	忍,	禅	定	智
[illegible]	[illegible]	[illegible]	[illegible]。						
źjɨr1	zji2	thjɨ2	sju2						
慧	皆	此	如。						

布施持戒将忍辱，禅定智慧皆如是。

汉文本

如来了知眼尽边，故能出现清净智，以能出现清净智，具足如来清净光。

如来了知眼无我，故能出现清净音，以能出现清净音，具足如来梵音相。

佛于往昔利众生,故能成就语清净,以能成就语清净,饶益无量诸世间。
如来了知眼性空,故能成就总持智,以能成就总持智,出现如来无量光。
如来了知眼差别,眼名差别亦无边,以知名字无边故,出现如来无量光。
佛知文字差别门,即知眼空离文字,以知眼空离文字,出现如来无量光。
若人思惟眼无我,即了佛语为真实,以能知佛语真实,出现如来决定光。
如来成就胜神通,即了无边眼灭坏,以能了知眼灭坏,利益一切诸世间。
大悲最胜两足尊,了达无边眼生起,如佛能知眼生起,愿我不久亦当然。
如是耳鼻舌身心,色声香味并触法,乃至世生声名等,当知一切皆应作。
大悲最胜两足尊,已具布施波罗蜜,如佛布施波罗蜜,愿我不久亦当然。
大悲最胜两足尊,已具净戒波罗蜜,如佛净戒波罗蜜,愿我不久亦当然。
大悲最胜两足尊,已具忍辱波罗蜜,如佛忍辱波罗蜜,愿我不久亦当然。
大悲最胜两足尊,已具精进波罗蜜,如佛精进波罗蜜,愿我不久亦当然。
大悲最胜两足尊,已具禅定波罗蜜,如佛禅定波罗蜜,愿我不久亦当然。
大悲最胜两足尊,已具智慧波罗蜜,如佛智慧波罗蜜,愿我不久亦当然。
大悲最胜两足尊,已具法身波罗蜜,如佛法身波罗蜜,愿我不久亦当然。
大悲最胜两足尊,已具无边清净色,如佛已具清净色,愿我不久亦当然。
大悲最胜两足尊,已具无边清净意,如佛已具清净意,愿我不久亦当然。
大悲最胜两足尊,已具无边胜功德,如佛已具胜功德,愿我不久亦当然。
大悲最胜两足尊,已具无边诸色相,如佛已具诸色相,愿我不久亦当然。
大悲最胜两足尊,已具无边声清净,如佛已具声清净,愿我不久亦当然。
大悲最胜两足尊,已具无边大神变,如佛已具大神变,愿我不久亦当然。
大悲最胜两足尊,为化众生处三有,如佛化彼众生类,愿我不久亦当然。
大悲最胜两足尊,已度无边生死行,如佛已度生死行,愿我不久亦当然。
大悲最胜两足尊,已度无边贪欲行,如佛度于贪欲行,愿我不久亦当然。
大悲最胜两足尊,已度无边瞋恚行,如佛度于瞋恚行,愿我不久亦当然。
大悲最胜两足尊,已度无量愚痴行,如佛度于愚痴行,愿我不久亦当然。
大悲最胜两足尊,已度无量贪瞋行,如佛度于贪瞋行,愿我不久亦当然。
大悲最胜两足尊,已度无量瞋痴行,如佛度于瞋痴行,愿我不久亦当然。
大悲最胜两足尊,已度无量贪痴行,如佛度于贪痴行,愿我不久亦当然。
大悲最胜两足尊,已度无边等分行,如佛度于等分行,愿我不久亦当然。
导师已度于贪欲,普能饶益诸世间,如佛饶益诸世间,愿我亦成如是智。
导师已度于瞋恚,普能饶益诸世间,如佛饶益诸世间,愿我亦成如是智。
导师度于愚痴行,普能饶益诸世间,如佛饶益诸世间,愿我亦成如是智。
导师已度贪瞋行,普能饶益诸世间,如佛饶益诸世间,愿我亦成如是智。
导师已度瞋痴行,普能饶益诸世间,如佛饶益诸世间,愿我亦成如是智。
导师已度贪痴行,普能饶益诸世间,如佛饶益诸世间,愿我亦成如是智。
导师已度等分行,普能饶益诸世间,如佛饶益诸世间,愿我亦成如是智。
如来具足殊胜智,调伏一切诸天众,我亦愿成如是智,得为调御天人师。

如来具足殊胜智，调伏一切诸龙众，我亦愿成如是智，得为调御天人师。
如来具足殊胜智，调伏一切夜叉众，我亦愿成如是智，得为调御天人师。
如来具足殊胜智，调伏一切乾闼婆，乃至无量鸠槃荼，所有若干诸眷属，我亦愿成如是智，得为调御天人师。
如来具足殊胜智，了知诸法真实义，我亦愿成如是智，于彼真实得无疑。
如来若了苦尽边，利益一切群生类，我亦愿成如是智，于彼苦尽得无疑。
如来善了因尽边，利益一切群生类，我亦愿成如是智，于彼因尽得无疑。
如来具足殊胜智，了达世间之所行，我亦愿成如是智，于世间行得无疑。
如来具足殊胜智，了达世间处非处，我亦愿成如是智，利益一切诸世间。
如来具足殊胜智，了达世间诸业果，我亦愿成如是智，利益一切诸世间。
如来具足殊胜智，了达世间种种性，我亦愿成如是智，利益一切诸世间。
如来具足殊胜智，了达一切诸趣行，我亦愿成如是智，利益无量诸世间。
如来具足殊胜智，了达世间诸胜解，我亦愿成如是智，利益一切诸世间。
如来具足殊胜智，了达一切诸根性，我亦愿成如是智，利益一切诸世间。
如来具足殊胜智，了达静虑之所行，我亦愿成如是智，利益一切诸世间。
如来具足殊胜智，了达解脱之所行，我亦愿成如是智，利益一切诸世间。
如来具足殊胜智，了达等分之所行，我亦愿成如是智，利益一切诸世间。
如来具足殊胜智，了达等至之所行，我亦愿成如是智，利益一切诸世间。
如来善了于生死，流转皆因烦恼生，我亦愿成如是智，利益一切诸世间。
如来一切皆了知，利益世间无与等，我亦愿成如是智，利益一切诸世间。
如来善住于等持，发起殊胜方便智，我亦愿成如是智，利益一切诸世间。
如来具足殊胜智，了达无边宿住行，我亦愿成如是智，利益一切诸世间。
如来具足殊胜智，了达生死无有边，我亦愿成如是智，利益一切诸世间。
如来具足殊胜智，了达一切烦恼尽，我亦愿成如是智，利益一切诸世间。
如来具足殊胜智，成就无上正等觉，我亦愿成如是智，利益一切诸世间。
如来具足殊胜智，离诸烦恼并习气，我亦愿成如是智，利益一切诸世间。
如来具足殊胜智，了知欲染障菩提，我亦愿成如是智，利益一切诸世间。
如来具足殊胜智，了知出离生死法，愿我亦成如是智，利益一切诸世间。
如来善了于法义，觉悟无量诸众生，我亦愿成如是智，利益一切诸世间。
如来善了于法性，如幻如梦如阳焰，我亦愿成如是智，利益一切诸世间。
如来善了于世间，一切文字并言说，我亦愿成如是智，利益一切诸世间。
如来具足胜辩才，开示甚深微妙法，我亦愿成如是智，利益一切诸世间。
如来善调身语意，一切皆随智慧行，我亦愿成如是智，利益一切诸世间。
如来善了于三世，无取无著无挂碍，我亦愿成如是智，利益一切诸世间。
如来善修戒定慧，于彼一切无退转，我亦愿成如是智，得为三界大悲尊。
如来善修于解脱，解脱知见无退转，我亦愿成如是智，得为三界大悲尊。
如来善修于正观，天人世间无等伦，我亦愿成如是智，得为三界大悲尊。
如来具足殊胜智，于诸世法无所染，我亦愿成如是智，得为三界大悲尊。

如来善了于世间，种种诸趣皆明见，我亦愿成如是智，于彼诸趣得无碍。
如来善了尽生边，是故于彼无迷惑，我亦愿成如是智，于尽生性得无疑。
如来善了寂静边，是故于彼无迷惑，我亦愿成如是智，于彼寂静得无疑。
如来善了流转边，是故于彼无迷惑，我亦愿成如是智，于彼流转得无疑。
如来善了前后际，是故具足无师智，我亦愿成如是智，于前后际得无疑。
如来善了转生边，是故具足无师智，我亦愿成如是智，于彼生转得无疑。
如来善了前后际，于眼断常无所执，我亦愿成如是智，于前后际得无疑。
如来善了尽生边，于眼断常无所执，我亦愿成如是智，于尽生性得无疑。
若人不了前后际，彼则于贪生取著，如来于彼能证知，是故于贪无所染。
若人不了有无边，彼则于贪生取著，如来于彼能证知，是故于贪无所染。
若人不了尽无边，彼则于贪生取著，如来于彼能证知，是故于贪无所染。
若人不了转无转，彼则于贪生取著，如来于彼能证知，是故于贪无所染。
瞋痴忿覆并嫉诳，谄曲贡高与憍慢，布施持戒将忍辱，禅定智慧皆如是。

31.60.2

[illegible]	[illegible]，	[illegible]	[illegible]	[illegible]	[illegible]	[illegible]	[illegible]	[illegible]	[illegible]
tśhjɨ^{1}	zjọ^{2}	rjur^{1}	pjụ^{1}	lhjịj^{2}	bji^{1}	zjɨ̣^{1}	lji	na^{1}	njiij^{1}
尔	时，	世	尊	月	光	儿	童	深	心
[illegible]	[illegible]	[illegible]	[illegible]，	[illegible]	[illegible]	[illegible]	[illegible]，		
khju^{1}	ljɨr^{2}	tja^{1}	dwewr^{2}	ŋwər	ljɨ̣j^{2}	zjɨɨr^{1}	djii^{2}		
下	念	者	觉，	脸	喜	希	笑，		

尔时，世尊知月光童子深心所念，熙怡微笑，

31.60.3

[illegible]	[illegible]	[illegible]	[illegible]，	[illegible]	[illegible]	[illegible]	[illegible]	[illegible]	[illegible]
kiẹ^{1}	tsə̣^{1}	bji^{1}	wjạ^{2}	thja^{1}	bji^{1}	mjɨ^{1}	pjụ^{1}	bju^{2}	mjij^{1}
金	色	光	放，	彼	光	无	量	边	无
[illegible]	[illegible]	[illegible]	[illegible]	[illegible]	[illegible]	[illegible]，	[illegible]		
rjur^{1}	njiij^{1}	lhjịj^{2}	·iọ^{1}	·u^{2}	zji^{2}	swew^{1}	thja^{1}		
诸	心	国	土	中	皆	照，	彼		

放金色光，其光普照无量无边诸佛国土，于

31.60.4

[illegible]	[illegible]	[illegible]	[illegible]	[illegible]	[illegible]	[illegible]	[illegible]，	[illegible]	[illegible]

lhjị̣j²	kieḙj²	·u²	gjịj¹	ɣie²	rjɨr²	wji¹	nioow¹	tha¹	·jij¹
国	界	中	利	益	乃	为	及，	佛	之
[illegible]	[illegible]	[illegible]，	[illegible]	[illegible]	[illegible]	[illegible]	[illegible]		
sọ¹	dźjow¹	ror²	ljɨɨ¹	mjor¹	ljịj²	·jij¹	tśjiw²		
三	匝	绕，	报	如	来	各	顶		

彼国界作利益已，绕佛三匝，还从如来顶上

31.60.5

[illegible]	[illegible]。	[illegible]	[illegible]，	[illegible]	[illegible]	[illegible]	[illegible]	[illegible]	[illegible]
tśhjaa¹	·o²	tśhjɨ¹	dzjɨj¹	mji¹	le²	dźiā²	tsjij²	dzuu²	tjị²
于	入。	尔	时，	弥	勒	菩	萨	坐	可
[illegible]	[illegible]，	[illegible]	[illegible]	[illegible]	[illegible]，	[illegible]	[illegible]		
·ja¹	wor¹	źjɨ̣¹	wạ¹	pha¹	gjwi²	tśier¹	ŋwer²		
一	起，	左	臂	偏	服，	右	膝		

而入。是时，弥勒菩萨即从座起，偏袒右肩①，右膝

31.60.6

[illegible]	[illegible]，	[illegible]	[illegible]	[illegible]，	[illegible]	[illegible]	[illegible]	[illegible]，	[illegible]
ljɨ̣²	zjịj¹	ljạ¹	tśja¹	tshwew¹	pjạ¹	phjoo²	dzjwɨ̣¹	lhejr²	rjur¹
地	著，	额	礼	拜，	掌	合	恭	敬，	诸
[illegible]	[illegible]	[illegible]	[illegible]	[illegible]	[illegible]	[illegible]：			
ljaa¹	·jow²	ŋwu²	tha¹	·jij¹	dạ²	·jɨr¹			
偈	赞	以	佛	之	言	问：			

著地，顶礼佛足，合掌恭敬，以诸偈赞而问佛言：

31.61.1

[illegible]	[illegible]	[illegible]	[illegible]	[illegible]，	[illegible]	[illegible]	[illegible]	[illegible]	[illegible]，
mə¹	dji̱¹	ka²	tśjij²	kwə²	kja¹	ljĩ¹	phjĩ	khja²	ɣiẹ²
天	雷	师	子	吼，	迦	邻	频	伽	声，
[illegible]	[illegible]	[illegible]	[illegible]	[illegible]，					

① 偏袒右肩，西夏本作"偏服左臂"（[illegible]）。

tha²	tsjiir¹	bar¹	ɣiẹ²	to²
大	法	鼓	声	出，

云雷师子吼，迦陵频伽声，出大法鼓音，

31.61.2

[illegible]	[illegible]	[illegible]	[illegible]	[illegible]？	[illegible]	[illegible]	[illegible]	[illegible]	[illegible]，
wa²	nioow¹	zjɨɨr¹	djiij¹	śja²	·jir²	tụ¹	be²	su	buu²
何	缘	微	笑	现？	百	千	日	殊	胜，
[illegible]	[illegible]	[illegible]	[illegible]	[illegible]，					
gji¹	sej¹	thjoo¹	mə²	ɣiẹ²					
清	净	妙	声	音，					

何缘现微笑？殊胜百千日，清净妙音声，

31.61.3

[illegible]	[illegible]	[illegible]	[illegible]	[illegible]，	[illegible]	[illegible]	[illegible]	[illegible]	[illegible]？
tśhja²	·ioow¹	zji²	zjɨɨr¹	dju¹	wa²	nioow¹	thjɨ²	bji¹	śja²
德	功	皆	少	有，	何	缘	此	光	现？
[illegible]	[illegible]	[illegible]	[illegible]	[illegible]，					
mjii¹	kie¹	zeew²	khu¹	dźjij¹					
施	戒	忍	进	精，					

功德甚希有，何缘现此光？施戒忍精进，

31.61.4

[illegible]	[illegible]	[illegible]	[illegible]	[illegible]，	[illegible]	[illegible]	[illegible]	[illegible]	[illegible]，
djɨj²	źjɨr¹	njɨ²	śjwo²	tshjịj²	ŋowr²	ŋowr²	zji²	·iọ¹	sə¹
定	慧	等	庄	严，	一	切	皆	圆	满，
[illegible]	[illegible]	[illegible]	[illegible]	[illegible]？					
wa²	nioow¹	thjɨ²	bji¹	śja²					
何	缘	此	光	现？					

定慧等庄严，一切皆圆满，何缘现此光？

31.61.5

[illegible]	[illegible]	[illegible]	[illegible]	[illegible]，	[illegible]	[illegible]	[illegible]	[illegible]	[illegible]，

mjor^{1} ljịj^{2} ·wə̣^{1} lhjii^{1} ɣiẹ^{2} ·ju^{2} dạ^{2} bjạ^{1} khwa^{1} ka^{2}

如 来 柔 软 音， 常 语 粗 远 离，

[illegible]

dźiã^{2} tśhju^{1} ŋo^{2} djị^{2} njwi^{2}

众 生 病 治 善，

如来柔软音，常远离粗语，善疗众生病，

31.61.6

[illegible]

wa^{2} nioow^{1} thjɨ^{2} bji^{1} śja^{2} ljịj^{2} wjuu^{1} njɨɨ^{1} rewr^{2} pjụ^{1}

何 缘 此 光 现？ 大 悲 两 足 尊，

[illegible]

mej^{1} ·ju^{2} ŋa^{1} mjij^{1} nwə^{1}

眼 常 空 寂 知，

何缘现此光？大悲两足尊，知眼常空寂，

31.62.1

[illegible]

gji^{1} sej^{1} xiwã^{1} ɣiẹ^{2} ŋwu^{2} dźiã^{2} tśhju^{1} ·jij^{1} nẹ^{1} tshjiij^{1}

清 净 梵 音 以， 众 生 之 宣 说。

[illegible]

nju^{1} njii^{2} lhjwa^{1} ljụ^{2} njiij^{1}

耳 鼻 舌 身 心，

以清净梵音，为众生演说。耳鼻舌身心，

31.62.2

[illegible]

rjɨr^{2} njɨ^{2} ɣiẹ^{2} mjiij^{2} njɨ^{2} nioow^{1} rjur^{1} śio̱^{1} dzjar^{2} tśja^{1}

乃 至 声 名 等， 及 诸 集 灭 道，

[illegible]

sjịj^{2} zeew^{2} tsjɨ^{1} thjɨ^{2} sju^{2}

智 忍 亦 此 如。

乃至声名等，并诸集灭道，智忍亦如是。

31.62.3

[illegible] [illegible] [illegible] [illegible] [illegible]， [illegible] [illegible] [illegible] [illegible] [illegible]，

ljịj^{2} wjuu^{1} njɨɨ^{1} rewr^{2} pjụ^{1} mej^{1} sji^{1} wee^{1} bju^{2} nwə^{1}

大 悲 两 足 尊， 眼 尽 生 际 知，

[illegible] [illegible] [illegible] [illegible] [illegible]，

mjij^{1} sej^{1} nioow^{1} dźiə^{2} dźiej^{2}

寂 静 及 轮 回，

大悲两足尊，知眼尽生际，寂静及流转，

31.62.4

[illegible] [illegible] [illegible] [illegible] [illegible]。 [illegible] [illegible] [illegible] [illegible] [illegible]，

ŋowr^{2} ŋowr^{2} zji^{2} ŋa^{1} mjij^{1} nju^{1} njii^{2} lhjwa^{1} ljụ^{2} njiij^{1}

一 切 皆 空 寂。 耳 鼻 舌 身 心，

[illegible] [illegible] [illegible] [illegible] [illegible]，

tsə̣^{1} ɣiẹ^{2} lji^{2} wjị^{1} tsjụ^{1}

色 声 香 味 触，

一切皆空寂。耳鼻舌身心，色声香味触，

31.62.5

[illegible] [illegible] [illegible] [illegible] [illegible]， [illegible] [illegible] [illegible] [illegible] [illegible]。

rjɨr^{2} njɨ^{2} ɣiẹ^{2} mjiij^{2} njɨ^{2} ŋowr^{2} ŋowr^{2} zji^{2} thjɨ^{2} sju^{2}

乃 至 声 名 等， 一 切 皆 此 如。

[illegible] [illegible] [illegible] [illegible] [illegible]，

nioow^{1} ·jiw^{1} nioow^{1} tsjiir^{1} tshjiij^{1}

及 因 缘 法 说，

乃至声名等，一切皆如是。又说因缘法，

31.62.6

[illegible] [illegible] [illegible] [illegible] [illegible]， [illegible] [illegible] [illegible] [illegible] [illegible]，

bja^{2} ·ju^{2} wjɨ^{2} khwa^{1} ka^{2} ·jij^{1} wji^{1} tsjij^{1} zjɨ̣^{2} njaa^{2}

断 常 △ 远 离， 自 作 他 俱 非，

[illegible]

·ji^{1} nioow^{1} bju^{1} ·ja^{1} śjwo^{1}

众 缘 依 同 生。

远离于断常，非自非他作，众缘之所生。

31.63.1

[illegible]

tjij^{1} mə^{2} mə^{2} ɣa^{1} ŋwu^{2} rjur^{1} tśjị^{1} mər^{2} phie^{2} neej^{2}

或 种 种 门 以， 诸 苦 本 开 示；

[illegible]

tjij^{1} mə^{2} mə^{2} wo^{2} ŋwu^{2}

或 种 种 义 以，

或以种种门，开示于苦本；或以种种义，

31.63.2

[illegible]

tha^{1} ·jij^{1} bji^{1} swew^{1} śja^{2} mjɨ^{1} pjụ^{1} ŋwu̱^{1} dạ^{2} ŋwu^{2}

佛 之 光 明 现。 无 量 言 词 以，

[illegible]

mjij^{1} dzjar^{2} tsjiir^{1} nẹ^{1} tshjiij^{1}

寂 灭 法 说 讲，

称赞佛光明。以无量言词，演说寂灭法，

31.63.3

[illegible]

njiij^{1} mjij^{1} kạ^{1} mjijr^{2} mjij^{1} ŋa^{2} mjij^{1} dźiã^{2} tśhju^{1} mjij^{1}

心 无 命 者 无， 我 无 众 生 无。

[illegible]

wjɨ^{2} rar^{2} mjɨ^{1} pjụ^{1} tha^{1}

过 去 无 量 佛，

无人无寿者，无我无众生。过去无量佛，

31.63.4

[illegible]	[illegible]	[illegible]	[illegible]	[illegible]，	[illegible]	[illegible]	[illegible]	[illegible]	[illegible]，
thja^{1}	tsjɨ^{1}	seew^{2}	tshjiij^{1}	mjij^{1}	·jir^{2}	tụ^{1}	rjur^{1}	ljaa^{1}	ŋwu^{2}
彼	亦	思	议	不，	百	千	诸	偈	以，
[illegible]	[illegible]	[illegible]	[illegible]	[illegible]。					
thjɨ^{2}	sju^{2}	tsjiir^{1}	nẹ^{1}	tshjiij^{1}					
此	如	法	说	讲。					

亦以不思议，百千诸偈颂，演说如是法。

31.63.5

[illegible]	[illegible]	[illegible]	[illegible]	[illegible]，	[illegible]	[illegible]	[illegible]	[illegible]	[illegible]，
mjor^{1}	ljịj^{2}	rjɨr^{2}	tshjiij^{1}	tshjiij^{1}	źjɨr^{1}	ɣiej^{1}	tśhja^{2}	·ioow^{1}	tsjiir^{1}
如	来	乃	说	讲，	实	真	功	德	法，
[illegible]	[illegible]	[illegible]	[illegible]	[illegible]，					
tshjiij^{1}	mjij^{1}	tshjiij^{1}	mjijr^{2}	mjij^{1}					
说	无	说	者	无，					

如来所演说，真实功德法，无说无说者，

31.63.6

[illegible]	[illegible]	[illegible]	[illegible]	[illegible]。	[illegible]	[illegible]	[illegible]	[illegible]	[illegible]，
tshjiij^{1}	tśhja^{2}	tsjiir^{1}	tsjɨ^{1}	mjij^{1}	tha^{1}	zji^{2}	buu^{2}	tsjiir^{1}	tshjiij^{1}
说	平	法	亦	无。	佛	最	胜	法	说，
[illegible]	[illegible]	[illegible]	[illegible]	[illegible]，					
dźiã^{2}	tśhju^{1}	·jij^{1}	tsjij^{2}	phji^{1}					
众	生	之	晓	令，					

所说法亦无。佛说最胜法，觉悟于群生，

31.64.1

[illegible]	[illegible]	[illegible]	[illegible]	[illegible]，	[illegible]	[illegible]	[illegible]	[illegible]	[illegible]。
rjur^{1}	mə^{1}	nioow^{1}	·jij^{1}	khja^{2}	mji^{1}	tja^{1}	zji^{2}	tsjij^{2}	njwi^{2}
诸	天	及	夜	叉，	闻	者	皆	晓	能。

[illegible]	[illegible]	[illegible]	[illegible]	[illegible],
·ja¹	sew²	lo¹	ŋowr²	ŋowr²
阿	修	罗	一	切,

诸天及夜叉,闻者皆能了。一切阿修罗,

31.64.2

[illegible]	[illegible]	[illegible]	[illegible]	[illegible],	[illegible]	[illegible]	[illegible]	[illegible]	[illegible],
njiij¹	phji¹	gji¹	sej¹	rjir²	mjɨ¹	pjụ¹	rjur¹	dzjwo²	·ji¹
心	意	清	净	得,	无	量	诸	人	众,
[illegible]	[illegible]	[illegible]	[illegible]	[illegible]。					
·jiw²	rer²	to²	zji²	tjij¹					
疑	网	悉	皆	除。					

意乐已清净,无量诸人众,疑网悉皆除。

31.64.3

[illegible]	[illegible]	[illegible]	[illegible]	[illegible],	[illegible]	[illegible]	[illegible]	[illegible]	[illegible],
lẹj²	·jij¹	tsjir²	nwə¹	tsjij²	tshjạ¹	nioow¹	lə²	ljiij²	dzjar²
贪	各	性	知	晓,	瞋	并	痴	破	灭,
[illegible]	[illegible]	[illegible]	[illegible]	[illegible],					
dzu¹	khwẹj¹	nioow¹	bju¹	mjij¹					
爱	慢	复	明	无,					

了知贪自性,灭坏瞋与痴,爱慢及无明,

31.64.4

[illegible]	[illegible]	[illegible]	[illegible]	[illegible],	[illegible]	[illegible]	[illegible]	[illegible]	[illegible],
ljoor¹	zjɨ¹	nioow¹	kheej¹	ljɨ¹	rjɨr²	njɨ²	tśjị¹	ŋur¹	njɨ²
谄	嫉	并	戏	论,	乃	至	苦	阴	等,
[illegible]	[illegible]	[illegible]	[illegible]	[illegible];					
ŋowr²	ŋowr²	zji²	dźjɨɨr¹	ka²					
一	切	皆	舍	离;					

谄嫉并戏论,乃至苦蕴等,一切皆舍离;

31.64.5

[Tangut]	[Tangut]	[Tangut]	[Tangut]	[Tangut],	[Tangut]	[Tangut]	[Tangut]	[Tangut]	[Tangut]。
thjɨ^{2}	sju^{2}	rjur^{1}	gjwi^{2}	wo^{2}	zji^{2}	dźjwa^{1}	zji^{2}	gji^{1}	sej^{1}
此	如	诸	句	义,	最	竟	皆	清	净。
[Tangut]	[Tangut]	[Tangut]	[Tangut]	[Tangut],					
mjor^{1}	ljị j^{2}	lew^{1}	ɣa^{2}	tsjiir^{1}					
如	来	一	于	法,					

如是诸句义,究竟悉清净。如来于一法,

31.64.6

[Tangut]	[Tangut]	[Tangut]	[Tangut]	[Tangut],	[Tangut]	[Tangut]	[Tangut]	[Tangut]	[Tangut],
mə^{2}	mə^{2}	mjiij^{2}	tsjij^{2}	dar^{1}	thja^{1}	ŋewr^{2}	·jir^{2}	tụ^{1}	khjɨ^{2}
种	种	名	通	达,	彼	数	百	千	万,
[Tangut]	[Tangut]	[Tangut]	[Tangut]	[Tangut]。					
rjɨr^{2}	njɨ^{2}	seew^{2}	tshjiij^{1}	mjij^{1}					
乃	至	思	议	不。					

通达种种名,其数百千万,乃至不思议。

31.65.1

[Tangut]	[Tangut]	[Tangut]	[Tangut]	[Tangut],	[Tangut]	[Tangut]	[Tangut]	[Tangut]	[Tangut],
mjɨ^{1}	pjụ^{1}	rjur^{1}	tha^{1}	do^{2}	thjɨ^{2}	sju^{2}	tsjiir^{1}	ɣiew^{1}	njwi^{2}
无	量	诸	佛	于,	此	如	法	学	善,
[Tangut]	[Tangut]	[Tangut]	[Tangut]	[Tangut],					
nioow^{1}	thja^{1}	lew^{1}	tsji̱r^{2}	kha^{1}					
并	彼	一	性	中,					

于无量佛所,善学如是法,而于一法中,

31.65.2

[Tangut]	[Tangut]	[Tangut]	[Tangut]	[Tangut]。	[Tangut]	[Tangut]	[Tangut]	[Tangut]	[Tangut],
nẹ^{1}	tshjiij^{1}	tjị^{2}	sji^{1}	mjij^{1}	mə^{2}	mə^{2}	rjur^{1}	tsjiir^{1}	ɣa^{1}
说	讲	可	尽	无。	种	种	诸	法	门,

[illegible]	[illegible]	[illegible]	[illegible]	[illegible]，
mjor^{1}	ljịj^{2}	tsjij^{2}	dar^{1}	njwi^{2}
如	来	通	达	能，

演说无穷尽。如来善了达，种种诸法门，

31.65.3

[illegible]	[illegible]	[illegible]	[illegible]	[illegible]，	[illegible]	[illegible]	[illegible]	[illegible]	[illegible]，
mjiij^{2}	gjwi^{2}	phju^{2}	gu^{2}	mjiij^{2}	thja^{1}	tsjɨ^{1}	phjo^{2}	nwə^{1}	ljɨɨ^{1}
名	句	上	中	末，	彼	亦	分	知	能，
[illegible]	[illegible]	[illegible]	[illegible]	[illegible]，					
mə^{2}	mə^{2}	do^{2}	ŋwuu^{1}	dạ^{2}					
种	种	异	言	词，					

亦能分别知，名句上中下。修学于一切，

31.65.4

[illegible]	[illegible]	[illegible]	[illegible]	[illegible]，	[illegible]	[illegible]	[illegible]	[illegible]	[illegible]，
ŋowr^{2}	ŋowr^{2}	zji^{2}	djọ^{2}	ɣiew^{1}	zji^{2}	thjoo^{1}	phju^{2}	tsew^{2}	wo^{2}
一	切	皆	修	学，	最	妙	上	第	义，
[illegible]	[illegible]	[illegible]	[illegible]	[illegible]。					
neew^{2}	ɣjɨr^{1}	nẹ^{1}	tshjiij^{1}	njwi^{2}					
善	造	宣	说	善。					

种种异言词，善巧而宣说，微妙第一义。

31.65.5

[illegible]	[illegible]	[illegible]	[illegible]	[illegible]，	[illegible]	[illegible]	[illegible]	[illegible]	[illegible]，
thjɨ^{2}	sju^{2}	gji^{1}	sej^{1}	ɣiẹ^{2}	nioow^{1}	nioow^{1}	ŋwej	bju^{1}	wor^{1}
此	如	清	净	音，	因	缘	和	合	起，
[illegible]	[illegible]	[illegible]	[illegible]	[illegible]，					
njwij	lhjwa^{1}	nioow^{1}	ljụ^{2}	njiij^{1}					
喉	舌	及	身	心，					

如是清净音，因缘和合起，亦不依喉舌，

31.65.6

[illegible]	[illegible]	[illegible]	[illegible]	[illegible]。	[illegible]	[illegible]	[illegible]	[illegible]	[illegible]，
thja^{1}	ɣa^{2}	mji^{1}	bju^{1}	gjị^{2}	tha^{2}	ljɨ̣^{2}	tśhjiw^{1}	mə^{2}	mju^{2}
彼	于	不	依	靠。	大	地	六	种	动，
[illegible]	[illegible]	[illegible]	[illegible]	[illegible]，					
śja^{1}	rjijr^{2}	·ji^{1}	zji^{2}	dzjɨ̣^{2}					
十	方	众	皆	集，					

乃至于身心。其地六种动，十方众咸集，

31.66.1

[illegible]	[illegible]	[illegible]	[illegible]	[illegible]，	[illegible]	[illegible]	[illegible]	[illegible]	[illegible]。
pjạ^{1}	phjoo^{2}	tha^{1}	rjijr^{2}	·juu^{1}	lew^{1}	tjị^{1}	·ji^{1}	·jiw^{2}	tjịj^{1}
掌	合	佛	方	瞻，	惟	愿	众	疑	除。
[illegible]	[illegible]	[illegible]	[illegible]	[illegible]，					
mej^{1}	sji^{1}	wee^{1}	bju^{2}	ljow^{2}					
眼	尽	生	边	际，					

合掌瞻仰佛，愿为除众疑。如来善了知①，

31.66.2

[illegible]	[illegible]	[illegible]	[illegible]	[illegible]，	[illegible]	[illegible]	[illegible]	[illegible]	[illegible]，
·jij^{1}	tsjir̠^{2}	·ju^{2}	ŋa^{1}	mjij^{1}	lja^{1}	mjij^{1}	śjɨ^{1}	tsjɨ^{1}	mjij^{1}
自	性	常	空	寂，	来	无	往	亦	无，
[illegible]	[illegible]	[illegible]	[illegible]	[illegible]，					
dźjiij^{1}	mjij^{1}	dźjiij^{1}	tjị^{2}	mjij^{1}					
住	无	住	可	无，					

眼尽生边际，自性常空寂，无去亦无来，

31.66.3

[illegible]	[illegible]	[illegible]	[illegible]	[illegible]。	[illegible]	[illegible]②	[illegible]	[illegible]	[illegible]，

① 如来善了知，西夏文见下文 31.66.3 行。下皆同。

② [illegible] bju^{1}，依、因。当通“[illegible]”bju^{2}（际）。

mjor1 ljịj2 nwə1 tsjij2 njwi2 źjɨr1 bju1 ɣa2 na1 ·o2

如 来 知 晓 善。 实 随 于 深 入，

[illegible] [illegible] [illegible] [illegible] [illegible]，

tha1 mej1 ɣiẹ2 lụ2 mjij1

佛 眼 障 碍 无，

无住无处所，深入于实际，佛眼无障碍，

31.66.4

[illegible] [illegible] [illegible] [illegible] [illegible]。 [illegible] [illegible] [illegible] [illegible] [illegible]，

thjɨ2 nioow1 ŋa2 sjij1 ·jɨr1 mej1 mej1 śji1 kụ1 bju2

是 故 我 今 问。 眼 眼 前 后 际，

[illegible] [illegible] [illegible] [illegible] [illegible]，

sji1 mji1 sji1 tshjɨɨ1 dźiej2

尽 不 尽 诵 轮，

是故我今问。如来善了知，眼性前后际，

31.66.5

[illegible] [illegible] [illegible] [illegible] [illegible]， [illegible] [illegible] [illegible] [illegible] [illegible]。

·jij1 tsjir2 ·ju2 ŋa1 mjij1 mjor1 ljịj2 nwə1 tsjij2 njwi2

各 性 常 空 寂， 如 来 知 晓 善。

[illegible] [illegible] [illegible] [illegible] [illegible]，

rjur1 tsjiir1 wo2 phie2 neej2

诸 法 义 开 示，

尽无尽流转，自性常空寂。开示诸法义，

31.66.6

[illegible] [illegible] [illegible] [illegible] [illegible]， [illegible] [illegible] [illegible] [illegible] [illegible]，

rjur1 kha1 njiij1 ljɨj2 phji1 mo2 dźji1 śjwo2 thjoo1 ɣiẹ2

世 间 心 喜 令， 摩 尼 美 妙 声，

[illegible] [illegible] [illegible] [illegible] [illegible]？

wa2 nioow1 zjɨɨr1 djiij1 śja2

何 缘 微 笑 现？

令世间欢喜,牟尼美妙音,何缘现微笑?

31.67.1

[illegible]	[illegible]	[illegible]	[illegible]	[illegible],	[illegible]	[illegible]	[illegible]	[illegible]	[illegible],
mjor^{1}	ljịj^{2}	mej^{1}	·jij^{1}	tsji̱r^{2}	śji^{1}	kụ^{1}	bju^{2}	ŋa^{1}	mjij^{1}
如	来	眼	之	性,	先	后	际	空	寂,
[illegible]	[illegible]	[illegible]	[illegible]	[illegible],					
phjo^{2}	kar^{2}	ŋwu̱^{1}	ka^{2}	nwə^{1}					
分	别	言	离	知,					

佛知前后际,眼性常空寂,离分别言词,

31.67.2

[illegible]	[illegible]	[illegible]	[illegible]	[illegible]?	[illegible]	[illegible]	[illegible]	[illegible]	[illegible],
wa^{2}	nioow^{1}	zjɨɨr^{1}	djiij^{1}	śja^{2}	tha^{1}	mej^{1}	·jij^{1}	mjɨ^{1}	pjụ^{1}
何	缘	微	笑	现?	佛	眼	之	无	量,
[illegible]	[illegible]	[illegible]	[illegible]	[illegible],					
mə^{2}	mə^{2}	dạ^{2}	nẹ^{1}	tshjiij^{1}					
种	种	言	宣	说,					

何缘现微笑?佛知眼无量,种种言宣说,

31.67.3

[illegible]	[illegible]	[illegible]	[illegible]	[illegible],	[illegible]	[illegible]	[illegible]	[illegible]	[illegible]?
mər^{2}	tsji̱r^{2}	ŋa^{1}	mjij^{1}	nwə^{1}	wa^{2}	nioow^{1}	zjɨɨr^{1}	djiij^{1}	śja^{2}
本	性	空	寂	知,	何	缘	微	笑	现?
[illegible]	[illegible]	[illegible]	[illegible]	[illegible],					
mjor^{1}	ljịj^{2}	mej^{1}	·jij^{1}	tsji̱r^{2}					
如	来	眼	之	性,					

本性常空寂,何缘现微笑?佛知尽生边,

31.67.4(两行夹缝之间小字)

[illegible]	[illegible]	[illegible]	[illegible]	[illegible],
sji^{1}	wee^{1}	bju^{2}	ŋa^{1}	mjij^{1}

尽 生 边 空 寂，

眼性常空寂，

31.67.5

[illegible] [illegible] [illegible] [illegible] [illegible]， [illegible] [illegible] [illegible] [illegible] [illegible]，

rjur¹ źji̱¹ njɨɨ² ka² nwə¹ tha¹ po¹ tjɨj¹ sji̱j² lja̱¹

诸 烦 恼 离 知， 佛 菩 提 智 证，

[illegible] [illegible] [illegible] [illegible] [illegible]，

buu² mjiij² dźjwow ŋowr² lhə?

胜 名 扬 具 足，

舍离诸烦恼，证佛菩提智，具足胜名闻，

31.67.6

[illegible] [illegible] [illegible] [illegible] [illegible]？ [illegible] [illegible] [illegible] [illegible] [illegible]，

wa² nioow¹ zjɨɨr¹ djiij¹ śja² mjor¹ lji̱j² dju¹ njij² ɣiew¹

何 缘 微 笑 现？ 如 来 久 远 学，

[illegible] [illegible] [illegible] [illegible] [illegible]，

seew² tshjiij¹ mjij¹ ne̱¹ tshjiij¹

思 议 不 说 说，

何缘现微笑？如来久修学，演说不思议，

31.67.7

[illegible] [illegible] [illegible] [illegible] [illegible]， [illegible] [illegible] [illegible] [illegible] [illegible]，

mej¹ tsji̱r² ŋa¹ tsjij² dar¹ ror² ka² ·ju² gji¹ sej¹

眼 性 空 悟 达， 垢 离 常 清 净，

[illegible] [illegible] [illegible] [illegible] [illegible]，

mjɨ¹ pju̱¹ rjur¹ njiij¹ dźjɨ?

无 量 诸 心 行，

了达眼性空，离垢常清净，无量诸心行，

31.68.1

[illegible] [illegible] [illegible] [illegible] [illegible]， [illegible] [illegible] [illegible] [illegible] [illegible]，

·ja¹ ljɨr² zji² nwə¹ tsjij² bji¹ swew¹ rjur¹ swew¹ tja¹
一 念 皆 知 晓, 光 明 世 照 者,
[illegible] [illegible] [illegible] [illegible] [illegible]?
wa² sju² lja² ·jij¹ ŋwu²
何 如 瑞 相 是?

一念皆了知,光明照世间,为是何瑞相?

31.68.2

[illegible] [illegible] [illegible] [illegible] [illegible], [illegible] [illegible] [illegible] [illegible] [illegible],
ljịj² śji tśhja² ka¹ dwewr² zji² buu² njɨɨ¹ rewr² pjụ¹
大 仙 正 等 觉, 最 胜 两 足 尊,
[illegible] [illegible] [illegible] [illegible] [illegible],
źjị¹ njɨɨ² zji² wjɨ² dzjar²
烦 恼 悉 已 灭,

大仙等正觉,最胜两足尊,烦恼悉已除,

31.68.3

[illegible] [illegible] [illegible] [illegible] [illegible], [illegible] [illegible] [illegible] [illegible] [illegible],
njiij¹ phji¹ ·ju² mjij¹ sej¹ mjor¹ ljịj² buu² gjij¹ sjịj²
心 意 常 寂 静, 如 来 胜 殊 智,
[illegible] [illegible] [illegible] [illegible] [illegible],
mej¹ sji¹ bju² na¹ tsjij²
眼 尽 边 深 达,

其心常寂静,如来殊胜智,深达眼尽边,

31.68.4

[illegible] [illegible] [illegible] [illegible] [illegible], [illegible] [illegible] [illegible] [illegible] [illegible]?
wa² sju² nioow¹ bju¹ ku¹ thjɨ² sew² zjɨɨr¹ djii² śja²
何 如 缘 因 故, 此 修 微 笑 现?
[illegible] [illegible] [illegible] [illegible] [illegible],
nju¹ njii² lhjwa¹ ljụ² njiij¹
耳 鼻 舌 身 心,

复以何因缘,而今现微笑? 耳鼻舌身心,

31.68.5

[illegible]	[illegible]	[illegible]	[illegible]	[illegible],	[illegible]	[illegible]	[illegible]	[illegible]	[illegible],
śhjiw^{1}	lhjɨ^{2}	nioow^{1}	ljɨ̣ɨr^{1}	ljịj^{2}	rjɨr^{2}	njɨ^{2}	ɣiẹ^{2}	mjiij^{2}	njɨ^{2}
六	尘	及	四	大,	乃	至	声	名	等,
[illegible]	[illegible]	[illegible]	[illegible]	[illegible]。					
ŋowr^{2}	ŋowr^{2}	zji^{2}	thjɨ^{2}	sju^{2}					
一	切	皆	此	如。					

六尘并四大,乃至声名等,一切皆如是。

31.68.6

[illegible]	[illegible]	[illegible]	[illegible]	[illegible],	[illegible]	[illegible]	[illegible]	[illegible]	[illegible],
tha^{1}	mej^{1}	ŋa^{2}	mjij^{1}	nwə^{1}	nioow^{1}	nju^{1}	mji^{1}	·ju^{2}	tsjij^{2}
佛	眼	我	无	知,	及	耳	无	常	晓,
[illegible]	[illegible]	[illegible]	[illegible]	[illegible],					
njii^{2}	tsjir̠^{2}	ŋa^{1}	tsjɨ^{1}	tsjij^{2}					
鼻	性	空	亦	晓,					

佛知眼无我,亦达耳无常,及了鼻性空,

31.69.1

[illegible]	[illegible]	[illegible]	[illegible]	[illegible]?	[illegible]	[illegible]	[illegible]	[illegible]	[illegible],
wa^{2}	nioow^{1}	zjɨɨr^{1}	djiij^{1}	śja^{2}	tha^{1}	lhjwa^{1}	ŋa^{2}	mjij^{1}	nwə^{1}
何	缘	微	笑	现?	佛	舌	我	无	知,
[illegible]	[illegible]	[illegible]	[illegible]	[illegible],					
nioow^{1}	ljụ^{2}	mji^{1}	·ju^{2}	tśjɨ^{1}					
及	身	不	常	悟,					

何缘现微笑? 佛知舌无我,亦达身无常,

31.69.2

[illegible]	[illegible]	[illegible]	[illegible]	[illegible],	[illegible]	[illegible]	[illegible]	[illegible]	[illegible]?
njiij^{1}	tsjɨ^{1}	tsjir̠^{2}	ŋa^{1}	tsjij^{2}	wa^{2}	nioow^{1}	zjɨɨr^{1}	djiij^{1}	śja^{2}

心 亦 性 空 晓, 何 缘 微 笑 现?

[Tangut] [Tangut] [Tangut] [Tangut] [Tangut],

tha^{1} tsə̣^{1} ŋa^{2} mjij^{1} nwə^{1}

佛 色 我 无 知,

及了心性空,何缘现微笑?佛知色无我,

31.69.3

[Tangut] [Tangut] [Tangut] [Tangut] [Tangut], [Tangut] [Tangut] [Tangut] [Tangut] [Tangut],

nioow^{1} ɣiẹ^{2} mji^{1} ·ju^{2} tśjɨ^{1} lji^{2} tsjɨ^{1} tsjɨr̠^{2} ŋa^{1} tsjij^{2}

及 声 不 常 达, 香 亦 性 空 晓,

[Tangut] [Tangut] [Tangut] [Tangut] [Tangut]?

wa^{2} nioow^{1} zjɨɨr^{1} djiij^{1} śja^{2}

何 缘 微 笑 现?

亦达声无常,及了香性空,何缘现微笑?

31.69.4

[Tangut] [Tangut] [Tangut] [Tangut] [Tangut], [Tangut] [Tangut] [Tangut] [Tangut] [Tangut],

tha^{1} wjị^{1} ŋa^{2} mjij^{1} nwə^{1} nioow^{1} tsjụ^{1} mji^{1} ·ju^{2} tśjɨ^{1}

佛 味 我 无 知, 及 触 不 常 达,

[Tangut] [Tangut] [Tangut] [Tangut] [Tangut],

tsjiir^{1} tsjɨ^{1} tsjɨr̠^{2} ŋa^{1} tsjij^{2}

法 亦 性 空 晓,

佛知味无我,亦达触无常,及了法性空,

31.69.5

[Tangut] [Tangut] [Tangut] [Tangut] [Tangut]? [Tangut] [Tangut] [Tangut] [Tangut] [Tangut],

wa^{2} nioow^{1} zjɨɨr^{1} djiij^{1} śja^{2} tha^{1} ljɨ̣^{2} ŋa^{2} mjij^{1} nwə^{1}

何 缘 微 笑 现? 佛 地 我 无 知,

[Tangut] [Tangut] [Tangut] [Tangut] [Tangut],

nioow^{1} zjɨɨr^{2} mji^{1} ·ju^{2} tśjɨ

及 水 无 常 达,

何缘现微笑?佛知地无我,亦达水无常,

31.69.6

[illegible]

məə¹ tsjɨ¹ tsji̠r² ŋa¹ tsjij², wa² nioow¹ zjɨɨr¹ djiij¹ śja²?

火 亦 性 空 晓，何 缘 微 笑 现？

[illegible]

tha¹ ljɨ¹ ŋa² mjij¹ nwə¹

佛 风 我 无 知，

及了火性空，何缘现微笑？佛知风无我，

31.70.1

[illegible]

nioow¹ tsji̠r² mji¹ ·ju² tśjɨ da̤² tsjɨ¹ tsji̠r² ŋa¹ tsjij²

及 性 无 常 悟，事 亦 性 空 晓，

[illegible]

wa² nioow¹ zjɨɨr¹ djiij¹ śja²

何 缘 微 笑 现？

亦达性无常，及了事性空，何缘现微笑？

31.70.2

[illegible]

rjur¹ kha¹ ŋa² mjij¹ nwə¹ nioow¹ tśji̤¹ mji¹ ·ju² tśjɨ¹

世 间 我 无 知，及 苦 不 常 悟，

[illegible]

ŋur¹ tsjɨ¹ tsji̠r² ŋa¹ tsjij²

蕴 亦 性 空 晓，

知世间无我，亦达苦无常，及了蕴性空，

31.70.3

[illegible]

wa² nioow¹ zjɨɨr¹ djiij¹ śja² tha¹ kiej̤² ŋa² mjij¹ nwə¹

何 缘 微 笑 现？佛 界 我 无 知，

[illegible]

nioow^{1} rjur^{1} mji^{1} ·ju^{2} tśjɨ^{1}

及 世 无 常 悟,

何缘现微笑?佛知界无我,亦达世无常,

31.70.4

[illegible]

wee^{1} tsjɨ^{1} tsji̱r^{2} ŋa^{1} tsjij^{2}, wa^{2} nioow^{1} zjɨɨr^{1} djiij^{1} śja^{2}?

生 亦 性 空 晓, 何 缘 微 笑 现?

[illegible]

tha^{1} ɣiẹ^{2} ŋa^{2} mjij^{1} nwə^{1}

佛 声 我 无 知,

及了生性空,何缘现微笑?佛知声无我,

31.70.5

[illegible]

nioow^{1} mjiij^{2} mji^{1} ·ju^{2} tśjɨ^{1}, tśja^{1} tsjɨ^{1} tsji̱r^{2} ŋa^{1} tsjij^{2},

及 名 不 常 悟, 道 亦 性 空 晓,

[illegible]

wa^{2} nioow^{1} zjɨɨr^{1} djiij^{1} śja^{2}?

何 缘 微 笑 现?

亦达名无常,及了道性空,何缘现微笑?

31.70.6

[illegible]

tha^{1} sji̱j^{2} ŋa^{2} mjij^{1} nwə^{1}, nioow^{1} mjij^{1} sej^{1} mji^{1} ·ju^{2},

佛 智 我 无 知, 及 寂 静 无 常,

[illegible]

dźiã^{2} tśhju^{1} tsji̱r^{2} ŋa^{1} tsjij^{2},

众 生 性 空 晓,

佛知智无我,了寂静无常,及众生性空,

31.71.1

[illegible]	[illegible]	[illegible]	[illegible]	[illegible]?	[illegible]	[illegible]	[illegible]	[illegible]	[illegible],
wa^{2}	nioow^{1}	zjɨɨr^{1}	djiij^{1}	śja^{2}	tha^{1}	tsji̱r^{2}	tsji̱r^{2}	mjij^{1}	nwə^{1}
何	缘	微	笑	现?	佛	性	性	无	知,
[illegible]	[illegible]	[illegible]	[illegible]	[illegible],					
nioow^{1}	ŋa^{2}	ŋa^{2}	njaa^{2}	nwə^{1}					
及	我	我	非	知,					

何缘现微笑？佛知性无性，亦知我非我，

31.71.2

[illegible]	[illegible]	[illegible]	[illegible]	[illegible],	[illegible]	[illegible]	[illegible]	[illegible]	[illegible]?
phji^{1}	ŋwe^{1}	tsjɨ^{1}	ŋa^{1}	tsjij^{2}	wa^{2}	nioow^{1}	zjɨɨr^{1}	djiij^{1}	śja^{2}
意	乐	亦	空	晓,	何	缘	微	笑	现?
[illegible]	[illegible]	[illegible]	[illegible]	[illegible],					
lhji^{2}	wee^{1}	ŋa^{2}	mjij^{1}	bio̱^{1}					
死	生	我	无	观,					

及了意乐空，何缘现微笑？观生死无我，

31.71.3

[illegible]	[illegible]	[illegible]	[illegible]	[illegible],	[illegible]	[illegible]	[illegible]	[illegible]	[illegible],
nioow^{1}	·ju^{2}	mji^{1}	·ju^{2}	tśjɨ^{1}	djiij^{2}	phã^{1}	tsjɨ^{1}	ŋa^{1}	tsjij^{2}
及	常	不	常	悟,	涅	槃	亦	空	晓,
[illegible]	[illegible]	[illegible]	[illegible]	[illegible]?					
wa^{2}	nioow^{1}	zjɨɨr^{1}	djiij^{1}	śja^{2}					
何	缘	微	笑	现?					

亦达常无常，及了涅槃空，何缘现微笑？

31.71.4

[illegible]	[illegible]	[illegible]	[illegible]	[illegible],	[illegible]	[illegible]	[illegible]	[illegible]	[illegible],
mjor^{1}	ljij^{2}	njiij^{1}	bie^{2}	lhew^{2}	mjiij^{2}	dźjwow^{1}	so̱^{1}	kie̱j^{2}	sə^{1}
如	来	心	解	脱,	名	扬	三	界	满,

[illegible]

śjɨ^{2} dzjwɨ^{1} nioow^{1} dźjwu^{1} njij^{2}

释 帝 及 人 王，

如来心解脱，名闻满三界，帝释与人王，

31.71.5

[illegible]

we^{1} ɣu^{1} zji^{2} kjụ^{1} tshwew^{1} mej^{1} sji^{1} wee^{1} bju^{2} ljow^{2}

龙 神 皆 供 养。 眼 尽 生 边 际，

[illegible]

rjɨr^{2} njɨ^{2} nioow^{1} mjij^{1} sej^{1}

乃 至 及 寂 静，

龙神咸供养。如来善了知，眼尽生边际，

31.71.6

[illegible]

mjor^{1} ljịj^{2} nwə^{1} tsjij^{2} njwi^{2} wa^{2} nioow^{1} zjɨɨr^{1} djiij^{1} śja^{2}

如 来 知 晓 善， 何 缘 微 笑 现？

[illegible]

mjɨ^{1} pjụ^{1} rjur^{1} tha^{1} gji^{2}

无 量 诸 佛 子，

乃至于寂静，何缘现微笑？无量诸佛子，

31.72.1

[illegible]

·ji^{1} ljwu^{2} kha^{1} zji^{2} dzjị^{2} tha^{1} ljaa^{2} ·u^{2} wjɨ^{2} wee^{1}

众 会 中 皆 集， 佛 口 中 所 生，

[illegible]

tsjiir^{1} bju^{1} ·wjị^{1} djii^{2} to^{2}

法 从 变 化 出，

俱集于众会，从佛口所生，从法变化生，

31.72.2

[illegible]	[illegible]	[illegible]	[illegible]	[illegible]，	[illegible]	[illegible]	[illegible]	[illegible]	[illegible]，
zji²	tha¹	·ju²	rjir²	ljịj²	pjạ¹	phjoo²	nioow¹	pjụ¹	bjuu¹
皆	佛	面	前	来，	掌	合	及	尊	敬，
[illegible]	[illegible]	[illegible]	[illegible]	[illegible]，					
thja¹	·ji¹	njɨ²	nioow¹	ku¹					
彼	众	等	缘	故，					

皆来佛前住，合掌而尊重，为于彼众故，

31.72.3

[illegible]	[illegible]	[illegible]	[illegible]	[illegible]。	[illegible]	[illegible]	[illegible]	[illegible]	[illegible]，
thjɨ²	bji¹	nioow¹	nioow¹	·jɨr¹	mjor¹	ljịj²	mej¹	·jij¹	tsjir̲²
此	光	因	缘	问。	如	来	眼	之	性，
[illegible]	[illegible]	[illegible]	[illegible]	[illegible]，					
ŋa¹	ŋa²	mjij¹	tsjij²	njwi²					
空	我	无	晓	善，					

问此光因缘。如来善了知，眼性空无我，

31.72.4

[illegible]	[illegible]	[illegible]	[illegible]	[illegible]，	[illegible]	[illegible]	[illegible]	[illegible]	[illegible]。
nji¹	dźjiij¹	djọ²	ɣiew¹	mjijr²	ŋowr²	ŋowr²	su¹	gjiij¹	dzjịj¹
家	在	修	学	者，	一	切	殊	超	越。
[illegible]	[illegible]	[illegible]	[illegible]	[illegible]，					
tha¹	tśhja²	ka¹	sjịj²	ŋwu²					
佛	正	等	智	以，					

超过于一切，在家修学者。佛以平等智，

31.72.5

[illegible]	[illegible]	[illegible]	[illegible]	[illegible]，	[illegible]	[illegible]	[illegible]	[illegible]	[illegible]，
tsjiir¹	do²	pha¹	mjij¹	tsjij²	mjor¹	ljịj²	phji¹	bju¹	nwə¹
法	差	别	无	晓，	如	来	意	随	知，

[illegible]	[illegible]	[illegible]	[illegible]	[illegible]。
mee1	mjijr2	ŋwu2	ljij2	njaa2
神	通	以	见	非。

了法无差别,如来意乐知,非是神通见。

31.72.6

[illegible]	[illegible]	[illegible]	[illegible]	[illegible],	[illegible]	[illegible]	[illegible]	[illegible]	[illegible],
tha1	mej1	śjɨ1	lja1	mjij1	ŋa2	mjij1	tsjir2	ŋa1	nwə1
佛	眼	往	来	无,	我	无	性	空	知,
[illegible]	[illegible]	[illegible]	[illegible]	[illegible],					
gji1	sej1	sjij2	bju2	mjij1					
清	净	智	边	无,					

佛知眼无我,性空无去来,清净智无边,

31.73.1

[illegible]	[illegible]	[illegible]	[illegible]	[illegible]?
wa2	nioow1	zjɨɨr1	djiij1	śja2
何	缘	微	笑	现?

何缘现微笑?

31.73.2

[illegible]	[illegible]	[illegible]	[illegible]	[illegible]	[illegible]	[illegible]	[illegible]	[illegible]	[illegible]	[illegible]①
ljij2	ljɨ1	tśiow1	lwər2	lhejr2	?	so1	ɣa2	lew1	tsew2	pə1
大	宝	积	经	契	卷	三	十	一	第	矿

《大宝积经》卷第三十一矿

汉文本

尔时,世尊知月光童子深心所念,熙怡微笑,放金色光,其光普照无量无边诸佛国土,于彼国界作利益已,绕佛三匝,还从如来顶上而入。是时,弥勒菩萨即从座起,偏袒右肩,右膝著地,顶礼佛足,合掌恭敬,以诸偈赞而问佛言:

① [illegible],矿。西夏文卷三十一至四十帙号,汉文本无。

云雷师子吼，迦陵频伽声，出大法鼓音，何缘现微笑？
殊胜百千日，清净妙音声，功德甚希有，何缘现此光？
施戒忍精进，定慧等庄严，一切皆圆满，何缘现此光？
如来柔软音，常远离粗语，善疗众生病，何缘现此光？
大悲两足尊，知眼常空寂，以清净梵音，为众生演说。
耳鼻舌身心，乃至声名等，并诸集灭道，智忍亦如是。
大悲两足尊，知眼尽生际，寂静及流转，一切皆空寂。
耳鼻舌身心，色声香味触，乃至声名等，一切皆如是。
又说因缘法，远离于断常，非自非他作，众缘之所生。
或以种种门，开示于苦本，或以种种义，称赞佛光明。
以无量言词，演说寂灭法，无人无寿者，无我无众生。
过去无量佛，亦以不思议，百千诸偈颂，演说如是法。
如来所演说，真实功德法，无说无说者，所说法亦无。
佛说最胜法，觉悟于群生，诸天及夜叉，闻者皆能了。
一切阿修罗，意乐已清净，无量诸人众，疑网悉皆除。
了知贪自性，灭坏瞋与痴，爱慢及无明，谄嫉并戏论，
乃至苦蕴等，一切皆舍离；如是诸句义，究竟悉清净。
如来于一法，通达种种名，其数百千万，乃至不思议。
于无量佛所，善学如是法，而于一法中，演说无穷尽。
如来善了达，种种诸法门，亦能分别知，名句上中下。
修学于一切，种种异言词，善巧而宣说，微妙第一义。
如是清净音，因缘和合起，亦不依喉舌，乃至于身心。
其地六种动，十方众咸集，合掌瞻仰佛，愿为除众疑。
如来善了知，眼尽生边际，自性常空寂，无去亦无来，
无住无处所，深入于实际，佛眼无障碍，是故我今问。
如来善了知，眼性前后际，尽无尽流转，自性常空寂。
开示诸法义，令世间欢喜，牟尼美妙音，何缘现微笑？
佛知前后际，眼性常空寂，离分别言词，何缘现微笑？
佛知眼无量，种种言宣说，本性常空寂，何缘现微笑？
佛知尽生边，眼性常空寂，舍离诸烦恼，证佛菩提智，具足胜名闻，何缘现微笑？
如来久修学，演说不思议，了达眼性空，离垢常清净，
无量诸心行，一念皆了知，光明照世间，为是何瑞相？
大仙等正觉，最胜两足尊，烦恼悉已除，其心常寂静，
如来殊胜智，深达眼尽边，复以何因缘，而今现微笑？
耳鼻舌身心，六尘并四大，乃至声名等，一切皆如是。
佛知眼无我，亦达耳无常，及了鼻性空，何缘现微笑？
佛知舌无我，亦达身无常，及了心性空，何缘现微笑？
佛知色无我，亦达声无常，及了香性空，何缘现微笑？

佛知味无我,亦达触无常,及了法性空,何缘现微笑?
佛知地无我,亦达水无常,及了火性空,何缘现微笑?
佛知风无我,亦达性无常,及了事性空,何缘现微笑?
知世间无我,亦达苦无常,及了蕴性空,何缘现微笑?
佛知界无我,亦达世无常,及了生性空,何缘现微笑?
佛知声无我,亦达名无常,及了道性空,何缘现微笑?
佛知智无我,了寂静无常,及众生性空,何缘现微笑?
佛知性无性,亦知我非我,及了意乐空,何缘现微笑?
观生死无我,亦达常无常,及了涅槃空,何缘现微笑?
如来心解脱,名闻满三界,帝释与人王,龙神咸供养。
如来善了知,眼尽生边际,乃至于寂静,何缘现微笑?
无量诸佛子,俱集于众会,从佛口所生,从法变化生,
皆来佛前住,合掌而尊重,为于彼众故,问此光因缘。
如来善了知,眼性空无我,超过于一切,在家修学者。
佛以平等智,了法无差别,如来意乐知,非是神通见。
佛知眼无我,性空无去来,清净智无边,何缘现微笑?
《大宝积经》卷第三十一

西夏文《大宝积经》

·卷三十二·

《出现光明会》

第十一之三整理与研究

内容和版本介绍

《大宝积经·出现光明会》主要讲述佛在耆阇崛山，与五百比丘，八十那由他补处菩萨，及四十那由他大士俱。月光童子问佛昔修何业，能得决定光明等一切光明。佛以偈答，先五言偈，答光音；次七言偈，答光用；次四言偈，说月光本事；次七言偈，明爱乐此经不爱乐此经差别，及显受持功德；次五言偈，明昔求经之行，及悬知未来之事；次明八十种善根资粮成就，出现光明；复有八十种法，能成如来无碍解脱。月光偈赞发愿，世尊微笑放光。弥勒偈赞广问，世尊摩月光顶，说偈付嘱。月光请佛受食，佛入城时，现大神变，空中宣百千颂，广说妙法，及说咒二章。既受供已，为说行施资粮，有八十种殊胜功德，次说欲成陀罗尼者，应当远离八十种人。（明智旭：《阅藏知津》卷二《大乘经藏·方等部》之《大宝积经》）

《大宝积经》共 49 会，其中 26 会 39 卷为菩提流志新译，译成时间在唐神龙二年（706 年）至玄宗先天二年（713 年）。《出现光明会》即此 26 会新译经之一，共 5 卷，纳入《大宝积经》第十一会，包括《大宝积经》卷三十至卷三十四。《出现光明会》第十一之三主要内容包括弥勒菩萨转以七言，续偈赞问佛；世尊摩月光顶，说偈付嘱讲最胜之法；月光请佛受食，佛入城时，现大神变，空中宣百千颂，先以七言、后转五言，广说妙法。

西夏文《出现光明会》第十一之三见《大宝积经》卷三十二，俄藏编号 инв. № 442、443，皆经折装；另有写本梵夹装 инв. № 7377。《俄藏黑水城文献》所刊为 инв. № 442，每折 6 行，足行 18 字。内容完整，共 72 折。这里的释读以《大正藏》第 310 号《大宝积经》卷三十二之汉文本进行对勘。

文本释读

32.1.1

[illegible]	[illegible]	[illegible]	[illegible]	[illegible]	[illegible]	[illegible]	[illegible]	[illegible]	[illegible]	[illegible]
ljịj^{2}	ljɨ̣^{1}	tśiow^{1}	lwər^{2}	lhejr^{2}	?	so̱^{1}	ɣa̱^{2}	njɨɨ^{1}	tsew^{2}	pə^{1}
大	宝	积	经	契	卷	三	十	二	第	矿

《大宝积经》卷第三十二矿①

32.1.2

[illegible]	[illegible]	[illegible]	[illegible]	[illegible]	[illegible]	[illegible]	[illegible]	[illegible]	[illegible]
tshjwu^{1}	bju^{1}	tśja^{1}	dźju^{1}	ɣa̱^{1}	śja^{2}	·jwɨr^{2}	dźjwow^{1}	nja̱^{1}	rjɨj^{2}
天	奉	道	显	武	耀	文	宣	神	谋
[illegible]	[illegible]	[illegible]	[illegible]	[illegible]	[illegible]	[illegible]	[illegible]	[illegible]	[illegible]
śjɨj^{2}	sjịj^{2}	wo^{2}	dzjɨj^{2}	dow^{1}	t-	zjij^{1}	ŋwej^{2}	thjoo^{1}	bjuu^{1}
圣	智	义	制	邪	拒	惇	睦	懿	恭

奉天显道耀武宣文神谋睿智制义去邪惇睦懿恭

32.1.3

[illegible]	[illegible]	[illegible]	[illegible]	[illegible]	[illegible]	[illegible]	[illegible]	[illegible]	[illegible]
bji^{1}	swew^{1}	to^{2}	śja^{2}	ljwu^{2}	ɣa̱^{2}	lew^{1}	tsew^{2}	·jij^{1}	so̱^{1}
光	明	出	现	会	十	一	第	之	三

出现光明会第十一之三

32.1.4

[illegible]	[illegible]	[illegible]	[illegible]	[illegible]	[illegible]	[illegible],	[illegible]	[illegible]	[illegible]
mjor^{1}	ljịj^{2}	wee^{1}	bju^{2}	to^{2}	dja^{2}	sji^{1}	ljịj^{2}	wjuu^{1}	rjur^{1}
如	来	生	际	皆	已	尽,	大	悲	诸
[illegible]	[illegible]	[illegible]	[illegible],						

① 矿，汉文本无。此据西夏文帙号"[illegible]"译。

rjur^{1} kha^{1} zji^{2} pjụ^{2}

世 间 普 覆,

如来已尽于生际,大悲普覆诸世间,

32.1.5

[illegible]

tsjiir^{1} njij^{2} zji^{2} buu^{2} dzjwo^{2} kha^{1} pjụ^{1} lew^{1} tjị^{1} zjɨɨr^{1}

法 王 最 胜 人 中 尊, 惟 愿 微

[illegible]

djiij^{1} śja^{2} nioow^{1} tshjiij^{1}

笑 现 缘 说?

法王最胜人中尊,愿说何缘现微笑?①

32.1.6

[illegible]

mjɨ^{1} pjụ^{1} bju^{2} mjij^{1} ljịj^{2} dźiã^{2} tsjij^{2} nioow^{1} dzjij^{2} pjụ^{1}

无 量 边 无 大 菩 萨, 并 余 威

[illegible]

tśhja^{2} rjur^{1} mə^{1} ·ji^{1}

德 诸 天 众,

无量无边大菩萨,并余威德诸天众,

32.2.1

[illegible]

zji^{2} tshọ^{2} ŋa^{1} gu^{2} thjoo^{1} ɣja^{2} ·jiij^{1} tśhjwo^{1} thjɨ^{2} ljịj^{2}

皆 虚 空 中 妙 盖 持, 而 此 大

[illegible]

ljɨ̣^{2} zji^{2} saar^{2} mju^{2}

地 皆 振 动。

悉于空中持妙盖,而此大地皆振动。

---

① 汉文中"愿说何缘现微笑",西夏文表达的是"惟愿说缘现微笑"。

32.2.2

[illegible]	[illegible]	[illegible]	[illegible]	[illegible]	[illegible]	[illegible],	[illegible]	[illegible]	[illegible]
sjwɨ^{1}	njwo^{2}	zjọ^{2}	ɣa^{2}	mjor^{1}	ljịj^{2}	do^{2}	gjɨ^{2}	zjir^{2}	rjur^{1}
谁	往	昔	于	如	来	处,	夜	长	诸
[illegible]	[illegible]	[illegible]	[illegible],						
neew^{2}	tsjiir^{1}	rjɨr^{2}	djọ^{2}						
善	法	所	修,						

谁于往昔如来所,长夜修行诸善法,

32.2.3

[illegible]	[illegible]	[illegible]	[illegible]	[illegible]	[illegible]	[illegible],	[illegible]	[illegible]	[illegible]
tśhja^{2}	ka^{1}	phji^{1}	de^{2}	ljịj^{2}	wjuu^{1}	pjụ^{1}	lew^{1}	tjị^{1}	zjɨɨr^{1}
平	等	意	悦	大	悲	尊,	惟	愿	微
[illegible]	[illegible]	[illegible]	[illegible]?						
djiij^{1}	śja^{2}	nioow^{1}	tshjiij^{1}						
笑	现	缘	说?						

平等悦意大悲尊,愿说何缘现微笑?

32.2.4

[illegible]	[illegible]	[illegible]	[illegible]	[illegible]	[illegible]	[illegible],	[illegible]	[illegible]	[illegible]
sjwɨ^{1}	njwo^{2}	zjọ^{2}	ɣa^{2}	tha^{1}	rjɨr^{2}	tshwew^{1}	thjɨ^{2}	tsjiir^{1}	mji^{1}
谁	往	昔	于	佛	△	供,	此	法	闻
[illegible]	[illegible]	[illegible]	[illegible],						
rjir^{1}	njiij^{1}	ljɨ̣j^{2}	śjwo^{1}						
得	欢	喜	生,						

谁于往昔供诸佛,得闻此法生欢喜,

32.2.5

[illegible]	[illegible]	[illegible]	[illegible]	[illegible]	[illegible]	[illegible],	[illegible]	[illegible]	[illegible]
śio^{1}	dzjiij^{2}	zji^{2}	buu^{2}	dzjwo^{2}	kha^{1}	pjụ^{1}	lew^{1}	tjị^{1}	zjɨɨr^{1}
导	师	最	胜	人	中	尊,	惟	愿	微

[illegible]	[illegible]	[illegible]	[illegible]?
djiij¹	śja²	nioow¹	tshjiij¹
笑	现	缘	说?

导师最胜人中尊,愿说何缘现微笑?

32.2.6

[illegible]	[illegible]	[illegible]	[illegible]	[illegible]	[illegible]	[illegible],	[illegible]	[illegible]	[illegible]
rjur¹	pjụ¹	mə²	ɣię²	·ji¹	njiij¹	·o	dze¹	njij²	wjɨ²
世	尊	音	声	众	意	悦,	雁	王	犹
[illegible]	[illegible]	[illegible]	[illegible],						
sju²	ɣię²	thjoo¹	ŋạ²						
如	声	美	妙,						

世尊音声悦众意,犹如雁王声美妙,

32.3.1

[illegible]	[illegible]	[illegible]	[illegible]	[illegible]	[illegible]	[illegible],	[illegible]	[illegible]	[illegible]
thja¹	śjij¹	mjɨ¹	pjụ¹	ɣię²	njwɨ¹	phjoo²	lew¹	tjị¹	thjɨ²
自	然	无	量	音	美	和,	惟	愿	此
[illegible]	[illegible]	[illegible]	[illegible]。						
bji¹	wją²	nioow¹	tshjiij¹						
光	放	故	说。						

自然无量音和雅,愿说何故放斯光。

32.3.2

[illegible]	[illegible]	[illegible]	[illegible]	[illegible]	[illegible]	[illegible],	[illegible]	[illegible]	[illegible]
mjɨ¹	pjụ¹	kju¹	tśji²	phjoo²	ljaa¹	dạ²	pjwɨɨr¹	·jow²	njiij¹
无	量	俱	胝	和	颂	言,	劝	赞	心
[illegible]	[illegible]	[illegible]①	[illegible],						
·o²	bju¹	śjij¹	ŋwuu¹						
悦	依	顺	语,						

① [illegible][illegible],字面作“依顺”,意指汉文本中的“相应”。

无量俱胝讽颂言，劝赞悦可相应语，

32.3.3

[illegible]	[illegible]	[illegible]①	[illegible]	[illegible]	[illegible]	[illegible]，	[illegible]	[illegible]	[illegible]
kju^{1}	kji^{1}	lo^{1}	ɣiẹ^{2}	buu^{2}	gjij^{1}	djịj^{1}	lew^{1}	tjị^{1}	thjɨ^{2}
拘	枳	罗	声	殊	殊	类，	惟	愿	此
[illegible]	[illegible]	[illegible]	[illegible]。						
bji^{1}	wjạ^{2}	nioow^{1}	tshjiij^{1}						
光	放	故	说。						

拘枳罗声殊胜类，愿说何故放斯光？

32.3.4

[illegible]	[illegible]	[illegible]	[illegible]	[illegible]	[illegible]	[illegible]，	[illegible]	[illegible]	[illegible]
djii^{1}	bar^{1}	na^{1}	khwa^{1}	tsjiir^{1}	tshjiij^{1}	ɣiẹ^{2}	bju^{2}	mjij^{1}	tụ^{1}
雷	鼓	深	远	法	说	声，	边	无	千
[illegible]	[illegible]	[illegible]	[illegible]，						
rjir^{2}	kiẹj^{2}	to^{2}	mji^{1}						
亿	界	普	闻，						

雷鼓深远说法声，普闻无边千亿界，

32.3.5

[illegible]	[illegible]	[illegible]	[illegible]	[illegible]	[illegible]	[illegible]，	[illegible]	[illegible]	[illegible]
njij^{2}	njiij^{1}	dạ^{2}	bjạ^{1}	tjij^{1}	ŋwuu^{1}	lhjii^{1}	wa^{2}	nioow^{1}	thjɨ^{2}
慈	心	言	粗	或	语	软，	何	故	此
[illegible]	[illegible]	[illegible]	[illegible]？						
kiẹ^{1}	tsə̣^{1}	bji^{1}	śja^{2}						
金	色	光	现？						

慈心粗言或软语，何故现斯金色光？

32.3.6

[illegible]	[illegible]	[illegible]	[illegible]	[illegible]	[illegible]	[illegible]，	[illegible]	[illegible]	[illegible]

① [illegible] kju^{1}kji^{1}lo^{1}，拘枳罗。鸟名。梵文 Kokila 音译。慧琳《一切经音义》卷 33：“拘耆，或言居枳罗鸟，此云好声鸟。”见《大正藏》第 54 册 529 页。

wee^{1}	mji^{1}	wee^{1}	sji^{1}	mji^{1}	sji^{1}	tsjij^{2}	mej^{1}	tsjir̲^{2}	ka^{2}
生	无	生	尽	无	尽	了,	眼	性	离
[illegible]	[illegible]	[illegible]	[illegible],						
lja^{1}	wjij^{1}	mjij^{1}	nwə^{1}						
来	去	无	知,						

了生无生尽无尽,知眼性离无来去,

32.4.1

[illegible]	[illegible]	[illegible]	[illegible]	[illegible]	[illegible]	[illegible],	[illegible]	[illegible]	[illegible]
rjur^{1}	swew^{1}	swew^{1}	zər^{2}	ljɨ̣j^{2}	mjij^{1}	we^{2}	wa^{2}	nioow^{1}	thjɨ^{2}
世	明	照	露	甘	寂	为,	何	故	此
[illegible]	[illegible]	[illegible]	[illegible]?						
kię^{1}	tsə̣^{1}	bji^{1}	śja^{2}						
金	色	光	现?						

为世照明甘露灭,何故现斯金色光?

32.4.2

[illegible]	[illegible]	[illegible]	[illegible]	[illegible]	[illegible]	[illegible],	[illegible]	[illegible]	[illegible]
mej^{1}	śjwo^{1}	wji^{1}	tja^{1}	·ju^{2}	ŋa^{1}	mjij^{1}	śjɨ^{1}	mjij^{1}	lja^{1}
眼	起	做	者	常	空	寂,	去	无	来
[illegible]	[illegible]	[illegible]	[illegible],						
mjij^{1}	dźjiij^{1}	tjị^{2}	mjij^{1}						
无	住	处	无,						

知眼起作常空寂,无去无来无住处,

32.4.3

[illegible]	[illegible]	[illegible]	[illegible]	[illegible]	[illegible]	[illegible],	[illegible]	[illegible]	[illegible]
so^{2}	lwew^{1}	zjɨɨr^{2}	phə^{2}	·jɨj^{2}	sju^{2}	nwə^{1}	zjɨɨr^{1}	djiij^{1}	wjị^{2}
阳	焰	水	泡	沫	如	知,	微	笑	示
[illegible]	[illegible]	[illegible]	[illegible]?						
śja^{2}	wa^{2}	·jiw^{1}	nioow^{1}						
现	何	因	缘?						

犹如阳焰水泡沫，示现微笑何因缘？

32.4.4

[illegible]	[illegible]	[illegible]	[illegible]	[illegible]	[illegible]	[illegible]，	[illegible]	[illegible]	[illegible]
thjɨ^{2}	sju^{2}	nju^{1}	njii^{2}	lhjwa^{1}	ljụ^{2}	phji^{1}	tsə̣^{1}	ɣiẹ^{2}	lji^{2}
如	是	耳	鼻	舌	身	意，	色	声	香
[illegible]	[illegible]	[illegible]	[illegible]，						
wjị^{1}	nioow^{1}	tsjụ^{1}	tsjiir^{1}						
味	并	触	法，						

如是耳鼻舌身意，色声香味并触法，

32.4.5

[illegible]	[illegible]	[illegible]	[illegible]	[illegible]	[illegible]	[illegible]，	[illegible]	[illegible]	[illegible]
rjɨr^{2}	njɨ^{2}	mə^{2}	ɣiẹ^{2}	nioow^{1}	mjiij^{2}	njɨ^{2}	ŋowr^{2}	ŋowr^{2}	·ja^{1}
乃	至	音	声	并	名	等，	一	切	一
[illegible]	[illegible]	[illegible]	[illegible]。						
tjɨ̣j^{2}	to^{2}	thjɨ^{2}	sju^{2}						
样	皆	此	如。						

乃至音声及名等，当知一切亦复然。

32.4.6

[illegible]	[illegible]	[illegible]	[illegible]	[illegible]	[illegible]	[illegible]，	[illegible]	[illegible]	[illegible]
kiẹ^{1}	dźja^{2}	·ju^{2}	ljụ^{2}	mji^{1}	ljiij^{2}	ljụ^{2}	·jir^{2}	tụ^{1}	buu^{2}
金	刚	常	身	不	坏	身，	百	千	殊
[illegible]	[illegible]	[illegible]	[illegible]，						
gjij^{1}	·jij^{1}	ŋowr^{2}	lhə$^{?}$						
殊	相	具	足，						

金刚常身不坏身，具足百千殊胜相，

32.5.1

[illegible]	[illegible]	[illegible]	[illegible]	[illegible]	[illegible]	[illegible]，	[illegible]	[illegible]	[illegible]
kwər^{1}	zu^{2}	?	mjij^{1}	·jij^{1}	mju^{2}	ljɨ̣j^{2}	lew^{1}	tjị^{1}	thjɨ^{2}

体　系　关　无　己　运　动，惟　愿　微

[illegible]。

djiij^{1}　śja^{2}　·jiw^{1}　tshjiij^{1}

笑　现　因　说。

体无机关而运动，愿说微笑何因缘？

32.5.2

[illegible]，

lạ^{1}　kiwej^{1}　ljɨ^{2}　lji^{2}　khjɨ^{1}　sjwɨj^{2}　dźjo^{1}　·o^{1}　·jij^{1}　mji^{1}

臂　膊　长　圆　足　跟　长，腹　相　不

[illegible]，

śja^{2}　ka^{2}　tśjij^{2}　sju^{2}

现　师　子　如，

髀膊佣满足跟长，腹相不现如师子，

32.5.3

[illegible]，

tjij^{2}　na^{1}　thjoo^{1}　ŋạ^{2}　dźjiw^{1}　·iọ^{1}　sə^{1}　lew^{1}　tjị^{1}　zjɨɨr^{1}

脐　深　妙　好　腰　圆　满，惟　愿　微

[illegible]。

djiij^{1}　śja^{2}　·jiw^{1}　tshjiij^{1}

笑　现　因　说。

脐深妙好腰圆满，愿说微笑何因缘？

32.5.4

[illegible]，

kiẹ^{1}　tsə̣^{1}　sej^{1}　ljụ^{2}　lhjɨ^{2}　ror^{2}　ka^{2}　ljɨ^{1}　ljɨ^{1}　·ji^{1}

金　色　净　身　尘　垢　离，一　一　众

[illegible]①　[illegible]，

mjar^{1}　tshjɨj^{2}　ŋwər^{1}　tsə̣^{1}

① [illegible]，毛。原文书写于修正纸条上，字体倾斜偏转，应为粘贴时纸条反生偏转导致，纸条为不规则椭圆形状，纸条周围露出较多讹文残迹。

毛　　绀　　青　　色，

金色净身离尘垢，一一众毛绀青色，

32.5.5

[illegible]

tśier^{1}　dźiej^{2}　phju^{2}　·ju^{2}　śja^{1}　mee^{1}　lew^{2}　lew^{1}　tjị^{1}　zjɨɨr^{1}

右　　旋　　上　　视　　香　　芬　　馥，　　惟　　愿　　微

[illegible]

djiij^{1}　śja^{2}　·jiw^{1}　tshjiij^{1}

笑　　现　　因　　说。

右旋上靡香芬馥，愿说微笑何因缘？

32.5.6

[illegible]

thjoo^{1}　ljụ^{2}　·io̤^{1}　sə^{1}　·ju^{2}　no^{2}　dźjiij^{1}　dzjo̤^{1}　sju^{2}　dźji^{1}

妙　　身　　圆　　满　　常　　安　　住，　　犹　　如　　尼

[illegible]

kju^{1}　thow^{1}　phu^{1}　njij^{2}

拘　　陀　　树　　王，

妙身圆满常安住，犹如尼拘陀树王，

32.6.1

[illegible]

tśhja^{2}　·ioow^{1}　ŋowr^{2}　ŋowr^{2}　ŋwu^{2}　ljuu^{2}　tshjịj^{2}　mə^{2}　ɣie̤^{2}　·ji^{1}

德　　功　　一　　切　　以　　庄　　严，　　音　　声　　众

[illegible]

de^{2}　dzu^{1}　ŋwe^{1}　phji^{1}

悦　　欣　　乐　　令。

一切功德以庄严，音声悦众令欣乐。

32.6.2

[illegible]

khjwɨ^{1} dźjo^{1} ljɨ^{2} lji^{2} wạ^{2} thjoo^{1} ŋạ^{2} kwə^{1} wjịj^{2} ·iọ^{1}

腕 长 佣 圆 肩 妙 好， 背 脊 圆

[illegible] [illegible] [illegible] [illegible]，

sə^{1} kwə^{2} zjɨr^{2} śja^{2}

满 螺 文 现，

修臂佣圆肩妙好，项约圆满螺文现，

32.6.3

[illegible] [illegible] [illegible] [illegible] [illegible] [illegible] [illegible]， [illegible] [illegible] [illegible]

mjɨ^{1} pjụ^{1} ·jir^{2} tụ^{1} lhjịj^{2} da̱^{2} dźjij^{1} dźiã^{2} tśhju^{1} ·jij^{1}

无 量 百 千 刹 游 步， 众 生 之

[illegible] [illegible] [illegible] [illegible]。

dow^{1} tśhja^{2} tśja^{1} neej^{2}

邪 正 道 示。

游步无边百千刹，示诸众生邪正道。

32.6.4

[illegible] [illegible] [illegible] [illegible] [illegible] [illegible] [illegible]， [illegible] [illegible] [illegible]

śjwi^{1} phiow^{1} ror^{2} mjij^{1} wjị^{1} lew^{2} sju^{2} lhjwa^{1} ·jij^{1} wạ^{2}

齿 白 垢 无 雪 白 如， 舌 相 广

[illegible] [illegible] [illegible] [illegible]，

dźjo^{1} njijr^{2} to^{2} ɣja^{2}

长 面 皆 覆，

齿白无垢如珂雪，舌相广长周覆面，

32.6.5

[illegible] [illegible] [illegible] [illegible] [illegible] [illegible] [illegible]， [illegible] [illegible] [illegible]

ka^{2} tśjij^{2} bjɨ^{1} djij^{2} njii^{2} twụ^{1} dźjo^{1} to^{2} tśier^{1} ·ju^{2}

师 子 颊 辅 鼻 直 长， 皆 方 便

[illegible] [illegible] [illegible] [illegible]。

sej^{1} dźiej^{2} bju^{1} to^{2}

净 心 从 生。

师子颊辅鼻修直，皆从方便净心生。

32.6.6

[illegible]	[illegible]	[illegible]①	[illegible]	[illegible]	[illegible]	[illegible]，	[illegible]	[illegible]	[illegible]
·jiw²	pa²	lo¹	lji²	ljaa²	·u²	to²	tśja¹	thã¹	lji²
优	钵	罗	香	口	中	出，	栴	檀	香
[illegible]	[illegible]	[illegible]	[illegible]，						
lji²	ljụ²	zjir²	njɨ²						
气	身	遍	至，						

优钵罗香从口出，栴檀香气遍于身，

32.7.1

[illegible]	[illegible]	[illegible]	[illegible]	[illegible]	[illegible]	[illegible]，	[illegible]	[illegible]	[illegible]
njwo²	zjọ²	njij²	njiij¹	wạ²	rjɨr²	djọ²	gji¹	sej¹	phji¹
昔	世	慈	心	广	△	修，	清	净	意
[illegible]	[illegible]	[illegible]	[illegible]。						
ŋwe¹	·ju²	twẹ²	twẹ²						
乐	常	相	续。						

已于往昔广修慈，清净意乐常相续。

32.7.2

[illegible]	[illegible]	[illegible]	[illegible]②	[illegible]	[illegible]	[illegible]，	[illegible]	[illegible]	[illegible]
mjor¹	ljịj²	khjɨ¹		tśhja²	djịj¹	sə¹	ljọ²	nja¹	lej²
如	来	足		正	平	盈，	所	△	践
[illegible]	[illegible]	[illegible]	[illegible]，						
twụ¹	bji²	bjij²	mjij¹						
△	下	高	无，						

如来足下善安平，随所履地无窊曲，

---

① [illegible]，罗。原文写于修正纸条上，字形较小，纸条略大，为不规则椭圆形状，周围露出讹文残迹。

② 该字各种西夏字书未见，仅以构件出现在“[illegible]”xər²、“[illegible]”xã²、“[illegible]”xwe²三字中，三字分别用于记录“哼”之借词、“汉”之音译以及汉族姓“晖”。本文该字两现：其一，用于“[illegible]”中，对译汉文“足下”；其二，用于“[illegible]”中，对译汉文“掌中”。

32.7.3

[illegible]						,			
ka^{2}	tśjij^{2}	bju^{2}	njij^{2}	dźji	wjɨ^{2}	sju^{2}	rjur^{1}	rjur^{1}	kha^{1}
师	子	象	王	步	犹	如,	诸	世	间
[illegible]			。						
ŋowr^{2}	ŋowr^{2}	gjiij^{1}	lja^{1}						
一	切	超	过。						

犹如师子象王步,超过一切诸世间。

32.7.4

[illegible]						,			
tụ^{1}	no^{1}	dźiej^{2}	·jij^{1}	thjoo^{1}	ljuu^{2}	ŋạ^{2}	rjar^{1}	gjij^{1}	bji^{1}
千	辐	轮	相	妙	端	好,	殊	殊	光
[illegible]①			,						
zjɨr^{2}	·ju^{2}	dźju^{1}	sjwij^{1}						
河	常	显	明,						

千辐轮相妙端严,殊胜光文常炳著,

32.7.5

[illegible]						,			
rjɨr^{2}	dźjij^{1}	neew^{2}	gjij^{1}	rjur^{1}	lo^{2}	wee^{1}	ljij^{2}	tja^{1}	to^{2}
所	行	善	利	诸	群	生,	见	者	皆
[illegible]			。						
sej^{1}	dźiej^{2}	njiij^{1}	śjwo^{1}						
净	信	心	生。						

所行善利诸群品,见者皆生净信心。

32.7.6

[illegible] ,

① 该字通常出现于“[illegible]”词中,《掌中珠》以之对应汉文“天河”,《六韬》用以对译“天潢”。据此,其似有“河”“潢”之意,这里出现在“[illegible]”词中,对译汉文“光文”,似当“光河”理解。

nər² tjị j¹ tśhjaa¹ ·jir² tụ¹ bji¹ to² bju² mjij¹ rjur¹

指 独 上 百 千 光 生， 边 无 诸

[illegible] [illegible] [illegible] [illegible]，

tha¹ lhjị j² zji² swew¹

佛 刹 普 照，

一指能出百千光，普照无边诸佛刹，

32.8.1

[illegible] [illegible] [illegible] [illegible] [illegible] [illegible] [illegible]， [illegible] [illegible] [illegible]

njwo² zjọ² ·ji¹ neew² dźjɨ? ·jir² djọ² thjɨ² mə² mə²

昔 世 众 善 行 勤 修， 此 种 种

[illegible] [illegible] [illegible] [illegible]。

·jij¹ ljuu² tshjị j² rjir²

相 庄 严 获。

往昔勤修众善行，获此种种相庄严。

32.8.2

[illegible] [illegible] [illegible] [illegible] [illegible] [illegible] [illegible]， [illegible] [illegible] [illegible]

ŋwer¹ mjij¹ tsə̣¹ ljụ² dja² śjɨj¹ ·jiw² njijr² ·jij¹ ljuu²

等 无 色 身 已 成 就， 面 相 端

[illegible] [illegible] [illegible] [illegible]，

ljuu² zji² rjar¹ gjij¹

严 最 殊 殊，

成就色身无等伦，面相端严最殊胜，

32.8.3

[illegible] [illegible] [illegible] [illegible] [illegible] [illegible] [illegible]， [illegible] [illegible] [illegible]

mee² wjị¹ ŋwu² rjur¹ kha¹ gjị j¹ ɣie² lew¹ tji¹ zjɨɨr¹

神 变 以 世 间 利 益， 惟 愿 微

[illegible] [illegible] [illegible] [illegible]。

djiij¹ śja² ·jiw¹ tshjiij¹

笑 现 因 说。

神变利益诸世间,愿说何缘现微笑?

32.8.4

[illegible]	[illegible]①	[illegible]	[illegible]	[illegible]	[illegible]	[illegible],	[illegible]	[illegible]	[illegible]
djụ^{1}	lji	tśhja^{2}	djịj^{1}	lha^{1}	njij^{2}	sju^{2}	ljụ^{2}	mji^{1}	gjiw^{1}
腿	圆	正	平	鹿	王	如,	身	不	恭
[illegible]	[illegible]	[illegible]	[illegible],						
ɣor^{2}	ka^{2}	tśjij^{2}	sju^{2}						
屈	师	子	如,						

腨佣平正如鹿王,身不低屈犹师子,

32.8.5

[illegible]	[illegible]	[illegible]	[illegible]	[illegible]	[illegible]	[illegible],	[illegible]	[illegible]	[illegible]
rjur^{1}	kha^{1}	lho$^{?}$	śja^{2}	tjij^{1}	swew^{1}	we^{2}	lew^{1}	tjị^{1}	zjɨɨr^{1}
世	间	出	现	灯	明	为,	惟	愿	微
[illegible]	[illegible]	[illegible]	[illegible]。						
djiij^{1}	śja^{2}	·jiw^{1}	tshjiij^{1}						
笑	现	因	说。						

出与为世作灯明,愿说何缘现微笑?

32.8.6

[illegible]	[illegible]	[illegible]	[illegible]	[illegible]	[illegible]	[illegible],	[illegible]	[illegible]	[illegible]
gjij^{1}	njij^{2}	khju^{2}	sju^{2}	lhjɨ^{2}	tśior^{2}	mji^{1}	pjạ^{1}		sə^{1}
马	王	阴	如	尘	污	无,	掌		满
[illegible]	[illegible]	[illegible]	[illegible],						
djịj^{1}	lạ^{1}	ŋwer^{2}	dzjịj^{1}						
平	手	膝	过,						

马王隐相无尘染,掌中平满手过膝,

32.9.1

[illegible]	[illegible]	[illegible]	[illegible]	[illegible]	[illegible]	[illegible],	[illegible]	[illegible]	[illegible]

① “[illegible]”字面作“腿圆”,此对汉文“腨佣”,似不大合。按,“腨”一般多用于称上肢,“佣”一般表示“直”的意思。

zji² buu² zjɨɨr¹ dju¹ dzjwo² ka² tśjij² lew¹ tjị¹ zjɨɨr¹

最 胜 希 有 人 师 子， 惟 愿 微

[illegible] [illegible] [illegible] [illegible]。

djiij¹ śja² ·jiw¹ tshjiij¹

笑 现 因 说。

希有最胜人师子，愿说微笑何因缘？

32.9.2

[illegible] [illegible] [illegible] [illegible] [illegible] [illegible] [illegible]， [illegible] [illegible] [illegible]

lju̥² zjir² bju² mjij¹ bji¹ to² śja² thjoo¹ tsə̣¹ mjij¹

身 遍 边 无 光 出 现， 妙 色 寂

[illegible] [illegible]① [illegible] [illegible]，

sej¹ nioow¹ ·ju² swew¹

静 及 常 照，

从身出现无边光，妙色寂静而恒照，

32.9.3

[illegible] [illegible] [illegible] [illegible] [illegible] [illegible] [illegible]， [illegible] [illegible] [illegible]

njiij¹ phji¹ gji¹ sej¹ ·ju² twẹ² twẹ² bju² mjij¹ rjur¹

心 意 清 净 常 相 续， 边 无 诸

[illegible] [illegible] [illegible] [illegible]。

lwər² lhejr² nẹ¹ tshjiij¹

契 经 演 说。

其心清净常相续，演说无边诸契经。

32.9.4

[illegible] [illegible] [illegible] [illegible] [illegible] [illegible] [illegible]， [illegible] [illegible] [illegible]

thja¹ bja² ·ju² no² dźjiij¹ mjijr² dzjwo² thjɨ² sju² tsjiir¹

彼 断 常 安 住 者 人， 是 如 法

[illegible] [illegible] [illegible] [illegible]，

① [illegible]，及。原文写于修正纸条上，纸条较小，较难辨认，周围露出较多原讹文残痕。根据残迹判断，讹文应为“[illegible]”，结合汉文本，修正纸条上的字应为“[illegible]”。

sej[1] djọ[2] mjɨ[1] njwi[2]

净 修 非 能,

非彼安住断常人,所能净修如是法,

32.9.5

□ □ □ □ □ □ □, □ □ □

tjij[1] rjur[1] bju[2] ljij[2] ka[2] njwi[2] ku[1] mjor[1] ljịj[2] gji[1]

若 诸 边 见 舍 能 则, 如 来 清

□ □ □ □。

sej[1] ljụ[2] xja[1] śjɨj[1]

净 身 速 成。

若能舍离诸边见,速成如来清净身。

32.9.6

□ □ □ □ □ □ □, □ □ □

mə[1] bar[1] djɨj[2] djii ɣiẹ[2] khwa[1] saar[2] kja[1] lã[1] thow[1]

天 鼓 云 雷 声 远 震, 迦 兰 陀

□ □ □ □,

dze[1] ɣiẹ[2] gji[1] phjoo[2]

雁 音 清 和,

天鼓云雷声远震,迦兰陀鸿响清彻,

32.10.1

□ □ □ □ □ □ □, □ □ □

mə[1] śjɨj[2] mə[2] ɣiẹ[2] tụ[1] khjɨ[2] mə[2] lew[1] tjị[1] thjɨ[2]

天 乐 音 声 千 万 种, 惟 愿 此

□ □ □ □。

bji[1] śja[2] nioow[1] tshjiij[1]

光 现 缘 说。

天乐音声千万种,愿说何故现斯光?

32.10.2

□ □ □ □ □ □ □, □ □ □

śio1 dzjiij2 lew1 ɣię2 tsjiir1 nę1 tshjiij1 rjur1 kie1 ljiij2

导 师 一 音 法 演 说， 诸 戒 破

[illegible] [illegible] [illegible] [illegible]，

twę2 twę2 phja1 phji1

相 续 断 令，

导师一音演说法，令诸毁戒断相续，

32.10.3

[illegible] [illegible] [illegible] [illegible] [illegible] [illegible] [illegible]， [illegible] [illegible] [illegible]

mjor1 ljịj2 rjɨr2 tshjiij1 thjoo1 ŋwuu1 ɣię2 to2 zji2 na1

如 来 所 说 妙 言 音， 皆 最 深

[illegible] [illegible] [illegible] [illegible]。

zjɨɨr1 dju1 tsjiir1 ŋwu2

希 有 法 是。

如来所说妙言音，皆是甚深希有法。

32.10.4

[illegible] [illegible] [illegible] [illegible] [illegible] [illegible] [illegible]， [illegible] [illegible] [illegible]

gur1 njij2 bee2 źją1 bjii2 phiow1 ·jij1 ·jir2 tụ1 rjur1

牛 王 眉 间 毫 白 相， 百 千 诸

[illegible] [illegible] [illegible] [illegible]，

tha1 lhjij2 zji2 njɨ2

佛 刹 皆 遍，

牛王眉间白毫相，遍至百千诸佛刹，

32.10.5

[illegible] [illegible] [illegible] [illegible] [illegible] [illegible] [illegible]， [illegible] [illegible] [illegible]

thjoo1 mej1 dzjọ1 sju2 tshjɨj2 ŋwər1 tsə̣1 tśjiw2 ·jij1 rjur1

妙 眼 犹 如 绀 青 色， 顶 相 诸

[illegible] [illegible] [illegible] [illegible]。

mə1 ljij2 mjɨ1 njwi2

天 见 无 能。

妙眼犹如绀青色,顶相空天无能见。

32.10.6

[illegible]	[illegible]	[illegible]	[illegible]	[illegible]	[illegible]	[illegible],	[illegible]	[illegible]	[illegible]
śjwi¹	phiow¹	phja¹	ka¹	ljɨɨr¹	ɣạ²	ŋowr²	gji¹	sej¹	pho¹
齿	白	边	齐	四	十	具,	清	净	颇
[illegible]	[illegible]	[illegible]	[illegible],						
tśji²	ljị¹	wjɨ²	sju²						
胝	宝	△	如,						

齿白齐密具四十,犹如清净颇胝宝,

32.11.1

[illegible]	[illegible]	[illegible]	[illegible]	[illegible]	[illegible]	[illegible],	[illegible]	[illegible]	[illegible]
to²	mji¹	pjụ¹	neew²	sjwɨj¹	bju¹	to²	lew¹	tjị¹	zjɨɨr¹
皆	无	量	善	业	从	生,	惟	愿	微
[illegible]	[illegible]	[illegible]	[illegible]。						
djiij¹	śja²	·jiw¹	tshjiij¹						
笑	现	因	说。						

皆从无量善业生,愿说何缘现微笑?

32.11.2

[illegible]	[illegible]	[illegible]	[illegible]	[illegible]	[illegible]	[illegible],	[illegible]	[illegible]	[illegible]
mjor¹	ljịj²	tśhja²	·ioow¹	·iọ¹	sə¹	ljụ²	bju²	mjij¹	zji²
如	来	德	功	圆	满	身,	边	无	最
[illegible]	[illegible]	[illegible]	[illegible],						
thjoo¹	tsə̣¹	śjɨj¹	·jiw²						
妙	色	成	就,						

如来圆满功德身,成就无边微妙色,

32.11.3

[illegible]	[illegible]	[illegible]	[illegible]	[illegible]	[illegible]	[illegible],	[illegible]	[illegible]	[illegible]
zjɨɨr¹	dju¹	sej¹	bji¹	swew¹	to²	śja²	lew¹	tjị¹	zjɨɨr¹

希 有 净 光 明 出 现， 惟 愿 微

[illegible] [illegible] [illegible] [illegible]？

djiij^{1} śja^{2} ·jiw^{1} tshjiij^{1}

笑 现 因 说？

出现希有净光明，愿说何缘现微笑？

32.11.4

[illegible] [illegible] [illegible] [illegible] [illegible] [illegible] [illegible]， [illegible] [illegible] [illegible]

ljij^{2} wjuu^{1} zji^{2} buu^{2} njɨɨ^{1} rewr^{2} pjụ^{1} dźiã^{2} tśhju^{1} ·jij^{1}

大 悲 最 胜 两 足 尊， 众 生 之

[illegible] [illegible] [illegible] [illegible]，

njiij^{1} phji^{1} ŋwe^{1} tsjij^{2}

心 意 乐 悟，

大悲最胜两足尊，了达众生心志乐，

32.11.5

[illegible] [illegible] [illegible] [illegible] [illegible] [illegible] [illegible]， [illegible] [illegible] [illegible]

ɣiẹ^{2} mjij^{1} buu^{2} thjoo^{1} nwə$^{?}$ ŋwo^{2} rjir^{2} lew^{1} tjị^{1} zjɨɨr^{1}

碍 无 殊 妙 辩 才 得， 惟 愿 微

[illegible] [illegible] [illegible] [illegible]？

djiij^{1} śja^{2} ·jiw^{1} tshjiij^{1}

笑 现 因 说？

已得无碍妙辩才，愿说何缘现微笑？

32.11.6

[illegible] [illegible] [illegible] [illegible] [illegible] [illegible] [illegible]， [illegible] [illegible] [illegible]

mjor^{1} ljij^{2} tjij^{1} rewr^{2} ɣa^{2} njɨ^{2} śji^{2} sọ^{1} swew^{1} nioow^{1}

如 来 彼 岸 于 到 往， 三 明 及

[illegible] [illegible] [illegible] [illegible]，

tśhjiw^{1} mjijr^{2} ŋowr^{2} lhə$^{?}$

六 通 具 足，

如来已到于彼岸，具足三明及六通，

32.12.1

[illegible] [illegible] [illegible] [illegible] [illegible] [illegible] [illegible], [illegible] [illegible] [illegible]

bju^2 mjij^1 gji^1 sej^1 wạ^2 wji̜^{2} śja^2 lew^1 tji̜^{1} zjɨɨr^1

边 无 清 净 广 示 现, 惟 愿 微

[illegible] [illegible] [illegible] [illegible]。

djiij^1 śja^2 ·jiw^1 tshjiij^1

笑 现 因 说。

示现无边清净光,愿说何缘现微笑?

32.12.2

[illegible] [illegible] [illegible] [illegible] [illegible] [illegible] [illegible], [illegible] [illegible] [illegible]

tha^1 njwo^2 zjọ^2 mjɨ^1 pjụ^1 kja^2 kha^1 ·jir^2 tụ^1 rjur^1

佛 往 昔 无 量 劫 中, 百 千 诸

[illegible] [illegible] [illegible] [illegible],

tha^1 ·jij^1 tshwew^1 djij^2

佛 之 供 曾,

佛于往昔无量劫,供养百千诸世尊,

32.12.3

[illegible] [illegible] [illegible] [illegible] [illegible] [illegible] [illegible], [illegible] [illegible] [illegible]

thjɨ^2 sju^2 ·jiw^1 mjaa^1 mji^1 ŋwo^2 ljiij^2 lew^1 tji̜^{1} zjɨɨr^1

是 如 因 果 不 损 亡, 惟 愿 微

[illegible] [illegible] [illegible] [illegible]。

djiij^1 śja^2 ·jiw^1 tshjiij^1

笑 现 因 说。

如是因果不败亡,愿说何缘现微笑?

32.12.4

[illegible] [illegible] [illegible] [illegible] [illegible] [illegible] [illegible], [illegible] [illegible] [illegible]

tha^1 njwo^2 zjọ^2 mjɨ^1 pjụ^1 kja^2 kha^1 zji^2 thjoo^1 rjur^1

佛 昔 世 无 量 劫 中, 最 妙 诸

[illegible]	[illegible]	[illegible]	[illegible],
ka¹	·jiij¹	no²	dźjiij¹
等	持	安	住,

佛于往昔无量劫,安住微妙诸等持,

32.12.5

[illegible]	[illegible]	[illegible]	[illegible]	[illegible]	[illegible]	[illegible],	[illegible]	[illegible]	[illegible]
mej¹	·jij¹	wee¹	bju²	sji¹	bju²	nwə¹	lew¹	tjị¹	zjɨɨr¹
眼	之	生	边	尽	边	知,	惟	愿	微
[illegible]	[illegible]	[illegible]	[illegible]?						
djiij¹	śja²	·jiw¹	tshjiij¹						
笑	现	因	说?						

知眼生边及尽边,愿说何缘现微笑?

32.12.6

[illegible]	[illegible]	[illegible]	[illegible]	[illegible]	[illegible]	[illegible],	[illegible]	[illegible]	[illegible]
wjɨ²	rar²	mjij²	ljịj²	mjor¹	dźjiij¹	zjọ²	śio¹	dzjiij²	thja¹
过	去	未	来	现	在	世,	导	师	彼
[illegible]	[illegible]	[illegible]	[illegible],						
ɣa²	to²	tsjij²	njwi²						
于	皆	了	能,						

过去未来现在世,导师于彼悉能了,

32.13.1

[illegible]	[illegible]	[illegible]	[illegible]	[illegible]	[illegible]	[illegible],	[illegible]	[illegible]	[illegible]
sej¹	sjịj²	ɣiẹ²	mjij¹	seew²	tshjiij¹	mjij¹	lew¹	tjị¹	zjɨɨr¹
净	智	碍	无	思	议	无,	惟	愿	微
[illegible]	[illegible]	[illegible]	[illegible]?						
djiij¹	śja²	·jiw¹	tshjiij¹						
笑	现	因	说?						

净智无碍不思议,愿说何缘现微笑?

汉文本

《大宝积经卷》第三十二

唐天竺三藏菩提流志译

《出现光明会》第十一之三

如来已尽于生际,大悲普覆诸世间,法王最胜人中尊,愿说何缘现微笑?

无量无边大菩萨,并余威德诸天众,悉于空中持妙盖,而此大地皆振动。

谁于往昔如来所,长夜修行诸善法,平等悦意大悲尊,愿说何缘现微笑?

谁于往昔供诸佛,得闻此法生欢喜,导师最胜人中尊,愿说何缘现微笑?

世尊音声悦众意,犹如雁王声美妙,自然无量音和雅,愿说何故放斯光?

无量俱胝讽颂言,劝赞悦可相应语,拘枳罗声殊胜类,愿说何故放斯光?

雷鼓深远说法声,普闻无边千亿界,慈心粗言或软语,何故现斯金色光?

了生无生尽无尽,知眼性离无来去,为世照明甘露灭,何故现斯金色光?

知眼起作常空寂,无去无来无住处,犹如阳焰水泡沫,示现微笑何因缘?

如是耳鼻舌身意,色声香味并触法,乃至音声及名等,当知一切亦复然。

金刚常身不坏身,具足百千殊胜相,体无机关而运动,愿说微笑何因缘?

髀腨佣满足跟长,腹相不现如师子,脐深妙好腰圆满,愿说微笑何因缘?

金色净身离尘垢,一一众毛绀青色,右旋上靡香芬馥,愿说微笑何因缘?

妙身圆满常安住,犹如尼拘陀树王,一切功德以庄严,音声悦众令欣乐。

修臂佣圆肩妙好,项约圆满螺文现,游步无边百千刹,示诸众生邪正道。

齿白无垢如珂雪,舌相广长周覆面,师子颊辅鼻修直,皆从方便净心生。

优钵罗香从口出,栴檀香气遍于身,已于往昔广修慈,清净意乐常相续。

如来足下善安平,随所履地无窊曲,犹如师子象王步,超过一切诸世间。

千辐轮相妙端严,殊胜光文常炳著,所行善利诸群品,见者皆生净信心。

一指能出百千光,普照无边诸佛刹,往昔勤修众善行,获此种种相庄严。

成就色身无等伦,面相端严最殊胜,神变利益诸世间,愿说何缘现微笑?

腨佣平正如鹿王,身不低屈犹师子,出与为世作灯明,愿说何缘现微笑?

马王隐相无尘染,掌中平满手过膝,希有最胜人师子,愿说微笑何因缘?

从身出现无边光,妙色寂静而恒照,其心清净常相续,演说无边诸契经。

非彼安住断常人,所能净修如是法,若能舍离诸边见,速成如来清净身。

天鼓云雷声远震,迦兰陀鸿响清彻,天乐音声千万种,愿说何故现斯光?

导师一音演说法,令诸毁戒断相续,如来所说妙言音,皆是甚深希有法。

牛王眉间白毫相,遍至百千诸佛刹,妙眼犹如绀青色,顶相空天无能见。

齿白齐密具四十,犹如清净颇胝宝,皆从无量善业生,愿说何缘现微笑?

如来圆满功德身,成就无边微妙色,出现希有净光明,愿说何缘现微笑?

大悲最胜两足尊,了达众生心志乐,已得无碍妙辩才,愿说何缘现微笑?

如来已到于彼岸,具足三明及六通,示现无边清净光,愿说何缘现微笑?

佛于往昔无量劫，供养百千诸世尊，如是因果不败亡，愿说何缘现微笑？

佛于往昔无量劫，安住微妙诸等持，知眼生边及尽边，愿说何缘现微笑？

过去未来现在世，导师于彼悉能了，净智无碍不思议，愿说何缘现微笑？

32.13.2/13.3

[illegible] [illegible]， [illegible] [illegible] [illegible] [illegible] [illegible] [illegible]， [illegible] [illegible] [illegible]

tśhjɨ^{1} zjọ^{2} rjur^{1} pjụ^{1} thja^{1} ljịj^{2} ·ji^{1} kha^{1} kiẹ^{1} tsə̣^{1} lạ^{1}

尔 时， 世 尊 此 大 众 中， 金 色 手

[illegible] [illegible] [illegible] [illegible] [illegible] [illegible]， [illegible]/ [illegible] [illegible] [illegible]：

ŋwu^{2} lhjịj^{2} bji^{1} ·jij^{1} tśjiw^{2} ljiir^{1} ljaa^{1} dạ^{2} rjɨr^{2} tshjiij^{1}

以 月 光 之 顶 摩， 偈/ 言 所 说：

尔时，世尊于大众中，以金色手摩月光顶，而说偈言：

32.13.4

[illegible] [illegible] [illegible] [illegible]， [illegible] [illegible] [illegible] [illegible]， [illegible] [illegible]

zjɨ̣^{1} lji^{2} djị^{2} nji^{2} ŋa^{2} sjij^{1} nji^{2} ·jij^{1} thjɨ^{2} po^{1}

童 子 谛 听， 我 今 汝 之， 此 菩

[illegible] [illegible]， [illegible] [illegible] [illegible] [illegible]，

tjɨj^{1} tsjiir^{1} bji^{1} to^{2} lwər^{2} khjow^{1}

提 法， 光 出 经 与，

童子谛听，吾今付汝，此菩提法，出现光经，

32.13.5

[illegible] [illegible] [illegible] [illegible]， [illegible] [illegible] [illegible] [illegible]， [illegible] [illegible]

kụ^{1} niow^{2} rjur^{1} kha^{1} tsjiir^{1} dzjar^{2} bjij^{2} zjịj^{1} rjur^{1} dźiã^{2}

后 恶 世 中， 法 灭 临 时， 诸 众

[illegible] [illegible]， [illegible] [illegible] [illegible] [illegible]。

tśhju^{1} ·jij^{1} phie^{2} neej^{2} tshjiij^{1} lew^{2}

生 之， 开 示 说 应。

于后恶世，法欲灭时，当为众生，开示演说。

32.13.6

[illegible] [illegible] [illegible] [illegible]， [illegible] [illegible] [illegible] [illegible]， [illegible] [illegible] ŋa^{2} tha^{1} mej^{1} ŋwu^{2} mjij^{2} ljị j^{2} rjur^{1} kha^{1} thjɨ^{2} zji^{2}

我 佛 眼 以， 未 来 世 中， 此 最

[illegible] [illegible]， [illegible] [illegible] [illegible] [illegible]，

ljuu^{2} thjoo^{1} zji^{2} na^{1} lwər^{2} ·jij^{1}

微 妙， 最 深 经 △，

我以佛眼，见未来世，于是微妙，甚深经典，

32.14.1

[illegible] [illegible] [illegible] [illegible]， [illegible] [illegible] [illegible] [illegible]。 [illegible] [illegible]

tjij^{1} dzu^{1} mji^{1} dzu^{1} to^{2} to^{2} nwə^{1} tsjij^{2} tjij^{1} rjur^{1}

若 乐 不 乐， 皆 皆 知 了。 若 诸

[illegible] [illegible]， [illegible] [illegible] [illegible] [illegible]，

dźiã^{2} tśhju^{1} tha^{1} tśja^{1} ·jɨr^{2} kjụ^{1}

众 生， 佛 道 志 求，

若乐不乐，皆悉了知。若有众生，志求佛道，

32.14.2

[illegible] [illegible] [illegible] [illegible]， [illegible] [illegible] [illegible] [illegible]。 [illegible] [illegible]①

rjur^{1} tha^{1} ljɨr^{2} ku^{1} thjɨ^{2} lwər^{2} khjow^{1} lew^{2} sej^{1} tjij^{1}

诸 佛 念 当， 此 经 授 当。 净 若

[illegible] [illegible]， [illegible] [illegible] [illegible] [illegible]，

dźiej^{2} ljiij^{2} tsowr^{2} ŋewr^{1} dzu^{1} ŋwe^{1}

信 坏， 愦 闹 爱 乐，

常念诸佛，当授此经。若坏净信，乐于愦闹，

32.14.3

[illegible] [illegible] [illegible] [illegible]， [illegible] [illegible] [illegible] [illegible]； [illegible] [illegible]

gjɨ^{2} zjir^{2} ljwɨ̣j^{1} me^{2} thjɨ^{2} lwər^{2} mji^{1} dzu^{1} thja^{1} ŋa^{2}

长 夜 昏 睡， 此 经 不 乐； 其 我

[illegible] [illegible]， [illegible] [illegible] [illegible] [illegible]，

---

① 依句意，"[illegible][illegible]"疑当"[illegible][illegible]"之误。原文二字间有一小点，或为校改符号。

tsjiir¹ kha¹ nji¹ phjɨ¹ kjɨ¹ rjir²

法 中， 家 出 虽 得，

长夜昏睡，不乐斯经；于我法中，虽得出家，

32.14.4

[illegible]

djiij² phã¹ tsjiir¹ ɣa² dzu¹ ŋwe¹ mji¹ śjwo¹ thjɨ² sju²

涅 槃 法 于， 爱 乐 不 生。 此 如

[illegible]

lə² dzjwo² lwow¹ dźiej² mjii¹ lhjịj²

痴 人， 虚 信 施 取，

于涅槃法，不生欣乐。如是痴人，虚食信施①，

32.14.5

[illegible]

dźiəj² lheew² tsjiir¹ mjo¹ dźjar² dju¹ mji¹ tsjɨ¹ rjur¹ kha¹

为 有 法 闻， 过 有 闻 亦， 世 间

[illegible]

dzu¹ zjịj¹ kjạ¹ le² mji¹ śjwo¹

喜 著， 怖 惊 不 生。

闻有为法，多诸过患②，犹著世间，不生惊怖。

32.14.6

[illegible]

thjɨ² sju² lə² dzjwo² sjịj² mjijr² źier¹ ? tsjiir¹ lhwu¹

此 如 痴 人， 智 者 骂 责， 法 衣

[illegible]

kjɨ¹ gjwi² sjịj² źjɨr¹ mji¹ dju¹

虽 服， 智 慧 不 有；

如是痴人，智者呵责，虽服法衣，而无智慧；

---

① 西夏文本意为“虚取信施”。

② 西夏文本意为“闻有为法，亦闻有过”。

32.15.1

[illegible]	[illegible]	[illegible]	[illegible],	[illegible]	[illegible]	[illegible]	[illegible],	[illegible]	[illegible]
mo^{2}	nji^{2}	rjɨr^{2}	tshjiij^{1}	źjɨr^{1}	ɣiej^{1}	dạ^{2}	tja^{1}	sjịj^{2}	mjij^{1}
牟	尼	所	说,	实	真	言	△,	智	无
[illegible]	[illegible],	[illegible]	[illegible]	[illegible]	[illegible]。				
mji^{1}	zjịj^{1}	dźiej^{2}	ɣiwej^{1}	mjɨ^{1}	njwi^{2}				
听	时,	信	受	不	能。				

牟尼所说,真实之言,无智若闻,不能信受。

32.15.2

[illegible]	[illegible]	[illegible]	[illegible],	[illegible]	[illegible]	[illegible]	[illegible],	[illegible]	[illegible]
thjɨ^{2}	sju^{2}	lə^{2}	dzjwo^{2}	thwuu^{1}	dźjiij^{1}	lew^{2}	njaa^{2}	tjij^{1}	thjɨ^{2}
此	如	痴	人,	同	住	所	不,	若	此
[illegible]	[illegible],	[illegible]	[illegible]	[illegible]	[illegible],				
buu^{2}	gjij^{1}	thjoo^{1}	tsjiir^{1}	mji^{1}	zjịj^{1}				
殊	殊,	妙	法	听	时,				

如是愚人,勿与同止,若有得闻,此殊胜法,

32.15.3

[illegible]	[illegible]	[illegible]	[illegible],	[illegible]	[illegible]	[illegible]	[illegible],	[illegible]	[illegible]
njiij^{1}	ljɨj^{2}	dzu^{1}	ŋwe^{1}	njiij^{1}	mji^{1}	gu^{1}	śjwo^{1}	thjɨ^{2}	sju^{2}
欢	喜	爱	乐,	心	不	生	起,	此	如
[illegible]	[illegible],	[illegible]	[illegible]	[illegible]	[illegible],				
dzjwo^{2}	·jij^{1}	ŋa^{2}	·ju^{2}	źier^{1}	?				
人	之,	我	常	骂	责,				

不生欢喜,爱乐之心,如是等人,我所呵责,

32.15.4

[illegible]	[illegible]	[illegible]	[illegible],	[illegible]	[illegible]	[illegible]	[illegible]。	[illegible]	[illegible]
dzjwo^{2}	ljụ^{2}	kjɨ^{1}	rjir^{2}	ŋa^{1}	ŋa^{1}	wjɨ^{2}	rar^{2}	tjij^{1}	thjɨ^{2}
人	身	虽	得,	空	空	△	过。	若	此

[illegible]

zji^{2} na^{1} thjoo^{1} tsjiir^{1} mji^{1} zjịj^{1}

最 深， 妙 法 闻 时，

虽得人身，则为空过。若有得闻，此甚深法，

32.15.5

[illegible]

njiij^{1} ljɨj^{2} dzu^{1} ŋwe^{1} njiij^{1} śjwo^{1} njwi^{2} ku^{1} thjɨ^{2} dzjwo^{2}

欢 喜 爱 乐， 心 起 能 △， 此 人

[illegible]

śji^{1} zjọ^{2} tha^{1} rjir^{2} ber^{2} djij^{2}

先 世， 佛 同 遇 曾，

能生欢喜，爱乐之心，是人已曾，值遇诸佛，

32.15.6

[illegible]

zji^{2} phju^{2} po^{1} tjɨj^{1} kjɨ^{1} djɨj^{2} ljạ^{1} rjir^{2} tjij^{1} dzjwo^{2}

无 上 菩 提， 决 定 证 得。 若 人

[illegible]

wẹ^{1} lə^{2} niow^{2} ljij^{2} ŋwu^{2} tśjuu^{1}

愚 痴， 恶 见 以 害，

决定当得，无上菩提。若人愚痴，恶见所害，

32.16.1

[illegible]

źjɨr^{1} kạ^{1} phja^{1} wji^{1} po^{1} tjɨj^{1} khwa^{1} ka^{2} thjɨ^{2} nioow^{1}

慧 命 断 为， 菩 提 远 离， 是 故

[illegible]

niow^{2} nwə^{1} sjij^{2} rjir^{2} khwa^{1} ka^{2}

恶 知， 识 与 远 离。

断于慧命，远离菩提，是故应当，舍恶知识。

32.16.2

[Tangut]①	[Tangut]	[Tangut]	[Tangut],	[Tangut]	[Tangut]	[Tangut]	[Tangut]。	[Tangut]	[Tangut]
bju¹	dźjwo¹	dzjwo²	·jij¹	?	njij¹	dzjwị¹	lew²	rjur¹	ŋowr²
明	慧	人	之,	亲	近	恭	应。	世	一
[Tangut]	[Tangut],	[Tangut]	[Tangut]	[Tangut]	[Tangut],				
ŋowr²	kha¹	dźjar²	lju²	mjɨ¹	pjụ¹				
切	中,	过	罪	无	量,				

亲近恭敬,明慧之人。一切世间,无量过患②,

32.16.3

[Tangut]	[Tangut]	[Tangut]	[Tangut],	[Tangut]	[Tangut]	[Tangut]	[Tangut],	[Tangut]	[Tangut]
sọ¹	niow²	tshwew¹	kha¹	dźiã²	tśhju¹	·ju²	djị¹	to²	zji²
三	恶	趣	中,	众	生	常	没,	皆	皆
[Tangut]	[Tangut],	[Tangut]	[Tangut]	[Tangut]	[Tangut],				
lə²	ljɨj¹	·jiw¹	nioow¹	bju¹	śjwo¹				
痴	惑,	因	缘	随	起,				

众生常没,三恶趣中,皆从痴惑,因缘所起,

32.16.4

[Tangut]	[Tangut]	[Tangut]	[Tangut],	[Tangut]	[Tangut]	[Tangut]	[Tangut]。	[Tangut]	[Tangut]
lhạ²	bju¹	dźiə²	dźiej²	·jij¹	mjɨ¹	dzju²	phji¹	tśhja²	tsjiir¹
惑	随	流	转,	自	不	在	令。	正	法
[Tangut]	[Tangut],	[Tangut]	[Tangut]	[Tangut]	[Tangut],				
phjɨ¹	dźjiir¹	mji¹	tsjiir¹	dźjij¹	dźjịj¹				
弃	舍,	不	法	纯	行,				

随惑流转,不得自在。弃舍正法,行于非法,

32.16.5

[Tangut]	[Tangut]	[Tangut]	[Tangut],	[Tangut]	[Tangut]	[Tangut]	[Tangut]。	[Tangut]	[Tangut]

① [Tangut],明。原文写于修正纸条上,纸条发生较大程度的偏移倾斜。

② 汉文“过患”,西夏文此作“[Tangut][Tangut]”(罪过),上文则作“[Tangut][Tangut]”(有过)。

thjɨ^{2} nioow^{1} wẹ^{1} zjɨɨr^{1} dzjwo^{2} rjir^{2} ka^{2} lew^{2} dzjọ^{1} ko^{1}
是 故 愚 小， 人 与 离 应。 犹 车
[illegible] [illegible]， [illegible] [illegible] [illegible] [illegible]；
sjwi^{2} mjijr^{2} ·jij^{1} ko^{1} kạ^{1} lhjị^{2}
引 者， 自 车 轴 折；

是故当离，愚小之人。犹如御者，自折其轴；

32.16.6

[illegible] [illegible] [illegible] [illegible]， [illegible] [illegible] [illegible] [illegible]。 [illegible] [illegible]
niow^{2} sjwɨj^{1} wji^{1} nioow^{1} djị^{1} ·jɨj^{2} ·u^{2} khji^{1} ljaa^{2} ·u^{2}
恶 业 做 缘， 地 狱 中 弃。 口 中
[illegible] [illegible]， [illegible] [illegible] [illegible] [illegible]；
niow^{2} to^{2} ·ju^{2} ·jij^{1} ŋwo^{2} tśjuu^{1}
恶 生， 常 自 伤 害；

既作恶业，生地狱中。口出恶言，恒自伤害；

32.17.1

[illegible] [illegible] [illegible] [illegible]， [illegible] [illegible] [illegible] [illegible]。 [illegible] [illegible]
dzjọ^{1} wjị^{1} rjijr^{1} zow^{2} ·jij^{1} ljụ^{2} ·jij^{1} tśjaa^{1} rjur^{1} tsjiir^{1}
如 斧 利 持， 自 身 自 砍。 诸 法
[illegible] [illegible]， [illegible] [illegible] [illegible] [illegible]，
·jiw^{1} nioow^{1} rjɨr^{2} wji^{1} mjɨ^{1} nwə^{1}
因 缘， 所 造 不 知，

如持利斧，自伐其身。不知诸法，因缘所造，

32.17.2

[illegible] [illegible] [illegible] [illegible]， [illegible] [illegible] [illegible] [illegible]。 [illegible] [illegible]
sjwɨj^{1} bju^{1} tshja^{2} lhjịj^{2} gjuu^{2} njwi^{2} mji^{1} dju^{1} rjur^{1} śji
业 随 报 受， 救 能 不 有。 世 仙
[illegible] [illegible]， [illegible] [illegible] [illegible] [illegible]，
? njij^{1} neew^{2} wjɨ̣^{1} dźjwɨ^{1} wji^{1}
亲 近， 善 友 者 为，

随业受报,无能救者。亲近世仙,以为善友,

32.17.3

□	□	□	□,	□	□	□	□,	□	□
tśhjɨ^{2}	rjar^{2}	·jij^{1}	dạ^{2}	ŋa^{1}	dźjɨ$^{?}$	djọ^{2}	dzjɨɨ^{2}	ɣiej^{1}	rjor^{2}
立	即	自	言,	空	行	修	习,	真	得
□	□,	□	□	□	□;				
ŋa^{2}	?	bja^{2}	dzjar^{2}	ljij^{2}	śjwo^{1}				
我	谓,	断	灭	见	生;				

而便自谓,修习于空,已证无为①,生断灭见;

32.17.4

□	□	□	□,	□	□	□	□。	□	□②
tjij^{1}	ljụ^{2}	gju^{2}	ljiij^{2}	njiij^{1}	tsjɨ^{1}	pha^{1}	śjwɨ̣^{2}	rjɨr^{2}	mjaa^{2}
若	身	器	破,	心	亦	别	随。	所	大
□	□,	□	□	□	□,				
tjạ^{1}	wer	dạ^{2}	dźjij^{1}	tshjiij^{1}	dzu^{1}				
绮	丽,	语	纯	言	乐,				

如身器破,心亦随灭。多所乐说,绮饰言辞,

32.17.5

□	□	□	□,	□	□	□	□。	□	□
thjɨ^{2}	ɣa^{2}	zjịj^{1}	ku^{1}	tśjo$^{?}$	gjịj^{1}	ɣie^{2}	mjij^{1}	phio^{2}	do^{1}
此	于	著	故,	终	利	益	无。	蛇	毒
□	□,	□	□	□	□,				
dźjɨ$^{?}$	wji^{1}	kjij^{1}	tśjuu^{1}	lju^{2}	tsjɨ^{1}				
△	为,	△	害	赌	亦,				

于此味著,终无义利。虽为毒蛇,之所螫害,

32.17.6

□	□	□	□,	□	□	□	□;	□	□

① 西夏文用“□□”(获真)对译汉文“已证无为”。

② □ mjaa^{2},通“□”mjaa^{2}(大)。

thja1	dzjwo2	niow2	tshwew1	ljɨ1	phji1	mjɨ1	ljɨ̱1	wẹ1	mjijr2
其	人	恶	趣，	堕	令	不	做；	愚	者
[illegible]	[illegible]，	[illegible]	[illegible]	[illegible]	[illegible]，				
tsjiir1	tshjiij1	dzjwo2	neew2	tśhji2	ljiij2				
法	说，	人	善	根	坏，				

终不令人，堕于恶趣；愚者说法，坏人善根，

32.18.1

[illegible]	[illegible]	[illegible]	[illegible]，	[illegible]	[illegible]	[illegible]	[illegible]。	[illegible]	[illegible]
mjɨ1	pjụ1	·ji1	·jij1	dji̱1	·jɨj2	ljɨ1	phji1	nji2	njɨ2
无	量	众	之，	地	狱	堕	令。	汝	等
[illegible]	[illegible]，	[illegible]	[illegible]	[illegible]	[illegible]，				
ljịj2	·ji1	ŋạ2	ŋạ2	bio̱1	lew2				
大	众，	好	好	观	应，				

令无量众，堕于地狱。汝等大众，应当观察，

32.18.2

[illegible]	[illegible]	[illegible]	[illegible]①，	[illegible]	[illegible]	[illegible]	[illegible]，	[illegible]	[illegible]
sjij1	thjɨ2	zjɨ1	lji1	ŋa2	·ju2	dźjiij1	tja1	njwo2	zjọ2
今	此	童	利，	我	前	住	者，	昔	世
[illegible]	[illegible]，	[illegible]	[illegible]	[illegible]	[illegible]，				
mjɨ1	pjụ1	khjã2	khja2	bẹ1	ŋewr2				
无	量，	恒	河	沙	数，				

如是童子，今在我前，往昔已曾，供养无量，恒河沙数，

32.18.3

[illegible]	[illegible]	[illegible]	[illegible]，	[illegible]	[illegible]	[illegible]	[illegible]。	[illegible]	[illegible]
rjur1	rjur1	pjụ1	·jij1	zji2	kjụ1	tshwew1	djij2	gjwɨ1	lwo2
诸	世	尊	之，	皆	供	养	曾。	坚	固
[illegible]	[illegible]，	[illegible]	[illegible]	[illegible]	[illegible]；				

① [illegible] lji1，通“[illegible]”lji2（童）。

djọ2 dźjịj1 zji2 phju2 sjịj2 kjụ1
修 行, 无 上 智 求;
诸佛世尊。坚固修行,求无上智;

32.18.4

[illegible]
dju1 ŋowr2 ŋowr2 ɣa2 njiij1 mji1 gjwɨ1 gjị2 mej1 wee1
有 一 切 △, 心 不 坚 依; 眼 生
[illegible]
bju2 nwə1 sji1 dźjwa1 gji1 sej1
边 知, 毕 竟 清 净;
心不依止,一切诸有;知眼生边,毕竟清净;

32.18.5

[illegible]
rjur1 kheej1 ljɨ1 ka2 laa1 zjịj1 lew2 mjij1 mjɨ1 pjụ1
诸 戏 论 离, 染 著 应 无; 无 量
[illegible]
dźiã2 tśhju1 gjịj1 ɣie2 kiẹj2 nioow1
众 生, 利 益 欲 缘,
离诸戏论,无所染著;为欲利益,无量众生,

32.18.6

[illegible]
zji2 phju2 bji1 śja2 lwər2 lhejr2 nẹ1 tshjiij1 wẹ1 dzjwo2
无 上 光 现, 经 典 演 说。 愚 人
[illegible]
thjɨ2 tsjiir1 djọ2 ɣiew1 mjɨ1 njwi2
此 法, 修 学 不 能,
演说无上,现光经典。愚人不能,修学是法,

32.19.1

[illegible]

djọ^{2} dźjij^{1} mjijr^{2} ·jij^{1} dźjar^{2} lju^{2} ·ju^{2} wji^{1} thjɨ^{2} nioow^{1}

修 行 者 之， 过 失 寻 为； 是 故

□ □， □ □ □ □，

wẹ^{1} lə^{2} dzjwo^{2} ·jij^{1} dźjiɨr^{1} lew^{2}

愚 痴， 人 之 舍 应，

于修行者，见其过失；是故应舍，愚痴之人，

32.19.2

□ □ □ □， □ □ □ □。 □ □

thjɨ^{2} tsjiir^{1} ? njij^{1} djọ^{2} ɣiew^{1} lew^{2} njaa^{2} wẹ^{1} lə^{2}

此 法 亲 近， 修 学 应 不。 愚 痴

□ □， □ □ □ □，

dzjwo^{2} tja^{1} ɣwej^{1} dzeej^{1} dźjij^{1} dzu^{1}

人 者， 诤 论 纯 乐，

不应亲近，修学是法。愚痴之人，乐于诤论，

32.19.3

□ □ □ □， □ □ □ □， □ □

ɣwej^{1} dzeej^{1} mjij^{1} dźjɨ$^{?}$ ·jɨr^{2} djọ^{2} mjɨ^{1} njwi^{2} thja^{1} rjur^{1}

诤 论 无 行， 勤 修 不 能， 彼 诸

□ □， □ □ □ □，

dzjwo^{2} njɨ^{2} wo^{2} bju^{1} njiij^{1} mjij^{1}

人 等， 理 如 心 无，

不能勤修，无诤论行，彼诸人等，无如理心，

32.19.4

□ □ □ □， □ □ □ □。 □ □

thjɨ^{2} nioow^{1} thja^{2} ·jij^{1} mji^{1} dzjwɨ^{1} ·jow^{2} lew^{2} wẹ^{1} lə^{2}

是 故 其 之， 不 恭 赞 应。 愚 痴

□ □， □ □① □ □，

① □，悟。原文有粘贴小纸，当修正纸条残存，所粘贴字虽部分粘贴，据左半构件，当为“□”字。若此“□”ljij^{1}当“□”ljij^{1}（惰）之讹误。

dzjwo^{2} tja^{1}, low^{2} ljịj^{1} giee^{1} tśhju^{1}

人 者, 懒 悟 傻 为,

是故不应,恭敬称赞。愚痴之人,懈怠懒惰,

32.19.5

[illegible] [illegible] [illegible] [illegible], [illegible] [illegible] [illegible] [illegible], [illegible] [illegible]

ljụ^{2} ljaa^{2} phji^{1} sjwɨj^{1}, ·ju^{2} mji^{1} neew^{2} dźjịj^{1}, kie^{1} sej^{1}

身 口 意 业, 常 不 善 行, 戒 净

[illegible] [illegible], [illegible] [illegible] [illegible] [illegible],

sjịj^{2} źjɨr^{1}, rejr^{2} mji^{1} mji^{1} dju^{1},

智 慧, 多 闻 不 有,

常行不善,身语意业,无有净戒,智慧多闻,

32.19.6

[illegible] [illegible] [illegible] [illegible], [illegible] [illegible] [illegible] [illegible]。 [illegible] [illegible]

·ju^{2} kiej^{2} mjɨɨ^{2} sjwɨ^{1}, tsowr^{2} ŋewr^{1} dzu^{1} ŋwe^{1}。 thjɨ^{2} sju^{2}

常 欲 境 思, 愦 闹 爱 乐。 此 如

[illegible] [illegible], [illegible] [illegible] [illegible] [illegible],

wẹ^{1} dzjwo^{2}, mə^{2} djịj^{1} nioow^{1} ljụ^{2},

愚 人, 种 族 及 身,

常思欲境,乐于愦闹。如是愚人,种族及身,

32.20.1

[illegible] [illegible] [illegible] [illegible], [illegible] [illegible] [illegible] [illegible], [illegible] [illegible]

to^{2} zji^{2} mej^{2} niow^{2}, tshjạ^{1} kwow^{2} źjɨɨ^{1} tśhju^{1}, mjor^{1} laa^{1}

皆 悉 鄙 恶, 怒 忿 恨 有, 形 貌

[illegible] [illegible], [illegible] [illegible] [illegible] [illegible],

tśjọ^{1} kjạ^{2}, neew^{2} twụ^{1} wee^{1} tsjɨ^{1},

丑 陋, 善 处 生 亦,

皆悉鄙恶,瞋恚很戾,形貌丑陋,设生善处,

32.20.2

[illegible] [illegible] [illegible] [illegible], [illegible] [illegible] [illegible] [illegible], [illegible] [illegible] ljụ^2 ·ju^2 bji^2 dźju^2 ŋa^2 ·jij^1 zow^2 zjịj^1 ɣiej^1 wo^2

身 常 下 劣， 我 相 执 著， 真 理

[illegible] [illegible]， [illegible] [illegible] [illegible] [illegible]，

·jij^1 lhạ^2 ŋwuu^1 phjo^2 kar^2 sji^2

之 迷， 语 分 别 能，

身常下劣，执著我相，迷于真理，无有智慧，分别语言，

32.20.3

[illegible] [illegible] [illegible] [illegible]， [illegible] [illegible] [illegible] [illegible]， [illegible] [illegible]

sjịj^2 dźjɨr^1 mji^1 dźjij^2 tsjɨr^2 ŋa^1 tsjiir^1 mji^1 dzu^1 ŋwe^1

智 慧 不 有， 性 空 法 闻， 爱 乐

[illegible] [illegible]。 [illegible] [illegible] [illegible] [illegible]，

mji^1 śjwo^1 nji^2 njɨ^2 bio^1 lew^2

不 生。 汝 等 观 应，

闻性空法，不生爱乐。汝等应观，

32.20.4

[illegible] [illegible] [illegible] [illegible]， [illegible] [illegible] [illegible] [illegible]， [illegible] [illegible]

mjor^1 ljịj^2 rjur^1 pjụ^1 rjur^1 kha^1 ŋwuu^1 dạ^2 kheej^1 ljɨ̣^{1}

如 来 世 尊， 世 间 语 言， 戏 论

[illegible] [illegible]， [illegible] [illegible] [illegible] [illegible]。

ŋowr^2 ŋowr^2 njwo^2 zjọ^2 wjɨ^2 ka^2

一 切， 久 长 △ 离。

如来世尊，久已远离，一切世间，语言戏论。

32.20.5

[illegible] [illegible] [illegible] [illegible]， [illegible] [illegible] [illegible] [illegible]， [illegible] [illegible]

·ju^2 mur^1 thjɨ^2 ɣa^2 na^1 laa^1 zjịj^1 śjwo^1 ·jij^1 ·ja^1

夫 凡 此 于， 深 染 著 生， 已 一

[illegible] [illegible]， [illegible] [illegible] [illegible] [illegible]。

zjọ^2 ɣa^2 nwə^1 tsjij^2 mjɨ^1 njwi^2

寿 于， 了 知 不 能。

凡夫于此,深生染著,尽其寿命,不能了知。

32.20.6

[illegible] [illegible] [illegible] [illegible], [illegible] [illegible] [illegible] [illegible], [illegible] [illegible]
kie¹ ·jiij¹ kjɨ¹ ·jow² xiwã¹ dźjɨ² mji¹ djọ² ljaa² ·u²
戒 持 虽 赞, 梵 行 不 学, 口 中
[illegible] [illegible], [illegible] [illegible] [illegible] [illegible],
tsjiir¹ tshjiij¹ ljụ² mji¹ tsjiir¹ dźjịj¹
法 说, 身 不 法 行,

虽赞持戒,不修梵行,口说于法,身行非法,

32.21.1

[illegible] [illegible] [illegible] [illegible], [illegible] [illegible] [illegible] [illegible]。 [illegible] [illegible]
·jij¹ dzjɨj¹ kjɨ¹ tshjiij¹ ·ju² mji¹ dzjɨj¹ dźjịj¹ tha¹ dzjiij²
己 律 虽 说, 常 不 律 行。 佛 弟
[illegible] [illegible], □ [illegible]① [illegible] [illegible]。
gji² ·jij¹ śia¹ gjwi² phji¹
子 之, □ 沙 穿 令。

自说是律,常行非律。佛教弟子,著坏色衣。

32.21.2

[illegible] [illegible] [illegible] [illegible], [illegible] [illegible] [illegible] [illegible], [illegible] [illegible]
tjij¹ kie² ljiij² dzjwo² thjɨ² lhwu¹ tśhjwi¹ ku¹ mjɨ¹ gjiw¹
若 戒 破 人, 此 衣 穿 则, 无 敬
[illegible] [illegible], [illegible] [illegible] [illegible] [illegible],
śja¹ wjạ² njiij¹ dju¹ lhu¹ ljịj¹
放 逸, 心 有 增 长,

破戒之人,而披此服,增长憍慢,放逸之心,

32.21.3

[illegible] [illegible] [illegible] [illegible], [illegible] [illegible] [illegible] [illegible]。 [illegible] [illegible]

① □纥,□沙。此似对译汉文"坏色",前一字原文粘贴修正纸条,纸条甚小,原字、改正字皆难辨识。

rjɨr^2 lhjịj^2 mjii^1 tja^1 kjir^1 məə^1 dźjwij^1 sju^2 nji^1 mjii^1

所 受 施 者， 猛 火 吞 如。 家 宫

[illegible] [illegible]， [illegible] [illegible] [illegible] [illegible]，

dja^2 phji^2 ŋwə^1 kiẹj^2 kjɨ^1 mjij^1

△ 舍， 五 欲 △ 无，

所食信施①，如吞猛火。既舍居家，无五欲乐，

32.21.4

[illegible] [illegible] [illegible] [illegible]， [illegible] [illegible] [illegible] [illegible]。 [illegible] [illegible]

nioow^1 tha^1 tsjiir^1 ɣa^2 buu^2 thjoo^1 rejr^2 mjij^1 dza^1 dźjịj^1

又 佛 法 于， 胜 妙 乐 无。 杂 行

[illegible] [illegible]， [illegible] [illegible] [illegible] [illegible]，

dzu^1 ŋwe^1 njɨɨ^1 bju^2 mji^1 ka^2

乐 愿， 二 边 不 离，

又于佛法，无胜妙乐。乐于杂行，不离二边，

32.21.5

[illegible] [illegible] [illegible] [illegible]②， [illegible] [illegible] [illegible] [illegible]。 [illegible] [illegible]

·ja^1 śjwo^1 śjwo^1 njiij^1 zji^2 mji^1 gji^1 sej^1 thjɨ^2 sju^2

△ 起 起 心， 皆 不 清 净。 此 如

[illegible] [illegible]， [illegible] [illegible] [illegible] [illegible]，

wẹ^1 dzjwo^2 ljịj^2 ·ji^1 kha^1 dźjiij^1

愚 人， 大 众 中 在，

所有意乐，皆不清净。如是愚人，处在大众，

32.21.6

[illegible] [illegible] [illegible] [illegible]③， [illegible] [illegible] [illegible] [illegible]。 [illegible] [illegible]

dzjọ^1 sju^2 nə$^?$ dźiə^1 ka^2 tśjij^2 lo^2 ·o^2 thjɨ^2 sju^2

---

① 所食信施，西夏文作"所受施者"（[illegible]）。

② [illegible]，字面作"△起起心"，此对译汉文"所有意乐"，"[illegible]"似与"所有"对。

③ [illegible]，狐狸。汉文本作"野干"。按，一说狐即野干，一说二者有别。前者如《辅行记》云："狐是兽，一名野干，多疑善听。"后者如《法华经》云："狐、狼、野干，似如三别。"《祖庭事苑》亦云："野干形小尾大，狐即形大。"《禅经》则云："见一野狐，又见野干。"参见法云编《翻译名义集》，《大正藏》第54册第1089页。

犹 如 狐 狸， 师 子 群 入。 此 如

mjij^{1} sej^{1} tsjiir^{1} kjɨ^{1} ne̱^{1} tshjiij^{1}

寂 静， 法 虽 演 说，

犹如野干，入师子群。虽说如是，寂静之法，

32.22.1

źjɨr^{1} ɣiej^{1} ŋa^{1} wo^{2} nwə^{1} tsjij^{2} mjɨ^{1} njwi^{2} ·ji^{1} ·jij^{1}

实 真 空 义， 了 知 不 能。 众 为

tsjiir^{1} tshjiij^{1} ·jij^{1} khwe̱j^{1} njiij^{1} śjwo^{1}

法 说， 己 骄 心 生，

不能了知，真实空义。为众称赞，生贡高心，

32.22.2

lji̱j^{2} dzjiij^{2} lhji^{2} ɣa^{2} ·ju^{1} mjij^{1} mjɨ^{1} gjiw^{1} mji^{1} sej^{1}

大 师 于， 愧 无 不 恭。 不 净

war^{2} lhji̱j^{2} mo^{2} dźji^{1} rjir^{2} sju^{2}

物 受， 摩 尼 得 如，

不念大师，惭愧谦下。受不净物，如得摩尼，

32.22.3

njiij^{1} ljɨ̱j^{2} zow^{2} ·jiij^{1} njiij^{1} tsej^{2} dźjɨɨr^{1} mjij^{1} thjɨ^{2} bji^{2}

欢 喜 执 持， 心 暂 舍 无。 此 下

dźju^{2} dji̱j^{1} nji^{1} kjɨ^{1} dja^{2} phji^{2}

① [Tangut] ·ju^{1}，愧。原文作“[Tangut]”·ju^{2}，误。

劣	辈，	家	虽	△	出，

欢喜执持，心无暂舍。是辈下劣，虽复出家，

32.22.4

[illegible]	[illegible]	[illegible]	[illegible]，	[illegible]	[illegible]	[illegible]	[illegible]，	[illegible]	[illegible]①
pjụ¹	wer¹	khjuu²	·wejr²	lhwu¹	pa²	zow²	·jiij¹	lew¹	·jwɨr¹
威	仪	守	护，	衣	钵	执	持，	但	形
[illegible]	[illegible]，	[illegible]	[illegible]	[illegible]	[illegible]。				
·jij¹	dju¹	źjɨr¹	sjij²	źjɨr¹	mjij¹				
相	有，	实	智	慧	无。				

守护威仪，执持衣钵，但有形像，无实智慧。

32.22.5

[illegible]	[illegible]	[illegible]	[illegible]，	[illegible]	[illegible]	[illegible]	[illegible]，	[illegible]	[illegible]
ɣu¹	mjar¹	kjɨ¹	khji¹	niow²	njiij¹	mji¹	dźjɨɨr¹	tśhjuu²	ljij²
头	发	虽	弃，	恶	心	不	舍，	倒	见
[illegible]	[illegible]，	[illegible]	[illegible]	[illegible]	[illegible]。				
kha¹	ljɨ¹	śia¹	mẽ¹	tsjiir¹	njaa²				
中	堕，	沙	门	法	非。				

虽复剃发，不舍恶心，堕于倒见，非沙门法。

32.22.6

[illegible]	[illegible]	[illegible]	[illegible]，	[illegible]	[illegible]	[illegible]	?，	[illegible]	[illegible]
mjij¹	sej¹	djiij²	phã¹	buu²	tśja¹	phjɨ¹		śia¹	mẽ¹
寂	静	涅	槃，	胜	道	失	?，	沙	门
[illegible]	[illegible]，	[illegible]	[illegible]	[illegible]	[illegible]。				
ljạ¹	lew²	mjaa¹	tsjɨ¹	mji¹	dju¹				
证	应，	果	亦	不	有。				

退失寂静，涅槃之道，亦无沙门，所证之果。

---

① [illegible]，形。该字写于修正纸条，纸条略小，为不规则圆形，左部分讹文残迹完整，纸条仅遮住讹文右部。据讹文残迹和正文比对，讹文残迹部分比改正之字仅多出一笔。

32.23.1

[illegible]①　[illegible]②

bju^1 mjij^1 źjị^{1} njɨɨ^2 lhjɨ^2 me^2 mjɨ^1 dzjar^2 nji^1 wjụ^2

明　无　烦　恼，　尘　巽　不　灭，　聚　落

[illegible]

kha^1 dźjij^1 mjij^1 sej^1 ŋa^2 ·jɨ^1

中　行，　寂　静　我　谓。

无明烦恼,不灭微尘,游行聚落,自称寂静。

32.23.2

[illegible]

wẹ^1 dzjwo^2 sjịj^2 mjij^1 tśhja^2 tshwew^1 mjɨ^1 nwə^1 njiij^1 kjɨ^1

愚　人　智　无，　正　趣　不　知，　心　△

[illegible]

dzu^1 tja^1 zji^2 mji^1 neew^2 ŋwu^2

乐　者，　皆　不　善　为。

愚人无智,不知正趣,心所乐欲,皆为不善。

32.23.3

[illegible]

gjịj^1 ·jur^1 ·jiw^1 ku^1 ·ja^1 lã^1 rja^2 dźjiij^1 djiij^2 phã^1

利　养　因　故，　阿　兰　若　住，　涅　槃

[illegible]

·jij^1 ·jiw^1 djọ^2 nioow^1 ljɨ^1 njaa^2

之　因，　修　为　虽　不。

因利养故,住阿兰若,不为修习,涅槃之因。

32.23.4

[illegible]

---

① [illegible] me^2,巽。此通“[illegible]”me^2(尘)。“[illegible]”即微尘。

② [illegible],聚落。该字写于修正纸条上,为校改之字。

mur^{1} djị^{1} me^{2} dzu^{1} lew^{1} ljụ^{2} no^{2} ljɨr^{2} thjɨ^{2} sju^{2}

昏 沉 睡 喜， 但 身 安 念， 此 如

[illegible]，[illegible]。

njɨ^{2} dạ^{2} ·ju^{2} djọ^{2} dźjịj^{1} ŋwe^{1}

等 事， 常 修 行 乐。

昏沉喜睡，但念安身，常乐修行，如是等事。

32.23.5

[illegible]，[illegible]，[illegible]

·ja^{1} lã^{1} rja^{2} dźjiij^{1} rejr^{2} kjiw^{1} kjɨ^{1} zar^{2} tśhjuu^{2} ljij^{2}

阿 兰 若 住， 多 年 虽 经， 倒 见

[illegible]，[illegible]，

nioow^{1} ku^{1} djiij^{2} phã^{1} tśja^{1} phjɨ^{1}

因 故， 涅 槃 道 失，

虽住兰若，经历多年，以倒见故，失涅槃道，

32.23.6

[illegible]，[illegible]。[illegible]

śia^{1} mẽ^{1} tśja^{1} mjaa^{1} tśjo$^{?}$ rjir^{2} mjɨ^{1} njwi^{2} tśhja^{2} ljij^{2}

沙 门 道 果， 终 得 不 能。 正 见

[illegible]，[illegible]，

pjo^{1} lha^{1} tśhjwɨj^{1} kie^{1} tsjụ^{1} ljiij^{2}

毁 坏， 禁 界 违 犯，

终不能得，沙门道果。毁破正见，违犯禁戒，

32.24.1

[illegible]，[illegible]，[illegible]

lhwu^{1} gjwi^{2} ŋạ^{2} ŋwu^{2} ljụ^{2} ljuu^{2} tshjịj^{2} dzu^{1} rjur^{1} kiẹj^{2}

衣 服 好 以， 身 庄 严 爱， 诸 欲

[illegible]，[illegible]，

rejr^{2} ɣa^{2} ·ju^{2} dzu^{1} laa^{1} śjwo^{1}

乐 于， 常 爱 染 生，

爱好衣服,庄严其身,于诸欲乐,常生爱染,

32.24.2

[illegible]	[illegible]	[illegible]	[illegible],	[illegible]	[illegible]	[illegible]	[illegible],	[illegible]	[illegible]
tjij^1	dzjwɨ̣^{1}	mjii^1	·o^2	mjɨ^1	gjiw^1	·jij^1	śja^2	ljụ^2	sjwɨj^1
若	邑	宫	入,	不	恭	相	现,	身	业
[illegible]	[illegible],	[illegible]	[illegible]	[illegible]	[illegible]。				
śja^1	wjạ^{2}	pjụ^1	wer^1	mji^1	dźjiij^1				
逸	放,	威	仪	不	住。				

若入城邑,现憍慢相,放纵身业,不住威仪。

32.24.3

[illegible]	[illegible]	[illegible]	[illegible]①,	[illegible]	[illegible]	[illegible]	[illegible]:	[illegible]	[illegible]
tjij^1	dzjwɨ̣^{1}	mjii^1	dźjiij^1	kheej^1	dźjij^1	·jij^1	·jɨ^1	thja^1	·ja^1
或	邑	宫	住,	游	行	自	说:	彼	阿
[illegible]	[illegible],	[illegible]	[illegible]	[illegible]	[illegible],				
lã^1	rja^2	ŋər^1	meej^2	wjij^2	tja^1				
兰	若,	山	窟	有	者,				

或入城邑,游行自说:彼阿兰若,山窟之中,

32.24.4

[illegible]	[illegible]	[illegible]	[illegible],	[illegible]	[illegible]	[illegible]	[illegible]。	[illegible]	[illegible]
ŋa^2	dźjiij^1	kjɨ^1	ŋwu^2	nji^2	njɨ^2	nwə^1	lew^2	lhjɨ^1	lhji^2
我	住	所	是,	汝	等	知	应。	安	详
[illegible]	[illegible],	[illegible]	[illegible]	[illegible]	[illegible],				
dźjiij^1	dźjij^1	ɣu^1	bjị^1	ljɨ̣^{2}	·ju^2				
住	行,	首	下	地	视,				

汝等当知,是我所住。徐行低视,进止安详,

32.24.5

[illegible] [illegible] [illegible] [illegible], [illegible] [illegible] [illegible] [illegible], [illegible] [illegible]

① [illegible],住。原字上有粘贴字条,改正之字难以辨识。原字据字迹似为"[illegible]"字。

ŋwuu^{1} thjɨ^{1} mji^{1} źjɨr^{1} lo^{1} xã^{1} ·jij^{1} śja^{2} thja^{1} mur^{1}

论 言 不 实， 罗 汉 相 现， 其 凡

□ □， □ □ □ □：

dzjwo^{2} ·ji^{1} zji^{2} gu^{2} dạ^{2} ·jɨ^{1}

人 众， 皆 相 言 说：

发言诡异，现罗汉相，令白衣众，咸相谓言：

32.24.6

□ □ □ □， □ □ □ □。 □ □

lã^{1} rja^{2} phji^{2} khjiw^{2} śjɨj^{2} dzjwo^{2} ɣiej^{1} ŋwu^{2} tjɨ^{1} tjij^{1}

兰 若 比 丘， 圣 人 真 是。 若 或

□ □， □ □ □ □，

·jij^{1} thja^{2} ·ja^{1} lã^{1} rja^{2} dźjiij^{1}

己 彼， 阿 兰 若 住，

兰若比丘，是真圣者。或复在彼，阿兰若处，

32.25.1

□ □ □ □， □ □ □ □： □ □

rjur^{1} dzjwo^{2} lja^{1} zjịj^{1} tśhjɨ^{2} rjar^{2} nur^{1} neej^{2} ŋa^{2} ·ju^{2}

诸 人 来 时， 立 即 指 示： 我 常

□ □， □ □ □ □。

thja^{1} do^{2} njɨɨ^{2} gjɨ^{2} dzjɨɨ^{2} dźjij^{1}

彼 △， 昼 夜 习 行。

见有人来，即便指示：我于是处，昼夜经行。

32.25.2

□ □ □ □， □ □ □ □。 □ □

tjij^{1} śjị^{2} lhjii^{1} ŋwu^{2} ·jij^{1} dzuu^{2} twụ^{1} tjị^{1} tjij^{1} nji^{1}

或 草 软 以， 己 坐 所 置。 或 聚

□ □， □ □ □ □，

wjụ^{2} ·o^{2} mur^{1} dzjwo^{2} nji^{1} śjɨ^{1}

落 入， 凡 人 家 往，

或施软草,宴坐之所。或入聚落,诣白衣家,

32.25.3

[illegible]

lwow1 kjir1 ·jiw2 śja2 no2 nej2 bju1 ·jɨr1 rjur1 mur1

安 勇 猛 现, 安 乐 因 问, 世 俗

[illegible]

njij2 kjwir dạ2 dźjij1 nẹ1 tshjiij1

王 贼, 事 纯 演 说。

诈现殷勤,问讯安隐,说于世俗,王贼之事。

32.25.4

[illegible]

tjij1 laa1 njiij1 ŋwu2 sji2 dzjwo2 ·ju2 rjir2 mə2 mə2

或 染 心 以, 女 人 面 前, 种 种

[illegible]

tśier1 ·ju2 ·jij1 tśhja2 dźjij1 ·jow2

方 便, 自 德 纯 赞:

或以染心,于女人前,种种方便,自赞其德:

32.25.5

[illegible]

ŋa2 thjɨ2 rjur1 kha1 ljịj2 ljo1 rjar1 wji1 ŋa2 njij2

我 此 世 间, 大 福 田 作, 我 王

[illegible]

lu2 dźjɨɨr1 nji1 phjɨ1 tśja1 djọ2

位 舍, 家 出 道 修,

我能为世,作大福田,我舍王位,出家修道,

32.25.6

[illegible]

mjii1 dzjwo2 ljuu2 mjịj1 mə1 tśhjaa1 wee1 ·jɨ1 thja1 dzjwo2

宫	人	彩	女，	天	上	生	曰。	彼	人
[illegible]	[illegible]	[illegible]	[illegible]	[illegible]	[illegible]				
mji1	nioow1	gjij1	njij2	dzjwɨ1	lhejr2				
闻	后，	殊	深	恭	敬，				

宫人彩女，皆悉生天。彼人闻已，益加恭敬，

32.26.1

[illegible]	[illegible]	[illegible]	[illegible]	[illegible]	[illegible]	[illegible]	[illegible]	[illegible]	[illegible]
lhwu1	tśhjwi1	tji̱1	dzji2	mə2	mə2	kju̱1	tshwew1	lji̱j2	tśhja2
衣	穿	食	饮，	种	种	供	养，	大	德
[illegible]	[illegible]	[illegible]	[illegible]	[illegible]	[illegible]				
njij2	śjow1	śjwɨ1	śjwɨ1	ljɨ1	rjar1				
慈	愍，	数(屡次)		来	请，				

衣服饮食，种种供养，大德哀愍，数来我所，

32.26.2

[illegible]	[illegible]	[illegible]	[illegible]	[illegible]	[illegible]	[illegible]	[illegible]	[illegible]	[illegible]
ljɨj2	wji̱1	dzu1	zjij1	dźjar2	lju2	mjɨ1	nwə1	ljiij2	niow2
美	味	乐	著，	过	患	不	知，	魔	恶
[illegible]	[illegible]	[illegible]	[illegible]	[illegible]	[illegible]				
tśier1	rjir2	dzjo̱1	thja1	dow2	sjij2				
便	得，	如	其	鳖	龟				

贪著美味，不知过患，为魔得便，如龟

32.26.3

[illegible]	[illegible]	[illegible]	[illegible]	[illegible]	[illegible]	[illegible]	[illegible]	[illegible]	[illegible]
rer2	·u2	lji̱1	sju2	lã1	rja2	·ji1	do2	·jij1	gji̱j1
网	中	堕	如。	兰	若	众	于，	自	利
[illegible]	[illegible]	[illegible]	[illegible]	[illegible]	[illegible]				
·jur1	·jow2	·jɨr2	phji2	khjiw2	·jij1				
养	赞，	勤	比	丘	于，				

堕网。于兰若众，矜高利养，精进比丘，

32.26.4

[illegible] [illegible] [illegible] [illegible]。 [illegible] [illegible] [illegible] [illegible]， [illegible] [illegible]

mjɨ^1 gjiw^1 pjo^1 tsjij^2 mjiij^2 gjịj^1 njiij^1 lhạ^2 gjij^1 lẹj^2

不 恭 诽 谤。 名 利 心 迷， 倍 贪

[illegible] [illegible]①， [illegible] [illegible] [illegible] [illegible]，

zjịj^1 śjwo^1 kạ^1 ·jur^1 nioow^1 ku^1

著 生， 命 活 为 故，

轻毁诽谤。心迷名利，转生贪著，为活命故，

32.26.5

[illegible] [illegible] [illegible] [illegible]， [illegible] [illegible] [illegible] [illegible]， [illegible] [illegible]

·ju^2 lạ^1 ljoor^1 dźjịj^1 ljụ^2 ljaa^2 mji^1 neew^2 niow^2 sjwɨj^1

常 欺 诳 行， 身 语 不 善， 恶 业

[illegible] [illegible]。 [illegible] [illegible] [illegible]② [illegible]，

lhu^1 dzja^1 tjɨ^1 tjij^1 mjii^1 wə^1

增 长。 如 若 家 主，

常行欺诳，增长身语，不善之业。若有施主，

32.26.6

[illegible] [illegible] [illegible] [illegible]， [illegible] [illegible]③ [illegible] [illegible]， [illegible] [illegible]

sej^1 njiij^1 kjụ^1 tshwew^1 low^2 ljịjj^1 nioow^1 ku^1 thja^1 ljo^1

净 心 供 养， 懒 怠 缘 故， 其 福

[illegible] [illegible]。 [illegible] [illegible] [illegible] [illegible]，

tjịj^1 dzəj^1 thjɨ^2 sju^2 wẹ^1 dzjwo^2

灭 减。 此 如 愚 人，

净心供养，由懈怠故，损减其福。如是愚人，

32.27.1

[illegible] [illegible] [illegible] [illegible]， [illegible] [illegible] [illegible] [illegible]， [illegible] [illegible]

---

① [illegible][illegible][illegible][illegible]，倍生贪著。"[illegible]"有"殊""倍"之义，汉文本此为"转"。

② [illegible] mjii^1，家。此通"[illegible]"mjii^1（施）。

③ [illegible]，怠。此为粘贴纸条校改之字。

·ju² niow² kiej² śjwo¹ thjɨ² ŋa¹ tsjiir¹ ɣa² śjij¹ zeew²

常 恶 欲 生, 此 空 法 于, 顺 忍

絣 縓。

njiij¹ mjij¹

心 无。

常生恶欲,于此空法,无顺忍心。

汉文本

尔时世尊于大众中,以金色手摩月光顶,而说偈言:

童子谛听,吾今付汝,此菩提法,出现光经,于后恶世,法欲灭时,当为众生,开示演说。我以佛眼,见未来世,于是微妙,甚深经典,若乐不乐,皆悉了知。若有众生,志求佛道,常念诸佛,当授此经。若坏净信,乐于愦闹,长夜昏睡,不乐斯经;于我法中,虽得出家,于涅槃法,不生欣乐。如是痴人,虚食信施,闻有为法,多诸过患,犹著世间,不生惊怖。如是痴人,智者呵责,虽服法衣,而无智慧;牟尼所说,真实之言,无智若闻,不能信受。如是愚人,勿与同止,若有得闻,此殊胜法,不生欢喜,爱乐之心,如是等人,我所呵责,虽得人身,则为空过。若有得闻,此甚深法,能生欢喜,爱乐之心,是人已曾,值遇诸佛,决定当得,无上菩提。若人愚痴,恶见所害,断于慧命,远离菩提,是故应当,舍恶知识。亲近恭敬,明慧之人。一切世间,无量过患,众生常没,三恶趣中,皆从痴惑,因缘所起,随惑流转,不得自在。弃舍正法,行于非法,是故当离,愚小之人。犹如御者,自折其轴;既作恶业,生地狱中。口出恶言,恒自伤害;如持利斧,自伐其身。不知诸法,因缘所造,随业受报,无能救者。亲近世仙,以为善友,而便自谓,修习于空,已证无为,生断灭见;如身器破,心亦随灭。多所乐说,绮饰言辞,于此味著,终无义利。虽为毒蛇,之所螫害,终不令人,堕于恶趣;愚者说法,坏人善根,令无量众,堕于地狱。汝等大众,应当观察,如是童子,今在我前,往昔已曾,供养无量,恒河沙数,诸佛世尊。坚固修行,求无上智;心不依止,一切诸有;知眼生边,毕竟清净;离诸戏论,无所染著;为欲利益,无量众生,演说无上,现光经典。愚人不能,修学是法,于修行者,见其过失;是故应舍,愚痴之人,不应亲近,修学是法。愚痴之人,乐于诤论,不能勤修,无诤论行,彼诸人等,无如理心,是故不应,恭敬称赞。愚痴之人,懈怠懒惰,常行不善,身语意业,无有净戒,智慧多闻,常思欲境,乐于愦闹。汝等应观,如是愚人,种族及身,皆悉鄙恶,瞋恚佷戾,形貌丑陋,设生善处,身常下劣,执著我相,迷于真理,无有智慧,分别语言,闻性空法,不生爱乐。汝等应观,如来世尊,久已远离,一切世间,语言戏论。凡夫于此,深生染著,尽其寿命,不能了知。虽赞持戒,不修梵行,口说于法,身行非法,自说是律,常行非律。佛教弟子,著坏色衣。破戒之人,而披此服,增长憍慢,放逸之心,所食信施,如吞猛火。既舍居家,无五欲乐,又于佛法,无胜妙乐。乐于杂行,不离二边,所有意乐,皆不清净。如是愚人,处在大众,犹如野干,入师子群。虽说如是,寂静之法,不能了知,真实空义。为众称赞,生贡高心,不念大师,惭愧谦下。受不净物,如得摩尼,欢喜执持,心无暂舍。是辈下劣,虽复出家,守护威仪,执持衣钵,但有形像,无实智慧。虽复剃发,不舍恶心,堕于倒见,非沙门法。退失寂静,涅槃之道,亦无沙门,所证之果。无明烦恼,不灭微尘,游行聚落,自称寂静。愚人无智,不知正趣,心所乐欲,皆为不善。因利养故,住阿兰若,不为修习,涅槃之因。昏

沉喜睡,但念安身,常乐修行,如是等事。虽住兰若,经历多年,以倒见故,失涅槃道,终不能得,沙门道果。毁破正见,违犯禁戒,爱好衣服,庄严其身,于诸欲乐,常生爱染,若入城邑,现憍慢相,放纵身业,不住威仪。或入城邑,游行自说:彼阿兰若,山窟之中,汝等当知,是我所住。徐行低视,进止安详,发言诡异,现罗汉相,令白衣众,咸相谓言:兰若比丘,是真圣者。或复在彼,阿兰若处,见有人来,即便指示:我于是处,昼夜经行。或施软草,宴坐之所。或入聚落,诣白衣家,诈现殷勤,问讯安隐,说于世俗,王贼之事。或以染心,于女人前,种种方便,自赞其德:我能为世,作大福田,我舍王位,出家修道,宫人彩女,皆悉生天。彼人闻已,益加恭敬,衣服饮食,种种供养,大德哀愍,数来我所,贪著美味,不知过患,为魔得便,如龟堕网。于兰若众,矜高利养,轻毁诽谤,精进比丘。心迷名利,转生贪著,为活命故,常行欺诳,增长身语,不善之业。若有施主,净心供养,由懈怠故,损减其福。如是愚人,常生恶欲,于此空法,无顺忍心。

32.27.2

[illegible]

tjɨ^{1} tjij^{1} ŋa^{2} tsjiir^{1} kha^{1} thjɨ^{2} sju^{2} dźjar^{2} ka^{2} njwi^{2}

如 若 我 法 中, 此 如 过 离 能,

[illegible]

mji^{1} śja^{1} wją^{2} djọ^{2} ku^{1}

不 逸 放 修 故,

若于我法中,能离如是过,勤修不放逸,

32.27.3

[illegible]

thjɨ^{2} tsjiir^{1} rjir^{2} mji^{1} gie^{1} gjịj^{1} ljɨ̣^{1} nioow^{1} gjịj^{1} njaa^{2}

此 法 得 不 难。 利 及 与 利 非,

[illegible]

·jow^{2} pjo^{1} tśjị^{1} rejr^{2} njɨ^{2}

赞 谤 苦 乐 等,

得此法非难。于利与非利,称讥苦乐等,

32.27.4

[illegible]

rjur^{1} tsjiir^{1} mju^{2} mjɨ^{1} njwi^{2} thjɨ^{2} tsjiir^{1} rjir^{2} mji^{1} gie^{1}

世 法 动 不 能, 此 法 得 不 难。

[illegible]

ljụ^{2}	mji^{1}	sej^{1}	ŋwu^{2}	bio̱^{1}
身	不	净	是	观，

世法不能动，得此法非难。观身不净想，

32.27.5

[illegible]	[illegible]	[illegible]	[illegible]	[illegible]，	[illegible]	[illegible]	[illegible]	[illegible]	[illegible]，
rjur^{1}	ŋur^{1}	mjaa^{1}	niow^{2}	bio̱^{1}	tjị^{1}	lhjịj^{2}	mjaa^{1}	ma^{2}	bio̱^{1}
世	蕴	疮	恶	观，	食	受	疮	涂	观，
[illegible]	[illegible]	[illegible]	[illegible]	[illegible]。					
thjɨ^{2}	tsjiir^{1}	rjir^{2}	mji^{1}	gie^{1}					
此	法	得	不	难。					

诸蕴疮疣想，受食涂疮想，得此法非难。

32.27.6

[illegible]	[illegible]	[illegible]	[illegible]	[illegible]，	[illegible]	[illegible]	[illegible]	[illegible]	[illegible]，
lhwu^{1}	gjwi^{2}	ŋạ^{2}	kjɨ^{1}	lhjịj^{2}	mjɨ^{1}	gjiw^{1}	njiij^{1}	mji^{1}	śjwo^{1}
衣	服	好	虽	受，	不	恭	心	不	生，
[illegible]①	[illegible]	[illegible]	[illegible]	[illegible]，					
·ju^{1}	zar^{2}	？	njwi^{2}	ku^{1}					
惭	耻	遮	能	故，					

虽受好衣服，亦不生憍慢，为遮惭耻故，

32.28.1

[illegible]	[illegible]	[illegible]	[illegible]	[illegible]。	[illegible]	[illegible]	[illegible]	[illegible]②	[illegible]，
thjɨ^{2}	tsjiir^{1}	rjir^{2}	mji^{1}	gie^{1}	tsə̣^{1}	ɣie^{1}	mji^{1}	tjạ^{1}	lhoo^{1}
此	法	得	不	难。	色	力	不	答	恃，
[illegible]	[illegible]	[illegible]	[illegible]	[illegible]，					
kạ^{1}	·jur^{1}	mji^{1}	tjị^{1}	kar^{2}					
命	养	不	食	嚼，					

得此法非难。不矜持色力，于食无贪著，

① [illegible] ·ju^{1}，原文作“[illegible]” ·ju^{2}（常），误。

② [illegible] tjạ^{1}，答。此通“[illegible]” tjạ^{1}（恃）。按，“[illegible][illegible]”有“依仗”义。汉文“矜持”，一作“矜恃”。

32.28.2

[illegible]	[illegible]	[illegible]	[illegible]	[illegible]，	[illegible]	[illegible]	[illegible]	[illegible]	[illegible]。
tjị^{1}	ɣa^{2}	mji^{1}	zjịj^{1}	ku^{1}	thjɨ^{2}	tsjiir^{1}	rjir^{2}	mji^{1}	gie^{1}
食	于	不	著	故，	此	法	得	不	难。
[illegible]	[illegible]	[illegible]	[illegible]	[illegible]，					
rjur^{1}	dju^{1}	ŋa^{1}	tsjij^{2}	nwə^{1}					
诸	有	空	了	知，					

为存寿命故，得此法非难。了知诸有空，

32.28.3

[illegible]	[illegible]	[illegible]	[illegible]	[illegible]，	[illegible]	[illegible]	[illegible]	[illegible]	[illegible]，
kie̱j^{2}	ɣa^{2}	lhjwi^{1}	dźjɨɨr^{1}	mjij^{1}	·ju^{2}	mjij^{1}	dźjɨ$^{?}$	djo̱^{2}	ku^{1}
欲	于	取	舍	无，	常	寂	行	修	故，
[illegible]	[illegible]	[illegible]	[illegible]	[illegible]。					
thjɨ^{2}	tsjiir^{1}	rjir^{2}	mji^{1}	gie^{1}					
此	法	得	不	难。					

于欲无取舍，常修空寂行，得此法非难。

32.28.4

[illegible]	[illegible]	[illegible]	[illegible]	[illegible]，	[illegible]	[illegible]	[illegible]	[illegible]	[illegible]，
·ja^{1}	·jiw^{1}	sjwɨ^{1}	rjar^{1}	ŋər^{1}	thja^{1}	kha^{1}	śjã^{1}	djɨj^{2}	djo̱^{2}
一	由	旬	△	山，	其	中	禅	定	修，
[illegible]	[illegible]	[illegible]	[illegible]	[illegible]，					
dźiəj^{2}	lheew^{2}	ŋa^{2}	mjij^{1}	bio̱^{1}					
为	有	我	无	观，					

去一由旬山，独坐修禅定，观有为无我，

32.28.5

[illegible]	[illegible]	[illegible]	[illegible]	[illegible]。	[illegible]	[illegible]	[illegible]	[illegible]	[illegible]，
thjɨ^{2}	tsjiir^{1}	rjir^{2}	mji^{1}	gie^{1}	mej^{1}	·jij^{1}	sji^{1}	wee^{1}	bju^{2}
此	法	得	不	难。	眼	之	尽	生	边，

[illegible] [illegible] [illegible] [illegible] [illegible]，

nioow1 dźiə2 dźiej2 ·jij1 biọ1

及 流 转 相 观，

得此法非难。观眼尽生边，及眼流转相，

32.28.6

[illegible] [illegible] [illegible] [illegible] [illegible]，[illegible] [illegible] [illegible] [illegible] [illegible]。

mej1 sej1 tśja1 djọ2 ku1 thjɨ2 tsjiir1 rjir2 mji1 gie1

眼 净 道 修 故，此 法 得 不 难。

[illegible] [illegible] [illegible] [illegible] [illegible]，

nju1 njii2 lhjwa1 ljụ2 njiij1

耳 鼻 舌 身 心，

勤修眼净道，得此法非难。耳鼻舌身心，

32.29.1

[illegible] [illegible] [illegible] [illegible] [illegible]，[illegible] [illegible] [illegible] [illegible] [illegible]，

tsə̣1 ɣiẹ2 lji2 wjị1 tsjụ1 kjɨ1 njɨ2 mə2 ɣiẹ2 mjiij2

色 声 香 味 触，乃 至 声 音 名，

[illegible] [illegible] [illegible] [illegible] [illegible]。

ŋowr2 ŋowr2 zji2 thjɨ2 sju2

一 切 皆 此 如。

色声香味触，乃至音声名，一切皆如是。

32.29.2

[illegible] [illegible] [illegible] [illegible] [illegible]，[illegible] [illegible] [illegible] [illegible] [illegible]，

thjɨ2 sju2 mjij2 ljịj2 zjọ2 mjɨ1 pjụ1 rjur1 phji2 khjiw2

此 如 未 来 世，无 量 诸 比 丘，

[illegible] [illegible] [illegible] [illegible]① [illegible]，

·jɨr2 dźjij1 low2 ljịj1 mjijr2

勤 精 懈 意 者，

① 原文字迹漫漶，当有粘贴修正，据残存构件，应为“[illegible]”字，若此“[illegible]”ljịj1 当通“[illegible]”ljịj1（惰）。

如是未来世,无量诸比丘,精勤懈怠者,

32.29.3

[illegible]	[illegible]	[illegible]	[illegible]	[illegible]。	[illegible]	[illegible]	[illegible]	[illegible]	[illegible],
ŋowr^{2}	ŋowr^{2}	zji^{2}	nwə^{1}	tsjij^{2}	neew^{2}	niow^{2}	wjɨ̣^{1}	rjir^{2}	ber^{2}
一	切	皆	知	了。	善	恶	友	与	遇,
[illegible]	[illegible]	[illegible]	[illegible]	[illegible],					
djọ^{2}	dzjɨɨ^{2}	mji^{1}	djọ^{2}	dzjɨɨ^{2}					
修	习	不	修	习,					

一切皆应了。彼遇善恶友,修习不修习,

32.29.4

[illegible]	[illegible]	[illegible]	[illegible]	[illegible],	[illegible]	[illegible]	[illegible]	[illegible]	[illegible]。
dźiej^{2}	śjwo^{1}	nioow^{1}	mji^{1}	dźiej^{2}	ŋowr^{2}	ŋowr^{2}	zji^{2}	nwə^{1}	tsjij^{2}
信	生	及	不	信,	一	切	皆	知	了。
[illegible]	[illegible]	[illegible]	[illegible]	[illegible],					
neew^{2}	niow^{2}	wjɨ̣^{1}	rjir^{2}	ber^{2}					
善	恶	友	与	遇,					

生信及不信,一切皆应了。彼遇善恶友,

32.29.5

[illegible]	[illegible]	[illegible]	[illegible]	[illegible],	[illegible]	[illegible]	[illegible]	[illegible]	[illegible],
rjur^{1}	tśhji^{2}	sji^{1}	tśja^{1}	ɣa^{2}	djọ^{2}	dzjɨɨ^{2}	mji^{1}	djọ^{2}	dzjɨɨ^{2}
诸	根	尽	道	于,	修	习	不	修	习,
[illegible]	[illegible]	[illegible]	[illegible]	[illegible]。					
ŋowr^{2}	ŋowr^{2}	zji^{2}	nwə^{1}	tsjij^{2}					
一	切	皆	知	了。					

于诸根尽道,修习不修习,一切皆应了。

32.29.6

[illegible]	[illegible]	[illegible]	[illegible]	[illegible],	[illegible]	[illegible]	[illegible]	[illegible]	[illegible],
tjij^{1}	po^{1}	tjɨj^{1}	dzu^{1}	ŋwe^{1}	tjij^{1}	lew^{1}	njɨɨ^{1}	sọ^{1}	lhjịj^{2}

若 菩 提 爱 乐， 或 一 二 三 月，

[illegible]

kụ¹ dzjɨj¹ ŋwer² lhjwo¹ phjɨ¹

后 时 退 还 失，

若爱乐菩提，或一二三月，后时还退失，

32.30.1

[illegible]

ŋowr² ŋowr² zji² nwə¹ tsjij² tjij¹ dzjwo² thjɨ² tsjiir¹ mji¹

一 切 皆 知 了。 若 人 此 法 闻，

[illegible]

dzu¹ ŋwe¹ njiij¹ śjwo¹ njwi²

爱 乐 心 生 能，

一切皆应了。若人闻此法，能生爱乐心，

32.30.2

[illegible]

tjij¹ dzjɨj¹ lhjii¹ phjɨ¹ tsjɨ¹ ·jị² nioow¹ sej¹ njiij¹ rjir²

若 时 退 失 亦， 复 亦 净 心 得。

[illegible]

tjij¹ dzjwo² thjɨ² tsjiir¹ mji¹

若 人 此 法 闻，

设令时退失，还得于净信。若人闻此法，

32.30.3

[illegible]

śja¹ wją² ka² mjɨ¹ njwi² nioow¹ thjɨ² ljɨr² dạ² ·jɨ¹

逸 放 离 不 能， 亦 此 念 言 说，

[illegible]

thjɨ² lwər² tha¹ tshjiij¹ njaa²

此 经 佛 说 非。

不能离放逸，便生是念言，此经非佛说。

32.30.4

[illegible]	[illegible]	[illegible]	[illegible]	[illegible]，	[illegible]	[illegible]	[illegible]	[illegible]	[illegible]，
tjij^{1}	dzjwo^{2}	thjɨ^{2}	tsjiir^{1}	mji^{1}	ljiij^{2}	·jij^{1}	ɣjiw^{1}	lew^{2}	we^{2}
若	人	此	法	闻，	魔	之	摄	应	是，
[illegible]	[illegible]	[illegible]	[illegible]	[illegible]，					
ɣu^{1}	dźiej^{2}	njiij^{1}	kjɨ^{1}	śjwo^{1}					
初	信	心	虽	起，					

若人闻此法，为魔所摄持，初虽起信心，

32.30.5

[illegible]	[illegible]	[illegible]	[illegible]	[illegible]。	[illegible]	[illegible]	[illegible]	[illegible]	[illegible]，
kụ^{1}	dzjɨj^{1}	lhjii^{1}	phjɨ^{1}	dźjɨir^{1}	tsjiir^{1}	ɣa^{2}	dzu^{1}	ŋwe^{1}	mjij^{1}
后	时	退	弃	舍。	法	于	爱	乐	无，
[illegible]	[illegible]	[illegible]	[illegible]	[illegible]，					
ŋa^{1}	ŋa^{1}	mjiij^{2}	gjịj^{1}	kjụ^{1}					
虚	空	名	利	求，					

后则还弃舍。于法无欣乐，虚空求名利，

32.30.6

[illegible]	[illegible]	[illegible]	[illegible]	[illegible]，	[illegible]	[illegible]	[illegible]	[illegible]	[illegible]，
nji^{1}	wjụ^{2}	kha^{1}	kheej^{1}	dźjij^{1}	thow^{1}	lo^{1}	dźji^{1}	sã^{1}	mej^{2}
聚	落	中	游	行，	陀	罗	尼	三	昧，
[illegible]	[illegible]	[illegible]	[illegible]	[illegible]，					
zji^{2}	·jiij^{1}	bji^{1}	·jow^{2}	tshjiij^{1}					
皆	持	光	赞	说，					

游行于聚落，赞说陀罗尼。三昧总持光，

32.31.1

[illegible]	[illegible]	[illegible]	[illegible]	[illegible]。	[illegible]	[illegible]	[illegible]	[illegible]	[illegible]，
źjɨr^{1}	thja^{1}	tsjij^{2}	mjɨ^{1}	njwi^{2}	ŋwə^{1}	kiẹj^{2}	ŋwu^{2}	phej^{1}	tśjɨɨr^{2}
实	彼	了	不	能。	五	欲	以	缠	缚，

□ □ □ □ □。

rjur^{1} rjur^{1} sjwɨj^{1} lẹj^{2} kjụ^{1}

诸 世 业 贪 求。

彼实不能了，缠缚于五欲，贪求诸世业。

32.31.2

□ □ □ □ □，□ □ □ □ □，

phjo^{2} kar^{2} ŋwuu^{1} dạ^{2} ŋwu^{2} ŋa^{1} djọ^{2} mjijr^{2} ·jij^{1} pjo^{1}

分 别 言 说 以，空 修 者 于 谤，

□ □ □ □ □，

ljɨr^{2} źjɨr^{1} njiij^{1} mji^{1} dju^{1}

念 慧 心 不 有，

以分别言说，诽谤修空者，无有念慧心，

32.31.3

□ □ □ □ □。□ □ □ □ □，

zjọ^{2} sji^{1} ŋa^{1} ŋa^{1} rar^{2} wẹ^{1} dzjwo^{2} ŋa^{1} tsjiir^{1} dźjiɨr^{1}

寿 尽 虚 空 过。愚 人 空 法 舍，

□ □ □ □ □，

thjɨ^{2} tja^{1} kie^{1} ljiij^{2} ŋwu^{2}

此 者 戒 破 为，

尽寿为空过。愚人舍空法，是则为破戒，

32.31.4

□ □ □ □ □，□ □ □ □ □。

·ja^{1} phji^{1} djị^{1} ·jɨj^{2} khji^{1} tśjo$^{?}$ ŋwər^{1} tśhjaa^{1} mji^{1} wee^{1}

阿 鼻 地 狱 堕，永 天 上 不 生。

□ □ □ □ □，

tjɨ^{1} tjij^{1} lew^{1} tśhia^{1} no^{1}

如 若 一 刹 那，

当堕阿鼻狱，终不得生天。若于一刹那，

32.31.5

[illegible]	[illegible]	[illegible]	[illegible]	[illegible]，	[illegible]	[illegible]	[illegible]	[illegible]	[illegible]，
tu̧^{1}	bə^{2}	du^{2}	śjwo^{1}	tsjɨ^{1}	thjɨ^{2}	lwər^{2}	ljɨɨr^{1}	gjwi^{2}	ljaa^{1}
千	塔		起	亦，	此	经	四	句	偈，
[illegible]	[illegible]	[illegible]	[illegible]	[illegible]。					
ɣiwej^{1}	·jiij^{1}	zjịj^{1}	mjɨ^{1}	?					
受	持	许	不	如。					

造立于千塔，不如闻是经，受持四句偈。

32.31.6

[illegible]	[illegible]	[illegible]	[illegible]	[illegible]，	[illegible]	[illegible]	[illegible]	[illegible]	[illegible]，
·jir^{2}	tu̧^{1}	wja̧^{1}	rer^{2}	ŋwu^{2}	tha^{1}	du^{2}	kju̧^{1}	tshwew^{1}	tsjɨ^{1}
百	千	花	蔓	以，	佛	塔	供	养	亦，
[illegible]	[illegible]	[illegible]	[illegible]	[illegible]，					
thjɨ^{2}	lwər^{2}	ljɨɨr^{1}	gjwi^{2}	ljaa^{1}					
此	经	四	句	偈，					

以百千华鬘，供养于佛塔，不如闻是经，

32.32.1

[illegible]	[illegible]	[illegible]	[illegible]	[illegible]。	[illegible]	[illegible]	[illegible]	[illegible]	[illegible]，
sjwɨ^{1}	sjiij^{2}	zjịj^{1}	mjɨ^{1}	?	tjij^{1}	dzjwo^{2}	ljɨ̣^{1}	du^{2}	wji^{1}
思	虑	许	不	如。	若	人	宝	塔	造，
[illegible]	[illegible]	[illegible]	[illegible]	[illegible]，					
thja^{1}	ŋewr^{2}	khjā^{2}	bẹ^{1}	sju^{2}					
其	数	恒	沙	如，					

思惟四句偈。若人造宝塔，其数如恒沙，

32.32.2

[illegible]	[illegible]	[illegible]	[illegible]	[illegible]，	[illegible]	[illegible]	[illegible]	[illegible]	[illegible]。
tsej^{2}	zjịj^{1}	thjɨ^{2}	lwər^{2}	·jij^{1}	sjwɨ^{1}	ljo^{1}	zjịj^{1}	mjɨ^{1}	?
瞬	时	此	经	于，	思	福	许	不	如。

[illegible] [illegible] [illegible] [illegible] [illegible]，
·jir^{2} rjir^{2} tha^{1} lhjịj^{2} ·u^{2}
百 亿 佛 刹 中，

不如刹那顷，思惟于此经。于百亿佛刹，

32.32.3

[illegible] [illegible] [illegible] [illegible] [illegible]，[illegible] [illegible] [illegible] [illegible] [illegible]，
wjạ^{1} lju^{2} kjụ^{1} tshwew^{1} tsjɨ^{1} tśhia^{1} no^{1} thjɨ^{2} lwər^{2} ·jij^{1}
花 散 供 养 亦，刹 那 此 经 于，
[illegible] [illegible] [illegible] [illegible] [illegible]。
sjwɨ^{1} ljo^{1} zjịj^{1} mjɨ^{1} ？
思 福 许 不 如。

散华以供养，不如刹那顷，思惟于此经。

32.32.4

[illegible] [illegible] [illegible] [illegible] [illegible]，[illegible] [illegible] [illegible] [illegible] [illegible]，
tụ^{1} khjɨ^{2} rjir^{2} kia^{1} śia^{1} rjur^{1} tha^{1} ·jij^{1} mjii^{1} tsjɨ^{1}
千 万 亿 袈 裟，诸 佛 于 施 亦，
[illegible] [illegible] [illegible] [illegible] [illegible]，
tśhia^{1} no^{1} thjɨ^{2} lwər^{2} ·jij^{1}
刹 那 此 经 于，

袈裟百万亿，奉施于诸佛，不如刹那顷，

32.32.5

[illegible] [illegible] [illegible] [illegible] [illegible]。[illegible] [illegible] [illegible] [illegible] [illegible]，
sjwɨ^{1} ljo^{1} zjịj^{1} mjɨ^{1} ？ tha^{1} mej^{1} buu^{2} gji^{1} sej^{1}
思 福 许 不 如。佛 眼 胜 清 净，
[illegible] [illegible] [illegible] [illegible] [illegible]，
mji^{1} nwə^{1} ljij^{2} tja^{1} mjij^{1}
不 知 见 者 无，

思惟于此经。佛眼胜清净，无所不知见，

32.32.6

[illegible]	[illegible]	[illegible]	[illegible]	[illegible],	[illegible]	[illegible]	[illegible]	[illegible]	[illegible]。
tjij1	thjɨ2	lwər2	dzu1	ku1	mjor1	ljịj2	mej1	ljạ1	rjir2
若	此	经	爱	故,	如	来	眼	证	得。
[illegible]	[illegible]	[illegible]	[illegible]	[illegible],					
wjɨ2	rar2	ŋewr2	mjij1	kja2					
过	去	数	无	劫,					

若爱乐此经,当得如来眼。过去无数劫,

32.33.1

[illegible]	[illegible]①	[illegible]	[illegible]	[illegible],	[illegible]	[illegible]	[illegible]	[illegible]	[illegible],
tha1	njwi1	mjiij2	tjij1	njwɨ̣2	ŋa2	mo2	da2	śji1	wji1
佛	恩	名	灯	燃,	我	摩	纳	仙	为,
[illegible]	[illegible]	[illegible]	[illegible]	[illegible]。					
wjạ1	·jiij1	kjụ1	tshwew1	ljɨ̣1					
花	持	供	养	来。					

有佛名燃灯,我为摩纳仙,持华来供养。

32.33.2

[illegible]	[illegible]	[illegible]	[illegible]	[illegible],	[illegible]	[illegible]	[illegible]	[illegible]	[illegible],
ŋa2	·jij1	tha1	we2	la1	śjɨ2	kja1	mo2	nji2	·jɨ1
我	于	佛	为	记,	释	迦	摩	尼	说,
[illegible]	[illegible]	[illegible]	[illegible]	[illegible],					
·ju2	lhejr2	lhjoor1	·u2	dzuu2					
常	道	场	中	坐,					

便记我成佛,号释迦牟尼,当坐于道场,

32.33.3

[illegible]	[illegible]	[illegible]	[illegible]	[illegible]。	[illegible]	[illegible]	[illegible]	[illegible]	[illegible],
thjɨ2	lwər2	lhejr2	nẹ1	tshjiij1	nji2	dzjɨj1	zjɨ̣1	lji2	wji1

① [illegible],恩。当"[illegible]"(有)形近之误。

此　经　典　演　说。　汝　时　童　子　为，

[illegible]

ŋa^2　·jij^1　la^1　ɣiwej^1　mji^1

我　之　记　受　闻，

演说此经典。汝时为童子，闻我得受记，

32.33.4

[illegible]

njiij^1　ljɨ̣j^2　sej^1　njiij^1　śjwo^1　pjạ^1　phjoo^2　ŋwụ^1　tjị^1　śjwo^1

欢　喜　净　心　生，　掌　合　誓　愿　发：

[illegible]

mo^2　da̲^{2}　tha^1　śjɨj^1　ku^1

摩　纳　佛　成　故，

欢喜生净心，合掌而发愿：若摩纳成佛，

32.33.5

[illegible]

ŋa^2　thja^2　·jij^1　dzjiij^2　·wụ^2　rjɨr^2　njɨ^2　gju^1　dzjar^2　nioow^1

我　其　之　教　助，　乃　至　度　灭　后，

[illegible]

tsjiir^1　·ụ^2　·jij^1　·wejr^2　·jiij^1

法　藏　于　护　持。

我当助宣化，乃至灭度后，护持于法藏。

32.33.6

[illegible]

thja^1　tjij^1　njwɨ̣^{2}　mjor^1　ljịj^2　rjɨr^2　tshjiij^1　bji^1　śja^2　lwər^2

其　灯　燃　如　来，　所　说　光　现　经，

[illegible]

mo^2　da̲^{2}　nioow^1　zjɨ̣^{1}　lji^2

摩　纳　与　童　子，

如彼燃灯佛，所说现光经，摩纳与童子，

32.34.1

[illegible]	[illegible]	[illegible]	[illegible]	[illegible]。	[illegible]	[illegible]	[illegible]	[illegible]	[illegible]，
tśhjɨ^{1}	zjọ^{2}	zji^{2}	nji^{2}	lew^{2}	ŋa^{2}	śji^{1}	njwo^{2}	zjọ^{2}	ɣa^{2}
尔	时	皆	听	应。	我	曾	昔	世	于，
[illegible]	[illegible]	[illegible]	[illegible]	[illegible]，					
·jiw^{2}	pa^{2}	lo^{1}	wjạ^{1}	ŋwu^{2}					
优	钵	罗	花	以，					

尔时俱听受。我曾于往昔,以优钵罗华,

32.34.2

[illegible]	[illegible]	[illegible]	[illegible]	[illegible]，	[illegible]	[illegible]	[illegible]	[illegible]	[illegible]。
thja^{1}	tha^{1}	·jij^{1}	kjụ^{1}	tshwew^{1}	nji^{2}	dzjɨj^{1}	ljwu^{2}	kha^{1}	dźjiij^{1}
彼	佛	于	供	养，	汝	时	会	中	在。
[illegible]	[illegible]	[illegible]	[illegible]	[illegible]，					
xja^{1}	thjɨ^{2}	sju^{2}	tjị^{1}	śjwo^{1}					
即	此	如	愿	生，					

供养于彼佛,汝时在此会。即发如是愿,

32.34.3

[illegible]	[illegible]	[illegible]	[illegible]	[illegible]，	[illegible]	[illegible]	[illegible]	[illegible]	[illegible]，
ŋa^{2}	·jij^{1}	mjiij^{2}	tsjiir^{1}	kha^{1}	thjɨ^{2}	lwər^{2}	lhejr^{2}	ɣiwej^{1}	·jiij^{1}
我	于	末	法	中，	此	经	典	受	持，
[illegible]	[illegible]	[illegible]	[illegible]	[illegible]。					
wạ^{2}	deej^{1}	dźjịj^{1}	tshjiij^{1}	·jɨ^{1}					
广	传	行	宣	说。					

于我末法中,受持此经典,广宣说流布。

32.34.4

[illegible]	[illegible]	[illegible]	[illegible]	[illegible]，	[illegible]	[illegible]	[illegible]	[illegible]	[illegible]，
tjij^{1}	thjɨ^{2}	tsjiir^{1}	mji^{1}	mjijr^{2}	njiij^{1}	tshjạ^{1}	kwow^{2}	mji^{1}	śjwo^{1}
若	此	法	闻	者，	心	瞋	忿	不	生，

[illegible]

ɣiwej[1] ·jiij[1] do[1] njwi[2] ku[1]

受 持 读 能 故，

若有闻是法，心不生瞋恚，能受持读诵，

32.34.5

[illegible]

goor[1] kiej[2] ɣiej[1] mjiij[2] ŋwu[2] nji[2] nioow[1] kụ[1] zjọ[2] ɣa[2]

丈 夫 真 名 是。 汝 复 后 世 于，

[illegible]

thjɨ[2] mji[1] gie[1] tsjiir[1] ·jiij[1]

此 闻 难 法 持，

是名善丈夫。汝当于后世，持此难闻法，

32.34.6

[illegible]

wạ[2] rjur[1] dźiã[2] tśhju[1] ·jij[1] wo[2] tshwew[1] phjo[2] kar[2] wji[1]

广 诸 众 生 于， 义 趣 分 别 为。

[illegible]

ŋa[2] tsjɨ[1] wjɨ[2] rar[2] zjọ[2]

我 亦 过 去 世，

广为诸众生，分别其义趣。我亦于过去，

32.35.1

[illegible]

tśhja[2] tsjiir[1] dzjar[2] ·jij[1] zjịj[1] thjɨ[2] bji[1] śja[2] lwər[2] ·jiij[1]

正 法 灭 将 时， 此 光 现 经 持，

[illegible]

dźiã[2] tśhju[1] ·jij[1] wạ[2] tshjiij[1]

众 生 于 广 说。

正法欲灭时，持此现光经，广为众生说。

32.35.2

wẹ^{1}	dzjwo^{2}	·jɨr^{2}	mji^{1}	djọ^{2}	thjɨ^{2}	ɣa^{2}	pjo^{1}	tsjij^{2}	śjwo^{1}
愚	人	勤	不	修,	此	于	诽	谤	生,
ŋa^{2}	thjɨ^{2}	dạ^{2}	kjɨ^{1}	mji^{1}					
我	此	言	虽	闻,					

愚人不勤修,于此生诽谤,我虽闻此言,

32.35.3

tshjạ^{1}	kwow^{2}	njiij^{1}	mji^{1}	śjwo^{1}	ŋa^{2}	·ju^{2}	zeew^{2}	ɣie^{1}	djọ^{2}
瞋	忿	心	不	生。	我	常	忍	力	修,
rjur^{1}	rjur^{1}	kha^{1}	mjii^{2}	ɣie^{2}					
诸	世	间	饶	益,					

亦不生瞋恚。我常修忍力,饶益诸世间,

32.35.4

zeew^{2}	ɣie^{1}	nioow^{1}	·jij^{1}	ŋạ^{2}	ljuu^{2}	tshjịj^{2}	ljụ^{2}	śjɨj^{1}	·jiw^{2}
忍	力	及	相	好,	庄	严	身	成	就。
zjɨ̣^{1}	lji^{2}	nji^{2}	bio̱^{1}	lew^{2}					
童	子	汝	观	应,					

由忍力成就,相好庄严身。童子汝当观,

32.35.5

tha^{1}	ljụ^{2}	thjoo^{1}	·iọ^{1}	sə^{1}	kiẹ^{1}	tsə̣^{1}	zji^{2}①	gji^{1}	sej^{1}

① [Tangut] zji^{2},皆。此当为“[Tangut]”zji^{2}(最),下句“[Tangut]”当为“[Tangut]”。

佛 身 妙 圆 满， 金 色 皆 清 净，

[illegible] [illegible] [illegible] [illegible] [illegible]。

zji^{2} zeew^{2} ɣie^{1} bju^{1} śjwo^{1}

最 忍 力 从 生。

佛身妙圆满，金色最清净，皆从忍力生。

32.35.6

[illegible] [illegible] [illegible] [illegible] [illegible]， [illegible] [illegible] [illegible] [illegible] [illegible]，

ŋa^{2} khjɨ^{1} noo^{1} ljɨ̣^{2} tsjụ^{1} bju^{2} mjij^{1} lhjịj^{2} saar^{2} mju^{2}

我 足 趾 地 按， 边 无 刹 震 动，

[illegible] [illegible] [illegible] [illegible] [illegible]，

dźiã^{2} tśhju^{1} mji^{1} ŋwo^{2} rjir^{1}

众 生 不 损 害，

我足指按地，震动无边刹，众生不颠坠，

32.36.1

[illegible] [illegible] [illegible] [illegible] [illegible]。 [illegible] [illegible] [illegible] [illegible] [illegible]①，

zji^{2} zeew^{2} ɣie^{1} bju^{1} śjwo^{1} buu^{2} zeew^{2} ɣie^{1} nioow^{1} ku^{1}

皆 忍 力 从 生。 胜 忍 力 因 故，

[illegible] [illegible] [illegible] [illegible] [illegible]，

ŋa^{2} lew^{1} mej^{2} dźjwo^{2} ·u^{2}

我 一 毛 孔 中，

皆从忍力生。我从一毛孔，

32.36.2

[illegible] [illegible] [illegible] [illegible] [illegible]， [illegible] [illegible] [illegible] [illegible] [illegible]。

·jir^{2} tụ^{1} bji^{1} swew^{1} to^{2} gji^{1} sej^{1} ŋowr^{2} ŋowr^{2} swew^{1}

百 千 光 明 出， 清 净 一 切 照。

[illegible] [illegible] [illegible] [illegible] [illegible]，

buu^{2} zeew^{2} ɣie^{1} nioow^{1} ku^{1}

① 此句当译“皆由胜忍力”；汉文本每偈反复出现，皆在一偈末尾。西夏文本多移至每偈之首。下面的汉文依全册体例直接采用汉文本原文对勘，以示西夏文本与汉文本之差别。

胜 忍 力 因 故,

出百千光明,清净照一切,皆由胜忍力。

32.36.3

[illegible]	[illegible]	[illegible]	[illegible]	[illegible],	[illegible]	[illegible]	[illegible]	[illegible]	[illegible],
dzjwo²	·jij¹	mjijr²	lhjwi¹	mjijr²	kja̱¹	le²	rjur¹	lo¹	tśhia¹
人	之	者	夺	者,	畏	惧	诸	罗	刹,
[illegible]	[illegible]	[illegible]	[illegible]	[illegible]。					
njij²	njiij¹	ŋa²	·jij¹	dzjwɨ̣¹					
慈	心	我	于	敬。					

罗刹甚可畏,吸人精气者,常慈心敬我,

32.36.4

[illegible]	[illegible]	[illegible]	[illegible]	[illegible],	[illegible]	[illegible]	[illegible]	[illegible]	[illegible],
buu²	zeew²	ɣie¹	nioow¹	ku¹	ŋa²	·jij¹	rjur¹	wjɨ̣¹	dźjwɨ¹
胜	忍	力	因	故,	我	之	诸	眷	属,
[illegible]	[illegible]	[illegible]	[illegible]	[illegible],					
njiij¹	phji¹	·jar²	·jar²	njwi²					
心	意	调	伏	能,					

皆由胜忍力。我所有眷属,善能调伏心,

32.36.5

[illegible]	[illegible]	[illegible]	[illegible]	[illegible]。	[illegible]	[illegible]	[illegible]	[illegible]	[illegible],
mjor¹	ljij²	·jij¹	pju̱¹	bjuu¹	buu²	zeew²	ɣie¹	nioow¹	ku¹
如	来	于	尊	重。	胜	忍	力	因	故,
[illegible]	[illegible]	[illegible]	[illegible]	[illegible],					
·jir²	tu̱¹	rjur¹	tshow¹	ɣie̱²					
百	千	诸	乐	音,					

尊重于如来,皆由胜忍力。百千诸音乐,

32.36.6

[illegible] [illegible] [illegible] [illegible] [illegible], [illegible] [illegible] [illegible] [illegible] [illegible]。

tha1 jij1 tśhja2 ·ioow1 ·jow2 ljịj2 ·ji1 kha1 zji2 njɨ2
佛 之 德 功 赞， 大 众 中 皆 遍。
[illegible] [illegible] [illegible] [illegible] [illegible]，
buu2 zeew2 ɣie1 nioow1 ku1
胜 忍 力 因 故，

遍于大众中，称赞佛功德，皆由胜忍力。

32.37.1

[illegible] [illegible] [illegible] [illegible] [illegible]， [illegible] [illegible] [illegible] [illegible] [illegible]，
·jir2 tụ1 rjur1 we1 njij2 tshjạ1 kwow2 zji2 kjạ1 le2
百 千 诸 龙 王， 瞋 怒 皆 畏 惧，
[illegible] [illegible] [illegible] [illegible] [illegible]。
tha1 ljij2 njiij1 ljɨj2 śjwo1
佛 见 欢 喜 生。

百千诸龙王，瞋毒甚可畏，见佛生欢喜，

32.37.2

[illegible] [illegible] [illegible] [illegible] [illegible]， [illegible] [illegible] [illegible] [illegible] [illegible]，
buu2 zeew2 ɣie1 nioow1 ku1 lo1 tśhia1 ·ja2 khja2 njɨ2
胜 忍 力 因 故， 罗 刹 夜 叉 等，
[illegible] [illegible] [illegible] [illegible] [illegible]，
·jir2 tụ1 wjạ1 rer2 ·jiij1
百 千 花 鬘 持，

皆由胜忍力。罗刹夜叉等，持百千华鬘，

32.37.3

[illegible] [illegible] [illegible] [illegible] [illegible]。 [illegible] [illegible] [illegible] [illegible] [illegible]，
ŋa2 jij1 kjụ1 tshwew1 lja1 buu2 zeew2 ɣie1 nioow1 ku1
我 于 供 养 来。 胜 忍 力 因 故，
[illegible] [illegible] [illegible] [illegible] [illegible]，
mjɨ1 pjụ1 ·jir2 tụ1 lhjịj2
无 量 百 千 刹，

悉来供养我，皆由胜忍力。无量百千刹，

32.37.4

[illegible]	[illegible]	[illegible]	[illegible]	[illegible]，	[illegible]	[illegible]	[illegible]	[illegible]	[illegible]。
mjor1	dźjiij1	rjur1	mjor1	ljịj2	ŋa2	jij1	tśhja2	·ioow1	·jow2
现	在	诸	如	来，	我	之	德	功	赞。
[illegible]	[illegible]	[illegible]	[illegible]	[illegible]，					
buu2	zeew2	ɣie1	nioow1	ku1					
胜	忍	力	因	故，					

现在诸如来，称赞我功德，皆由胜忍力。

32.37.5

[illegible]	[illegible]	[illegible]	[illegible]	[illegible]，	[illegible]	[illegible]	[illegible]	[illegible]	[illegible]，
·jar1	tụ1	kjiw1	phã1	tśhia1	nioow1	·ja1	tśia1	wər1	kja1
八	千	鸠	槃	荼，	及	阿	吒	嚩	迦，
[illegible]	[illegible]	[illegible]	[illegible]	[illegible]。					
wjạ1	lju2	ŋa2	jij1	tshwew1					
花	散	我	于	养。					

八千鸠槃荼，及阿吒嚩迦，散华供养我，

32.37.6

[illegible]	[illegible]	[illegible]	[illegible]	[illegible]，	[illegible]	[illegible]	[illegible]	[illegible]	[illegible]，
buu2	zeew2	ɣie1	nioow1	ku1	tśhjiw1	ɣạ2	·jir2	kju1	tśji2
胜	忍	力	因	故，	六	十	百	俱	胝，
[illegible]	[illegible]	[illegible]	[illegible]	[illegible]，					
rjur1	·jij1	khja2	njij2	nji2					
诸	夜	叉	王	等，					

皆由胜忍力。六十百俱胝，诸夜叉王等，

32.38.1

[illegible]	[illegible]	[illegible]	[illegible]	[illegible]。	[illegible]	[illegible]	[illegible]	[illegible]	[illegible]，
ŋa2	jij1	kjụ1	tshwew1	lja1	buu2	zeew2	ɣie1	nioow1	ku1

我	于	供	养	来。	胜	忍	力	因	故，
[illegible]	[illegible]	[illegible]	[illegible]	[illegible]，					
nioow^{1}	tsjɨ^{1}	tụ^{1}	we^{1}	njij^{2}					
复	亦	千	龙	王，					

悉来供养我，皆由胜忍力。复有千龙王，

32.38.2

[illegible]	[illegible]	[illegible]	[illegible]	[illegible]，	[illegible]	[illegible]	[illegible]	[illegible]	[illegible]。
mo^{2}	no^{1}	pho^{1}	khja^{2}	njɨ^{2}	nji^{2}	njij^{1}	ŋa^{2}	jij^{1}	khjow^{1}
摩	那	娑	伽	等，	珠	赤	我	于	与。
[illegible]	[illegible]	[illegible]	[illegible]	[illegible]，					
buu^{2}	zeew^{2}	ɣie^{1}	nioow^{1}	ku^{1}					
胜	忍	力	因	故，					

摩那娑伽等，赤真珠奉我，皆由胜忍力。

32.38.3

[illegible]	[illegible]	[illegible]	[illegible]	[illegible]，	[illegible]	[illegible]	[illegible]	[illegible]	[illegible]，
·jir^{2}	tụ^{1}	lạ^{1}	mo^{2}	lu^{1}	nioow^{1}	śji^{1}	khji^{1}	phji^{1}	rjir^{2}
百	千	兜	牟	卢，	及	尸	弃	毗	与，
[illegible]	[illegible]	[illegible]	[illegible]	[illegible]。					
tshow^{1}	ɣiẹ^{2}	ŋa^{2}	jij^{1}	tshwew^{1}					
音	乐	我	于	养。					

百千兜牟卢，及与尸弃毗，音乐供养我，

32.38.4

[illegible]	[illegible]	[illegible]	[illegible]	[illegible]，	[illegible]	[illegible]	[illegible]	[illegible]	[illegible]，
buu^{2}	zeew^{2}	ɣie^{1}	nioow^{1}	ku^{1}	·jir^{2}	tụ^{1}	kjiw^{1}	phã^{1}	tśhia^{1}
胜	忍	力	因	故，	百	千	鸠	槃	荼，
[illegible]	[illegible]	[illegible]	[illegible]	[illegible]，					
phji^{1}	lu^{1}	śjɨ^{2}	kja^{1}	njɨ^{2}					
毗	卢	释	迦	等，					

皆由胜忍力。百千鸠槃荼，毗卢释迦等，

32.38.5

lji^{2} wjạ^{1} ŋa^{2} jij^{1} tshwew^{1} buu^{2} zeew^{2} ɣie^{1} nioow^{1} ku^{1}

香 花 我 于 养。 胜 忍 力 因 故,

ljịj^{2} ljɨ̣^{2} ·jiij^{1} we^{1} njij^{2}

大 地 持 龙 王,

香华供养我,皆由胜忍力。持大地龙王,

32.38.6

bjɨ^{1} bjij^{2} ljụ^{2} khwə^{1} śja^{2} pjạ^{1} phjoo^{2} ŋa^{2} jij^{1} dzjwɨ̣^{1}

高 上 身 半 现, 掌 合 我 于 敬。

buu^{2} zeew^{2} ɣie^{1} nioow^{1} ku^{1}

胜 忍 力 因 故,

示现于半身,合掌恭敬我,皆由胜忍力。

32.39.1

·jir^{2} tụ^{1} kju^{1} tśji^{2} ŋewr^{2} ljụ^{2} mjij^{1} lo^{1} xu^{1} njɨ^{2}

百 千 俱 胝 数, 身 无 罗 怙 等,

sej^{1} njiij^{1} ŋa^{2} jij^{1} tshwew^{1}

净 心 我 于 养。

有百千俱胝,无身罗怙等,净心供养我,

32.39.2

buu^{2} zeew^{2} ɣie^{1} nioow^{1} ku^{1} zjɨ̣^{1} lji^{2} nji^{2} bio̱^{1} lew^{2}

胜 忍 力 因 故, 童 子 汝 观 应,

[illegible]	[illegible]	[illegible]	[illegible]	[illegible]，
mjor[1]	lji̠j[2]	bji[1]	swew[1]	twu̠[1]
如	来	光	照	所，

皆由胜忍力。童子汝当观，如来光所照，

32.39.3

[illegible]	[illegible]	[illegible]	[illegible]	[illegible]。	[illegible]	[illegible]	[illegible]	[illegible]	[illegible]，
tśji̠[1]	ka[2]	no[2]	rejr[2]	rjir[2]	buu[2]	zeew[2]	ɣie[1]	nioow[1]	ku[1]
苦	离	安	乐	得。	胜	忍	力	因	故，
[illegible]	[illegible]	[illegible]	[illegible]	[illegible]①，					
·jir[2]	tu̠[1]	sã[1]	buu[2]	tow[1]					
百	千	三	胜	多，					

离苦得安乐，皆由胜忍力。百千三暮多，

32.39.4

[illegible]	[illegible]	[illegible]	[illegible]	[illegible]，	[illegible]	[illegible]	[illegible]	[illegible]	[illegible]。
ljɨ[1]	mə[1]	tsho̠[2]	ŋa[1]	njɨ[2]	lji[2]	dzju̠[2]	ŋa[2]	jij[1]	tshwew[1]
风	天	虚	空	遍，	香	雨	我	于	养。
[illegible]	[illegible]	[illegible]	[illegible]	[illegible]，					
buu[2]	zeew[2]	ɣie[1]	nioow[1]	ku[1]					
胜	忍	力	因	故，					

风天遍虚空，雨香供养我，皆由胜忍力。

32.39.5

[illegible]	[illegible]	[illegible]	[illegible]	[illegible]，	[illegible]	[illegible]	[illegible]	[illegible]	[illegible]，
·jir[2]	tu̠[1]	rjur[1]	mə[1]	·ji[1]	mə[1]	wja̠[1]	lju[2]	kju̠[1]	tshwew[1]
百	千	诸	天	众，	天	花	散	供	养，
[illegible]	[illegible]	[illegible]	[illegible]	[illegible]。					
zji[2]	rjur[1]	dzu[1]	zji̠j[1]	dźjɨɨr[1]					
悉	诸	爱	著	舍。					

① [illegible] sã[1] buu[2] tow[1]，三暮多。风神名。慧琳《一切经音义》卷十二："梵语，风神名也，亦曰风天，异名耳也。"《大正藏》第54册，第379页。西夏文音译自汉文。

百千诸天众，散天华供养，悉舍诸爱著，

32.39.6

[illegible]	[illegible]	[illegible]	[illegible]	[illegible]。	[illegible]	[illegible]	[illegible]	[illegible]	[illegible]，
mjor^{1}	ljij^{2}	do^{2}	？	njij^{1}	nji^{2}	tha^{1}	jij^{1}	mee^{2}	mjijr^{2}
如	来	于	亲	近。	汝	佛	之	神	通，
[illegible]	[illegible]	[illegible]	[illegible]	[illegible]，					
mjii^{1}	kie^{1}	tshjiij^{1}	ɣiẹ^{2}	bio̱^{1}					
施	戒	说	音	观，					

亲近于如来。汝观佛神通，所说施戒声，

32.40.1

[illegible]	[illegible]	[illegible]	[illegible]	[illegible]，	[illegible]	[illegible]①	[illegible]	[illegible]	[illegible]。
buu^{2}	zeew^{2}	ɣie^{1}	nioow^{1}	ku^{1}	rjur^{1}	rjur^{1}	to^{2}	zji^{2}	mji^{1}
胜	忍	力	因	故，	诸	诸	皆	俱	闻。
[illegible]	[illegible]	[illegible]	[illegible]	[illegible]，					
ŋur^{1}	kiẹj^{2}	nioow^{1}	ljɨɨr^{1}	dźjar^{2}					
蕴	界	及	四	谛，					

周闻于一切，皆由胜忍力。演说蕴界声②，

32.40.2

[illegible]	[illegible]	[illegible]	[illegible]	[illegible]，	[illegible]	[illegible]	[illegible]	[illegible]	[illegible]，
nẹ^{1}	tshjiij^{1}	mə^{2}	ɣiẹ^{2}	tsjɨ^{1}	buu^{2}	zeew^{2}	ɣie^{1}	nioow^{1}	ku^{1}
演	说	音	声	亦，	胜	忍	力	因	故，
[illegible]	[illegible]	[illegible]	[illegible]	[illegible]。					
rjur^{1}	rjur^{1}	to^{2}	zji^{2}	mji^{1}					
一	切	皆	俱	闻。					

及四谛音声，周闻于一切，皆由胜忍力。

32.40.3

[illegible]	[illegible]	[illegible]	[illegible]	[illegible]，	[illegible]	[illegible]	[illegible]	[illegible]	[illegible]，

① [illegible]，字面作"诸诸"，意指"一切""所有"。
② 演说蕴界声，西夏文表达的意思是，演说蕴界、四谛及声音。

ŋa² mee² mjijr² ɣie¹ nioow¹ ŋa¹ gu² mej¹ sji¹ bju²

我 神 通 力 由， 空 中 眼 尽 边，

[illegible] [illegible] [illegible] [illegible] [illegible]，

mjij¹ sej¹ tshjiij¹ djij² mji¹

寂 静 说 △ 闻，

由我神通力，闻空中演说，眼尽边寂静，

32.40.4

[illegible] [illegible] [illegible] [illegible] [illegible]。 [illegible] [illegible] [illegible] [illegible] [illegible]，

wee¹ bju² tsjɨ¹ thjɨ² sju² ŋa² mee² mjijr² ɣie¹ nioow¹

生 边 亦 此 如。 我 神 通 力 由，

[illegible] [illegible] [illegible] [illegible] [illegible]，

mej¹ ·jiw¹ nioow¹ bju¹ śjwo¹

眼 因 缘 从 生，

生边亦复然。由我神通力，闻空中演说，眼从因缘生，

32.40.5

[illegible] [illegible] [illegible] [illegible] [illegible]， [illegible] [illegible] [illegible] [illegible] [illegible]。

lja¹ mjij¹ śjɨ¹ tsjɨ¹ mjij¹ ŋa¹ gu² tshjiij¹ djij² mji¹

来 无 去 亦 无， 空 中 说 △ 闻。

[illegible] [illegible] [illegible] [illegible] [illegible]，

ŋa² mee² mjijr² ɣie¹ nioow¹

我 神 通 力 由，

无来亦无去。由我神通力，

32.40.6

[illegible] [illegible] [illegible] [illegible] [illegible]， [illegible] [illegible] [illegible] [illegible] [illegible]，

mej¹ mjij¹ sej¹ thjuu¹ ku¹ rjur¹ tha¹ thjɨ² nioow¹ wee¹

眼 寂 静 察 故， 诸 佛 此 由 生，

[illegible] [illegible] [illegible] [illegible] [illegible]。

ŋa¹ gu² tshjiij¹ djij² mji¹

空 中 说 △ 闻。

闻空中演说,眼观察寂静,诸佛由是生。

32.41.1

□	□	□	□	□，	□	□	□	□	□，
ŋa^{2}	mee^{2}	mjijr^{2}	ɣie^{1}	nioow^{1}	mej^{1}	sji^{1}	bju^{2}	mjij^{1}	sej^{1}
我	神	通	力	由，	眼	尽	边	寂	静，
□	□	□	□	□，					
rjur^{1}	tha^{1}	thjɨ^{2}	nioow^{1}	wee^{1}					
诸	佛	此	由	生，					

由我神通力,闻空中演说,眼尽边寂静,诸佛由是生。

32.41.2

□	□	□	□	□。	□	□	□	□	□，
ŋa^{1}	gu^{2}	tshjiij^{1}	djij^{2}	mji^{1}	ŋa^{2}	mee^{2}	mjijr^{2}	ɣie^{1}	nioow^{1}
空	中	说	△	闻。	我	神	通	力	由，
□	□	□	□	□，					
mej^{1}	bju^{2}	ljow^{2}	mjij^{1}	sej^{1}					
眼	边	际	寂	静，					

由我神通力,闻空中演说,眼边际寂静,

32.41.3

□	□	□	□	□，	□	□	□	□	□。
rjur^{1}	tha^{1}	thjɨ^{2}	nioow^{1}	wee^{1}	ŋa^{1}	gu^{2}	tshjiij^{1}	djij^{2}	mji^{1}
诸	佛	此	由	生，	空	中	说	△	闻。
□	□	□	□	□，					
ŋa^{2}	mee^{2}	mjijr^{2}	ɣie^{1}	nioow^{1}					
我	神	通	力	由，					

诸佛由是生。由我神通力,闻空中演说,

32.41.4

□	□	□	□	□，	□	□	□	□	□，
mej^{1}	wee^{1}	bju^{2}	mjij^{1}	sej^{1}	rjur^{1}	tha^{1}	thjɨ^{2}	nioow^{1}	wee^{1}

眼 生 边 寂 静， 诸 佛 此 由 生，

[illegible] [illegible] [illegible] [illegible] [illegible]。

ŋa1 gu2 tshjiij1 djij2 mji1

空 中 说 △ 闻。

眼生边寂静，诸佛由是生。

32.41.5

[illegible] [illegible] [illegible] [illegible] [illegible]， [illegible] [illegible] [illegible] [illegible] [illegible]，

ŋa2 mee2 mjijr2 ɣie1 nioow1 mej1 dźiə2 dźiej2 mjij1 sej1

我 神 通 力 由， 眼 流 转 寂 静，

[illegible] [illegible] [illegible] [illegible] [illegible]，

rjur1 tha1 thjɨ2 nioow1 wee1

诸 佛 此 由 生，

由我神通力，闻空中演说，眼流转寂静，诸佛由是生。

32.41.6

[illegible] [illegible] [illegible] [illegible] [illegible]。 [illegible] [illegible] [illegible] [illegible] [illegible]，

ŋa1 gu2 tshjiij1 djij2 mji1 ŋa2 mee2 mjijr2 ɣie1 nioow1

空 中 说 △ 闻。 我 神 通 力 由，

[illegible] [illegible] [illegible] [illegible] [illegible]，

mej1 wee1 mjij1 mjij1 sej1

眼 生 无 寂 静，

由我神通力，闻空中演说，眼无生寂静，

32.42.1

[illegible] [illegible] [illegible] [illegible] [illegible]， [illegible] [illegible] [illegible] [illegible] [illegible]。

rjur1 tha1 thjɨ2 nioow1 wee1 ŋa1 gu2 tshjiij1 djij2 mji1

诸 佛 此 由 生， 空 中 说 △ 闻。

[illegible] [illegible] [illegible] [illegible] [illegible]，

ŋa2 mee2 mjijr2 ɣie1 nioow1

我 神 通 力 由，

诸佛由是生。由我神通力，闻空中演说，

32.42.2

[illegible]	[illegible]	[illegible]	[illegible]	[illegible]，	[illegible]	[illegible]	[illegible]	[illegible]	[illegible]，
mej^1	mjij^1	dzjar^2	mjij^1	sej^1	rjur^1	tha^1	thjɨ^2	nioow^1	wee^1
眼	寂	灭	寂	静，	诸	佛	此	由	生，
[illegible]	[illegible]	[illegible]	[illegible]	[illegible]。					
ŋa^1	gu^2	tshjiij^1	djij^2	mji^1					
空	中	说	△	闻。					

闻空中演说，眼寂灭寂静，诸佛由是生。

32.42.3

[illegible]	[illegible]	[illegible]	[illegible]	[illegible]，	[illegible]	[illegible]	[illegible]	[illegible]	[illegible]，
nju^1	njii^2	lhjwa^1	ljụ^{2}	njiij^1	tsə̣^{1}	ɣiẹ^2	lji^2	wjị^{1}	tsjụ^{1}
耳	鼻	舌	身	心，	色	身	香	味	触，
[illegible]	[illegible]	[illegible]	[illegible]	[illegible]，					
mjɨ^1	njɨ^2	mə^2	ɣiẹ^2	mjiij^2					
乃	至	声	音	名，					

耳鼻舌身心，色声香味触，乃至音声名，

32.42.4

[illegible]	[illegible]	[illegible]	[illegible]	[illegible]。	[illegible]	[illegible]	[illegible]	[illegible]	[illegible]，
ŋowr^2	ŋowr^2	zji^2	thjɨ^2	sju^2	lẹj^2	tshjạ^1	lə^2	kwow^2	ɣja^2
一	切	皆	此	如。	贪	瞋	痴	忿	覆，
[illegible]	[illegible]	[illegible]	[illegible]	[illegible]，					
zjɨ̣^{1}	sew^1	nioow^1	lạ^1	ljoor^1					
嫉	妒	及	虚	伪，					

一切皆如是。贪瞋痴忿覆，嫉妒及谄诳，

32.42.5

[illegible]	[illegible]	[illegible]	[illegible]	[illegible]，	[illegible]	[illegible]	[illegible]	[illegible]	[illegible]。
·jij^1	bjịj^1	mjɨ^1	gjiw^1	njɨ^2	wạ^2	tshjiij^1	zji^2	thjɨ^2	sju^2
己	高	骄	慢	等，	广	说	皆	此	如。

贡高憍慢等，广说亦复然。

汉文本

若于我法中，能离如是过，勤修不放逸，得此法非难。

于利与非利，称讥苦乐等，世法不能动，得此法非难。

观身不净想，诸蕴疮疣想，受食涂疮想，得此法非难。

虽受好衣服，亦不生憍慢，为遮惭耻故，得此法非难。

不矜持色力，于食无贪著，为存寿命故，得此法非难。

了知诸有空，于欲无取舍，常修空寂行，得此法非难。

去一由旬山，独坐修禅定，观有为无我，得此法非难。

观眼尽生边，及眼流转相，勤修眼净道，得此法非难。

耳鼻舌身心，色声香味触，乃至音声名，一切皆如是。

如是未来世，无量诸比丘，精勤懈怠者，一切皆应了。

彼遇善恶友，修习不修习，生信及不信，一切皆应了。

彼遇善恶友，于诸根尽道，修习不修习，一切皆应了。

若爱乐菩提，或一二三月，后时还退失，一切皆应了。

若人闻此法，能生爱乐心，设令时退失，还得于净信。

若人闻此法，不能离放逸，便生是念言，此经非佛说。

若人闻此法，为魔所摄持，初虽起信心，后则还弃舍。

于法无欣乐，虚空求名利，游行于聚落，赞说陀罗尼。三昧总持光，彼实不能了。

缠缚于五欲，贪求诸世业。以分别言说，诽谤修空者，

无有念慧心，尽寿为空过。愚人舍空法，是则为破戒，当堕阿鼻狱，终不得生天。

若于一刹那，造立于千塔，不如闻是经，受持四句偈。

以百千华鬘，供养于佛塔，不如闻是经，思惟四句偈。

若人造宝塔，其数如恒沙，不如刹那顷，思惟于此经。

于百亿佛刹，散华以供养，不如刹那顷，思惟于此经。

袈裟百万亿，奉施于诸佛，不如刹那顷，思惟于此经。

佛眼胜清净，无所不知见，若爱乐此经，当得如来眼。

过去无数劫，有佛名燃灯，我为摩纳仙，持华来供养，

便记我成佛，号释迦牟尼，当坐于道场，演说此经典。

汝时为童子，闻我得受记，欢喜生净心，合掌而发愿：

若摩纳成佛，我当助宣化，乃至灭度后，护持于法藏。

如彼燃灯佛，所说现光经，摩纳与童子，尔时俱听受。

我曾于往昔，以优钵罗华，供养于彼佛，汝时在此会。

即发如是愿，于我末法中，受持此经典，广宣说流布。

若有闻是法,心不生瞋恚,能受持读诵,是名善丈夫。
汝当于后世,持此难闻法,广为诸众生,分别其义趣。
我亦于过去,正法欲灭时,持此现光经,广为众生说。
愚人不勤修,于此生诽谤,我虽闻此言,亦不生瞋恚。
我常修忍力,饶益诸世间,由忍力成就,相好庄严身。
童子汝当观,佛身妙圆满,金色最清净,皆从忍力生。
我足指按地,震动无边刹,众生不颠坠,皆从忍力生。
我从一毛孔,出百千光明,清净照一切,皆由胜忍力。
罗刹甚可畏,吸人精气者,常慈心敬我,皆由胜忍力。
我所有眷属,善能调伏心,尊重于如来,皆由胜忍力。
百千诸音乐,遍于大众中,称赞佛功德,皆由胜忍力。
百千诸龙王,瞋毒甚可畏,见佛生欢喜,皆由胜忍力。
罗刹夜叉等,持百千华鬘,悉来供养我,皆由胜忍力。
无量百千刹,现在诸如来,称赞我功德,皆由胜忍力。
八千鸠槃荼,及阿吒嚩迦,散华供养我,皆由胜忍力。
六十百俱胝,诸夜叉王等,悉来供养我,皆由胜忍力。
复有千龙王,摩那娑伽等,赤真珠奉我,皆由胜忍力。
百千兜牟卢,及与尸弃毗,音乐供养我,皆由胜忍力。
百千鸠槃荼,毗卢释迦等,香华供养我,皆由胜忍力。
持大地龙王,示现于半身,合掌恭敬我,皆由胜忍力。
有百千俱胝,无身罗怙等,净心供养我,皆由胜忍力。
童子汝当观,如来光所照,离苦得安乐,皆由胜忍力。
百千三暮多,风天遍虚空,雨香供养我,皆由胜忍力。
百千诸天众,散天华供养,悉舍诸爱著,亲近于如来。
汝观佛神通,所说施戒声,周闻于一切,皆由胜忍力。
演说蕴界声,及四谛音声,周闻于一切,皆由胜忍力。
由我神通力,闻空中演说,眼尽边寂静,生边亦复然。
由我神通力,闻空中演说,眼从因缘生,无来亦无去。
由我神通力,闻空中演说,眼观察寂静,诸佛由是生。
由我神通力,闻空中演说,眼尽边寂静,诸佛由是生。
由我神通力,闻空中演说,眼边际寂静,诸佛由是生。
由我神通力,闻空中演说,眼生边寂静,诸佛由是生。
由我神通力,闻空中演说,眼流转寂静,诸佛由是生。
由我神通力,闻空中演说,眼无生寂静,诸佛由是生。
由我神通力,闻空中演说,眼寂灭寂静,诸佛由是生。
耳鼻舌身心,色声香味触,乃至音声名,一切皆如是。
贪瞋痴忿覆,嫉妬及谄诳,贡高憍慢等,广说亦复然。

32.42.6

[illegible]	[illegible]	[illegible]	[illegible]	[illegible]	[illegible]	[illegible]	[illegible]	[illegible]	[illegible]
tśhjɨ^{1}	zjo̱^{2}	lhjịj^{2}	bji^{1}	zjɨ̣^{1}	lji^{2}	thjɨ^{2}	sju^{2}	zji^{2}	buu^{2}
尔	时，	月	光	童	子	此	如	最	胜
[illegible]	[illegible]	[illegible]	[illegible]	[illegible]	[illegible]	[illegible]	[illegible]		
tsjiir^{1}	tshjiij^{1}	mji^{1}	njiij^{1}	ljɨ̣j^{2}	pja̱^{1}	phjoo^{2}	tha^{1}		
法	说	闻，	欢	喜	掌	合，	佛		

尔时，月光童子闻说如是最胜之法，欢喜合掌

32.43.1

[illegible]	[illegible]	[illegible]	[illegible]	[illegible]	[illegible]	[illegible]	[illegible]	[illegible]	[illegible]
jij^{1}	da̱^{2}	·jɨ^{1}	rjur^{1}	pju̱^{1}	ŋa^{2}	na^{1}	rar^{2}	thjɨ^{2}	bjij^{2}
于	言	说：	世	尊，	我	明	日	此	拂
[illegible]	[illegible]	[illegible]	[illegible]	[illegible]	[illegible]	[illegible]	[illegible]		
ɣa^{1}	mjor^{1}	ljịj^{2}	nioow^{1}	rjur^{1}	ljịj^{2}	·ji^{1}	jij^{1}		
晓	如	来	及	诸	大	众	于		

而白佛言：世尊，我于明日欲请如来并诸大众，

32.43.2

[illegible]	[illegible]	[illegible]	[illegible]	[illegible]	[illegible]	[illegible]	[illegible]	[illegible]	[illegible]
ɣju^{1}	kie̱j^{2}	lew^{1}	tji̱^{1}	njij^{2}	śjow^{1}	ŋa^{2}	jij^{1}	tji̱^{1}	lhjịj^{2}
请	欲，	惟	愿	哀	愍	我	于	食	受。
[illegible]	[illegible]	[illegible]	[illegible]	[illegible]	[illegible]	[illegible]	[illegible]		
tśhjɨ^{1}	zjo̱^{2}	rjur^{1}	pju̱^{1}	thja^{1}	zjɨ̣^{1}	lji^{2}	jij^{1}		
尔	时，	世	尊	彼	童	子	△		

唯愿哀愍而受我食。尔时，世尊知彼童子

32.43.3

[illegible]	[illegible]	[illegible]	[illegible]	[illegible]	[illegible]	[illegible]	[illegible]	[illegible]	[illegible]
njiij^{1}	phji^{1}	gji^{1}	sej^{1}	dwewr^{2}	mjɨ^{1}	pju̱^{1}	dźiã^{2}	tśhju^{1}	jij^{1}
心	意	清	净，	觉	无	量	众	生	△

[illegible]	[illegible]	[illegible]	[illegible]	[illegible]	[illegible]	[illegible]	[illegible]
mjii^{2}	ɣie^{2}	ljịj^{2}	njij^{2}	njiij^{1}	·ja^{1}	śjwo^{1}	sji^{2}
饶	益、	大	慈	心	△	生	△

意乐清净，亦知饶益无量众生、起大慈心，

32.43.4

[illegible]，	[illegible]	[illegible]	[illegible]	[illegible]。	[illegible]	[illegible]，	[illegible]	[illegible]	[illegible]
dwewr^{2}	mjɨ^{2}	mji^{1}	ɣju^{1}	lhjịj^{2}	tśhjɨ^{1}	dzjɨj^{1}	zjị^{1}	lji^{2}	dzuu^{2}
知，	默	然	请	受。	是	时，	童	子	坐

[illegible]	[illegible]，	[illegible]	[illegible]	[illegible]	[illegible]，	[illegible]	[illegible]
tjị^{2}	wor^{1}	tha^{1}	rewr^{2}	jij^{1}	tshwew^{1}	sọ^{1}	dźjow^{1}
△	起，	佛	足	于	礼，	三	匝

默然受请。是时，童子即从坐起，顶礼佛足，右绕三匝，

32.43.5

[illegible]	[illegible]，	[illegible]	[illegible]	[illegible]	[illegible]	[illegible]	[illegible]	[illegible]	[illegible]，
tśier^{1}	ror^{2}	njiij^{1}	ljɨj^{2}	ŋwu^{2}	nji^{1}	do^{2}	wjɨ^{2}	bar^{1}	wji^{1}
右	绕，	欢	喜	以	家	处	△	还	为，

[illegible]	[illegible]	[illegible]	[illegible]	[illegible]	[illegible]、	[illegible]、	[illegible]
·jij^{1}	wjɨ̣^{1}	dźjwɨ^{1}	nioow^{1}	rjur^{1}	ŋwə^{1}	we^{1}	·jij^{1}
己	眷	属	及	诸	天、	龙、	夜

欢喜还家。与其眷属及诸天、龙、夜

32.43.6

[illegible]、	[illegible]	[illegible]、	[illegible]	[illegible]	[illegible]	[illegible]	[illegible]，	[illegible]	[illegible]
khja^{2}	lo^{1}	tśhia^{1}	kjiw^{1}	phā^{1}	tśhia^{1}	njɨ^{2}	rjir^{2}	zji^{2}	gu^{2}
叉、	罗	刹、	鸠	槃	荼	等	与，	皆	共

[illegible]	[illegible]	[illegible]	[illegible]	[illegible]	[illegible]	[illegible]	[illegible]。
njij^{2}	mjii^{1}	ljịj^{2}	we^{2}	·u^{2}	ljuu^{2}	tja̱^{1}	śji^{2}
王	舍	大	城	中	严	饰	往。

叉、罗刹、鸠槃茶等，皆共严饰王舍大城。

32.44.1

[illegible]	[illegible]	[illegible]	[illegible]	[illegible]	[illegible]	[illegible]	[illegible]，	[illegible]	[illegible]
ljɨɨr1	tśja1	lhejr2	·u2	śjɨ2	we2	phie2	·jiir2	thja1	śjɨ2
四	道	途	中	幔	帐	张	伸，	其	幔
[illegible]	[illegible]	[illegible]	[illegible]	[illegible]	[illegible]	[illegible]，	[illegible]		
we2	so2	wạ2	ŋowr2	ŋowr2	zji2	ɣja2	kię1		
帐	高	广	一	切	普	覆，	金		

于四衢道张施彩幔，其幔高广普覆一切，金

32.44.2

[illegible]	[illegible]	[illegible]，	[illegible]	[illegible]	[illegible]	[illegible]，	[illegible]	[illegible]	[illegible]
lu2	phəə1	tśja1	nji2	rer2	·o1	xjwɨ̣j2	ka2	tśjij2	ljɨɨ1
绳	交	络，	珠	缨	有	垂，	师	子	幡
[illegible]，	[illegible]	[illegible]	[illegible]，	[illegible]	[illegible]	[illegible]	[illegible]		
zu1	kię1	dzow1	rer2	·jir2	tụ1	khjɨ2	mə2		
带，	金	钩	鬘，	百	千	万	种		

绳交络，珠缨垂布，师子幡带，金药钩鬘①，百千万种

32.44.3

[illegible]	[illegible]	[illegible]	[illegible]。	[illegible]	[illegible]	[illegible]	[illegible]，	[illegible]	[illegible]
ljuu2	tshjij2	tjạ1	ŋowr2	nioow1	ljɨ̣1	wja̤1	dju1	thja1	tsə̣1
庄	严	饰	俱。	复	宝	花	有，	其	色
[illegible]	[illegible]，	[illegible]	[illegible]	[illegible]	[illegible]，	[illegible]	[illegible]		
rjar1	gjij1	dza1	mə2	bju1	lwu1	thja1	ŋwu2		
特	殊，	杂	种	从	混，	其	以		

而校饰之。复有宝华，其色殊特，丛厕错糅以为

32.44.4

[illegible]	[illegible]	[illegible]，	[illegible]	[illegible]	[illegible]②	[illegible]	[illegible]、	[illegible]	[illegible]

① 金药钩鬘，西夏文本作“金钩鬘”（[illegible]）。

② [illegible] tśja1pho1kja1，薝蔔迦。花树名。梵言 campaka。希麟《续一切经音义》：“瞻卜迦，旧云瞻卜，正云瞻博迦。旧翻为郁金花，《大论》云：‘黄色花也。’其树高大，花气远闻，西国多有此树也。”《大正藏》第 54 册，第 2129 页。

wjạ^{1} rer^{2} wji^{1} tśja^{1} pho^{1} kja^{1} wjạ^{1} rer^{2} boo^{2} tśjĩ^{1}

花 蔓 为， 薝 蔔 迦 花 蔓、 目 真

[illegible] [illegible] [illegible] [illegible]， [illegible] [illegible] [illegible] [illegible]

ljĩ^{1} thow^{1} wjạ^{1} rer^{2} thjɨ^{2} sju^{2} mə^{2} mə^{2}

邻 陀 花 鬘， 是 如 种 种

华鬘，薝蔔迦华鬘、目真邻陀华鬘，如是种种

32.44.5

[illegible] [illegible] [illegible] [illegible]， [illegible] [illegible] [illegible] [illegible] [illegible]① [illegible]

mjɨ^{1} pjụ^{1} ŋewr^{2} mjij^{1} ljɨ̣^{1} ·jɨj^{2} ·u^{2} ɣu^{1} mjiij^{1} xjwɨ̣j^{2}

无 量 数 无， 宝 帐 中 首 尾 垂

[illegible]， [illegible] [illegible] [illegible] [illegible] [illegible] [illegible] [illegible]。

·o^{1} ljuu^{2} tshjij^{2} ŋowr^{2} ŋowr^{2} ljịj^{2} ljwu^{2} njɨ^{2}

下， 庄 严 一 切 大 会 遍。

无量无数，于宝帐间周匝垂下，普遍大会一切庄严。

32.44.6

[illegible] [illegible] [illegible] [illegible] [illegible] [illegible] [illegible]， [illegible] [illegible] [illegible]

nioow^{1} thja^{2} khju^{1} rjur^{1} dźjwi^{2} lu^{2} thu^{1} ·ji^{1} ljɨ̣^{1} lji^{2}

亦 其 下 诸 床 坐 置， 众 宝 香

[illegible]， [illegible] [illegible] [illegible]② [illegible]、 [illegible] [illegible] [illegible]③

njwɨ̣^{2} pji^{1} lji^{2} khja^{2} lji^{2} tu^{1} mo^{2} tśja^{1}

烧， 毕 力 迦 香、 都 摩 遮

又于其下敷诸床座，烧众宝香，毕力迦香、都摩遮香、

32.45.1

[illegible]、 [illegible] [illegible]、 [illegible] [illegible] [illegible] [illegible] [illegible] [illegible] [illegible]，

lji^{2} tśja^{1} thã^{1} ɣjwɨ̣^{1} kjĩ^{1} gji^{1} sej^{1} njiij^{1} ·o^{2} njɨ^{2}

香、 栴 檀、 郁 金 清 净 心 悦 等，

① [illegible][illegible]，首尾。此对译汉文“周匝”。

② [illegible][illegible][illegible] pji^{1} lji^{2} khja^{2}，毕力迦。梵文 Pṛkkā，香名。一曰苜蓿香，一曰触香。

③ [illegible][illegible][illegible] tu^{1} mo^{2} tśja^{1}，都摩遮。未知香名。

[illegible]	[illegible]	[illegible]	[illegible]	[illegible]	[illegible]	[illegible]	[illegible]
thjɨ^{2}	sju^{2}	mə^{2}	mə^{2}	thu^{1}	lwụ^{1}	thjoo^{1}	lji^{2}
此	如	种	种	和	合	妙	香

栴檀、郁金清净悦意，如是种种和合妙香

32.45.2

[illegible]	[illegible]	[illegible]。	[illegible]	[illegible]	[illegible]	[illegible]	[illegible]	[illegible]	[illegible]
ŋwu^{2}	kjụ^{1}	tshwew^{1}	nioow^{1}	lji^{2}	zjɨɨr^{2}	ŋwu^{2}	rer^{2}	dow^{1}	zjir^{2}
以	供	养。	复	香	水	以	街	道	遍
[illegible]	[illegible]，	[illegible]	[illegible]	[illegible]	[illegible]	[illegible]	[illegible]		
zjɨɨr^{2}	pho^{1}	dza^{1}	wjạ^{1}	ljɨ̣^{2}	lə^{2}	rjur^{1}	rjur^{1}		
水	澈，	杂	花	地	覆	诸	诸		

而为供养。复以香水遍洒街道，杂华覆地处处

32.45.3

[illegible]	[illegible]。	[illegible]	[illegible]，	[illegible]	[illegible]	[illegible]	[illegible]、	[illegible]	[illegible]
nja^{1}	swu^{2}	tśhjɨ^{1}	zjọ^{2}	rjur^{1}	mə^{1}	zjɨ̣^{1}	mjịj^{1}	·ja^{1}	sew^{2}
充	满。	尔	时，	诸	天	童	女、	阿	修
[illegible]	[illegible]、	[illegible]	[illegible]	[illegible]	[illegible]，	[illegible]	[illegible]		
lo^{1}	mjịj^{1}	mo^{2}	xew^{1}	lo^{1}	mjịj^{1}	thja^{1}	ŋewr^{2}		
罗	女、	摩	睺	罗	女，	其	数		

充满。尔时，诸天童女、阿修罗女、摩睺罗女，其数

32.45.4

[illegible]	[illegible]，	[illegible]	[illegible]	[illegible]	[illegible]，	[illegible]	[illegible]	[illegible]	[illegible]
mjɨ^{1}	pjụ^{1}	njiij^{1}	de^{2}	ljɨ̣j^{2}	śjwo^{1}	po^{1}	tjɨj^{1}	nioow^{1}	śjɨj^{1}
无	量，	心	欢	喜	生，	菩	提	因	成
[illegible]	[illegible]	[illegible]	[illegible]，	[illegible]	[illegible]	[illegible]	[illegible]		
·jiw^{2}	kiej^{2}	nioow^{1}	ku^{1}	zji^{2}	buu^{2}	ljịj^{2}	we^{2}		
就	欲	因	故，	最	胜	大	城		

无量，心生欢喜，为欲成就菩提因故，俱来严饰最胜大城。

32.45.5

jij^{1}	gu^{2}	ljuu^{2}	tja̧^{1}	ljịj^{2}	lhjịj^{2}	bji^{1}	zjɨ̣^{1}	lji^{2}	thja^{1}
于	共	严	饰	来。	月	光	童	子	其
sju^{2}	·u^{2}	rjur^{1}	rjur^{1}	ljuu^{2}	sej^{1}	dja^{2}	dźjwa^{1}		
如	中	处	处	严	净	△	了		

月光童子知是城中普遍严净，

32.45.6

dwewr^{2}	tjị^{1}	thji^{1}	dzjɨj^{1}	njɨ^{2}	ljịj^{2}	tha^{1}	jij^{1}	mjị^{1}	śji^{2}
知，	食	饮	时	到，	来	佛	于	告	往：“
lew^{1}	tjị^{1}	rjur^{1}	dźiã^{2}	tśhju^{1}	jij^{1}	gjịj^{1}	ɣie^{2}		
惟	愿	诸	众	生	于	利	益		

食时已到，前白佛言：“愿为利益诸众生故，

32.46.1

nioow^{1}	ku^{1}	we^{2}	·u^{2}	ljɨ̣^{1}	rjar^{1}	tśhjɨ^{1}	zjọ^{2}	mjor^{1}	ljịj^{2}
为	故，	城	中	来	请。”	尔	时，	如	来
nioow^{1}	ljịj^{2}	·ji^{1}	rjir^{2}	śiə^{1}	śio^{1}	we^{2}	ɣa^{1}		
及	大	众	与	引	导	城	门		

入是城。”尔时，如来与其大众前入城门，

32.46.2

·u^{2}	·o^{2}	khjɨ^{1}	tśhjij^{1}	·jij^{1}	zjịj^{1}	ɣa^{1}	mja^{1}	tśhjaa^{1}	khwə^{1}
中	入，	足	举	将	时	门	槛	上	踏

[illegible],	[illegible]	[illegible]	[illegible]	[illegible]	[illegible]	[illegible]	[illegible]
dzjɨj^{1}	we^{2}	·u^{2}	ljịj^{2}	ljɨ̣^{2}	to^{2}	zji^{2}	saar^{2}
时,	城	中	大	地	皆	普	震

当下足时,城中大地普皆震动,

32.46.3

[illegible],	[illegible]	[illegible]	[illegible]	[illegible]	[illegible]	[illegible]	[illegible]	[illegible]	[illegible]
mju^{2}	śja^{1}	rjijr^{2}	·jir^{2}	tụ^{1}	rjir^{2}	lhjịj^{2}	tsjɨ^{1}	to^{2}	zji^{2}
动,	十	方	百	千	亿	刹	亦	普	皆
[illegible]	[illegible]。	[illegible]	[illegible],	[illegible]	[illegible]	[illegible]	[illegible],		
saar^{2}	mju^{2}	tśhjɨ^{1}	zjịj^{1}	məə^{1}	tja^{1}	ljij^{2}	njwi^{2}		
震	动。	是	时,	盲	者	见	能,		

周遍十方百千亿刹悉亦震动。于是时中,盲者能视,

32.46.4

[illegible]	[illegible]	[illegible]	[illegible],	[illegible]	[illegible]	[illegible]	[illegible],	[illegible]	[illegible]
tśjị^{1}	tja^{1}	rejr^{2}	rjir^{2}	ba^{1}	tja^{1}	mji^{1}	njwi^{2}	tsə̣^{1}	bji^{2}
苦	者	乐	得,	聋	者	听	能,	色	下
[illegible]	[illegible]	[illegible]	[illegible]	[illegible]	[illegible],	[illegible]	[illegible]		
dźju^{2}	tja^{1}	thjoo^{1}	ŋạ^{2}	tsə̣^{1}	rjir^{2}	tjị^{1}	war^{2}		
劣	者	妙	好	色	得,	财	物		

苦者得乐,聋者能听,色下劣者得妙好色,

32.46.5

[illegible]	[illegible]	[illegible]	[illegible]	[illegible],	[illegible]	[illegible]	[illegible]	[illegible],	[illegible]
mjij^{1}	tja^{1}	tjị^{1}	war^{2}	rjir^{2}	gji^{2}	mjij^{1}	gji^{2}	rjir^{2}	lhwu^{1}
无	者	财	物	得,	子	无	子	得,	衣
[illegible]	[illegible]	[illegible],	[illegible]	[illegible]	[illegible]	[illegible]	[illegible]		
mjij^{1}	lhwu^{1}	rjir^{2}	kiẹ^{1}	ljɨ̣^{1}	mjij^{1}	tja^{1}	rjur^{1}		
无	衣	得,	金	宝	无	者	诸		

无财物者而得财物,无子得子,无衣得衣,无金宝者

32.46.6

[illegible]	[illegible]	[illegible]，	[illegible]	[illegible]	[illegible]	[illegible]	[illegible]	[illegible]	[illegible]
kię^{1}	ljɨ̣^{1}	rjir^{2}	njij^{1}	low^{2}	mjij^{1}	tja^{1}	rjur^{1}	njij^{1}	low^{2}
金	宝	得，	亲	属	无	者	诸	亲	属
[illegible]。	[illegible]	[illegible]	[illegible]	[illegible]	[illegible]	[illegible]	[illegible]，		
rjir^{2}	tjij^{1}	ljụ^{2}	ljuu^{2}	sji^{2}	gju^{2}	ŋowr^{2}	ŋowr^{2}		
得。	若	身	严	△	具	一	切，		

得诸金宝，无亲属者得诸亲属。若乏一切严身具者，

32.47.1

[illegible]	[illegible]，	[illegible]	[illegible]	[illegible]	[illegible]	[illegible]	[illegible]。	[illegible]	[illegible]
mjij^{1}	tja^{1}	zji^{2}	ljụ^{2}	ljuu^{2}	sji^{2}	gju^{2}	rjir^{2}	nioow^{1}	rjur^{1}
无	者，	皆	身	严	▽	具	得。	复	诸
[illegible]	[illegible]，	[illegible]	[illegible]	[illegible]	[illegible]、	[illegible]①	[illegible]、		
dźjwow^{1}	we^{1}	kju^{1}	kji^{1}	lo^{1}	we^{1}	ljuu^{2}	we^{1}		
禽	鸟，	拘	枳	罗	鸟、	美	鸟、		

普皆令得严身之具。复有诸鸟，拘枳罗鸟、鹦鹉、

32.47.2

[illegible]	[illegible]②、	[illegible]	[illegible]	[illegible]	[illegible]，	[illegible]	[illegible]	[illegible]	[illegible]
le^{2}	le^{2}	śja^{1}	rjir^{2}	kja^{1}	lo^{1}	thjɨ^{2}	rjur^{1}	·ji^{1}	we^{1}
孔	雀、	舍	利	迦	罗，	此	诸	众	鸟
[illegible]	[illegible]	[illegible]	[illegible]，	[illegible]	[illegible]	[illegible]	[illegible]，		
mjor^{1}	ljɨ̣j^{2}	jij^{1}	ljij^{2}	njiij^{1}	ljɨj^{2}	njiij^{1}	śjwo^{1}		
如	来	之	见，	欢	喜	心	生，		

孔雀、舍利迦罗，是诸众鸟见如来已，生欢喜心

32.47.3

[illegible]	[illegible]	[illegible]	[illegible]，	[illegible]	[illegible]	[illegible]	[illegible]	[illegible]	[illegible]

① [illegible] ljuu^{2}，美丽。通“[illegible]”ljuu^{2}，[illegible][illegible]，即鹦鹉。

② [illegible][illegible] le^{2}le^{2}，此对译“孔雀”。西夏文献中多以“[illegible][illegible]”对译“孔雀”，这里叠用“[illegible]”字，或有讹误。

buu^{2}	thjoo^{1}	ɣiẹ^{2}	to^{2}	thjɨ^{2}	ɣiẹ^{2}	mji^{1}	tja^{1}	zji^{2}	njiij^{1}
胜	妙	音	出，	此	音	闻	者	皆	心
[illegible]	[illegible]。	[illegible]	[illegible]	[illegible]	[illegible]	[illegible]	[illegible]		
·o^{2}	phji^{1}	mjor^{1}	ljịj^{2}	nioow^{1}	mee^{2}	mjijr^{2}	ɣie^{1}		
悦	令。	如	来	复	神	通	力		

出胜妙音，闻是音者能令意悦。如来复以神通之力，

32.47.4

[illegible]，	[illegible]	[illegible]	[illegible]	[illegible]	[illegible]	[illegible]	[illegible]	[illegible]，	[illegible]
ŋwu^{2}	mjɨ^{1}	pjụ^{1}	tśja^{1}	pho^{1}	kja^{1}	phu^{1}	djii^{2}	wji^{1}	·jir^{2}
以，	无	量	薝	蔔	迦	树	化	为，	百
[illegible]	[illegible]	[illegible]	[illegible]	[illegible]	[illegible]	[illegible]	[illegible]	[illegible]	
tụ^{1}	dźiã^{2}	tśhju^{1}	thja^{1}	sej^{1}	wjạ^{1}	nioow^{1}	dzjij^{2}	thjoo^{1}	
千	众	生	彼	净	花	及	余	妙	

化作无量薝蔔迦树，百千众生持彼净华并余妙

32.47.5

[illegible]	[illegible]，	[illegible]	[illegible]	[illegible]	[illegible]。	[illegible]	[illegible]	[illegible]	[illegible]
lji^{2}	zow^{2}	tha^{1}	do^{2}	kjụ^{1}	tshwew^{1}	nioow^{1}	·jir^{2}	tụ^{1}	·ja^{1}
香	持，	佛	于	供	养。	复	百	千	阿
[illegible]	[illegible]	[illegible]、	[illegible]	[illegible]	[illegible]	[illegible]，	[illegible]		
sew^{2}	lo^{1}	mjịj^{1}	mo^{2}	djoo^{1}	śjiw^{2}	lo^{1}	nji^{2}		
修	罗	女、	摩	醯	首	罗，	珠		

香，散佛供养。复有百千阿修罗女、摩醯首罗，

32.47.6

[illegible]	[illegible]	[illegible]	[illegible]	[illegible]	[illegible]，	[illegible]	[illegible]	[illegible]	[illegible]
njij^{1}	nioow^{1}	tśja^{1}	thã^{1}	mẹ^{2}	zow^{2}	mjor^{1}	ljịj^{2}	tśhjaa^{1}	njiij^{1}
赤	及	旃	檀	末	持，	如	来	上	欢
[illegible]	[illegible]	[illegible]。	[illegible]	[illegible]	[illegible]	[illegible]	[illegible]		
ljɨ̣j^{2}	wjɨ^{2}	lju^{2}	·ja^{1}	sew^{2}	lo^{1}	·ji^{1}	nioow^{1}		
喜	△	散。	阿	修	罗	众	及		

持赤真珠及栴檀末，于如来上欢喜奉散。阿修罗众及

32.48.1

[illegible]	[illegible]	[illegible]，	[illegible]	[illegible]	[illegible]	[illegible]，	[illegible]	[illegible]	[illegible]
dzjij^{2}	rjur^{1}	mə^{1}	ljɨ^{1}	ɣja^{2}	zow^{2}	·jiij^{1}	zji^{2}	kię^{1}	nər^{2}
余	诸	天，	宝	盖	持	执，	皆	金	黄
[illegible]	[illegible]	[illegible]	[illegible]	[illegible]①，	[illegible]	[illegible]	[illegible]		
ŋwo^{2}	phiow^{1}	dźjij^{1}	tshjɨɨ^{1}	tshjɨɨ^{1}	tshọ^{2}	ŋa^{1}	gu^{2}		
银	白	纯	列	列，	虚	空	中		

余诸天，执持宝盖，皆是黄金白银之所校饰，于虚空中

32.48.2

[illegible]	[illegible]	[illegible]	[illegible]。	[illegible]	[illegible]	[illegible]	[illegible]	[illegible]	[illegible]
mjor^{1}	ljij^{2}	tśhjaa^{1}	pjụ^{2}	rjur^{1}	pjụ^{1}	nioow^{1}	mee^{2}	mjijr^{2}	ɣie^{1}
如	来	上	覆。	世	尊	亦	神	变	力
[illegible]，	[illegible]	[illegible]	[illegible]	[illegible]	[illegible]	[illegible]、	[illegible]		
ŋwu^{2}	mjɨ^{1}	pjụ^{1}	tśja^{1}	thã^{1}	lji^{2}	phu^{1}	·jir^{2}		
以，	无	量	旃	檀	香	树、	百		

覆如来上。世尊复以神变之力，化作无量栴檀香树、

32.48.3

[illegible]	[illegible]	[illegible]	[illegible]、	[illegible]	[illegible]、	[illegible]	[illegible]	[illegible]	[illegible]，
tụ^{1}	kię^{1}	dźja^{2}	phu^{1}	ljɨ^{1}	gju^{2}	lhwu^{1}	gjwi^{2}	djii^{2}	wji^{1}
千	金	刚	树、	宝	器、	衣	服	化	为，
[illegible]	[illegible]	[illegible]	[illegible]	[illegible]	[illegible]	[illegible]	[illegible]，		
thjɨ^{2}	sju^{2}	njɨ^{2}	phu^{1}	mjɨ^{1}	pjụ^{1}	bju^{2}	mjij^{1}		
此	如	等	树	无	量	边	无，		

百千金刚树、宝器、衣服，如是等树无量无边，

32.48.4

[illegible]	[illegible]	[illegible]	[illegible]，	[illegible]	[illegible]	[illegible]	[illegible]，	[illegible]	[illegible]

① [illegible][illegible] tshjɨɨ^{1} tshjɨɨ^{1}，列列、排列。这里叠用“[illegible]”字，当为动词“排列”。

kiwej^{2}	ljɨ̣^{1}	ljuu^{2}	tshjịj^{2}	wjạ^{1}	bạ^{2}	wejr^{1}	njwɨ^{1}	dźiã^{2}	tśhju^{1}
珍	宝	严	庄，	花	叶	繁	茂，	众	生
[illegible]	[illegible]	[illegible]	[illegible]	[illegible]	[illegible]	[illegible]	[illegible]		
ŋowr^{2}	ŋowr^{2}	jij^{1}	ljo^{1}	tśhja^{2}	mjaa^{1}	tshja^{2}	to^{2}		
一	切	之	福	德	果	报	皆		

珍宝庄严，华叶繁茂，一切众生福德之果

32.48.5

[illegible]	[illegible]	[illegible]。	[illegible]	[illegible]	[illegible]	[illegible]	[illegible]	[illegible]	[illegible]
zji^{2}	śjɨj^{1}	we^{1}	zjɨɨr^{1}	ljɨ^{1}	ljɨɨ^{1}	tsjụ^{1}	zjịj^{1}	zji^{2}	buu^{2}
皆	成	熟。	微	风	吹	动	时	最	胜
[illegible]	[illegible]，	[illegible]	[illegible]	[illegible]	[illegible]	[illegible]	[illegible]		
thjoo^{1}	lji^{2}	mjɨ^{1}	pjụ^{1}	tha^{1}	lhjịj^{2}	zji^{2}	njɨ^{2}		
妙	香，	无	量	佛	土	皆	遍		

而共成熟。微风吹动最胜妙香，流溢普遍无量佛土，

32.48.6

[illegible]	[illegible]，	[illegible]	[illegible]	[illegible]	[illegible]	[illegible]	[illegible]	[illegible]	[illegible]
mee^{1}	lew^{2}	·jir^{2}	tụ^{1}	dźiã^{2}	tśhju^{1}	zji^{2}	·jiij^{1}	tha^{1}	tśhjaa^{1}
芬	馥，	百	千	众	生	皆	持	佛	上
[illegible]。	[illegible]	[illegible]	[illegible]	[illegible]	[illegible]	[illegible]	[illegible]		
lju^{2}	thjɨ^{2}	sju^{2}	mjɨ^{1}	pjụ^{1}	dźiã^{2}	tśhju^{1}	nioow^{1}		
散。	此	如	无	量	众	生	及		

百千众生俱持散佛。如是无量

32.49.1

[illegible]	[illegible]	[illegible]，	[illegible]	[illegible]	[illegible]	[illegible]	[illegible]	[illegible]	[illegible]
mji^{1}	dźiã^{2}	tśhju^{1}	zji^{2}	mjor^{1}	ljịj^{2}	mee^{2}	mjijr^{2}	tśja^{1}	ɣie^{1}
非	众	生，	皆	如	来	神	通	道	力
[illegible]	[illegible]	[illegible]	[illegible]。	[illegible]	[illegible]	[illegible]	[illegible]		
bju^{1}	dja^{2}	mjijr^{2}	djii^{2}	tjij^{1}	kjụ^{1}	kięj^{2}	mjijr^{2}		
从	△	变	化。	若	希	求	者		

情与非情,皆是如来神通道力之所变化。若有希求

32.49.2

[illegible]	[illegible]	[illegible]	[illegible]	[illegible]	[illegible],	[illegible]	[illegible]	[illegible]	[illegible]
dju^{1}	tja^{1}	mee^{2}	mjijr^{2}	nioow^{1}	ku^{1}	thja^{1}	jij^{1}	phji^{1}	bju^{1}
有	△	神	变	因	故,	彼	△	意	随
[illegible]	[illegible]	[illegible]	[illegible]。	[illegible]	[illegible]	[illegible]	[illegible],		
zji^{2}	sə^{1}	lhə$^{?}$	phji^{1}	tha^{1}	sju^{2}	·u^{2}	·o^{2}		
皆	充	足	令。	佛	城	中	入,		

以神变故,随彼意乐悉令充足。佛入城时,

32.49.3

[illegible]	[illegible]	[illegible]	[illegible]	[illegible]	[illegible]	[illegible]	[illegible]	[illegible]	[illegible]
zjọ^{2}	ljịj^{2}	·ji^{1}	ŋowr^{2}	ŋowr^{2}	tshọ^{2}	ŋa^{1}	gu^{2}	buu^{2}	thjoo^{1}
时	大	众	一	切	虚	空	中	胜	妙
[illegible]	[illegible],	[illegible]	[illegible]	[illegible]	[illegible]	[illegible]	[illegible],		
ɣiẹ^{2}	mji^{1}	thja^{1}	ɣiẹ^{2}	seew^{2}	tshjiij^{1}	tjị^{2}	mjij^{1}		
音	闻,	彼	音	思	议	△	不,		

一切大众于虚空中闻殊妙声,其声演畅不可思议,

32.49.4

[illegible]	[illegible]	[illegible]	[illegible]	[illegible]	[illegible]	[illegible]	[illegible]	[illegible]	[illegible],
nioow^{1}	tsjɨ^{1}	thja^{1}	ɣiẹ^{2}	mji^{1}	ɣa^{2}	wjɨ^{2}	to^{2}	mjɨ^{1}	nwə^{1}
复	亦	其	音	闻	于	△	出	不	知,
[illegible]	[illegible]	[illegible]	[illegible]	[illegible]	[illegible]	[illegible]	[illegible]:		
·jir^{2}	tụ^{1}	ljaa^{1}	ŋwu^{2}	rjur^{1}	tsjiir^{1}	nẹ^{1}	tshjiij^{1}		
百	千	颂	以	诸	法	演	说:		

亦复不知彼从何出,以百千颂宣说诸法:

汉文本

尔时,月光童子闻说如是最胜之法,欢喜合掌而白佛言:世尊!我于明日欲请如来并诸大众,唯愿

哀愍而受我食。

尔时，世尊知彼童子意乐清净，亦知饶益无量众生，起大慈心，默然受请。是时，童子即从坐起，顶礼佛足，右绕三匝，欢喜还家。与其眷属及诸天、龙、夜叉、罗刹、鸠槃荼等，皆共严饰王舍大城。于四衢道张施彩幔，其幔高广普覆一切，金绳交络，珠缨垂布，师子幡带，金药钩鬘，百千万种而校饰之。复有宝华，其色殊特，丛厕错糅以为华鬘，薝葡迦华鬘、目真邻陀华鬘，如是种种无量无数，于宝帐间周匝垂下，普遍大会一切庄严。又于其下敷诸床座，烧众宝香，毕力迦香、都摩遮香、栴檀、郁金清净悦意，如是种种和合妙香而为供养。复以香水遍洒街道，杂华覆地处处充满。尔时，诸天童女、阿修罗女、摩睺罗女，其数无量，心生欢喜，为欲成就菩提因故，俱来严饰最胜大城。月光童子知是城中普遍严净，食时已到，前白佛言："愿为利益诸众生故，入是城。"

尔时，如来与其大众前入城门，当下足时，城中大地普皆震动，周遍十方百千亿刹悉亦震动。于是时中，盲者能视；苦者得乐，聋者能听，色下劣者得妙好色，无财物者而得财物，无子得子，无衣得衣，无金宝者得诸金宝，无亲属者得诸亲属。若乏一切严身具者，普皆令得严身之具。复有诸鸟，拘枳罗鸟、鹦鹉、孔雀、舍利迦罗，是诸众鸟见如来已，生欢喜心出胜妙音，闻是音者能令意悦。如来复以神通之力，化作无量薝葡迦树，百千众生持彼净华并余妙香，散佛供养。复有百千阿修罗女、摩醯首罗，持赤真珠及栴檀末，于如来上欢喜奉散。阿修罗众及余诸天，执持宝盖，皆是黄金白银之所校饰，于虚空中覆如来上。世尊复以神变之力，化作无量栴檀香树、百千金刚树、宝器、衣服，如是等树无量无边，珍宝庄严，华叶繁茂，一切众生福德之果而共成熟。微风吹动最胜妙香，流溢普遍无量佛土，百千众生俱持散佛。如是无量情与非情，皆是如来神通道力之所变化。若有希求以神变故，随彼意乐悉令充足。佛入城时，一切大众于虚空中闻殊妙声，其声演畅不可思议，亦复不知彼从何出，以百千颂宣说诸法：

32.49.5

[illegible]	[illegible]	[illegible]	[illegible]	[illegible]	[illegible]	[illegible]，	[illegible]	[illegible]	[illegible]
tśhjɨ1	dzjɨj1	rjur1	pju̱1	we2	·o2	zjo̱2	ŋa1	gu2	ɣie̱2
尔	时	世	尊	城	入	时，	空	中	音
[illegible]	[illegible]	[illegible]	[illegible]，						
to2	thjɨ2	sju2	tshjiij1						
出	此	如	说，						

尔时世尊方入城，空中有声如是说，

32.49.6

[illegible]	[illegible]	[illegible]	[illegible]	[illegible]	[illegible]	[illegible]，	[illegible]	[illegible]	[illegible]
lej2	sji1	bju2	ŋa1	mjij1	tsjij2	ku1	źjɨr1	tsjiir1	lja̱1
贪	尽	边	空	寂	知	故，	实	法	证
[illegible]	[illegible]	[illegible]	[illegible]。						
po1	tjɨj1	rjir1	·jɨ1						

菩 提 得 谓。

了贪尽边常空寂,证其实性得菩提。

32.50.1

[illegible]

tśhjɨ^1 dzjɨj^1 rjur^1 pjụ^1 we^2 ·o^2 zjọ^2 ŋa^1 gu^2 ɣiẹ^2

尔 时 世 尊 城 入 时, 空 中 音

[illegible]

to^2 thjɨ^2 sju^2 tshjiij^1

出 此 如 说,

尔时世尊方入城,空中有声如是说,

32.50.2

[illegible]

lẹj^2 wee^1 bju^2 ŋa^1 mjij^1 tsjij^2 ku^1 źjɨr^1 tsjiir^1 ljạ^1

贪 生 边 空 寂 知 故, 实 法 证

[illegible]

po^1 tjɨj^1 rjir^1 ·jɨ^1

菩 提 得 谓。

了贪生边常空寂,证其实性得菩提。

32.50.3

[illegible]

tśhjɨ^1 dzjɨj^1 rjur^1 pjụ^1 we^2 ·o^2 zjọ^2 ŋa^1 gu^2 ɣiẹ^2

尔 时 世 尊 城 入 时, 空 中 音

[illegible]

to^2 thjɨ^2 sju^2 tshjiij^1

出 此 如 说。

尔时世尊方入城,空中有声如是说,

32.50.4

[illegible]

lẹj^{2} bju^{2} ljow^{2} ŋa^{1} mjij^{1} tsjij^{2} ku^{1} źjɨr^{1} tsjiir^{1} ljạ^{1}

贪 边 际 空 寂 知 故， 实 法 证

[illegible] [illegible] [illegible] [illegible]。

po^{1} tjɨj^{1} rjir^{1} ·jɨ^{1}

菩 提 得 谓。

了贪边际常空寂，证其实性得菩提。

32.50.5

[illegible] [illegible] [illegible] [illegible] [illegible] [illegible] [illegible]， [illegible] [illegible] [illegible]

tśhjɨ^{1} dzjɨj^{1} rjur^{1} pjụ^{1} we^{2} ·o^{2} zjọ^{2} ŋa^{1} gu^{2} ɣiẹ^{2}

尔 时 世 尊 城 入 时， 空 中 音

[illegible] [illegible] [illegible] [illegible]，

to^{2} thjɨ^{2} sju^{2} tshjiij^{1}

出 此 如 说，

尔时世尊方入城，空中有声如是说，

32.50.6

[illegible] [illegible] [illegible] [illegible] [illegible] [illegible] [illegible]， [illegible] [illegible] [illegible]

lẹj^{2} mjij^{1} sej^{1} ŋa^{1} mjij^{1} tsjij^{2} ku^{1} źjɨr^{1} tsjiir^{1} ljạ^{1}

贪 寂 静 空 寂 知 故， 实 法 证

[illegible] [illegible] [illegible] [illegible]。

po^{1} tjɨj^{1} rjir^{1} ·jɨ^{1}

菩 提 得 谓。

了贪寂静常空寂，证其实性得菩提。

32.51.1

[illegible] [illegible] [illegible] [illegible] [illegible] [illegible] [illegible]， [illegible] [illegible] [illegible]

tśhjɨ^{1} dzjɨj^{1} rjur^{1} pjụ^{1} we^{2} ·o^{2} zjọ^{2} ŋa^{1} gu^{2} ɣiẹ^{2}

尔 时 世 尊 城 入 时， 空 中 音

[illegible] [illegible] [illegible] [illegible]，

to^{2} thjɨ^{2} sju^{2} tshjiij^{1}

出 此 如 说，

尔时世尊方入城,空中有声如是说,

32.51.2

lẹj² dźiə² dźiej² ŋa¹ mjij¹ tsjij² ku¹ źjɨr¹ tsjiir¹ ljạ¹

贪 流 转 空 寂 知 故, 实 法 证

po¹ tjɨj¹ rjir¹ ·jɨ¹

菩 提 得 谓。

了贪流转常空寂,证其实性得菩提。

32.51.3

tśhjɨ¹ dzjɨj¹ rjur¹ pjụ¹ we² ·o² zjọ² ŋa¹ gu² ɣiẹ²

尔 时 世 尊 城 入 时, 空 中 音

to² thjɨ² sju² tshjiij¹

出 此 如 说,

尔时世尊方入城,空中有声如是说,

32.51.4

lẹj² mji¹ dju¹ ŋa¹ mjij¹ tsjij² ku¹ źjɨr¹ tsjiir¹ ljạ¹

贪 不 有 空 寂 知 故, 实 法 证

po¹ tjɨj¹ rjir¹ ·jɨ¹

菩 提 得 谓。

了贪无有常空寂,证其实性得菩提。

32.51.5

tśhjɨ¹ dzjɨj¹ rjur¹ pjụ¹ we² ·o² zjọ² ŋa¹ gu² ɣiẹ²

尔 时 世 尊 城 入 时， 空 中 音

[illegible] [illegible] [illegible] [illegible]，

to^{2} thjɨ^{2} sju^{2} tshjiij^{1}

出 此 如 说，

尔时世尊方入城，空中有声如是说，

32.51.6

[illegible] [illegible] [illegible] [illegible] [illegible] [illegible] [illegible]， [illegible] [illegible] [illegible]

lẹj^{2} wee^{1} mjij^{1} ŋa^{1} mjij^{1} tsjij^{2} ku^{1} źjɨr^{1} tsjiir^{1} ljạ^{1}

贪 生 无 空 寂 知 故， 实 法 证

[illegible] [illegible] [illegible] [illegible]。

po^{1} tjɨj^{1} rjir^{1} ·jɨ^{1}

菩 提 得 谓。

了贪无生常空寂，证其实性得菩提。

32.52.1

[illegible] [illegible] [illegible] [illegible] [illegible] [illegible] [illegible]， [illegible] [illegible] [illegible]

tśhjɨ^{1} dzjɨj^{1} rjur^{1} pjụ^{1} we^{2} ·o^{2} zjọ^{2} ŋa^{1} gu^{2} ɣiẹ^{2}

尔 时 世 尊 城 入 时， 空 中 音

[illegible] [illegible] [illegible] [illegible]，

to^{2} thjɨ^{2} sju^{2} tshjiij^{1}

出 此 如 说，

尔时世尊方入城，空中有声如是说，

32.52.2

[illegible] [illegible] [illegible] [illegible] [illegible] [illegible] [illegible]， [illegible] [illegible] [illegible]

lẹj^{2} mjij^{1} dzjar^{2} ŋa^{1} mjij^{1} tsjij^{2} ku^{1} źjɨr^{1} tsjiir^{1} ljạ^{1}

贪 寂 灭 空 寂 知 故， 实 法 证

[illegible] [illegible] [illegible] [illegible]。

po^{1} tjɨj^{1} rjir^{1} ·jɨ^{1}

菩 提 得 谓。

了贪寂灭常空寂，证其实性得菩提。

32.52.3

tshja̱^{1} lə^{2} kwow^{2} ɣja^{2} nioow^{1} zjɨ̱^{1} sew^{1} la̱^{1} ljoor^{1} ·jij^{1}

瞋 痴 忿 覆 及 嫉 狂, 虚 伪 己

bji̱j^{1} mjɨ^{1} gjiw^{1} khwe̱j^{1}

高 不 恭 憍,

瞋痴忿覆并嫉诳,谄曲贡高憍慢忱,

32.52.4

tśji̱^{1} śioo^{1} dzjar^{2} tśja^{1} nioow^{1} dźiã^{2} tśhju^{1} zjɨ̱^{1} zji^{1} zjɨ̱^{1}

苦 集 灭 道 及 众 生, 童 男 童

mji̱j^{1} nioow^{1} sji^{2} dzjwo^{2}

女 及 妇 人,

苦集灭道及有情,童男童女并妇女,

32.52.5

goor^{1} kiej^{2} ·jur^{1} khjij^{1} nioow^{1} tśhjiw^{1} tśhji^{2} tśhjiw^{1} lhjɨ^{2} ljɨɨr^{1}

丈 夫 养 育 及 六 根, 六 尘 四

ljij^{2} tsjiṟ^{2} da̱^{2} war^{2}

大 性 事 物,

丈夫养育兼六根,六尘四大性事物,

32.52.6

rjur^{1} kha^{1} tśji̱^{1} ŋur^{1} kie̱j^{2} rjur^{1} wee^{1} mə^{2} ɣie̱^{2} mjiij^{2}

世 间 苦 蕴 界 世 生, 音 声 名

[illegible] [illegible] [illegible] [illegible]。

nji^{2} tsjɨ^{1} thjɨ^{2} sju^{2}

等 亦 此 如。

世间苦蕴界世生,音声名等亦如是。

32.53.1

[illegible] [illegible] [illegible] [illegible] [illegible] [illegible] [illegible], [illegible] [illegible] [illegible]

tsjiir^{1} njij^{2} zji^{2} thjoo^{1} ɣiẹ^{2} nẹ^{1} tshjiij^{1} dźiã^{2} tśhju^{1} ŋowr^{2}

法 王 最 妙 音 演 说, 众 生 一

[illegible] [illegible] [illegible] [illegible],

ŋowr^{2} zji^{2} njiij^{1} ljɨ̣j^{2}

切 皆 欢 喜,

法王演说微妙音,一切众生悉欢喜,

32.53.2

[illegible] [illegible] [illegible] [illegible] [illegible] [illegible] [illegible], [illegible] [illegible] [illegible]

rjur^{1} mə^{1} rjur^{1} dzjwo^{2} gu^{2} mji^{1} nioow^{1} mjor^{1} ljịj^{2} ·ụ^{2}

诸 天 世 人 共 闻 后, 如 来 乘

[illegible] [illegible] [illegible] [illegible]。

ɣa^{2} dźjiij^{1} dzu^{1} ŋwe^{1}

于 住 爱 乐。

诸天世人共闻已,乐欲住于如来乘。

32.53.3

[illegible] [illegible] [illegible] [illegible] [illegible] [illegible] [illegible], [illegible] [illegible] [illegible]

tśhjɨ^{1} dzjɨ̣j^{1} rjur^{1} pjụ^{1} we^{2} ·o^{2} zjọ^{2} ŋa^{1} gu^{2} ɣiẹ^{2}

尔 时 世 尊 城 入 时, 空 中 音

[illegible] [illegible] [illegible] [illegible],

to^{2} thjɨ^{2} sju^{2} tshjiij^{1}

出 此 如 说,

尔时世尊方入城,空中有声如是说,

32.53.4

tha1 mjii1 ɣie1 ɣa2 na1 dzu1 ŋwe1 mjii1 ɣie1 nioow1
佛 施 力 于 深 爱 乐， 施 力 因

po1 tjɨj1 ljạ1 ·jɨ1
菩 提 证 谓。

佛于施力深爱乐，由施力故证菩提。

32.53.5

tśhjɨ1 dzjɨj1 rjur1 pjụ1 we2 ·o2 zjọ2 ŋa1 gu2 ɣiẹ2
尔 时 世 尊 城 入 时， 空 中 音

to2 thjɨ2 sju2 tshjiij1
出 此 如 说，

尔时世尊方入城，空中有声如是说，

32.53.6

tha1 kie1 sej1 ɣa2 na1 dzu1 ŋwe1 kie1 sej1 ɣie1
佛 戒 净 于 深 爱 乐， 戒 净 力

nioow1 dwewr2 ljạ1 ·jɨ1
因 觉 证 谓。

佛于净戒深爱乐，由净戒力证菩提。

32.54.1

tśhjɨ1 dzjɨj1 rjur1 pjụ1 we2 ·o2 zjọ2 ŋa1 gu2 ɣiẹ2
尔 时 世 尊 城 入 时， 空 中 音

[illegible]	[illegible]	[illegible]	[illegible]，
to^{2}	thjɨ^{2}	sju^{2}	tshjiij^{1}
出	此	如	说，

尔时世尊方入城，空中有声如是说，

32.54.2

[illegible]	[illegible]	[illegible]	[illegible]	[illegible]	[illegible]	[illegible]，	[illegible]	[illegible]	[illegible]
tha^{1}	pjo^{1}	zeew^{2}	ɣa^{2}	na^{1}	dzu^{1}	ŋwe^{1}	pjo^{1}	zeew^{2}	ɣie^{1}
佛	忍	辱	于	深	爱	乐，	忍	辱	力
[illegible]	[illegible]	[illegible]	[illegible]。						
nioow^{1}	dwewr^{2}	lja̱^{1}	·jɨ^{1}						
因	觉	证	云。						

佛于忍辱深爱乐，由忍辱力证菩提。

32.54.3

[illegible]	[illegible]	[illegible]	[illegible]	[illegible]	[illegible]	[illegible]，	[illegible]	[illegible]	[illegible]
tśhjɨ^{1}	zjo̱^{2}	rjur^{1}	pju̱^{1}	we^{2}	·o^{2}	zjo̱^{2}	ŋa^{1}	gu^{2}	ɣie̱^{2}
尔	时	世	尊	城	入	时，	空	中	音
[illegible]	[illegible]	[illegible]	[illegible]，						
to^{2}	thjɨ^{2}	sju^{2}	tshjiij^{1}						
出	此	如	说，						

尔时世尊方入城，空中有声如是说，

32.54.4

[illegible]	[illegible]	[illegible]	[illegible]	[illegible]	[illegible]	[illegible]，	[illegible]	[illegible]	[illegible]
tha^{1}	khu^{1}	dźjij^{1}	ɣa^{2}	na^{1}	dzu^{1}	ŋwe^{1}	khu^{1}	dźjij^{1}	ɣie^{1}
佛	进	精	于	深	爱	乐，	进	精	力
[illegible]	[illegible]	[illegible]	[illegible]。						
nioow^{1}	dwewr^{2}	lja̱^{1}	·jɨ^{1}						
因	觉	证	云。						

佛于精进深爱乐，由精进力证菩提。

32.54.5

□ □ □ □ □ □ □， □ □ □

tśhjɨ^{1} dzjɨj^{1} rjur^{1} pjụ^{1} we^{2} ·o^{2} zjọ^{2} ŋa^{1} gu^{2} ɣiẹ^{2}

尔 时 世 尊 城 入 时， 空 中 音

□ □ □ □，

to^{2} thjɨ^{2} sju^{2} tshjiij^{1}

出 此 如 说，

尔时世尊方入城，空中有声如是说，

32.54.6

□ □ □ □ □ □ □， □ □ □

tha^{1} śjã^{1} djɨj^{2} ɣa^{2} na^{1} dzu^{1} ŋwe^{1} śjã^{1} djɨj^{2} ɣie^{1}

佛 禅 定 于 深 爱 乐， 禅 定 力

□ □ □ □。

nioow^{1} dwewr^{2} ljạ^{1} ·jɨ^{1}

因 觉 证 谓。

佛于禅定深爱乐，由禅定力证菩提。

32.55.1

□ □ □ □ □ □ □， □ □ □

tśhjɨ^{1} dzjɨj^{1} rjur^{1} pjụ^{1} we^{2} ·o^{2} zjọ^{2} ŋa^{1} gu^{2} ɣiẹ^{2}

尔 时 世 尊 城 入 时， 空 中 音

□ □ □ □，

to^{2} thjɨ^{2} sju^{2} tshjiij^{1}

出 此 如 说，

尔时世尊方入城，空中有声如是说，

32.55.2

□ □ □ □ □ □ □， □ □ □

tha^{1} sjịj^{2} źjɨr^{1} ɣa^{2} na^{1} dzu^{1} ŋwe^{1} sjịj^{2} źjɨr^{1} ɣie^{1}

佛 智 慧 于 深 爱 乐， 智 慧 力

□	□	□	□。
nioow^{1}	dwewr^{2}	lja̦^{1}	·jɨ^{1}
因	觉	证	云。

佛于智慧深爱乐，由智慧力证菩提。

32.55.3

□	□	□	□	□	□	□，	□	□	□
mee^{2}	mjijr^{2}	ljo^{1}	tśhja^{2}	sji̦j^{2}	dźjiij^{1}	ɣie^{1}	tśier^{1}	·ju^{2}	tsə̣^{1}
神	通	福	德	智	住	力，	方	便	色
□	□	□	□，						
ɣie^{1}	mjiij^{2}	dźjwow^{1}	ɣie^{1}						
力	名	称	力，						

神通福德智住力，方便色力名称力，

32.55.4

□	□	□	□	□	□	□，	□	□	□
sjwɨj^{1}	·jiw^{1}	nioow^{1}	wjɨ̣^{1}	sej^{1}	njiij^{1}	mji^{1}	mjii^{1}	bju^{1}	śjij^{1}
业	因	缘	友	净	信	闻，	施	相	应
□	□	□	□，						
ɣie^{1}	mjij^{1}	sej^{1}	ɣie^{1}						
力	寂	静	力，						

业因缘友净信闻，施相应力寂静力，

32.55.5

□	□	□	□	□	□	□，	□	□	□
·jar^{2}	·jar^{2}	źjɨr^{1}	bju^{2}	dźjar^{2}	neew^{2}	ɣie^{1}	le^{2}	ka^{2}	njiij^{1}
调	伏	实	际	谛	善	力，	畏	绝	欢
□	□	□	□，						
ljɨj^{2}	gji̦j^{1}	dzu^{1}	ŋwe^{1}						
喜	利	爱	乐，						

调伏实际谛善力，所畏欢喜利爱乐，

32.55.6

njij² wjuu¹ de² dźjiir¹ zeew² źji¹ mjij¹, ŋa¹ ·jij¹ mjij¹

慈 悲 喜 舍 忍 恼 无, 空 相 无

njɨ² tsjɨ¹ thjɨ² sju²

等 亦 此 如。

慈悲喜舍忍无恼,空无相等亦如是。

32.56.1

ɣa² ɣie¹ śjɨj² wə¹ mə¹ kha¹ pju¹, tśhja² ·ioow¹ mjiij²

十 力 圣 主 天 中 尊, 功 德 名

dźjwow¹ ŋwer¹ dźjwɨ¹ mjij¹

扬 等 量 无,

十力圣主天中尊,功德名闻无等量,

32.56.2

buu² we² ·u² ·o² bji² lej² zjo², rjur¹ dźiā² tśhju¹

胜 城 中 入 步 踏 时, 诸 众 生

jij¹ mjii² ɣie² wji¹

于 饶 益 为。

当入胜城初下足,广为饶益诸众生。

32.56.3

njwo² so¹ dju¹ kha¹ sej¹ sjwɨj¹ djo², rjur¹ mə¹ ·ji¹

昔 三 有 中 净 业 修, 诸 天 众

[illegible]	[illegible]	[illegible]	[illegible]，
jij^{1}	neew^{2}	dźjɨ$^{?}$	ljịj^{1}
之	善	行	长，

昔于三有修净业，增长诸天众善行，

32.56.4

[illegible]	[illegible]	[illegible]	[illegible]	[illegible]	[illegible]	[illegible]，	[illegible]	[illegible]	[illegible]
rjur^{1}	kha^{1}	ŋowr^{2}	ŋowr^{2}	zji^{2}	bjuu^{1}	dzjwɨ̣^{1}	ŋa^{2}	thjɨ^{2}	tshjiij^{1}
世	间	一	切	皆	恭	敬，	我	此	说
[illegible]	[illegible]	[illegible]	[illegible]。						
mji^{1}	zji^{2}	njiij^{1}	ljɨj^{2}						
闻	皆	欢	喜。						

一切世间普宗仰，闻我此说咸欢喜。

32.56.5

[illegible]	[illegible]	[illegible]	[illegible]	[illegible]	[illegible]	[illegible]，	[illegible]	[illegible]	[illegible]
mjor^{1}	ljịj^{2}	we^{2}	·o^{2}	bji^{2}	lej^{2}	zjọ^{2}	dzjwɨ̣^{1}	mjii^{1}	ljịj^{2}
如	来	城	入	步	踏	时，	城	邑	大
[illegible]	[illegible]	[illegible]	[illegible]，						
ljɨ^{2}	zji^{2}	saar^{2}	mju^{2}						
地	皆	震	动，						

如来入城当下足，城邑大地皆震动，

32.56.6

[illegible]	[illegible]	[illegible]	[illegible]	[illegible]	[illegible]	[illegible]，	[illegible]	[illegible]	[illegible]
zji^{2}	rjur^{1}	pjụ^{1}	jij^{1}	sej^{1}	bji^{1}	ljij^{2}	to^{2}	zji^{2}	sjuu^{1}
皆	世	尊	之	净	光	见，	悉	皆	仰
[illegible]	[illegible]	[illegible]	[illegible]。						
pạ^{2}	njiij^{1}	ljɨj^{2}	śjwo^{1}						
渴	欢	喜	生。						

咸睹世尊清净光，靡不渴仰生欣跃。

32.57.1

[illegible]						，			
rjur^1	pjụ^1	we^2	·o^2	wạ^2	mjii^2	ɣie^2	dzjwo^2	mə^1	ljịj^2
世	尊	城	入	广	饶	益，	人	天	大
[illegible]			，						
·ji^1	zji^2	njiij^1	ljɨ̣j^2						
众	皆	心	喜，						

世尊入城广饶益，人天大众心欢喜，

32.57.2

[illegible]						，			
ljɨ̣^{2}	nioow^1	ŋa^1	dźjij^1	sọ^1	dju^1	kha^1	zji^2	mjor^1	ljịj^2
地	及	空	行	三	有	中，	皆	如	来
[illegible]			。						
·jow^2	no^2	njwi^2	·jɨ^1						
赞	安	善	谓。						

地及空行三有中，皆叹如来善安乐。

32.57.3

[illegible]						，			
rjur^1	pjụ^1	rewr^2	dźiej^2	ljɨ̣^{2}	tśhjaa^1	lej^2	sej^1	bji^1	njɨ^2
世	尊	足	轮	地	上	踩，	净	光	普
[illegible]			，						
swew^1	dju^1	mjij^2	djij^2						
照	有	未	曾，						

世尊足轮初按地，净光普照未曾有，

32.57.4

[illegible]						，			
neew^2	rjijr^1	we^2	·u^2	thjoo^1	ɣiẹ^2	to^2	·ji^1	we^1	ŋa^1
善	马	城	中	妙	音	出，	众	鸟	空

[illegible] [illegible] [illegible] [illegible]。

gu² zji² njiij¹ ljɨ̣j²

中 皆 心 喜。

善马城中出妙声，众鸟于空亦欢喜。

32.57.5

[illegible] [illegible] [illegible] [illegible] [illegible] [illegible] [illegible]， [illegible] [illegible] [illegible]

nioow¹ tsjɨ¹ gji¹ sej¹ sji² dzjwo² ·ji¹ khjɨ¹ lạ¹ khjwɨ¹

复 亦 清 净 女 人 众， 手 足 腕

[illegible] [illegible] [illegible] [illegible]，

tśiə² nioow¹ ·jɨr² rer²

钏 及 璎 珞，

复有清净女人众，手足环钏及璎鬘，

32.57.6

[illegible] [illegible] [illegible] [illegible] [illegible] [illegible] [illegible]， [illegible] [illegible] [illegible]

thjɨ² sju² mə² mə² ljɨ̣¹ ljuu² tshjịj² mji¹ tsjụ¹ ·jij¹

此 如 种 种 宝 严 庄， 不 击 自

[illegible] [illegible] [illegible] [illegible]。

zji² thjoo¹ ɣiẹ² to²

最 妙 音 出。

如是种种宝庄严，不击自生微妙响。

32.58.1

[illegible] [illegible] [illegible] [illegible] [illegible] [illegible] [illegible]， [illegible] [illegible] [illegible]

·jij¹ twụ¹ dźjwɨ¹ gu² ·jow² ljwu² wji¹ buu² gjuu² rjur¹

自 各 互 共 赞 庆 为， 胜 吉 祥

[illegible] [illegible] [illegible] [illegible]，

jij¹ thwuu¹ ɣiẹ² ·jow²

于 同 声 赞，

各各互来相庆美，同声共叹胜吉祥，

32.58.2

[illegible] [illegible] [illegible] [illegible] [illegible] [illegible] [illegible]， [illegible] [illegible] [illegible]

rjur^{1} tśhji^{2} mji^{1} ŋowr^{2} dzjɨ^{1} ŋowr^{2} rjir^{1} zji^{2} tha^{1} jij^{1}

诸 根 不 全 齐 全 得， 皆 佛 之

[illegible] [illegible] [illegible] [illegible]。

buu^{2} gjij^{1} mjaa^{1} rjir^{1}

胜 殊 果 得。

聋盲残缺得诸根，皆是如来殊胜果。

32.58.3

[illegible] [illegible] [illegible] [illegible] [illegible] [illegible] [illegible]， [illegible] [illegible] [illegible]

rjur^{1} pjụ^{1} we^{2} ·o^{2} zji^{2} ljwu^{2} de^{2} dzjwo^{2} mə^{1} wjạ^{1}

世 尊 城 入 皆 庆 悦， 人 天 花

[illegible] [illegible] [illegible] [illegible]，

lju^{2} kjụ^{1} tshwew^{1} wji^{1}

散 供 养 为，

世尊入城咸庆悦，天人散华以供养，

32.58.4

[illegible] [illegible] [illegible] [illegible] [illegible] [illegible] [illegible]， [illegible] [illegible] [illegible]

ŋa^{1} gu^{2} zji^{2} njɨ^{2} thjoo^{1} ɣiẹ^{2} to^{2} mjɨ^{1} pjụ^{1} rjur^{1}

空 中 普 遍 妙 音 出， 无 量 诸

[illegible] [illegible] [illegible] [illegible]。

mə^{1} ljịj^{2} njiij^{1} ljɨ̣j^{2}

天 大 欢 喜。

普遍空中出妙声，无量诸天大欢喜。

32.58.5

[illegible] [illegible] [illegible] [illegible] [illegible] [illegible] [illegible]， [illegible] [illegible] [illegible]

nioow^{1} ljɨr^{2} phjɨ^{1} mjijr^{2} rjur^{1} dźiã^{2} tśhju^{1} be^{1} ɣạ^{2} tjịj^{1}

复 念 失 者 诸 众 生， 狂 乱 除

[illegible] [illegible] [illegible] [illegible]，
dzjar2 dźjwɨ1 gu2 ljwu2
灭 相 共 庆，

复有失念诸众生，狂乱已除相庆慰，

32.58.6

[illegible] [illegible] [illegible] [illegible]① [illegible] [illegible] [illegible]，[illegible] [illegible] [illegible]
sji2 dzjwo2 khjɨ1 ljɨɨ1 kjạ1 njiij1 śjwo1 bji1 ber2 tśjị1
女 人 足 重 畏 心 生，光 蒙 苦
[illegible] [illegible] [illegible] [illegible]。
ka2 no2 rejr2 rjir1
离 安 乐 得。

女人怀妊生忧惧，蒙光离苦得安乐。

32.59.1

[illegible] [illegible] [illegible] [illegible] [illegible] [illegible] [illegible]，[illegible] [illegible] [illegible]
tjij1 bjuu1 ·ju1 dźjij2 rjur1 goor1 sji2 thja2 jij1 tśior1
或 惭 愧 有 诸 男 女，其 于 垢
[illegible] [illegible] [illegible] [illegible]，
laa1 ka2 tsjiir1 tshjiij1
染 离 法 说，

或有惭愧诸男女，为说离于垢染法，

32.59.2

[illegible] [illegible] [illegible] [illegible] [illegible] [illegible] [illegible]，[illegible] [illegible] [illegible]
zji2 njiij1 ljɨ̣j2 gji1 sej1 njiij1 śjwo1 zji2 buu2 mo2
皆 欢 喜 清 净 心 生，最 胜 牟
[illegible] [illegible] [illegible] [illegible]。
dźji1 rewr2 jij1 tshwew1
尼 足 于 礼。

① [illegible][illegible]，字面意思“足重”，此对译汉文“怀妊”。

皆生欢喜清净心，顶礼最胜牟尼足。

32.59.3

[illegible]	[illegible]	[illegible]	[illegible]	[illegible]	[illegible]	[illegible]，	[illegible]	[illegible]	[illegible]
tśhioow1	mjor1	ljịj2	zji2	phju2	tśja1	kjụ1	tśhioow1	dźiã2	tsjij2
或	如	来	无	上	道	求，	或	菩	萨
[illegible]	[illegible]	[illegible]	[illegible]，						
ɣiẹ2	mji1	·ụ2	kjụ1						
声	闻	乘	求，						

或求如来无上道，或求菩萨声闻乘，

32.59.4

[illegible]	[illegible]	[illegible]	[illegible]	[illegible]	[illegible]	[illegible]，	[illegible]	[illegible]①	[illegible]
zji2	phju2	tśja1	thã1	we2	·u2	·o2	pjụ1	?	bio̱1
无	上	旃	檀	城	中	入，	尊	容	瞻
[illegible]	[illegible]	[illegible]	[illegible]。						
·juu1	zji2	njiij1	ljɨj2						
仰	皆	欢	喜。						

犹入最胜栴檀城，瞻仰尊容自欣庆。

32.59.5

[illegible]	[illegible]	[illegible]	[illegible]	[illegible]	[illegible]	[illegible]，	[illegible]	[illegible]	[illegible]
tha1	źjɨr1	tsjij1	dźjɨ?	nwə1	tsjij2	njwi2	rjur1	kha1	bju1
佛	慧	他	行	了	知	善，	世	间	随
[illegible]	[illegible]	[illegible]	[illegible]，						
śjij1	mjii2	ɣie2	tshjiij1						
顺	饶	益	说，						

佛慧善了于他行，随顺世间作饶益，

32.59.6

[illegible]	[illegible]	[illegible]	[illegible]	[illegible]	[illegible]	[illegible]，	[illegible]	[illegible]	[illegible]

① [illegible]，当“[illegible]”形近之误。按，[illegible] laa1（污），通“[illegible]”laa1（容）。

buu²	tsjiir¹	war²	dźiã²	tsjij²	jij¹	khjow¹	phju²	thjoo¹	kiwej²
胜	法	财	菩	萨	于	与，	上	妙	珍
[illegible]	[illegible]	[illegible]	[illegible]。						
ljɨ̣¹	dźiã²	jij¹	mjii¹						
宝	众	于	施。						

殊胜法财与菩萨,上妙珍宝施众生。

汉文本

尔时世尊方入城,空中有声如是说,了贪尽边常空寂,证其实性得菩提。
尔时世尊方入城,空中有声如是说,了贪生边常空寂,证其实性得菩提。
尔时世尊方入城,空中有声如是说,了贪边际常空寂,证其实性得菩提。
尔时世尊方入城,空中有声如是说,了贪寂静常空寂,证其实性得菩提。
尔时世尊方入城,空中有声如是说,了贪流转常空寂,证其实性得菩提。
尔时世尊方入城,空中有声如是说,了贪无有常空寂,证其实性得菩提。
尔时世尊方入城,空中有声如是说,了贪无生常空寂,证其实性得菩提。
尔时世尊方入城,空中有声如是说,了贪寂灭常空寂,证其实性得菩提。
瞋痴忿覆并嫉诳,谄曲贡高憍慢忧,苦集灭道及有情,童男童女并妇女,
丈夫养育兼六根,六尘四大性事物,世间苦蕴界世生,音声名等亦如是。
法王演说微妙音,一切众生悉欢喜,诸天世人共闻已,乐欲住于如来乘。
尔时世尊方入城,空中有声如是说,佛于施力深爱乐,由施力故证菩提。
尔时世尊方入城,空中有声如是说,佛于净戒深爱乐,由净戒力证菩提。
尔时世尊方入城,空中有声如是说,佛于忍辱深爱乐,由忍辱力证菩提。
尔时世尊方入城,空中有声如是说,佛于精进深爱乐,由精进力证菩提。
尔时世尊方入城,空中有声如是说,佛于禅定深爱乐,由禅定力证菩提。
尔时世尊方入城,空中有声如是说,佛于智慧深爱乐,由智慧力证菩提。
神通福德智住力,方便色力名称力,业因缘友净信闻,施相应力寂静力,
调伏实际谛善力,所畏欢喜利爱乐,慈悲喜舍忍无恼,空无相等亦如是。
十力圣主天中尊,功德名闻无等量,当入胜城初下足,广为饶益诸众生。
昔于三有修净业,增长诸天众善行,一切世间普宗仰,闻我此说咸欢喜。
如来入城当下足,城邑大地皆震动,咸睹世尊清净光,靡不渴仰生欣跃。
世尊入城广饶益,人天大众心欢喜,地及空行三有中,皆叹如来善安乐。
世尊足轮初按地,净光普照未曾有,善马城中出妙声,众鸟于空亦欢喜。
复有清净女人众,手足环钏及璎鬘,如是种种宝庄严,不击自生微妙响。
各各互来相庆美,同声共叹胜吉祥,聋盲残缺得诸根,皆是如来殊胜果。
世尊入城咸庆悦,天人散华以供养,普遍空中出妙声,无量诸天大欢喜。

复有失念诸众生，狂乱已除相庆慰，女人怀妊生忧惧，蒙光离苦得安乐。
或有惭愧诸男女，为说离于垢染法，皆生欢喜清净心，顶礼最胜牟尼足。
或求如来无上道，或求菩萨声闻乘，犹入最胜栴檀城，瞻仰尊容自欣庆。
佛慧善了于他行，随顺世间作饶益，殊胜法财与菩萨，上妙珍宝施众生。

32.60.1

[illegible]	[illegible]	[illegible]	[illegible]	[illegible]，	[illegible]	[illegible]	[illegible]	[illegible]	[illegible]，
rjur^1	pju̧^{1}	we^2	·o^2	zjo̧^{2}	ŋa^1	gu^2	thjɨ^2	sju^2	tshjiij^1
世	尊	城	入	时，	空	中	此	如	说，
[illegible]	[illegible]	[illegible]	[illegible]	[illegible]，					
mej^1	sji^1	bju^2	dzu^1	ku^1					
眼	尽	边	爱	故，					

世尊当入城，空中如是说，若爱眼尽边，

32.60.2

[illegible]	[illegible]	[illegible]	[illegible]	[illegible]。	[illegible]	[illegible]	[illegible]	[illegible]	[illegible]，
tha^1	jij^1	bjuu^1	njwi^2	·jɨ^1	rjur^1	pju̧^{1}	we^2	·o^2	zjo̧^{2}
佛	于	重	能	谓。	世	尊	城	入	时，
[illegible]	[illegible]	[illegible]	[illegible]	[illegible]，					
ŋa^1	gu^2	thjɨ^2	sju^2	tshjiij^1					
空	中	此	如	说，					

于佛能尊重。世尊当入城，空中如是说，

32.60.3

[illegible]	[illegible]	[illegible]	[illegible]	[illegible]，	[illegible]	[illegible]	[illegible]	[illegible]	[illegible]。
mej^1	sji^1	bju^2	dzu^1	ku^1	tha^1	jij^1	dźiej^2	śjwo^1	·jɨ^1
眼	尽	边	爱	故，	佛	于	信	生	谓。
[illegible]	[illegible]	[illegible]	[illegible]	[illegible]，					
mej^1	sji^1	bju^2	dzu^1	ku^1					
眼	尽	边	爱	故，					

若爱眼尽边，于佛生净信。若爱眼尽边，

32.60.4

[illegible]	[illegible]	[illegible]	[illegible]	[illegible]，	[illegible]	[illegible]	[illegible]	[illegible]	[illegible]，

tha^{1} mji^{1} ljiij^{2} dźiej^{2} rjir^{1} mej^{1} sji^{1} bju^{2} bio̱^{1} nioow^{1}

佛 不 坏 信 得， 眼 尽 边 观 由，

[illegible] [illegible] [illegible] [illegible] [illegible]。

sej^{1} dźiej^{2} twẹ^{2} mji^{1} bja^{2}

净 信 续 不 断。

得佛不坏信，于净信相续，由观眼尽边。

32.60.5

[illegible] [illegible] [illegible] [illegible] [illegible]， [illegible] [illegible] [illegible] [illegible] [illegible]，

mej^{1} sji^{1} bju^{2} dzu^{1} ku^{1} tsjiir^{1} mji^{1} ljiij^{2} dźiej^{2} rjir^{1}

眼 尽 边 爱 故， 法 不 坏 信 得，

[illegible] [illegible] [illegible] [illegible] [illegible]，

mej^{1} sji^{1} bju^{2} bio̱^{1} nioow^{1}

眼 尽 边 观 由，

若爱眼尽边，得法不坏信，于净信相续，

32.60.6

[illegible] [illegible] [illegible] [illegible] [illegible]。 [illegible] [illegible] [illegible] [illegible] [illegible]，

sej^{1} dźiej^{2} twẹ^{2} mji^{1} bja^{2} mej^{1} sji^{1} bju^{2} dzu^{1} ku^{1}

净 信 续 不 断。 眼 尽 边 爱 故，

[illegible] [illegible] [illegible] [illegible] [illegible]，

sẽ^{1} mji^{1} ljiij^{2} dźiej^{2} rjir^{1}

僧 不 坏 信 得，

由观眼尽边。若爱眼尽边，得僧不坏信，

32.61.1

[illegible] [illegible] [illegible] [illegible] [illegible]， [illegible] [illegible] [illegible] [illegible] [illegible]。

mej^{1} sji^{1} bju^{2} bio̱^{1} nioow^{1} sej^{1} dźiej^{2} twẹ^{2} mji^{1} bja^{2}

眼 尽 边 观 由， 净 信 续 不 断。

[illegible] [illegible] [illegible] [illegible] [illegible]，

mej^{1} sji^{1} bju^{2} dzu^{1} ku^{1}

眼 尽 边 爱 故，

于净信相续，由观眼尽边。若爱眼尽边，

32.61.2

[illegible]	[illegible]	[illegible]	[illegible]	[illegible]，	[illegible]	[illegible]	[illegible]	[illegible]	[illegible]，
kie^{1}	rjir^{1}	lhjwi^{1}	zjịj^{1}	mjij^{1}	mej^{1}	sji^{1}	bju^{2}	bio̱^{1}	nioow^{1}
戒	得	取	著	无，	眼	尽	边	观	由，
[illegible]	[illegible]	[illegible]	[illegible]	[illegible]。					
kie^{1}	sej^{1}	twẹ^{2}	mji^{1}	bja^{2}					
戒	净	续	不	断。					

得戒无取著，于净戒相续，由观眼尽边。

32.61.3

[illegible]	[illegible]	[illegible]	[illegible]	[illegible]，	[illegible]	[illegible]	[illegible]	[illegible]	[illegible]，
mej^{1}	sji^{1}	bju^{2}	dzu^{1}	ku^{1}	niow^{2}	tshwew^{1}	lẹj^{2}	kiẹj^{2}	ka^{2}
眼	尽	边	爱	故，	恶	趣	贪	欲	离，
[illegible]	[illegible]	[illegible]	[illegible]	[illegible]，					
mej^{1}	sji^{1}	bju^{2}	bio̱^{1}	nioow^{1}					
眼	尽	边	观	由，					

若爱眼尽边，离恶趣贪欲，舍离贪相续，

32.61.4

[illegible]	[illegible]	[illegible]	[illegible]	[illegible]。	[illegible]	[illegible]	[illegible]	[illegible]	[illegible]，
lẹj^{2}	dźjɨɨr^{1}	ka^{2}	twẹ^{2}	twẹ^{2}	mej^{1}	sji^{1}	bju^{2}	dzu^{1}	ku^{1}
贪	舍	离	相	续。	眼	尽	边	爱	故，
[illegible]	[illegible]	[illegible]	[illegible]	[illegible]，					
niow^{2}	tshwew^{1}	tshjạ^{1}	kwow^{2}	ka^{2}					
恶	趣	瞋	忿	离，					

由观眼尽边。若爱眼尽边，离恶趣瞋恚，

32.61.5

[illegible]	[illegible]	[illegible]	[illegible]	[illegible]，	[illegible]	[illegible]	[illegible]	[illegible]	[illegible]。
mej^{1}	sji^{1}	bju^{2}	bio̱^{1}	nioow^{1}	lẹj^{2}	dźjɨɨr^{1}	ka^{2}	twẹ^{2}	twẹ^{2}

眼 尽 边 观 由， 贪 舍 离 相 续。

[illegible]

mej^{1} sji^{1} bju^{2} dzu^{1} ku^{1}

眼 尽 边 爱 故，

舍离瞋相续，由观眼尽边。若爱眼尽边，

32.61.6

[illegible]

niow^{2} tshwew^{1} wẹ^{1} lə^{2} ka^{2} mej^{1} sji^{1} bju^{2} bio̱^{1} nioow^{1}

恶 趣 愚 痴 离， 眼 尽 边 观 由，

[illegible]

lẹj^{2} tshjạ^{1} ka^{2} twẹ^{2} twẹ^{2}

贪 瞋 离 相 续。

离恶趣愚痴，舍离痴相续，由观眼尽边。

32.62.1

[illegible]

mej^{1} sji^{1} bju^{2} dzu^{1} ku^{1} po^{1} tjɨj^{1} sjịj^{2} ɣa^{2} dźjiij^{1}

眼 尽 边 爱 故， 菩 提 智 于 住，

[illegible]

mej^{1} sji^{1} bju^{2} bio̱^{1} nioow^{1}

眼 尽 边 观 由，

若爱眼尽边，则住菩提智，菩提智相续，

32.62.2

[illegible]

po^{1} tjɨj^{1} sjịj^{2} twẹ^{2} twẹ^{2} mjɨ^{1} njɨ^{2} mej^{1} wee^{1} bju^{2}

菩 提 智 相 续。 乃 至 眼 生 边，

[illegible]

bju^{2} ljow^{2} nioow^{1} dźiə^{2} dźiej^{2}

边 际 及 流 转，

由观眼尽边。乃至眼生边，边际及流转，

32.62.3

mjij[1]	sej[1]	nioow[1]	mji[1]	dju[1]	wee[1]	mjij[1]	nioow[1]	mjij[1]	dzjar[2]
寂	静	及	不	有,	生	无	及	寂	灭。
thjɨ[2]	sju[2]	njɨ[2]	rjur[1]	ɣa[1]					
此	如	等	诸	门,					

寂静并无有,无生将寂灭。如是等诸门,

32.62.4

zji[2]	mej[1]	sji[1]	sju[2]	tshjiij[1]	mej[1]	sji[1]	bju[2]	dzu[1]	ku[1]
皆	眼	尽	如	说。	眼	尽	边	爱	故,
thja[1]	·ju[2]	·jiw[2]	ljɨ̣j[1]	mjij[1]					
彼	常	疑	惑	无,					

皆同眼尽说。若爱眼尽边,彼常无疑惑,

32.62.5

·jiw[2]	ljɨ̣j[1]	mjij[1]	nioow[1]	ku[1]	xja[1]	tha[1]	mee[2]	mjijr[2]	rjir[1]
疑	惑	无	因	故,	即	佛	神	通	得。
mej[1]	wee[1]	bju[2]	dzu[1]	ku[1]					
眼	生	边	爱	故,					

以无疑惑故,即得佛神通。若爱眼生边,

32.62.6

thja[1]	·ju[2]	·jiw[2]	ljɨ̣j[1]	mjij[1]	·jiw[2]	ljɨ̣j[1]	mjij[1]	nioow[1]	ku[1]
彼	常	疑	惑	无,	疑	惑	无	因	故,

[illegible]	[illegible]	[illegible]	[illegible]	[illegible]。
xja^{1}	tha^{1}	mee^{2}	mjijr^{2}	rjir^{1}
即	佛	神	通	得。

彼常无疑惑,以无疑惑故,即得佛神通。

32.63.1

[illegible]	[illegible]	[illegible]	[illegible]	[illegible],	[illegible]	[illegible]	[illegible]	[illegible]	[illegible],
mej^{1}	bju^{2}	ljow^{2}	dzu^{1}	ku^{1}	thja^{1}	·ju^{2}	·jiw^{2}	ljɨj^{1}	mjij^{1}
眼	边	际	爱	故,	彼	常	疑	惑	无,
[illegible]	[illegible]	[illegible]	[illegible]	[illegible],					
·jiw^{2}	ljɨj^{1}	mjij^{1}	nioow^{1}	ku^{1}					
疑	惑	无	因	故,					

若爱眼边际,彼常无疑惑,以无疑惑故,

32.63.2

[illegible]	[illegible]	[illegible]	[illegible]	[illegible]。	[illegible]	[illegible]	[illegible]	[illegible]	[illegible],
xja^{1}	tha^{1}	mee^{2}	mjijr^{2}	rjir^{1}	mej^{1}	dźiə^{2}	dźiej^{2}	dzu^{1}	ku^{1}
即	佛	神	通	得。	眼	流	转	爱	故,
[illegible]	[illegible]	[illegible]	[illegible]	[illegible],					
thja^{1}	·ju^{2}	·jiw^{2}	ljɨj^{1}	mjij^{1}					
彼	常	疑	惑	无,					

即得佛神通。若爱眼流转,彼常无疑惑,

32.63.3

[illegible]	[illegible]	[illegible]	[illegible]	[illegible],	[illegible]	[illegible]	[illegible]	[illegible]	[illegible]。
·jiw^{2}	ljɨj^{1}	mjij^{1}	nioow^{1}	ku^{1}	xja^{1}	tha^{1}	mee^{2}	mjijr^{2}	rjir^{1}
疑	惑	无	因	故,	即	佛	神	通	得。
[illegible]	[illegible]	[illegible]	[illegible]	[illegible],					
mej^{1}	mjij^{1}	sej^{1}	dzu^{1}	ku^{1}					
眼	寂	静	爱	故,					

以无疑惑故,即得佛神通。若爱眼寂静,

32.63.4

[illegible]	[illegible]	[illegible]	[illegible]	[illegible],	[illegible]	[illegible]	[illegible]	[illegible]	[illegible],
$thja^1$	$\cdot ju^2$	$\cdot jiw^2$	$lj\text{ɨ}j^1$	$mjij^1$	$\cdot jiw^2$	$lj\text{ɨ}j^1$	$mjij^1$	$nioow^1$	ku^1
彼	常	疑	惑	无,	疑	惑	无	因	故,
[illegible]	[illegible]	[illegible]	[illegible]	[illegible]。					
xja^1	tha^1	mee^2	$mjijr^2$	$rjir^1$					
即	佛	神	通	得。					

彼常无疑惑,以无疑惑故,即得佛神通。

32.63.5

[illegible]	[illegible]	[illegible]	[illegible]	[illegible],	[illegible]	[illegible]	[illegible]	[illegible]	[illegible],
mej^1	wee^1	$mjij^1$	dzu^1	ku^1	$thja^1$	$\cdot ju^2$	$\cdot jiw^2$	$lj\text{ɨ}j^1$	$mjij^1$
眼	生	无	爱	故,	彼	常	疑	惑	无,
[illegible]	[illegible]	[illegible]	[illegible]	[illegible],					
$\cdot jiw^2$	$lj\text{ɨ}j^1$	$mjij^1$	$nioow^1$	ku^1					
疑	惑	无	因	故,					

若爱眼无生,彼常无疑惑,以无疑惑故,

32.63.6

[illegible]	[illegible]	[illegible]	[illegible]	[illegible]。	[illegible]	[illegible]	[illegible]	[illegible]	[illegible],
xja^1	tha^1	mee^2	$mjijr^2$	$rjir^1$	mej^1	mji^1	dju^1	dzu^1	ku^1
即	佛	神	通	得。	眼	不	有	爱	故,
[illegible]	[illegible]	[illegible]	[illegible]	[illegible],					
$thja^1$	$\cdot ju^2$	$\cdot jiw^2$	$lj\text{ɨ}j^1$	$mjij^1$					
彼	常	疑	惑	无,					

即得佛神通。若爱眼无有,彼常无疑惑,

32.64.1

[illegible]	[illegible]	[illegible]	[illegible]	[illegible],	[illegible]	[illegible]	[illegible]	[illegible]	[illegible]。
$\cdot jiw^2$	$lj\text{ɨ}j^1$	$mjij^1$	$nioow^1$	ku^1	xja^1	tha^1	mee^2	$mjijr^2$	$rjir^1$
疑	惑	无	以	故,	即	佛	神	通	得。

mej1	mjij1	dzjar2	dzu1	ku1
眼	寂	灭	爱	故，

以无疑惑故，即得佛神通。若爱眼寂灭，

32.64.2

thja1	·ju2	·jiw2	ljɨ̣j1	mjij1	·jiw2	ljɨ̣j1	mjij1	nioow1	ku1
彼	常	疑	惑	无，	疑	惑	无	因	故，
xja1	tha1	mee2	mjijr2	rjir1					
即	佛	神	通	得。					

彼常无疑惑，以无疑惑故，即得佛神通。

32.64.3

nju1	njii2	lhjwa1	ljụ2	njiij1	tsə̣1	ɣiẹ2	lji2	wjị1	tsjụ1
耳	鼻	舌	身	心，	色	声	香	味	触，
mjɨ1	njɨ2	mə2	ɣiẹ2	mjiij2					
乃	至	音	声	名，					

耳鼻舌身心，色声香味触，乃至音声名，

32.64.4

ŋowr2	ŋowr2	zji2	thjɨ2	sju2	mej1	wee1	bju2	mjij1	nwə1
一	切	皆	此	如。	眼	生	边	无	知，
bju2	mjij1	sjịj2	gu1	śjwo1					
边	无	智	发	起，					

一切皆如是。知眼生无边，发起无边智，

32.64.5

sjịj^{2} bju^{2} mjij^{1} nioow^{1} ku^{1} thjɨ^{2} tsjiir^{1} tshjiij^{1} thjɨ^{2} sju^{2}

智 边 无 因 故, 此 法 说 此 如。

mej^{1} sji^{1} bju^{2} mjij^{1} nwə^{1}

眼 尽 边 无 知,

以智无边故,说此法亦然。知眼尽无边,

32.64.6

mej^{1} ɣa^{2} ɣiẹ^{2} lụ^{2} mjij^{1} ɣiẹ^{2} lụ^{2} mjij^{1} nioow^{1} ku^{1}

眼 于 障 碍 无, 障 碍 无 因 故,

tha^{1} ɣiẹ^{2} mjij^{1} sjịj^{2} rjir^{1}

佛 碍 无 智 得。

于眼无障碍,以无障碍故,得佛无碍智。

32.65.1

nju^{1} njii^{2} lhjwa^{1} ljụ^{2} njiij^{1} tsə̣^{1} ɣiẹ^{2} lji^{2} wji^{1} tsjụ^{1}

耳 鼻 舌 身 心, 色 声 香 味 触,

mjɨ^{1} njɨ^{2} mə^{2} ɣiẹ^{2} mjiij^{2}

乃 至 音 声 名,

耳鼻舌身心,色声香味触,乃至音声名,

32.65.2

ŋowr^{2} ŋowr^{2} zji^{2} thjɨ^{2} sju^{2} rjur^{1} pjụ^{1} we^{2} ·o^{2} zjọ^{2}

一 切 皆 此 如。 世 尊 城 入 时,

[illegible]	[illegible]	[illegible]	[illegible]	[illegible]，
·jir^{2}	tụ^{1}	dźiã^{2}	tśhju^{1}	djịj^{1}
百	千	众	生	类，

一切皆如是。世尊入城时，百千众生类，

32.65.3

[illegible]	[illegible]	[illegible]	[illegible]	[illegible]，	[illegible]	[illegible]	[illegible]	[illegible]	[illegible]。
ŋa^{1}	gu^{2}	tsjiir^{1}	ɣiẹ^{2}	mji^{1}	tha^{1}	tśhja^{2}	ɣa^{2}	·jiw^{2}	mjij^{1}
空	中	法	音	闻，	佛	德	于	疑	无。
[illegible]	[illegible]	[illegible]	[illegible]	[illegible]，					
lẹj^{2}	kiẹj^{2}	kjɨ^{1}	gu^{1}	śjwo^{1}					
贪	欲	虽	发	生，					

闻空声说法，于佛德无疑。或虽起贪欲，

32.65.4

[illegible]	[illegible]	[illegible]	[illegible]	[illegible]，	[illegible]	[illegible]	[illegible]	[illegible]	[illegible]，
tha^{1}	sjịj^{2}	ɣa^{2}	mji^{1}	ljiij^{2}	tśhioow^{1}	tsjɨ^{1}	lẹj^{2}	kiẹj^{2}	śjwo^{1}
佛	智	于	不	坏，	或	亦	贪	欲	起，
[illegible]	[illegible]	[illegible]	[illegible]	[illegible]。					
tha^{1}	jij^{1}	tśhja^{2}	·ioow^{1}	lhjo^{1}					
佛	之	德	功	失。					

于佛智不坏，或有起贪欲，退失佛功德。

32.65.5

[illegible]	[illegible]	[illegible]	[illegible]	[illegible]，	[illegible]	[illegible]	[illegible]	[illegible]	[illegible]，
tśhioow^{1}	lẹj^{2}	kiẹj^{2}	kjɨ^{1}	śjwo^{1}	zji^{2}	phju^{2}	sjịj^{2}	kjụ^{1}	·ju^{2}
或	贪	欲	虽	起，	无	上	智	求	寻，
[illegible]	[illegible]	[illegible]	[illegible]	[illegible]，					
zji^{2}	phju^{2}	sjịj^{2}	kjụ^{1}	·ju^{2}					
无	上	智	求	寻，					

或虽起贪欲,而求无上智①,

32.65.6

[illegible]

mji^1 gu^2 tsjiir^1 ·jɨr^2 djọ^2, ɣiẹ^2 mji^1 ·ụ^2 mji^1 dzu^1。

不 共 法 勤 修, 声 闻 乘 不 爱。

[illegible]

wẹ^1 dzjwo^2 śjã^1 djọ^2 dzjɨɨ^2,

愚 人 禅 修 习,

勤修不共法,不乐声闻乘。愚人修习禅,

32.66.1

[illegible]

śjã^1 djɨj^2 rejr^2 dzu^1 ŋwe^1, buu^2 gjij^1 khwẹj^1 gu^1 śjwo^1,

禅 定 乐 爱 乐, 胜 殊 慢 发 生,

[illegible]

śia^1 mẽ^1 mjaa^1 rjir^2 ·jɨ^1。

沙 门 果 得 谓。

乐于禅定乐,便起增上慢,谓得沙门果。

32.66.2

[illegible]

wẹ^1 dzjwo^2 śjã^1 djọ^2 dzjɨɨ^2, mej^1 sji^1 bju^2 sjịj^2 mjij^1,

愚 人 禅 修 习, 眼 尽 边 智 无,

[illegible]

·jir^2 tụ^1 kja^2 zar^2 tsjɨ^1,

百 千 劫 经 亦,

愚人修习禅,无眼尽边智,设于百千劫,

32.66.3

[illegible]

① 而求无上智,西夏译本重复此句。

tśjo$^{?}$ bie^{2} lhew^{2} mjɨ^{1} njwi^{2} wee^{1} dzu^{1} ŋowr^{2} ŋowr^{2} tja^{1}

终 解 脱 不 能。 生 爱 一 切 者，

[illegible]

thja^{1} kha^{1} zji^{2} laa^{1} zji̧j^{1}

彼 中 皆 染 著，

彼终无解脱。一切受生者，于中皆染著，

32.66.4

[illegible]

wee^{1} ŋa^{1} tsjiir^{1} tsjij^{2} ku^{1} ljij^{2} tja^{1} ·ju^{2} gji^{1} sej^{1}

生 空 法 了 故， 见 者 常 清 净。

[illegible]

tjij^{1} nioow^{1} ljɨɨr^{1} śjã^{1} djo̧^{2}

若 复 四 禅 修，

若了生性空，所见常清净。若复修四禅，

32.66.5

[illegible]

mej^{1} sji^{1} bju^{2} sji̧j^{2} mjij^{1} ·jir^{2} tu̧^{1} kja^{2} zar^{2} tsjɨ^{1}

眼 尽 边 智 无， 百 千 劫 经 亦，

[illegible]

śjã^{1} ɣa^{2} mji^{1} gji^{1} sej^{1}

禅 于 不 清 净。

无眼尽边智，设经百千劫，于禅不清净。

32.66.6

[illegible]

tjij^{1} ka^{1} śio^{1} ɣa^{2} lja̧^{1} sji^{1} bju^{2} lja̧^{1} sji̧j^{2} mjij^{1}

若 等 引 于 证， 尽 边 证 智 无，

[illegible]

sji^{1} lja̧^{1} mjɨ^{1} nwə^{1} ku^{1}

尽 证 不 知 故，

若证于等引,无证尽边智,不知证尽故,

32.67.1

[illegible]	[illegible]	[illegible]	[illegible]	[illegible]。	[illegible]	[illegible]	[illegible]	[illegible]	[illegible],
·ju²	lja̱¹	rar²	kha¹	dźjij¹	tjij¹	sjiij²	ɣa²	zow²	zji̱j¹
常	证	漏	中	行。	若	想	于	执	著,
[illegible]	[illegible]	[illegible]	[illegible]	[illegible],					
sjiij²	sji¹	bju²	sji̱j²	mjij¹					
想	尽	边	智	无,					

常行于证漏。若执著于想,无想尽边智,

32.67.2

[illegible]	[illegible]	[illegible]	[illegible]	[illegible],	[illegible]	[illegible]	[illegible]	[illegible]	[illegible]。
sjiij²	sji¹	mjɨ¹	nwə¹	ku¹	·ju²	sjiij²	rar²	kha¹	dźjij¹
想	尽	不	知	故,	常	想	漏	丁	行。
[illegible]	[illegible]	[illegible]	[illegible]	[illegible],					
tjij¹	rjur¹	kha¹	dzu¹	zji̱j¹					
若	世	间	乐	著,					

不知想尽故,常行于想漏。若乐著世间,

32.67.3

[illegible]	[illegible]	[illegible]	[illegible]	[illegible],	[illegible]	[illegible]	[illegible]	[illegible]	[illegible],
rjur¹	sji¹	bju²	sji̱j²	mjij¹	rjur¹	sji¹	mjɨ¹	nwə¹	ku¹
世	尽	边	智	无,	世	尽	不	知	故,
[illegible]	[illegible]	[illegible]	[illegible]	[illegible]。					
·ju²	rjur¹	rar²	kha¹	dźjij¹					
常	世	漏	中	行。					

无世尽边智,不知世尽故,常行于世漏。

32.67.4

[illegible]	[illegible]	[illegible]	[illegible]	[illegible],	[illegible]	[illegible]	[illegible]	[illegible]	[illegible],
tjij¹	rar²	dju¹	njiij¹	dźjiij¹	njiij¹	sji¹	bju²	sji̱j²	mjij¹

若 漏 有 心 住， 心 尽 边 智 无，

[illegible] [illegible] [illegible] [illegible] [illegible]，

njiij^{1} sji^{1} mjɨ^{1} nwə^{1} ku^{1}

心 尽 不 知 故，

若住有漏心，无心尽边智，不知心尽故，

32.67.5

[illegible] [illegible] [illegible] [illegible] [illegible]。 [illegible] [illegible] [illegible] [illegible] [illegible]，

·ju^{2} njiij^{1} rar^{2} kha^{1} dźjij^{1} tjij^{1} rar^{2} dju^{1} tsjiir^{1} dźjiij^{1}

常 心 漏 中 行。 若 漏 有 法 住，

[illegible] [illegible] [illegible] [illegible] [illegible]，

tsjiir^{1} sji^{1} bju^{2} sjịj^{2} mjij^{1}

法 尽 边 智 无，

常行于心漏。若住有漏法，无法尽边智，

32.67.6

[illegible] [illegible] [illegible] [illegible] [illegible]， [illegible] [illegible] [illegible] [illegible] [illegible]。

tsjiir^{1} sji^{1} mjɨ^{1} nwə^{1} ku^{1} ·ju^{2} tsjiir^{1} rar^{2} kha^{1} dźjij^{1}

法 尽 不 知 故， 常 法 漏 中 行。

[illegible] [illegible] [illegible] [illegible] [illegible]，

tjij^{1} thew^{2} thow^{1} tsjiir^{1} ŋowr^{2}

若 头 陀 法 具，

不知法尽故，常行于法漏。若具头陀法，

32.68.1

[illegible] [illegible] [illegible] [illegible] [illegible]， [illegible] [illegible] [illegible] [illegible] [illegible]，

mej^{1} sji^{1} bju^{2} sjịj^{2} mjij^{1} mej^{1} sji^{1} mjɨ^{1} nwə^{1} ku^{1}

眼 尽 边 智 无， 眼 尽 不 知 故，

[illegible] [illegible] [illegible] [illegible] [illegible]。

źjɨr^{1} thew^{2} thow^{1} ɣiej^{1} njaa^{2}

实 头 陀 真 非。

无眼尽边智，不知眼尽故，非实头陀者。

32.68.2

[Tangut]	[Tangut]	[Tangut]	[Tangut]	[Tangut]，	[Tangut]	[Tangut]	[Tangut]	[Tangut]	[Tangut]，
tsə̣[1]	mji[1]	mjor[1]	kjɨ[1]	gjwi[2]	mej[1]	sji[1]	bju[2]	sjịj[2]	mjij[1]
色	不	实	虽	衣，	眼	尽	边	智	无，
[Tangut]	[Tangut]	[Tangut]	[Tangut]	[Tangut]，					
mej[1]	sji[1]	mjɨ[1]	nwə[1]	ku[1]					
眼	尽	不	知	故，					

虽著坏色衣，无眼尽边智，不知眼尽故，

32.68.3

[Tangut]	[Tangut]	[Tangut]	[Tangut]	[Tangut]。	[Tangut]	[Tangut]	[Tangut]	[Tangut]	[Tangut]，
tsjiir[1]	lhwu[1]	tśhjwi[1]	ɣiej[1]	njaa[2]	ɣiwe[1]	lo	nji[1]	kjɨ[1]	wee[1]
法	衣	穿	实	非。	贵	族	家	虽	生，
[Tangut]	[Tangut]	[Tangut]	[Tangut]	[Tangut]，					
mej[1]	sji[1]	bju[2]	sjịj[2]	mjij[1]					
眼	尽	边	智	无，					

非实应法服。虽生贵族家，无眼尽边智，

32.68.4

[Tangut]	[Tangut]	[Tangut]	[Tangut]	[Tangut]，	[Tangut]	[Tangut]	[Tangut]	[Tangut]	[Tangut]。
mej[1]	sji[1]	mjɨ[1]	nwə[1]	ku[1]	thja[1]	nji[1]	gji[1]	sej[1]	njaa[2]
眼	尽	不	知	故，	其	家	清	净	非。
[Tangut]	[Tangut]	[Tangut]	[Tangut]	[Tangut]，					
wjị[1]	dźjwɨ[1]	kjɨ[1]	rejr[2]	dźjij[2]					
眷	属	虽	多	有，					

不知眼尽故，彼非家清净。虽多畜眷属，

32.68.5

[Tangut]	[Tangut]	[Tangut]	[Tangut]	[Tangut]，	[Tangut]	[Tangut]	[Tangut]	[Tangut]	[Tangut]，
mej[1]	sji[1]	bju[2]	sjịj[2]	mjij[1]	xja[1]	niow[2]	tshwew[1]	kha[1]	khji[1]
眼	尽	边	智	无，	速	恶	趣	中	堕，

□ □ □ □ □。

wjɨ̣[1] dźjwɨ[1] gjuu[2] mjɨ[1] njwi[2]

卷 属 救 不 能。

无眼尽边智，速堕恶趣中，眷属无能救。

32.68.6

□ □ □ □ □，□ □ □ □ □，

ɣiẹ[2] bju[1] ljɨ̣[1] kjɨ[1] tsjij[2] mej[1] sji[1] bju[2] sjịj[2] mjij[1]

声 明 论 虽 了，眼 尽 边 智 无，

□ □ □ □ □，

mej[1] sji[1] bju[2] mjɨ[1] nwə[1]

眼 尽 边 不 知，

虽善声明论，无眼尽边智，不知眼尽边，

32.69.1

□ □ □ □ □。□ □ □ □ □，

ɣiẹ[2] bju[1] tsjij[2] mjijr[2] njaa[2] rjur[1] kjiɨr[1] ɣjɨr[1] kjɨ[1] njwi[2]

声 明 了 者 非。诸 工 巧 虽 善，

□ □ □ □ □，

mej[1] sji[1] bju[2] sjịj[2] mjij[1]

眼 尽 边 智 无，

非达声明者。虽善诸工巧，无眼尽边智，

32.69.2

□ □ □ □ □，□ □ □ □ □。

mej[1] sji[1] mjɨ[1] nwə[1] ku[1] kjiɨr[1] ɣjɨr[1] mjijr[2] ɣiej[1] njaa[2]

眼 尽 不 知 故，工 巧 者 真 非。

□ □ □ □ □，

rejr[2] zjịj[2] ·jɨr dạ[2] ɣa[2]

多 多 问 言 于，

不知眼尽故，彼非工巧者。虽于多问难，

32.69.3

[illegible]	[illegible]	[illegible]	[illegible]	[illegible],	[illegible]	[illegible]	[illegible]	[illegible]	[illegible],
lew1	dji2	ŋwu2	wạ2	tshjiij1	mej1	sji1	bju2	sjịj2	mjij1
一	字	以	广	说,	眼	尽	边	智	无,
[illegible]	[illegible]	[illegible]	[illegible]	[illegible]。					
wo2	bju1	tshjiij1	ɣiej1	njaa2					
义	随	说	真	非。					

一字广分别,无眼尽边智,彼非随义说。

32.69.4

[illegible]	[illegible]	[illegible]	[illegible]	[illegible],	[illegible]	[illegible]	[illegible]	[illegible]	[illegible],
sjịj2	mjijr2	tshjiij1	kjɨ1	ɣiew1	dwuu2	nwə1	dwuu2	mjɨ1	nwə1
智	者	说	虽	学,	密	知	密	不	知,
[illegible]	[illegible]	[illegible]	[illegible]	[illegible],					
mej1	sji1	bju2	sjịj2	mjij1					
眼	尽	边	智	无,					

虽学智者说,不知密非密①,无眼尽边智,

32.69.5

[illegible]	[illegible]	[illegible]	[illegible]	[illegible]。	[illegible]	[illegible]	[illegible]	[illegible]	[illegible],
tsjiir1	ɣa2	rjir1	lew2	mjij1	rjur1	ljɨ̣1	nioow1	rjur1	tsjiir1
法	于	得	所	无。	世	论	及	诸	法,
[illegible]	[illegible]	[illegible]	[illegible]	[illegible],					
mə2	mə2	dạ2	kjɨ1	tsjij2					
种	种	言	虽	了,					

于法无所得。虽了种种言,世论及诸法,

32.69.6

[illegible]	[illegible]	[illegible]	[illegible]	[illegible],	[illegible]	[illegible]	[illegible]	[illegible]	[illegible],
mej1	sji1	bju2	sjịj2	mjij1	dzjọ1	dzjwo2	lə?	na1	·jijr1

① 不知密非密,西夏文作"[illegible]"(不知密知密),疑误。

眼 尽 边 智 无， 如 人 壑 深 坠，

[illegible] [illegible] [illegible] [illegible] [illegible]①。

dẹj^{2} lhjụ^{2} śiew^{1} zow^{2} sju^{2}

苗 竹 枝 持 如。

无眼尽边智，如坠险攀藤。

32.70.1

[illegible] [illegible] [illegible] [illegible] [illegible]， [illegible] [illegible] [illegible] [illegible] [illegible]，

ɣiẹ^{2} bju^{1} zji^{2} nwə^{1} tsjij^{2} gjuu^{2} ljiij^{2} ·jij^{1} seew^{2} ·juu^{1}

声 明 皆 知 了， 吉 凶 相 察 看，

[illegible] [illegible] [illegible] [illegible] [illegible]，

·jwɨr^{2} dji^{2} nioow^{1} we^{2} bju^{1}

文 字 及 切 韵，

虽善于声明，推步吉凶相，及文字音韵，

32.70.2

[illegible] [illegible] [illegible] [illegible] [illegible]。 [illegible] [illegible] [illegible] [illegible] [illegible]，

do^{1} tshjɨɨ^{1} zji^{2} kjɨ^{1} tsjij^{2} mej^{1} sji^{1} bju^{2} mjɨ^{1} nwə^{1}

读 诵 皆 虽 了。 眼 尽 边 不 知，

[illegible] [illegible] [illegible] [illegible] [illegible]，

thja^{1} njɨ^{2} tśjo$^{?}$ sjij^{2} mjij^{1}

彼 等 终 智 无，

读诵皆穷了。不知眼尽边，彼等终无智，

32.70.3

[illegible] [illegible] [illegible] [illegible] [illegible]， [illegible] [illegible] [illegible] [illegible] [illegible]。

sji^{2} dzjwo^{2} jij^{1} swew^{1} ·jij^{1} dow^{1} dạ^{2} ljɨj^{1} lhạ^{2} phji^{1}

女 人 于 明 相， 邪 言 迷 惑 令。

[illegible] [illegible] [illegible] [illegible]② [illegible]，

dźjwɨ^{1} tsjụ^{1} mji^{1} tjɨ^{2} tsjiir^{1}

---

① 西夏文此句意为“如人坠深壑，攀持苗竹枝”，汉文本作“如坠险攀藤”。

② [illegible][illegible][illegible][illegible]，按摩蠲劳。西夏字面作“相触不疲”，即汉文之“按摩去除疲劳”意。

相 触 躅 劳 法,

虽明女人相,邪语令迷惑。按摩躅劳法,

32.70.4

[illegible]

dwuu^{2} mjijr^{2} dzji^{1} kjɨ^{1} tsjij^{2} mej^{1} sji^{1} bju^{2} mjɨ^{1} nwə^{1}

密 幻 术 虽 了, 眼 尽 边 不 知,

[illegible]

thja^{1} njɨ^{2} tśjo$^{?}$ sji̥j^{2} mjij^{1}

彼 等 智 终 无。

秘密之幻术,不知眼尽边,彼等终无智。

32.70.5

[illegible]

·jir^{2} mə^{2} tsjiir^{1} nẹ^{1} tshjiij^{1} lew^{1} dji^{2} kjɨ^{1} mji^{1} phjɨ^{1}

百 种 法 演 说, 一 字 虽 不 失,

[illegible]

mej^{1} sji^{1} bju^{2} mjɨ^{1} nwə^{1}

眼 尽 边 不 知,

虽演说百宗,一字无遗失,不知眼尽边,

32.70.6

[illegible]

tshjiij^{1} tshjiij^{1} tśjo$^{?}$ ɣie^{2} mjij^{1} thjɨ^{2} sju^{2} mej^{1} wee^{1} bju^{2}

说 说 终 义 无。 此 如 眼 生 边,

[illegible]

bju^{2} ljow^{2} nioow^{1} dźiə^{2} dźiej^{2}

边 际 与 流 转,

所说终无义。如是眼生边,边际与流转,

32.71.1

[illegible]

mjɨ¹ njɨ² mjij¹ dzjar² ɣa² to² zji² thja¹ wjɨ² sju²

乃 至 寂 灭 与， 皆 皆 彼 △ 如。

□ □ □ □ □，

nju¹ njii² lhjwa¹ ljụ² njiij¹

耳 鼻 舌 身 心，

乃至于寂灭，当知亦复然。耳鼻舌身心，

32.71.2

□ □ □ □ □， □ □ □ □ □，

tsə̣¹ ɣiẹ² lji² wjị¹ tsjụ¹ mjɨ¹ njɨ² mə² ɣiẹ² mjiij²

色 声 香 味 触， 乃 至 音 声 名，

□ □ □ □ □。

ŋowr² ŋowr² zji² thjɨ² sju²

一 切 皆 此 如。

色声香味触，乃至音声名，一切皆如是。

32.71.3

□ □① □ □ □， □ □ □ □ □，

ɣiẹ² swew¹ ljɨ̣¹ do¹ tshjɨɨ¹ wo² tshwew¹ zji² kjɨ¹ tsjij²

声 明 论 读 诵， 义 趣 皆 虽 了，

□ □ □ □ □，

mej¹ sji¹ bju² mjɨ¹ nwə¹

眼 尽 边 不 知，

虽读诵声论，而悉了其义，不知眼尽边，

32.71.4

□ □ □ □ □。 □ □ □ □ □，

thja¹ tśjo? bji² dźju² we² ljɨɨr¹ we¹ thow¹ do¹ tshjɨɨ¹

彼 终 下 劣 为。 四 围 陀 读 诵，

□ □ □ □ □，

① □ swew¹，明。此为粘贴纸条上校改之字，原文作“□”swew¹（照）。

khwaa^{1} tsjiir^{1} zji^{2} kjɨ^{1} tsjij^{2}

咒 法 皆 虽 了,

彼终为下劣。虽诵四围陀,及咒皆通利,

32.71.5

[illegible] [illegible] [illegible] [illegible] [illegible], [illegible] [illegible] [illegible] [illegible] [illegible]。

mej^{1} sji^{1} bju^{2} mjɨ^{1} nwə^{1} thja^{1} tśjo$^{?}$ bji^{2} dźju^{2} we^{2}

眼 尽 边 不 知, 彼 终 下 劣 为。

[illegible] [illegible] [illegible] [illegible] [illegible],

thjɨ^{2} sju^{2} mej^{1} wee^{1} bju^{2}

此 如 眼 生 边,

不知眼尽边,彼终为下劣。如是眼生边,

32.71.6

[illegible] [illegible] [illegible] [illegible] [illegible], [illegible] [illegible] [illegible] [illegible] [illegible],

bju^{2} ljow^{2} nioow^{1} dźiə^{2} dźiej^{2} mjɨ^{1} njɨ^{2} mjij^{1} sej^{1} ɣa^{2}

边 际 与 流 转, 乃 至 寂 静 与,

[illegible] [illegible] [illegible] [illegible] [illegible]。

to^{2} zji^{2} thja^{1} wjɨ^{2} sju^{2}

皆 皆 彼 △ 如。

边际与流转,乃至于寂静,当知亦复然。

32.72.1

[illegible] [illegible] [illegible] [illegible] [illegible], [illegible] [illegible] [illegible] [illegible] [illegible],

nju^{1} njii^{2} lhjwa^{1} ljụ^{2} njiij^{1} tsə̣^{1} ɣiẹ^{2} lji^{2} wjị^{1} tsjụ^{1}

耳 鼻 舌 身 心, 色 声 香 味 触,

[illegible] [illegible] [illegible] [illegible] [illegible],

mjɨ^{1} njɨ^{2} mə^{2} ɣiẹ^{2} mjiij^{2}

乃 至 音 声 名,

耳鼻舌身心,色声香味触,乃至音声名,

32.72.2

[illegible] [illegible] [illegible] [illegible] [illegible]。

ŋowr[2]	ŋowr[2]	zji[2]	thjɨ[2]	sju[2]
一	切	皆	此	如。

一切皆如是。

32.72.3

[illegible]	[illegible]	[illegible]	[illegible]	[illegible]	[illegible]	[illegible]	[illegible]	[illegible]	[illegible]	[illegible]
ljịj[2]	ljɨ̣[1]	tśiow[1]	lwər[2]	lhejr[2]	?	sọ[1]	ɣạ[2]	njɨɨ[1]	tsew[2]	pə[1]
大	宝	积	经	契	卷	三	十	二	第	矿

《大宝积经》卷第三十二矿①

汉文本

世尊当入城,空中如是说,若爱眼尽边,于佛能尊重。

世尊当入城,空中如是说,若爱眼尽边,于佛生净信。

若爱眼尽边,得佛不坏信,于净信相续,由观眼尽边。

若爱眼尽边,得法不坏信,于净信相续,由观眼尽边。

若爱眼尽边,得僧不坏信,于净信相续,由观眼尽边。

若爱眼尽边,得戒无取著,于净戒相续,由观眼尽边。

若爱眼尽边,离恶趣贪欲,舍离贪相续,由观眼尽边。

若爱眼尽边,离恶趣瞋恚,舍离瞋相续,由观眼尽边。

若爱眼尽边,离恶趣愚痴,舍离痴相续,由观眼尽边。

若爱眼尽边,则住菩提智,菩提智相续,由观眼尽边。

乃至眼生边,边际及流转,寂静并无有,无生将寂灭。

如是等诸门,皆同眼尽说,若爱眼尽边,彼常无疑惑,以无疑惑故,即得佛神通。

若爱眼生边,彼常无疑惑,以无疑惑故,即得佛神通。

若爱眼边际,彼常无疑惑,以无疑惑故,即得佛神通。

若爱眼流转,彼常无疑惑,以无疑惑故,即得佛神通。

若爱眼寂静,彼常无疑惑,以无疑惑故,即得佛神通。

若爱眼无生,彼常无疑惑,以无疑惑故,即得佛神通。

若爱眼无有,彼常无疑惑,以无疑惑故,即得佛神通。

若爱眼寂灭,彼常无疑惑,以无疑惑故,即得佛神通。

耳鼻舌身心,色声香味触,乃至音声名,一切皆如是。

① 矿,汉文本无。此据西夏文帙号“[illegible]”译。

知眼生无边,发起无边智,以智无边故,说此法亦然。
知眼尽无边,于眼无障碍,以无障碍故,得佛无碍智。
耳鼻舌身心,色声香味触,乃至音声名,一切皆如是。
世尊入城时,百千众生类,闻空声说法,于佛德无疑。
或虽起贪欲,于佛智不坏,或有起贪欲,退失佛功德。
或虽起贪欲,而求无上智,勤修不共法,不乐声闻乘。
愚人修习禅,乐于禅定乐,便起增上慢,谓得沙门果。
愚人修习禅,无眼尽边智,设于百千劫,彼终无解脱。
一切受生者,于中皆染著,若了生性空,所见常清净。
若复修四禅,无眼尽边智,设经百千劫,于禅不清净。
若证于等引,无证尽边智,不知证尽故,常行于证漏。
若执著于想,无想尽边智,不知想尽故,常行于想漏。
若乐著世间,无世尽边智,不知世尽故,常行于世漏。
若住有漏心,无心尽边智,不知心尽故,常行于心漏。
若住有漏法,无法尽边智,不知法尽故,常行于法漏。
若具头陀法,无眼尽边智,不知眼尽故,非实头陀者。
虽著坏色衣,无眼尽边智,不知眼尽故,非实应法服。
虽生贵族家,无眼尽边智,不知眼尽故,彼非家清净。
虽多畜眷属,无眼尽边智,速堕恶趣中,眷属无能救。
虽善声明论,无眼尽边智,不知眼尽边,非达声明者。
虽善诸工巧,无眼尽边智,不知眼尽故,彼非工巧者。
虽于多问难,一字广分别,无眼尽边智,彼非随义说。
虽学智者说,不知密非密,无眼尽边智,于法无所得。
虽了种种言,世论及诸法,无眼尽边智,如坠险攀藤。
虽善于声明,推步吉凶相,及文字音韵,读诵皆穷了。
不知眼尽边,彼等终无智。虽明女人相,邪语令迷惑。
按摩蠲劳法,秘密之幻术,不知眼尽边,彼等终无智。
虽演说百宗,一字无遗失,不知眼尽边,所说终无义。
如是眼生边,边际与流转,乃至于寂灭,当知亦复然。
耳鼻舌身心,色声香味触,乃至音声名,一切皆如是。
虽读诵声论,而悉了其义,不知眼尽边,彼终为下劣。
虽诵四围陀,及咒皆通利,不知眼尽边,彼终为下劣。
如是眼生边,边际与流转,乃至于寂静,当知亦复然。
耳鼻舌身心,色声香味触,乃至音声名,一切皆如是。
《大宝积经》卷第三十二

西夏文《大宝积经》

·卷三十三·

《出现光明会》第十一之四整理与研究

内容和版本介绍

《大宝积经·出现光明会》主要讲述佛在耆阇崛山，与五百比丘，八十那由他补处菩萨，及四十那由他大士俱。月光童子问佛昔修何业，能得决定光明等一切光明。佛以偈答，先五言偈，答光音；次七言偈，答光用；次四言偈，说月光本事；次七言偈，明爱乐此经不爱乐此经差别，及显受持功德；次五言偈，明昔求经之行，及悬知未来之事；次明八十种善根资粮成就，出现光明；复有八十种法，能成如来无碍解脱。月光偈赞发愿，世尊微笑放光。弥勒偈赞广问，世尊摩月光顶，说偈付嘱。月光请佛受食，佛入城时，现大神变，空中宣百千颂，广说妙法，及说咒二章。既受供已，为说行施资粮，有八十种殊胜功德，次说欲成陀罗尼者，应当远离八十种人。（明智旭:《阅藏知津》卷二《大乘经藏·方等部》之《大宝积经》）

《大宝积经》共 49 会，其中 26 会 39 卷为菩提流志新译，译成时间在唐神龙二年（706 年）至玄宗先天二年（713 年）。《出现光明会》即此 26 会新译经之一，共 5 卷，纳入《大宝积经》第十一会，包括《大宝积经》卷三十至卷三十四。《出现光明会》第十一之四主要内容包括弥勒菩萨转以七言，续偈赞问佛；世尊摩月光顶，说偈付嘱讲最胜之法；月光请佛受食，佛入城时，现大神变，空中宣百千颂，先以七言、后转五言，广说妙法。

西夏文《出现光明会》第十一之四见《大宝积经》卷三十三，俄藏编号 инв. № 444、445，皆经折装；另有写本梵夹装 инв. № 7377。《俄藏黑水城文献》所刊为 инв. № 444，每折 6 行，足行 21 字。内容完整，共 46 折。此卷号经名之下所署帙号为“粮”，与其他诸卷所署“𗧓”不同，当为另一帙号系统。这里的释读以《大正藏》第 310 号《大宝积经》卷三十二之汉文本进行对勘。

文本释读

33.1.1

[illegible]①

ljịj^{2} ljɨ^{1} tśiow^{1} lwər^{2} lhejr^{2} ? sọ^{1} ɣạ^{2} sọ^{1} tsew^{2} pə^{1}

大 宝 积 经 契 卷 三 十 三 第 首

《大宝积经》卷第三十三

33.1.2

[illegible]

bji^{1} swew^{1} to^{2} śja^{2} ljwu^{2} ɣạ^{2} lew^{1} tsew^{2} ·jij ljɨɨr^{1}

光 明 出 现 会 十 一 第 之 四

《出现光明会》第十一之四

33.1.3

[illegible]

rjur^{1} pjụ^{1} we^{2} ·o^{2} zjọ^{2} mjɨ^{1} pjụ^{1} rjur^{1} dźiã^{2} tśhju^{1} ŋa^{1} gu^{2} dạ^{2} mji^{1}

世 尊 城 入 时， 无 量 诸 众 生， 空 中 言 闻

[illegible]

nioow^{1} mej^{1} sji^{1} bju^{2} sjịj^{2} rjir^{2}

因， 眼 尽 边 智 得。

世尊入城时，无量诸众生，闻空中所说，得眼尽边智。

33.1.4

[illegible]

rjur^{1} pjụ^{1} we^{2} ·o^{2} zjọ^{2} mjɨ^{1} pjụ^{1} rjur^{1} dźiã^{2} tśhju^{1} ŋa^{1} gu^{2} dạ^{2} mji^{1}

世 尊 城 入 时， 无 量 诸 众 生， 空 中 言 闻

[illegible]

① [illegible]，首。西夏文帙号。

nioow^{1} mej^{1} ·jij^{1} tsjir̠^{2} sji^{1} dźjwa^{1}

因, 眼 自 性 毕 竟,

世尊入城时,无量诸众生,闻空中所说,了知眼自性,

33.1.5

[illegible]

ŋa^{1} ŋa^{2} mjij^{1} nwə^{1} tsjij^{2} zji^{2} mej^{1} gji^{1} sej^{1} rjir^{2} nju^{1} njii^{2} lhjwa^{1} lju̥^{2}

空 我 无 觉 知, 皆 眼 清 净 得。 耳 鼻 舌 身

[illegible]

njiij^{1} tsə̣^{1} ɣie̥^{2} lji^{2} wji̥^{1} tsju̥^{1}

心, 色 声 香 味 触,

毕竟空无我,皆获眼清净。耳鼻舌身心,色声香味触,

33.1.6

[illegible]

rjɨr^{2} njɨ^{2} mə^{2} ɣie̥^{2} mjiij^{2} ŋowr^{2} ŋowr^{2} zji^{2} thjɨ^{2} sju^{2} le̥j^{2} tshjḁ^{1} lə^{2} kwow^{2}

乃 至 声 音 名, 一 切 皆 是 如。 贪 瞋 痴 忿

[illegible]

khwe̥j^{1} lhjuu^{1} zjɨ̥^{1} lḁ^{1} ·jij^{1} bji̥j^{1}

慢, 悭 嫉 诳 自 傲,

乃至音声名,一切皆如是。贪瞋痴忿慢,悭嫉诳贡高,

33.2.1

[illegible]

rjɨr^{2} njɨ^{2} śja^{1} wjḁ^{2} tsjɨ^{1} to^{2} zji^{2} thja^{1} wjɨ^{2} sju^{2} rjur^{1} pju̥^{1} we^{2} ·o^{2}

乃 至 逸 放 亦, 悉 皆 彼 △ 如。 世 尊 城 入

[illegible]

zjọ^{2} mjɨ^{1} pju̥^{1} dźiã^{2} tśhju^{1} dji̥j^{1}

时, 无 量 众 生 类,

乃至于放逸,当知亦复然。世尊入城时,无量众生类,

33.2.2

[illegible]

bjɨ¹ bjij² tsho̱² ŋa¹ gu² tha¹ ·jij¹ mə² mjiij² mji¹ tjij¹ le̱j² ·jij¹ ljiij²
于 上 虚 空 中， 佛 之 种 名 闻： 若 贪 之 坏

[illegible]
dzjar² ŋwer¹ ka¹ mjij¹ mjiij² mji¹
灭， 比 等 无 名 闻；

于上虚空中，闻佛种种名：或闻灭坏贪，无有等比名；

33.2.3

[illegible]
tjij¹ tshja̱¹ kwow² ljiij² dzjar² rjur¹ kha¹ ɣie² mjiij² mji¹ tjij¹ we̱¹ lə² tsjij²
若 瞋 忿 破 灭， 世 间 益 名 闻； 若 愚 痴 知

[illegible]
sji² ·jij¹ khwe̱j¹ wəə¹ mjiij² mji¹
△， 自 慢 伏 名 闻；

或闻灭坏瞋，利益世间名；或闻了愚痴，摧伏憍慢名；

33.2.4

[illegible]
tjij¹ rjur¹ kha¹ neej² mjijr² mjij¹ śio¹ dzjiij² mjiij² mji¹ tjij¹ sji̱j² źjɨr¹ to²
若 世 间 示 者， 寂 导 师 名 闻； 若 智 慧 出

[illegible]
śja² rjur¹ kha¹ ɣie² mjiij² mji¹
现， 世 间 益 名 闻；

或闻示世间，寂静导师名；或闻现智慧，利益世间名；

33.2.5

[illegible]
tjij¹ tśier¹ ·ju² wji̱² śja² dźiã² tśhju¹ ɣie² mjiij² mji¹ tjij¹ ljiij² ·jij¹ ·jar²
若 方 便 示 现， 众 生 益 名 闻； 若 魔 之 降

[illegible]
wəə¹ ljwi̱j¹ źjɨɨ¹ mjij¹ mjiij² mji¹
伏， 怨 恨 无 名 闻；

或闻现方便,饶益众生名;或闻降伏魔,无有怼恨名;

33.2.6

[illegible]

tjij1 nioow1 thjoo1 tsjiir1 ŋwu2 bie2 lhew2 neej2 mjiij2 mji1 tjij1 rjur1 dźiã2 tśhju1

若 复 妙 法 以, 解 脱 示 名 闻; 若 诸 众 生

[illegible]

·jij1 tśjị1 bie2 lhew2 mjiij2 mji1

之, 苦 解 脱 名 闻;

或闻以教法,示现解脱名;或闻广度脱,诸苦众生名;

33.2.7

[illegible]

tjij1 dzjwo2 kha1 zji2 pjụ1 rjur1 kha1 gjuu2 mjiij2 mji1 thjɨ2 rjur1 mjiij2 mji1

若 人 中 最 尊, 世 间 救 名 闻; 此 诸 名 闻

[illegible]

nioow1 zji2 mej1 gji1 sej1 rjir1

已, 皆 眼 清 净 得。

或闻人中尊,运济世间名;闻是诸名已,皆得眼清净。

33.3.1

[illegible]

tshọ2 ŋa1 nioow1 ŋjow2 zjɨɨr2 rjɨr2 njɨ2 nioow1 sju2 mji1 ŋowr2 ŋowr2 pjụ1 tjị2

虚 空 及 海 水, 乃 至 及 须 弥, 一 切 量 可

[illegible]

wjij2 tha1 sjịj2 sji1 dzjwɨr1 mjij1

有, 佛 智 尽 绝 不。

虚空及海水,乃至于须弥,一切皆可量,佛智无穷尽。

33.3.2

[illegible]

tjij1 mej1 sji1 kjɨ1 djɨj2 rjir1 ku1 tsjiir1 ljụ2 śjɨj1 ·jiw2 mjɨ1 tśhjɨ1 gie1

若 眼 尽 △ 定 得 则， 法 身 成 就 无 尔 难，

[illegible] [illegible] [illegible] [illegible] [illegible] [illegible] [illegible]，

tjij^{1} buu^{2} tsjiir^{1} ljụ^{2} śjɨj^{1} njwi^{2} ku^{1}

若 胜 法 身 成 能 则，

若于眼尽得决定，成就法身不为难，若能成就胜法身，

33.3.3

[illegible] [illegible] [illegible] [illegible] [illegible] [illegible] [illegible]。 [illegible] [illegible] [illegible] [illegible] [illegible] [illegible] [illegible]，

bju^{2} mjij^{1} zji^{2} ·jiij^{1} sjịj^{2} ljạ^{1} rjir^{1} bju^{2} mjij^{1} zji^{2} ·jiij^{1} sjịj^{2} ljạ^{1} ku^{1}

边 无 总 持 智 获 得。 边 无 总 持 智 获 则，

[illegible] [illegible] [illegible] [illegible] [illegible] [illegible] [illegible]，

mjɨ^{1} pjụ^{1} rjur^{1} lwər^{2} lhejr^{2} tsjij^{2} njwi^{2}

无 量 诸 经 契 悟 能，

当获无边总持智。若获无边总持智，彼悟无量诸契经，

33.3.4

[illegible] [illegible] [illegible] [illegible] [illegible] [illegible] [illegible]， [illegible] [illegible] [illegible] [illegible] [illegible] [illegible] [illegible]。

mjɨ^{1} pjụ^{1} rjur^{1} lwər^{2} lhejr^{2} tsjij^{2} ku^{1} tha^{1} ·jij^{1} mee^{2} mjijr^{2} rjir^{1} mji^{1} gie^{1}

无 量 诸 经 契 悟 则， 佛 于 神 通 得 不 难，

[illegible] [illegible] [illegible] [illegible] [illegible] [illegible] [illegible]，

tjij^{1} mej^{1} wee^{1} kjɨ^{1} djịj^{2} rjir^{1} ku^{1}

若 眼 生 △ 定 得 则，

若悟无量诸契经，于佛神通不难得。若于眼生得决定，

33.3.5

[illegible] [illegible] [illegible] [illegible] [illegible] [illegible] [illegible]， [illegible] [illegible] [illegible] [illegible] [illegible] [illegible] [illegible]，

tsjiir^{1} ljụ^{2} śjɨj^{1} ·jiw^{2} mjɨ^{1} tśhjɨ^{1} gie^{1} tjij^{1} buu^{2} tsjiir^{1} ljụ^{2} śjɨj^{1} njwi^{2} ku^{1}

法 身 成 就 无 尔 难， 若 胜 法 身 成 能 则，

[illegible] [illegible] [illegible] [illegible] [illegible] [illegible] [illegible]。

bju^{2} mjij^{1} zji^{2} ·jiij^{1} sjịj^{2} ljạ^{1} rjir^{1}

边 无 总 持 智 获 得。

成就法身不为难，若能成就胜法身，当获无边总持智。

33.3.6

[illegible]，[illegible]，
bju^{2} mjij^{1} zji^{2} ·jiij^{1} sjịj^{2} rjir^{1} ku^{1} mjɨ^{1} pjụ^{1} rjur^{1} lwər^{2} lhejr^{2} tsjij^{2} njwi^{2}
边 无 总 持 智 获 则， 无 量 诸 经 契 悟 能，
[illegible]，
mjɨ^{1} pjụ^{1} rjur^{1} lwər^{2} lhejr^{2} tsjij^{2} ku^{1}
无 量 诸 经 契 悟 则，

若获无边总持智，彼悟无量诸契经，若悟无量诸契经，

33.3.7

[illegible]。[illegible]，[illegible]，
tha^{1} ·jij^{1} mee^{2} mjijr^{2} rjir^{1} mji^{1} gie^{1} thjɨ^{2} sju^{2} nju^{1} njii^{2} lhjwa^{1} ljụ^{2} njiij^{1}
佛 于 神 通 得。 不 难， 是 如 耳 鼻 舌 身 心，
[illegible]，
tsə̣^{1} ɣiẹ^{2} lji^{2} wjị^{1} nioow^{1} tsjụ^{1} tsjiir^{1}
色 声 香 味 并 触 法，

于佛神通不难得。如是耳鼻舌身心，色声香味并触法，

33.4.1

[illegible]，[illegible]。
rjɨr^{2} njɨ^{2} mə^{2} ɣiẹ^{2} nioow^{1} mjiij^{2} njɨ^{2} ŋowr^{2} ŋowr^{2} to^{2} zji^{2} thja^{1} wjɨ^{2} sju^{2}
乃 至 声 音 并 名 等， 一 切 悉 皆 彼 △ 如。
[illegible]，[illegible]。
tśhjɨ^{1} zjọ^{2} ljịj^{2} ljɨ̣^{2} zji^{2} saar^{2} mju^{2}
尔 时， 大 地 皆 震 动。

乃至音声及名等，当知一切亦复然。尔时大地皆震动，

33.4.2

[illegible]①[illegible]，[illegible]，
ljịj^{2} ŋjow^{2} rjur^{1} ŋur^{1} tsjɨ^{1} thjɨ^{2} sju^{2} ·ja^{1} sew^{2} lo^{1} ·ji^{1} nioow^{1} rjur^{1} mə^{1}

① [illegible]，蕴、阴。汉文本作“山”。

大 海 诸 阴 亦 是 如， 阿 修 罗 众 及 诸 天，

[illegible]

ŋowr^{2} ŋowr^{2} to^{2} zji^{2} njiij^{1} ljɨj^{2} śjwo^{1}

一 切 悉 皆 心 喜 起。

大海诸山亦如是，阿修罗众及诸天，一切皆悉生欢喜。

33.4.3

[illegible]

ljiij^{2} nioow^{1} ljiij^{2} gja^{1} lạ^{1} ljoor^{1} dźjwu^{1} tha^{1} ·jij^{1} ljuu^{2} tshjịj^{2} zji^{2} śjɨj^{1} kjụ^{1}

魔 及 魔 军 谄 曲 摧， 佛 之 庄 严 咸 成 求，

[illegible]

rjur^{1} mə^{1} twụ^{1} thjoo^{1} mjii^{1} pjụ^{2} dźjiij^{1}

诸 天 各 妙 宫 殿 住。

魔及魔军摧谄曲，咸求成就佛庄严，诸天各处妙宫殿，

33.4.4

[illegible]

sej^{1} njiij^{1} de^{2} ljɨj^{2} dźjwɨ^{1} gu^{2} ljwu^{2} śio^{1} dzjiij^{2} thjɨ^{2} wjɨ^{2} rjur^{1} kiẹj^{2} lho$^{?}$

净 心 欢 喜 相 共 庆： 导 师 此 今 世 间 出，

[illegible]

rjur^{1} dzjwo^{2} mə^{1} ·ji^{1} gjịj^{1} ɣie^{2} ·jɨ^{1}

诸 人 天 众 利 益 谓！

净心欢喜相庆言：导师今已出世间，为利一切人天众！

33.4.5

[illegible]

ljɨ^{2} dźjiij^{1} mə^{1} ·ji^{1} mər^{2} mjii^{1} dźjiij^{1} thja^{1} tsjɨ^{1} sej^{1} njiij^{1} dźjwɨ^{1} gu^{2} ljwu^{2}

地 居 天 众 本 宫 在， 其 亦 净 心 相 共 庆：

[illegible]

tjij^{2} rjijr^{2} śio^{1} dzjiij^{2} sjij^{1} to^{2} śja^{2}

善 哉 导 师 今 出 现，

地居天众在本宫，亦以净心相庆慰：善哉导师今出现，

33.4.6

[illegible] [illegible] [illegible] [illegible] [illegible] [illegible] [illegible]! [illegible] [illegible] [illegible] [illegible] [illegible] [illegible] [illegible],

rjur¹ kha¹ no² rejr² ·jiw¹ we² ·jɨ¹ ŋa¹ dźjij¹ mə¹ ·ji¹ thjɨ² dạ² mji¹

世 间 安 乐 因 为 谓! 空 行 天 众 是 言 闻,

[illegible] [illegible] [illegible] [illegible] [illegible] [illegible] [illegible],

to² zji² njiij¹ ljɨ̣j² sej¹ dźiej² śjwo¹

咸 皆 心 喜 净 信 起,

普为世间安乐因! 空行天众闻是言,咸皆欢喜生净信,

33.4.7

[illegible] [illegible] [illegible] [illegible] [illegible] [illegible] [illegible]: [illegible] [illegible] [illegible] [illegible] [illegible] [illegible] [illegible]!

njiij¹ ·o² ɣiẹ² ŋwu² tha¹ ·jij¹ ·jow² śio¹ dzjiij² lho? śja² rjur¹ ɣie² ·jɨ¹

心 悦 声 以 佛 于 赞: 导 师 出 现 世 利 谓!

[illegible] [illegible] [illegible] [illegible] [illegible] [illegible] [illegible],

ljɨɨr¹ njij² mə¹ ·ji¹ thjɨ² dạ² mji¹

四 王 天 众 是 言 闻,

以悦意声称叹佛:导师出现利世间! 四王天众闻是言,

33.5.1

[illegible] [illegible] [illegible] [illegible] [illegible] [illegible] [illegible], [illegible] [illegible] [illegible] [illegible] [illegible] [illegible] [illegible]:

to² zji² njiij¹ ljɨ̣j² sej¹ dźiej² śjwo¹ buu² gjij¹ ɣiẹ² ŋwu² tha¹ ·jij¹ ·jow²

悉 皆 心 喜 净 信 生, 胜 殊 音 以 佛 于 赞:

[illegible] [illegible] [illegible] [illegible] [illegible] [illegible] [illegible]!

śio¹ dzjiij² to² śja² rjur¹ ɣie² ·jɨ¹

导 师 出 现 世 利 谓!

咸皆欢喜生净信,以殊胜音称叹佛:导师出现利世间!

33.5.2

[illegible] [illegible] [illegible] [illegible] [illegible] [illegible] [illegible], [illegible] [illegible] [illegible] [illegible] [illegible] [illegible] [illegible],

tew¹ lji¹ mə¹ ·ji¹ thjɨ² dạ² mji¹ to² zji² njiij¹ ljɨ̣j² sej¹ dźiej² śjwo¹

忉 利 天 众 是 言 闻, 悉 皆 心 喜 净 信 生,

[Tangut script]：

buu^2 gjij^1 ɣiẹ^2 ŋwu^2 tha^1 ·jij^1 ·jow^2

胜 殊 音 以 佛 于 赞：

忉利天众闻是言，咸皆欢喜生净信，以殊胜音称叹佛：

33.5.3

[Tangut script]！ [Tangut script]，

śio^1 dzjiij^2 to^2 śja^2 rjur^1 ɣie^2 ·jɨ^1 ·ja^2 mo^2 mə^1 ·ji^1 thjɨ^2 dạ^2 mji^1

导 师 出 现 世 利 谓！ 夜 摩 天 众 是 言 闻，

[Tangut script]，

to^2 zji^2 njiij^1 ljịj^2 sej^1 dźiej^2 śjwo^1

悉 皆 心 喜 净 信 生，

导师出现利世间！夜摩天众闻是言，咸皆欢喜生净信，

33.5.4

[Tangut script]： [Tangut script]！

buu^2 gjij^1 ɣiẹ^2 ŋwu^2 tha^1 ·jij^1 ·jow^2 śio^1 dzjiij^2 to^2 śja^2 rjur^1 ɣie^2 ·jɨ^1

胜 殊 音 以 佛 于 赞： 导 师 出 现 世 利 谓！

[Tangut script]，

ŋa^2 njɨ^2 po^1 tjɨj^1 njiij^1 sji^2 śjwo^1

我 等 菩 提 心 发 起，

以殊胜音称叹佛：导师出现利世间！我等当发菩提心，

33.5.5

[Tangut script]， [Tangut script]，

tha^1 zji^2 phju^2 sjịj^2 kjụ^1 lew^2 ·jɨ^1 mə^1 dzjwo^2 zji^2 buu^2 pjụ^1 ɣa^2 gjị^2

佛 最 上 智 求 应 谓， 天 人 最 胜 尊 于 依，

[Tangut script]。

dźiã^2 tśhju^1 djij^1 ŋowr^2 ŋowr^2 gju^1 dzjịj^1

众 生 类 一 切 度 过。

志求如来无上智，依止天人最胜尊，度脱一切众生类。

33.5.6

[illegible]

tew^{1} śie^{1} mə^{1} ·ji^{1} thjɨ^{2} dạ^{2} mji^{1} to^{2} zji^{2} njiij^{1} ljịj^{2} sej^{1} dźiej^{2} śjwo^{1}

忉 率 天 众 是 言 闻，悉 皆 心 喜 净 信 生，

[illegible]

buu^{2} gjij^{1} ɣiẹ^{2} ŋwu^{2} tha^{1} ·jij^{1} ·jow^{2}

胜 殊 声 以 佛 于 赞：

兜率天众闻是言，咸皆欢喜生净信，以殊胜音称叹佛：

33.5.7

[illegible]

śio^{1} dzjiij^{2} to^{2} śja^{2} rjur^{1} ɣie^{2} ·jɨ^{1} mjor^{1} ljịj^{2} njwo^{2} kju^{1} tśji^{2} kja^{2} kha^{1}

导 师 出 现 世 利 谓！如 来 昔 倶 胝 劫 中，

[illegible]

mjɨ^{1} pjụ^{1} buu^{2} gjij^{1} dźjɨ$^{?}$ djọ^{2} dzjɨɨ^{2}

无 量 胜 殊 行 修 习，

导师出现利世间！如来往昔倶胝劫，修习无边殊胜行，

33.6.1

[illegible]①

tśji^{1} dźiã^{2} tśhju^{1} ·jij^{1} no^{2} tśja^{1} neej^{2} lhji^{2} wee^{1} dzjịj^{1} ɣiej^{1} ljạ^{1} phji^{1} ·jɨ^{1}

苦 众 生 之 安 道 示，死 生 超 真 证 令 谓。

[illegible]

djii^{2} rejr^{2} mə^{1} ·ji^{1} thjɨ^{2} dạ^{2} mji^{1}

化 乐 天 众 是 言 闻，

示苦众生安隐道，令超生死证涅槃。化乐天众闻是言，

33.6.2

[illegible]

to^{2} zji^{2} njiij^{1} ljịj^{2} sej^{1} dźiej^{2} śjwo^{1} buu^{2} gjij^{1} ɣiẹ^{2} ŋwu^{2} tha^{1} ·jij^{1} ·jow^{2}

---

① [illegible]，西夏文表达的是“证真”，汉文本作“证涅槃”。

悉 皆 心 喜 净 信 生， 胜 殊 声 以 佛 于 赞：

[Tangut] [Tangut] [Tangut] [Tangut] [Tangut] [Tangut] [Tangut]！

śio^{1} dzjiij^{2} to^{2} śja^{2} rjur^{1} ɣie^{2} ·jɨ^{1}

导 师 出 现 世 益 谓！

咸皆欢喜生净信，以殊胜音称叹佛：导师出现利世间！

33.6.3

[Tangut] [Tangut] [Tangut] [Tangut] [Tangut] [Tangut] [Tangut]， [Tangut] [Tangut] [Tangut] [Tangut] [Tangut] [Tangut] [Tangut]，

tsjij^{1} djii^{2} mə^{1} ·ji^{1} thjɨ^{2} dạ^{2} mji^{1} to^{2} zji^{2} njiij^{1} ljɨ̣j^{2} sej^{1} dźiej^{2} śjwo^{1}

他 化 天 众 是 言 闻， 悉 皆 心 喜 净 信 生，

[Tangut] [Tangut] [Tangut] [Tangut] [Tangut] [Tangut] [Tangut]：

zji^{2} thjoo^{1} ɣiẹ^{2} ŋwu^{2} tha^{1} ·jij^{1} ·jow^{2}

最 妙 声 以 佛 于 赞：

他化天众闻是言，咸皆欢喜生净信，以微妙声称赞佛：

33.6.4

[Tangut] [Tangut] [Tangut] [Tangut] [Tangut] [Tangut] [Tangut]！ [Tangut] [Tangut] [Tangut] [Tangut] [Tangut] [Tangut] [Tangut]，

śio^{1} dzjiij^{2} to^{2} śja^{2} rjur^{1} ɣie^{2} ·jɨ^{1} mjor^{1} ljịj^{2} lhji^{2} wee^{1} ŋjow^{2} gju^{1} dzjịj^{1}

导 师 出 现 世 益 谓！ 如 来 死 生 海 度 过，

[Tangut] [Tangut] [Tangut] [Tangut] [Tangut] [Tangut] [Tangut]，

ljiij^{2} ·ji^{1} nioow^{1} dow^{1} tśja^{1} ·jar^{2} wəə^{1}

魔 众 及 邪 道 降 伏，

导师出现利世间！如来已度于生死，降伏众魔并外道，

33.6.5

[Tangut] [Tangut] [Tangut] [Tangut] [Tangut] [Tangut] [Tangut]， [Tangut] [Tangut] [Tangut] [Tangut] [Tangut] [Tangut] [Tangut]。

zji^{2} phju^{2} tha^{1} po^{1} tjɨj^{1} śjɨj^{1} ·jiw^{2} dźiã^{2} gju^{1} tjịj^{1} rewr^{2} njɨ^{2} phji^{1} ·jɨ^{1}

最 上 佛 菩 提 成 就， 生 渡 彼 岸 至 令 谓。

[Tangut] [Tangut] [Tangut] [Tangut] [Tangut] [Tangut] [Tangut]，

rjur^{1} xiwã^{1} mə^{1} ·ji^{1} thjɨ^{2} dạ^{2} mji^{1}

诸 梵 天 众 是 言 闻，

成就无上佛菩提，拯济群生登彼岸。诸梵天众闻是言，

33.6.6

[illegible]，[illegible]：

to2 zji2 njiij1 ljɨ̣j2 sej1 dźiej2 śjwo1 zji2 thjoo1 ɣiẹ2 ŋwu2 tha1 ·jij1 ·jow2

咸 皆 心 喜 净 信 生， 最 妙 声 以 佛 于 赞：

[illegible]！

śio1 dzjiij2 to2 śja2 rjur1 ɣie2 ·jɨ1

导 师 出 现 世 利 谓！

咸皆欢喜生净信，以微妙声称赞佛：导师出现利世间！

33.6.7

[illegible]，[illegible]：

thjɨ2 sju2 tśjɨɨ1 bju1 mə2 ɣiẹ2 mji1 rjur1 xiwã1 wjɨ̣1 dźjwɨ1 zji2 njiij1 ljɨ̣j2

是 如 次 依 声 音 闻， 诸 梵 眷 属 皆 心 喜：

[illegible]！

śio1 dzjiij2 to2 śja2 rjur1 ɣie2 ·jɨ1

导 师 出 现 世 利 谓！

如是展转声递闻，诸梵眷属皆欣庆：导师出现利世间！

33.7.1

[illegible]。[illegible]，

ljiij2 gja1 kjạ1 le2 njiij1 ɣa1 sjwɨ1 rjɨr2 njɨ2 dju1 tśjiw2 rjur1 mə1 ·ji1

魔 军 怖 畏 心 忧 愁。 乃 至 有 顶 诸 天 众，

[illegible]，

tha1 to2 śja2 rjur1 kha1 ɣie2 mji1

佛 出 现 世 间 利 闻，

魔军怖畏怀忧戚。上至有顶诸天众，闻佛出现利世间，

33.7.2

[illegible]，[illegible]，

thjɨ2 sju2 tśjɨɨ1 bju1 ɣiẹ2 rjur1 mji1 sew2 lo1 dzəj1 tjịj1 mə1 lhu1 ljij1

此 如 次 依 声 诸 闻， 修 罗 损 减 天 增 长，

[illegible]

ljiij^2 niow^2 mjii^1 pju̥^{2} zji^2 dja^2 ŋa^1

魔 恶 宫 殿 皆 △ 空，

如是展转声遍闻，修罗损减天增长，恶魔宫殿悉空虚，

33.7.3

[illegible]

rjur^1 mə^1 wji̥^{1} dźjwɨ^1 zji^2 nja^1 swu^2 le^2 mjij^1 ɣie^1 ŋwu^2 dow^1 ·ji^1 ·jar^2

诸 天 眷 属 皆 △ 满， 畏 无 力 以 邪 众 降，

[illegible]

xja^1 zji^2 buu^2 ljij^2 po^1 tjɨj^1 śjɨj^1

速 最 胜 大 菩 提 成。

诸天眷属皆充满，以无畏力降邪众，速成最胜大菩提。

33.7.4

[illegible]

thjɨ^2 sju^2 tśhia^1 no^1 mə^1 zji^2 dwewr^2 rjur^1 pju̥^{1} to^2 śja^2 dźiã^2 tśhju^1 ɣie^2

是 如 刹 那 天 遍 知， 世 尊 出 现 众 生 利，

[illegible]

tjij^2 rjijr^2 rjur^1 kha^1 śio^1 dzjiij^2 mjijr^2

善 哉 世 间 导 师 者，

如是刹那天遍知，世尊出现利群品，善哉世间开导者，

33.7.5

[illegible]

gji^1 sej^1 mej^1 ŋwu^2 dźiã^2 tśhju^1 mjii^1

清 净 眼 以 众 生 施。

以清净眼施众生。

汉文本

《大宝积经卷》第三十三《出现光明会》第十一之四

世尊入城时,无量诸众生,闻空中所说,得眼尽边智。

世尊入城时,无量诸众生,闻空中所说,了知眼自性,毕竟空无我,皆获眼清净。耳鼻舌身心,色声香味触,乃至音声名,一切皆如是。贪瞋痴忿慢,悭嫉诳贡高,乃至于放逸,当知亦复然。

世尊入城时,无量众生类,于上虚空中,闻佛种种名:或闻灭坏贪,无有等比名;或闻灭坏瞋,利益世间名;或闻了愚痴,摧伏憍慢名;或闻示世间,寂静导师名;或闻现智慧,利益世间名;或闻现方便,饶益众生名;或闻降伏魔,无有怼恨名;或闻以教法,示现解脱名;或闻广度脱,诸苦众生名;或闻人中尊,运济世间名;闻是诸名已,皆得眼清净。虚空及海水,乃至于须弥,一切皆可量,佛智无穷尽。

若于眼尽得决定,成就法身不为难,若能成就胜法身,当获无边总持智。

若获无边总持智,彼悟无量诸契经,若悟无量诸契经,于佛神通不难得。

若于眼生得决定,成就法身不为难,若能成就胜法身,当获无边总持智。

若获无边总持智,彼悟无量诸契经,若悟无量诸契经,于佛神通不难得。

如是耳鼻舌身心,色声香味并触法,乃至音声及名等,当知一切亦复然。

尔时大地皆震动,大海诸山亦如是,阿修罗众及诸天,一切皆悉生欢喜。

魔及魔军摧谄曲,咸求成就佛庄严,诸天各处妙宫殿,净心欢喜相庆言:导师今已出世间,为利一切人天众!

地居天众在本宫,亦以净心相庆慰:善哉导师今出现,普为世间安乐因!

空行天众闻是言,咸皆欢喜生净信,以悦意声称叹佛:导师出现利世间!

四王天众闻是言,咸皆欢喜生净信,以殊胜音称叹佛:导师出现利世间!

忉利天众闻是言,咸皆欢喜生净信,以殊胜音称叹佛:导师出现利世间!

夜摩天众闻是言,咸皆欢喜生净信,以殊胜音称叹佛:导师出现利世间!

我等当发菩提心,志求如来无上智,依止天人最胜尊,度脱一切众生类。

兜率天众闻是言,咸皆欢喜生净信,以殊胜音称叹佛:导师出现利世间!

如来往昔俱胝劫,修习无边殊胜行,示苦众生安隐道,令超生死证涅槃。

化乐天众闻是言,咸皆欢喜生净信,以殊胜音称叹佛:导师出现利世间!

他化天众闻是言,咸皆欢喜生净信,以微妙声称赞佛:导师出现利世间!

如来已度于生死,降伏众魔并外道,成就无上佛菩提,拯济群生登彼岸。

诸梵天众闻是言,咸皆欢喜生净信,以微妙声称赞佛:导师出现利世间!

如是展转声递闻,诸梵眷属皆欣庆:导师出现利世间!魔军怖畏怀忧戚。

上至有顶诸天众,闻佛出现利世间,如是展转声遍闻,修罗损减天增长,

恶魔宫殿悉空虚,诸天眷属皆充满,以无畏力降邪众,速成最胜大菩提。

如是刹那天遍知,世尊出现利群品,善哉世间开导者,以清净眼施众生。

33.7.6

[illegible]	[illegible]	[illegible]	[illegible]	[illegible],	[illegible]	[illegible]	[illegible]	[illegible]	[illegible],	[illegible]	[illegible]	[illegible]	[illegible]
rjur^{1}	pjụ^{1}	we^{2}	·o^{2}	zjọ^{2}	lẹj^{2}	kiẹj^{2}	źjị^{1}	tha$^{?}$	mjijr^{2}	mji^{1}	sej^{1}	bio̱^{1}	tshjiij^{1}
世	尊	城	入	时,	贪	欲	恼	逼	者,	不	净	观	说

[illegible]，[illegible]。

mji^1 lẹj^2 kiẹj^2 dzjar^2 mji^1 rjir^2

闻， 贪 欲 灭 无 余。

世尊入城时，贪欲逼恼者，闻说不净观，贪欲灭无余。

33.7.7

[illegible]，[illegible]，[illegible]

rjur^1 pjụ^1 we^2 ·o^2 zjọ^2 tshjạ^1 kwow^2 źjị^1 tha$^?$ mjijr^2 njij^2 wjuu^1 tsjiir^1 tshjiij^1

世 尊 城 入 时， 瞋 恚 恼 逼 者， 慈 悲 法 说

[illegible]，[illegible]。

mji^1 tshjạ^1 kwow^2 dzjar^2 mji^1 rjir^2

闻， 瞋 恚 灭 无 余。

世尊入城时，瞋恚逼恼者，闻说慈悲法，瞋恚灭无余。

33.8.1

[illegible]，[illegible]，[illegible]

rjur^1 pjụ^1 we^2 ·o^2 zjọ^2 wẹ^1 lə^2 źjị^1 tha$^?$ mjijr^2 sjịj^2 źjɨr^1 tsjiir^1 tshjiij^1

世 尊 城 入 时， 愚 痴 恼 逼 者， 智 慧 法 说

[illegible]，[illegible]。

mji^1 wẹ^1 lə^2 dzjar^2 mji^1 rjir^2

闻， 愚 痴 灭 无 余。

世尊入城时，愚痴逼恼者，闻说智慧法，愚痴灭无余。

33.8.2

[illegible]，[illegible]，[illegible]

rjur^1 pjụ^1 we^2 ·o^2 zjọ^2 mjɨ^1 gjiw^1 źjị^1 tha$^?$ mjijr^2 khwẹj^1 tsjiir^1 ka^2 tshjiij^1

世 尊 城 入 时， 无 敬 恼 逼 者， 慢 法 离 说

[illegible]，[illegible]。

mji^1 mjɨ^1 gjiw^1 dzjar^2 mji^1 rjir^2

闻， 无 敬 灭 无 余。

世尊入城时，憍慢逼恼者，闻说离慢法，憍慢灭无余。

33.8.3

[illegible]，[illegible]，[illegible]①[illegible]

rjur^{1} pjụ^{1} we^{2} ·o^{2} zjọ^{2} zjɨ̣^{1} sew^{1} źjị^{1} tha$^{?}$ mjijr^{2} zjɨ̣^{1} ka^{2} tsjiir^{1} tshjiij^{1}

世 尊 城 入 时， 嫉 妒 恼 逼 者， 嫉 离 法 说

[illegible]，[illegible]。

mji^{1} zjɨ̣^{1} sew^{1} dzjar^{2} mji^{1} rjir^{2}

闻， 嫉 妒 灭 无 余。

世尊入城时，嫉妒逼恼者，闻说离嫉法，嫉妒灭无余。

33.8.4

[illegible]，[illegible]，[illegible]

rjur^{1} pjụ^{1} we^{2} ·o^{2} zjọ^{2} kwow^{2} źjɨɨ^{1} źjị^{1} tha$^{?}$ mjijr^{2} kwow^{2} tsjiir^{1} ka^{2} tshjiij^{1}

世 尊 城 入 时， 忿 怒 恼 逼 者， 忿 法 离 说

[illegible]，[illegible]。

mji^{1} kwow^{2} źjɨɨ^{1} dzjar^{2} mji^{1} rjir^{2}

闻， 恚 恨 灭 无 余。

世尊入城时，忿怒逼恼者，闻说离忿法，忿怒灭无余。

33.8.5

[illegible]，[illegible]，[illegible]

rjur^{1} pjụ^{1} we^{2} ·o^{2} zjọ^{2} ·wier^{1} lhju̲^{1} źjị^{1} tha$^{?}$ mjijr^{2} ·wier^{1} tsjiir^{1} ka^{2} tshjiij^{1}

世 尊 城 入 时， 悭 吝 恼 逼 者， 悭 法 离 说

[illegible]，[illegible]。

mji^{1} ·wier^{1} lhju̲^{1} dzjar^{2} mji^{1} rjir^{2}

闻， 悭 吝 灭 无 余。

世尊入城时，悭吝逼恼者，闻说离悭法，悭吝灭无余。

33.8.6

[illegible]，[illegible]，[illegible]

tjij^{1} rjur^{1} ·jar^{2} dźjɨ$^{?}$ djọ^{2} thjɨ^{2} bju^{2} mjij^{1} tsjiir^{1} mji^{1} xja^{1} rejr^{2} mji^{1} ŋjow^{2}

① [illegible]，离嫉法。按，此与前一行的“离慢法”、后一行的“离忿法”皆不同，疑误。

若 调 伏 行 修， 此 边 无 法 闻， 即 多 闻 海

[illegible]， [illegible] [illegible] [illegible] [illegible] [illegible]。

·o^{2} zji^{2} ·jiij^{1} ɣa^{1} śjɨj^{1} ·jiw^{2}

入， 皆 持 门 成 就。

若修调伏行，闻此无边法，便入多闻海，成就总持门。

33.8.7

[illegible] [illegible] [illegible] [illegible] [illegible]， [illegible] [illegible] [illegible] [illegible] [illegible]， [illegible] [illegible] [illegible] [illegible]

nioow^{1} ŋa^{1} gu^{2} dạ^{2} mji^{1} wjạ^{1} ŋwu^{2} tha^{1} kjụ^{1} tshwew^{1} buu^{2} tśhja^{2} ·ioow^{1} śjɨj^{1}

又 空 中 说 闻， 花 以 佛 供 养， 胜 德 功 成

[illegible]， [illegible] [illegible] [illegible] [illegible] [illegible]。

·jiw^{2} ljịj^{2} wjuu^{1} mee^{2} wjɨ^{1} ·jɨ^{1}

就， 大 悲 神 变 说。

又闻空中说，以华供养佛，成就胜功德，大悲神变说。

33.9.1

[illegible] [illegible] [illegible] [illegible] [illegible]， [illegible] [illegible] [illegible] [illegible] [illegible]， [illegible] [illegible] [illegible] [illegible]

nioow^{1} ŋa^{1} gu^{2} dạ^{2} mji^{1} mjor^{1} ljịj^{2} ljụ^{2} ·jow^{2} śja^{2} wee^{1} tjị^{2} nioow^{1} mə^{2}

又 空 中 说 闻， 如 来 身 赞 叹， 生 处 及 种

[illegible]， [illegible] [illegible] [illegible] [illegible] [illegible]。

djịj^{1} ŋwuu^{1} dạ^{2} zji^{2} buu^{2} gjij^{1}

族， 言 语 悉 胜 殊。

又闻空中说，赞叹如来身，生处及种族，言音悉殊胜。

33.9.2

[illegible] [illegible] [illegible] [illegible] [illegible]， [illegible] [illegible] [illegible] [illegible] [illegible]， [illegible] [illegible] [illegible] [illegible]

nioow^{1} thja^{1} dźiã^{2} tśhju^{1} tshwew^{1} mee^{2} mjijr^{2} djịj^{1} bju^{1} tshjiij^{1} mej^{1} nju^{1} njii^{2} lhjwa^{1}

又 彼 众 生 趣， 神 通 类 随 说， 眼 耳 鼻 舌

[illegible]， [illegible] [illegible] [illegible] [illegible] [illegible]，

ljụ^{2} tjij^{1} tsə̣^{1} tjij^{1} ɣię^{2} njɨ^{2}

身， 若 色 若 声 等，

如彼众生趣，神通随类说，眼耳鼻舌身，若色若声等，

33.9.3

[illegible]

gjiw^1 ·iejr^2 tjij^1 dźji^1 kwow$^?$ śja^2 śja^2 zji^2 buu^2 gjij^1 mjor^1 ljịj^2 rjur^1 kha^1

屈 伸 或 俯 仰， 现 现 皆 胜 殊。 如 来 世 间

[illegible]①，[illegible]

pjụ^1 rjur^1 kha^1 tjij^1 zjur^2 wji^1

尊， 世 间 灯 炬 作，

屈伸或俯仰，所现皆殊胜。如来超世间，而作世灯炬，

33.9.4

[illegible]

rjur^1 tsə̣^{1} ·jij^1 wjị^2 śja^2 zji^2 tha^1 mee^2 mjijr^2 ɣie^1 ·ju^2 mur^1 tsə̣^{1} zjịj^1

诸 色 像 示 现， 皆 佛 神 通 力。 夫 凡 色 著

[illegible]

nioow^1 mə^2 mə^2 ljụ^2 wjị^2 śja^2

因， 种 种 身 示 现，

示现诸色像，皆佛神通力。凡夫乐著色，为现种种身，

33.9.5

[illegible]

thja^1 dźiã^2 tśhju^1 djịj^1 bju^1 tsə̣^{1} mji^1 gjwɨ^1 lwo^2 tshjiij^1 tjij^1 dzjwo^2 rejr^2 zow^2

彼 众 生 类 随， 色 无 牢 固 说。 若 人 多 执

[illegible]

zjịj^1 mjor^1 ljịj^2 mee^2 ɣie^1 śja^2

著， 如 来 神 力 现，

随彼众生类，说色无坚固。若人多执著，如来现神力，

33.9.6

[illegible]

① [illegible]，如来世间尊。汉文本作“如来超世间”。[illegible]，或“[illegible]”（超、过）之误。

gju2 nioow1 gju2 njaa2 bju1 ljwu1 nu1 tsjiir1 tshjiij1 wji1 dźiã2 tśhju1 mjɨ1 pjụ1
器 及 器 非 随, 违 背 法 说 为。 众 生 无 量
[illegible]
zjọ2 tha1 ·jij1 tshwew1 mjij2 djij2
寿, 佛 之 养 未 曾,
随彼器非器,为说相违法。众生无量世,未曾供养佛,

33.9.7

[illegible]
ləu? ·jijr1 rjur1 ·jar2 gie1 thja2 ·jij1 djị1 ·jɨj2 tshjiij1 tjij1 dzjwo2 sjwɨj1 tśja1
强 刚 调 伏 难, 彼 之 地 狱 说。 若 人 业 道
[illegible]
lhạ2 ljij2 bju1 kheej1 ljɨ̣1 ŋwe1
迷, 见 依 戏 论 乐,
刚强难调伏,为说于地狱。若人迷业道,依见乐戏论,

33.10.1

[illegible]
rjur1 pjụ1 thja2 njɨ2 ·jij1 ljij2 ljɨ̣1 tạ1 sji2 tshjiij1 nioow1 ŋa1 gu2 dạ2
世 尊 彼 等 于, 见 论 息 △ 说。 又 空 中 言
[illegible]
mji1 mej1 tsjɨ̱r2 kjɨ1 djɨj2 ŋa1
闻, 眼 性 必 定 空,
世尊令彼闻,息见戏论声。又闻空中说,眼性决定空,

33.10.2

[illegible]
lja1 mjij1 śjɨ1 tsjɨ1 mjij1 ·jij1 mjij1 mji1 dju1 ·jɨ1 nioow1 ·jir2 tụ1 dźiã2
来 无 往 亦 无, 相 无 不 有 谓。 又 百 千 众
[illegible]
tśhju1 ŋa1 gu2 tśhji1 mej1 ljɨ̣1
生, 空 中 肉 眼 及,

无来亦无去,无相无所有。又百千众生,闻空中演说,

33.10.3

[illegible] [illegible] [illegible] [illegible] [illegible], [illegible] [illegible] [illegible] [illegible] [illegible], [illegible] [illegible] [illegible] [illegible]

źjɨr^{1} mej^{1} nioow^{1} tsjiir^{1} mej^{1} rjur^{1} pjụ^{1} mee^{2} wjɨ̣^{1} ɣie^{1} kie^{1} djɨj^{2} sjịj^{2} źjɨr^{1}

慧 眼 及 法 眼, 世 尊 神 变 力, 戒 定 智 慧

[illegible], [illegible] [illegible] [illegible] [illegible] [illegible],

ɣiẹ^{2} bie^{2} lhew^{2} bie^{2} sjịj^{2} ljij^{2}

声, 解 脱 解 智 见,

肉眼及慧眼,乃至于法眼。世尊神变力,闻说戒定声,智慧及解脱,

33.10.4

[illegible] [illegible] [illegible] [illegible] [illegible]。 [illegible] [illegible] [illegible] [illegible] [illegible], [illegible] [illegible] [illegible] [illegible]

thjɨ^{2} sju^{2} tshjiij^{1} ɣiẹ^{2} mji^{1} dźiã^{2} tśhju^{1} tśhjɨ^{1} zjịj^{1} mə^{2} dzjɨj^{2} bju^{1} mee^{2} mjijr^{2}

是 如 说 声 闻。 众 生 尔 许 种, 应 随 神 通

[illegible], [illegible] [illegible] [illegible] [illegible] [illegible],

śja^{2} rjur^{1} djịj^{1} ŋwuu^{1} dạ^{2} bju^{1}

现, 诸 类 言 语 随,

解脱知见声。① 众生若干种,如应现神变,以随类言音,

33.10.5

[illegible] [illegible] [illegible] [illegible] [illegible]。 [illegible] [illegible] [illegible] [illegible] [illegible], [illegible] [illegible] [illegible] [illegible]

źjɨr^{1} ɣiej^{1} tsjiir^{1} nẹ^{1} tshjiij^{1} tjij^{1} rjur^{1} dźiã^{2} tśhju^{1} djịj^{1} mjii^{1} kie^{1} zeew^{2} djọ^{2}

实 真 法 演 说。 若 诸 众 生 类, 施 戒 忍 修

[illegible], [illegible] [illegible] [illegible] [illegible] [illegible],

ŋwe^{1} mee^{2} mjijr^{2} thja^{1} djịj^{1} bju^{1}

乐, 神 通 彼 类 随,

演说真实法。若有诸众生,乐修施戒忍,神通随类说,

33.10.6

[illegible] [illegible] [illegible] [illegible] [illegible]。 [illegible] [illegible] [illegible] [illegible] [illegible]②。 [illegible] [illegible] [illegible] [illegible]

① 此上西夏本与汉文本有较大不同,汉文本8句,西夏本合为6句。

② [illegible][illegible][illegible][illegible][illegible],实闻如是言。此句汉文本无。

mjii1 kie1 zeew2 tshjiij1 ɣiẹ2 thjɨ2 sju2 dạ2 dźjij1 mji1 rjur1 pjụ1 mee2 wjɨ1

施 戒 忍 说 声。是 如 语 精 闻。世 尊 神 变

□，□ □ □ □ □，

ɣie1 dźiã2 tśhju1 tśhji2 tsjir̠2 bju1

力，众 生 根 性 随，

施戒忍辱声。世尊神变力，随众生根性，

33.10.7

□ □ □ □ □，□ □ □ □ □。□ □ □ □

zji2 wạ2 phjo2 kar2 wji1 ɣiwej1 ·jiij1 nẹ1 tshjiij1 phji1 rjur1 pjụ1 mee2 wjɨ1

皆 广 分 别 为，受 持 演 说 令。世 尊 神 变

□，□ □ □ □ □，

ɣie1 ŋur1 kiej2 do2 tśjɨɨr2 lhew2

力，蕴 界 处 缚 解，

皆为广分别，令受持演说。世尊神变力，闻说蕴界处，

33.11.1

□ □ □ □ □①，□ □ □ □ □。□ □ □ □

njij1 khwa1 nioow1 ljɨ2 mjii1 do2 pha1 ·jij1 tshjiij1 mji1 nioow1 rjur1 ljɨ2 mji1

近 远 及 地 宫，差 别 相 说 闻。又 诸 地 无

□，□ □ □ □ □。

pjụ1 sjịj2 bji1 swew1 tshjiij1 mji1

量，智 光 明 说 闻。

缚解若远近，地位差别相。又闻说诸地，无量智光明，

33.11.2

□ □ □ □ □②，□ □ □ □ □。□ □ □ □

nioow1 źjị1 njɨɨ2 sjwɨ1 mẹ2 ka2 mji1 ka2 tshjiij1 mji1 rjur1 pjụ1 mee2 wjɨ1

又 烦 恼 种 末，离 不 离 说 闻。世 尊 神 变

□，□ □ □ □ □，

---

① □□，地官。汉文本作“地位”。

② □□，字面作“种末”，对译汉文的“习”。

ɣie1 dzjwo2 mə1 tsjir̠2 sjwɨj1 nioow1

力， 人 天 性 业 因，

亦闻烦恼习，有离有非离。世尊神变力，闻说人天性，

33.11.3

[illegible]，[illegible]。[illegible]

mjaa1 tshja2 twụ1 mji1 lew2 wee1 lhji̱j2 do2 tshjiij1 mji1 tjij1 sji2 dzjwo2 ·ji1

果 报 各 不 同， 生 受 差 说 闻。 若 女 人 众

[illegible]，[illegible]，

kha1 ljuu2 ljuu2 sji2 ljụ2 djii2

中， 庄 严 女 身 化，

由业果不同，受生有差别。或于女人众，化女庄严身，

33.11.4

[illegible]，[illegible]。[illegible]

ŋa1 gu2 dwər1 ka2 tshjiij1 mji1 tja1 lẹj2 kiẹj2 tji̱j1 tjij1 śja1 rjir2 gji2

空 中 厌 离 说， 闻 者 贪 欲 除。 若 舍 利 子

[illegible]，[illegible]，

do2 njiij1 njaa1 sej1 dźiej2 ku1

于， 心 深 净 信 则，

空声说厌离，闻者除贪欲。若于舍利子，深心有净信，

33.11.5

[illegible]，[illegible]。[illegible]，

lji̱j2 wjuu1 dzjɨj2 bju1 śja2 zji2 phju2 tsjiir1 tshjiij1 wji1 kju1 ljɨ2 thew2 kja1

大 悲 应 随 现， 最 上 法 说 为， 拘 律 陀 迦

[illegible]①，[illegible]，

śja1 kja1 pjĩ1 no1 na1 thew2

叶， 劫 宾 那 难 陀，

大悲随应现，为说无上法。拘律陀迦叶，劫宾那难陀，

---

① [illegible]śja1，似与汉文“叶”音不合。

33.11.6

[illegible]

ma² xa? kja¹ śja¹ po¹ nioow¹ kjiw¹ tśhjī¹ dźjwu² njɨ² ·jij¹ twụ¹ kjɨ¹ dzu¹

摩 河 迦 叶 波， 及 憍 陈 如 等， 自 各 △ 爱

[illegible]

bju¹ ɣiẹ² mji¹ dzjar² tshjiij¹ mji¹

随， 声 闻 法 说 闻。

摩诃迦叶波，及憍陈如等，随彼所爱乐，闻说声闻法。

33.11.7

[illegible]

mə¹ nioow¹ ·ja¹ sew² lo¹ nioow¹ rjur¹ ·jij¹ khja² ·ji¹ phji¹ lew¹ kja¹ wjɨ̣¹

天 及 阿 修 罗， 及 诸 夜 叉 众， 毗 娄 迦 眷

[illegible]

dźjwɨ¹ mjɨ¹ pjụ¹ kjiw¹ phã¹ tśhia¹

属， 无 量 鸠 槃 茶，

天及阿修罗，及诸夜叉众，毗娄迦眷属，无量鸠槃茶，

33.12.1

[illegible]

tha¹ ·jij¹ mee² ɣie¹ bju¹ mji¹ dźiã¹ dạ² ɣiej¹ mji¹

佛 之 神 力 随， 弭 拏 言 真 闻：

以佛神力闻，陀罗弭拏咒：

33.12.2

[illegible]

·jɨ¹ tśji² sji² pji¹ tśji² sji² ·ji¹ rar¹ su¹ · ji¹ rar¹ ·u² na¹ sji² ma² na¹ sji² ·u²

一致徙(一) 毕致徙(二) 翳啰(上)苏(上)翳啰(三) 污囊(上)徙(四) 曼(去)囊(上)徙(五) 污

idisi bidisi irasuira aunasi manisi u-

33.12.3

[illegible]

khji^{2}	·ja^{1} duu^{2} khji^{2}	·ja^{1} khjɨ^{2} tśia^{1} la^{1} ma^{2} na^{1} ·ji^{1}	tha^{2} rar^{1} nji^{2} njij^{2} śiə^{1} tśia^{1} njij^{2} mjij^{1}
企(上,六)	阿怒企(上,七)	阿乞差罗忙囊夷(八)	陀啰尼你瑟吒你名(上,九)
khyi	anokhyi	ākhyicala maṅnaṅye	darani ni śthanimi

33.12.4

[illegible]	[illegible]	[illegible]	[illegible]	[illegible]
tow^{1} kja^{1} njij^{2}	·ji^{1} mjij^{1} mã^{1} tjɨ^{1} rar^{1}	njij^{2} xa$^{?}$ rar^{1}	·ja^{1} pjɨ^{1} rjir^{2} phu^{2} tji^{1}	njij^{2} rar^{1} ·ja^{1}
多迦你(十)	伊(上)名满多啰(十一)	你呵(上、引)啰(十二)	阿不唎步底(十三)	你啰阿(去)
takani	imimantra	nihara	abure bhudhe	nirā-

33.12.5

[illegible]	[illegible]	[illegible]	[illegible]
tśia^{1} rar^{1}	wji^{1} ·ja^{2} kjɨ^{1} lji^{1} ·ja^{2} tji^{2}	·ja^{1} tśia^{1} rar^{1} ·o^{2} rar^{1} dzji^{1} tji^{1}	kja^{1} rar^{1} wa^{1} xji^{1} njij^{2}
察啰(十四)	微耶乞里夜帝(十五)	阿(去)察啰缚啰耳帝(十六)	迦(上)罗嚩呬(去)宁(十七)
kṣara	byākarayate	akṣarabarjite	kalābahini

33.12.6

[illegible]	[illegible]	[illegible]
sa^{2} gja^{2} wji^{2} śia^{1} nji^{2} tji^{1} gja^{2} na^{1}	pa^{2} rar^{1} śja^{1} sa^{2} tji^{1} śja^{1} sa^{2} to^{2}	pa^{2} rar^{1} śja^{1} sa^{2} to^{2}
萨攘微蛇呢底攘囊(十八)	钵啰舍萨帝舍萨多(十九)	钵啰舍萨多(二十)
sarvobiṅśatidebā nā ṃ	bar śasadesta	bar śasata

33.12.7

[illegible]	[illegible]	[illegible]
to^{2} rar^{1} gjaa^{1} phuu^{2} mji^{1}	·a^{-} ·o^{2} rar^{1} ·a^{-} ·o^{2} rar^{1}	lji^{2} la^{1} ·o^{2} na^{1} śjɨ^{1} tśja^{1}
多啰孽多部名(上)(二十一)	暗嚩啰暗嚩啰(二十二)	丽罗嚩囊室者(二十三)
taraṇitabhumyaṃ	ampara ampara	bilabana śacitta

33.13.1

[illegible]	[illegible]	[illegible]

tsji2 ta1 wji2 ·o2 dzji1 ta1	tsji2 ta1 ·ja1 na1 ta1	·u2 pji1 la1 ta1 xa? dzji1 ta1
质多微嚩耳多(二十四)	质多阿难(上)多(二十五)	乌闭啰呵嚩耳多
bivarmita	citta ananta	uperahamita-

33.13.2

[illegible]	[illegible]	[illegible]	[illegible]
phuu2 mji1	na1 na1	kja1 nji2 ·ja1 kja1 nji2 wji2 ·o2 dzji1 ta1	śjɨ1 rjir2 śjɨ1 tśia1
部名(上,二十六)	囊南(上,二十七)	迦(上)尼(上)阿迦(上)尼(上)微嚩耳多(二十八)	室丽瑟吒(二十九)
bhūmyam	avertamanikani	akanibibarmita	śreṣṭaṃ

33.13.3

[illegible]	[illegible]	[illegible]	[illegible]
·ja1 ma2 la1 njij2 mo2 ma2 la1	pa2 rjir2 tji1 na1 la1 śjɨ1 tśja1	xa? xa? rjir2	ma2
阿幺罗宁幺罗(三十)	弗(奔没反)理底囊啰始者(三十一)	呵呵里(三十二)	摩
amalanimala	buletenare śca	hahari	ma

33.13.4

[illegible]	[illegible]	[illegible]	[illegible]	[illegible]
ma2 lji1	wji2 rar1 nji2	tji1 śjɨ1 tśia1	tśjaa1 tśhjụ1 nji2 xa? rar1	·u2 thji1 rjir2
摩(上)里(三十三)	吠啰妮(三十四)	底瑟吒(三十五)	斫刍伲呵啰(三十六)	乌地哩
mali	bīraṇi	tiṣṭha	cakṣunirhara	udhiri-

33.13.5

[illegible]	[illegible]	[illegible]	[illegible]	[illegible]	[illegible]
ta1 wa1 kji1	·ja1 tśia1 rjir2	ku1 tśia1 rjir2	kji1 tu1	su1 kji1 tu1	su1
多嚩枳(三十七)	安吒哩(三十八)	句吒哩(三十九)	计都(四十)	苏计都(四十一)	素
tapaci	antari	kuṭari	ketu	suketu	su

33.13.6

[illegible]	[illegible]	[illegible]	[illegible]	[illegible]

pho^{1}rar^1 dźiej^2	kja^{1}rar^1 dźiej^2	ku^1 su^{1}ma^2 njij^2 ·ji^1	kja^{1}kja^{1}rjir^2	khu^{1}khja^{2}rjir^2
颇啰妳(四十二)	迦啰妳(四十三)	句素磨(上)你曳(四十四)	迦迦嚟(四十五)	却佉嚟(四十六)
barṇe	karaṇi	kusumaniye	kakari	khakhari

33.13.7

[illegible]	[illegible]	[illegible]	[illegible]
·u^2 pa^2 la^1 buu^{2}rjir^2	tji^{1}śjɨ^1 tśia^1 xji^1	tha^{2}rar^1 nji^2	na^1 khja^{2}njij^{2}xa$^?$rar^1
呜般罗暮嚟(四十七)	底瑟吒呬(四十八)	陀罗尼(四十九)	那伽昵呵啰(五十)
ubalamuri	tiṣṭhāḥ	hidaraṇi	nāganirhara

33.14.1

[illegible]	[illegible]	[illegible]
pa^2 rar^1 la^1 ·ja^2 tji^1	·ja^1 tji^{1}pa^2 rar^1 la^1 ·ja^2 tji^1	gaa^1 ta^{1}rar^1 pa^{2}tji^1
般啰罗也底(五十一)	阿底般啰罗也底(五十二)	頞哆啰般提(五十三)
pralayate	atibaralayate	antarabati

33.14.2

[illegible]	[illegible]	[illegible]	[illegible]
·ja^1 ta^{1}rar^{1}ta^1 ·o^2 thji^{2}śjɨ^1 tśja^1	xa$^?$xji^1 rjir^2	ma^2 khja^{2}rjir^2	·ji^1 nji^{2}sã^{1}pho^1
安多啰多嚩地失遮(五十四)	呵呬哩(五十五)	摩佉里(五十六)	曀妮三婆(去)
antaritabati śca	hasani	makhali	inisramba-

33.14.3

[illegible]	[illegible]	[illegible]	[illegible]
rjir^2	tji^{1}śjɨ^1 tśia^1 xji^1	tha^{2}rar^1 nji^2	tã^{1}phji^{1}lu^{1}nji^{2}thji^1
嚟(五十七)	底瑟吒呬(五十八)	陀罗妮(五十九)	鵊(多霖反)蒲卢若提(六十)
ra	tiṣṭhāḥ	hidaraṇi	kubhulocate①

① 按《房山明咒集》所收卷三十四《出现光明会殊胜陀罗尼》之梵文与夏汉两文皆合,但未收此咒,这里暂时采用了《大藏全咒》所收梵文,其与夏汉两本差别稍大。参见林光明编修《新编大藏全咒》(1),嘉丰出版社,2001 年,第 68—72 页。

汉文本

世尊入城时，贪欲逼恼者，闻说不净观，贪欲灭无余。

世尊入城时，瞋恚逼恼者，闻说慈悲法，瞋恚灭无余。

世尊入城时，愚痴逼恼者，闻说智慧法，愚痴灭无余。

世尊入城时，憍慢逼恼者，闻说离慢法，憍慢灭无余。

世尊入城时，嫉妒逼恼者，闻说离嫉法，嫉妒灭无余。

世尊入城时，忿怒逼恼者，闻说离忿法，忿怒灭无余。

世尊入城时，悭悋逼恼者，闻说离悭法，悭悋灭无余。

若修调伏行，闻此无边法，便入多闻海，成就总持门。

又闻空中说，以华供养佛，成就胜功德，大悲神变说。

又闻空中说，赞叹如来身，生处及种族，言音悉殊胜。

如彼众生趣，神通随类说，眼耳鼻舌身，若色若声等，屈伸或俯仰，所现皆殊胜。

如来超世间，而作世灯炬，示现诸色像，皆佛神通力。

凡夫乐著色，为现种种身，随彼众生类，说色无坚固。

若人多执著，如来现神力，随彼器非器，为说相违法。

众生无量世，未曾供养佛，刚强难调伏，为说于地狱。

若人迷业道，依见乐戏论，世尊令彼闻，息见戏论声。

又闻空中说，眼性决定空，无来亦无去，无相无所有。

又百千众生，闻空中演说，肉眼及慧眼，乃至于法眼。

世尊神变力，闻说戒定声，智慧及解脱，解脱知见声。

众生若干种，如应现神变，以随类言音，演说真实法。

若有诸众生，乐修施戒忍，神通随类说，施戒忍辱声。

世尊神变力，随众生根性，皆为广分别，令受持演说。

世尊神变力，闻说蕴界处，缚解若远近，地位差别相。

又闻说诸地，无量智光明，亦闻烦恼习，有离有非离。

世尊神变力，闻说人天性，由业果不同，受生有差别。

或于女人众，化女庄严身，空声说厌离，闻者除贪欲。

若于舍利子，深心有净信，大悲随应现，为说无上法。

拘律陀迦叶，劫宾那难陀，摩诃迦叶波，及憍陈如等，

随彼所爱乐，闻说声闻法。天及阿修罗，及诸夜叉众，

毗娄迦眷属，无量鸠槃荼，以佛神力闻，陀罗弭拏咒：

一致徙(一)毕致徙(二)竖啰(上)苏(上)竖啰(三)污囊(上)徙(四)曼(去)囊(上)徙(五)污企(上,六)阿怒企(上,七)阿乞差罗忙囊夷(八)陀啰尼你瑟吒你名(上,九)多迦你(十)伊(上)名满多啰(十一)你呵(上、引)啰(十二)阿不唎步底(十三)你啰阿(去)察啰(十四)微耶乞里夜帝(十五)阿(去)察啰缚啰耳帝(十六)迦(上)罗嚩呬(去)宁(十七)萨攘微蛇呢底攘曩(十八)钵啰舍萨帝舍萨多(十九)钵啰舍萨多(二十)多啰孽多部名(上)(二十一)暗嚩啰暗嚩啰(二十二) 丽罗嚩曩室者(二十三)质多微嚩耳多(二十四)质多阿难(上)多(二十五)乌闭啰呵嚩耳多部名(上,二十六)囊南(上,二十七)

迦(上)尼(上)阿迦(上)尼(上)微嘝耳多(二十八)室丽瑟吒(二十九)阿幺罗宁幺罗(三十)弗(奔没反)理底囊啰始者(三十一)呵呵里(三十二)摩摩(上)里(三十三)吠啰妮(三十四)底瑟吒(三十五)斫刍怩呵啰(三十六)乌地哩多嘝枳(三十七)安吒哩(三十八)句吒哩(三十九)计都(四十)苏计都(四十一)素颇啰妳(四十二)迦啰妳(四十三)句素磨(上)你曳(四十四)迦迦嘮(四十五)却佉嘮(四十六)呜般罗暮嘮(四十七)底瑟吒呬(四十八)陀罗尼(四十九)那伽昵呵啰(五十)般啰罗也底(五十一)阿底般啰罗也底(五十二)頞哆啰般提(五十三)安多啰多嘝地失遮(五十四)呵呬哩(五十五)摩佉里(五十六)鋻妮三婆(去)嘮(五十七)底瑟吒呬(五十八)陀罗妮(五十九)鴮(多霖反)蒲卢若提(六十)

33.14.4

[illegible]

nioow¹ thja¹ phji¹ śia¹ mẽ¹ thji¹ thew² deej² tśia¹ njɨ² ŋewr² mjij¹ thjoo¹ ɣie̹²

又 彼 毗 沙 门, 提 头 赖 吒 等, 数 无 妙 声

[illegible]

ŋwu² źjɨr¹ ɣiej¹ ŋwəə¹ tsjiir¹ tshjiij¹

以, 实 真 咒 法 说。

又以毗沙门,提头赖吒等,无数殊妙声,说真实咒法。

33.14.5

[illegible]

thjɨ² sju² mjɨ¹ pju̹¹ ɣie̹² neew² bjiij² mee² mjijr² tshjiij¹ mee² mjijr² pju̹¹ tji̹²

是 如 无 量 声, 善 逝 神 通 说, 神 通 量 处

[illegible]

mjij¹ tshjiij¹ lew² tsjɨ¹ bju² mjij¹

无, 说 应 亦 边 无。

如是无量声,善逝神通说,神通无有量,所说亦无边。

33.14.6

[illegible]

tjij¹ tha¹ mjij¹ lhji̹j² ·u² mee² mjijr² kheej¹ ·u¹ ɣie¹ tha¹ lju̹² ·ji¹ ·wio̹¹

若 佛 无 刹 内, 神 通 戏 游 力, 佛 身 众 围

[illegible]

tśji̹¹ thjɨ² wjɨ² ljij² wjɨ² sju²

绕, 此 刻 见 △ 如。

或于无佛刹,游戏神通力,佛身众围绕,亦如今所见。

33.14.7

[illegible] [illegible] [illegible] [illegible] [illegible]， [illegible] [illegible] [illegible] [illegible] [illegible]， [illegible] [illegible] [illegible] [illegible]

seew^{2} tshjiij^{1} mjij^{1} lhjịj^{2} ·u^{2} mjɨ^{1} pjụ^{1} wjɨ̣^{1} djii^{2} śja^{2} ɣu^{1} wee^{1} śjạ^{1} bji^{2}

思 议 无 刹 内， 无 量 变 化 现， 初 生 七 步

[illegible]， [illegible] [illegible] [illegible] [illegible] [illegible]。

dźji njij^{2} mjii^{1} dźjɨɨr^{1} nji^{1} phjɨ^{1}

行， 王 宫 舍 家 出。

于不思议刹，现无量变化，初生行七步，舍王位出家。

33.15.1

[illegible] [illegible] [illegible] [illegible] [illegible]， [illegible] [illegible] [illegible] [illegible] [illegible]， [illegible] [illegible] [illegible] [illegible]

lhejr^{2} lhjoor^{1} tśhja^{2} dwewr^{2} śjɨj^{1} lhjụ^{2} rjir^{2} tsjiir^{1} sjwɨ^{1} sjiij^{2} ·ji^{1} ·jij^{1} tsjiir^{1} dźiej^{2}

道 场 正 觉 成， 获 得 法 思 惟， 众 为 法 轮

[illegible]， [illegible] [illegible] [illegible] [illegible] [illegible]。

deej^{1} djiij^{2} phā^{1} ·o^{2} wjị^{2} śja^{2}

转， 涅 槃 入 示 现。

道场成正觉，思惟所得法，为众转法轮，示现入涅槃。

33.15.2

[illegible] [illegible] [illegible] [illegible] [illegible]， [illegible] [illegible] [illegible] [illegible] [illegible]， [illegible] [illegible] [illegible] [illegible]

nioow^{1} mee^{2} wjɨ̣^{1} ɣie^{1} ŋwu^{2} mə^{2} mə^{2} tsjiir^{1} nẹ^{1} tshjiij^{1} mjɨ^{1} pjụ^{1} dźiã^{2} tśhju^{1}

及 神 变 力 以， 种 种 法 演 说， 无 量 众 生

[illegible]， [illegible] [illegible] [illegible] [illegible] [illegible]。

·jij^{1} buu^{2} gjij^{1} sjịj^{2} śjɨj^{1} phji^{1}

之， 胜 殊 智 成 令。

及以神变力，演说种种法，令无量众生，成就殊胜智。

33.15.3

[illegible] [illegible] [illegible] [illegible] [illegible]， [illegible] [illegible] [illegible] [illegible] [illegible]， [illegible] [illegible] [illegible] [illegible]

tśhjɨ^{1} zjọ^{2} ljịj^{2} wjuu^{1} śja^{2} rjur^{1} xiwã^{1} ·ji^{1} ·wiọ^{1} tśjɨ̣^{1} njij^{2} djọ^{2} sji^{2} tsjiir^{1}

尔 时 大 悲 现， 诸 梵 众 围 绕， 慈 修 △ 法

[illegible]，[illegible] [illegible] [illegible] [illegible] [illegible]。

tshjiij^{1} njij^{2} njiij^{1} ·ju^{2} lhu^{1} ljịj^{1}

说， 慈 心 常 增 长。

尔时大悲现,诸梵众围绕,为说修慈法,增广于慈心。

33.15.4

[illegible] [illegible] [illegible] [illegible] [illegible]，[illegible] [illegible] [illegible] [illegible] [illegible]，[illegible] [illegible] [illegible] [illegible]

tśhjɨ^{1} zjọ^{2} ljịj^{2} wjuu^{1} śja^{2} rjur^{1} mə^{1} ·ji^{1} ·wiọ^{1} tśjị^{1} ljɨɨr^{1} ɣjiw^{1} tsjiir^{1} tshjiij^{1}

尔 时 大 悲 现， 诸 天 众 围 绕， 四 摄 法 说

[illegible]，[illegible] [illegible] [illegible] [illegible] [illegible]。

wji^{1} ljɨɨr^{1} ɣjiw^{1} dźjɨ$^{?}$ lhu^{1} ljịj^{1}

为， 四 摄 行 增 长。

尔时大悲现,诸天众围绕,为说四摄法,增广四摄行。

33.15.5

[illegible] [illegible] [illegible] [illegible] [illegible]，[illegible] [illegible] [illegible] [illegible] [illegible]，[illegible] [illegible] [illegible] [illegible]

tśhjɨ^{1} zjọ^{2} ljịj^{2} wjuu^{1} śja^{2} rjur^{1} we^{1} ·ji^{1} ·wiọ^{1} tśjị^{1} tshjạ^{1} kwow^{2} dźjar^{2} tshjiij^{1}

尔 时 大 悲 现， 诸 龙 众 围 绕， 瞋 恚 过 说

[illegible]，[illegible] [illegible] [illegible] [illegible] [illegible]。

wji^{1} tshjạ^{1} kwow^{2} njiij^{1} dźjɨɨr^{1} phji^{1}

为， 瞋 恚 心 舍 令。

尔时大悲现,诸龙众围绕,为说瞋恚过,令舍瞋恚心。

33.15.6

[illegible] [illegible] [illegible] [illegible] [illegible]，[illegible] [illegible] [illegible] [illegible] [illegible]，[illegible] [illegible] [illegible] [illegible]

tśhjɨ^{1} zjọ^{2} ljịj^{2} wjuu^{1} śja^{2} ·jij^{1} khja^{2} ·ji^{1} ·wiọ^{1} tśjị^{1} ŋwo^{2} tśjuu^{1} dźjar^{2} tshjiij^{1}

尔 时 大 悲 现， 夜 叉 众 围 绕， 毁 害 过 说

[illegible]，[illegible] [illegible] [illegible] [illegible] [illegible]。

wji^{1} ŋwo^{2} tśjuu^{1} njiij^{1} dźjɨɨr^{1} phji^{1}

为， 毁 害 心 舍 令。

尔时大悲现,夜叉众围绕,为说损害过,令舍损害心。

33.15.7

[illegible]，[illegible]，[illegible]

tśhjɨ^{1} zjọ^{2} ljịj^{2} wjuu^{1} śja^{2} sew^{2} lo^{1} ·ji^{1} ·wiọ^{1} tśjɨ̣^{1} dzji^{1} ɣwej^{1} dźjar^{2} tshjiij^{1}

尔 时 大 悲 现， 修 罗 众 围 绕， 斗 诤 过 说

[illegible]，[illegible]。

phji^{1} zeew^{2} njiij^{1} djọ^{2} ·jow^{2} śja^{2}

令， 忍 心 修 赞 现。

尔时大悲现，修罗众围绕，为说斗诤过，称赞修忍心。

33.16.1

[illegible]，[illegible]，[illegible]

tśhjɨ^{1} zjọ^{2} ljịj^{2} wjuu^{1} śja^{2} kja^{1} lew^{1} lo^{1} ·wiọ^{1} tśjɨ̣^{1} ljwu^{1} nu^{1} dźjar^{2} tshjiij^{1}

尔 时 大 悲 现， 迦 楼 罗 围 绕， 违 背 过 说

[illegible]，[illegible]。

wji^{1} ŋwej^{2} dzow^{1} njiij^{1} ·jow^{2} śja^{2}

为， 合 和 心 赞 现。

尔时大悲现，迦楼罗围绕，为说乖违过，称赞和合心。

33.16.2

[illegible]，[illegible]，[illegible]

tśhjɨ^{1} zjọ^{2} ljịj^{2} wjuu^{1} śja^{2} khjã^{2} tha^{2} pho^{1} ·wiọ^{1} tśjɨ̣^{1} bju^{2} mjij^{1} ŋwuu^{1} śjwii^{2}

尔 时 大 悲 现， 乾 闼 婆 围 绕， 边 无 语 和

[illegible]，[illegible]。

ŋwu^{2} mjor^{1} ljịj^{2} tsjiir^{1} ·jow^{2} śja^{2}

以， 如 来 教 赞 现。

尔时大悲现，乾闼婆围绕，以无边爱语，称赞于如来。

33.16.3

[illegible]，[illegible]，[illegible]

tśhjɨ^{1} zjọ^{2} ljịj^{2} wjuu^{1} śja^{2} mo^{2} xew^{1} ·ji^{1} ·wiọ^{1} tśjɨ̣^{1} tśja^{1} nioow^{1} dzjar^{2} pjo^{1}

尔 时 大 悲 现， 摩 睺 众 围 绕， 道 外 教 呵

[illegible]

lha1 mjor1 ljịj2 tsjiir1 ·jow2 śja2

毁， 如 来 教 赞 现。

尔时大悲现，摩睺众围绕，呵毁外道法，称赞如来教。

33.16.4

[illegible]

tśhjɨ1 zjọ2 ljịj2 wjuu1 śja2 ·ju1 njạ1 ·ji1 ·wiọ1 tśjɨ̣1 mjor1 ljịj2 ·jij1 zjɨɨr1

尔 时 大 悲 现， 鬼 神 众 围 绕， 如 来 之 希

[illegible]

dju1 rjur1 tśhja2 ·ioow1 ·jow2 śja2

有， 诸 德 功 赞 现。

尔时大悲现，鬼神众围绕，广称赞如来，希有诸功德。

33.16.5

[illegible]

ljịj2 wjuu1 mee2 wjɨ̣1 śja2 ·jir2 tụ1 dźiã2 tśhju1 ·jij1 mej1 ·jij1 sji1 bju2

大 悲 神 变 现， 百 千 众 生 于， 眼 之 尽 边

[illegible]

tshjiij1 zji2 dźjwa1 tsjij2 njwi2 phji1

说， 究 竟 达 能 令。

大悲现神变，令百千众生，闻说眼尽边，究竟能通达。

33.16.6

[illegible]

ljịj2 wjuu1 mee2 wjɨ̣1 śja2 ·jir2 tụ1 dźiã2 tśhju1 ·jij1 mej1 ·jij1 wee1 bju2

大 悲 神 变 现， 百 千 众 生 于， 眼 之 生 边

[illegible]

tshjiij1 zji2 dźjwa1 tsjij2 njwi2 phji1

说， 究 竟 悟 能 令。

大悲现神变，令百千众生，闻说眼生边，究竟能通达。

33.16.7

[illegible]

ljịj^{2} wjuu^{1} mee^{2} wjɨ^{1} śja^{2} ·jir^{2} tụ^{1} dźiã^{2} tśhju^{1} ·jij^{1} mej^{1} ·jij^{1} bju^{2} ljow^{2}

大 悲 神 变 现， 百 千 众 生 于， 眼 之 边 际

[illegible]

tshjiij^{1} zji^{2} dźjwa^{1} tsjij^{2} njwi^{2} phji^{1}

说， 究 竟 达 能 令。

大悲现神变，令百千众生，闻说眼边际，究竟能通达。

33.17.1

[illegible]

ljịj^{2} wjuu^{1} mee^{2} wjɨ^{1} śja^{2} ·jir^{2} tụ^{1} dźiã^{2} tśhju^{1} ·jij^{1} mej^{1} ·jij^{1} dźiə^{2} dźiej^{2}

大 悲 神 变 现， 百 千 众 生 于， 眼 之 流 转

[illegible]

tshjiij^{1} zji^{2} dźjwa^{1} tsjij^{2} njwi^{2} phji^{1}

说， 究 竟 达 能 令。

大悲现神变，令百千众生，闻说眼流转，究竟能通达。

33.17.2

[illegible]

ljịj^{2} wjuu^{1} mee^{2} wjɨ^{1} śja^{2} ·jir^{2} tụ^{1} dźiã^{2} tśhju^{1} ·jij^{1} mej^{1} ·jij^{1} mjij^{1} sej^{1}

大 悲 神 变 现， 百 千 众 生 于， 眼 之 寂 净

[illegible]

tshjiij^{1} zji^{2} dźjwa^{1} tsjij^{2} njwi^{2} phji^{1}

说， 究 竟 悟 能 令。

大悲现神变，令百千众生，闻说眼寂静，究竟能通达。

33.17.3

[illegible]

ljịj^{2} wjuu^{1} mee^{2} wjɨ^{1} śja^{2} ·jir^{2} tụ^{1} dźiã^{2} tśhju^{1} ·jij^{1} mej^{1} ·jij^{1} mji^{1} dju^{1}

大 悲 神 变 现， 百 千 众 生 于， 眼 之 无 有

tshjiij^{1} zji^{2} dźjwa^{1} tsjij^{2} njwi^{2} phji^{1}

说， 究 竟 达 能 令。

大悲现神变,令百千众生,闻说眼无有,究竟能通达。

33.17.4

ljịj^{2} wjuu^{1} mee^{2} wjɨ̣^{1} śja^{2} ·jir^{2} tụ^{1} dźiã^{2} tśhju^{1} ·jij^{1} mej^{1} ·jij^{1} mji^{1} wee^{1}

大 悲 神 变 现， 百 千 众 生 于， 眼 之 无 生

tshjiij^{1} zji^{2} dźjwa^{1} tsjij^{2} njwi^{2} phji^{1}

说， 究 竟 达 能 令。

大悲现神变,令百千众生,闻说眼无生,究竟能通达。

33.17.5

ljịj^{2} wjuu^{1} mee^{2} wjɨ̣^{1} śja^{2} ·jir^{2} tụ^{1} dźiã^{2} tśhju^{1} ·jij^{1} mej^{1} ·jij^{1} mjij^{1} dzjar^{2}

大 悲 神 变 现， 百 千 众 生 于， 眼 之 寂 灭

tshjiij^{1} zji^{2} dźjwa^{1} tsjij^{2} njwi^{2} phji^{1}

说， 究 竟 达 能 令。

大悲现神变,令百千众生,闻说眼寂灭,究竟能通达。

33.17.6

ljịj^{2} wjuu^{1} mee^{2} wjɨ̣^{1} śja^{2} ·jir^{2} tụ^{1} dźiã^{2} tśhju^{1} ·jij^{1} mej^{1} ·jij^{1} ŋa^{2} mjij^{1}

大 悲 神 变 现， 百 千 众 生 于， 眼 之 我 无

tshjiij^{1} zji^{2} dźjwa^{1} tsjij^{2} njwi^{2} phji^{1}

说， 究 竟 达 能 令。

大悲现神变,令百千众生,闻说眼无我,究竟能通达。

33.17.7

[illegible]

ljịj2 wjuu1 mee2 wjɨ̣1 śja2 ·jir2 tụ1 dźiã2 tśhju1 ·jij1 mej1 dźiã2 tśhju1 mjij1

大 悲 神 变 现， 百 千 众 生 于， 眼 众 生 无

[illegible]

tshjiij1 zji2 dźjwa1 tsjij2 njwi2 phji1

说， 究 竟 达 能 令。

大悲现神变，令百千众生，闻说眼无人，究竟能通达。

33.18.1

[illegible]

ljịj2 wjuu1 mee2 wjɨ̣1 śja2 ·jir2 tụ1 dźiã2 tśhju1 ·jij1 mej1 dźiã2 tśhju1 mjij1

大 悲 神 变 现， 百 千 众 生 于， 眼 众 生 无

[illegible]

tshjiij1 zji2 dźjwa1 tsjij2 njwi2 phji1

说， 究 竟 达 能 令。

大悲现神变，令百千众生，闻眼无众生，究竟能通达。

33.18.2

[illegible]

ljịj2 wjuu1 mee2 wjɨ̣1 śja2 ·jir2 tụ1 dźiã2 tśhju1 ·jij1 mej1 kạ1 mjijr2 mjij1

大 悲 神 变 现， 百 千 众 生 于， 眼 命 者 无

[illegible]

tshjiij1 zji2 dźjwa1 tsjij2 njwi2 phji1

说， 究 竟 达 能 令。

大悲现神变，令百千众生，闻眼无命者，究竟能通达。

33.18.3

[illegible]

ljịj2 wjuu1 mee2 wjɨ̣1 śja2 ·jir2 tụ1 dźiã2 tśhju1 ·jij1 mej1 ·jur1 mjijr2 mjij1

---

① [illegible]，说。此下三句，汉文本均无“说”字。

大 悲 神 变 现, 百 千 众 生 于, 眼 育 者 无

[illegible]

tshjiij1 zji2 źjwa1 tsjij2 njwi2 phji1

说, 究 竟 达 能 令。

大悲现神变,令百千众生,闻眼无养育,究竟能通达。

33.18.4

[illegible]

ljịj2 wjuu1 mee2 wjɨ̣1 śja2 wạ2 rjur1 dźiã2 tśhju1 nioow1 rjur1 sjịj2 ·jij1 źier1

大 悲 神 变 现, 广 诸 众 生 因, 世 智 之 呵

[illegible]

njɨɨ2 dzu1 zjịj1 mji1 śjwo1 phji1

责, 爱 著 无 生 令。

大悲现神变,广为诸众生,呵责于世智,不令起爱著。

33.18.5

[illegible]

ljịj2 wjuu1 mee2 wjɨ̣1 śja2 wạ2 rjur1 dźiã2 tśhju1 nioow1 rjur1 gjij1 ·jij1 źier1

大 悲 神 变 现, 广 诸 众 生 因, 世 利 之 呵

[illegible]

njɨɨ2 dźiəj2 mə̣1 tśhja2 ·ioow1 ·jow2

责, 为 无 德 功 赞。

大悲现神变,广为诸众生,呵责于世利,赞无为功德。

33.18.6

[illegible]

ljịj2 wjuu1 mee2 wjɨ̣1 śja2 wạ2 rjur1 dźiã2 tśhju1 nioow1 rar2 dju1 sjịj2 źier1

大 悲 神 变 现, 广 诸 众 生 因, 漏 有 智 呵

[illegible]

njɨɨ2 rjur1 rar2 mjij1 źjɨr1 ·jow2

责, 诸 漏 无 慧 赞。

大悲现神变,广为诸众生,呵责有漏智,赞诸无漏慧。

33.18.7

[illegible] [illegible] [illegible] [illegible] [illegible]， [illegible] [illegible]① [illegible] [illegible] [illegible]， [illegible] [illegible] [illegible] [illegible]

ljịj^{2} wjuu^{1} mee^{2} wjɨ̣^{1} śja^{2} wạ^{2} rjur^{1} dźiã^{2} tśhju^{1} nioow^{1} rjur^{1} kha^{1} śjã^{1} źier^{1}

大 悲 神 变 现， 广 诸 众 生 为， 世 间 禅 呵

[illegible]， [illegible] [illegible] [illegible] [illegible] [illegible]。

njɨɨ^{2} rjur^{1} lho$^{?}$ djɨj^{2} ·jow^{2} śja^{2}

责， 诸 出 定 称 扬。

大悲现神变，广为诸众生，呵责世间禅，称扬出世定。

33.19.1

[illegible] [illegible] [illegible] [illegible] [illegible]， [illegible] [illegible] [illegible] [illegible] [illegible]， [illegible] [illegible] [illegible] [illegible]

ljịj^{2} wjuu^{1} mee^{2} wjɨ̣^{1} śja^{2} wạ^{2} rjur^{1} dźiã^{2} tśhju^{1} nioow^{1} rar^{2} dju^{1} kie^{1} źier^{1}

大 悲 神 变 现， 广 诸 众 生 为， 漏 有 戒 呵

[illegible]， [illegible] [illegible] [illegible] [illegible] [illegible]。

njɨɨ^{2} rar^{2} mjij^{1} ɣiew^{1} tjị^{2} ·jow^{2}

责， 漏 无 学 处 赞。

大悲现神变，广为诸众生，呵责有漏戒，赞无漏学处。

33.19.2

[illegible] [illegible] [illegible] [illegible] [illegible]， [illegible] [illegible] [illegible] [illegible] [illegible]， [illegible] [illegible] [illegible] [illegible]

ljịj^{2} wjuu^{1} mee^{2} wjɨ̣^{1} śja^{2} wạ^{2} rjur^{1} dźiã^{2} tśhju^{1} nioow^{1} dźju^{2} njiij^{1} dźjar^{2} ·jij^{1}

大 悲 神 变 现， 广 诸 众 生 为， 卑 心 过 之

[illegible]， [illegible] [illegible] [illegible] [illegible] [illegible]。

pjo^{1} ljịj^{2} njiij^{1} tśhja^{2} ·jow^{2} śja^{2}

呵， 大 心 德 称 扬。

大悲现神变，广为诸众生，呵责小心过，称扬大心德。

33.19.3

[illegible] [illegible] [illegible] [illegible] [illegible]， [illegible] [illegible] [illegible] [illegible] [illegible]， [illegible] [illegible] [illegible] [illegible]

ljịj^{2} wjuu^{1} mee^{2} wjɨ̣^{1} śja^{2} ljụ^{2} tśhjwɨj^{1} kie^{1} rjɨr^{2} njɨ^{2} njiij^{1} źjɨr^{1} djọ^{2} rar^{2}

① [illegible]，诸。据汉文当为“[illegible]”（世）字，形近致误。

大 悲 神 变 现， 身 修 戒 乃 至， 心 慧 修 漏

[illegible]

mjij¹ bju¹ gji̠² mjij¹ ·jow² śja²

无， 依 靠 无 赞 叹。

大悲现神变，称赞修身戒，乃至于心慧，无漏无所依。

33.19.4

[illegible]

lji̠j² wjuu¹ mee² wjɨ̠¹ śja² dzjar² tśji̠¹ tśja¹ ·jow² śja² kheej¹ ljɨ̠¹ zji̠j¹ mjijr²

大 悲 神 变 现， 灭 苦 道 赞 扬， 戏 论 著 者

[illegible]

·jij¹ rjur¹ tha¹ zji² źier¹ njɨɨ²

之， 诸 佛 皆 呵 责。

大悲现神变，称赞灭苦道，乐著戏论人，诸佛所呵责。

33.19.5

[illegible]

lji̠j² wjuu¹ mee² wjɨ̠¹ śja² wa̠² rjur¹ dźiā² tśhju¹ nioow¹ mej¹ bja² dźjar² phjo²

大 悲 神 变 现， 广 诸 众 生 为， 眼 断 过 分

[illegible]

kar² mjij¹ dzjar² ·jij¹ phie² neej²

别， 寂 灭 相 开 示。

大悲现神变，广为诸众生，分别眼断过，开示寂灭相。

33.19.6

[illegible]

nju¹ njii² lhjwa¹ lju̠² njiij¹ tsə̣¹ ɣie̠² lji² wji̠¹ tsju̠¹ rjɨr² njɨ² mə² ɣie̠²

耳 鼻 舌 身 心， 色 声 香 味 触， 乃 至 声 音

[illegible]

mjiij² ŋowr² ŋowr² zji² thjɨ² sju²

名， 一 切 皆 是 如。

耳鼻舌身心，色声香味触，乃至音声名，一切皆如是。

33.19.7

□ □ □ □ □， □ □ □ □ □， □ □ □[1] □
ljịj[2] wjuu[1] mee[2] wjɨ̣[1] śja[2] wạ[2] rjur[1] dźiã[2] tśhju[1] nioow[1] thjwi[1] mjɨr[1] lhoo[1] mjijr[2]
大 悲 神 变 现， 广 诸 众 生 为， 少 壮 恃 者
□， □ □ □ □ □。
·jij[1] bju[2] mjij[1] dźjar[2] tshjiij[1] wji[1]
于， 边 无 过 说 为。
大悲现神变，广为诸众生，盛年少壮者，示以无边过。

33.20.1

□ □ □ □ □， □ □ □ □ □， □ □ □ □
ljịj[2] wjuu[1] mee[2] wjɨ̣[1] śja[2] wạ[2] rjur[1] dźiã[2] tśhju[1] nioow[1] wee[1] tjị[2] ihoo[1] mjijr[2]
大 悲 神 变 现， 广 诸 众 生 因， 生 处 逸 者
□， □ □ □ □ □。
·jij[1] bju[2] mjij[1] dźjar[2] tshjiij[1] wji[1]
于， 边 无 过 说 为。
大悲现神变，广为诸众生，生处憍逸者，示以无边过。

33.20.2

□ □ □ □ □， □ □ □ □ □， □ □[2] □ □
ljịj[2] wjuu[1] mee[2] wjɨ̣[1] śja[2] wạ[2] rjur[1] dźiã[2] tśhju[1] nioow[1] mə[2] djịj[1] lhoo[1] mjijr[2]
大 悲 神 变 现， 广 诸 众 生 为， 种 类 逸 者
□， □ □ □ □ □。
·jij[1] bju[2] mjij[1] dźjar[2] tshjiij[1] wji[1]
于， 边 无 过 说 为。
大悲现神变，广为诸众生，种姓憍逸者，示以无边过。

33.20.3

□ □ □ □ □， □ □ □ □ □， □ □ □ □

---

① □，依恃。此句汉文似无可对者，其意当为“依恃少壮”意。结合下文，该字当有“依恃”“憍逸”“放逸”意。
② □□，种类。汉文本作“种性”。

ljịj^2 wjuu^1 mee^2 wjɨ̣^{1} śja^2 wạ^2 rjur^1 dźiã^2 tśhju^1 nioow^1 wji^1 ɣiwej^1 lhoo^1 mjijr^2

大 悲 神 变 现, 广 诸 众 生 为, 用 受 逸 者

[illegible]

·jij^1 bju^2 mjij^1 dźjar^2 tshjiij^1 wji^1

于, 边 无 过 说 为。

大悲现神变,广为诸众生,受用放逸者,示以无边过。

33.20.4

[illegible]

ljịj^2 wjuu^1 mee^2 wjɨ̣^{1} śja^2 wạ^2 rjur^1 dźiã^2 tśhju^1 nioow^1 ·jij^1 dzju^2 lhoo^1 mjijr^2

大 悲 神 变 现, 广 诸 众 生 为, 自 在 逸 者

[illegible]

·jij^1 bju^2 mjij^1 dźjar^2 tshjiij^1 wji^1

于, 边 无 过 说 为。

大悲现神变,广为诸众生,自在放逸者,示以无边过。

33.20.5

[illegible]

ljịj^2 wjuu^1 mee^2 wjɨ̣^{1} śja^2 wạ^2 rjur^1 dźiã^2 tśhju^1 nioow^1 tsə̣^{1} lhoo^1 khwẹj^1 mjijr^2

大 悲 神 变 现, 广 诸 众 生 因, 色 逸 慢 者

[illegible]

·jij^1 bju^2 mjij^1 dźjar^2 tshjiij^1 wji^1

于, 边 无 过 说 为。

大悲现神变,广为诸众生,于色放逸者,示以无边过。

33.20.6

[illegible]

ljịj^2 wjuu^1 mee^2 wjɨ̣^{1} śja^2 wạ^2 rjur^1 dźiã^2 tśhju^1 nioow^1 sji^2 dzjwo^2 lhoo^1 mjijr^2

大 悲 神 变 现, 广 诸 众 生 为, 女 人 逸 者

[illegible]

·jij^1 bju^2 mjij^1 dźjar^2 tshjiij^1 wji^1

于, 边 无 过 说 为。

大悲现神变，广为诸众生，女人放逸者，示以无边过。

33.20.7

[illegible] [illegible] [illegible] [illegible] [illegible]， [illegible] [illegible] [illegible] [illegible] [illegible]， [illegible] [illegible] [illegible] [illegible]

ljịj^{2} wjuu^{1} mee^{2} wjɨ^{1} śja^{2} wạ^{2} rjur^{1} dźiã^{2} tśhju^{1} nioow^{1} lhwu^{1} gjwi^{2} lhoo^{1} mjijr^{2}

大　悲　神　变　现，　广　诸　众　生　为，　衣　服　逸　者

[illegible]， [illegible] [illegible] [illegible] [illegible] [illegible]。

·jij^{1} bju^{2} mjij^{1} dźjar^{2} tshjiij^{1} wji^{1}

于，　边　无　过　说　为。

大悲现神变，广为诸众生，衣服放逸者，示以无边过。

33.21.1

[illegible] [illegible] [illegible] [illegible] [illegible]， [illegible] [illegible] [illegible] [illegible] [illegible]， [illegible] [illegible] [illegible] [illegible]

ljịj^{2} wjuu^{1} mee^{2} wjɨ^{1} śja^{2} wạ^{2} rjur^{1} dźiã^{2} tśhju^{1} nioow^{1} ·o^{2} bju^{1} khwẹj^{1} mjijr^{2}

大　悲　神　变　现，　广　诸　众　生　为，　酒　依　慢　者

[illegible]， [illegible] [illegible] [illegible] [illegible] [illegible]。

·jij^{1} bju^{2} mjij^{1} dźjar^{2} tshjiij^{1} wji^{1}

于，　边　无　过　说　为。

大悲现神变，广为诸众生，于酒放逸者，示以无边过。

33.21.2

[illegible] [illegible] [illegible] [illegible] [illegible]， [illegible] [illegible] [illegible] [illegible] [illegible]， [illegible] [illegible] [illegible] [illegible]

ljịj^{2} wjuu^{1} mee^{2} wjɨ^{1} śja^{2} wạ^{2} rjur^{1} dźiã^{2} tśhju^{1} nioow^{1} njij^{2} lhoo^{1} khwẹj^{1} mjijr^{2}

大　悲　神　变　现，　广　诸　众　生　为，　王　逸　慢　者

[illegible]， [illegible] [illegible] [illegible] [illegible] [illegible]。

·jij^{1} bju^{2} mjij^{1} dźjar^{2} tshjiij^{1} wji^{1}

于，　边　无　过　说　为。

大悲现神变，广为诸众生，为王放逸者，示以无边过。

33.21.3

[illegible] [illegible] [illegible] [illegible] [illegible]， [illegible] [illegible] [illegible] [illegible] [illegible]， [illegible] [illegible] [illegible] [illegible]

ljịj^{2} wjuu^{1} mee^{2} wjɨ^{1} śja^{2} wạ^{2} rjur^{1} dźiã^{2} tśhju^{1} nioow^{1} kie^{1} lhoo^{1} khwẹj^{1} mjijr^{2}

大 悲 神 变 现， 广 诸 众 生 为， 戒 逸 慢 者

[illegible]

·jij1 bju2 mjij1 dźjar2 tshjiij1 wji1

于， 边 无 过 说 为。

大悲现神变，广为诸众生，于戒放逸者，示以无边过。

33.21.4

[illegible]

ljɨ̣j2 wjuu1 mee2 wjɨ̣1 śja2 wạ2 rjur1 dźiã2 tśhju1 nioow1 sjịj2 źjɨr1 lhoo1 mjijr2

大 悲 神 变 现， 广 诸 众 生 为， 智 慧 逸 者

[illegible]

·jij1 bju2 mjij1 dźjar2 tshjiij1 wji1

于， 边 无 过 说 为。

大悲现神变，广为诸众生，智慧放逸者，示以无边过。

33.21.5

[illegible]

thjɨ2 sju2 dwewr2 mee2 mjijr2 śjã1 ɣjɨr1 buu2 gjij1 khwẹj1 war2 tshjiij1 bju1 wjɨ̣1

是 如 觉 神 通， 禅 巧 胜 殊 慢， 财 说 明 眷

[illegible]

dźjwɨ1 tshow1 ɣiẹ2 nioow1 ·jow2 kjạ2

属， 乐 声 及 咏 歌，

如是觉神通，禅巧增上慢，财说明眷属，音乐及歌咏，

33.21.6

[illegible]

mjiij2 dźjwow1 ·jow2 śja2 ŋowr2 kjụ1 tshwew1 nioow1 gjịj1 ·jur1 thjoo1 ŋạ2 lạ1 ljoor1

名 称 赞 叹 全， 供 养 并 利 养。 妙 好 谄 诳

[illegible]

khwẹj1 bjuu1 mjij1 nioow1 ·ju1 mjij1

憍， 惭 无 及 愧 无，

是名称赞叹，供养并利养。美妙诳谄憍，无惭及无愧，

33.21.7

[illegible]

·jij1 bjịj1 mjɨ1 gjiw1 ŋowr2 śja1 wjạ2 lẹj2 ·a? tjɨ̣j2 ljịj2 wjuu1 mee2 wjɨ̣1

自 傲 无 敬 全， 逸 放 贪 一 样。 大 悲 神 变

[illegible]

śja2 njiij1 phji1 bji2 dźju2 mjijr2

现， 心 意 下 劣 者，

贡高具足慢，放逸贪亦然。大悲现神变，开示诸众生①，心意下劣者，

33.22.1

[illegible]

rjur1 dźiã2 tśhju1 djịj1 ·jij1 buu2 gjij1 sjiij2 tshjiij1 wji1 ljịj2 wjuu1 mee2 wjɨ̣1

诸 众 生 类 于， 胜 殊 想 说 为， 大 悲 神 变

[illegible]

śja2 ·jij1 dźju2 phji1 lhjii1 mjijr2

现， 自 卑 意 退 者，

为说殊胜想。大悲现神变，开示诸众生，自轻退屈者，

33.22.2

[illegible]

rjur1 dźiã2 tśhju1 djịj1 ·jij1 khu1 dźjij1 ɣie1 tshjiij1 wji1 ljịj2 wjuu1 mee2 wjɨ̣1

诸 众 生 类 于， 进 精 力 说 为。 大 悲 神 变

[illegible]

śja2 tjị1 war2 lẹj2 zjịj1 mjijr2

现， 食 物 贪 著 者，

为说精进力。大悲现神变，开示诸众生，贪著财物者，

33.22.3

[illegible]

---

① 汉文中的这一句，西夏文放入下一行。

② [illegible]，食物。汉文本作“财物”。

rjur^{1} dźiã^{2} tśhju^{1} djịj^{1} ·jij^{1} lhə$^{?}$ nwə^{1} tsjiir^{1} tshjiij^{1} wji^{1} nioow^{1} śja^{1} mjii^{1} pjụ^{2}

诸 众 生 类 于， 足 知 法 说 为。 又 香 宫 殿

[illegible]

śja^{2} wjạ^{1} mjii^{1} pjụ^{2} djii^{2} wji^{1}

现， 花 宫 殿 化 为，

为说知足法。又化香宫殿，及以华宫殿，

33.22.4

[illegible]

źjạ^{1} źjạ^{1} du^{1} rjɨ̣j^{2} wjij^{2} djii^{2} tha^{1} thja^{2} ·u^{2} dzuu^{2} nioow^{1} rjur^{1} mə^{1} mjịj^{1}

中 间 楼 阁 有， 化 佛 彼 内 坐。 又 诸 天 女

[illegible]

djii^{2} tśja^{1} pho^{1} wjạ^{1} mjii^{1} dźjiij^{1}

化， 薝 蔔 花 宫 住，

皆挟妙楼阁，化佛丁中坐。又化诸天女，住薝蔔华宫，

33.22.5

[illegible]

to^{2} zji^{2} ljụ^{2} khwə^{1} śja^{2} wjạ^{1} rer^{2} ·jiij^{1} kjụ^{1} tshwew^{1} nioow^{1} rjur^{1} mə^{1} mjịj^{1}

悉 皆 身 半 现， 花 鬘 持 供 养。 又 诸 天 女

[illegible]

djii^{2} pho^{1} śiə^{1} wjạ^{1} mjii^{1} dźjiij^{1}

化， 婆 师 花 宫 住，

皆现于半身，持华鬘供养。又化诸天女，住婆师华宫，

33.22.6

[illegible]

to^{2} zji^{2} ljụ^{2} khwə^{1} śja^{2} kię^{1} rer^{2} ·jiij^{1} kjụ^{1} tshwew^{1} nioow^{1} sew^{2} lo^{1} mjịj^{1}

悉 皆 身 半 现， 金 鬘 持 供 养。 又 修 罗 女

[illegible]

djii^{2} mo^{2} lji^{1} wjạ^{1} mjii^{1} dźjiij^{1}

化， 摩 利 花 宫 住，

皆现于半身,持金鬘供养。又化修罗女,住摩利华宫,

33.22.7

to^{2} zji^{2} ljụ^{2} khwə^{1} śja^{2} wja̤^{1} rer^{2} ·jiij^{1} kjụ^{1} tshwew^{1} nioow^{1} rjur^{1} mə^{1} mjịj^{1}

悉 皆 身 半 现, 花 鬘 持 供 养。 又 诸 天 女

djii^{2} wja̤^{1} sej^{1} ŋwər^{1} mjii^{1} dźjiij^{1}

化, 莲 华 青 宫 住,

皆现于半身,持华鬘供养。又化诸天女,住青莲华宫,

33.23.1

to^{2} zji^{2} ljụ^{2} khwə^{1} śja^{2} tha^{1} ·jij^{1} tśhja^{2} ·ioow^{1} ·jow^{2} nioow^{1} rjur^{1} xiwã^{1} mə^{1}

悉 皆 身 半 现, 佛 之 德 功 赞。 又 诸 梵 天

djii^{2} kie̤^{1} ɣiej^{1} mjii^{1} pjụ^{2} dzuu^{2}

化, 金 真 宫 殿 坐,

皆现于半身,称赞佛功德。又化诸梵天,坐真金宫殿,

33.23.2

ljụ^{2} ŋowr^{2} to^{2} zji^{2} śja^{2} njij^{2} ɣie̤^{2} tha^{1} ·jij^{1} ·jow^{2} nioow^{1} rjur^{1} mə^{1} mjịj^{1}

身 全 悉 皆 现, 慈 声 佛 之 赞。 又 诸 天 女

djii^{2} mə^{2} mə^{2} ljụ^{2} ljuu^{2} tshjịj^{2}

化, 种 种 身 庄 严,

而现于全身,慈声称叹佛。又化诸天女,种种庄严身,

33.23.3

·jɨr^{2} rer^{2} mja^{1} dźjwɨ^{1} tsjụ^{1} zji^{2} thjoo^{1} mə^{2} ɣie̤^{2} to^{2} rjur^{1} dźiəj^{2} lheew^{2} tsjiir^{1}

瓔 鬘 环 互 触，最 妙 声 音 出。诸 为 有 法

[illegible]

tja^{1} ·wjɨ̣^{1} lej^{2} mji^{1} gjwɨ^{1} lwo^{2}

者，迁 变 无 坚 固，

环佩互撞触，出微妙音声。说诸有为法，迁变无坚固，

33.23.4

[illegible]

wẹ^{1} dzjwo^{2} lwow^{1} phjo^{2} kar^{2} źjɨr^{1} nwə^{1} mjɨ^{1} njwi^{2} ·jɨ^{1} thjɨ^{2} sju^{2} ljuu^{2} gju^{2}

愚 人 妄 分 别，实 知 不 能 谓。是 如 庄 具

[illegible]

ɣiẹ^{2} ljụ^{2} njiij^{1} ɣa^{2} mji^{1} to^{2}

声，身 心 于 不 出，

愚人妄分别，不能如实知。如是严具声，不从身心出，

33.23.5

[illegible]

śjɨ^{1} mjij^{1} lja^{1} tsjɨ^{1} mjij^{1} rjijr^{2} do^{2} tsjɨ^{1} mji^{1} dju^{1} rjɨr^{2} njɨ^{2} tsə̣^{1} njiij^{1}

往 无 来 亦 无，方 处 亦 无 有。乃 至 色 心

[illegible]

ɣa^{2} ŋowr^{2} ŋowr^{2} zji^{2} thjɨ^{2} sju^{2}

于，一 切 皆 是 如，

无去亦无来，亦无有方所。乃至于色心，一切皆如是，

33.23.6

[illegible]

wẹ^{1} mjijr^{2} seew^{2} mjɨ^{1} njwi^{2} thja^{2} ɣa^{2} ·jiw^{2} ljɨ̣j^{1} śjwo^{1} thjɨ^{2} sju^{2} ljuu^{2} gju^{2}

愚 者 思 不 能，彼 于 疑 惑 生。是 如 庄 具

[illegible]

ɣa^{2} wjɨ^{2} to^{2} thjoo^{1} mə^{2} ɣiẹ^{2}

于，△ 出 妙 声 音，

愚者不能思，于此生疑惑。如是庄严具，所出妙音声，

33.23.7

[illegible]

·jir2 tụ1 lhjịj2 zji2 mji1 mjɨ1 pjụ1 ·ji1 bie2 lhew2 nji2 njɨ2 bio̱1 thjuu1

百 千 刹 皆 闻， 无 量 众 解 脱。 汝 等 观 察

[illegible]

lew2 śio1 dzjiij2 thja1 śjij1 sjịj2

当， 导 师 自 然 智，

闻于百千刹,解脱无量众。汝等当观察,导师自然智,

33.24.1

[illegible]

bju2 mjij1 tśhja2 ·ioow1 ljụ2 dzu1 kheej1 ljɨ̣1 gjiij1 dzjịj1 mjij1 sej1 rjur1 dźjar2

边 无 德 功 身， 爱 戏 论 超 过。 寂 静 诸 过

[illegible]

mjij1 ljij2 ka2 njiij1 wər2 djị2

无， 见 离 心 翳 治，

无边功德身,超过爱戏论。寂静无诸过,离见治心翳,

[illegible]

·jij1 ŋạ2 ŋwu2 ljuu2 tshjịj2 ljụ2 phji1 zji2 gji1 sej1 nji2 tha1 we2 ·o2

相 好 以 庄 严， 身 意 皆 清 净。 汝 佛 城 入

[illegible]

bio̱1 ka2 tśjij2 bã1 ŋiaa2 njij2

观， 师 子 鹅 王，

相好以庄严,身意皆清净。汝观佛入城,犹如师子步,

33.24.2

[illegible]

bju2 njij2 dzjwɨ2 dźjij1 sju2 dźiã2 tśhju1 tjị1 sə1 lhə? buu2 gjij1 ljo1 śjɨ̣1

象 王 走 行 如， 众 生 愿 满 足。 胜 殊 福 成

[illegible]

·jiw2 źjɨr1 ɣiej1 ·jij1 ljuu2 tshjịj2
就， 实 真 相 庄 严，

鹅王象王行，满足众生愿。成就殊胜福，真实相庄严，

33.24.3

[illegible]

rjur1 dźiā2 tśhju1 ŋowr2 ŋowr2 bio̱1 ·juu1 dźji? mji1 njar2 nji2 ljịj2 wjuu1 ŋowr2
诸 众 生 一 切， 观 察 瞻 无 变。 汝 大 悲 具

[illegible]

mjijr2 njɨɨ1 rewr2 pjụ1 ·jij1 bio̱1
者， 两 足 尊 之 观，

普令诸众生，瞻仰无厌足。汝观两足尊，具大慈心者，

33.24.4

[illegible]

zjɨɨr1 zjịj1 war2 kjɨ1 mjii1 mjɨ1 pjụ1 tśhja2 ·ioow1 lhjụ2 dźiā2 tśhju1 ŋowr2 ŋowr2
少 许 物 虽 施， 无 量 德 功 获。 众 生 一 切

[illegible]

·jij1 rejr2 ·jir2 tụ1 kja2 zar2
之， 多 百 千 劫 历，

虽以少物施，获无量功德。能令诸众生，于多百千劫，

33.24.5

[illegible]

djiij2 phã1 ljạ1 ɣa2 njɨ2 mjaa1 tshja2 mji1 sji1 phji1 nji2 njɨɨ1 rewr2 pjụ1
涅 槃 证 于 至， 果 报 无 尽 令。 汝 两 足 尊

[illegible]

bio̱1 rar2 mjij1 kie1 śjɨj1 ·jiw2
观， 漏 无 戒 成 就，

乃至证涅槃，果报无穷尽。汝观两足尊，成就无漏戒，

33.24.6

[illegible] [illegible] [illegible] [illegible] [illegible]， [illegible] [illegible] [illegible] [illegible] [illegible]。 [illegible] [illegible] [illegible] [illegible]

rjur^{1} dźiã^{2} tśhju^{1} njɨ^{2} ·jij^{1} dzjwɨ̣^{1} lhejr^{2} tśhjo^{1} tshwew^{1} phji^{1} mjɨ^{1} pjụ^{1} rjur^{1} mə^{1}

诸 众 生 等 之， 恭 敬 礼 敬 令。 无 量 诸 天

[illegible]， [illegible] [illegible] [illegible] [illegible] [illegible]，

·ji^{1} ·jij^{1} twụ^{1} mjii^{1} pjụ^{2} dźjɨɨr^{1}

众， 自 各 宫 殿 舍，

令诸众生等，恭敬而顶礼。无量诸天众，各舍其宫殿，

33.24.7

[illegible] [illegible] [illegible] [illegible] [illegible]， [illegible] [illegible] [illegible] [illegible] [illegible]。 [illegible] [illegible] [illegible] [illegible]

kheej^{1} ·u^{1} mji^{1} dzu^{1} zjịj^{1} śio^{1} dzjiij^{2} do^{2} ? njij^{1} nji^{2} ljiij^{2} nioow^{1} ·ji^{1}

戏 游 不 乐 耽， 导 师 于 亲 近。 汝 魔 及 众

[illegible]， [illegible] [illegible] [illegible] [illegible] [illegible]，

bio̱^{1} tha^{1} ɣa^{2} dźiej^{2} dzu^{1} śjwo^{1}

观， 佛 于 信 乐 生，

不耽乐游戏，亲近于导师。汝观魔及民，于佛生信乐，

33.25.1

[illegible] [illegible] [illegible] [illegible]① [illegible]， [illegible] [illegible] [illegible] [illegible] [illegible]。 [illegible] [illegible] [illegible] [illegible]

kię^{1} lụ^{2} ljɨ^{1} ɣju^{1} zow^{2} źjɨ̣^{1} tśier^{1} ·ju^{2} tshji^{2} ljịj^{1} ŋwə ·jir^{2} rjur^{1} ljiij^{2}

金 柄 风 请 执， 左 右 常 侍 奉。 五 百 诸 魔

[illegible]， [illegible] [illegible] [illegible] [illegible] [illegible]，

gji^{2} njiij^{1} ·o^{2} mə^{1} wjạ^{1} ŋwu^{2}

子， 心 悦 天 花 以，

咸持金柄扇，侍奉于左右。五百诸魔子，以天悦意华，

33.25.2

[illegible] [illegible] [illegible] [illegible] [illegible]， [illegible] [illegible] [illegible] [illegible] [illegible]。 [illegible] [illegible] [illegible] [illegible]

gu^{2} mjor^{1} ljịj^{2} tśhjaa^{1} lju^{2} zji^{2} phjụ^{2} źjɨr^{1} kjụ^{1} ·ju^{2} njwo^{2} wjɨ^{2} rar^{2} tha^{1}

① [illegible][illegible]，字面作“风请”，此对汉文“扇”。

共 如 来 于 散， 最 上 慧 希 求。 昔 过 去 佛

[illegible]

do^{2} ·jow^{2} śja^{2} kjụ^{1} tshwew^{1} djij^{2}

于， 赞 扬 供 养 曾；

共散于如来，希求无上慧。曾于过去佛，称赞而供养；

33.25.3

[illegible]

thjɨ^{2} wjɨ^{2} tha^{1} rjir^{2} ber^{2} ·jij^{1} twụ^{1} de^{2} njiij^{1} tśhju^{1} nioow^{1} mjɨ^{1} pjụ^{1} nwə$^{?}$

是 刻 佛 与 遇， 自 各 喜 心 怀， 又 无 量 辩

[illegible]

ŋwu^{2} mjor^{1} ljịj^{2} ·jij^{1} ·jow^{2} śja^{2}

以， 如 来 之 赞 叹。

今者遇世尊，各各怀欣庆，亦以无量辩，赞叹于如来。

33.25.4

[illegible]

tśhjɨ^{1} zjọ^{2} ljiij^{2} gji^{2} gjɨ^{2} mjiij^{2} tja^{1} dzu^{1} tśhjow^{1} mjijr^{2} zji^{2} ɣu^{1} tha^{1} ·jij^{1}

尔 时 魔 子 有， 名 者 爱 舍 者， 最 初 佛 之

[illegible]

·jow^{2} mej^{1} ·jij^{1} sji^{1} bju^{2} nwə^{1}

赞， 眼 之 尽 边 知；

尔时有魔子，名为舍爱者，最初称赞佛，能知眼尽边；

33.25.5

[illegible]

nioow^{1} mej^{1} ·jij^{1} wee^{1} bju^{2} rjɨr^{2} njɨ^{2} mjij^{1} ·jij^{1} tsjij^{2} mej^{1} sji^{1} njɨ^{2} bju^{2}

复 眼 之 生 边， 乃 至 寂 相 了； 眼 尽 等 边

[illegible]

mjij^{1} mjiij^{2} wo^{2} gjwi^{2} nwə^{1} njwi^{2}

无， 名 义 句 知 能。

亦了眼生边，乃至寂灭相；又知眼尽等，无边名义句。

33.25.6

[西夏文]

neew2 ɤjɨɨr1 ŋwuu1 dạ2 ŋwu2 dźiã2 tśhju1 ·jij1 nẹ1 tshjiij1 nioow1 thja1 mjiij2 wo2

善 巧 言 语 以， 众 生 为 宣 说， 及 彼 名 义

[西夏文]

kha1 zjịj1 mjij1 ljɨɨr2 ljɨ̣j1 mjij1

中， 著 无 疑 惑 无。

以善巧言词，为众生演说，而于名义中，无著无疑惑。

33.25.7

[西夏文]

śjɨ1 lja1 mjij1 nwə1 tsjij2 lhjwi1 mjij1 dźjɨɨr1 tsjɨ1 mjij1 ·jij1 tsjir̠2 ·ju2 ŋa1

往 来 无 了 知， 取 无 舍 亦 无， 自 性 常 空

[西夏文]

mjij1 ·jwɨr2 dji2 ·ju2 khwa1 ka2

寂， 文 字 常 远 离；

了知无去来，无取亦无舍，自性常空寂，远离于文字；

33.26.1

[西夏文]

ɤiwej1 ·jiij1 nioow1 do1 tshjɨɨ1 djọ2 dźjịj1 mjijr2 tsjɨ1 mjij1 njwo2 zjọ2 rjur1 mjor1

受 持 及 读 诵， 修 行 者 亦 无， 昔 世 诸 如

[西夏文]

ljịj2 wạ2 phie2 neej2 tshjiij1 djij2

来， 广 开 示 说 曾。

亦无能受持，读诵修行者，往昔诸如来，已曾广开示。

33.26.2

[西夏文]

lew1 dź-? mjiij2 dji2 dju1 źjɨr1 nẹ1 tshjiij1 lew2 mjij1 thjɨ2 sju2 ·jij1 tsjir̠2

惟 假 名 字 有， 实 宣 说 △ 无， 是 如 自 性

[illegible]

ŋa^{1} ŋur^{1} kiej^{2} do^{2} gjiij^{1} dzjij^{1}

空， 蕴 界 处 超 过，

得以假名字，而实无所说，如是自性空，超过蕴界处，

33.26.3

[illegible]

dź−$^{?}$ mjij^{1} źjɨr^{1} ɣiej^{1} mjij^{1} do^{2} do^{2} njaa^{2} tsjɨ^{1} mjij^{1} rjɨr^{2} njɨ^{2} ŋwuu^{1} dạ^{2}

妄 无 实 真 无， 处 处 非 亦 无， 乃 至 言 语

[illegible]

bja^{2} seew^{2} meej^{2} tśja^{1} tsjɨ^{1} dzjij^{1}

断， 思 观 道 亦 过。

无妄无真实，亦无处非处，乃至言语断，心行处亦灭。

33.26.4

[illegible]

wẹ^{1} mjijr^{2} ·jij^{1} zjij^{1} nioow^{1} tha^{1} we^{2} ·u^{2} ·o^{2} ljij^{2} rjur^{1} pjụ^{1} rjur^{1} ·jij^{1}

愚 者 相 著 故， 佛 城 内 入 见， 世 尊 诸 相

[illegible]

ka^{2} wẹ^{1} dzjwo^{2} lwow^{1} phjo^{2} kar^{2}

离， 愚 人 妄 分 别。

愚夫著相故，见佛有入城，世尊离诸相，愚人妄分别。

33.26.5

[illegible]

rjur^{1} pjụ^{1} we^{2} ·o^{2} zjọ^{2} tjij^{1} dzjwo^{2} de^{2} śjwo^{1} ku^{1} thjɨ^{2} tja^{1} ·jij^{1} phjo^{2}

世 尊 城 入 时， 若 人 喜 生 则， 是 者 相 分

[illegible]

ŋwu^{2} kjɨ^{1} djɨj^{2} ɣa^{1} sjwɨ^{1} śjwo^{1}

是， 必 定 忧 愁 生。

世尊入城时，若人生欢喜，是则相分别，当必怀忧戚。

33.26.6

[illegible]

tjij^{1} ·jij^{1} phjo^{2} kar^{2} ku^{1} we^{2} ·o^{2} rjɨr^{2} njɨ^{2} dźjij^{1} mju^{2} ·jij^{1} zji^{2} mji^{1}

若 相 分 别 则， 城 入 乃 至 行， 动 相 皆 不

[illegible]

ljij^{2} phjo^{2} kar^{2} mjij^{1} źjɨr^{1} rjir^{2}

见， 分 别 无 慧 得。

若离相分别，则不见入城，乃至行动相，得无分别慧。

33.26.7

[illegible]

·jij^{1} ŋwu^{2} tha^{1} ljij^{2} ku^{1} we^{2} ·o^{2} ·u^{2} tsjɨ^{1} ljij^{2} dźiã^{2} ·jij^{1} tsjiir^{1} tshjiij^{1}

相 以 佛 见 则， 城 入 内 亦 见， 众 之 法 说

[illegible]

ljij^{2} ŋowr^{2} ŋowr^{2} zji^{2} phjo^{2} kar^{2}

见， 一 切 皆 分 别。

若以相见佛，则见有入城，于生转法轮，一切皆分别。

33.27.1

[illegible]

tjij^{1} ·jij^{1} ŋwu^{2} tha^{1} ljij^{2} rjɨr^{2} njɨ^{2} de^{2} śjwo^{1} ku^{1} thja^{1} dzjwo^{2} ljiij^{2} dźjɨ$^{?}$

若 相 以 佛 见， 乃 至 喜 生 则， 彼 人 魔 行

[illegible]

dźjiij^{1} ljiij^{2} mjɨɨ^{2} ·ju^{2} ·ju^{2} śja^{2}

住， 魔 境 常 前 现。

若以相见佛，乃至生欢喜，彼人住魔行，魔境常现前。

33.27.2

[illegible]

·jij^{1} ŋwu^{2} tha^{1} ljij^{2} ku^{1} kjɨ^{1} djɨj^{2} ·wjɨ^{1} lej^{2} ljij^{2} thjɨ^{2} dzjwo^{2} ɣa^{1} sjwɨ^{1}

相 以 佛 见 则， 必 定 变 转 见， 是 人 忧 愁

[illegible]

śjwo¹ sjịj² mjijr² njij² śjow¹ lew²

生, 智 者 怜 愍 应。

若以相见佛,当见于变异,是人怀忧戚,智者应怜愍。

33.27.3

[illegible]

tsjiir¹ ɣa² ljij² rjir¹ ku¹ dzjar² phjɨ¹ sjwɨ¹ źjị¹ śjwo¹ tjij¹ wee¹ tha¹ ljij²

法 于 见 得 则, 法 失 愁 烦 生, 若 生 佛 见

[illegible]

ku¹ djiij² phã¹ ·o² tśjị¹ śjwo¹

则, 涅 槃 入 苦 生。

于法若见得,便有失法忧,于佛若见生,则有涅槃苦。

33.27.4

[illegible]

tjij¹ rejr² kja² kha¹ djọ² ·jij¹ ŋowr² ŋowr² nwə¹ tsjij² we² ·o² mji¹ phjo²

若 多 劫 中 修, 相 一 切 了 知, 城 入 不 分

[illegible]

kar² djiij² phã¹ sjiij² tsjɨ¹ mjij¹

别, 涅 槃 想 亦 无。

若多劫修行,了知一切相,不分别入城,亦无涅槃想。

33.27.5

[illegible]

njiij¹ ·jij¹ ŋa¹ tsjij² ku¹ tha¹ dźjij¹ tjị² do² dźjiij¹ we² ·o² mji¹ phjo²

心 相 空 了 则, 佛 行 △ 于 住, 城 入 不 分

[illegible]

kar² djiij² phã¹ sjiij² tsjɨ¹ mjij¹

别, 涅 槃 想 亦 无。

若了心相空,则住佛行处,不分别入城,亦无涅槃想。

33.27.6

tjij^{1} dzjwo^{2} thjɨ^{2} sju^{2} nwə^{1} rjur^{1} tha^{1} ·jij^{1} ljij^{2} njwi^{2} tsjiṟ^{2} ŋa^{1} tsjij^{2} tsjɨ^{1}
若 人 是 如 知， 诸 佛 之 见 能， 性 空 了 亦

njwi^{2} zji^{2} dźjwa^{1} wee^{1} dzjar^{2} mjij^{1}
能， 究 竟 生 灭 无。

若人如是知，则见于诸佛，亦能了性空，毕竟无生灭。

33.27.7

rjur^{1} pjụ^{1} mjɨ^{1} pjụ^{1} kja^{2} tsjiṟ^{2} ŋa^{1} ·jij^{1} lja̱^{1} nioow^{1} rjur^{1} tśjị^{1} dźjɨ$^{?}$ djọ^{2}
世 尊 无 量 劫， 性 空 之 证 为， 诸 苦 行 修

dzjɨɨ^{2} wẹ^{1} dzjwo^{2} tsjij^{2} mjɨ^{1} njwi^{2}
习， 愚 人 了 不 能。

世尊无量劫，修习诸苦行，为证于性空，愚人不能了。

33.28.1

rjur^{1} pjụ^{1} we^{2} ·o^{2} zjọ^{2} ·jir^{2} tụ^{1} ·ji^{1} ·wiọ^{1} tśjị^{1} dzjwo^{2} nioow^{1} mji^{1} dzjwo^{2}
世 尊 城 入 时， 百 千 众 围 绕， 人 及 非 人

njɨ^{2} njiij^{1} sej^{1} ŋwu^{2} kjụ^{1} tshwew^{1}
等， 心 净 以 供 养。

世尊入城时，百千众围绕，人及非人等，净心而供养。

33.28.2

tjij^{1} tśhia^{1} no^{1} ljiij^{1} zjịj^{1} mej^{1} sji^{1} bju^{2} sjwɨ^{1} sjiij^{2} rjur^{1} ·jij^{1} ŋa^{1} tsjij^{2}
若 刹 那 顷 时， 眼 尽 边 思 惟， 诸 相 空 了

[illegible]

ku¹ thjɨ² ljo¹ śji¹ su¹ buu²

则，是 福 先 于 胜，

若于刹那顷，思惟眼尽边，了达诸相空，其福复过彼，

33.28.3

[illegible]

rjɨr² njɨ² sej¹ ŋewr² phiaa² zji² thjɨ² ? mjɨ¹ njwi² thjɨ² sju² mej¹ wee¹

乃 至 算 数 分，皆 是 及 不 能。是 如 眼 生

[illegible]

bju² bju² ljow² nioow¹ dźiə² dźiej²

边，边 际 与 流 转，

乃至算数分，皆所不能及。如是眼生边，边际与流转，

33.28.4

[illegible]

rjɨr² njɨ² mjij¹ dzjar² tsjɨ¹ to² zji² thja¹ wjɨ² sju² nju¹ njii² lhjwa¹ ljụ²

乃 至 寂 灭 亦，悉 皆 彼 △ 如。耳 鼻 舌 身

[illegible]

njiij¹ tsə¹ ɣię² lji² wjị¹ tsjụ¹

心，色 声 香 味 触，

乃至于寂灭，当知亦复然。耳鼻舌身心，色声香味触，

33.28.5

[illegible]

rjɨr² njɨ² mə² ɣię² mjiij² ŋowr² ŋowr² zji² ·a? tjɨj²

乃 至 声 音 名，一 切 皆 一 样。

乃至音声名，一切皆如是。

汉文本

又以毗沙门，提头赖吒等，无数殊妙声，说真实咒法。

如是无量声，善逝神通说，神通无有量，所说亦无边。

或于无佛刹，游戏神通力，佛身众围绕，亦如今所见。
于不思议刹，现无量变化，初生行七步，舍王位出家。
道场成正觉，思惟所得法，为众转法轮，示现入涅槃。
及以神变力，演说种种法，令无量众生，成就殊胜智。
尔时大悲现，诸梵众围绕，为说修慈法，增广于慈心。
尔时大悲现，诸天众围绕，为说四摄法，增广四摄行。
尔时大悲现，诸龙众围绕，为说瞋恚过，令舍瞋恚心。
尔时大悲现，夜叉众围绕，为说损害过，令舍损害心。
尔时大悲现，修罗众围绕，为说斗诤过，称赞修忍心。
尔时大悲现，迦楼罗围绕，为说乖违过，称赞和合心。
尔时大悲现，乾闼婆围绕，以无边爱语，称赞于如来。
尔时大悲现，摩睺众围绕，呵毁外道法，称赞如来教。
尔时大悲现，鬼神众围绕，广称赞如来，希有诸功德。
大悲现神变，令百千众生，闻说眼尽边，究竟能通达。
大悲现神变，令百千众生，闻说眼生边，究竟能通达。
大悲现神变，令百千众生，闻说眼边际，究竟能通达。
大悲现神变，令百千众生，闻说眼流转，究竟能通达。
大悲现神变，令百千众生，闻说眼寂静，究竟能通达。
大悲现神变，令百千众生，闻说眼无有，究竟能通达。
大悲现神变，令百千众生，闻说眼无生，究竟能通达。
大悲现神变，令百千众生，闻说眼寂灭，究竟能通达。
大悲现神变，令百千众生，闻说眼无我，究竟能通达。
大悲现神变，令百千众生，闻说眼无人，究竟能通达。
大悲现神变，令百千众生，闻眼无众生，究竟能通达。
大悲现神变，令百千众生，闻眼无命者，究竟能通达。
大悲现神变，令百千众生，闻眼无养育，究竟能通达。
大悲现神变，广为诸众生，呵责于世智，不令起爱著。
大悲现神变，广为诸众生，呵责于世利，赞无为功德。
大悲现神变，广为诸众生，呵责有漏智，赞诸无漏慧。
大悲现神变，广为诸众生，呵责世间禅，称扬出世定。
大悲现神变，广为诸众生，呵责有漏戒，赞无漏学处。
大悲现神变，广为诸众生，呵责小心过，称扬大心德。
大悲现神变，称赞修身戒，乃至于心慧，无漏无所依。
大悲现神变，称赞灭苦道，乐著戏论人，诸佛所呵责。
大悲现神变，广为诸众生，分别眼断过，开示寂灭相。
耳鼻舌身心，色声香味触，乃至音声名，一切皆如是。
大悲现神变，广为诸众生，盛年少壮者，示以无边过。
大悲现神变，广为诸众生，生处憍逸者，示以无边过。

大悲现神变,广为诸众生,种姓憍逸者,示以无边过。
大悲现神变,广为诸众生,受用放逸者,示以无边过。
大悲现神变,广为诸众生,自在放逸者,示以无边过。
大悲现神变,广为诸众生,于色放逸者,示以无边过。
大悲现神变,广为诸众生,女人放逸者,示以无边过。
大悲现神变,广为诸众生,衣服放逸者,示以无边过。
大悲现神变,广为诸众生,于酒放逸者,示以无边过。
大悲现神变,广为诸众生,为王放逸者,示以无边过。
大悲现神变,广为诸众生,于戒放逸者,示以无边过。
大悲现神变,广为诸众生,智慧放逸者,示以无边过。
如是觉神通,禅巧增上慢,财说明眷属,音乐及歌咏,是名称赞叹,供养并利养。
美妙诳谄憍,无惭及无愧,贡高具足慢,放逸贪亦然。
大悲现神变,开示诸众生,心意下劣者,为说殊胜想。
大悲现神变,开示诸众生,自轻退屈者,为说精进力。
大悲现神变,开示诸众生,贪著财物者,为说知足法。
又化香宫殿,及以华宫殿,皆挟妙楼阁,化佛于中坐。
又化诸天女,住薝蔔华宫,皆现于半身,持华鬘供养。
又化诸天女,住婆师华宫,皆现于半身,持金鬘供养。
又化修罗女,住摩利华宫,皆现于半身,持华鬘供养。
又化诸天女,住青莲华宫,皆现于半身,称赞佛功德。
又化诸梵天,坐真金宫殿,而现于全身,慈声称叹佛。
又化诸天女,种种庄严身,环佩互揁触,出微妙音声。
说诸有为法,迁变无坚固,愚人妄分别,不能如实知。
如是严具声,不从身心出,无去亦无来,亦无有方所。
乃至于色心,一切皆如是,愚者不能思,于此生疑惑。
如是庄严具,所出妙音声,闻于百千刹,解脱无量众。
汝等当观察,导师自然智,无边功德身,超过爱戏论。
寂静无诸过,离见治心翳,相好以庄严,身意皆清净。
汝观佛入城,犹如师子步,鹅王象王行,满足众生愿。
成就殊胜福,真实相庄严,普令诸众生,瞻仰无厌足。
汝观两足尊,具大慈心者,虽以少物施,获无量功德。
能令诸众生,于多百千劫,乃至证涅槃,果报无穷尽。
汝观两足尊,成就无漏戒,令诸众生等,恭敬而顶礼。
无量诸天众,各舍其宫殿,不耽乐游戏,亲近于导师。
汝观魔及民,于佛生信乐,咸持金柄扇,侍奉于左右。
五百诸魔子,以天悦意华,共散于如来,希求无上慧。
曾于过去佛,称赞而供养;今者遇世尊,各各怀欣庆,亦以无量辩,赞叹于如来。
尔时有魔子,名为舍爱者,最初称赞佛,能知眼尽边;亦了眼生边,乃至寂灭相;

又知眼尽等，无边名义句。以善巧言词，为众生演说，而于名义中，无著无疑惑。

了知无去来，无取亦无舍，自性常空寂，远离于文字；亦无能受持，读诵修行者，

往昔诸如来，已曾广开示。得以假名字，而实无所说，

如是自性空，超过蕴界处，无妄无真实，亦无处非处，乃至言语断，心行处亦灭。

愚夫著相故，见佛有入城，世尊离诸相，愚人妄分别。

世尊入城时，若人生欢喜，是则相分别，当必怀忧戚，

若离相分别，则不见入城，乃至行动相，得无分别慧。

若以相见佛，则见有入城，于生转法轮，一切皆分别。

若以相见佛，乃至生欢喜，彼人住魔行，魔境常现前。

若以相见佛，当见于变异，是人怀忧戚，智者应怜愍。

于法若见得，便有失法忧，于佛若见生，则有涅槃苦。

若多劫修行，了知一切相，不分别入城，亦无涅槃想。

若了心相空，则住佛行处，不分别入城，亦无涅槃想。

若人如是知，则见于诸佛，亦能了性空，毕竟无生灭。

世尊无量劫，修习诸苦行，为证于性空，愚人不能了。

世尊入城时，百千众围绕，人及非人等，净心而供养。

若于刹那顷，思惟眼尽边，了达诸相空，其福复过彼，

乃至算数分，皆所不能及。如是眼生边，边际与流转，

乃至于寂灭，当知亦复然。耳鼻舌身心，色声香味触，

乃至音声名，一切皆如是。

33.28.7

[illegible]	[illegible]	[illegible]	[illegible]，	[illegible]	[illegible]	[illegible]	[illegible]，	[illegible]	[illegible]	[illegible]	[illegible]，	[illegible]	[illegible]
tśhjɨ^1	zjọ^2	rjur^1	pjụ^1	we^2	kjɨ^1	·o^2	zjọ^2	khjɨ^1	ŋwu^2	ljɨ̣^{2}	lej^2	to^2	zji^2
尔	时	世	尊，	城	已	入	时，	足	以	地	践，	悉	皆

[illegible]	[illegible]；	[illegible]	[illegible]	[illegible]	[illegible]，
saar^2	mju^2	rjur^1	ŋər^1	tha^1	rjijr^2
震	动；	诸	山	佛	方，

尔时世尊，当入城时，以足按地，普皆震动；诸山倾靡，

33.29.1

[illegible]	[illegible]	[illegible]	[illegible]；	[illegible]	[illegible]	[illegible]	[illegible]，	[illegible]	[illegible]	[illegible]	[illegible]。	[illegible]	[illegible]
to^2	zji^2	nja^1	gjiw^1	dzjwo^2	mə^1	tsjiir^1	nioow^1	zji^2	lja^1	dzjwɨ^1	lhejr^2	tśhjɨ^1	zjọ^2
悉	皆	△	敬；	人	天	法	为，	皆	来	恭	敬。	尔	时

[illegible] [illegible]， [illegible] [illegible] [illegible] [illegible]，

rjur^{1} pjụ^{1} we^{2} kjɨ^{1} ·o^{2} zjọ^{2}

世 尊， 城 已 入 时，

悉向于佛；人天为法，咸来恭敬。尔时世尊，当入城时，

33.29.2

[illegible]

mə^{1} wə^{1} dźjwu^{1} njij^{2} ·ja^{1} sew^{2} lo^{1} ·ji^{1} nioow^{1} rjur^{1} ·jij^{1} khja^{2} twụ^{1} mər^{2}

天 主 人 王， 阿 修 罗 众， 并 诸 夜 叉， 各 本

[illegible]

we^{2} tja^{1} tha^{1} do^{2} rjɨr^{2} ljịj^{2}

城 者， 佛 处 △ 来，

天主人王，阿修罗众，并诸夜叉，各舍本城，来诣佛所，

33.29.3

[illegible]

njiij^{1} ljɨ̣j^{2} kjụ^{1} tshwew^{1} tśhjɨ^{1} zjọ^{2} rjur^{1} pjụ^{1} we^{2} kjɨ^{1} ·o^{2} zjọ^{2} mjɨ^{1} pjụ^{1}

心 喜 供 养。 尔 时 世 尊， 城 已 入 时， 无 量

[illegible]

ŋewr^{2} mjij^{1} do^{2} djịj^{1} rjur^{1} we^{1}

数 无， 异 类 诸 鸟，

欢喜供养。尔时世尊，当入城时，复有无量，异类诸鸟，

33.29.4

[illegible]

ljuu^{2} we^{1} wor^{1} le^{2} kja^{1} ljĩ^{1} phjĩ^{1} kja^{1} tha^{1} ·jij^{1} buu^{2} gjij^{1} tśhja^{2} ·ioow^{1}

美 鸟 孔 雀， 迦 陵 频 伽， 佛 之 胜 殊， 德 功

[illegible]

ljij^{2} nioow^{1} thja^{1} tshọ^{2} ŋa^{1} gu^{2}

见 因， 彼 虚 空 中，

鹦鹉孔雀，迦陵频伽，睹佛如来，殊胜功德，于虚空中，

① [illegible]，字面作“美鸟”，此对译汉文“鹦鹉”。

33.29.5

[illegible]

njiij¹ ljɨj² kheej¹ ·u¹ mə² mə² zji² thjoo¹ mə² ɣię² dju¹ to² tśhjɨ¹ zjọ²

心 喜 戏 游， 种 种 最 妙， 声 音 有 出。 尔 时

[illegible]

rjur¹ pjụ¹ we² kjɨ¹ ·o² zjọ²

世 尊， 城 已 入 时，

欢喜游戏，皆出种种，微妙音声。尔时世尊，当入城时，

33.29.6

[illegible]

tha¹ ·jij¹ tśhja² ·ioow¹ pjụ¹ mee² ɣie¹ nioow¹ mjɨ¹ pjụ¹ ·jir² tụ¹ rjur¹ dźiã²

佛 之 德 功， 威 神 力 因， 无 量 百 千， 诸 众

[illegible]

tśhju¹ ·jij¹ məə¹ tja¹ ljij² phji¹

生 于， 盲 者 见 令，

以佛功德，威神力故，能令无量，百千众生，盲者能视，

33.29.7

[illegible]

ba¹ tja¹ nji² phji¹ mji¹ dzjɨ¹ ŋowr² tja¹ dzjɨ¹ ŋowr² rjir¹ phji¹ mji¹ no²

聋 者 听 令； 无 齐 全 者， 齐 全 得 令； 无 安

[illegible]

rejr² tja¹ no² rejr² rjir¹ phji¹

乐 者， 安 乐 得 令。

聋者能听；不完具者，令得完具；不安乐者，令得安乐。

33.30.1

[illegible]

tśhjɨ¹ zjọ² rjur¹ pjụ¹ we² kjɨ¹ ·o² zjọ² thja¹ tshọ² ŋa¹ gu² thjɨ² sju²

尔 时 世 尊， 城 已 入 时， 彼 虚 空 中， 是 如

tshjiij¹ mji¹ tjij¹ rjur¹ ·jij¹ ŋwu²

说 闻: 若 诸 相 以,

尔时世尊,当入城时,于虚空中,闻如是说:若以诸相,

33.30.2

tha¹ ·jij¹ phjo² ku¹ thjɨ² dzjwo² tha¹ ·jij¹ kju̧¹ tshwew¹ ɣiej¹ njaa² mej¹ sji¹

佛 之 分 则; 是 人 佛 之, 供 养 真 非; 眼 尽

bju² tsjir̠² nwə¹ tsjij² mjɨ¹ njwi²

边 性, 了 知 无 能。

分别如来;是人不名,供养于佛;亦不了知,眼尽边性。

33.30.3

tjij¹ rjur¹ ·jij¹ ka² ·ji¹ tśhja² lji̧¹ ku¹ mej¹ sji¹ bju² tsjir̠² tśhjwo¹ nwə¹

若 诸 相 离, 众 正 植 则, 眼 尽 边 性, 则 了

tsjij² njwi² mej¹ ·jij¹ sji¹ bju²

知 能。 眼 之 尽 边,

若离诸相,植众德本,则能了知,眼尽边性;以能了知,

33.30.4

nwə¹ tsjij² njwi² ku¹ rjur¹ tha¹ tśhja² ·ioow¹ nwə¹ tsjij² njwi² ljɨ¹ mej¹ sji¹

了 知 能 则, 诸 佛 德 功, 知 悟 能 也。 眼 尽

bju² ɣa² zow² zji̧j¹ mji¹ dju¹

边 于, 执 著 无 有;

眼尽边故,则能了知,诸佛功德。于眼尽边,无有执藏;

33.30.5

[illegible]

mej^{1} wee^{1} bju^{2} ɤa^{2} bju^{1} tji̥^{1} mji^{1} dju^{1} mej^{1} mjij^{1} sej^{1} ɤa^{2} ljɨɨr^{2} mju^{2}

眼 生 边 于， 依 归 无 有； 眼 寂 净 于， 念 动

[illegible]

mjij^{1} ku^{1} thjɨ^{2} dzjwo^{2} tha^{1} ·jij^{1}

无 则； 是 人 佛 之，

于眼生边，无有依止；于眼寂静，无有动念；是人则为，

33.30.6

[illegible]

ljij^{2} mjijr^{2} we^{2} ljɨ^{1} mej^{1} wee^{1} bju^{2} ɤa^{2} phjo^{2} kar^{2} mji^{1} dju^{1} mej^{1} bju^{2}

见 者 是 也。 眼 生 边 于， 分 别 无 有； 眼 边

[illegible]

ljow^{2} ɤa^{2} phji^{1} ŋwuu^{1} mji^{1} dju^{1}

际 于， 意 言 无 有；

见于如来。于眼生边，无有分别；于眼边际，无有意谓；

33.30.7

[illegible]

mej^{1} ljiij^{2} dzjar^{2} ɤa^{2} dźju^{1} tsjij^{2} mjij^{1} ku^{1} thjɨ^{2} dzjwo^{2} tha^{1} ·jij^{1} ljij^{2} mjijr^{2}

眼 坏 灭 于， 明 了 无 则； 是 人 佛 之， 见 者

[illegible]

we^{2} ljɨ^{1} mej^{1} mji^{1} dju^{1} ɤa^{2}

是 也。 眼 无 有 于，

于眼灭坏，无有表示；是人则为，见于如来。于眼无有，

33.33.1

[illegible]

laa^{1} zji̥j^{1} mji^{1} dju^{1} mej^{1} wee^{1} mjij^{1} ɤa^{2} ɤjiw^{1} ɤiwej^{1} mji^{1} dju^{1} mej^{1} mjij^{1}

染 著 无 有； 眼 生 无 于， 摄 受 无 有； 眼 寂

[illegible]

dzjar^{2} ɣa^{2} zow^{2} lew^{2} mjij^{1} ku^{1}

灭 于, 执 应 无 则;

无有染著;于眼无生,无有摄受;于眼寂灭,无有所执;

33.33.2

[illegible]

thjɨ^{2} dzjwo^{2} tha^{1} ·jij^{1} ljij^{2} mjijr^{2} we^{2} ljɨ^{1} mej^{1} sji^{1} nwə^{1} ku^{1} tśhji^{2} ɣa^{2}

是 人 佛 之, 见 者 是 也。 眼 尽 知 故, 根 于

[illegible]

djo̤^{2} dzjɨɨ^{2} mej^{1} bju^{2} nwə^{1} ku^{1}

修 习; 眼 边 知 故,

是人则为,见于如来。知眼尽故,于根修习;知眼边故,

33.33.3

[illegible]

tśhji^{2} ɣa^{2} kjɨ^{1} djɨj^{2} mej^{1} wee^{1} nwə^{1} ku^{1} tśhji^{2} ɣa^{2} ·jij^{1} dzju^{2} thjɨ^{2} dzjwo^{2}

根 于 必 定; 眼 生 了 则, 根 于 自 在; 是 人

[illegible]

tha^{1} ·jij^{1} ljij^{2} mjijr^{2} we^{2} ljɨ^{1}

佛 之, 见 者 是 也。

于根决定;知眼生故,于根自在;是人则为,见于如来。

33.33.4

[illegible]

mej^{1} mji^{1} dju^{1} nwə^{1} tsə̣^{1} ɣa^{2} tsjij^{2} dar^{1} mej^{1} ljiij^{2} dzjar^{2} nwə^{1} tsjiir^{1} ɣa^{2}

眼 无 有 了, 色 于 通 达; 眼 坏 灭 了, 法 于

[illegible]

bio̱^{1} thjuu^{1} mej^{1} wee^{1} mjij^{1} nwə^{1}

观 察; 眼 生 无 了,

知眼无有,于色了达;知眼灭坏,于法观察;知眼无生,

33.33.5

tśja¹ ɣa² djọ² dzjɨɨ² thjɨ² dzjwo² tha¹ ·jij¹ ljij² mjijr² we² ljɨ¹ mej¹ ·jij¹

道 于 修 习； 是 人 佛 之， 见 者 是 也。 眼 之

sji¹ bju² źjɨr¹ bju¹ tsjij² ku¹

尽 边， 实 依 知 则，

于道修习；是人则为，见于如来。如实了知，眼尽边故，

33.33.6

sjwɨj¹ do² pha¹ tsjɨ¹ nwə¹ tsjij² njwi² ljɨ¹ sjwɨj¹ do² pha¹ ·jij¹ nwə¹ tsjij²

业 差 异 亦， 了 知 能 也； 业 差 异 之， 了 知

njwi² ku¹ thjɨ² dzjwo² tha¹ ·jij¹

能 则， 是 人 佛 之，

于业差别，亦能了知；以能了知，业差别故，是人则为，

33.33.7

ljij² mjijr² we² ljɨ¹ mej¹ ·jij¹ wee¹ bju² źjɨr¹ bju¹ tsjij² ku¹ tśjị¹ do²

见 者 是 也。 眼 之 生 边， 实 依 知 则， 苦 差

pha¹ tsjɨ¹ nwə¹ tsjij² njwi² ljɨ¹

异 亦， 了 知 能 也；

见于如来。如实了知，眼生边故，于苦差别，亦能了知；

33.32.1

tśjị¹ do² pha¹ ·jij¹ nwə¹ tsjij² njwi² ku¹ thjɨ² dzjwo² tha¹ ·jij¹ ljij² mjijr²

苦 差 异 之， 了 知 能 则， 是 人 佛 之， 见 者

□ □。 □ □ □ □，

we2 lji1 mej1 ·jij1 dzjar2 ljiij2

是 也。 眼 之 灭 坏，

以能了知，苦差别故，是人则为，见于如来。如实了知，

33.32.2

□ □ □ □， □ □ □ □， □ □ □ □； □ □

źjɨr1 bju1 tsjij2 ku1 tśjị1 dzjar2 ljiij2 tsjɨ1 nwə1 tsjij2 njwi2 ljɨ1 tśjị1 dzjar2

实 依 知 则， 苦 灭 坏 亦， 了 知 能 也； 苦 灭

□ □， □ □ □ □，

ljiij2 ·jij1 nwə1 tsjij2 njwi2 ku1

坏 之， 了 知 能 则，

眼灭坏故，于苦灭坏，亦能了知；以能了知，苦灭坏故，

33.32.3

□ □ □ □， □ □ □ □。 □ □ □ □， □ □

thjɨ2 dzjwo2 tha1 ·jij1 ljij2 mjijr2 we2 ljɨ1 mej1 ·jij1 mji1 dju1 źjɨr1 bju1

是 人 佛 之， 见 者 是 也。 眼 之 无 有， 实 依

□ □， □ □ □ □，

tsjij2 ku1 rjur1 ·jij1 ka2 tsjɨ1

知 则， 诸 相 离 亦，

是人则为，见于如来。如实了知，眼无有故，于离诸相，

33.32.4

□ □ □ □； □ □ □ □， □ □ □ □， □ □

nwə1 tsjij2 njwi2 ljɨ1 rjur1 ·jij1 ka2 ·jij1 nwə1 tsjij2 njwi2 ku1 thjɨ2 dzjwo2

了 知 能 也； 诸 相 离 之， 了 知 能 则， 是 人

□ □， □ □ □ □。

tha1 ·jij1 ljij2 mjijr2 we2 ljɨ1

佛 之， 见 者 是 也。

亦能了知；以能了知，离诸相故，是人则为，见于如来。

33.32.5

[illegible]

mej^{1} ·jij^{1} mji^{1} wee^{1} źjɨr^{1} bju^{1} tsjij^{2} ku^{1} sjwɨ^{1} mẹ^{2} ka^{2} tsjɨ^{1} nwə^{1} tsjij^{2}

眼 之 无 生， 实 依 知 则， 种 末 离 亦， 了 知

[illegible]

njwi^{2} ljɨ^{1} sjwɨ^{1} mẹ^{2} ka^{2} ·jij^{1}

能 也； 种 末 离 之，

如实了知，眼无生故，于离习气，亦能了知；以能了知，

33.32.6

[illegible]

nwə^{1} tsjij^{2} njwi^{2} ku^{1} thjɨ^{2} dzjwo^{2} tha^{1} ·jij^{1} ljij^{2} mjijr^{2} we^{2} ljɨ^{1} mej^{1} mji^{1}

了 知 能 则， 是 人 佛 之， 见 者 是 也。 眼 无

[illegible]

·ju^{2} tsjir̠^{2} źjɨr^{1} bju^{1} tsjij^{2} ku^{1}

常 性， 实 依 知 则，

离习气故，是人则为，见于如来。又如实知，眼无常性，

33.32.7

[illegible]

lə^{1} ɣiẹ^{2} tsjɨ^{1} ka^{2} nwə^{1} tsjij^{2} njwi^{2} ljɨ^{1} lə^{1} ɣiẹ^{2} ka^{2} ·jij^{1} nwə^{1} tsjij^{2}

碍 障 亦 离， 了 知 能 也； 碍 障 离 之， 了 知

[illegible]

njwi^{2} ku^{1} thjɨ^{2} dzjwo^{2} tha^{1} ·jij^{1}

能 则， 是 人 佛 之，

于离障碍，亦能了知；以能了知，离障碍故，是人则为，

33.33.1

[illegible]

ljij^{2} mjijr^{2} we^{2} ljɨ^{1} mej^{1} ·jwɨr^{2} dji^{2} mjij^{1} źjɨr^{1} bju^{1} tsjij^{2} ku^{1} tha^{1} sjịj^{2}

见 者 是 也。 眼 文 字 无， 实 依 知 则， 佛 智

[illegible] [illegible], [illegible] [illegible] [illegible] [illegible];

ɣie¹ tsjɨ¹ źjɨr¹ bju¹ tsjij² ljɨ¹

力 亦, 实 依 悟 也;

见于如来。又如实知,眼无文字,于佛智力,亦能了知;

33.33.2

[illegible] [illegible] [illegible] [illegible], [illegible] [illegible] [illegible] [illegible], [illegible] [illegible] [illegible] [illegible], [illegible] [illegible]

tha¹ sjịj² ɣie¹ ·jij¹ nwə¹ tsjij² njwi² ku¹ thjɨ² dzjwo² tha¹ ·jij¹ ljij² mjijr²

佛 智 力 之, 了 知 能 则, 是 人 佛 之, 见 者

[illegible] [illegible]。 [illegible] [illegible] [illegible] [illegible],

we² ljɨ¹ mej¹ mji¹ lja¹ tsjir̠²

是 也。 眼 无 来 性,

以能了知,佛智力故,是人则为,见于如来。又如实知,

33.33.3

[illegible] [illegible] [illegible] [illegible], [illegible] [illegible] [illegible] [illegible], [illegible] [illegible] [illegible] [illegible]; [illegible] [illegible]

źjɨr¹ bju¹ tsjij² ku¹ rjur¹ kiẹj² ka² tsjɨ¹ nwə¹ tsjij² njwi² ljɨ¹ rjur¹ kiẹj²

实 依 知 则, 诸 欲 离 亦, 了 知 能 也; 诸 欲

[illegible] [illegible], [illegible] [illegible] [illegible] [illegible],

ka² ·jij¹ nwə¹ tsjij² njwi² ku¹

离 之, 了 知 能 则,

眼不来性,于离诸欲,亦能了知;以能了知,离诸欲故,

33.33.4

[illegible] [illegible] [illegible] [illegible], [illegible] [illegible] [illegible] [illegible]。 [illegible] [illegible] [illegible] [illegible], [illegible] [illegible]

thjɨ² dzjwo² tha¹ ·jij¹ ljij² mjijr² we² ljɨ¹ śjã¹ djɨj² djọ² dzjɨɨ² źjɨr¹ bju¹

是 人 佛 之, 见 者 是 也。 禅 定 修 习, 实 依

[illegible] [illegible], [illegible] [illegible] [illegible] [illegible],

tsjij² ku¹ źji¹ njɨɨ² ka² tsjɨ¹

知 则, 烦 恼 离 亦,

是人则为,见于如来。又如实知,修习禅定,于离烦恼,

33.33.5

nwə^{1} tsjij^{2} njwi^{2} ljɨ^{1} źjị^{1} njɨɨ^{2} ka^{2} ·jij^{1} nwə^{1} tsjij^{2} njwi^{2} ku^{1} thjɨ^{2} dzjwo^{2}

了 知 能 也； 烦 恼 离 之， 了 知 能 则； 是 人

tha^{1} ·jij^{1} ljij^{2} mjijr^{2} we^{2} ljɨ^{1}

佛 之， 见 者 是 也。

亦能了知；以能了知，离烦恼故，是人则为，见于如来。

33.33.6

thja^{1} dzjwo^{2} nioow^{1} tsjɨ^{1} mej^{1} śji^{1} bju^{2} sjịj^{2} mej^{1} dźjiij^{1} mjij^{1} sjịj^{2} mej^{1} wee^{1}

彼 人 复 亦， 眼 先 边 智、 眼 住 无 智、 眼 生

mjij^{1} sjịj^{2} tha^{1} mee^{2} mjijr^{2} sjịj^{2}

无 智、 佛 神 通 智、

彼人亦能，成就如是，眼前际智、眼无住智、眼无生智、佛神通智、

33.33.7

mej^{1} bji^{2} dźju^{2} sjịj^{2} mej^{1} buu^{2} gjij^{1} sjịj^{2} sjịj^{2} bji^{2} dźju^{2} sjịj^{2} sjịj^{2} gji^{1}

眼 下 劣 智、 眼 胜 殊 智、 智 下 劣 智、 智 清

sej^{1} sjịj^{2} kie^{1} gji^{1} sej^{1} sjịj^{2}

净 智、 戒 清 净 智、

眼下劣智、眼殊胜智、智下劣智、智清净智、戒清净智、

33.34.1

ljụ^{2} dzjɨj^{1} wer^{1} sjịj^{2} ɣię^{2} gji^{1} sej^{1} sjịj^{2} ljaa^{2} dzjɨj^{1} wer^{1} sjịj^{2} njiij^{1} gji^{1}

身 律 仪 智、 声 清 净 智、 口 律 仪 智、 心 清

[Tangut]

sej^{1} sjịj^{2} do^{2} pha^{1} dźjiij^{1} sjịj^{2}

净 智、差 异 住 智、

身律仪智、声清净智、语律仪智、心清净智、处差别智、

33.34.2

[Tangut]

rjur^{1} njiij^{1} tsjiir^{1} sjịj^{2} njiij^{1} dźjar^{2} lju^{2} sjịj^{2} sjwɨj^{1} gji^{1} sej^{1} sjịj^{2} njiij^{1} dzjɨj^{1}

诸 心 法 智、心 过 罪 智、业 清 净 智、心 律

[Tangut]

wer^{1} sjịj^{2} sjịj^{2} dźjar^{2} lju^{2} sjịj^{2}

仪 智、智 过 罪 智、

诸心法智、心过失智、业清净智、心律仪智、智过失智、

33.34.3

[Tangut]

ɣiẹ^{2} gji^{1} sej^{1} sjịj^{2} ŋur^{1} do^{2} pha^{1} sjịj^{2} ŋur^{1} ·jiw^{1} nioow^{1} sjịj^{2} mej^{1} njɨ^{2}

声 清 净 智、蕴 差 异 智、蕴 因 缘 智、眼 遍

[Tangut]

nwə^{1} sjịj^{2} tśjị^{1} to^{2} wee^{1} sjịj^{2}

了 智、苦 出 生 智、

声清净智、蕴差别智、蕴因缘智、眼遍知智、苦出生智、

33.34.4

[Tangut]

rar^{2} mjij^{1} kie^{1} sjịj^{2} kie^{1} ·jiw^{1} nioow^{1} sjịj^{2} tśjị^{1} ·jiw^{1} nioow^{1} sjịj^{2} tśjị^{1} ·jiw^{1}

漏 无 戒 智、戒 因 缘 智、苦 因 缘 智、苦 因

[Tangut]

sji^{1} sjịj^{2} rjur^{1} dźiəj^{2} lheew^{2} sjịj^{2}

尽 智、诸 为 有 智、

无漏戒智、戒因缘智、苦因缘智、苦因尽智、诸有为智、

33.34.5

sji^{1} mji^{1} sji^{1} sjịj^{2} zji^{2} śjɨj^{1} ·jiw^{2} njwi^{2} nioow^{1} ɣạ^{2} njɨɨ^{1} ·jiw^{1} dźjịj^{1} lew^{2}

尽 无 尽 智， 皆 成 就 能。 又 十 二 因， 行 所

dju^{1} sjịj^{2} dźjịj^{1} lew^{2} mjij^{1} sjịj^{2}

有 智、 行 所 无 智，

尽无尽智。又如实知，十二因缘，有所行智、无所行智，

33.34.6

·jij^{1} dju^{1} ·jij^{1} mjij^{1} dźiəj^{2} lheew^{2} dźiəj^{2} mə̣^{1} gu^{1} śjwo^{1} ɣjiw^{1} ɣiwej^{1} ·jij^{1} mjɨ^{1}

相 有 相 无， 为 有 为 无， 发 起 摄 受， 自 他

njiij^{1} sjịj^{2} źjɨr^{1} bju^{1} nwə^{1} tsjij^{2}

心 智， 实 如 了 知。

有相无相，有为无为，建立摄受，自他心智。

33.34.7

mej^{1} sji^{1} śjwo^{1} bju^{2} bju^{2} ljow^{2} mjij^{1} sej^{1} rjɨr^{2} njɨ^{2} dźiə^{2} dźiej^{2} mji^{1} dju^{1}

眼 尽 生 边， 边 际 寂 净， △ 至 轮 回， 无 有

mji^{1} wee^{1} mjij^{1} dzjar^{2} ·jij^{1} tsjir̠^{2}

无 生， 寂 灭 之 性，

又如实知，眼尽生边，边际寂静，乃至流转，无有无生，寂灭之性，

33.35.1

rjur^{1} dźiã^{2} tśhju^{1} ·jij^{1} rjur^{1} ɣwie^{1} ɣie^{1} sjịj^{2} nioow^{1} khu^{1} dźjij^{1} sjịj^{2} gji^{1} sej^{1}

诸 众 生 于， 诸 势 力 智、 及 进 精 智、 清 净

[illegible]①。[illegible]，

sjịj^{2} phji^{1} źjɨr^{1} bju^{1} nwə^{1} njwi^{2}

智 令。实 如 知 能，

令诸众生，得清净智、诸势力智、精进之智。又如实知，

33.35.2

[illegible]，[illegible]，[illegible]，[illegible]

lew^{1} do^{2} ɣa^{1} sjịj^{2} dźiã^{2} tśhju^{1} ŋowr^{2} ŋowr^{2} phji^{1} dzu^{1} ŋwe^{1} sjịj^{2} źjɨr^{1} bju^{1}

一 异 门 智，众 生 一 切，意 爱 乐 智。实 如

[illegible]，[illegible]，

nwə^{1} njwi^{2} dźiã^{2} tśhju^{1} ŋowr^{2} ŋowr^{2}

知 能，众 生 一 切，

一异门智，一切众生，意乐之智。又如实知，一切众生，

33.35.3

[illegible]，[illegible]、[illegible]、[illegible]

buu^{2} gjij^{1} phji^{1} ŋwe^{1} njiij^{1} gji^{1} sej^{1} sjịj^{2} sjwɨj^{1} do^{2} we^{1} sjịj^{2} rjur^{1} tśhji^{2}

胜 殊 意 乐，心 清 净 智、业 异 熟 智、诸 根

[illegible]、[illegible]、

kiẹj^{2} sjịj^{2} njiij^{1} ·wjị^{1} lej^{2} sjịj^{2}

界 智、心 变 换 智、

殊胜意乐，心清净智、业异熟智、诸根界智、心变异智、

33.35.4

[illegible]、[illegible]、[illegible]。[illegible]

źjɨr^{1} bie^{2} lhew^{2} sjịj^{2} njɨ^{2} bie^{2} lhew^{2} sjịj^{2} buu^{2} nwə$^{?}$ ŋwo^{2} sjịj^{2} źjɨr^{1} bju^{1}

慧 解 脱 智、遍 解 脱 智、胜 辩 才 智。实 如

[illegible]，[illegible]，

nwə^{1} njwi^{2} rjur^{1} niow^{2} dźiã^{2} tśhju^{1}

知 能，诸 恶 众 生，

---

① 本句西夏文“[illegible]”前似当缺与汉文“得”相应的动词。

慧解脱智、遍解脱智、胜辩才智。又如实知，诸恶众生，

33.35.5

[西夏文]

tsjiir[1] mji[1] dzu[1] ·jij[1] sjuu[1] pạ[2] phji[1] sjịj[2] źjɨr[1] bju[1] nwə[1] njwi[2] rjur[1] wo[2]

法 无 爱 于， 仰 渴 令 智。 实 如 知 能， 诸 理

[西夏文]

tshwew[1] ɣa[2] dzjɨj[1] bju[1] djọ[2] dzjɨɨ[2]

趣 于， 时 如 修 习，

不乐法者，令渴仰智。又如实知，于诸理趣，知时修习，

33.35.6

[西夏文]

low[2] ljịj[1] mjij[1] sjịj[2] źjɨr[1] bju[1] nwə[1] njwi[2] nioow[1] mee[2] mjijr[2] ɣie[1] rjur[1] tsjiir[1]

懈 怠 无 智。 实 如 知 能， 又 神 通 力， 诸 法

[西夏文]

phjo[2] kar[2] ɣiẹ[2] lụ[2] mjij[1] sjịj[2]

分 别， 障 碍 无 智。

无懈怠智。又如实知，神通之力，分析诸法，无障碍智。

33.35.7

[西夏文]

źjɨr[1] bju[1] nwə[1] njwi[2] wạ[2] ljịj[2] wo[2] tshwew[1] nioow[1] ŋwuu[1] tsjiir[1] ɣa[2] tśjɨ[1] tsjij[2]

实 如 知 能， 广 大 义 趣， 及 言 法 于， 解 了

[西夏文]

sji[2] sjịj[2] źjɨr[1] bju[1] nwə[1] njwi[2]

△ 智。 实 如 知 能，

又如实知，于广大义，及以言教，随解了智。又如实知，

33.36.1

[西夏文]

neew[2] wjɨ[1] thwuu[1] dźjiij[1] lhwu[1] gjwi[2] dzji[1] dzji[1] dze[2] dzjaa[1] sji[2] sjịj[2] źjɨr[1] bju[1]

善 友 同 住, 衣 服 食 饮, 量 俭 △ 智。实 如

nwə^{1} njwi^{2} rjur^{1} wji^{1} ɣjɨr^{1} mjij^{1}

知 能, 诸 为 作 无,

善友同处,衣服饮食,节量之智。又如实知,于诸无作,

33.36.2

thow^{1} lo^{1} dźji^{1} tsjiir^{1} ·jɨr^{2} djọ^{2} dzjɨɨ^{2} sjịj^{2} źjɨr^{1} bju^{1} nwə^{1} njwi^{2} ljụ^{2} njiij^{1}

陀 罗 尼 法, 勤 修 习 智。实 如 知 能, 身 心

dźjar^{2} mjij^{1} lhu^{1} tjịj^{1} khwa^{1} ka^{2}

过 无, 增 减 远 离,

陀罗尼法,勤修习智。又如实知,身心无过,远离增减,

33.36.3

zji^{2} phju^{2} sjịj^{2} kjụ^{1} źjɨr^{1} bju^{1} nwə^{1} njwi^{2} mee^{2} mjijr^{2} pjụ^{1} ɣie^{1} nioow^{1} tshọ^{2}

最 上 智 供。实 如 知 能, 神 通 威 力, 及 虚

ŋa^{1} gu^{2} ·wjɨ^{1} djii^{2} ljụ^{2} śja^{2}

空 中, 变 化 身 现,

求无上智。又如实知,神通威力,于虚空中,现变化身,

33.36.4

mjɨ^{1} pjụ^{1} ·jir^{2} tụ^{1} dźiã^{2} tśhju^{1} śjɨj^{1} ·jiw^{2} zji^{2} njiij^{1} ljɨj^{2} phji^{1} sej^{1} dźiej^{2}

无 量 百 千, 众 生 成 就, 皆 心 喜 令, 净 信

śjwo^{1} sjịj^{2} rjur^{1} mjor^{1} ljịj^{2} ·jij^{1}

生 智。诸 如 来 于,

成就无量,百千众生,皆令欢喜,发净信智。于诸如来,

33.36.5

[illegible]

pjụ^1 bjuu^1 dzu^1 sjịj^2 kiẹj^2 ka^2 tsjiir^1 ɣa^2 djọ^2 dzjɨɨ^2 ŋwe^1 dzu^1 rjur^1 śjɨj^2

尊 恭 爱 智； 欲 离 法 于， 修 习 乐 爱； 诸 圣

[illegible]

·ji^1 do^2 kjụ^1 tshwew^1 dzu^1 sjịj^2

众 于， 供 养 爱 智；

乐尊重智；于离欲法，乐修习智；于诸圣众，乐供养智；

33.36.6

[illegible]①

ljịj^2 po^1 tjɨj^1 ɣa^2 ljɨɨ^1 tshwew^1 ŋwe^1 sjịj^2 thow^1 lo^1 dźji^1 ɣa^1 nẹ^1 tshjiij^1

大 菩 提 于， 回 向 乐 智； 陀 罗 尼 于， 宣 说

[illegible]

dzu^1 sjịj^2 rjur^1 phji^1 ŋwe^1 ɣa^2

爱 智； 诸 意 乐 于，

于大菩提，乐回向智；于陀罗尼，乐演说智；于诸意乐，

33.36.7

[illegible]

bio̱^{1} thjuu^1 njwi^2 sjịj^2 śjɨj^2 mjijr^2 djɨj^2 ɣa^2 nwə^1 tsjij^2 njwi^2 sjịj^2 rjur^1 ·wejr^2

观 察 能 智； 圣 者 定 于， 了 解 能 智； 诸 护

[illegible]

ljɨɨr^2 ɣa^2 kjɨ^1 djɨj^2 njwi^2 sjịj^2

念 于， △ 定 能 智；

善观察智；于圣者定，善了知智；于诸护念，能决定智；

33.37.1

[illegible]

bju^2 mjij^1 njiij^1 ɣa^2 ·o^2 tshwew^1 njwi^2 sjịj^2 bju^2 mjij^1 ljaa^1 ·jij^1 nẹ^1 tshjiij^1

① [illegible] ɣa^1，门。当通“[illegible]”ɣa^2（于），二字读音相同，唯声调有别。

边 无 心 于， 入 趣 能 智； 边 无 偈 之， 宣 说

[illegible] [illegible]； [illegible] [illegible] [illegible] [illegible]，

njwi² sjịj² rjur¹ kiej² tśhiow¹ ɣa²

能 智； 诸 欲 结 于，

于无边心，善趣入智；于无边颂，能演说智；于诸欲结，

33.37.2

[illegible] [illegible] [illegible] [illegible]； [illegible] [illegible] [illegible] [illegible]， [illegible] [illegible] [illegible] [illegible]； [illegible] [illegible]

dwewr² tsjij² njwi² sjịj² bji² dźju² tshwew¹ ɣa² mji¹ ljị¹ ljɨ¹ sjịj² niow² nwə¹

觉 解 能 智； 下 劣 趣 于， 不 陷 堕 智； 恶 知

[illegible] [illegible]， [illegible] [illegible] [illegible] [illegible]；

sjij² ɣa² dźjɨɨr¹ ka² lew² sjịj²

识 于， 舍 离 应 智；

能觉悟智；于下劣趣，不堕落智；于恶知识，应舍离智；

33.37.3

[illegible] [illegible] [illegible] [illegible]， [illegible] [illegible] [illegible] [illegible]； [illegible] [illegible] [illegible] [illegible]， [illegible] [illegible]

neew² nwə¹ sjij² ɣa² ? njij¹ njwi² sjịj² rjur¹ ·jɨr¹ kụ² ɣa² tsjiir¹ gjịj¹

善 知 识 于， 亲 近 能 智； 诸 问 答 于， 选 择

[illegible] [illegible]； [illegible]① [illegible] [illegible] [illegible]，

njwi² sjịj² do² do² njaa² ɣa²

能 智； 处 处 非 于，

于善知识，能亲近智；于诸问答，能决择智；于处非处，

33.37.4

[illegible] [illegible] [illegible] [illegible]； [illegible] [illegible] [illegible] [illegible]， [illegible] [illegible] [illegible] [illegible]； [illegible] [illegible]

tśjɨ¹ tsjij² njwi² sjịj² ljɨ² mji¹ ljɨ² ɣa² nwə¹ tsjij² njwi² sjịj² phju² gu²

意 解 能 智； 地 无 地 于， 知 解 能 智； 上 中

[illegible] [illegible]， [illegible] [illegible] [illegible] [illegible]。

mjiij² ɣa² phjo² kar² njwi² sjịj²

---

① [illegible] do²，异。当与“[illegible]”do²（处）通。本句“[illegible][illegible][illegible][illegible]”（处处非于）对译汉文“于处非处”，与下文“[illegible][illegible][illegible][illegible]”（地不地于）对译汉文“于地非地”同，“[illegible]”与“[illegible][illegible]”是一对相反的概念，“[illegible][illegible]”非叠音词。

下　于，　分　别　能　智。

能解了智；于地非地，能了知智；于上中下，能分别智。

33.37.5

[illegible]

dźiəj² lheew² ·jij¹ sjịj² dźiəj² mə̣¹ ·jij¹ sjịj² dạ² war² ·jij¹ sjịj² dạ² war²

为　有　之　智、为　无　之　智、事　物　之　智、事　物

[illegible]

njaa² sjịj² ɣjiw¹ ɣiwej¹ ·jij¹ sjịj²

非　智、摄　受　之　智、

有为之智、无为之智、事物之智、非事物智、摄受之智、

33.37.6

[illegible]

ɣjiw¹ ɣiwej¹ ·jij¹ sjịj² djọ² dzjɨɨ² ·jij¹ sjịj² djọ² dzjɨɨ² njaa² sjịj² mej¹ mej¹

摄　受　之　智、修　习　之　智、修　习　非　智、眼　眼

[illegible]

njaa² sjịj² mej¹ gu² ·jij¹ sjịj²

非　智、眼　共　相　智、

非摄受智、修习之智、非修习智、眼非眼智、眼共相智、

33.37.7

[illegible]①

mej¹ do² pha¹ sjịj² mej¹ ·jij¹ tsjiṟ² sjịj² źjɨr¹ bju¹ nwə¹ njwi² nju¹ njii²

眼　差　异　智、眼　自　性　智，实　如　知　能，耳　鼻

[illegible]

lhjwa¹ ljụ² rjɨr² njɨ² mjiij² njɨ²

舌　身，乃　至　名　等，

眼差别智、眼自性智，耳鼻舌身，乃至名等，

---

① [illegible]，如实能知。此动词所接宾语内容较多，自 33.36.3 行"[illegible]"（神通威力）开始至此。

33.38.1

[illegible]													
njɨɨ^{1}	ɣạ^{2}	ŋwə	tsjiir^{1}	zji^{2}	thjɨ^{2}	wjɨ^{2}	sju^{2}	tjij^{1}	dzjwo^{2}	mej^{1}	·jij^{1}	·jiw^{1}	nioow^{1}
二	十	五	法，	皆	是	△	如。	若	人	眼	之，	因	缘
[illegible]													
kwər^{1}	tsjir̲^{2}	źjɨr^{1}	ɣiej^{1}	ŋa^{1}	mjij^{1}								
体	性，	实	真	空	寂，								

二十五法，亦复如是。若人思惟，眼因缘性，真实空寂，

33.38.2

[illegible]													
sji^{1}	dźjwa^{1}	ŋa^{2}	mjij^{1}	sjwɨ^{1}	sẽ^{1}	njwi^{2}	ku^{1}	thjɨ^{2}	dzjwo^{2}	thjɨ^{2}	sju^{2}	źjɨr^{1}	ɣiej^{1}
毕	竟	我	无，	思	惟	能	则，	是	人	是	如，	实	真
[illegible]													
kjɨ^{1}	djɨj^{2}	njiij^{1}	sã^{1}	mo^{2}	thji^{2}								
必	定，	心	三	摩	地；								

毕竟无我，是人则能，成就如是，真实决定，心三摩地；

33.38.3

[illegible]													
śjɨj^{1}	·jiw^{2}	njwi^{2}	ljɨ^{1}	tjij^{1}	dzjwo^{2}	mej^{1}	·jij^{1}	·jiw^{1}	nioow^{1}	śjwo^{1}	sjwɨ^{1}	mej^{1}	mji^{1}
成	就	能	也。	若	人	眼	之，	因	缘	生	思，	眼	无
[illegible]													
·ju^{2}	·jij^{1}	kjɨ^{1}	djɨj^{2}	tsjij^{2}	ku^{1}								
常	相，	△	定	知	则，								

若人思惟，眼因缘起，决定了知，眼无常相，

33.38.4

[illegible]													
thjɨ^{2}	dzjwo^{2}	źjɨr^{1}	bju^{1}	mej^{1}	nioow^{1}	·jiw^{1}	nioow^{1}	sji^{1}	dźjwa^{1}	mji^{1}	dju^{1}	źjɨr^{1}	bju^{1}
是	人	实	依，	眼	及	因	缘，	毕	竟	无	有，	实	依

□ □。 □ □ □ □，

nwə[1] tsjij[2] nju[1] njii[2] lhjwa[1] lju̧[2]

知 知。 耳 鼻 舌 身，

是人则能，如实了知，眼及因缘，毕竟无有。耳鼻舌身，

33.38.5

□ □ □ □， □ □ □ □， □ □ □ □。 □ □

rjɨr[2] njɨ[2] mjiij[2] njɨ[2] njɨɨ[1] ɣa̧[2] ŋwə tsjiir[1] zji[2] thjɨ[2] wjɨ[2] sju[2] tśhjɨ[1] zjo̧[2]

乃 至 名 等， 二 十 五 法， 皆 是 △ 如。 尔 时

□ □， □ □ □ □，

rjur[1] pju̧[1] we[2] kjɨ[1] ·o[2] zjo̧[2]

世 尊， 城 已 入 时，

乃至名等，二十五法，亦复如是。尔时世尊，当入城时，

33.38.6

□ □ □ □， □ □ □ □， □ □ □① □， □ □

khjɨ[1] ŋwu[2] ljɨ[2] lej[2] zjɨɨr[1] dju[1] da̧[2] śja[2] ŋa[2] sjij[1] ljow[2] zjij[1] tśhja[2] ·ioow[1]

足 以 地 践， 希 有 事 现， 我 今 际 几， 德 功

□ □， □ □ □ □，

nȩ[1] tshjiij[1] dźiã[2] tśhju[1] mji[1] tja[1]

宣 说， 众 生 闻 者，

以足按地，现希有事，我今略说，少分功德，普令众生，

33.38.7

□ □ □ □。 □ □ □ □， □ □ □ □， □ □

zji[2] njiij[1] ljɨ̧j[2] phji[1] dzjwo[2] mə[1] śio[1] dzjiij[2] lew[1] mej[2] dźjwo[2] ·u[2] mjɨ[1] pju̧[1]

皆 心 喜 令。 人 天 导 师， 一 毛 孔 内， 无 量

□ □， □ □ □ □，

·jir[2] tu̧[1] bji[1] swew[1] to[2] śja[2]

百 千， 光 明 出 现，

---

① □ ljow[2]，边界、边际。当通“□”ljow[2]（略），“□□”有“略微”“稍许”义。

闻者欢喜。天人导师,从一毛孔,出现无量,百千光明,

33.39.1

ljɨ1 ljɨ1 bji1 swew1 mjɨ1 pjụ1 lhjịj2 ·u2 rjur1 dźiā2 tśhju1 nioow1 wạ2 tha1
一 一 光 明, 无 量 刹 内, 诸 众 生 因, 广 佛

tśju1 wji1 tjij1 dzjwo2 njwo2 zjọ2
事 为。 若 人 昔 世,

一一光明,遍无量刹,为诸众生,而作佛事。若人往昔,

33.39.2

rjur1 tha1 kjụ1 tshwew1 gjɨ2 zjir2 zji1 mjii1 kie1 ·jiij1 djij2 ku1 thja1 dzjwo2
诸 佛 供 养, 夜 遍 布 施, 戒 持 曾 则, 彼 人

thjɨ2 sju2 rjɨr2 tshjiij1 mee2 ·wjɨ̣1
是 如, △ 说 神 变,

供养诸佛,长夜修行,布施持戒,彼人得闻,如是所说,

33.39.3

dạ2 tja1 mji1 njwi2 njiij1 ljịj2 dzu1 ŋwe1 tjij1 tha1 mee2 ·wjɨ̣1 nwə1 tsjij2
事 者 闻 能, 心 喜 爱 乐。 若 佛 神 变, 知 解

njwi2 ku1 rjur1 ɣiẹ2 mji1 ·jij1
能 则, 诸 声 闻 之,

神变之事,欢喜爱乐。若能了知,诸佛神变,非诸声闻,

33.39.4

dźjij1 tjị2 mjɨɨ2 njaa2 thja1 dzjwo2 thjɨ2 sju2 mee2 ·wjɨ̣1 mji1 ku1 dźiej2 tsjij2

行 处 攀 非， 彼 人 是 如， 神 变 闻 则， 信 解

[illegible]

njiij¹ śjwo¹ zjiɨr¹ dju¹ njiij¹ śjwo¹

心 生， 希 有 心 发。

所行境界，彼人得闻，如是神变，当生信解，发希有心。

33.39.5

[illegible]

dzjwo² mə¹ śio¹ dzjiij² seew² tshjiij¹ mjij¹ ɣie¹ thjɨ² sju² mə² mə² mee² ·wjị¹

人 天 导 师， 思 议 无 力， 是 如 种 种， 神 变

[illegible]

njɨ² śja² mjɨ¹ pjụ¹ ·jir² tụ¹

等 现， 无 量 百 千，

天人导师，不思议力，现如是等，种种神变，能令无量，百千众生，

33.39.6

[illegible]

rjur¹ dźiã² tśhju¹ ·jij¹ rjur¹ mjor¹ ljịj² do² ? njij¹ tshwew¹ phji¹ dzjwo² mə¹

诸 众 生 于， 诸 如 来 处， 亲 近 养 令。 人 天

[illegible]

śio¹ dzjiij² seew² tshjiij¹ mjij¹ ɣie¹

导 师， 思 议 无 力，

于诸如来，亲近供养。天人导师，不思议力，

33.39.7

[illegible]

mjɨ¹ pjụ¹ ·jir² tụ¹ lwər² lhejr² nẹ¹ tshjiij¹ rjur¹ dźiã² tśhju¹ ·jij¹ thja¹ rjɨr²

无 量 百 千， 经 契 宣 说， 诸 众 生 于， 彼 △

[illegible]

tshjiij¹ mji¹ to² zji² dźiej² ɣiwej¹

说 闻， 尽 皆 信 受，

演说无量，百千契经，令诸众生，闻其所说，皆能信受，

33.40.1

[illegible]

njiij^{1} ljịj^{2} śjwo^{1} phji^{1} tśhjɨ^{1} zjọ^{2} rjur^{1} pjụ^{1} we^{2} kjɨ^{1} ·o^{2} zjọ^{2} mee^{2} mjijr^{2}

心 喜 生 令。 尔 时 世 尊, 城 已 入 时, 神 通

[illegible]

ɣie^{1} ŋwu^{2} thja^{1} tshọ^{2} ŋa^{1} gu^{2}

力 以, 彼 虚 空 中,

心生欢喜。尔时世尊,当入城时,以神通力,于虚空中,

33.40.2

[illegible]

thjɨ^{2} sju^{2} dạ^{2} tshjiij^{1} mej^{1} ·jij^{1} sji^{1} bju^{2} rjɨr^{2} njɨ^{2} mjij^{1} dzjar^{2} mej^{1} tsjir^{2}

是 如 言 说: 眼 之 尽 边, 乃 至 寂 灭, 眼 性

[illegible]

·jiw^{1} nioow^{1} śjɨ^{1} mjij^{1} lja^{1} mjij^{1}

因 缘, 往 无 来 无,

作如是说,知眼尽边,乃至寂灭,眼性所因,无去无来,

33.40.3

[illegible]

sji^{1} dźjwa^{1} mjij^{1} ·jɨ^{1} nju^{1} njii^{2} lhjwa^{1} ljụ^{2} rjɨr^{2} njɨ^{2} mjiij^{2} njɨ^{2} njɨɨ^{1} ɣạ^{2}

毕 竟 寂 谓。 耳 鼻 舌 身, △ 至 名 等, 二 十

[illegible]

ŋwə tsjiir^{1} zji^{2} thjɨ^{2} wjɨ^{2} sju^{2}

五 法, 皆 是 △ 如。

毕竟空寂。耳鼻舌身,乃至名等,二十五法,亦复如是。

汉文本

尔时世尊,当入城时,以足按地,普皆震动;诸山倾靡,悉向于佛;人天为法,咸来恭敬。

尔时世尊,当入城时,天主人王,阿修罗众,并诸夜叉,各舍本城,来诣佛所,欢喜供养。

尔时世尊，当入城时，复有无量，异类诸鸟，鹦鹉孔雀、迦陵频伽，睹佛如来，殊胜功德，于虚空中，欢喜游戏，皆出种种，微妙音声。

尔时世尊，当入城时，以佛功德，威神力故，能令无量，百千众生，盲者能视，聋者能听；不完具者，令得完具；不安乐者，令得安乐。

尔时世尊，当入城时，于虚空中，闻如是说：

若以诸相，分别如来；是人不名，供养于佛；亦不了知，眼尽边性；

若离诸相，植众德本，则能了知，眼尽边性。以能了知，眼尽边故，则能了知，诸佛功德。

于眼尽边，无有执藏；于眼生边，无有依止；于眼寂静，无有动念；是人则为，见于如来。

于眼生边，无有分别；于眼边际，无有意谓；于眼灭坏，无有表示；是人则为，见于如来。

于眼无有，无有染著；于眼无生，无有摄受；于眼寂灭，无有所执；是人则为，见于如来。

知眼尽故，于根修习；知眼边故，于根决定；知眼生故，于根自在；是人则为，见于如来。

知眼无有，于色了达；知眼灭坏，于法观察；知眼无生，于道修习，是人则为，见于如来。

如实了知，眼尽边故，于业差别，亦能了知；以能了知，业差别故，是人则为，见于如来。

如实了知，眼生边故，于苦差别，亦能了知；以能了知，苦差别故，是人则为，见于如来。

如实了知，眼灭坏故，于苦灭坏，亦能了知；以能了知，苦灭坏故，是人则为，见于如来。

如实了知，眼无有故，于离诸相，亦能了知；以能了知，离诸相故，是人则为，见于如来。

如实了知，眼无生故，于离习气，亦能了知；以能了知，离习气故，是人则为，见于如来。

又如实知，眼无常性，于离障碍，亦能了知；以能了知，离障碍故，是人则为，见于如来。

又如实知，眼无文字，于佛智力，亦能了知；以能了知，佛智力故，是人则为，见于如来。

又如实知，眼不来性，于离诸欲，亦能了知；以能了知，离诸欲故，是人则为，见于如来。

又如实知，修习禅定，于离烦恼，亦能了知；以能了知，离烦恼故，是人则为，见于如来。

彼人亦能，成就如是，眼前际智、眼无住智、眼无生智、佛神通智、眼下劣智、眼殊胜智、智下劣智、智清净智、戒清净智、身律仪智、声清净智、语律仪智、心清净智、处差别智、诸心法智、心过失智、业清净智、心律仪智、智过失智、声清净智、蕴差别智、蕴因缘智、眼遍知智、苦出生智、无漏戒智、戒因缘智、苦因缘智、苦因尽智、诸有为智、尽无尽智。

又如实知，十二因缘，有所行智、无所行智，有相无相，有为无为，建立摄受，自他心智。

又如实知，眼尽生边，边际寂静，乃至流转，无有无生，寂灭之性，令诸众生，得清净智、诸势力智、精进之智。

又如实知，一异门智，一切众生，意乐之智。

又如实知，一切众生，殊胜意乐，心清净智、业异熟智、诸根界智、心变异智、慧解脱智、遍解脱智、胜辩才智。

又如实知，诸恶众生，不乐法者，令渴仰智。又如实知，于诸理趣，知时修习，无懈怠智。

又如实知，神通之力，分析诸法，无障碍智。

又如实知，于广大义，及以言教，随解了智。

又如实知，善友同处，衣服饮食，节量之智。

又如实知，于诸无作，陀罗尼法，勤修习智。

又如实知，身心无过，远离增减，求无上智。

又如实知，神通威力，于虚空中，现变化身，成就无量，百千众生，皆令欢喜，发净信智。于诸如来，乐尊重智;于离欲法,乐修习智;于诸圣众,乐供养智;于大菩提,乐回向智;于陀罗尼,乐演说智;于诸意乐,善观察智;于圣者定,善了知智;于诸护念,能决定智;于无边心,善趣入智;于无边颂,能演说智;于诸欲结,能觉悟智;于下劣趣,不堕落智;于恶知识,应舍离智;于善知识,能亲近智;于诸问答,能决择智;于处非处,能解了智;于地非地,能了知智;于上中下,能分别智。有为之智、无为之智、事物之智、非事物智、摄受之智、非摄受智、修习之智、非修习智、眼非眼智、眼共相智、眼差别智、眼自性智,耳鼻舌身,乃至名等,二十五法,亦复如是。

若人思惟,眼因缘性,真实空寂,毕竟无我,是人则能,成就如是,真实决定,心三摩地;若人思惟,眼因缘起,决定了知,眼无常相,是人则能,如实了知,眼及因缘,毕竟无有。耳鼻舌身,乃至名等,二十五法,亦复如是。

尔时世尊,当入城时,以足按地,现希有事,我今略说,少分功德,普令众生,闻者欢喜。天人导师,从一毛孔,出现无量,百千光明,一一光明,遍无量刹,为诸众生,而作佛事。若人往昔,供养诸佛,长夜修行,布施持戒,彼人得闻,如是所说,神变之事,欢喜爱乐。若能了知,诸佛神变,非诸声闻,所行境界,彼人得闻,如是神变,当生信解,发希有心。天人导师,不思议力,现如是等,种种神变,能令无量,百千众生,于诸如来,亲近供养。天人导师,不思议力,演说无量,百千契经,令诸众生,闻其所说,皆能信受,心生欢喜。

尔时世尊,当入城时,以神通力,于虚空中,作如是说,知眼尽边,乃至寂灭,眼性所因,无去无来,毕竟空寂。耳鼻舌身,乃至名等,二十五法,亦复如是。

33.40.4

[illegible]

tśhjɨ^{1} zjọ^{2} rjur^{1} pjụ^{1} we^{2} kjɨ^{1} ·o^{2} zjọ^{2} thja^{1} tshọ^{2} ŋa^{1} gu^{2} zji^{2} thjoo^{1}

尔 时 世 尊, 城 已 入 时, 彼 虚 空 中, 最 妙

[illegible]

ɣiẹ^{2} to^{2} tha^{1} ·jij^{1} mə^{2} mə^{2}

声 出, 佛 之 种 种,

尔时世尊,当入城时,于虚空中,出微妙声,称赞如来,

33.40.5

[illegible]

mjiij^{2} we^{2} ·jow^{2} śja^{2} rjur^{1} ljịj^{2} ·ji^{1} ·jij^{1} dźiej^{2} njiij^{1} śjwo^{1} phji^{1} mjor^{1} rjur^{1}

名 讳 赞 叹, 诸 大 众 之, 信 心 生 令。 现 世

[illegible]

dźjiij^{1} mjijr^{2} dzjwo^{2} kha^{1} ka^{2} tśjij^{2}

住 者, 人 中 师 子,

种种名号,令诸大众,生信解心。今现在世,人中师子,

33.40.6

mjiij^{2} tja^{1} ljiij^{2} ·jij^{1} dźjwu^{1} wəə^{1} tsjiir^{1} njij^{2} tjij^{1} dzjwo^{2} thjɨ^{2} sju^{2} mjiij^{2} we^{2}

名 者 魔 之， 摧 伏 法 王， 若 人 此 如， 名 讳

mji^{1} ku^{1} ljiij^{2} ·ji^{1} ŋowr^{2} ŋowr^{2}

闻 则， 魔 众 一 切，

名为摧伏，魔军法王，若有得闻，如是名者，则能降伏，一切邪众。

33.40.7

zji^{2} rjur^{1} ·jar^{2} njwi^{2} mjor^{1} rjur^{1} dźjiij^{1} mjijr^{2} dzjwo^{2} kha^{1} ka^{2} tśjij^{2} mjiij^{2} tja^{1}

皆 调 降 能。 现 世 住 者， 人 中 师 子， 名 者

lẹj^{2} kiẹj^{2} dźjwu^{1} dzjar^{2} tsjiir^{1} njij^{2}

贪 欲， 摧 灭 法 王，

今现在世，人中师子，名为摧灭，贪欲法王，

33.41.1

tjij^{1} dzjwo^{2} thjɨ^{2} sju^{2} mjiij^{2} we^{2} mji^{1} ku^{1} lẹj^{2} kiẹj^{2} ŋowr^{2} ŋowr^{2} zji^{2} dźjɨɨr^{1}

若 人 此 如， 名 讳 闻 则， 贪 欲 一 切， 皆 舍

ka^{2} njwi^{2} mjor^{1} rjur^{1} dźjiij^{1} mjijr^{2}

离 能。 现 世 住 士，

若有得闻，如是名者，则能舍离，一切贪欲。今现在世，

33.41.2

dzjwo^{2} kha^{1} ka^{2} tśjij^{2} mjiij^{2} tja^{1} tshjạ^{1} kwow^{2} dźjwu^{1} dzjar^{2} tsjiir^{1} njij^{2} tjij^{1} dzjwo^{2}

人 中 师 子， 名 者 瞋 恚， 摧 灭 法 王， 若 人

[illegible]

thjɨ^{2} sju^{2} mjiij^{2} we^{2} mji^{1} ku^{1}

此 如, 名 讳 闻 则,

人中师子,名为摧灭,瞋恚法王,若有得闻,如是名者,

33.41.3

[illegible]

tshja̱^{1} kwow^{2} ŋowr^{2} ŋowr^{2} zji^{2} dźjɨɨr^{1} ka^{2} njwi^{2} mjor^{1} rjur^{1} dźjiij^{1} mjijr^{2} dzjwo^{2} kha^{1}

瞋 恚 一 切, 皆 舍 离 能。现 世 住 士, 人 中

[illegible]

ka^{2} tśjij^{2} mjiij^{2} tja^{1} we̱^{1} lə^{2}

师 子, 名 者 愚 痴,

则能舍离,一切瞋恚。今现在世,人中师子,名为摧灭,愚痴法王,

33.41.4

[illegible]

dźjwu^{1} dzjar^{2} tsjiir^{1} njij^{2} tjij^{1} dzjwo^{2} thjɨ^{2} sju^{2} mjiij^{2} we^{2} mji^{1} ku^{1} we̱^{1} lə^{2}

摧 灭 法 王, 若 人 此 如, 名 讳 闻 则, 愚 痴

[illegible]

ŋowr^{2} ŋowr^{2} zji^{2} dźjɨɨr^{1} ka^{2} njwi^{2}

一 切, 皆 舍 离 能。

若有得闻,如是名者,则能舍离,一切愚痴。

33.41.5

[illegible]

mjor^{1} rjur^{1} dźjiij^{1} mjijr^{2} dzjwo^{2} kha^{1} ka^{2} tśjij^{2} mjiij^{2} tja^{1} mjɨ^{1} gjiw^{1} dźjwu^{1} dzjar^{2}

现 世 住 士, 人 中 师 子, 名 者 无 敬, 摧 灭

[illegible]

tsjiir^{1} njij^{2} tjij^{1} dzjwo^{2} thjɨ^{2} sju^{2}

法 王, 若 人 此 如,

今现在世,人中师子,名为摧灭,憍慢法王,若有得闻,

33.41.6

[illegible]

mjiij² we² mji¹ ku¹ mjɨ¹ gjiw¹ ŋowr² ŋowr² zji² dźjɨɨr¹ ka² njwi² mjor¹ rjur¹

名 讳 闻 则，无 敬 一 切，皆 舍 离 能。现 世

[illegible]

dźjiij¹ mjijr² dzjwo² kha¹ ka² tśjij²

住 士，人 中 师 子，

如是名者，则能摧灭，一切憍慢。今现在世，人中师子，

33.41.7

[illegible]

mjiij² tja¹ kwow² źji̱¹ dźjwu¹ dzjar² tsjiir¹ njij² tjij¹ dzjwo² thjɨ² sju² mjiij² we²

名 者 恚 烦，摧 灭 法 王，若 人 此 如，名 讳

[illegible]

mji¹ ku¹ tshja̱¹ kwow² ŋowr² ŋowr²

闻 则，瞋 恚 一 切，

名为摧灭，忿恚法王，若有得闻，如是名者，则能舍离，一切忿恚。

33.42.1

[illegible]

zji² dźjɨɨr¹ ka² njwi² mjor¹ rjur¹ dźjiij¹ mjijr² dzjwo² kha¹ ka² tśjij² mjiij² tja¹

皆 舍 离 能。现 世 住 士，人 中 师 子，名 者

[illegible]

zjɨ̱¹ sew¹ dźjwu¹ dzjar² tsjiir¹ njij²

嫉 妒，摧 灭 法 王，

今现在世，人中师子，名为摧灭，嫉妒法王，

33.42.2

[illegible]

tjij¹ dzjwo² thjɨ² sju² mjiij² we² mji¹ ku¹ zjɨ̱¹ sew¹ ŋowr² ŋowr² zji² dźjɨɨr¹

若 人 此 如，名 讳 闻 则，嫉 妒 一 切，皆 舍

[illegible]

ka² njwi² mjor¹ rjur¹ dźjiij¹ mjijr²

离 能。 现 世 住 士,

若有得闻,如是名者,则能舍离,一切嫉妒。今现在世,

33.42.3

[illegible]

dzjwo² kha¹ ka² tśjij² mjiij² tja¹ lạ¹ ljoor¹ dźjwu¹ dzjar² tsjiir¹ njij² tjij¹ dzjwo²

人 中 师 子, 名 者 诈 诳, 摧 灭 法 王, 若 人

[illegible]

thjɨ² sju² mjiij² we² mji¹ ku¹

此 如, 名 讳 闻 则,

人中师子,名为摧灭,虚诳法王,若有得闻,如是名者,则能舍离,

33.42.4

[illegible]

lạ¹ ljoor¹ ŋowr² ŋowr² zji² dźjɨɨr¹ ka² njwi² mjor¹ rjur¹ dźjiij¹ mjijr² dzjwo² kha¹

诈 诳 一 切, 皆 舍 离 能。 现 世 住 士, 人 中

[illegible]

ka² tśjij² mjiij² tja¹ rjur¹ ljij²

师 子, 名 者 诸 见,

一切虚诳。今现在世,人中师子,名为摧灭,诸见法王,

33.42.5

[illegible]

dźjwu¹ dzjar² tsjiir¹ njij² tjij¹ dzjwo² thjɨ² sju² mjiij² we² mji¹ ku¹ rjur¹ ljij²

摧 灭 法 王, 若 人 此 如, 名 讳 闻 则, 诸 见

[illegible]

ŋowr² ŋowr² zji² dźjɨɨr¹ ka² njwi²

一 切, 皆 舍 离 能。

若有得闻,如是名者,则能舍离,一切诸见。

33.42.6

[illegible]

mjor^1 rjur^1 dźjiij^1 mjijr^2 dzjwo^2 kha^1 ka^2 tśjij^2 mjiij^2 tja^1 kheej^1 ljɨ^1 dźjwu^1 dzjar^2

现 世 住 士，人 中 师 子，名 者 戏 论，摧 灭

[illegible]

tsjiir^1 njij^2 tjij^1 dzjwo^2 thjɨ^2 sju^2

法 王，若 人 此 如，

今现在世，人中师子，名为摧灭，戏论法王，若有得闻，

33.42.7

[illegible]

mjiij^2 we^2 mji^1 ku^1 kheej^1 ljɨ^1 ŋowr^2 ŋowr^2 zji^2 dźjɨɨr^1 ka^2 njwi^2 mjor^1 rjur^1

名 讳 闻 则，戏 论 一 切，皆 舍 离 能。现 世

[illegible]

dźjiij^1 mjijr^2 dzjwo^2 kha^1 ka^2 tśjij^2

住 士，人 中 师 子，

如是名者，则能舍离，一切戏论。今现在世，人中师子，

33.43.1

[illegible]

mjiij^2 tja^1 tśhja^2 tsjiir^1 gji^1 sej^1 tsjiir^1 njij^2 tjij^1 dzjwo^2 thjɨ^2 sju^2 mjiij^2 we^2

名 者 正 法，清 净 法 王，若 人 此 如，名 讳

[illegible]

mji^1 ku^1 gji^1 sej^1 thjoo^1 tsjiir^1

闻 则，清 净 妙 法，

名为正法，清净法王，若有得闻，如是名者，则能解了，清净之法。

33.43.2

[illegible]

zji^2 nwə^1 tsjij^2 njwi^2 mjor^1 rjur^1 dźjiij^1 mjijr^2 dzjwo^2 kha^1 ka^2 tśjij^2 mjiij^2 tja^1

皆 知 解 能。现 世 住 士，人 中 师 子，名 者

[illegible] [illegible]， [illegible] [illegible] [illegible] [illegible]，

rjur^{1} sjwɨj^{1} tsjij^{2} dar^{1} tsjiir^{1} njij^{2}

诸 业， 通 达 法 王，

今现在世，人中师子，名为通达，诸业法王，

33.43.3

[illegible] [illegible] [illegible] [illegible]， [illegible] [illegible] [illegible] [illegible]， [illegible] [illegible] [illegible] [illegible]， [illegible] [illegible]

tjij^{1} dzjwo^{2} thjɨ^{2} sju^{2} mjiij^{2} we^{2} mji^{1} ku^{1} rjur^{1} sjwɨj^{1} ŋowr^{2} ŋowr^{2} zji^{2} nwə^{1}

若 人 此 如， 名 讳 闻 则， 诸 业 一 切， 皆 知

[illegible] [illegible]。 [illegible] [illegible] [illegible] [illegible]，

tsjij^{2} njwi^{2} mjor^{1} rjur^{1} dźjiij^{1} mjijr^{2}

解 能。 现 世 住 者，

若有得闻，如是名者，则能解了，一切诸业。今现在世，

33.43.4

[illegible] [illegible] [illegible] [illegible]， [illegible] [illegible] [illegible] [illegible]， [illegible] [illegible] [illegible] [illegible]， [illegible] [illegible]

dzjwo^{2} kha^{1} ka^{2} tśjij^{2} mjiij^{2} tja^{1} mee^{2} mjijr^{2} ŋowr^{2} lhə$^{?}$ tsjiir^{1} njij^{2} tjij^{1} dzjwo^{2}

人 中 师 子， 名 者 神 通， 具 足 法 王， 若 人

[illegible] [illegible]， [illegible] [illegible] [illegible] [illegible]，

thjɨ^{2} sju^{2} mjiij^{2} we^{2} mji^{1} ku^{1}

此 如， 名 讳 闻 则，

人中师子，名为具足，神通法王，若有得闻，如是名者，

33.43.5

[illegible] [illegible] [illegible] [illegible]， [illegible] [illegible] [illegible] [illegible]。 [illegible] [illegible] [illegible] [illegible]， [illegible] [illegible]

pjụ^{1} tśhja^{2} mee^{2} mjijr^{2} zji^{2} śjɨj^{1} ·jiw^{2} njwi^{2} mjor^{1} rjur^{1} dźjiij^{1} mjijr^{2} dzjwo^{2} kha^{1}

威 正 神 通， 皆 成 就 能。 现 世 住 者， 人 中

[illegible] [illegible]， [illegible] [illegible] [illegible] [illegible]，

ka^{2} tśjij^{2} mjiij^{2} tja^{1} rjur^{1} gju^{1}

师 子， 名 者 诸 度，

则能成就，威德神通。今现在世，人中师子，名为具足，诸度法王，

33.43.6

[illegible]

ŋowr^{2} lhə$^{?}$ tsjiir^{1} njij^{2} tjij^{1} dzjwo^{2} thjɨ^{2} sju^{2} mjiij^{2} we^{2} mji^{1} ku^{1} tśhjiw^{1} po^{1}

具 足 法 王， 若 人 此 如， 名 讳 闻 则， 六 波

[illegible]

lo^{1} bjii^{2} zji^{2} śjɨj^{1} ·jiw^{2} njwi^{2}

罗 蜜， 皆 成 就 能。

若有得闻，如是名者，则能成就，六波罗蜜。

33.43.7

[illegible]

mjor^{1} rjur^{1} dźjiij^{1} mjijr^{2} dzjwo^{2} kha^{1} ka^{2} tśjij^{2} mjiij^{2} tja^{1} rjur^{1} dźjɨ$^{?}$ tsjij^{2} dar^{1}

现 世 住 者， 人 中 师 子， 名 者 诸 行， 通 达

[illegible]

tsjiir^{1} njij^{2} tjij^{1} dzjwo^{2} thjɨ^{2} sju^{2}

法 王， 若 人 此 如，

今现在世，人中师子，名为了达，诸行法王，若有得闻，

33.44.1

[illegible]

mjiij^{2} we^{2} mji^{1} ku^{1} rjur^{1} dźjɨ$^{?}$ ŋowr^{2} ŋowr^{2} zji^{2} tsjij^{2} dar^{1} njwi^{2} mjor^{1} rjur^{1}

名 讳 闻 则， 诸 行 一 切， 皆 通 达 能。 现 世

[illegible]

dźjiij^{1} mjijr^{2} dzjwo^{2} kha^{1} ka^{2} tśjij^{2}

住 者， 人 中 师 子，

如是名者，则能了达，一切诸行。今现在世，人中师子，

33.44.2

[illegible]

mjiij^{2} tja^{1} wee^{1} sej^{1} bji^{1} śjwo^{1} zji^{2} ·jiij^{1} tjij^{1} dzjwo^{2} thjɨ^{2} sju^{2} mjiij^{2} we^{2}

名 者 生 净， 光 生 总 持， 若 人 此 如， 名 讳

[illegible] [illegible]， [illegible] [illegible] [illegible] [illegible]，

mji^{1} ku^{1} buu^{2} gjij^{1} wee^{1} lhjij^{2}

闻 则， 胜 殊 生 受，

名生清净，光明总持，若有得闻，如是名者，则能成就，殊胜受生。

33.44.3

[illegible] [illegible] [illegible] [illegible]。 [illegible] [illegible] [illegible] [illegible]， [illegible] [illegible] [illegible] [illegible]， [illegible] [illegible]

zji^{2} śjɨj^{1} ·jiw^{2} njwi^{2} mjor^{1} rjur^{1} dźjiij^{1} mjijr^{2} dzjwo^{2} kha^{1} ka^{2} tśjij^{2} mjiij^{2} tja^{1}

皆 成 就 能。 现 世 住 者， 人 中 师 子， 名 者

[illegible] [illegible]， [illegible] [illegible] [illegible] [illegible]，

tsə̣^{1} sej^{1} bji^{1} swew^{1} zji^{2} ·jiij^{1}

色 净， 光 明 总 持，

今现在世，人中师子，名色清净，光明总持，

33.44.4

[illegible] [illegible] [illegible] [illegible]， [illegible] [illegible] [illegible] [illegible]， [illegible] [illegible] [illegible] [illegible]， [illegible] [illegible]

tjij^{1} dzjwo^{2} thjɨ^{2} sju^{2} mjiij^{2} we^{2} mji^{1} ku^{1} buu^{2} gjij^{1} thjoo^{1} tsə̣^{1} zji^{2} śjɨj^{1}

若 人 此 如， 名 讳 闻 则， 胜 殊 妙 色， 皆 成

[illegible] [illegible]。 [illegible] [illegible] [illegible] [illegible]，

·jiw^{2} njwi^{2} mjor^{1} rjur^{1} dźjiij^{1} mjijr^{2}

就 能。 现 世 住 者，

若有得闻，如是名者，则能成就，殊胜妙色。今现在世，

33.44.5

[illegible] [illegible] [illegible] [illegible]， [illegible] [illegible] [illegible] [illegible]， [illegible] [illegible] [illegible] [illegible]； [illegible] [illegible]

dzjwo^{2} kha^{1} ka^{2} tśjij^{2} mjiij^{2} tja^{1} ljụ^{2} sej^{1} bji^{1} swew^{1} zji^{2} ·jiij^{1} tjij^{1} dzjwo^{2}

人 中 师 子， 名 者 身 净， 光 明 总 持； 若 人

[illegible] [illegible]， [illegible] [illegible] [illegible] [illegible]，

thjɨ^{2} sju^{2} mjiij^{2} we^{2} mji^{1} ku^{1}

此 如， 名 讳 闻 则，

人中师子，名身清净，光明总持，若有得闻，如是名者，

33.44.6

[illegible]

buu^{2} gjij^{1} tsə̣^{1} ljụ^{2} zji^{2} śjɨj^{1} ·jiw^{2} njwi^{2} mjor^{1} rjur^{1} dźjiij^{1} mjijr^{2} dzjwo^{2} kha^{1}

胜 殊 色 身， 皆 成 就 能。 现 世 住 者， 人 中

[illegible]

ka^{2} tśjij^{2} mjiij^{2} tja^{1} tsjir̠^{2} sej^{1}

师 子， 名 者 性 净，

则能成就，殊胜色身。今现在世，人中师子，名性清净，

33.44.7

[illegible]

bji^{1} swew^{1} zji^{2} ·jiij^{1} tjij^{1} dzjwo^{2} thjɨ^{2} sju^{2} mjiij^{2} we^{2} mji^{1} ku^{1} buu^{2} gjij^{1}

光 明 总 持， 若 人 此 如， 名 讳 闻 则， 胜 殊

[illegible]

mə^{2} djịj^{1} zji^{2} śjɨj^{1} ·jiw^{2} njwi^{2}

族 类， 皆 成 就 能。

光明总持，若有得闻，如是名者，则能成就，殊胜种族。

33.45.1

[illegible]

mjor^{1} rjur^{1} dźjiij^{1} mjijr^{2} dzjwo^{2} kha^{1} ka^{2} tśjij^{2} mjiij^{2} tja^{1} mjiij^{2} dźjwow^{1} bji^{1} swew^{1}

现 世 住 者， 人 中 师 子， 名 者 名 称， 光 明

[illegible]

zji^{2} ·jiij^{1} tjij^{1} dzjwo^{2} thjɨ^{2} sju^{2}

总 持， 若 人 此 如，

今现在世，人中师子，名为名称，光明总持，若有得闻，

33.45.2

[illegible]

mjiij^{2} we^{2} mji^{1} ku^{1} wạ^{2} ljij^{2} mjiij^{2} dźjwow^{1} zji^{2} śjɨj^{1} ·jiw^{2} njwi^{2} mjor^{1} rjur^{1}

名 讳 闻 则， 广 大 名 称， 皆 成 就 能。 现 世

[illegible]

dźjiij^{1} mjijr^{2} dzjwo^{2} kha^{1} ka^{2} tśjij^{2}

住 者， 人 中 师 子，

如是名者，则能成就，广大名称。今现在世，人中师子，

33.45.3

[illegible]

mjiij^{2} tja^{1} zji^{1} mjii^{1} kie^{1} ·jiij^{1} no^{2} zeew^{2} khu^{1} dźjij^{1} śjã^{1} djɨj^{2} sjịj^{2} źjɨr^{1}

名 者 布 施， 戒 持 安 忍， 进 精 禅 定， 智 慧

[illegible]

zji^{2} ·jiij^{1} tjij^{1} dzjwo^{2} thjɨ^{2} sju^{2}

总 持， 若 人 此 如，

名为布施，持戒忍辱，精进禅定，智慧总持，若有得闻，

33.45.4

[illegible]

mjiij^{2} we^{2} mji^{1} ku^{1} zji^{1} mjii^{1} kie^{1} ·jiij^{1} rjɨr^{2} njɨ^{2} sjịj^{2} źjɨr^{1} thow^{1} lo^{1}

名 讳 闻 则， 布 施 戒 持， 乃 至 智 慧， 陀 罗

[illegible]

dźji^{1} ɣa^{1} zji^{2} śjɨj^{1} ·jiw^{2} njwi^{2}

尼 门， 皆 成 就 能。

如是名者，则能成就，布施持戒，乃至智慧，陀罗尼门。

33.45.5

[illegible]

mjor^{1} rjur^{1} dźjiij^{1} mjijr^{2} dzjwo^{2} kha^{1} ka^{2} tśjij^{2} mjiij^{2} tja^{1} ŋa^{1} tsjir̠^{2} śjɨj^{1} ·jiw^{2}

现 世 住 者， 人 中 师 子， 名 者 空 性， 成 就

[illegible]

tsjiir^{1} njij^{2} tjij^{1} dzjwo^{2} thjɨ^{2} sju^{2}

法 王， 若 人 是 如，

今现在世，人中师子，名为成就，空性法王，若有能持，

33.45.6

mjiij^{2} ·jiij^{1} njwi^{2} ku^{1} rjur^{1} tsjiir^{1} ŋa^{1} wo^{2} zji^{2} nẹ^{1} tshjiij^{1} njwi^{2} mjor^{1} rjur^{1}

名 持 能 故， 诸 法 空 义， 皆 宣 说 能。 现 世

dźjiij^{1} mjijr^{2} dzjwo^{2} kha^{1} ka^{2} tśjij^{2}

住 者， 人 中 师 子，

如是名者，则能演说，诸法空义。今现在世，人中师子，

33.45.7

mjiij^{2} tja^{1} ŋa^{2} mjij^{1} ·jiw^{2} ·jiw^{2} tsjiir^{1} njij^{2} tjij^{1} dzjwo^{2} thjɨ^{2} sju^{2} mjiij^{2} ·jiij^{1}

名 者 我 无， 成 就 法 王， 若 人 是 如， 名 持

njwi^{2} ku^{1} wee^{1} dzjar^{2} mjij^{1} wo^{2}

能 故， 生 灭 无 义，

名为成就，无我法王，若有能持，如是名者，则能演说，无生灭义。

33.46.1

zji^{2} nẹ^{1} tshjiij^{1} njwi^{2} mjor^{1} rjur^{1} dźjiij^{1} mjijr^{2} dzjwo^{2} kha^{1} ka^{2} tśjij^{2} mjiij^{2} tja^{1}

皆 宣 说 能。 现 世 住 者， 人 中 师 子， 名 者

mej^{1} sej^{1} zji^{2} ·jiij^{1} tsjiir^{1} njij^{2}

眼 净， 总 持 法 王，

今现在世，人中师子，名眼清净，总持法王，

33.46.2

tjij^{1} dzjwo^{2} thjɨ^{2} sju^{2} mjiij^{2} ·jiij^{1} njwi^{2} ku^{1} mej^{1} sji^{1} bju^{2} wo^{2} zji^{2} nẹ^{1}

若 人 是 如， 名 持 能 故， 眼 尽 边 义， 皆 宣

tshjiij¹ njwi² nju¹ njii² lhjwa¹ ljụ²

说 能。 耳 鼻 舌 身,

若有能持,如是名者,则能演说,眼尽边义。耳鼻舌身,

33.46.3

rjɨr² njɨ² mjiij² njɨ² njɨɨ¹ ɣạ² ŋwə tsjiir¹ nioow¹ wjạ¹ rer² śja¹ tjij¹ ɣja²

乃 至 名 等, 二 十 五 法, 及 花 鬘 香, 灯 盖

lhwu¹ gjwi² zji² thja¹ wjɨ² sju²

衣 服 皆 彼 △ 如。

乃至名等,二十五法,并华鬘香,灯伞衣服,悉皆如是。

汉文本

尔时世尊,当入城时,于虚空中,出微妙声,称赞如来,种种名号,令诸大众,生信解心。今现在世,人中师子,名为摧伏,魔军法王,若有得闻,如是名者,则能降伏,一切邪众。今现在世,人中师子,名为摧灭,贪欲法王,若有得闻,如是名者,则能舍离,一切贪欲。今现在世,人中师子,名为摧灭,瞋恚法王,若有得闻,如是名者,则能舍离,一切瞋恚。今现在世,人中师子,名为摧灭,愚痴法王,若有得闻,如是名者,则能舍离,一切愚痴。今现在世,人中师子,名为摧灭,憍慢法王,若有得闻,如是名者,则能摧灭,一切憍慢。今现在世,人中师子,名为摧灭,忿恚法王,若有得闻,如是名者,则能舍离,一切忿恚。今现在世,人中师子,名为摧灭,嫉妒法王,若有得闻,如是名者,则能舍离,一切嫉妒。今现在世,人中师子,名为摧灭,虚诳法王,若有得闻,如是名者,则能舍离,一切虚诳。今现在世,人中师子,名为摧灭,诸见法王,若有得闻,如是名者,则能舍离,一切诸见。今现在世,人中师子,名为摧灭,戏论法王,若有得闻,如是名者,则能舍离,一切戏论。今现在世,人中师子,名为正法,清净法王,若有得闻,如是名者,则能解了,清净之法。今现在世,人中师子,名为通达,诸业法王,若有得闻,如是名者,则能解了,一切诸业。今现在世,人中师子,名为具足,神通法王,若有得闻,如是名者,则能成就,威德神通。今现在世,人中师子,名为具足,诸度法王,若有得闻,如是名者,则能成就,六波罗蜜。今现在世,人中师子,名为了达,诸行法王,若有得闻,如是名者,则能了达,一切诸行。今现在世,人中师子,名生清净,光明总持,若有得闻,如是名者,则能成就,殊胜受生。今现在世,人中师子,名色清净,光明总持,若有得闻,如是名者,则能成就,殊胜妙色。今现在世,人中师子,名身清净,光明总持,若有得闻,如是名者,则能成就,殊胜色身。今现在世,人中师子,名性清净,光明总持,若有得闻,如是名者,则能成就,殊胜种族。今现在世,人中师子,名为名称,光明总持,若有得闻,如是名者,则能成就,广大名

称。今现在世，人中师子，名为布施，持戒忍辱，精进禅定，智慧总持，若有得闻，如是名者，则能成就，布施持戒，乃至智慧，陀罗尼门。

今现在世，人中师子，名为成就，空性法王，若有能持，如是名者，则能演说，诸法空义。今现在世，人中师子，名为成就，无我法王，若有能持，如是名者，则能演说，无生灭义。今现在世，人中师子，名眼清净，总持法王，若有能持，如是名者，则能演说，眼尽边义。耳鼻舌身，乃至名等，二十五法，并华鬘香，灯伞衣服，悉皆如是。

《大宝积经》卷第三十三

西夏文《大宝积经》

·卷三十四·

《出现光明会》第十一之五整理与研究

内容和版本介绍

《大宝积经·出现光明会》主要讲述佛在耆阇崛山，与五百比丘，八十那由他补处菩萨，及四十那由他大士俱。月光童子问佛昔修何业，能得决定光明等一切光明。佛以偈答，先五言偈，答光音；次七言偈，答光用；次四言偈，说月光本事；次七言偈，明爱乐此经不爱乐此经差别，及显受持功德；次五言偈，明昔求经之行，及悬知未来之事；次明八十种善根资粮成就，出现光明；复有八十种法，能成如来无碍解脱。月光偈赞发愿，世尊微笑放光。弥勒偈赞广问，世尊摩月光顶，说偈付嘱。月光请佛受食，佛入城时，现大神变，空中宣百千颂，广说妙法，及说咒二章。既受供已，为说行施资粮，有八十种殊胜功德，次说欲成陀罗尼者，应当远离八十种人。（明智旭：《阅藏知津》卷二《大乘经藏·方等部》之《大宝积经》）

《大宝积经》共49会，其中26会39卷为菩提流志新译，译成时间在唐神龙二年（706年）至玄宗先天二年（713年）。《出现光明会》即此26会新译经之一，共5卷，纳入《大宝积经》第十一会，包括《大宝积经》卷三十至卷三十四。《出现光明会》第十一之五主要内容包括弥勒菩萨转以七言，续偈赞问佛；世尊摩月光顶，说偈付嘱讲最胜之法；月光请佛受食，佛入城时，现大神变，空中宣百千颂，先以七言、后转五言，广说妙法。

西夏文《出现光明会》第十一之五见《大宝积经》卷三十四，俄藏编号 инв. № 449，经折装；另有写本梵夹装 инв. № 7377。《俄藏黑水城文献》所刊为 инв. № 449，残卷首，每折6行，行18字，共71折。这里的释读以《大正藏》第310号《大宝积经》卷三十四之汉文本进行对勘。

文本释读

34.1.1

[illegible]	［[illegible]］	［[illegible]］	［[illegible]］,	［[illegible]］	［[illegible]］	［[illegible]］	［[illegible]］,	［[illegible]］	［[illegible]］
wee^{1}	bju^{2}	bju^{2}	ljow^{2}	mjij^{1}	sej	dźiə	dźiej^{2}	rjɨr^{2}	njɨ^{2}
生	边	边	际,	寂	静	轮	转,	乃	至
［[illegible]］	［[illegible]］。	[illegible]	[illegible]	[illegible]	[illegible],①				
mjij^{1}	dzjar^{2}	thjɨ^{2}	sju^{2}	rjur^{1}	tsjiir^{1}				
寂	灭。	此	如	诸	法,				

生边边际,寂静流转,乃至寂灭。如是诸法,

34.1.2

[illegible]	[illegible]	[illegible]	［[illegible]］,	［[illegible]］	［[illegible]］	［[illegible]］	［[illegible]］。	［[illegible]］	[illegible]
zji^{2}	tsjij^{2}	dar^{1}	njwi^{2}	zji^{2}	dźjwa^{1}	no^{2}	dźjiij^{1}	zji^{1}	mjii^{1}
皆	知	达	能,	究	竟	安	住。	布	施
[illegible]	[illegible],	[illegible]	[illegible]	[illegible]	[illegible];				
ɣie^{1}	ŋwu^{2}	zji^{2}	dźjwa^{1}	ɣjiw^{1}	lhjwi^{1}				
力	以,	究	竟	摄	取;				

皆能通达,究竟安住。以布施力,究竟摄取;

34.1.3

[illegible]	[illegible]	[illegible]	[illegible],	[illegible]	[illegible]	［[illegible]］	［[illegible]］;	［[illegible]］	［[illegible]］
kie^{1}	·jiij^{1}	ɣie^{1}	ŋwu^{2}	zji^{2}	dźjwa^{1}	śjɨj^{1}	·jiw^{2}	pjo^{1}	zeew^{2}
戒	持	力	以,	究	竟	成	就;	辱	忍
[illegible]	[illegible],	[illegible]	[illegible]	[illegible]	[illegible];				
ɣie^{1}	ŋwu^{2}	zji^{2}	dźjwa^{1}	ljuu^{2}	tshjịj^{2}				
力	以,	究	竟	庄	严;				

以持戒力,究竟成就;以忍辱力,究竟庄严;

---

① 西夏文本前缺本卷首题"出现光明会第十一之五"及正文开头一段文字:"尔时世尊,当入城时,以不思议,神通之力,于虚空中,出微妙声,演说种种,陀罗尼行,令诸大众,闻如是言:是陀罗尼,于眼尽边。"

34.1.4

[illegible] [illegible] [illegible] [illegible]， [illegible] [illegible] [illegible] [illegible]； [illegible] [illegible]

khu^{1} dźjij^{1} ɣie^{1} ŋwu^{2} zji^{2} dźjwa^{1} gu^{1} śjwo^{1} sjij^{2} źjɨr^{1}

进 精 力 以， 究 竟 发 起； 智 慧

[illegible] [illegible]， [illegible] [illegible] [illegible] [illegible]。

ɣie^{1} ŋwu^{2} zji^{2} dźjwa^{1} ne̱^{1} tshjiij^{1}

力 以， 究 竟 宣 说。

以精进力，究竟发起；以智慧力，究竟宣说。

34.1.5

[illegible] [illegible] [illegible] [illegible]， [illegible] [illegible] [illegible] [illegible]， [illegible] [illegible]

·jwɨr^{2} dji^{2} ŋwuu^{1} da̱^{2} mə^{2} ɣie̱^{2} tsə̱^{1} njiij^{1} to^{2} zji^{2}

文 字 语 言， 声 音 色 心， 尽 皆

[illegible] [illegible]， [illegible] [illegible] [illegible] [illegible]。

khwa^{1} ka^{2} zji^{2} dźjwa^{1} gji^{1} sej^{1}

远 离， 究 竟 清 净。

离诸文字，语言音声，乃至色心，究竟清净。

34.1.6

[illegible] [illegible] [illegible] [illegible]， [illegible] [illegible] [illegible] [illegible]， [illegible] [illegible]

rar^{2} dju^{1} rar^{2} mjij^{1} tjij^{1} wo^{2} tjij^{1} ɣie^{2} to^{2} zji^{2}

漏 有 漏 无， 若 义 若 利， 尽 皆

[illegible] [illegible]， [illegible] [illegible] [illegible] [illegible]。

ŋa^{1} mjij^{1} zji^{2} dźjwa^{1} gji^{1} sej^{1}

空 无， 究 竟 清 净。

有漏无漏，若义若利，皆悉空寂，究竟清净。

34.2.1

[illegible] [illegible] [illegible] [illegible]， [illegible] [illegible] [illegible] [illegible]， [illegible] [illegible]

rjur^{1} dju^{1} ɣa^{2} tsjɨ^{1} mjɨ^{1} tśhjɨ^{1} bju^{1} gji̱^{2} zji^{2} ·jiij^{1}

诸 有 于 亦， 不 尔 依 靠， 皆 持

赫	㦾，	緶	𦭾	豼	㵂。
sã^{1}	mej^{2}	zji^{2}	dźjwa^{1}	no^{2}	dźjiij^{1}
三	昧，	究	竟	安	住。

亦不依止，一切诸有，究竟安住，总持三昧。

34.2.2

蓏	㣼	㤺	㣼，	𦀚	㦿	㦿	𦀚，	𦏁	𦅉
śjɨ^{1}	mjij^{1}	lja^{1}	mjij^{1}	neew^{2}	nioow^{1}	mji^{1}	neew^{2}	rjɨr^{2}	njɨ^{2}
去	无	来	无，	善	及	非	善，	乃	至
𦺆	㣼，	𣶃	𦾺	𦧠	㦗，				
la^{1}	mjij^{1}	·jij^{1}	tsjij^{1}	lhạ^{2}	njaa^{2}				
记	无，	自	他	失	非，				

无去无来，非善不善，乃至无记，自利利他，

34.2.3

𦳣	𥤮	𣈵	𩑈，	緶	𦭾	𧨝	𦒗。	𣶃	𦃃
thjɨ^{2}	sju^{2}	rjur^{1}	·jij^{1}	zji^{2}	dźjwa^{1}	gji^{1}	sej^{1}	·jij^{1}	dzju^{2}
此	如	诸	相，	究	竟	清	净。	自	在
𥟖	𦃶，	𥫦	𦸗	𦬰	𦅗，				
pjụ^{1}	tśhja^{2}	ɣiẹ^{2}	mji^{1}	·ju^{2}	mur^{1}				
威	德，	声	闻	夫	凡，				

如是诸相，究竟清净。亦不安住，自在威德，声闻凡夫，

34.2.4

𦀝	𥜮	𥿮	𣎵，	𦤉	𣩵	豼	㵂；	㦿	𦲤
tha^{1}	tsjiir^{1}	ɣa^{2}	tsjɨ^{1}	mjɨ^{1}	tśhjɨ^{1}	no^{2}	dźjiij^{1}	nioow^{1}	mej^{1}
佛	法	于	亦，	不	尔	安	住；	又	眼
𦐙	𣬈，	𦫻	𣬈	𣬈	𦿊，				
sji^{1}	bju^{2}	wee^{1}	bju^{2}	bju^{2}	ljow^{2}				
尽	边，	生	边	边	际，				

诸佛之法；亦不安住，于眼尽边，生边边际，

34.2.5

[illegible]	[illegible]	[illegible]	[illegible],	[illegible]	[illegible]	[illegible]	[illegible]。	[illegible]	[illegible]
rjɨr²	njɨ²	mjij¹	dzjar²	mjɨ¹	mjij¹	dzjar²	dźjiij¹	thjɨ²	sju²
乃	至	寂	灭,	不	尔	安	住。	此	如
[illegible]	[illegible],	[illegible]	[illegible]	[illegible]	[illegible]。				
rjur¹	dźjɨ⁰	zji²	dźjwa¹	mjij¹	sej¹				
诸	行,	最	竟	寂	静。				

乃至寂灭。如是诸行,究竟寂静。

34.2.6

[illegible]	[illegible]	[illegible]	[illegible],	[illegible]	［[illegible]］	［[illegible]］	［[illegible]］,	［[illegible]］	［[illegible]］
tjij¹	wee¹	mji¹	wee¹	tjij¹	tśjị¹	tjij¹	rejr²	·jow²	śja²
若	生	不	生,	若	苦	若	乐,	赞	叹
［[illegible]］	［[illegible]］,	[illegible]	[illegible]	[illegible]	[illegible]。				
kjịj¹	tsjij²	to²	zji²	dźjiir¹	ka²				
毁	谤,	尽	皆	舍	离。				

若生不生,是苦是乐,称赞毁谤,皆悉舍离。

34.3.1

[illegible]	[illegible]	[illegible]	[illegible],	[illegible]	[illegible]	［[illegible]］	［[illegible]］,	［[illegible]］	［[illegible]］
zji²	dźjwa¹	gji¹	sej¹	zji²	dźjwa¹	swew¹	swew¹	ŋa¹	thow¹
究	竟	清	净,	究	竟	明	照,	空	陀
［[illegible]］	［[illegible]］,	[illegible]	[illegible]	[illegible]	[illegible]。				
lo¹	dźji¹	tśjị¹	tsjij²	njwi²	ljɨ¹				
罗	尼,	悟	了	能	也。				

究竟清净,究竟照明,空陀罗尼,之所解了。

34.3.2

[illegible]	[illegible]	[illegible]	[illegible],	[illegible]	[illegible]	[illegible]	[illegible];	[illegible]	[illegible]
thjɨ²	tja¹	tha¹	·jij¹	dźjij¹	tjị²	dźjiij¹	ŋwu²	thjɨ²	tja¹
此	者	佛	之,	行	所	住	是;	此	者

[illegible]
tha^{1} ·jij^{1} kheej^{1} dźjij^{1} tjị^{2} dźjiij^{1}
佛 之， 游 行 所 住。

此即住佛，所行之处；此即住佛，游戏之处。

34.3.3

[illegible]
thjɨ^{2} tja^{1} rjur^{1} tha^{1} mee^{2} mjijr^{2} no^{2} dźjiij^{1} thjɨ^{2} tja^{1}
此 者 诸 佛， 神 通 安 住； 此 者

[illegible]
rjur^{1} tha^{1} sjịj^{2} źjɨr^{1} no^{2} dźjiij^{1}
诸 佛， 智 慧 安 住。

此即安住，诸佛神通；此即安住，诸佛智慧。

34.3.4

[illegible]
thjɨ^{2} sju^{2} mej^{1} sji^{1} bju^{2} ɣie^{1} no^{2} dźjiij^{1} thjɨ^{2} sju^{2}
此 如 眼 尽， 边 力 安 住； 此 如

[illegible]①
mej^{1} wee^{1} ljow^{2} ɣie^{1} no^{2} dźjiij^{1}
眼 生， 边 力 安 住。

安住如是，眼尽边力；安住如是，眼生边力。

34.3.5

[illegible]
rjɨr^{2} njɨ^{2} mjij^{1} sej^{1} ɣie^{1} ɣa^{2} no^{2} dźjiij^{1} nju^{1} njii^{2}
乃 至 寂 静， 力 于 安 住， 耳 鼻

[illegible]
lhjwa^{1} ljụ^{2} rjɨr^{2} njɨ^{2} mjiij^{2} njɨ^{2}
舌 身， 乃 至 名 等，

① 西夏本后缺："安住如是，眼边际力。"

乃至安住,寂灭之力,耳鼻舌身,乃至名等,

34.3.6

[illegible]	[illegible]	[illegible]	[illegible],	[illegible]	[illegible]	[illegible]	[illegible]。	[illegible]	[illegible]
njɨɨ^{1}	ɣa̱^{2}	ŋwə	tsjiir^{1}	zji^{2}	thja^{1}	wjɨ^{2}	sju^{2}	thjɨ^{2}	thow^{1}
二	十	五	法,	皆	彼	△	如。	此	陀
[illegible]	[illegible],	[illegible]	[illegible]	[illegible]	[illegible],				
lo^{1}	dźji^{1}	tha^{1}	·jij^{1}	buu^{2}	gjij^{1}				
罗	尼,	佛	之	胜	殊,				

二十五法,亦复如是。是陀罗尼,成就如来,

34.4.1

[illegible]	[illegible]	[illegible]	[illegible]。	[illegible]	[illegible]	[illegible]	[illegible],	[illegible]	[illegible]
ɣie^{1}	śjɨj^{1}	·jiw^{2}	njwi^{2}	thjɨ^{2}	thow^{1}	lo^{1}	dźji^{1}	thjɨ^{2}	sju^{2}
力	成	就	能。	此	陀	罗	尼,	此	如
[illegible]	[illegible],	[illegible]	[illegible]	[illegible]	[illegible]。				
pju̱^{1}	tśhja^{2}	ɣie^{1}	śjɨj^{1}	·jiw^{2}	ljɨ^{1}				
威	德,	力	成	就	也。				

殊胜之力。是陀罗尼,成就如是,威德之力。

34.4.2

[illegible]	[illegible]	[illegible]	[illegible],	[illegible]	[illegible]	[illegible]	[illegible],	[illegible]	[illegible]
rjur^{1}	tha^{1}	dźjij^{1}	tji̱^{2}	ŋowr^{2}	ŋowr^{2}	·o^{2}	njwi^{2}	rjur^{1}	mjor^{1}
诸	佛	行	处,	一	切	入	能,	诸	如
[illegible]	[illegible],	[illegible]	[illegible]	[illegible]	[illegible]。①				
ljịj^{2}	·jij^{1}	mjɨɨ^{2}	kie̱j^{2}	kha^{1}	dźjiij^{1}				
来	之,	境	界	中	住。				

入诸如来,一切行处,住诸如来,一切境界。

34.4.3

[illegible]	[illegible]	[illegible]	[illegible],	[illegible]	[illegible]	[illegible]	[illegible],	[illegible]	[illegible]

① 西夏文字面意思为:"能入一切诸佛行处,住诸如来之境界中。"

rjur^1 rjur^1 kha^1 dzjwo^2 sew^2 lo^1 ·ji^1 ·jij^1 gjwɨ^1 lwo^2

诸 世 中 人， 修 罗 众 之， 牢 固

[illegible] [illegible]， [illegible] [illegible] [illegible] [illegible]，

njiij^1 ka^2 xiwã^1 dźjɨ$^?$ dźjiij^1 phji^1

心 离， 梵 行 住 令，

令诸世间，于修罗众，离坚固心，住梵天行，

34.4.4

[illegible] [illegible] [illegible] [illegible]， [illegible] [illegible] [illegible] [illegible]， [illegible] [illegible]

mjɨ^1 pjụ^1 ·jir^2 tụ^1 rjur^1 ·jij^1 khja^2 njɨ^2 nioow^1 kjiw^1

无 量 百 千， 诸 夜 叉 等， 及 鸠

[illegible] [illegible]， [illegible] [illegible] [illegible] [illegible]。

phã^1 tśhia^1 zji^2 njiij^1 ljɨj^2 phji^1

槃 叉， 皆 心 喜 令。

能令无量，百千夜叉，及鸠槃荼，皆生欢喜。

34.4.5

[illegible] [illegible] [illegible] [illegible]， [illegible] [illegible] [illegible] [illegible]， [illegible] [illegible]

nioow^1 tsjɨ^1 mjɨ^1 pjụ^1 khjã^2 tha^2 pho^1 ·ji^1 nioow^1 rjur^1

复 亦 无 量， 乾 闼 婆 众， 复 诸

[illegible] [illegible]， [illegible] [illegible] [illegible] [illegible]。

lo^1 tśhia^1 ·jar^2 wəə dzu^1 phji^1

罗 刹， 伏 调 爱 令。

亦令无量，乾闼婆众，并诸罗刹，爱乐调伏。

34.4.6

[illegible] [illegible] [illegible] [illegible]， [illegible] [illegible] [illegible] [illegible]， [illegible] [illegible]

thja^1 xiwã^1 ·ji^1 tsjɨ^1 thjoo^1 mə^2 ɣiẹ^2 ŋwu^2 thja^1 gjwi^2

彼 梵 众 亦， 妙 声 音 以， 彼 句

[illegible] [illegible]， [illegible] [illegible] [illegible] [illegible]。

wo^2 ·jij^1 nẹ^1 tshjiij^1 mjɨ^1 njwi^2

义 于， 宣 说 不 能。

假使梵众,以妙音声,于其句义,不能宣说。

34.5.1

[illegible]	[illegible]	[illegible]	[illegible],	[illegible]	[illegible]	[illegible]	[illegible];	[illegible]	[illegible]
rjur[1]	njiij[1]	tsjiir[1]	·jij[1]	dza[2]	tjị[2]	lew[2]	njaa[2]	rjur[1]	njiij[1]
诸	心	法	之,	测	可	所	非;	诸	心
[illegible]	[illegible],	[illegible]	[illegible]	[illegible]	[illegible]。①				
tsjiir[1]	·jij[1]	·jiij[1]	lew[2]	tsjɨ[1]	njaa[2]				
法	之,	持	所	亦	非。				

非诸心法,之所计度;非诸心法,之所受持。

34.5.2

[illegible]	[illegible]	[illegible]	[illegible],	[illegible]	[illegible]	[illegible]	[illegible];	[illegible]	[illegible]
thjɨ[2]	thow[1]	lo[1]	dźji[1]	mej[1]	ŋwu[2]	mji[1]	ljij[2]	thjɨ[2]	thow[1]
此	陀	罗	尼,	眼	以	非	见;	此	陀
[illegible]	[illegible],	[illegible]	[illegible]	[illegible]	[illegible];				
lo[1]	dźji[1]	ljụ[2]	ŋwu[2]	mji[1]	t-?				
罗	尼,	身	以	不	至;				

是陀罗尼,非眼所得;是陀罗尼,亦不至身;

34.5.3

[illegible]	[illegible]	[illegible]	[illegible],	[illegible]	[illegible]	[illegible]	[illegible],	[illegible]	[illegible]
thjɨ[2]	thow[1]	lo[1]	dźji[1]	mej[1]	ŋwu[2]	mji[1]	ljij[2]	nioow[1]	tsjɨ[1]
此	陀	罗	尼,	眼	以	非	见,	复	亦
[illegible]	[illegible],	[illegible]	[illegible]	[illegible]	[illegible]。				
mej[1]	·jij[1]	dźjij[1]	tjị[2]	mjɨɨ[2]	njaa[2]				
眼	之,	行	处	境	非。				

是陀罗尼,非眼所得,亦不至于,眼所行处。

34.5.4

[illegible] [illegible] [illegible] [illegible], [illegible] [illegible] [illegible] [illegible], [illegible] [illegible]

① 西夏文字面意思为:"非诸心法之所计度,亦非诸心法之所持。"

nju¹ njii² lhjwa¹ ljụ² rjɨr² njɨ² mjiij² njɨ² njɨɨ¹ ɣạ²

耳 鼻 舌 身， 乃 至 名 等， 二 十

[illegible]

ŋwə tsjiir¹ zji² thja¹ wjɨ² sju²

五 法， 皆 彼 △ 如。

耳鼻舌身，乃至名等，二十五法，亦复如是。

34.5.5

[illegible]

nioow¹ tshjiij¹ mej¹ ·jij¹ sji¹ bju² wee¹ bju² bju² ljow²

复 说 眼 之， 尽 边 生 边， 边 际

[illegible]

dźiə dźiej² rjɨr² njɨ² mjij¹ dzjar²

轮 转， 乃 至 寂 灭，

又说于眼，尽边生边，边际流转，乃至寂灭，

34.5.6

[illegible]

ŋa² mjij¹ dzjwo² mjij¹ dźiã² tśhju¹ kạ¹ mjijr² pu¹ te¹

我 无 人 无， 众 生 命 者， 补 特

[illegible]

khja² lo¹ to² zji² mji¹ dju¹

伽 罗， 尽 皆 无 有。

无我无人，众生寿者，乃至无有，补特伽罗。

34.6.1

[illegible]

·jij¹ mjij¹ dźiəj² mə̣¹ mji¹ lja¹ mji¹ śjɨ¹ thjɨ² sju²

相 无 为 无， 不 来 不 去， 此 如

[illegible]

njɨ² ·jij¹ to² zji² nwə¹ tsjij²

等 相， 尽 皆 知 了。

无相无为,不来不去,如是等相,皆悉了知。

34.6.2

[illegible]	[illegible]	[illegible]	[illegible],	[illegible]	[illegible]	[illegible]	[illegible],	[illegible]	[illegible]
nioow¹	tshjiij¹	tsjiir¹	tsji̠r²	mej¹	tsjɨ¹	mji¹	tsjij²	nioow¹	tsjiir¹
复	说	法	性,	眼	亦	无	了,	复	法
[illegible]①	[illegible],	[illegible]	[illegible]	[illegible]	[illegible],				
kju̩¹	mej¹	sjij²	mej¹	źjɨr¹	mej¹				
成	眼,	智	眼	慧	眼,				

又说了知,法性之眼,又说了知,②法成就眼,智眼慧眼,

34.6.3

[illegible]	[illegible]	[illegible]	[illegible],	[illegible]	[illegible]	[illegible]	[illegible],	[illegible]	[illegible]
xiwã¹	mej¹	mə¹	mej¹	xiwã¹	wee¹	rjir¹	mej¹	mə¹	wee¹
梵	眼	天	眼,	梵	生	得	眼,	天	生
[illegible]	[illegible],	[illegible]	[illegible]	[illegible]	[illegible],				
rjir¹	mej¹	xiwã¹	do²	we¹	mej¹				
得	眼,	梵	异	熟	眼,				

梵眼天眼,梵生得眼,天生得眼,梵异熟眼,天异熟眼,③

34.6.4

[illegible]	[illegible]	[illegible]	[illegible],	[illegible]	[illegible]	[illegible]	[illegible],	[illegible]	[illegible]
xiwã¹	·jiw¹	śjwo¹	mej¹	mə¹	·jiw¹	śjwo¹	mej¹	mə¹	mee²
梵	因	生	眼,	天	因	生	眼,	天	神
[illegible]	[illegible],	[illegible]	[illegible]	[illegible]	[illegible],				
·wjɨ¹	mej¹	mə¹	khu¹	dźjij¹	mej¹				
变	眼,	天	进	精	眼,				

梵因生眼,天因生眼,天神变眼,天精进眼,

① [illegible],求。当"[illegible]"(成)之讹。
② 又说了知,西夏本无。
③ 天异熟眼,西夏本无。

34.6.5

[illegible]	[illegible]	[illegible]	[illegible]，	[illegible]	[illegible]	[illegible]	[illegible]，	[illegible]	[illegible]
bji^{2}	dźju^{2}	wee^{1}	mej^{1}	buu^{2}	gjij^{1}	wee^{1}	mej^{1}	·jã^{1}	lo^{1}
下	劣	生	眼，	胜	殊	生	眼，	阎	罗
[illegible]	[illegible]，	[illegible]	[illegible]	[illegible]	[illegible]，				
rjur^{1}	kiẹj^{2}	wjɨ^{2}	dźjɨɨr^{1}	ka^{2}	mej^{1}				
世	界，	△	舍	离	眼，				

下劣生眼，殊胜生眼，舍离阎罗，世间之眼，

34.6.6

[illegible]	[illegible]	[illegible]	[illegible]，	[illegible]	[illegible]	[illegible]	[illegible]，	[illegible]	[illegible]
we^{1}	·ja^{2}	tśhia^{1}	mej^{1}	kjiw^{1}	phã^{1}	tśhia^{1}	mej^{1}	tsja^{1}	źjị^{1}
龙	夜	叉	眼，	鸠	槃	茶	眼，	热	恼
[illegible]	[illegible]，	[illegible]	[illegible]	[illegible]	[illegible]，				
kaar^{1}	mej^{1}	tsja^{1}	źjị^{1}	njaa^{2}	mej^{1}				
目	眼，	热	恼	非	眼，				

龙夜叉眼，鸠槃茶眼，热恼之眼，非热恼眼，

34.7.1

[illegible]	[illegible]	[illegible]	[illegible]，	[illegible]	[illegible]	[illegible]	[illegible]，	[illegible]	[illegible]
gji^{1}	sej^{1}	kaar^{1}	mej^{1}	gji^{1}	sej^{1}	njaa^{2}	mej^{1}	rur^{1}	zji^{1}
清	净	目	眼，	清	净	非	眼，	狭	广
[illegible]	[illegible]，	[illegible]	[illegible]	[illegible]	[illegible]，				
kaar^{1}	mej^{1}	ɣiẹ^{2}	mji^{1}	·ụ^{2}	mej^{1}				
目	眼，	声	闻	乘	眼，				

清净之眼，非清净眼，广狭之眼，声闻乘眼，

34.7.2

[illegible]	[illegible]	[illegible]	[illegible]，	[illegible]	[illegible]	[illegible]	[illegible]，	[illegible]	[illegible]
śjã^{1}	djɨj^{2}	kaar^{1}	mej^{1}	sã^{1}	mej^{2}	thji^{2}	mej^{1}	mjɨɨ^{2}	kiẹj^{2}
禅	定	目	眼，	三	摩	地	眼，	境	界

[illegible] [illegible], [illegible] [illegible] [illegible] [illegible],

kaar^{1} mej^{1} sjiij^{2} ɣa^{2} to^{2} mej^{1}

目 眼, 想 于 出 眼,

禅定之眼,三摩地眼,境界之眼,想出生眼,

34.7.3

[illegible] [illegible] [illegible] [illegible], [illegible] [illegible] [illegible] [illegible], [illegible] [illegible]

lẹj^{2} ɣa^{2} to^{2} mej^{1} lẹj^{2} dźjɨɨr^{1} ka^{2} mej^{1} ·jiw^{1} bju^{1}

贪 于 出 眼, 贪 舍 离 眼, 因 依

[illegible] [illegible], [illegible] [illegible] [illegible] [illegible],

śjwo^{1} mej^{1} ·jiw^{1} śjwo^{1} njaa^{2} mej^{1}

生 眼, 因 生 非 眼,

贪出生眼,贪舍离眼,从因生眼,非因生眼,

34.7.4

[illegible] [illegible] [illegible] [illegible], [illegible] [illegible] [illegible] [illegible], [illegible] [illegible]

bju^{1} śjij^{1} kaar^{1} mej^{1} mji^{1} bju^{1} śjij^{1} mej^{1} ɣa^{1} bju^{1}

相 应 目 眼, 非 相 应 眼, 门 依

[illegible] [illegible], [illegible] [illegible] [illegible] [illegible],

śjwo^{1} mej^{1} ɣa^{1} śjwo^{1} njaa^{2} mej^{1}

生 眼, 门 生 非 眼,

相应之眼,不相应眼,依门生眼,非门生眼,

34.7.5

[illegible] [illegible] [illegible] [illegible], [illegible] [illegible]① [illegible] [illegible], [illegible] [illegible]

·jiw^{1} nioow^{1} śjwo^{1} mej^{1} ɣa^{1} nioow^{1} śjwo^{1} mej^{1} tśhji^{1} śjɨj^{1}

因 缘 生 眼, 门 因 生 眼, 肉 成

[illegible] [illegible], [illegible] [illegible] [illegible] [illegible],

njaa^{2} mej^{1} sjij^{2} gji^{1} sej^{1} mej^{1}

非 眼, 智 清 净 眼,

① [illegible] nioow^{1},又、及。此通"[illegible]"nioow^{1}(因)。

因缘生眼，因门生眼，非肉成眼，智清净眼，

34.7.6

[illegible]	[illegible]	[illegible]	[illegible]，	[illegible]	[illegible]	[illegible]	[illegible]，	[illegible]	[illegible]
dju1	mjij1	lew2	mej1	rjir1	tjị2	mjij1	mej1	zji2	nwə1
有	无	所	眼，	得	可	无	眼，	皆	知
[illegible]	[illegible]①。	[illegible]	[illegible]	[illegible]	[illegible]，				
tsjij2	njwi2	nju1	njii2	lhjwa1	ljụ2				
了	能。	耳	鼻	舌	身，				

无所有眼，不可得眼。耳鼻舌身，

34.8.1

[illegible]	[illegible]	[illegible]	[illegible]，	[illegible]	[illegible]	[illegible]	[illegible]，	[illegible]	[illegible]
rjɨr2	njɨ2	mjiij2	njɨ2	njɨɨ1	ɣạ2	ŋwə	tsjiir1	zji2	thja1
乃	至	名	等，	二	十	五	法，	皆	彼
[illegible]	[illegible]。	[illegible]	[illegible]	[illegible]	[illegible]，				
wjɨ2	sju2	tśhjɨ1	zjọ2	rjur1	pjụ1				
△	如。	尔	时	世	尊，				

乃至名等，二十五法，亦复如是。尔时世尊，

34.8.2

[illegible]	[illegible]	[illegible]	[illegible]，	[illegible]	[illegible]	[illegible]	[illegible]，	[illegible]	[illegible]
thja1	tshọ2	ŋa1	gu2	nioow1	tsjɨ1	mjɨ1	pjụ1	thjoo1	mə2
彼	虚	空	中，	复	亦	无	量，	妙	声
[illegible]	[illegible]，	[illegible]	[illegible]	[illegible]	[illegible]，				
ɣiẹ2	to2	thjɨ2	thow1	lo1	dźji1				
音	出，	此	陀	罗	尼，				

于虚空中，复出无量，微妙音声，演说殊胜，陀罗尼法，

34.8.3

[illegible]	[illegible]	[illegible]	[illegible]，	[illegible]	[illegible]	[illegible]	[illegible]，	[illegible]	[illegible]

① [illegible]，皆能了知。汉文本无此句。

buu^{2}	gjij^{1}	tsjiir^{1}	tshjiij^{1}	zji^{2}	mjor^{1}	ljij^{2}	·jij^{1}	dja^{2}	wjɨ^{1}
胜	殊	法	说,	皆	如	来	之,	△	变
[illegible]	[illegible],	[illegible]	[illegible]	[illegible]	[illegible]:				
djii^{2}	ŋwu^{2}	thow^{1}	lo^{1}	dźji^{1}	ŋwuu^{1}				
化	是。	陀	罗	尼	曰:				

皆是如来,之所变化。陀罗尼曰:

汉文本

出现光明会第十一之五

尔时世尊,当入城时,以不思议,神通之力,于虚空中,出微妙声,演说种种,陀罗尼行,令诸大众,闻如是言:

是陀罗尼,于眼尽边,生边边际,寂静流转,乃至寂灭。如是诸法,皆能通达,究竟安住。以布施力,究竟摄取;以持戒力,究竟成就;以忍辱力,究竟庄严;以精进力,究竟发起;以智慧力,究竟宣说。离诸文字,语言音声,乃至色心,究竟清净。有漏无漏,若义若利,皆悉空寂,究竟清净。亦不依止,一切诸有,究竟安住,总持三昧。无去无来,非善不善,乃至无记,自利利他,如是诸相,究竟清净。亦不安住,自在威德,声闻凡夫,诸佛之法;亦不安住,于眼尽边,生边边际,乃至寂灭。如是诸行,究竟寂静。若生不生,是苦是乐,称赞毁谤,皆悉舍离。究竟清净,究竟照明,空陀罗尼,之所解了。此即住佛,所行之处;此即住佛,游戏之处。此即安住,诸佛神通;此即安住,诸佛智慧。安住如是,眼尽边力;安住如是,眼生边力。安住如是,眼边际力。乃至安住,寂灭之力,耳鼻舌身,乃至名等,二十五法,亦复如是。

是陀罗尼,成就如来,殊胜之力。是陀罗尼,成就如是,威德之力。入诸如来,一切行处,住诸如来,一切境界。令诸世间,于修罗众,离坚固心,住梵天行,能令无量,百千夜叉,及鸠槃荼,皆生欢喜。亦令无量,乾闼婆众,并诸罗刹,爱乐调伏。假使梵众,以妙音声,于其句义,不能宣说。非诸心法,之所计度;亦非心法,之所受持。

是陀罗尼,非眼所得;是陀罗尼,亦不至身;是陀罗尼,非眼所得,亦不至于,眼所行处。耳鼻舌身,乃至名等,二十五法,亦复如是。又说于眼,尽边生边,边际流转,乃至寂灭,无我无人,众生寿者,乃至无有,补特伽罗。无相无为,不来不去,如是等相,皆悉了知。又说了知,法性之眼。又说了知,法成就眼,智眼慧眼,梵眼天眼,梵生得眼,天生得眼,梵异熟眼,天异熟眼,梵因生眼,天因生眼,天神变眼,天精进眼,下劣生眼,殊胜生眼,舍离阎罗,世间之眼,龙夜叉眼,鸠槃荼眼,热恼之眼,非热恼眼,清净之眼,非清净眼,广狭之眼,声闻乘眼,禅定之眼,三摩地眼,境界之眼,想出生眼,贪出生眼,贪舍离眼,从因生眼,非因生眼,相应之眼,不相应眼,依门生眼,非门生眼,因缘生眼,因门生眼,非肉成眼,智清净眼,无所有眼,不可得眼。耳鼻舌身,乃至名等,二十五法,亦复如是。

尔时世尊,于虚空中,复出无量,微妙音声,演说殊胜,陀罗尼法,皆是如来,之所变化。陀罗尼曰:

34.8.4

[illegible] [illegible] [illegible] [illegible] [illegible] [illegible]

xji^{1}lji^2	mo^{2}lji^{2}mo^{2}lji^2	sjɨ^{2}thji^1	·ji^{1}dji^2	mji^{1}dji^2	ku^{1}lu^{2}njɨ̣^{2}·ju^1
呬丽(一)	么丽么丽(二)	赐①(上)弟(三)	伊(去)泥(四)	弭(上)泥(五)	句路尔庾(二合,六)
hile	mele mele	siddhe	ide	mide	kuludyu

34.8.5

[illegible]	[illegible]	[illegible]	[illegible]	[illegible]	[illegible]
ku^{1}lu^{2}njɨ̣^{2}·ju^1	ku^{1}lji^2	mo^{2}lji^2	ku^{1}dźiã^{1}tji^2	·ja^{1}rar^{1}gji^2	·ja^{1}xji^{1}ji^2
句路尔庾(二合,七)	句丽(八)	么丽(九)	句拏(上)帝(十)	阿啰(二合)艺(十一)	阿呬丽(十二)
kuludyu	kule	male	kuṇate	arage	ahile

34.8.6

[illegible]	[illegible]	[illegible]	[illegible]	[illegible]
mji^{1}mji^{1}lji^{2}tji^2	su^{1}mji^{1}lji^2	mji^{1}lji^{2}mji^{1}lji^2	khji^{2}pji^{1}lji^2	·ja^{1}pji^{1}lji^2
弭弭丽帝(十三)	素弭丽(十四)	弭丽弭丽(十五)	弃比丽(十六)	阿比丽(十七)
mimilete	sumile	milemile	khibhile	abhile

34.9.1

[illegible]	[illegible]	[illegible]	[illegible]	[illegible]	[illegible]
su^{1}tji^{2}thji^1	tha^{2}dźieej^1	mo^{2}dźieej^1	khjã^{2}dźieej^1	khjã^{2}lji^{2}tji^2	su^{1}khjã^{2}lji^2
素帝替(十八)	驮妳(十九)	么妳(二十)	伽②(上,二一)	伽(上)唎帝(二二)	素伽(上)嚟(二三)
sutethe	dhaṇi	maṇī	gaṇi	karite	sugare

34.9.2

[illegible]	[illegible]	[illegible]	[illegible]	[illegible]
pjɨ^{1}rjir^1·ja^{2}gja^{2}na^{1}dji^2	·ja^{1}low^{2}rur^{2}mo^{2}kji^1	wji^{2}lu^{2}khjã^2	su^{1}pho^{1}djii^{2}rjir^{2}sji^1	·ja^{1}śjɨ^1
钵唎(二合)野然囊泥(二四)	阿努卢弭计(上,二五)	微略迷(去,二六)	素婆涅里(二合)世(二七)	阿施
prayajñanane	anulumike	vilome	susadṛśe	a śi-

34.9.3

[illegible]	[illegible]	[illegible]	[illegible]	[illegible]

① 赐,西夏文译作"[illegible]"sjɨ^2,不合,汉文"赐"当"锡"之误。

② 伽,参西夏本、房山本,此后当脱"妳"字。

rjir^{1}lji^2	sa^{2}mo^{2}pjɨ^{1}rar^{1}pẽ^{2}tji^2	pjɨ^{1}rar^{1}wji^{2}xji^1	thow^{1}lo^{1}dźji^1	tji^{2}śjɨ^{1}tśhji^{2}gji^1
唎丽(二十八)	萨么钵啰(二合)本帝(二九)	钵啰尾醯(三十)	陀罗尼(三一)	底瑟耻呵(三二)
rile	sarva① prapte	pravihi	dhāraṇi	tiṣṭhīha

34.9.4

[illegible]	[illegible]	[illegible]	[illegible]	[illegible]
su^{1}tji^2·ja^{1}thji^1	phu^{1}gjaa^{1}khjã^{2}khjã^{2}na^1	ku^{1}pha^{1}dźiã^1	·o^{2}so^2·o^{2}no^1	pha^{1}rjir^1
素底(引)阿替(三三)	步攘伽(上)伽囊(三四)	躬(去)盘拏(三五)	嚩娑(引)嚩囊(三六)	播唎
suti arthe	bhujaṅgagaṇa	kumbhaṇḍa	vasāvana	pari-

34.9.5

[illegible]	[illegible]	[illegible]	[illegible]	[illegible]
tu^{1}rjir^1·ja^{2}njij^1	pa^{2}rjir^{1}khjã^{1}dźiã^{1}njij^1	mo^{2}no^{1}so^2	su^{1}laa^{1}tsji^{2}thu^1	pa^{2}no^1
妬(引)里野(二合)宁(三七)	钵唎伽(上)拏宁(三八)	么曩娑(三九)	素路指多(四十)	钵那(四一)
tulyani	parigaṇani	manasa	sulocitta	pada

34.9.6

[illegible]	[illegible]	[illegible]	[illegible]
·ja^{1}tśhia^{1}rar	·ja^{1}phji^{1}la^{1}pji^1 ja^2	pa^{2}rar^{1}tji^{2}śjɨ^{1}tśia^{1}tśia^1	thow^{1}lo^{1}dźji^1
恶察啰(四二)	阿毗罗(引)比野(二合,四三)	钵啰(二合)底瑟吒诃(四四)	陀罗尼(四五)
akṣara	abhilāpya	pratiṣṭhā	dhāraṇi

34.10.1

[illegible]	[illegible]②
·ja^{1}dzji^{1}thu^1	lu^{2}dji^{2}phji^1
阿(引)耳多(四六)	虞泥(去)毗(四七)

---

① 《大藏全咒》本作 sama，似与夏汉两本更合。

② [illegible]，《大正藏》本作“虞泥去毗”，房山本作“虞妳去、引尾”，梵文 guṇevi，《大藏全咒》本作 yonibhya。西夏文“[illegible]”lu^{2}似与汉文、梵文音皆不合。

ajita　　　　guṇevi[1]

汉文本

呬丽(一)么丽么丽(二)锡[2](上)弟(三)伊(去)泥(四)弭(上)泥(五)句路尔庾(二合,六)句路尔庾(二合,七)句丽(八)么丽(九)句拏上帝(十)阿啰(二合)艺(十一)阿呬丽(十二)弭弭丽帝(十三)素弭丽(十四)弭丽弭丽(十五)弃比丽(十六)阿比丽(十七)素帝替(十八)驮妳(十九)么妳(二十)伽(上)妳[3](上,二一)伽(上)唎帝(二二)素伽(上)嚕(二三)钵唎(二合)野然曩泥(二四)阿努卢弭计(上,二五)微嘚迷(去,二六)素婆涅里(二合)世(二七)阿施唎丽(二八)萨么钵啰(二合)本帝(二九)钵啰(二合)尾醯(三十)陀罗尼(三一)底瑟耻呵(三二)素底(引)阿替(三三)步攘伽(上)伽曩(三四)躬(去)盘拏(三五)嚩娑(引)嚩曩(三六)播唎姡(引)里野(二合)宁(三七)钵唎伽(上)拏宁(三八)么曩娑(三九)素路指多(四十)钵那(四一)恶察啰(四二)阿毗罗(引)比野(二合,四三)钵啰(二合)底瑟吒诃(四四)陀罗尼(四五)阿(引)耳多(四六)虞泥(去)毗(四七)

34.10.2

[illegible]	[illegible]	[illegible]	[illegible]	[illegible],	[illegible]	[illegible]	[illegible]	[illegible]	[illegible],
thjɨ^{2}	sju^{2}	thow^{1}	lo^{1}	dźji^{1}	rjur^{1}	tha^{1}	rjir^{1}	lew^{2}	ŋwu^{2}
此	如	陀	罗	尼,	诸	佛	得	所	是,
[illegible]	[illegible]	[illegible]	[illegible]	[illegible],					
tha^{2}	pjụ^{1}	mee^{2}	ŋowr^{2}	lhə$^{?}$					
大	威	神	具	足,					

如是陀罗尼,诸佛之所得,具足大威神,

34.10.3

[illegible]	[illegible]	[illegible]	[illegible]	[illegible]。	[illegible]	[illegible]	[illegible]	[illegible]	[illegible],
sjịj^{2}	źjɨr^{1}	rjijr^{2}	bju^{2}	mjij^{1}	zow^{2}	zjịj^{1}	zji^{2}	khwa^{1}	ka^{2}
智	慧	才	边	无。	执	著	皆	远	离,
[illegible]	[illegible]	[illegible]	[illegible]	[illegible],					
ljɨr^{2}	do^{2}	zji^{2}	gji^{1}	sej^{1}					

① 这里的梵文转引自《房山明咒集》所收《大宝积经出现光明会殊胜陀罗尼》,全文为:tadyathā hile mele mele siddhe ide mide kuludyu kuludyu kule male kuṇate arage ahile mimilete sumile milemile khibhile abhile sutethe dhaṇi maṇī gaṇi karite sugare prayajñanane anulumike vilome susadrṅe aṅirile sarva prapte suti arthe bhujaṅ gagaṇa kumbhaṇḍa vasāvana paritulyani parigaṇani manasa sulocitta pada akṣara abhilāpya pratiṣṭhā dhāraṇi ajita guṇevi svāhā. 参见林光明编著《房山明咒集》(一),嘉丰出版社,2008 年,第 304—306 页。

② 锡,《大正藏》原文作"赐",误。按,此与西夏文"[illegible]"sjɨ^{2}、房山石刻本"悉"、梵文 si,皆不合,当"赐"形近之误,径改。

③ 妳,《大正藏》本无。按,参西夏本"[illegible]"、房山本"抳"、梵文ṇi,此当缺"妳"字。

念	处	皆	清	净，

智慧无边量。远离于执著，念处悉清净，

34.10.4

[illegible]									
tsə̣^{1}	mjij^{1}	lja^{1}	wjij^{1}	mjij^{1}	rjijr^{2}	nioow^{1}	rjijr^{2}	do^{2}	njaa^{2}
色	无	来	往	无，	方	及	方	处	非。
[illegible]									
·jij^{1}	mjij^{1}	ŋwuu^{1}	dạ^{2}	ka^{2}					
相	无	言	说	离，					

无色无来去，非方及方所。无相离言说，

34.10.5

[illegible]						①			
rjur^{1}	kheej^{1}	ljɨ̣^{1}	gjiij^{1}	dzjịj^{1}	dźiã^{2}	tśhju^{1}	·jɨr^{2}	djọ^{2}	dzjiɨ^{2}
诸	戏	论	超	越，	众	生	勤	修	习，
[illegible]									
zji^{2}	dźjwa^{1}	gji^{1}	śjuu^{1}	rjir^{1}					
究	竟	清	凉	得。					

超过诸戏论，菩萨勤修习，究竟得清凉。

34.10.6

[illegible]									
tjɨ^{1}	tjij^{1}	ŋewr^{2}	·jir^{2}	tụ^{1}	no^{1}	·jiw^{1}	thow^{1}	ljaa^{1}	ŋwu^{2}
假	若	数	百	千，	那	由	他	偈	以，
[illegible]									
·ja^{1}	gjwi^{2}	zjịj^{1}	nẹ^{1}	tshjiij^{1}					
一	句	许	宣	说，					

假使以百千，那由他偈颂，演说于一句，

① [illegible]dźiã^{2}tśhju^{1}，有情、众生。此或当为“[illegible]”(菩萨)之误。

34.11.1

[illegible]	[illegible]	[illegible]	[illegible]	[illegible]。	[illegible]	[illegible]	[illegible]	[illegible]	[illegible]，
thjɨ^{2}	bju^{2}	rjir^{1}	mjɨ^{1}	njwi^{2}	·ji^{1}	śjɨj^{2}	zji^{2}	·jow^{2}	śja^{2}
此	边	得	不	能。	众	圣	皆	赞	叹，
[illegible]	[illegible]	[illegible]	[illegible]	[illegible]，					
gji^{1}	sej^{1}	laa^{1}	zjịj^{1}	mjij^{1}					
清	净	染	著	无，					

不能得其边。众圣之所赞，清净无染著，

34.11.2

[illegible]	[illegible]	[illegible]	[illegible]	[illegible]，	[illegible]	[illegible]	[illegible]	[illegible]	[illegible]。
rjur^{1}	·ji^{1}	ljwu^{2}	ŋowr^{2}	ŋowr^{2}	to^{2}	zji^{2}	pjụ^{1}	bjuu^{1}	śjwo^{1}
诸	众	会	一	切，	尽	皆	尊	敬	生。
[illegible]	[illegible]	[illegible]	[illegible]	[illegible]，					
thjɨ^{2}	sju^{2}	thow^{1}	lo^{1}	dźji^{1}					
此	如	陀	罗	尼，					

一切诸众会，皆悉生尊重。如是陀罗尼，

34.11.3

[illegible]	[illegible]	[illegible]	[illegible]	[illegible]，	[illegible]	[illegible]	[illegible]	[illegible]	[illegible]，
njwi^{2}	tsjiir^{1}	pjụ^{1}	mee^{2}	ɣie^{1}	źjị^{1}	njɨɨ^{2}	dźjwu^{1}	dzjar^{2}	njwi^{2}
善	法	威	神	力，	烦	恼	除	灭	能，
[illegible]	[illegible]	[illegible]	[illegible]	[illegible]。					
buu^{2}	thjoo^{1}	gjịj^{1}	rjir^{1}	phji^{1}					
胜	妙	利	得	令。					

善法威神力，能摧灭烦恼，令得于胜利。

34.11.4

[illegible]	[illegible]	[illegible]	[illegible]	[illegible]，	[illegible]	[illegible]	[illegible]	[illegible]	[illegible]，
tśhja^{2}	·ioow^{1}	nioow^{1}	sjịj^{2}	źjɨr^{1}	ɣu^{1}	tha^{2}	ŋjow^{2}	wjɨ^{2}	sju^{2}
德	功	复	智	慧，	神	大	海	△	如，

[illegible] [illegible] [illegible] [illegible] [illegible]，

pjo¹ zeew² ɣie¹ śjɨj¹ ·jiw²

辱 忍 力 成 就，

功德及智慧，广大犹如海，成就忍辱力，

34.11.5

[illegible] [illegible] [illegible] [illegible] [illegible]。 [illegible] [[illegible]] [illegible] [illegible] [illegible]，

njiij¹ phji¹ no² mji¹ mju² dźiã² tsjij² ·ju² djọ² dzjiɨ²

心 意 安 不 动。 菩 萨 常 修 习，

[illegible] [illegible] [illegible] [illegible] [illegible]，

sjịj² mjijr² ·jow² śja² lew²

智 者 赞 叹 所，

其心安不动。菩萨常修习，智者所称叹，

34.11.6

[illegible] [illegible] [illegible] [illegible] [illegible]， [illegible] [illegible] [illegible] [illegible] [illegible]。

sjwi¹ lụ² tśjo? khwa¹ ka² tha² ljɨ¹ war² lhjụ² rjir¹

穷 贫 常 远 离， 大 宝 财 获 得。

[illegible] [illegible] [illegible] [illegible] [illegible]，

thjɨ² sju² thow¹ lo¹ dźji¹

此 如 陀 罗 尼，

远离于贫穷，当获大财宝。如是陀罗尼，

34.12.1

[illegible] [illegible] [illegible] [illegible] [illegible]， [illegible] [illegible] [illegible] [illegible] [illegible]，

rjur¹ tśhja² ·ioow¹ lhu¹ dzja¹ tśjo? ·ju² ŋa¹ tsjiṛ² njɨ²

诸 德 功 增 长， 常 久 空 性 等，

[illegible] [illegible] [illegible] [illegible] [illegible]。

źjɨr¹ gjwi² ŋwu² ljuu² tshjịj²

实 句 以 庄 严。

增长诸功德，常以空性等，真实句庄严。

34.12.2

[illegible]	[illegible]	[illegible]	[illegible]	[illegible]，	[illegible]	[illegible]	[illegible]	[illegible]	[illegible]，
·jwɨr^{2}	dji^{2}	khwa^{1}	ka^{2}	tja^{1}	ŋa^{1}	tsjɨ̣r^{2}	mjiij^{2}	ŋwu^{2}	ljɨ^{1}
文	字	远	离	者，	空	性	名	是	也，
[illegible]	[illegible]	[illegible]	[illegible]	[illegible]，					
njiij^{1}	sjij^{2}	dźjɨɨr^{1}	ka^{2}	tja^{1}					
心	识	舍	离	者，					

以舍于文字，名之为空性，以舍于心识，

34.12.3

[illegible]	[illegible]	[illegible]	[illegible]	[illegible]。	[illegible]	[illegible]	[illegible]	[illegible]	[illegible]，
tsjiir^{1}	tsjɨ̣r^{2}	mjiij^{2}	ŋwu^{2}	ljɨ^{1}	thjɨ^{2}	sju^{2}	thow^{1}	lo^{1}	dźji^{1}
法	性	名	是	也。	此	如	陀	罗	尼，
[illegible]	[illegible]	[illegible]	[illegible]	[illegible]，					
ror^{2}	ka^{2}	·ju^{2}	gji^{1}	sej^{1}					
垢	离	常	清	净，					

名之为法性。如是陀罗尼，离垢常清净，

34.12.4

[illegible]	[illegible]	[illegible]	[illegible]	[illegible]，	[illegible]	[illegible]	[illegible]	[illegible]	[illegible]，
źjɨr^{1}	sjịj^{2}	ɣa^{2}	no^{2}	dźjiij^{1}	mə^{2}	mə^{2}	mjii^{2}	ɣie^{2}	thaar^{1}
实	智	于	安	住，	种	种	饶	益	现，
[illegible]	[illegible]	[illegible]	[illegible]	[illegible]，					
rjur^{1}	dźiã^{2}	tśhju^{1}	njɨ^{2}	·jij^{1}					
诸	众	生	等	之，					

安住于实智，现种种饶益，令诸众生等，

34.12.5

[illegible]	[illegible]	[illegible]	[illegible]	[illegible]。	[illegible]	[illegible]	[illegible]	[illegible]	[illegible]，
de^{2}	sej^{1}	njiij^{1}	śjwo^{1}	phji^{1}	mjɨ^{1}	pjụ^{1}	·jij^{1}	khja^{2}	·ji^{1}
喜	净	心	发	令。	无	量	夜	叉	众，

[illegible]① [illegible] [illegible] [illegible] [illegible],

no^1 kjiw^1 phā^1 tśhia^1 nji^2

及 鸠 槃 荼 等,

欢喜发净心。无量夜叉众,及于鸠槃荼,

34.12.6

[illegible] [illegible] [illegible] [illegible] [illegible], [illegible] [illegible] [illegible] [illegible] [illegible]。

thji^2 sju^2 ·ji^1 ·ju^1 njij^2 zji^2 tha^2 njiij^1 ljį^2 śjwo^1

此 如 众 鬼 王, 皆 大 心 欢 生。

[illegible] [illegible] [illegible] [illegible] [illegible],

thji^2 sju^2 thow^1 lo^1 dźji^1

此 如 陀 罗 尼,

如是众鬼王,亦生大欢喜。如是陀罗尼,

34.13.1

[illegible] [illegible] [illegible] [illegible] [illegible], [illegible] [illegible] [illegible] [illegible] [illegible],

mjij^1 sej^1 kheej^1 ljį^1 mjij^1 dźiã^2 tśhju^1 ŋowr^2 ŋowr^2 ·jij^1

寂 静 戏 论 无, 众 生 一 切 于,

[illegible] [illegible] [illegible] [illegible] [illegible]。

zji^2 no^2 rejr^2 khjow^1 ŋwe^1

皆 安 乐 与 愿。

寂静无戏论,爱乐于众生,普皆与安乐。

34.13.2

[illegible] [illegible] [illegible] [illegible] [illegible], [illegible] [illegible]② [illegible] [illegible] [illegible],

rejr^2 ·jir^2 tụ^1 kja^2 kha^1 ·ju^2 rjur^1 tshwew^1 kha^1 dźjiij^1

多 百 千 劫 中, 常 诸 趣 中 在,

[illegible] [illegible] [illegible] [illegible] [illegible],

mji^1 pjụ^1 gjịj^1 ɣie^2 wji^1

无 量 利 益 作,

① [illegible] no^1,助。当“[illegible]”(及)之讹。

② [illegible] rjur^1,世。通“[illegible]”rjur^1(诸)。

于多百千劫，常在于诸趣，作无量利益，

34.13.3

[illegible]	[illegible]	[illegible]	[illegible]	[illegible]。	[illegible]	[illegible]	[illegible]	[illegible]	[illegible]，
gji^{1}	sej^{1}	laa^{1}	lew^{2}	mjij^{1}	tjij^{1}	·jir^{2}	tụ^{1}	ljaa^{1}	ŋwu^{2}
清	净	染	所	无。	或	百	千	偈	以，
[illegible]	[illegible]	[illegible]	[illegible]	[illegible]，					
zər^{2}	ljị̈j^{2}	tsjiir^{1}	nẹ^{1}	tshjiij^{1}					
露	甘	法	宣	说，					

清净无所染。或以百千偈，演说甘露法，

34.13.4

[illegible]	[illegible]	[illegible]	[illegible]	[illegible]，	[illegible]	[illegible]	[illegible]	[illegible]	[illegible]。
mjɨ^{1}	pjụ^{1}	dźiã^{2}	tśhju^{1}	·jij^{1}	zji^{2}	ljịj^{2}	njiij^{1}	ljị̈j^{2}	phji^{1}
无	量	众	生	之，	皆	大	心	喜	令。
[illegible]	[illegible]	[illegible]	[illegible]	[illegible]，					
njwo^{2}	zjọ^{2}	mjɨ^{1}	pjụ^{1}	tha^{1}					
昔	世	无	量	佛，					

令无量众生，皆生大欢喜。往昔无量佛，

34.13.5

[illegible]	[illegible]	[illegible]	[illegible]	[illegible]，	[illegible]	[illegible]	[illegible]	[illegible]	[illegible]，
gji^{1}	sej^{1}	phji^{1}	ŋwe^{1}	ŋwu^{2}	thjɨ^{2}	thow^{1}	lo^{1}	dźji^{1}	ɣa^{2}
清	净	意	乐	以，	此	陀	罗	尼	于，
[illegible]	[illegible]	[illegible]	[illegible]	[illegible]。					
·ju^{2}	tsjiir^{1}	tsji̱r^{2}	sjwɨ^{1}	sjiij^{2}					
常	法	性	思	想。					

以清净乐意，于是陀罗尼，常思惟法性。

34.13.6

[illegible]	[illegible]	[illegible]	[illegible]	[illegible]，	[illegible]	[illegible]	[illegible]	[illegible]	[illegible]，
śjɨ^{2}	xiwã^{1}	rjur^{1}	mə^{1}	·ji^{1}	we^{1}	njij^{2}	·ja^{1}	sew^{2}	lo^{1}

释 梵 诸 天 众, 龙 王 阿 修 罗,

[illegible]

thjɨ^{2} thow^{1} lo^{1} dźji^{1} mji^{1}

此 陀 罗 尼 闻,

释梵诸天众,龙王阿修罗,闻此陀罗尼,

34.14.1

[illegible]

njiij^{1} ljịj^{2} de^{2} ljɨ̣j^{2} śjwo^{1} thjɨ^{2} sju^{2} thow^{1} lo^{1} dźji^{1}

心 大 喜 欢 生。 此 如 陀 罗 尼,

[illegible]

rjɨr^{2} daa^{2} rjur^{1} lhjịj^{2} ·u^{2}

所 行 诸 国 中,

心生大欢喜。如是陀罗尼,所经诸国土,

34.14.2

[illegible]

ŋo^{2} tśjị^{1} sjwɨ^{1} źjị^{1} njɨ^{2} ·ju^{2} xọ^{2} ŋjir^{1} mji^{1} dju^{1}

病 苦 忧 恼 等, 常 灾 难 不 有。

[illegible]

rjur^{1} dźiã^{2} tśhju^{1} ŋowr^{2} ŋowr^{2}

诸 众 生 一 切,

常无有灾难,病苦及忧恼。一切诸众生,

34.14.3

[illegible]

·jij^{1} twụ^{1} zji^{2} dzu^{1} kowr^{2} tjị^{1} thjɨ^{2} thow^{1} lo^{1} dźji^{1}

自 各 皆 乐 缘, 愿 此 陀 罗 尼,

[illegible]

·ju^{2} ŋa^{2} njiij^{1} djij^{2} dźjiij^{1}

常 我 心 △ 住。

各各皆欣乐,愿此陀罗尼,常住于我心。

34.14.4

[illegible]	[illegible]	[illegible]	[illegible]	[illegible]，	[illegible]	[illegible]	[illegible]	[illegible]	[illegible]，
thjɨ^{2}	sju^{2}	thow^{1}	lo^{1}	dźji^{1}	ljụ^{2}	njiij^{1}	nioow^{1}	njwij^{1}	ka^{1}
此	如	陀	罗	尼，	身	心	及	喉	腭，
[illegible]	[illegible]	[illegible]	[illegible]	[illegible]，					
ljaa^{2}	lhjwa^{1}	ljọ^{2}	dźjiij^{1}	bju^{1}					
唇	舌	所	在	随，					

如是陀罗尼，随所在身心，喉腭及唇舌，

34.14.5

[illegible]	[illegible]	[illegible]	[illegible]	[illegible]。	[illegible]	[illegible]	[illegible]	[illegible]	[illegible]，
mjɨ^{1}	pjụ^{1}	tśhja^{2}	·jij^{1}	śjwo^{1}	tjij^{1}	·ju^{2}	ɣiwej^{1}	·jiij^{1}	njwi^{2}
无	量	德	乃	生。	若	常	受	持	能，
[illegible]	[illegible]	[illegible]	[illegible]	[illegible]，					
mjɨ^{1}	pjụ^{1}	tśhja^{2}	·ioow^{1}	rjir^{1}					
无	量	德	功	得，					

生无量功德。若能常受持，获无量功德，

34.14.6

[illegible]	[illegible]	[illegible]	[illegible]	[illegible]，	[illegible]	[illegible]	[illegible]	[illegible]	[illegible]。
rejr^{2}	dźiã^{2}	tśhju^{1}	gjịj^{1}	ɣie^{2}	zji^{2}	njiij^{1}	ljɨ̣j^{2}	rjir^{1}	phji^{1}
多	众	生	利	益，	皆	心	喜	得	令。
[illegible]	[illegible]	[illegible]	[illegible]	[illegible]，					
thjɨ^{2}	sju^{2}	thow^{1}	lo^{1}	dźji^{1}					
此	如	陀	罗	尼，					

利益多众生，皆令得欢喜。如是陀罗尼，

34.15.1

[illegible]	[illegible]	[illegible]	[illegible]	[illegible]，	[illegible]	[illegible]	[illegible]	[illegible]	[illegible]，
rjur^{1}	dźjar^{2}	niow^{2}	dźjɨɨr^{1}	ka^{2}	zji^{2}	thjoo^{1}	tsjiir^{1}	nẹ^{1}	tshjiij^{1}
诸	过	恶	舍	离，	最	妙	法	宣	说，

mji^{1}	sji^{1}	nwə^{1}	ŋwo^{2}	rjir^{1}
不	尽	辩	才	得。

舍离诸过恶,演说微妙法,得无尽辩才。

34.15.2

·jir^{2}	tụ^{1}	dźiã^{2}	tśhju^{1}	·jij^{1}	zji^{2}	·jiw^{2}	ljɨ̣j^{1}	ljɨ̣j^{1}	phja^{1}
百	千	众	生	之,	皆	疑	惑	断	除,
rjur^{1}	mjɨ^{1}	gjiw	dźjwu^{1}	ljiij^{2}					
诸	无	骄	摧	破,					

令百千众生,皆断除疑惑,摧破诸憍慢,

34.15.3

mjɨ^{1}	pjụ^{1}	tśhja^{2}	rjir^{1}	phji^{1}	thjɨ^{2}	sju^{2}	thow^{1}	lo^{1}	dźji^{1}
无	量	德	得	令。	此	如	陀	罗	尼,
zji^{2}	na^{1}	zji^{2}	dwuu^{2}	tsjiir^{1}					
最	深	微	秘	法,					

获无量功德。如是陀罗尼,甚深微秘法,

34.15.4

sjịj^{2}	zjwo^{2}	·ju^{2}	sjwɨ^{1}	ljɨr^{2}	kjir^{1}	ljị^{2}	·jɨr^{2}	djọ^{2}	dzjɨɨ^{1}
智	人	常	思	念,	勇	猛	勤	修	习。
sjịj^{2}	źjir^{1}	gjwi^{1}	zjir^{2}	gjwi^{2}					
智	慧	牢	甲	著,					

智者常思惟,勇猛勤修习。被于智慧甲,

34.15.5

[illegible]	[illegible]	[illegible]	[illegible]	[illegible]，	[illegible]	[illegible]	[illegible]	[illegible]	[illegible]，
rjur^{1}	źjị^{1}	njɨɨ^{2}	dźjwu^{1}	ljiij^{2}	tśhja^{2}	·ioow^{1}	lhu^{1}	dzja^{1}	nioow^{1}
诸	烦	恼	摧	破，	德	功	增	长	已，
[illegible]	[illegible]	[illegible]	[illegible]	[illegible]。					
dzu^{1}	ŋwe^{1}	dwər^{1}	lhə$^{?}$	mjij^{1}					
爱	乐	厌	足	无。					

摧灭诸烦恼，增长功德已，爱乐无厌足。

34.15.6

[illegible]	[illegible]	[illegible]	[illegible]	[illegible]，	[illegible]	[illegible]	[illegible]	[illegible]	[illegible]，
thjɨ^{2}	sju^{2}	thow^{1}	lo^{1}	dźji^{1}	ɣu^{1}	ljịj^{2}	mjiij^{2}	dźjwow^{1}	dźjij^{2}
此	如	陀	罗	尼，	广	大	名	称	有，
[illegible]	[illegible]	[illegible]	[illegible]	[illegible]，					
wee^{1}	bju^{2}	wee^{1}	bju^{2}	mjij^{1}					
生	边	生	边	无，					

如是陀罗尼，具广大名称，能了尽无尽，

34.16.1

[illegible]	[illegible]	[illegible]	[illegible]	[illegible]。	[illegible]	[illegible]	[illegible]	[illegible]	[illegible]，
sji^{1}	mji^{1}	sji^{1}	tsjij^{2}	njwi^{2}	thjɨ^{2}	sju^{2}	sjịj^{2}	źjɨr^{1}	ŋwu^{2}
尽	不	尽	了	能。	此	如	智	慧	以，
[illegible]	[illegible]	[illegible]	[illegible]	[illegible]，					
mə^{2}	mə^{2}	·jij^{1}	ljuu^{2}	tshjịj^{2}					
种	种	自	庄	严，					

生边无生边。以如是智慧，种种自庄严，

34.16.2

[illegible]	[illegible]	[illegible]	[illegible]	[illegible]，	[illegible]	[illegible]	[illegible]	[illegible]	[illegible]。
·jir^{2}	tụ^{1}	rjur^{1}	mjor^{1}	ljịj^{2}	pjụ^{1}	bjuu^{1}	kjụ^{1}	tshwew^{1}	ljɨ^{1}
百	千	诸	如	来，	尊	敬	供	养	也。

□ □ □ □ □,

thjɨ^2 sju^2 thow^1 lo^1 dźji^1

此 如 陀 罗 尼,

百千诸如来,尊重而供养。如是陀罗尼,

34.16.3

□ □ □ □ □, □ □ □ □ □,

swew^1 dźjɨ$^?$ njɨɨ^1 rewr^2 we^2 buu^2 djɨj^2 ɣa^2 bju^1 gjị^2

明 行 两 足 为, 胜 定 于 依 止,

□ □ □ □ □,

po^1 tjɨj^1 tśja^1 rjijr^2 tshwew^1

菩 提 道 向 趣,

明行为两足,依止于胜定,趣向菩提道,

34.16.4

□ □ □ □ □, □ □ □ □ □。

djɨj^2 bio̱^{1} ɣa^2 bju^1 śjij^1 rar^2 mjij^1 źjɨr^1 tsjij^2 dar^1

定 观 于 随 顺, 漏 无 慧 了 通。

□ □ □ □ □,

gji^1 sej^1 dźiej^2 tśhji^2 ɣie^1

清 净 信 根 力,

随顺于止观,通达无漏慧。以净信根力,

34.16.5

□ □ □ □ □, □ □ □ □ □,

thja^1 ŋwu^2 njɨɨ^1 lạ^1 śjɨj^1 khu^1 dźjij^1 pjo^1 zeew^2 ŋwu^2

彼 以 二 手 成, 进 精 辱 忍 以,

□ □ □ □ □,

njɨɨ^1 new^2 śjɨj^1 ·jiw^2 ljɨ^1

二 乳 成 就 也,

成就于二手,以精进忍辱,成就于两乳,

34.16.6

sjịj^{2}	źjɨr^{1}	po^{1}	lo^{1}	bjii^{2}	thja^{1}	ŋwu^{2}	tśjiw^{2}	·jij^{1}	we^{2}
智	慧	波	罗	蜜，	彼	以	顶	相	为，
sew^{2}	tow^{1}	lo^{1}①	śiə^{1}	we^{2}					
修	多	罗	线	为，					

智慧波罗蜜，而为其顶相，修多罗为线，

34.17.1

ljɨɨr^{1}	rer^{2}	ɣor^{2}	tsjiij^{2}	tsjiij^{2}	njwo^{2}	zjọ^{2}	rjɨr^{2}	djọ^{2}	dźjịj^{1}
四	鬘	连	贯	贯。	昔	世	所	修	行，
mə^{2}	mə^{2}	rjur^{1}	tśhja^{2}	·ioow^{1}					
种	种	诸	德	功，					

贯穿四辩鬘。往昔所修行，种种诸功德，

34.17.2

nioow^{1}	mjɨ^{1}	pjụ^{1}	dzjọ^{1}	dza^{2}	ŋowr^{2}	ŋowr^{2}	zji^{2}	ljuu^{2}	tshjịj^{2}
及	无	量	譬	喻，	一	切	皆	庄	严。
thjɨ^{2}	sju^{2}	thow^{1}	lo^{1}	dźji^{1}					
此	如	陀	罗	尼，					

及无量譬喻，一切皆庄严。如是陀罗尼，

34.17.3

mjɨ^{1}	pjụ^{1}	tśhja^{2}	·ioow^{1}	ŋowr^{2}	mej^{1}	·jij^{1}	śji^{1}	kụ^{1}	bju^{2}

① [illegible] sew^{2}tow^{1}lo^{1} 修多罗。梵文 Sūtra 音译，即经契。

无 量 德 功 具， 眼 之 前 后 际，

[illegible]

sji[1] bju[2] mji[1] sji[1] bju[2]

尽 边 不 尽 边。

具无量功德，于眼前后际，尽边无尽边。

34.17.4

[illegible]

tjij[1] wee[1] tjij[1] mji[1] wee[1] bju[2] ljow[2] mjij[1] bju[2] ljow[2]

若 生 若 不 生， 边 际 无 边 际，

[illegible]

mjij[1] sej[1] mjij[1] mjij[1] sej[1]

寂 静 无 寂 静，

若生若无生，边际非边际，寂静不寂静，

34.17.5

[illegible]

dźiə[2] dźiej[2] mji[1] dźiə[2] dźiej[2] mji[1] dju[1] nioow[1] mjij[1] śjwo[1]

轮 转 不 轮 转。 不 有 及 无 起，

[illegible]

mjij[1] dzjar[2] nioow[1] ŋa[2] mjij[1]

寂 灭 并 我 无，

流转非流转。无有及无起，寂灭并无我，

34.17.6

[illegible]

dzjwo[2] mjij[1] ka̱[1] mjijr[2] mjij[1] rjɨr[2] njɨ[2] dźiã[2] tśhju[1] mjij[1]

人 无 寿 者 无， 乃 至 众 生 无，

[illegible]

thjɨ[2] sju[2] mjɨ[1] pjụ[1] ɣa[1]

此 如 无 量 门，

无人无寿者，乃至无众生，如是无量门，

34.18.1

ŋowr²	ŋowr²	zji²	tśjɨ̣¹	tsjij²	nju¹	njii²	lhjwa¹	lju̠²	njiij¹
一	切	皆	悟	了。	耳	鼻	舌	身	心，
tśhjiw¹	lhjɨ²	nioow¹	ljɨɨr¹	ljịj²					
六	尘	并	四	大，					

一切皆解了。耳鼻舌身心，六尘并四大，

34.18.2

rjɨr²	njɨ²	rjur¹	wee¹	mjiij²	ŋowr²	ŋowr²	zji²	·ja¹	tjij¹
乃	至	世	生	名，	一	切	皆	一	样①。
śji¹	rjɨr²	·jow²	śja²	sju²					
前	所	赞	叹	如，					

乃至世生名，一切皆如是。如上所称叹，

34.18.3

zji²	thjoo¹	thow¹	lo¹	dźji¹	mjij¹	sej¹	buu²	tśhja²	·ioow¹
最	妙	陀	罗	尼，	寂	静	胜	德	功，
rjur¹	tha¹	·jij¹	mjɨɨ²	ŋwu²					
诸	佛	之	境	是。					

微妙陀罗尼，寂静胜功德，诸佛之境界。

34.18.4

thow¹	lo¹	dźji¹	źjɨr¹	wo²	·jwɨr²	ŋwu²	dźju¹	lew²	njaa²

① ，西夏文字面意思为："一切皆一样。"汉文本作"一切皆如是"。

陀 罗 尼 实 义， 文 以 宣 所 非，

[illegible] [illegible] [illegible] [illegible] [illegible]，

rjur[1] kha[1] rjir[2] bju[1] śjij[1]

世 中 与 随 顺，

陀罗尼实义，非文字诠表，随顺于世间，

34.18.5

[illegible] [illegible] [illegible] [illegible] [illegible]。

lew[1] dź-[?] mjiij[2] ne̱[1] tshjiij[1]

惟 虚 名 宣 说。

但以假名说。

汉文本

如是陀罗尼，诸佛之所得，具足大威神，智慧无边量。远离于执著，念处悉清净，无色无去来，非方及方所。无相离言说，超过诸戏论，菩萨勤修习，究竟得清凉。假使以百千，那由他偈颂，演说于一句，不能得其边。众圣之所赞，清净无染著，一切诸众会，皆悉生尊重。

如是陀罗尼，善法威神力，能摧灭烦恼，令得于胜利。功德及智慧，广大犹如海，成就忍辱力，其心安不动。菩萨常修习，智者所称叹，远离于贫穷，当获大财宝。

如是陀罗尼，增长诸功德，常以空性等，真实句庄严。以舍于文字，名之为空性，以舍于心识，名之为法性。

如是陀罗尼，离垢常清净，安住于实智，现种种饶益，令诸众生等，欢喜发净心。无量夜叉众，及于鸠槃茶，如是众鬼王，亦生大欢喜。

如是陀罗尼，寂净无戏论，爱乐于众生，普皆与安乐。于多百千劫，常在于诸趣，作无量利益，清净无所染。或以百千偈，演说甘露法，令无量众生，皆生大欢喜。往昔无量佛，以清净乐意，于是陀罗尼，常思惟法性。释梵诸天众、龙王阿修罗，闻此陀罗尼，心生大欢喜。

如是陀罗尼，所经诸国土，常无有灾难，病苦及忧恼。一切诸众生，各各皆欣乐，愿此陀罗尼，常住于我心。

如是陀罗尼，随所在身心，喉腭及唇舌，生无量功德。若能常受持，获无量功德，利益多众生，皆令得欢喜。

如是陀罗尼，舍离诸过恶，演说微妙法，得无尽辩才。令百千众生，皆断除疑惑，摧破诸憍慢，获无量功德。

如是陀罗尼，甚深微秘法，智者常思惟，勇猛勤修习。被于智慧甲，摧灭诸烦恼，增长功德已，爱乐无厌足。

如是陀罗尼，具广大名称，能了尽无尽，生边无生边。以如是智慧，种种自庄严，百千诸如来，尊重

而供养。

如是陀罗尼，明行为两足，依止于胜定，趣向菩提道，随顺止观于，通达无漏慧。以净信根力，成就于二手，以精进忍辱，成就于两乳，智慧波罗蜜，而为其顶相，修多罗为线，贯穿四辩鬘。

往昔所修行，种种诸功德，及无量譬喻，一切皆庄严。

如是陀罗尼，具无量功德，于眼前后际，尽边无尽边。若生若无生，边际非边际，寂静不寂静，流转非流转。无有及无起，寂灭并无我，无人无寿者，乃至无众生，如是无量门，一切皆解了。

耳鼻舌身心，六尘并四大，乃至世生名，一切皆如是。

如上所赞叹，微妙陀罗尼，寂静胜功德，诸佛之境界。陀罗尼实义，非文字诠表，随顺于世间，但以假名说。

34.18.6

[illegible]	[illegible]，	[illegible]	[illegible]	[illegible]	[illegible]	[illegible]	[illegible]	[illegible]	[illegible]
tśhjɨ1	zjọ2	rjur1	pjụ1	rjur1	ljịj2	·ji1	rjir2	zjɨ̣1	lji1
尔	时，	世	尊	诸	大	众	与	童	子
[illegible]	[illegible]	[illegible]	[illegible]，	[illegible]	[illegible]	[illegible]	[illegible]。		
nji2	do2	njɨ2	śji1	lu2	tśhjaa1	wjɨ̣2	dzuu2		
家	处	至	往，	座	上	△	坐。		

尔时，世尊与诸大众到童子家，敷座而坐。

34.19.1

[illegible]	[illegible]，	[illegible]	[illegible]	[illegible]	[illegible]	[illegible]	[illegible]	[illegible]	[illegible]，
tśhjɨ1	dzjɨj1	lhjịj2	bji1	zjɨ̣1	lji1	tha1	wjɨ̣2	dzuu2	djwu2
尔	时，	月	光	童	子	佛	△	坐	知，
[illegible]	[illegible]	[illegible]	[illegible]	[illegible]	[illegible]，	[illegible]	[illegible]		
·jij1	zji2	thjoo1	kjụ1	gju2	zow2	mjor1	ljịj2		
自	最	妙	供	具	执，	如	来		

是时，月光童子知佛坐已，躬自赍持微妙供具，奉献如来

34.19.2

[illegible]	[illegible]	[illegible]	[illegible]	[illegible]	[illegible]	[illegible]①，	[illegible]	[illegible]	[illegible]
nioow1	rjur1	ljịj2	·ji1	do2	kjụ1	tshwew1	thja1	kjụ1	gju2
及	诸	大	众	于	供	养，	彼	供	具

① [illegible][illegible]，供养。汉文本作“奉献”。

[illegible]，	[illegible]①	[illegible]	[illegible]、	[illegible]	[illegible]、	[illegible]	[illegible]
tja^{1}	zji^{2}	śjā^{1}	djɨj^{2}	ljo^{1}	tśhja^{2}	buu^{2}	gjij^{1}
者，	皆	禅	定、	福	德、	胜	殊

及诸大众，其供纯以禅定、福德、殊胜

34.19.3

[illegible]	[illegible]、	[illegible]	[illegible]	[illegible]	[illegible]	[illegible]	[illegible]	[illegible]，	[illegible]
neew^{2}	tśhji^{2}	seew^{2}	tshjiij^{1}	mjij^{1}	ɣie^{1}	ŋwu^{2}	dja^{2}	śjɨj^{1}	thjɨ^{2}
善	根、	思	议	无	力	以	△	成，	此
[illegible]	[illegible]	[illegible]，	[illegible]	[illegible]	[illegible]	[illegible]，	[illegible]		
sju^{2}	mjii^{1}	zjij^{1}	·jij^{1}	nioow^{1}	ljɨ^{1}	njaa^{2}	mjɨ^{1}		
如	施	时，	自	为	虽	非，	无		

善根、不思议力之所成熟。如是施时，亦不为己，普令一切无

34.19.4

[illegible]	[illegible]	[illegible]，	[illegible]	[illegible]	[illegible]	[illegible]	[illegible]	[illegible]	[illegible]
pju^{1}	dźiã^{2}	tśhju^{1}	ŋowr^{2}	ŋowr^{2}	·jij^{1}	po^{1}	tjɨj^{1}	rjijr^{2}	tshwew^{1}
量	众	生，	一	切	于	菩	提	向	趣
[illegible]	[illegible]	[illegible]，	[illegible]	[illegible]	[illegible]	[illegible]，	[illegible]		
ljij^{2}	neew^{2}	gjij^{1}	rjir^{1}	phji^{1}	kiej^{2}	nioow^{1}	thja^{1}		
大	善	利，	得	令	欲	因，	彼		

量众生，发趣菩提获大善利，其

34.19.5

[illegible]	[illegible]	[illegible]	[illegible]	[illegible]	[illegible]	[illegible]。	[illegible]	[illegible]	[illegible]
kju^{1}	gju^{2}	rjur^{1}	rjur^{1}	zji^{2}	sə^{1}	lhə$^{?}$	tśhjɨ^{1}	zjo^{2}	rjur^{1}
供	具	处	处	皆	满	足。	尔	时	世
[illegible]	[illegible]	[illegible]	[illegible]	[illegible]，	[illegible]	[illegible]	[illegible]		
pju^{1}	tji^{1}	dzji^{2}	dźjwa^{1}	nioow^{1}	thja^{1}	·ji^{1}	ljwu^{2}		
尊	饭	食	讫	后，	彼	众	会		

① [illegible]，皆。汉文本相应处作“纯”。

供周遍皆悉充足。尔时,世尊饭食已讫,于众会

34.19.6

[illegible]	[illegible]	[illegible]	[illegible]	[illegible]	[illegible]	[illegible]	[illegible]:“	[illegible]	[illegible],
kha^{1}	lhjịj^{2}	bji^{1}	zjɨ̣^{1}	lji^{1}	·jij^{1}	dạ^{2}	tshjiij^{1}	zjɨ̣^{1}	lji^{1}
中	月	光	童	子	于	言	说:“	童	子,
[illegible]	[illegible]	[illegible]	[illegible]	[illegible],	[illegible]	[illegible]	[illegible]		
tjij^{1}	ljịj^{2}	·ụ^{2}	dźjiij^{1}	mjijr^{2}	neew^{2}	goor^{1}	gji^{2}		
若	大	乘	住	者,	善	男	子		

中告月光童子言:“童子,若善男子、善女子等,住大乘者

34.20.1

[illegible]	[illegible]	[illegible]	[illegible],	[illegible]	[illegible]	[illegible]	[illegible]	[illegible],	[illegible]
neew^{2}	sji^{2}	dzjwo^{2}	njɨ^{2}	mjii^{1}	·wụ^{2}	śjɨj^{1}	dźjịj^{1}	ku^{1}	·jar^{1}
善	女	人	等,	施	资	粮	行	故,	八
[illegible]	[illegible]	[illegible]	[illegible]	[illegible]	[illegible]	[illegible]。	[illegible]		
ɣạ^{2}	mə^{2}	buu^{2}	gjij^{1}	tśhja^{2}	·ioow^{1}	dju^{1}	·jar^{1}		
十	种	胜	殊	德	功	有。	八		

行施资粮,有八十种殊胜功德。云何八

34.20.2

[illegible]	[illegible]	[illegible]	[illegible]?	[illegible]	[illegible]	[illegible]	[illegible]	[illegible]	[illegible],
ɣạ^{2}	tja^{1}	thjij^{2}	sjo^{2}	thjɨ^{2}	tja^{1}	dźiã^{2}	tśhju^{1}	śjɨj^{1}	we^{1}
十	者	何	云?	此	者	众	生	成	熟,
[illegible]	[illegible]	[illegible]	[illegible]	[illegible],	[illegible]	[illegible]	[illegible]		
neew^{2}	dạ^{2}	ŋwu^{2}	ɣjiw^{1}	ɣiwej^{1}	thjoo^{1}	·jij^{1}	·iọ^{1}		
善	言	以	摄	受,	妙	相	圆		

十?所谓成熟众生,善言摄受,妙相圆

34.20.3

[illegible],	[illegible]	[illegible]	[illegible]	[illegible],	[illegible]	[illegible]	[illegible]	[illegible],	[illegible]
sə^{1}	rjur^{1}	tśhji^{2}	ŋowr^{2}	lhə$^{?}$	lhji^{1}	wee^{1}	dźjɨɨr^{1}	ka^{2}	djiij^{2}

满， 诸 根 全 足， 死 生 舍 离， 涅

[illegible] [illegible] [illegible]， [illegible] [illegible] [illegible] [illegible] [illegible]，

phã^{1} ljạ^{1} rjir^{1} rjur^{1} źjị^{1} tśhiow^{1} phjii^{1} sji^{1}

槃 证 得， 诸 恼 结 使 尽，

满，诸根无缺，舍离生死，证于涅槃，尽诸结使，

34.20.4

[illegible] [illegible] [illegible] [illegible]， [illegible] [illegible] [illegible] [illegible]， [illegible] [illegible]

buu^{2} ·jij^{1} dzju^{2} rjir^{1} tśhja^{2} ·ioow^{1} ŋowr^{2} lhə$^{?}$ tha^{1} lhjịj^{2}

胜 自 在 得， 德 功 具 足， 佛 土

[illegible] [illegible]， [illegible] [illegible] [illegible] [illegible]， [illegible] [illegible]

ljuu^{2} tshjịj^{2} wjɨ̣^{1} dźjwɨ^{1} gji^{1} sej^{1} ljịj^{2} pjụ^{1}

庄 严， 眷 属 清 净， 大 威

得胜自在，具足功德，庄严佛土，眷属清净，有大威

34.20.5

[illegible] [illegible]， [illegible] [illegible] [illegible] [illegible]， [illegible] [illegible] [illegible] [illegible]

tśhja^{2} dju^{1} sjịj^{2} źjɨr^{1} ŋowr^{2} lhə$^{?}$ zji^{2} phju^{2} buu^{2} gjij^{1}

德 有， 智 慧 具 足， 最 上 胜 殊

[illegible] [illegible] [illegible]， [illegible] [illegible] [illegible] [illegible] [illegible]

dźjɨ^{0} śjɨj^{1} ·jiw^{2} zji^{2} phju^{2} ŋwer^{1} ŋwer^{1} mjij^{1}

行 成 就， 最 上 等 等 无

德，具足智慧，成就最上殊胜之行，圆满无上无

34.20.6

[illegible] [illegible] [illegible]， [illegible] [illegible] [illegible] [illegible]， [illegible] [illegible] [illegible]

dźjɨ$^{?}$ ·iọ^{1} sə^{1} sjwɨ^{1} mẹ^{2} ljɨj^{1} dzjar^{2} mjor^{1} ljịj^{2} ·jij^{1}

行 圆 满， 习 气 除 灭， 如 来 之

[illegible] [illegible] [illegible] [illegible] [illegible] [illegible]， [illegible] [illegible]

ŋowr^{2} ŋowr^{2} sjịj^{2} dźjɨ$^{?}$ lhu^{1} dzja^{1} ljụ^{2} nioow^{1}

一 切 智 行 增 长， 身 及

等等行，除灭习气，增长如来一切智行，身及

34.21.1

[illegible]	[illegible]	[illegible]	[illegible]①	[illegible]	[illegible]	[illegible]	[illegible]	[illegible]	[illegible]
śja^1	lji^2	rjur^1	rjur^1	kha^1	ɣie̱^{2}	mji^1	tjij^1	dwewr^2	·jij^1
舍	利	诸	世	中	声	闻	独	觉	之
[illegible]	[illegible]	[illegible]	[illegible]，	[illegible]	[illegible]	[illegible]	[illegible]，		
kjṳ^1	tshwew^1	lew^2	we^2	dzjwo^2	niow^2	dźjwu^1	ljiij^2		
供	养	所	为，	人	恶	摧	破，		

舍利为诸世间声闻缘觉之所供养，摧破恶人，

34.21.2

[illegible]	[illegible]、	[illegible]、	[illegible]、	[illegible]	[illegible]、	[illegible]	[illegible]	[illegible]	[illegible]、
dźjwu^1	njij^2	ŋwə^1	we^1	·ja^2	tśhia^1	·ja^1	sew^2	lo^1	njij^2
人	王、	天、	龙、	夜	叉、	阿	修	罗	王、
[illegible]	[illegible]	[illegible]	[illegible]、	[illegible]	[illegible]	[illegible]	[illegible]，		
kja^1	lew^1	lo^1	njij^2	nioow^1	xiwã^1	ŋwə^1	njij^2		
迦	楼	罗	王、	及	梵	天	王，		

能令人王、天、龙、夜叉、阿修罗王、迦楼罗王、及梵天王，

34.21.3

[illegible]	[illegible]	[illegible]	[illegible]	[illegible]	[illegible]	[illegible]，	[illegible]	[illegible]	[illegible]
·jij^1	zji^2	sej^1	dźiej^2	śjwo^1	phji^1	njwi^2	ljij^2	pjṳ^1	tśhja^2
于	皆	净	信	生	令	能，	大	威	德
[illegible]，	[illegible]	[illegible]、	[illegible]	[illegible]、	[illegible]	[illegible]、	[illegible]		
dźjij^2	lwər^2	lhejr^2	bju^1	ljaa^1	la^1	ɣiwej^1	·jij^1		
有，	经	契、	应	颂、	记	受、	自		

皆生清信，有大威德，宣说契经②、应颂、受记、自

34.21.4

[illegible]、	[illegible]	[illegible]、	[illegible]	[illegible]	[illegible]③、	[illegible]	[illegible]、	[illegible]	[illegible]、

① [illegible] rjur^1，诸。通“[illegible]”rjur^1（世）。

② 西夏文本缺“宣说”。

③ [illegible]，以。似为衍文。或为“[illegible]”之讹。

tshjiij¹ śjwii² ljaa¹ dzjọ¹ dza² ŋwu² ·jiw¹ nioow¹ mər² dạ²

说、 和 颂、 譬 喻 以、 因 缘、 本 事、

[illegible]

mər² wee¹ tśhja² ɣu¹ dju¹ mjij² djij² tsjiir¹

本 生、 方 广、 有 未 曾 法

说、讽诵、譬喻、因缘、本事、本生、方广、希法①

34.21.5

[illegible]

rjɨr² njɨ² wo² kjịj¹ ɣiwej¹ ·jiij¹ nẹ¹ tshjiij¹ njiij¹ low²

乃 至 义 经, 受 持 宣 说, 心 懈

[illegible]

ljịjj¹ mjij¹ tsjiir¹ ɣa² ·wier¹ mjij¹ tha¹ tśja¹

怠 无, 法 于 惜 无, 佛 道

乃至论义,受持演说,心无懈倦,于法无悋,安住佛道,

34.21.6

[illegible]

no² dźjiij¹ rjur¹ kiẹj² zji² buu² mjiij² tsə̣¹ gji¹ sej¹

安 住, 世 界 最 胜, 名 色 清 净,

[illegible]

tsjiir¹ ljụ² ljạ¹ rjir¹ le² lew² mjij¹ rjir²

法 身 证 得, 畏 所 无 得,

世界最胜,名色清净,证于法身,得无所畏,

34.22.1

[illegible]

ljo¹ tśhja² śjɨj¹ ·jiw² rjur¹ tśja¹ nioow¹ t-? neew² dzjwo²

福 德 成 就, 诸 道 外 遮, 善 人

[illegible]

① 希法,西夏文译作"[illegible]"(未曾有法)。

tsjiir¹ ŋowr² dzjwo² niow² dźjɨ¹ dźjɨɨr¹ ljo¹ sjịj²

法 具， 人 恶 行 舍， 福 智

成就福德，蔽诸外道，具善人法，舍恶人行，信福

34.22.2

·jiw¹ dźiej² tha¹ tsjiir¹ dzow¹ ŋwej² ·ji¹ ljiij² rjur¹ ·jar²

因 信， 佛 法 和 合， 众 魔 伏 降，

tha¹ rjɨr² tshjiij¹ no² rejr² tsjiir¹ ɣa² ·jiw²

佛 所 说 安 乐 法 于 疑

智因，和合佛法，降伏众魔，于佛所说安乐之法无有疑

34.22.3

ljɨj¹ mji¹ dju¹ kiej² niow² dźjwu¹ ljiij² ljịj² pjụ¹ tśhja²

惑 不 有， 欲 恶 摧 破， 大 威 德

ŋowr² dźiã² tsjij² dźjɨ¹ djọ² buu² mee² mjijr²

具， 菩 萨 行 修， 胜 神 通

惑，摧破恶欲，具大威德，修菩萨行，得胜神通，

34.22.4

rjir¹ lhji¹ wee¹ dźjɨɨr¹ ka² dźiã² tśhju¹ śjɨj¹ ·jiw² bju²

得， 死 生 舍 离， 众 生 成 就， 边

mjij¹ dźjɨ¹ ·jow² tśhja² ·ioow¹ ɣjiw¹ ɣiwej¹ dźiã²

无 行 赞， 德 功 摄 受， 众

舍离生死，成就众生，赞无边行，摄受功德，慰喻众

34.22.5

tśhju^{1} ·jij^{1} njiij^{1} ljwị^{1} dzju^{1} dzjiij^{2} tsjiir^{1} rejr^{2} wji^{1} ɣiwej^{1}

生 之 心 入 教 化， 法 乐 用 受，

[illegible]

źjɨr^{1} mjii^{1} djọ^{2} dźjịj^{1} ljịj^{2} sjịj^{2} ɣa^{1} ·o^{2}

慧 施 修 行， 大 智 门 入，

生①，受用法乐，惠施修行，入大智门，

34.22.6

[illegible]

low^{2} tsjiir^{1} ɣa^{2} dźjiij^{1} sjwɨ^{1} tsjir^{2} kjɨ^{1} djɨj^{2} tsjiir^{1} zeew^{2}

暖 法 于 住， 种 性 已 定， 法 忍

[illegible]

djọ^{2} dźjịj^{1} tha^{1} tśja^{1} no^{2} dźjiij^{1} zjɨ^{1} lji^{1}

修 行， 佛 道 安 住。 童 子！

住于暖法，种性决定，修行法忍，安住佛道。童子！

34.23.1

[illegible]

tjij^{1} neew^{2} goor^{1} gji^{2} neew^{2} sji^{2} dzjwo^{2} njɨ^{2} mjii^{1} ·wụ^{2}

若 善 男 子、 善 女 人 等， 施 资

[illegible]

śjɨj^{1} djọ^{2} ku^{1} thjɨ^{2} sju^{2} ·jar^{1} ɣạ^{2} mə^{2}

粮 修 故， 此 如 八 十 种

若善男子、善女子等，修施资粮，具足成就是八十种

34.23.2(1)

[illegible]

buu^{2} gjij^{1} tśhja^{2} ·ioow^{1} ŋowr^{2} lhə$^{?}$ śjɨj^{1} ·jiw^{2}

胜 殊 德 功 具 足 成 就。”

殊胜功德。”

① 慰喻众生，西夏文作“教化入众生之心”。

汉文本

尔时,世尊与诸大众到童子家,敷座而坐。是时,月光童子知佛坐已,躬自赍持微妙供具,奉献如来及诸大众,其供纯以禅定、福德、殊胜善根、不思议力之所成熟。如是施时,亦不为己,普令一切无量众生,发趣菩提获大善利,其供周遍皆悉充足。

尔时世尊饭食已讫,于众会中告月光童子言:"童子,若善男子、善女人等,住大乘者行施资粮,有八十种殊胜功德。云何八十?所谓成熟众生,善言摄受,妙相圆满,诸根无缺,舍离生死,证于涅槃,尽诸结使,得胜自在,具足功德,庄严佛土,眷属清净,有大威德,具足智慧,成就最上殊胜之行,圆满无上无等等行,除灭习气,增长如来一切智行,身及舍利为诸世间声闻缘觉之所供养,摧破恶人,能令人王、天、龙、夜叉、阿修罗王、迦楼罗王及梵天王,皆生清信,有大威德,宣说契经、应颂、受记、自说、讽诵、譬喻、因缘、本事、本生、方广、希法乃至论义,受持演说,心无懈倦,于法无悋,安住佛道,世界最胜,名色清净,证于法身,得无所畏,成就福德,蔽诸外道,具善人法,舍恶人行,信福智因,和合佛法,降伏众魔,于佛所说安乐之法无有疑惑,摧破恶欲,具大威德,修菩萨行,得胜神通,舍离生死,成就众生,赞无边行,摄受功德,慰喻众生,受用法乐,惠施修行,入大智门,住于暖法,种性决定,修行法忍,安住佛道。童子!若善男子、善女人等,修施资粮,具足成就是八十种殊胜功德。"

34.23.2(2)

[illegible]	[illegible],	[illegible]	[illegible]	[illegible]	[illegible]	[illegible]	[illegible]:
tśhjɨ[1]	zjọ[2]	rjur[1]	pjụ[1]	·jị[2]	ljaa[1]	dạ[2]	tshjiij[1]
尔	时,	世	尊	复	偈	言	说:

尔时,世尊复说偈言:

34.23.3

[illegible]	[illegible]	[illegible]	[illegible]	[illegible],	[illegible]	[illegible]	[illegible]	[illegible]	[illegible],
tha[2]	sjịj[2]	rjur[1]	dźiã[2]	tsjij[2]	mjii[1]	·wụ[2]	śjɨj[1]	ŋowr[2]	ku[1]
大	智	诸	菩	萨,	施	资	粮	具	故,
[illegible]	[illegible]	[illegible]	[illegible]	[illegible],					
·jar[1]	ɣạ[2]	mə[2]	gjịj[1]	rjir[1]					
八	十	种	利	得,					

大智诸菩萨,具足施资粮,胜利有八十,

34.23.4

[illegible]	[illegible]①	[illegible]	[illegible]	[illegible]。	[illegible]	[illegible]	[illegible]	[illegible]	[illegible],

① [illegible],今。原文作"[illegible]",误。

ŋa² sjij¹ ljow² rjɨr² tshjiij¹ nioow¹ rjur¹ tśhja² ·ioow¹ dju¹
我 今 际 已 说。 及 诸 德 功 有，
[illegible]，
mjɨ¹ pjụ¹ seew² tshjiij¹ gie¹
无 量 思 议 难，
我今已略说。复有诸功德，无量难思议，

34.23.5

[illegible]①
zji² zji¹ mjii¹ bju¹ śjwo¹ thjɨ² wjɨ² zjɨɨr¹ zjị j¹ tshjiij¹
皆 布 施 从 生， 此 刻 少 许 说。
[illegible]，
nji² tśhja² ka¹ mjii¹ ŋwu²
汝 正 等 施 以，
皆从布施生，今当少宣说。汝以平等施，

34.23.6

[illegible]，[illegible]，
tha² ljwu² zji² zji² njɨ² thjɨ² sju² mjii¹ ·wụ² śjɨj¹
大 会 悉 皆 至， 此 如 施 资 粮，
[illegible]。
sjịj² mjijr² djọ² dzjɨɨ¹ lew²
智 者 修 习 应。
普遍于大会，如是施资粮，智者应修习。

34.24.1

[illegible]，[illegible]，
thjɨ² mjii¹ seew² tshjiij¹ mjij¹ ljo¹ tśhja² tśiow¹ dzjị² njwi²
此 施 思 议 不， 福 德 积 集 能，
[illegible]，

---

① [illegible]，皆。原文作"[illegible]"，误。

·jij^{1} ŋạ^{2} ljuu^{2} tshjịj^{2} ljụ^{2}

相 好 庄 严 身，

此施能积集，福聚不思议，相好庄严身，

34.24.2

[illegible] [illegible] [illegible] [illegible] [illegible]。 [illegible] [illegible] [illegible] [illegible] [illegible]，

ŋowr^{2} ŋowr^{2} zji^{2} ·ịo^{1} sə^{1} wee^{1} tjị^{2} nioow^{1} mə^{2} djịj^{1}

一 切 皆 圆 满。 生 处 及 种 族，

[illegible] [illegible] [illegible] [illegible] [illegible]，

lhjịj^{2} ·ịo^{1} tjij^{1} nji^{1} dźjiij^{1}

国 土 若 家 居，

一切皆圆满。生处及种族，国土若居家，

34.24.3

[illegible] [illegible] [illegible] [illegible] [illegible]， [illegible] [illegible] [illegible] [illegible] [illegible]。

mjiij^{2} dźjwow^{1} nioow^{1} tsə̣^{1} njiij^{1} ŋowr^{2} ŋowr^{2} zji^{2} gji^{1} sej^{1}

名 称 及 色 心， 一 切 皆 清 净。

[illegible] [illegible] [illegible] [illegible] [illegible]，

rjur^{1} mə^{1} mee^{2} wjị̈^{1} dạ^{2}

诸 天 神 变 事，

名称与色心，一切皆清净。诸天神变事，

34.24.4

[illegible] [illegible] [illegible] [illegible] [illegible]， [illegible] [illegible] [illegible] [illegible] [illegible]，

nioow^{1} mjii^{1} pjụ^{2} ljuu^{2} mjịj^{1} gji^{1} sej^{1} ɣiẹ^{2} mjij^{1} nwə$^{?}$

及 宫 殿 彩 女， 清 净 碍 无 辩，

[illegible] [illegible] [illegible] [illegible] [illegible]。

zji^{2} zji^{1} mjii^{1} bju^{1} śjwo^{1}

皆 布 施 从 生。

及宫殿彩女，清净无碍辩，皆从布施生。

34.24.5

[illegible] [illegible] [illegible] [illegible] [illegible]， [illegible] [illegible] [illegible] [illegible] [illegible]，

zji^{1} mjii^{1} buu^{2} ·wụ^{2} śjɨj^{1} rjur^{1} tha^{1} zji^{2} ·jow^{2} śja^{2}

布 施 胜 资 粮， 诸 佛 皆 赞 叹，

[illegible]

thjɨ^{2} mjijr^{2} po^{1} tjɨj^{1} ·jij^{1}

此 者 菩 提 之，

布施胜资粮，诸佛咸称叹，此即是菩提，

34.24.6

[illegible]

zji^{2} ɣu^{1} dźjiij^{1} mər^{2} ŋwu^{2} khu^{1} dźjij^{1} rjur^{1} dźiã^{2} tsjij^{2}

最 初 住 本 是。 进 精 诸 菩 萨，

[illegible]

mjii^{1} ɣa^{2} ·jiw^{2} ljɨj^{1} mjij^{1}

施 于 疑 惑 无，

最初安住本。精进诸菩萨，于施无疑惑，

34.25.1

[illegible]

kjɨ^{1} djɨj^{2} njiij^{1} no^{2} dźjiij^{1} ·jɨr^{2} ŋwu^{2} zji^{1} mjii^{1} djọ^{2}

决 定 心 安 住， 勤 以 布 施 修。

[illegible]

thjɨ^{2} sju^{2} zji^{1} mjii^{1} njiij^{1}

此 如 布 施 心，

安住决定心，勤修于布施。如是布施心，

34.25.2

[illegible]

buu^{2} gjij^{1} ljo^{1} śjɨj^{1} ·jiw^{2} dźiã^{2} tsjij^{2} ·jɨr^{2} djọ^{2} dzjɨɨ^{1}

胜 殊 福 成 就， 菩 萨 勤 修 习，

[illegible]

kụ^{1} tha^{1} po^{1} tjɨj^{1} ljạ^{1}

当 佛 菩 提 证。

成就殊胜福，菩萨勤修习，当证佛菩提。

34.25.3

[illegible]	[illegible]	[illegible]	[illegible]	[illegible]，	[illegible]	[illegible]	[illegible]	[illegible]	[illegible]，
zji^{1}	mjii^{1}	pjụ^{1}	ɣie^{1}	nioow^{1}	buu^{2}	mee^{2}	mjijr^{2}	śjɨj^{1}	·jiw^{2}
布	施	威	力	缘，	胜	神	通	成	就，
[illegible]	[illegible]	[illegible]	[illegible]	[illegible]，					
kju^{1}	tśji^{2}	lhjịj^{2}	saar^{2}	mju^{2}					
拘	胝	刹	震	动，					

由布施威力，成就胜神通，振动俱胝①刹，

34.25.4

[illegible]	[illegible]	[illegible]	[illegible]	[illegible]。	[illegible]	[illegible]	[illegible]	[illegible]	[illegible]，
rjur^{1}	dźiã^{2}	tśhju^{1}	mji^{1}	ŋwo^{2}	kie^{1}	sej^{1}	nioow^{1}	rejr^{2}	mji^{1}
诸	众	生	不	损。	戒	净	及	多	闻，
[illegible]	[illegible]	[illegible]	[illegible]	[illegible]，					
tśhja^{2}	dźiej^{2}	nioow^{1}	khu^{1}	dźjij^{1}					
正	信	及	进	精，					

不损诸众生。净戒及多闻②，正信与精进，

34.25.5

[illegible]	[illegible]	[illegible]	[illegible]	[illegible]。	[illegible]	[illegible]	[illegible]	[illegible]	[illegible]，
sã^{1}	mej^{2}	rar^{2}	mjij^{1}	źjɨr^{1}	zji^{2}	mjii^{1}	bju^{1}	gu^{1}	wor^{1}
三	昧	漏	无	慧。	皆	施	依	兴	起，
[illegible]	[illegible]	[illegible]	[illegible]	[illegible]，					
tśhji^{2}	ɣie^{1}	po^{1}	tjɨj^{1}	·jiw^{1}					
根	力	菩	提	分，					

三昧无漏慧。由布施能引③，根力菩提分，

① 俱胝：古印度的数量单位，指千万，也指许多。

② 汉文本为："不损诸众生。由布施能引，净戒及多闻。"

③ 西夏文本字面意思为"皆依施兴起"，下同。

34.25.6

[illegible]

phja¹	tśhja²	nioow¹	mee²	rewr²	rjur¹	sjwɨ¹	mẹ²	khwa¹	ka²
断	正	及	神	足,	诸	习	气	远	离。

[illegible]

zji²	mjii¹	bju¹	gu¹	wor¹
皆	施	依	兴	起,

正断及神足,远离诸习气。由布施能引,

35.26.1

[illegible]

gji¹	sej¹	thjoo¹	mə²	ɣiẹ²	·jir²	kju¹	tśji²	lhjịj²	·u²
清	净	妙	声	音,	百	拘	胝	刹	中,

[illegible]

bju²	mjij¹	tsjiir¹	phie²	neej²
边	无	法	开	示。

清净妙音声,于百俱胝刹,开示无边法。

34.26.2

[illegible]

zji²	mjii¹	bju¹	gu¹	wor¹	sej¹	dźiej²	mjii¹	dźjịj¹	nioow¹
皆	施	依	兴	起,	净	信	施	行	由,

[illegible]

xja¹	rjur¹	mee²	mjijr²	rjir¹
速	诸	神	通	得,

由布施能引,由净信行施,速得诸神通,

34.26.3

[illegible]

mee²	mjijr²	śjɨj¹	·jiw²	nioow¹	zji¹	mjii¹	·jɨr²	djọ²	lew²
神	通	成	就	由,	布	施	勤	修	应。

[illegible]	[illegible]	[illegible]	[illegible]	[illegible]，
mjɨ^{1}	pjụ^{1}	rjur^{1}	ŋwə^{1}	·ji^{1}
无	量	诸	天	众，

为成就神通，应勤修布施。无量诸天众，

34.26.4

[illegible]	[illegible]	[illegible]	[illegible]	[illegible]，	[illegible]	[illegible]	[illegible]	[illegible]	[illegible]，
·jir^{2}	tụ^{1}	·ja^{1}	sew^{2}	lo^{1}	we^{1}	ɣu^{1}	nioow^{1}	·ja^{2}	tśhia^{1}
百	千	阿	修	罗，	龙	神	及	夜	叉，
[illegible]	[illegible]	[illegible]	[illegible]	[illegible]，					
wjɨ̣^{1}	dźjwɨ^{1}	gu^{2}	tśjɨ̣^{1}	ror^{2}					
眷	属	共	围	绕，					

百千阿修罗，龙神及夜叉，眷属共围绕，

34.26.5

[illegible]	[illegible]	[illegible]	[illegible]	[illegible]，	[illegible]	[illegible]	[illegible]	[illegible]	[illegible]。
zji^{2}	thjoo^{1}	du^{1}	rjɨj^{2}	bju^{1}	·jij^{1}	dzju^{2}	rjur^{1}	kheej^{1}	dźjij^{1}
皆	妙	楼	阁	乘，	自	在	诸	游	行。
[illegible]	[illegible]	[illegible]	[illegible]	[illegible]，					
thjɨ^{2}	sju^{2}	rjur^{1}	njij^{2}	njɨ^{2}					
此	如	诸	王	等，					

咸乘妙楼阁，自在而游戏。如是等诸王，

34.26.6

[illegible]	[illegible]	[illegible]	[illegible]	[illegible]，	[illegible]	[illegible]	[illegible]	[illegible]	[illegible]，
·jɨr^{2}	mjii^{1}	dźjịj^{1}	mjijr^{2}	ljij^{2}	zji^{2}	wor^{1}	khwa^{1}	khjuu^{1}	lhjịj^{2}
勤	施	行	者	见，	皆	起	远	迎	承，
[illegible]	[illegible]	[illegible]	[illegible]	[illegible]。					
dzuu^{2}	phji^{1}	kjụ^{1}	tshwew^{1}	wji^{1}					
坐	令	供	养	为。					

见勤行施者，皆当起远迎，敷坐而供养。

34.27.1

[illegible]	[illegible]	[illegible]	[illegible]	[illegible]，	[illegible]	[illegible]	[illegible]	[illegible]	[illegible]，
thjɨ^{2}	sju^{2}	mjii^{1}	dźjịj^{1}	dzjwo^{2}	ljịj^{2}	pjụ^{1}	tśhja^{2}	·jij^{1}	dzju^{2}
此	如	施	行	人，	大	威	德	自	在，
[illegible]	[illegible]	[illegible]	[illegible]	[illegible]，					
mee^{2}	mjijr^{2}	ɣie^{1}	ŋowr^{2}	lhə$^{?}$					
神	通	力	具	足，					

如是行施人，具足大威德，自在神通力，

34.27.2

[illegible]	[illegible]	[illegible]	[illegible]	[illegible]，	[illegible]	[illegible]	[illegible]	[illegible]	[illegible]，
rjur^{1}	ŋwə^{1}	njij^{2}	ɣjiw^{1}	ɣiwej^{1}	kjiw^{1}	phã^{1}	tśhia^{1}	·ja^{2}	tśhia^{1}
诸	天	王	摄	受，	鸠	槃	荼	夜	叉，
[illegible]	[illegible]	[illegible]	[illegible]	[illegible]，					
to^{2}	zji^{2}	ɣu^{1}	tjị^{1}	lja^{1}					
尽	皆	头	归	来，					

摄受诸天王，鸠槃荼夜叉，皆悉来归伏，

34.27.3

[illegible]	[illegible]	[illegible]	[illegible]	[illegible]，	[illegible]	[illegible]	[illegible]	[illegible]	[illegible]。
khjã^{2}	tha^{2}	pho^{1}	·ji^{1}	tsjɨ^{1}	mə^{2}	njijr^{2}	tshow^{1}	ɣiẹ^{2}	khu^{1}
乾	闼	婆	众	亦，	种	种	乐	音	奉。
[illegible]	[illegible]	[illegible]	[illegible]	[illegible]，					
kjwir^{1}	na^{1}	njij^{2}	njiij^{1}	śjwo^{1}					
贼	深	慈	心	起，					

及乾闼婆众，亦献诸音乐。贼害起慈心，

34.27.4

[illegible]	[illegible]	[illegible]	[illegible]	[illegible]，	[illegible]	[illegible]	[illegible]	[illegible]	[illegible]，
dzjwo^{2}	niow^{2}	zji^{2}	khwa^{1}	ka^{2}	ljɨ^{1}	war^{2}	ŋwo^{2}	dzəj^{1}	mjij^{1}
人	恶	皆	远	离，	宝	财	损	减	无，

[illegible] [illegible] [illegible] [illegible] [illegible]。

·jɨj^{2} ·ụ^{2} zji^{2} nja^{1} swu^{2}

舍 藏 皆 △ 满。

恶人当远离，珍财无损减，库藏悉充盈。

34.27.5

[illegible] [illegible] [illegible] [illegible] [illegible]， [illegible] [illegible] [illegible] [illegible] [illegible]，

zji^{1} mjii^{1} djọ^{2} nioow^{1} ku^{1} buu^{2} ·wụ^{2} śjɨj^{1} śjɨj^{1} ·jiw^{2}

布 施 修 缘 故， 胜 资 粮 成 就，

[illegible] [illegible] [illegible] [illegible] [illegible]，

tha^{1} sjịj^{2} ɣa^{2} kjɨ^{1} njɨ^{2}

佛 智 于 乃 至，

以修布施故，成就胜资粮，乃至于佛智，

34.27.6

[illegible] [illegible] [illegible] [illegible] [illegible]。 [illegible] [illegible] [illegible] [illegible] [illegible]，

tśja^{1} nioow^{1} tsjiir^{1} mji^{1} dźjịj^{1} thjɨ^{2} dzjwo^{2} ŋo^{2} źjị^{1} mjij^{1}

道 外 法 不 行。 此 人 病 恼 无，

[illegible] [illegible] [illegible] [illegible] [illegible]，

thow^{1} lo^{1} dźji^{1} khjuu^{2} ·wejr^{2}

陀 罗 尼 守 护，

不行外道法。是人无病恼，守护陀罗尼，

34.28.1

[illegible] [illegible] [illegible] [illegible] [illegible]， [illegible] [illegible] [illegible] [illegible] [illegible]。

rjur^{1} buu^{2} gjịj^{1} ɣie^{1} rjir^{1} zji^{2} zji^{1} mjii^{1} dju^{1} śjwo^{1}

诸 胜 殊 力 得， 皆 布 施 有 生。

[illegible] [illegible] [illegible] [illegible] [illegible]，

thjɨ^{2} sju^{2} mjii^{1} dźjịj^{1} dzjwo^{2}

此 如 施 行 人，

得诸殊胜力，皆由布施生。如是行施人，

34.28.2

[illegible]

dźiã^{2} tsjij^{2} tśja^{1} djọ^{2} dzjɨɨ^{1} niow^{2} nwə^{1} sjij^{2} mji^{1} ber^{2}

菩 萨 道 修 习, 恶 知 识 不 遇,

[illegible]

thwuu^{1} djị j^{1} neew^{2} wjɨ^{1} rjir^{1}

同 类 善 友 得。

修习菩提道,不遇恶知识,得同类善友。

34.28.3

[illegible]

·wejr^{2} nioow^{1} rjur^{1} dźiã^{2} tsjij^{2} mjii^{1} ·wụ^{2} śjɨj^{1} śioo^{1} dzjɨ^{2}

护 复 诸 菩 萨, 施 资 粮 积 集,

[illegible]

seew^{2} tshjiij^{1} mjij^{1} sjị j^{2} źjɨr^{1}

思 议 无 智 慧,

复有诸菩萨,积集施资粮,成就不思议,

34.28.4

[illegible]

thow^{1} lo^{1} dźji^{1} śjɨj^{1} ·jiw^{2} mjɨ^{1} pjụ^{1} ljaa^{1} dạ^{2} ŋwu^{2}

陀 罗 尼 成 就。 无 量 偈 言 以,

[illegible]

zji^{2} ·jiij^{1} ɣa^{2} nẹ^{1} tshjiij^{1}

皆 持 于 宣 说,

陀罗尼智慧。以无量偈颂,演说于总持,

34.28.5

[illegible]

ŋowr^{2} ŋowr^{2} ɣiẹ^{2} lụ^{2} mjij^{1} mər^{2} wo^{2} rjir^{2} mji^{1} ljwu^{1}

一 切 障 碍 无, 本 义 与 不 违。

[illegible]

ɣu^{1} ljịj^{2} po^{1} tjɨj^{1} njiij^{1}

广 大 菩 提 心，

一切无挂碍，不失于本义。广大菩提心，

34.28.6

[illegible]

kjur^{2} tjị^{1} ·ju^{2} gjwɨ^{1} lwo^{2} gji^{1} sej^{1} kie^{1} ŋowr^{2} lhə$^{?}$

志 愿 常 牢 固， 清 净 戒 具 足，

[illegible]

rjur^{1} ljiij^{2} sjwɨj^{1} dźjɨɨr^{1} ka^{2}

诸 魔 业 舍 离，

志愿常坚固，具足于净戒，舍离诸魔业，

34.29.1

[illegible]

ŋwə kiẹj^{2} rejr^{2} mji^{1} zjịj^{1} njiij^{1} tjị^{1} tśhja^{2} ljɨr^{2} kjụ^{1}

五 欲 乐 不 著， 心 诚 正 念 求，

[illegible]

njiij^{1} ·ju^{2} lhạ^{2} ljɨj^{1} mjij^{1}

心 常 迷 惑 无，

不著五欲乐，专精求正念，心常无迷惑，

34.29.2

[illegible]

lẹj^{2} dzu^{1} nioow^{1} tshjạ^{1} kwow^{2} rjur^{1} źjị^{1} njɨɨ^{2} nioow^{1} śjwo^{1}

贪 爱 及 瞋 恚。 诸 烦 恼 及 生，

[illegible]

mjɨɨ^{2} kiẹj^{2} ŋowr^{2} ŋowr^{2} ɣa^{2}

境 界 一 切 于，

亦不生贪爱。瞋恚诸烦恼，如实皆了知，于一切境界，

34.29.3

[illegible]	[illegible]	[illegible]	[illegible]	[illegible]，	[illegible]	[illegible]	[illegible]	[illegible]	[illegible]。
źjɨr^{1}	bju^{1}	zji^{2}	nwə^{1}	tsjij^{2}	mji^{1}	zjịj^{1}	mji^{1}	lhạ^{2}	ljɨ̣j^{1}
实	依	皆	知	了，	不	著	不	迷	惑。
[illegible]	[illegible]	[illegible]	[illegible]	[illegible]，					
thjɨ^{2}	sju^{2}	rjur^{1}	źjị^{1}	njɨɨ^{2}					
此	如	诸	烦	恼，					

不著不迷惑。是人皆了知，①如是诸烦恼，

34.29.4

[illegible]	[illegible]	[illegible]	[illegible]	[illegible]，	[illegible]	[illegible]	[illegible]	[illegible]	[illegible]，
·jiw^{1}	nioow^{1}	nioow^{1}	dzow^{1}	ŋwej^{2}	rjur^{1}	dźjar^{2}	lju^{2}	śjwo^{1}	njwi^{2}
因	缘	及	和	合，	诸	罪	过	生	能，
[illegible]	[illegible]	[illegible]	[illegible]	[illegible]。					
thjɨ^{2}	dzjwo^{2}	nwə^{1}	tsjij^{2}	njwi^{2}					
此	人	知	了	善。					

以因缘和合，能生诸过失。

34.29.5

[illegible]	[illegible]	[illegible]	[illegible]	[illegible]，	[illegible]	[illegible]	[illegible]	[illegible]	[illegible]，
rjɨr^{2}	njɨ^{2}	tha^{1}	tsjiir^{1}	ɣa^{2}	tjij^{1}	·jiw^{1}	tjij^{1}	·jiw^{1}	nioow^{1}
乃	至	佛	法	于，	若	因	若	因	缘，
[illegible]	[illegible]	[illegible]	[illegible]	[illegible]，					
thjɨ^{2}	sju^{2}	·jiw^{1}	wji^{1}	·ioow^{1}					
此	如	因	作	功，					

乃至于佛法，若因若因因，如是因作用，

34.29.6

[illegible]	[illegible]	[illegible]	[illegible]	[illegible]。	[illegible]	[illegible]	[illegible]	[illegible]	[illegible]，
ŋowr^{2}	ŋowr^{2}	zji^{2}	tsjij^{2}	njwi^{2}	mej^{1}	sji^{1}	bju^{2}	·jiw^{1}	tsji̱r^{2}

① 是人善了知，西夏本后置，见下行。

一　切　皆　了　能。　眼　尽　边　因　性，

[illegible]

thjɨ[2]　dzjwo[2]　nwə[1]　tsjij[2]　njwi[2]

此　人　知　了　能，

一切皆能了。是人能了知，眼尽边因性，

34.30.1

[illegible]

rjur[1]　lhạ[2]　ljɨ̣j[1]　khwa[1]　ka[2]　mej[1]　ɣa[2]　laa[1]　lew[2]　mjij[1]

诸　迷　惑　远　离，　眼　于　染　所　无。

[illegible]

mej[1]　wee[1]　bju[2]　bju[2]　ljow[2]

眼　生　边　边　际，

远离诸迷惑，于眼无所染。是人能了知，眼生边边际①，

34.30.2

[illegible]

mjij[1]　sej[1]　nioow[1]　dźiə[2]　dźiej[2]　mji[1]　dju[1]　nioow[1]　mji[1]　wee[1]

寂　静　及　轮　转，　无　有　及　无　生，

[illegible]

rjɨr[2]　njɨ[2]　mjij[1]　sej[1]　ɣa[2]

乃　至　寂　静　于，

寂静与流转，无有及无生，乃至于寂灭，

34.30.3

[illegible]

thjɨ[2]　sju[2]　njɨ[2]　·jiw[1]　tsjir[2]　thjɨ[2]　dzjwo[2]　nwə[1]　tsjij[2]　njwi[2]

此　如　等　因　性，　此　人　知　了　能。

[illegible]

rjur[1]　lhạ[2]　ljɨ̣j[1]　khwa[1]　ka[2]

① 依汉文本，此前有“是人能了知”，西夏本后置34.30.3行。

诸　迷　惑　远　离，

如是等因性，远离诸迷惑，

34.30.4

[illegible] [illegible] [illegible] [illegible] [illegible]。 [illegible] [illegible] [illegible] [illegible] [illegible]，

mej^1 ɤa^2 laa^1 lew^2 mjij^1 mej^1 śji^1 bju^2 ŋwuu^1 dạ^2

眼　于　染　所　无。 眼　前　际　言　说，

[illegible] [illegible] [illegible] [illegible] [illegible]，

rjur^1 bju^1 dź-$^?$ gu^1 śjwo^1

世　随　虚　建　立，

于眼无所染。是人能了知，眼前际言说①，随世假安立，

34.30.5

[illegible] [illegible] [illegible] [illegible] [illegible]。 [illegible] [illegible] [illegible] [illegible] [illegible]，

thjɨ^2 kha^1 źjɨr^1 mji^1 dju^1 thjɨ^2 dzjwo^2 nwə^1 tsjij^2 njwi^2

此　中　实　不　有。 此　人　知　了　能，

[illegible] [illegible] [illegible] [illegible] [illegible]，

mej^1 kụ^1 bju^2 ŋwuu^1 dạ^2

眼　后　际　言　说，

于中无有实。是人能了知，眼后际言说，

34.30.6

[illegible]② [illegible] [illegible] [illegible] [illegible]， [illegible] [illegible] [illegible] [illegible] [illegible]。

rjur^1 bju^1 dź-$^?$ gu^1 śjwo^1 thja^1 kha^1 źjɨr^1 mji^1 dju^1

世　随　虚　建　立， 其　中　实　无　有。

[illegible] [illegible] [illegible] [illegible] [illegible]，

thjɨ^2 dzjwo^2 nwə^1 tsjij^2 njwi^2

此　人　知　了　能，

随世假安立，于中无有实。是人能了知，

---

① 西夏文本缺一句“是人能了知”，置于“眼前际言说”之前。

② [illegible] rjur^1，诸。通“[illegible]”rjur^1（世）。

34.31.1

[illegible]	[illegible]	[illegible]	[illegible]	[illegible]，	[illegible]	[illegible]	[illegible]	[illegible]	[illegible]，
mej1	wee1	bju2	bju2	ljow2	mjij1	sej1	nioow1	dźiə2	dźiej2
眼	生	边	边	际，	寂	静	及	轮	转，
[illegible]	[illegible]	[illegible]	[illegible]	[illegible]，					
mji1	dju1	nioow1	mji1	wee1					
无	有	及	无	生，					

眼生边边际，寂静与流转，无有及无生，

34.31.2

[illegible]	[illegible]	[illegible]	[illegible]	[illegible]，	[illegible]	[illegible]	[illegible]	[illegible]	[illegible]，
rjɨr2	njɨ2	mjij1	dzjar2	ɣa2	thjɨ2	sju2	njɨ2	ŋwuu1	dạ2
乃	至	寂	灭	于，	此	如	等	言	说，
[illegible]①	[illegible]	[illegible]	[illegible]	[illegible]，					
rjur1	bju1	dź-?	gu1	śjwo1					
世	随	虚	建	立，					

乃至于寂灭，如是等言说，随世假安立，

34.31.3

[illegible]	[illegible]	[illegible]	[illegible]	[illegible]。	[illegible]	[illegible]	[illegible]	[illegible]	[illegible]，
thja1	kha1	źjɨr1	mji1	dju1	thjɨ2	dzjwo2	nwə1	tsjij2	njwi2
其	中	实	无	有。	此	人	知	了	能，
[illegible]	[illegible]	[illegible]	[illegible]	[illegible]，					
mej1	śji1	bju2	ŋwuu1	dạ2					
眼	前	际	言	说，					

于中无有实。是人能了知，眼前际言说，

34.31.4

[illegible]	[illegible]	[illegible]	[illegible]	[illegible]，	[illegible]	[illegible]	[illegible]	[illegible]	[illegible]。
lew1	·jiw1	nioow1	dzow1	ŋwej2	thja1	kha1	zjij1	lew2	mjij1

① [illegible] rjur1，诸。通“[illegible]”rjur1（世）。

惟 因 缘 和 合， 其 中 著 所 无。

[illegible] [illegible] [illegible] [illegible] [illegible]，

thjɨ² dzjwo² nwə¹ tsjij² njwi²

此 人 知 了 能，

但因缘和合，于中无所著。是人能了知，

34.31.5

[illegible] [illegible] [illegible] [illegible] [illegible]， [illegible] [illegible] [illegible] [illegible] [illegible]，

mej¹ kụ¹ bju² ŋwuu¹ dạ² lew¹ ·jiw¹ nioow¹ dzow¹ ŋwej²

眼 后 际 言 说， 惟 因 缘 和 合，

[illegible] [illegible] [illegible] [illegible] [illegible]。

thja¹ kha¹ zjịj¹ lew² mjij¹

其 中 著 所 无。

眼后际言说，但因缘和合，于中无所著。

34.31.6

[illegible] [illegible] [illegible] [illegible] [illegible]， [illegible] [illegible] [illegible] [illegible] [illegible]，

thjɨ² dzjwo² nwə¹ tsjij² njwi² mej¹ wee¹ bju² bju² ljow²

此 人 知 了 能， 眼 生 边 边 际，

[illegible] [illegible] [illegible] [illegible] [illegible]，

mjij¹ sej¹ nioow¹ dźiə² dźiej²

寂 静 及 轮 转，

是人能了知，眼生边边际，寂静与流转，

34.32.1

[illegible] [illegible] [illegible] [illegible] [illegible]， [illegible] [illegible] [illegible] [illegible] [illegible]，

mji¹ dju¹ nioow¹ mji¹ wee¹ rjɨr² njɨ² mjij¹ dzjar² ɣa²

无 有 及 无 生， 乃 至 寂 灭 于，

[illegible] [illegible] [illegible] [illegible] [illegible]，

thjɨ² sju² njɨ² ŋwuu¹ dạ²

此 如 等 言 说，

无有及无生，乃至于寂灭，如是等言说，

34.32.2

[illegible]	[illegible]	[illegible]	[illegible]	[illegible]，	[illegible]	[illegible]	[illegible]	[illegible]	[illegible]。
lew^{1}	·jiw^{1}	nioow^{1}	dzow^{1}	ŋwej^{2}	thja^{1}	kha^{1}	zji̱j^{1}	lew^{2}	mjij^{1}
惟	因	缘	和	合，	其	中	著	所	无。
[illegible]	[illegible]	[illegible]	[illegible]	[illegible]，					
thjɨ^{2}	dzjwo^{2}	nwə^{1}	tsjij^{2}	njwi^{2}					
此	人	知	了	能，					

但因缘和合，于中无所著。是人能了知，

34.32.3

[illegible]	[illegible]	[illegible]	[illegible]	[illegible]，	[illegible]	[illegible]	[illegible]	[illegible]	[illegible]，
mej^{1}	śji^{1}	bju^{2}	ŋwuu^{1}	da̱^{2}	·jij^{1}	tsjir̠^{2}	dźju^{1}	neej^{2}	mjij^{1}
眼	前	际	言	说，	自	性	宣	示	无，
[illegible]	[illegible]	[illegible]	[illegible]	[illegible]。					
thja^{1}	kha^{1}	laa^{1}	lew^{2}	mjij^{1}					
其	中	染	所	无。					

眼前际言说，自性无表示，于中无所染。

34.32.4

[illegible]	[illegible]	[illegible]	[illegible]	[illegible]，	[illegible]	[illegible]	[illegible]	[illegible]	[illegible]，
thjɨ^{2}	dzjwo^{2}	nwə^{1}	tsjij^{2}	njwi^{2}	mej^{1}	ku̱^{1}	bju^{2}	ŋwuu^{1}	da̱^{2}
此	人	知	了	能，	眼	后	际	言	说，
[illegible]	[illegible]	[illegible]	[illegible]	[illegible]，					
·jij^{1}	tsjir̠^{2}	dźju^{1}	neej^{2}	mjij^{1}					
自	性	宣	示	无，					

是人能了知，眼后际言说，自性无表示，

34.32.5

[illegible]	[illegible]	[illegible]	[illegible]	[illegible]。	[illegible]	[illegible]	[illegible]	[illegible]	[illegible]，
thja^{2}	kha^{1}	laa^{1}	lew^{2}	mjij^{1}	thjɨ^{2}	dzjwo^{2}	nwə^{1}	tsjij^{2}	njwi^{2}
其	中	染	所	无。	此	人	知	了	能，

[illegible] [illegible] [illegible] [illegible] [illegible],

mej1 wee1 bju2 bju2 ljow2

眼 生 边 边 际,

于中无所染。是人能了知,眼生边边际,

34.32.6

[illegible] [illegible] [illegible] [illegible] [illegible], [illegible] [illegible] [illegible] [illegible] [illegible],

mjij1 sej1 nioow1 dźiə2 dźiej2 mji1 dju1 nioow1 mji1 wee1

寂 静 及 轮 转, 无 有 及 无 生,

[illegible] [illegible] [illegible] [illegible] [illegible],

rjɨr2 njɨ2 mjij1 dzjar2 ɣa2

乃 至 寂 灭 于,

寂静与流转,无有及无生,乃至于寂灭,

34.33.1

[illegible] [illegible] [illegible] [illegible] [illegible], [illegible] [illegible] [illegible] [illegible] [illegible],

thjɨ2 sju2 njɨ2 ŋwuu1 dạ2 ·jij1 tsjɨ̠r2 dźju1 neej2 mjij1

此 如 等 言 说, 自 性 宣 示 无,

[illegible] [illegible] [illegible] [illegible] [illegible]。

thja2 kha1 laa1 lew2 mjij1

其 中 染 所 无。

如是等言说,自性无表示,于中无所染。

34.33.2

[illegible] [illegible] [illegible] [illegible] [illegible],① [illegible] [illegible] [illegible] [illegible] [illegible],

thjɨ2 dzjwo2 zji2 nwə1 tsjij2 nju1 njii2 lhjwa1 ljụ2 njiij1

此 人 皆 知 了, 耳 鼻 舌 身 心,

[illegible] [illegible] [illegible] [illegible] [illegible],

tśhjiw1 lhjɨ2 nioow1 ljɨɨr1 ljij2

六 尘 并 四 大,

① 此当译为"是人皆了知",汉文本无此句。

是人皆了知，耳鼻舌身心，六尘并四大，

34.33.3

[illegible]	[illegible]	[illegible]	[illegible]	[illegible]，	[illegible]	[illegible]	[illegible]	[illegible]	[illegible]。
rjɨr^{2}	njɨ^{2}	rjur^{1}	wee^{1}	mjiij^{2}	ŋowr^{2}	ŋowr^{2}	zji^{2}	thjɨ^{2}	sju^{2}
乃	至	世	生	名，	一	切	皆	此	如。
[illegible]	[illegible]	[illegible]	[illegible]	[illegible]，					
lẹj^{2}	tja^{1}	tha^{1}	tśja^{1}	ŋwu^{2}					
贪	者	佛	道	是，					

乃至世生名，一切皆如是。是人能了知，贪欲即佛道，

34.33.4

[illegible]	[illegible]	[illegible]	[illegible]	[illegible]，	[illegible]	[illegible]	[illegible]	[illegible]	[illegible]。
·jij^{1}	tsji̱r^{2}	do^{2}	pha^{1}	mjij^{1}	lẹj^{2}	tja^{1}	laa^{1}	lew^{2}	mjij^{1}
自	性	差	别	无，	贪	者	染	所	无。
[illegible]	[illegible]	[illegible]	[illegible]	[illegible]，					
rjur^{1}	tha^{1}	·jij^{1}	tśja^{1}	tja^{1}					
诸	佛	之	道	者，					

自性无差别，于贪无所染。一切诸佛道，

34.33.5

[illegible]	[illegible]	[illegible]	[illegible]	[illegible]，	[illegible]	[illegible]	[illegible]	[illegible]	[illegible]，
źjị^{1}	njɨɨ^{2}	kha^{1}	kjụ^{1}	lew^{2}	tsji̱r^{2}	do^{2}	mjij^{1}	nwə^{1}	ku^{1}
烦	恼	中	求	当，	性	差	无	知	故，
[illegible]	[illegible]	[illegible]	[illegible]	[illegible]。					
zji^{2}	·jiij^{1}	ɣa^{1}	·o^{2}	ŋwu^{2}					
总	持	门	入	是。					

当于烦恼求，知性无差别，是入总持门。

34.33.6

[illegible]	[illegible]	[illegible]	[illegible]	[illegible]，	[illegible]	[illegible]	[illegible]	[illegible]	[illegible]，
lẹj^{2}	tja^{1}	zji^{2}	·jiij^{1}	ŋwu^{2}	zji^{2}	·jiij^{1}	tja^{1}	lẹj^{2}	ŋwu^{2}

贪 者 总 持 是， 总 持 者 贪 是，

□ □ □ □ □，

tsji̱r^{2} do^{2} mjij^{1} nwə^{1} ku^{1}

性 差 无 知 故，

说贪是总持，总持即是贪，知性无差别，

34.34.1

□ □ □ □ □。 □ □ □ □ □，

zji^{2} ·jiij^{1} ɣa^{1} ɣiew^{1} ŋwu^{2} lej̣^{2} ·jij^{1} kjụ^{1} tshwew^{1} ku^{1}

总 持 门 学 是。 贪 之 供 养 故，

□ □ □ □ □，

tha^{1} ·jij^{1} kjụ^{1} tshwew^{1} we^{2}

佛 之 供 养 为，

是学总持门。如是供养贪，即为供养佛，

34.34.2

□ □ □ □ □， □ □ □ □ □。

tha^{1} ·jij^{1} kjụ^{1} tshwew^{1} ku^{1} zji^{2} ·jiij^{1} ɣa^{1} śjɨj^{1} jiw^{2}

佛 之 供 养 故， 总 持 门 成 就。

□ □ □ □ □，

thjɨ^{2} dzjwo^{2} nwə^{1} tsjij^{2} njwi^{2}

此 人 知 了 能，

以供养佛故，成就总持门。是人能了知，

34.34.3

□ □ □ □ □， □ □ □ □ □，

tshjạ^{1} tja^{1} tha^{1} tśja^{1} ŋwu^{2} ·jij^{1} tsji̱r^{2} do^{2} pha^{1} mjij^{1}

瞋 者 佛 道 是， 自 性 差 别 无，

□ □ □ □ □。

tshjạ^{1} ɣa^{2} laa^{1} lew^{2} mjij^{1}

瞋 于 染 所 无。

瞋恚即佛道，自性无差别，于瞋无所染。

34.34.4

[illegible] [illegible] [illegible] [illegible] [illegible]， [illegible] [illegible] [illegible] [illegible] [illegible]，
tshjạ1 tja1 zji2 ·jiij1 ŋwu2 zji2 ·jiij1 tja1 tshjạ1 ŋwu2
瞋 者 总 持 是， 总 持 者 瞋 是，
[illegible] [illegible] [illegible] [illegible] [illegible]，
tsjiṟ2 do2 mjij1 nwə1 ku1
性 差 无 知 故，

瞋即是总持，总持即是瞋，知性无差别，

34.34.5

[illegible] [illegible] [illegible] [illegible] [illegible]。 [illegible] [illegible] [illegible] [illegible] [illegible]，
zji2 ·jiij1 ɣa2 ɣiew1 ŋwu2 tshjạ1 ·jij1 kjụ1 tshwew1 tja1
总 持 于 学 是。 瞋 之 供 养 者，
[illegible] [illegible] [illegible] [illegible] [illegible]，
tha1 ·jij1 kjụ1 tshwew1 we2
佛 之 供 养 为，

是学总持门。如是供养瞋，亦是供养佛，

34.34.6

[illegible] [illegible] [illegible] [illegible] [illegible]， [illegible] [illegible] [illegible] [illegible] [illegible]。
tha1 ·jij1 kjụ1 tshwew1 ku1 zji2 ·jiij1 ɣa1 śjɨj1 jiw2
佛 之 供 养 故， 总 持 门 成 就。
[illegible] [illegible] [illegible] [illegible] [illegible]，
thjɨ2 dzjwo2 nwə1 tsjij2 njwi2
此 人 知 了 能，

以供养佛故，成就总持门。是人能了知，

34.35.1

[illegible] [illegible] [illegible] [illegible] [[illegible]]， [illegible] [illegible] [illegible] [illegible] [illegible]，
lə2 tja1 tha1 tśja1 ŋwu2 ·jij1 tsjiṟ2 do2 pha1 mjij1
痴 者 佛 道 是， 自 性 差 别 无，

肩	𗅁	蘐	絚	絹，
lə²	ɣa¹	laa¹	lew²	mjij¹
痴	门	染	所	无，

愚痴即佛道，自性无差别，于痴无所染。

34.35.2

豼	肩	緎	礼	蘐，	𗂧	礼	茈	緂	𗅰，
tjij¹	lə²	tsjir̠²	bju²	ljow²	źjɨr¹	bju²	nwə¹	njwi²	ku¹
若	痴	性	边	际，	实	边	知	能	故，
紼	藏	膌	繖	𗏁①，					
tha¹	tśja¹	djọ²	ɣiew¹	ŋwu²					
佛	道	修	学	是，					

若如实了知，痴性之边际，是则修佛道，

34.35.3

𗆧	綖	𗅁	𗂬	𗆮。	肩	𗌭	𗆧	綖	𗏁，
zji²	·jiij¹	ɣa¹	śjɨj¹	jiw²	lə²	tja¹	zji²	·jiij¹	ŋwu²
总	持	门	成	就。	痴	者	总	持	是，
𗆧	綖	𗌭	肩	𗏁，					
zji²	·jiij¹	tja¹	lə²	ŋwu²					
总	持	者	痴	是，					

成就总持门。痴即是总持，总持即是痴，

34.35.4

緎	𗂸	絹	茈	𗅰，	𗆧	綖	𗅁	繖	𗏁。
tsjir̠²	do²	mjij¹	nwə¹	ku¹，	zji²	·jiij¹	ɣa¹	ɣiew¹	ŋwu²。
性	差	无	知	故，	总	持	门	学	是。
肩	𗐱	𗃛	𗄈	𗌭，					
lə²	·jij¹	kjụ¹	tshwew¹	tja¹					
痴	之	供	养	者，					

① 西夏文本意为：“若能知实边，痴性边际故，是修学佛道。”

知性无差别，是学总持门。如是供养痴，

34.35.5

[illegible]	[illegible]	[illegible]	[illegible]	[illegible]，	[illegible]	[illegible]	[illegible]	[illegible]	[illegible]，
tha¹	·jij¹	kjụ¹	tshwew¹	we²	tha¹	·jij¹	kjụ¹	tshwew¹	ku¹
佛	之	供	养	为，	佛	之	供	养	故，
[illegible]	[illegible]	[illegible]	[illegible]	[illegible]，					
zji²	·jiij¹	ɣa¹	śjɨj¹	njwi²					
总	持	门	成	能，					

即为供养佛，以供养佛故，成就总持门，

34.35.6

[illegible]	[illegible]	[illegible]	[illegible]	[illegible]，	[illegible]	[illegible]	[illegible]	[illegible]	[illegible]，
lə²	·jij¹	kjụ¹	tshwew¹	tja¹	tsjiir¹	·jij¹	kjụ¹	tshwew¹	we²
痴	之	供	养	者，	法	之	供	养	为，
[illegible]	[illegible]	[illegible]	[illegible]	[illegible]，					
tsjiir¹	·jij¹	kjụ¹	tshwew¹	ku¹					
法	之	供	养	故，					

如是供养痴，即为供养法，以供养法故，

34.36.1

[illegible]	[illegible]	[illegible]	[illegible]	[illegible]。	[illegible]	[illegible]	[illegible]	[illegible]	[illegible]，
zji²	·jiij¹	ɣa¹	śjɨj¹	jiw²	lə²	·jij¹	kjụ¹	tshwew¹	tja¹
总	持	门	成	就。	痴	之	供	养	者，
[illegible]	[illegible]	[illegible]	[illegible]	[illegible]，					
sẽ¹	·jij¹	kjụ¹	tshwew¹	we²					
僧	之	供	养	为，					

成就总持门。如是供养痴，即为供养僧，

34.36.2

[illegible]	[illegible]	[illegible]	[illegible]	[illegible]，	[illegible]	[illegible]	[illegible]	[illegible]	[illegible]。
sẽ¹	·jij¹	kjụ¹	tshwew¹	ku¹	zji²	·jiij¹	ɣa¹	śjɨj¹	jiw²

僧　之　供　养　故，　总　持　门　成　就。

[illegible]	[illegible]	[illegible]	[illegible]	[illegible]，
lə^{2}	·jij^{1}	kjụ^{1}	tshwew^{1}	tja^{1}
痴	之	供	养	者，

以供养僧故，成就总持门。如是供养痴，

34.36.3

[illegible]	[illegible]	[illegible]	[illegible]	[illegible]，	[illegible]	[illegible]	[illegible]	[illegible]	[illegible]，
kie^{1}	·jij^{1}	kjụ^{1}	tshwew^{1}	we^{2}	kie^{1}	·jij^{1}	kjụ^{1}	tshwew^{1}	ku^{1}
戒	之	供	养	为，	戒	之	供	养	故，
[illegible]	[illegible]	[illegible]	[illegible]	[illegible]。					
zji^{2}	·jiij^{1}	ɣa^{1}	śjɨj^{1}	jiw^{2}					
总	持	门	成	就。					

即为供养戒，以供养戒故，成就总持门。

34.36.4

[illegible]	[illegible]	[illegible]	[illegible]	[illegible]，	[illegible]	[illegible]	[illegible]	[illegible]	[illegible]，
lə^{2}	·jij^{1}	kjụ^{1}	tshwew^{1}	tja^{1}	khu^{1}	dźjij^{1}	kjụ^{1}	tshwew^{1}	ŋwu^{2}
痴	之	供	养	者，	进	精	供	养	是，
[illegible]	[illegible]	[illegible]	[illegible]	[illegible]，					
khu^{1}	dźjij^{1}	kjụ^{1}	tshwew^{1}	ku^{1}					
进	精	供	养	故，					

如是供养痴，即供养精进，供养精进故，

34.36.5

[illegible]	[illegible]	[illegible]	[illegible]	[illegible]。	[illegible]	[illegible]	[illegible]	[illegible]	[illegible]，
zji^{2}	·jiij^{1}	ɣa^{1}	śjɨj^{1}	jiw^{2}	lə^{2}	·jij^{1}	kjụ^{1}	tshwew^{1}	tja^{1}
总	持	门	成	就。	痴	之	供	养	者，
[illegible]	[illegible]	[illegible]	[illegible]	[illegible]，					
·jow^{2}	śja^{2}	kjụ^{1}	tshwew^{1}	ŋwu^{2}					
赞	叹	供	养	是，					

成就总持门。如是供养痴，即供养赞叹，

34.36.6

[illegible]	[illegible]	[illegible]	[illegible]	[illegible]，	[illegible]	[illegible]	[illegible]	[illegible]	[illegible]。
·jow^{2}	śja^{2}	kjụ^{1}	tshwew^{1}	ku^{1}	zji^{2}	·jiij^{1}	ɣa^{1}	śjɨj^{1}	jiw^{2}
赞	叹	供	养	故，	总	持	门	成	就。
[illegible]	[illegible]	[illegible]	[illegible]	[illegible]，					
lə^{2}	·jij^{1}	kjụ^{1}	tshwew^{1}	tja^{1}					
痴	之	供	养	者，					

赞叹供养故，成就总持门。如是供养痴，

34.37.1

[illegible]	[illegible]	[illegible]	[illegible]	[illegible]，	[illegible]	[illegible]	[illegible]	[illegible]	[illegible]，
tha^{1}	tsjiir^{1}	kjụ^{1}	tshwew^{1}	ŋwu^{2}	tha^{1}	tsjiir^{1}	kjụ^{1}	tshwew^{1}	ku^{1}
佛	法	供	养	是，	佛	法	供	养	故，
[illegible]	[illegible]	[illegible]	[illegible]	[illegible]。					
zji^{2}	·jiij^{1}	ɣa^{1}	śjɨj^{1}	jiw^{2}					
总	持	门	成	就。					

即供养佛法，供养佛法故，成就总持门。

34.37.2

[illegible]	[illegible]	[illegible]	[illegible]	[illegible]，	[illegible]	[illegible]	[illegible]	[illegible]	[illegible]，
lə^{2}	·jij^{1}	kjụ^{1}	tshwew^{1}	tja^{1}	tsjiir^{1}	tsji̱r^{2}	kjụ^{1}	tshwew^{1}	ŋwu^{2}
痴	之	供	养	者，	法	性	供	养	是，
[illegible]	[illegible]	[illegible]	[illegible]	[illegible]，					
tsjiir^{1}	tsji̱r^{2}	kjụ^{1}	tshwew^{1}	ku^{1}					
法	性	供	养	故，					

如是供养痴，即供养法性，供养法性故，

34.37.3

[illegible]	[illegible]	[illegible]	[illegible]	[illegible]。	[illegible]	[illegible]	[illegible]	[illegible]	[illegible]，
zji^{2}	·jiij^{1}	ɣa^{1}	śjɨj^{1}	jiw^{2}	lə^{2}	·jij^{1}	kjụ^{1}	tshwew^{1}	tja^{1}
总	持	门	成	就。	痴	之	供	养	者，

[illegible]	[illegible]	[illegible]	[illegible]	[illegible],
mjor^{1}	ɣiej^{1}	kjụ^{1}	tshwew^{1}	ŋwu^{2}
如	真	供	养	是,

成就总持门。如是供养痴,即供养真如,

34.37.4

[illegible]	[illegible]	[illegible]	[illegible]	[illegible],	[illegible]	[illegible]	[illegible]	[illegible]	[illegible]。
mjor^{1}	ɣiej^{1}	kjụ^{1}	tshwew^{1}	ku^{1}	zji^{2}	·jiij^{1}	ɣa^{1}	śjɨj^{1}	jiw^{2}
如	真	供	养	故,	总	持	门	成	就。
[illegible]	[illegible]	[illegible]	[illegible]	[illegible],					
lə^{2}	·jij^{1}	kjụ^{1}	tshwew^{1}	tja^{1}					
痴	之	供	养	者,					

供养真如故,成就总持门。如是供养痴,

34.37.5

[illegible]	[illegible]	[illegible]	[illegible]	[illegible],	[illegible]	[illegible]	[illegible]	[illegible]	[illegible],
wee^{1}	mjij^{1}	kjụ^{1}	tshwew^{1}	ŋwu^{2}	wee^{1}	mjij^{1}	kjụ^{1}	tshwew^{1}	ku^{1}
生	无	供	养	是,	生	无	供	养	故,
[illegible]	[illegible]	[illegible]	[illegible]	[illegible]。					
zji^{2}	·jiij^{1}	ɣa^{1}	śjɨj^{1}	jiw^{2}					
总	持	门	成	就。					

即供养无生,供养无生故,成就总持门。

34.37.6

[illegible]	[illegible]	[illegible]	[illegible]	[illegible],	[illegible]	[illegible]	[illegible]	[illegible]	[illegible],
lə^{2}	·jij^{1}	kjụ^{1}	tshwew^{1}	tja^{1}	dzjar^{2}	mjij^{1}	kjụ^{1}	tshwew^{1}	ŋwu^{2}
痴	之	供	养	者,	灭	无	供	养	是,
[illegible]	[illegible]	[illegible]	[illegible]	[illegible],					
dzjar^{2}	mjij^{1}	kjụ^{1}	tshwew^{1}	ku^{1}					
灭	无	供	养	故,					

如是供养痴,即供养无灭,供养无灭故,

34.38.1

[illegible]	[illegible]	[illegible]	[illegible]	[illegible]。	[illegible]	[illegible]	[illegible]	[illegible]	[illegible]，
zji2	·jiij1	ɣa1	śjɨj1	jiw2	lə2	·jij1	kjụ1	tshwew1	tja1
总	持	门	成	就。	痴	之	供	养	者，
[illegible]	[illegible]	[illegible]	[illegible]	[illegible]，					
sji1	mjij1	kjụ1	tshwew1	ŋwu2					
尽	无	供	养	是，					

成就总持门。如是供养痴，即供养无尽，

34.38.2

[illegible]	[illegible]	[illegible]	[illegible]	[illegible]，	[illegible]	[illegible]	[illegible]	[illegible]	[illegible]。
sji1	mjij1	kjụ1	tshwew1	ku1	zji2	·jiij1	ɣa1	śjɨj1	jiw2
尽	无	供	养	故，	总	持	门	成	就。
[illegible]	[illegible]	[illegible]	[illegible]	[illegible]，					
lə2	·jij1	kjụ1	tshwew1	tja1					
痴	之	供	养	者，					

供养无尽故，成就总持门。如是供养痴，

34.38.3

[illegible]	[illegible]	[illegible]	[illegible]	[illegible]，	[illegible]	[illegible]	[illegible]	[illegible]	[illegible]，
mji1	dju1	kjụ1	tshwew1	ŋwu2	mji1	dju1	kjụ1	tshwew1	ku1
无	有	供	养	是，	无	有	供	养	故，
[illegible]	[illegible]	[illegible]	[illegible]	[illegible]。					
zji2	·jiij1	ɣa1	śjɨj1	jiw2					
总	持	门	成	就。					

即供养无有，供养无有故，成就总持门。

34.38.4

[illegible]	[illegible]	[illegible]	[illegible]	[illegible]，	[illegible]	[illegible]	[illegible]	[illegible]	[illegible]，
lə2	·jij1	kjụ1	tshwew1	tja1	bju2	mjij1	kjụ1	tshwew1	ŋwu2
痴	之	供	养	者，	边	无	供	养	是，

□	□	□	□	□,
bju^{2}	$mjij^{1}$	$kjụ^{1}$	$tshwew^{1}$	ku^{1}
边	无	供	养	故,

如是供养痴,即供养无边,供养无边故,

34.38.5

□	□	□	□	□。	□	□	□	□	□,
zji^{2}	$\cdot jiij^{1}$	$ɣa^{1}$	$śjɨj^{1}$	jiw^{2}	$lə^{2}$	$\cdot jij^{1}$	$kjụ^{1}$	$tshwew^{1}$	tja^{1}
总	持	门	成	就。	痴	之	供	养	者,
□	□	□	□	□,					
$sọ^{1}$	dju^{1}	$kjụ^{1}$	$tshwew^{1}$	$ŋwu^{2}$					
三	有	供	养	是,					

成就总持门。如是供养痴,即供养三有,

34.38.6

□	□	□	□	□,	□	□	□	□	□。
$sọ^{1}$	dju^{1}	$kjụ^{1}$	$tshwew^{1}$	ku^{1}	zji^{2}	$\cdot jiij^{1}$	$ɣa^{1}$	$śjɨj^{1}$	jiw^{2}
三	有	供	养	故,	总	持	门	成	就。
□	□	□	□	□,					
$lə^{2}$	$\cdot jij^{1}$	$kjụ^{1}$	$tshwew^{1}$	tja^{1}					
痴	之	供	养	者,					

供养三有故,成就总持门。如是供养痴,

34.39.1

□	□	□	□	□,	□	□	□	□	□,
$mjij^{1}$	sej^{1}	$kjụ^{1}$	$tshwew^{1}$	$ŋwu^{2}$	$mjij^{1}$	sej^{1}	$kjụ^{1}$	$tshwew^{1}$	ku^{1}
寂	静	供	养	是,	寂	静	供	养	故,
□	□	□	□	□。					
zji^{2}	$\cdot jiij^{1}$	$ɣa^{1}$	$śjɨj^{1}$	jiw^{2}					
总	持	门	成	就。					

即供养寂静,供养寂静故,成就总持门。

34.39.2

[illegible]	[illegible]	[illegible]	[illegible]	[illegible]，	[illegible]	[illegible]	[illegible]	[illegible]	[illegible]，
lə^{2}	·jij^{1}	kjụ^{1}	tshwew^{1}	tja^{1}	dźiə^{2}	dźiej^{2}	kjụ^{1}	tshwew^{1}	ŋwu^{2}
痴	之	供	养	者，	轮	转	供	养	是，
[illegible]	[illegible]	[illegible]	[illegible]	[illegible]，					
dźiə^{2}	dźiej^{2}	kjụ^{1}	tshwew^{1}	ku^{1}					
轮	转	供	养	故，					

如是供养痴，即供养流转，以供养转故，

34.39.3

[illegible]	[illegible]	[illegible]	[illegible]	[illegible]。	[illegible]	[illegible]	[illegible]	[illegible]	[illegible]，
zji^{2}	·jiij^{1}	ɣa^{1}	śjɨj^{1}	jiw^{2}	lə^{2}	·jij^{1}	kjụ^{1}	tshwew^{1}	tja^{1}
总	持	门	成	就。	痴	之	供	养	者，
[illegible]	[illegible]	[illegible]	[illegible]	[illegible]，					
mji^{1}	khwụ^{1}	kjụ^{1}	tshwew^{1}	ŋwu^{2}					
无	转	供	养	是，					

成就总持门。如是供养痴，即供养无转，

34.39.4

[illegible]	[illegible]	[illegible]	[illegible]	[illegible]，	[illegible]	[illegible]	[illegible]	[illegible]	[illegible]。
mji^{1}	khwa^{1}	kjụ^{1}	tshwew^{1}	ku^{1}	zji^{2}	·jiij^{1}	ɣa^{1}	śjɨj^{1}	jiw^{2}
无	转	供	养	故，	总	持	门	成	就。
[illegible]	[illegible]	[illegible]	[illegible]	[illegible]，					
lə^{2}	·jij^{1}	kjụ^{1}	tshwew^{1}	tja^{1}					
痴	之	供	养	者，					

供养无转故，成就总持门。如是供养痴，

34.39.5

[illegible]	[illegible]	[illegible]	[illegible]	[illegible]，	[illegible]	[illegible]	[illegible]	[illegible]	[illegible]，
mji^{1}	dju^{1}	kjụ^{1}	tshwew^{1}	ŋwu^{2}	mji^{1}	dju^{1}	kjụ^{1}	tshwew^{1}	ku^{1}
无	有	供	养	是，	无	有	供	养	故，

[illegible]	[illegible]	[illegible]	[illegible]	[illegible]。
zji²	·jiij¹	ɣa¹	śjɨj¹	jiw²
总	持	门	成	就。

即供养无有,供养无有故,成就总持门。

34.39.6

[illegible]	[illegible]	[illegible]	[illegible]	[illegible],	[illegible]	[illegible]	[illegible]	[illegible]	[illegible],
lə²	·jij¹	kjụ¹	tshwew¹	tja¹	śjwo¹	mjij¹	kjụ¹	tshwew¹	ŋwu²
痴	之	供	养	者,	起	无	供	养	是,
[illegible]	[illegible]	[illegible]	[illegible]	[illegible],					
śjwo¹	mjij¹	kjụ¹	tshwew¹	ku¹					
起	无	供	养	故,					

如是供养痴,即供养无起,供养无起故,

34.40.1

[illegible]	[illegible]	[illegible]	[illegible]	[illegible]。	[illegible]	[illegible]	[illegible]	[illegible]	[illegible],
zji²	·jiij¹	ɣa¹	śjɨj¹	jiw²	lə²	·jij¹	kjụ¹	tshwew¹	tja¹
总	持	门	成	就。	痴	之	供	养	者,
[illegible]	[illegible]	[illegible]	[illegible]	[illegible],					
mjij¹	sej¹	kjụ¹	tshwew¹	ŋwu²					
寂	静	供	养	是,					

成就总持门。如是供养痴,即供养寂灭,

34.40.2

[illegible]	[illegible]	[illegible]	[illegible]	[illegible],	[illegible]	[illegible]	[illegible]	[illegible]	[illegible]。
mjij¹	sej¹	kjụ¹	tshwew¹	ku¹	zji²	·jiij¹	ɣa¹	śjɨj¹	jiw²
寂	静	供	养	故,	总	持	门	成	就。
[illegible]	[illegible]	[illegible]	[illegible]	[illegible],					
lə²	·jij¹	kjụ¹	tshwew¹	tja¹					
痴	之	供	养	者,					

供养寂灭故,成就总持门。如是供养痴,

34.40.3

[Tangut]	[Tangut]	[Tangut]	[Tangut]	[Tangut]，	[Tangut]	[Tangut]	[Tangut]	[Tangut]	[Tangut]，
lja^{1}	mji^{1}	kjṳ^{1}	tshwew^{1}	ŋwu^{2}	mji^{1}	lja^{1}	kjṳ^{1}	tshwew^{1}	ku^{1}
来	不	供	养	是，	不	来	供	养	故，
[Tangut]	[Tangut]	[Tangut]	[Tangut]	[Tangut]。					
zji^{2}	·jiij^{1}	ɣa^{1}	śjɨj^{1}	jiw^{2}					
总	持	门	成	就。					

即供养不来，供养不来故，成就总持门。

34.40.4

[Tangut]	[Tangut]	[Tangut]	[Tangut]	[Tangut]，	[Tangut]	[Tangut]	[Tangut]	[Tangut]	[Tangut]，
lə^{2}	·jij^{1}	kjṳ^{1}	tshwew^{1}	tja^{1}	dźjɨ$^{?}$	mjij^{1}	kjṳ^{1}	tshwew^{1}	ŋwu^{2}
痴	之	供	养	者，	行	无	供	养	是，
[Tangut]	[Tangut]	[Tangut]	[Tangut]	[Tangut]，					
dźjɨ$^{?}$	mjij^{1}	kjṳ^{1}	tshwew^{1}	ku^{1}					
行	无	供	养	故，					

如是供养痴，即供养无行，供养无行故，

34.40.5

[Tangut]	[Tangut]	[Tangut]	[Tangut]	[Tangut]。	[Tangut]	[Tangut]	[Tangut]	[Tangut]	[Tangut]，
zji^{2}	·jiij^{1}	ɣa^{1}	śjɨj^{1}	jiw^{2}	lə^{2}	·jij^{1}	kjṳ^{1}	tshwew^{1}	tja^{1}
总	持	门	成	就。	痴	之	供	养	者，
[Tangut]	[Tangut]	[Tangut]	[Tangut]	[Tangut]，					
dźiəj^{2}	lheew^{2}	kjṳ^{1}	tshwew^{1}	ŋwu^{2}					
为	有	供	养	是，					

成就总持门。如是供养痴，即供养有为，

34.40.6

[Tangut]	[Tangut]	[Tangut]	[Tangut]	[Tangut]，	[Tangut]	[Tangut]	[Tangut]	[Tangut]	[Tangut]。
dźiəj^{2}	lheew^{2}	kjṳ^{1}	tshwew^{1}	ku^{1}	zji^{2}	·jiij^{1}	ɣa^{1}	śjɨj^{1}	jiw^{2}
为	有	供	养	故，	总	持	门	成	就。

[illegible]	[illegible]	[illegible]	[illegible]	[illegible],
lə^{2}	·jij^{1}	kjụ^{1}	tshwew^{1}	tja^{1}
痴	之	供	养	者,

供养有为故,成就总持门。如是供养痴,

34.41.1

[illegible]	[illegible]	[illegible]	[illegible]	[illegible],	[illegible]	[illegible]	[illegible]	[illegible]	[illegible],
tśjị^{1}	njɨ^{2}	kjụ^{1}	tshwew^{1}	ŋwu^{2}	tśjị^{1}	njɨ^{2}	kjụ^{1}	tshwew^{1}	ku^{1}
苦	等	供	养	是,	苦	等	供	养	故,
[illegible]	[illegible]	[illegible]	[illegible]	[illegible]。					
zji^{2}	·jiij^{1}	ɣa^{1}	śjɨj^{1}	jiw^{2}					
总	持	门	成	就。					

即供养苦等,以供养苦等,成就总持门。

34.41.2

[illegible]	[illegible]	[illegible]	[illegible]	[illegible],	[illegible]	[illegible]	[illegible]	[illegible]	[illegible],
lə^{2}	·jij^{1}	kjụ^{1}	tshwew^{1}	tja^{1}	tśjị^{1}	sjịj^{2}	kjụ^{1}	tshwew^{1}	ŋwu^{2}
痴	之	供	养	者,	苦	智	供	养	是,
[illegible]	[illegible]	[illegible]	[illegible]	[illegible],					
tśjị^{1}	sjịj^{2}	kjụ^{1}	tshwew^{1}	ku^{1}					
苦	智	供	养	故,					

如是供养痴,即供养苦智,供养苦智故,

34.41.3

[illegible]	[illegible]	[illegible]	[illegible]	[illegible]。	[illegible]	[illegible]	[illegible]	[illegible]	[illegible],
zji^{2}	·jiij^{1}	ɣa^{1}	śjɨj^{1}	jiw^{2}	lə^{2}	·jij^{1}	kjụ^{1}	tshwew^{1}	tja^{1}
总	持	门	成	就。	痴	之	供	养	者,
[illegible]	[illegible]	[illegible]	[illegible]	[illegible],					
śioo^{1}	sjịj^{2}	kjụ^{1}	tshwew^{1}	ŋwu^{2}					
集	智	供	养	是,					

成就总持门。如是供养痴,即供养集智,

34.41.4

[illegible]	[illegible]	[illegible]	[illegible]	[illegible],	[illegible]	[illegible]	[illegible]	[illegible]	[illegible]。
śioo^1	sjịj^2	kjụ^1	tshwew^1	ku^1	zji^2	·jiij^1	ɣa^1	śjɨj^1	jiw^2
集	智	供	养	故，	总	持	门	成	就。
[illegible]	[illegible]	[illegible]	[illegible]	[illegible],					
lə^2	·jij^1	kjụ^1	tshwew^1	tja^1					
痴	之	供	养	者，					

供养集智故，成就总持门。如是供养痴，

34.41.5

[illegible]	[illegible]	[illegible]	[illegible]	[illegible],	[illegible]	[illegible]	[illegible]	[illegible]	[illegible],
dzjar^2	sjịj^2	kjụ^1	tshwew^1	ŋwu^2	dzjar^2	sjịj^2	kjụ^1	tshwew^1	ku^1
灭	智	供	养	是，	灭	智	供	养	故，
[illegible]	[illegible]	[illegible]	[illegible]	[illegible]。					
zji^2	·jiij^1	ɣa^1	śjɨj^1	jiw^2					
总	持	门	成	就。					

即供养灭智，供养灭智故，成就总持门。

34.41.6

[illegible]	[illegible]	[illegible]	[illegible]	[illegible],	[illegible]	[illegible]	[illegible]	[illegible]	[illegible],
lə^2	·jij^1	kjụ^1	tshwew^1	tja^1	tśja^1	sjịj^2	kjụ^1	tshwew^1	ŋwu^2
痴	之	供	养	者，	道	智	供	养	是，
[illegible]	[illegible]	[illegible]	[illegible]	[illegible],					
tśja^1	sjịj^2	kjụ^1	tshwew^1	ku^1					
道	智	供	养	故，					

如是供养痴，即供养道智，供养道智故，

34.42.1

[illegible]	[illegible]	[illegible]	[illegible]	[illegible]。	[illegible]	[illegible]	[illegible]	[illegible]	[illegible],
zji^2	·jiij^1	ɣa^1	śjɨj^1	jiw^2	lə^2	·jij^1	kjụ^1	tshwew^1	tja^1
总	持	门	成	就。	痴	之	供	养	者，

[Tangut]	[Tangut]	[Tangut]	[Tangut]	[Tangut],
tsjiir^{1}	sjịj^{2}	kjụ^{1}	tshwew^{1}	ŋwu^{2}
法	智	供	养	是,

成就总持门。如是供养痴,即供养法智,

34.42.2

[Tangut]	[Tangut]	[Tangut]	[Tangut]	[Tangut],	[Tangut]	[Tangut]	[Tangut]	[Tangut]	[Tangut]。
tsjiir^{1}	sjịj^{2}	kjụ^{1}	tshwew^{1}	ku^{1}	zji^{2}	·jiij^{1}	ɣa^{1}	śjɨj^{1}	jiw^{2}
法	智	供	养	故,	总	持	门	成	就。
[Tangut]	[Tangut]	[Tangut]	[Tangut]	[Tangut],					
lə^{2}	·jij^{1}	kjụ^{1}	tshwew^{1}	tja^{1}					
痴	之	供	养	者,					

供养法智故,成就总持门。如是供养痴,

34.42.3

[Tangut]	[Tangut]	[Tangut]	[Tangut]	[Tangut],	[Tangut]	[Tangut]	[Tangut]	[Tangut]	[Tangut],
djịj^{1}	sjịj^{2}	kjụ^{1}	tshwew^{1}	ŋwu^{2}	djịj^{1}	sjịj^{2}	kjụ^{1}	tshwew^{1}	ku^{1}
类	智	供	养	是,	类	智	供	养	故,
[Tangut]	[Tangut]	[Tangut]	[Tangut]	[Tangut]。					
zji^{2}	·jiij^{1}	ɣa^{1}	śjɨj^{1}	jiw^{2}					
总	持	门	成	就。					

即供养类智,供养类智故,成就总持门。

34.42.4

[Tangut]	[Tangut]	[Tangut]	[Tangut]	[Tangut],	[Tangut]	[Tangut]	[Tangut]	[Tangut]	[Tangut],
lə^{2}	·jij^{1}	kjụ^{1}	tshwew^{1}	tja^{1}	wee^{1}	mjij^{1}	sjịj^{2}	kjụ^{1}	tshwew^{1}
痴	于	供	养	者,	生	无	智	供	养,
[Tangut]	[Tangut]	[Tangut]	[Tangut]	[Tangut]。					
wee^{1}	mjij^{1}	kjụ^{1}	tshwew^{1}	ku^{1}					
生	无	供	养	故,					

如是供养痴,供养无生智,供养无生故,

34.42.5

[illegible]	[illegible]	[illegible]	[illegible]	[illegible]。	[illegible]	[illegible]	[illegible]	[illegible]	[illegible],
zji^{2}	·jiij^{1}	ɣa^{1}	śjɨj^{1}	jiw^{2}	lə^{2}	·jij^{1}	kjụ^{1}	tshwew^{1}	tja^{1}
总	持	门	成	就。	痴	于	供	养	者,
[illegible]	[illegible]	[illegible]	[illegible]	[illegible],					
sji^{1}	sjịj^{2}	kjụ^{1}	tshwew^{1}	ŋwu^{2}					
尽	智	供	养	是,					

成就总持门。如是供养痴,即供养尽智,

34.42.6

[illegible]	[illegible]	[illegible]	[illegible]	[illegible],	[illegible]	[illegible]	[illegible]	[illegible]	[illegible]。
sji^{1}	sjịj^{2}	kjụ^{1}	tshwew^{1}	ku^{1}	zji^{2}	·jiij^{1}	ɣa^{1}	śjɨj^{1}	jiw^{2}
尽	智	供	养	故,	总	持	门	成	就。
[illegible]	[illegible]	[illegible]	[illegible]	[illegible]①,					
lə^{2}	·jij^{1}	kjụ^{1}	tshwew^{1}	jiw^{2}					
痴	于	供	养	就,					

供养尽智故,成就总持门。

34.43.1

[illegible]	[illegible]	[illegible]②	[illegible]	[illegible],	[illegible]	[illegible]	[illegible]	[illegible]	[illegible],
thjɨ^{2}	sju^{2}	thjoo^{1}	tśhja^{2}	phja^{1}	ljɨr^{2}	dźjiij^{1}	nioow^{1}	mee^{2}	rewr^{2}
此	如	妙	正	断,	念	住	及	神	足,
[illegible]	[illegible]	[illegible]	[illegible]	[illegible],					
ŋwə^{1}	tśhji^{2}	nioow^{1}	ŋwə^{1}	ɣie^{1}					
五	根	及	五	力,					

如是于正断,念住并神足,五根及五力,

34.43.2

[illegible]	[illegible]	[illegible]	[illegible]	[illegible],	[illegible]	[illegible]	[illegible]	[illegible]	[illegible],

① 此译“如是供养痴”,汉文本无。

② [illegible],妙。汉文本此作“于”。

śją[1]	dwewr[2]	·jar[1]	tśja[1]	·jiw[1]	nioow[1]	thja[1]	śjā[1]	mo[2]	thow[1]
七	觉	八	道	因,	兼	彼	奢	摩	他,
[illegible]	[illegible]	[illegible]	[illegible]	[illegible],					
phji[1]	pa[2]	śjā[1]	no[1]	njɨ[2]					
毗	般	舍	那	等,					

七觉八道支①,兼彼奢摩他,毗般舍那等,

34.43.3

[illegible]	[illegible]	[illegible]	[illegible]	[illegible],	[illegible]	[illegible]	[illegible]	[illegible]	[illegible]。
thjɨ[2]	gjɨɨ[1]	mə[2]	tsjiir[1]	ɣa[2]	ŋowr[2]	ŋowr[2]	zji[2]	thjɨ[2]	sju[2]
此	九	种	法	于,	一	切	皆	此	如。

于斯九种法,一切皆如是。

汉文本

尔时,世尊复说偈言:

大智诸菩萨,具足施资粮,胜利有八十,我今已略说。

复有诸功德,无量难思议,皆从布施生,今当少宣说。

汝以平等施,普遍于大会,如是施资粮,智者应修习。

此施能积集,福聚不思议,相好庄严身,一切皆圆满。

生处及种族,国土若居家,名称与色心,一切皆清净。

诸天神变事,及宫殿彩女,清净无碍辩,皆从布施生。

布施胜资粮,诸佛咸称叹,此即是菩提,最初安住本。

精进诸菩萨,于施无疑惑,安住决定心,勤修于布施。

如是布施心,成就殊胜福,菩萨勤修习,当证佛菩提。

由布施威力,成就胜神通,振动俱胝刹,不损诸众生。

由布施能引,净戒及多闻,正信与精进,三昧无漏慧。

由布施能引,根力菩提分,正断及神足,远离诸习气。

由布施能引,清净妙音声,于百俱胝刹,开示无边法。

由净信行施,速得诸神通,为成就神通,应勤修布施。

无量诸天众,百千阿修罗,龙神及夜叉,眷属共围绕,

咸乘妙楼阁,自在而游戏。

如是等诸王,见勤行施者,皆当起远迎,敷座而供养。

① 道支,西夏文本作"[illegible][illegible]"(道因)。

如是行施人，具足大威德，自在神通力，摄受诸天王，
鸠槃荼夜叉，皆悉来归伏，及乾闼婆众，亦献诸音乐。
贼害起慈心，恶人当远离，珍财无损减，库藏悉充盈。
以修布施故，成就胜资粮，乃至于佛智，不行外道法。
是人无病恼，守护陀罗尼，得诸殊胜力，皆由布施生。
如是行施人，修习菩提道，不遇恶知识，得同类善友。
复有诸菩萨，积集施资粮，成就不思议，陀罗尼智慧。
以无量偈颂，演说于总持，一切无挂碍，不失于本义。
广大菩提心，志愿常坚固，具足于净戒，舍离诸魔业，
不著五欲乐，专精求正念，心常无迷惑，亦不生贪爱。
瞋恚诸烦恼，如实皆了知，于一切境界，不著不迷惑。
是人善了知，如是诸烦恼，以因缘和合，能生诸过失。
乃至于佛法，若因若因因，如是因作用，一切皆能了。
是人能了知，眼尽边因性，远离诸迷惑，于眼无所染。
是人能了知，眼生边边际，寂静与流转，无有及无生，
乃至于寂灭，如是等因性，远离诸迷惑，于眼无所染。
是人能了知，眼前际言说，随世假安立，于中无有实。
是人能了知，眼后际言说，随世假安立，于中无有实。
是人能了知，眼生边边际，寂静与流转，无有及无生，
乃至于寂灭，如是等言说，随世假安立，于中无有实。
是人能了知，眼前际言说，但因缘和合，于中无所著。
是人能了知，眼后际言说，但因缘和合，于中无所著。
是人能了知，眼生边边际，寂静与流转，无有及无生，
乃至于寂灭，如是等言说，但因缘和合，于中无所著。
是人能了知，眼前际言说，自性无表示，于中无所染。
是人能了知，眼后际言说，自性无表示，于中无所染。
是人能了知，眼生边边际，寂静与流转，无有及无生，
乃至于寂灭，如是等言说，自性无表示，于中无所染。
耳鼻舌身心，六尘并四大，乃至世生名，一切皆如是。
是人能了知，贪欲即佛道，自性无差别，于贪无所染。
一切诸佛道，当于烦恼求，知性无差别，是入总持门。
说贪是总持，总持即是贪，知性无差别，是学总持门。
如是供养贪，即为供养佛，以供养佛故，成就总持门。
是人能了知，瞋恚即佛道，自性无差别，于瞋无所染。
瞋即是总持，总持即是瞋，知性无差别，是学总持门。
如是供养瞋，亦为供养佛，以供养佛故，成就总持门。
是人能了知，愚痴即佛道，自性无差别，于痴无所染。
若如实了知，痴性之边际，是则修佛道，成就总持门。

痴即是总持,总持即是痴,知性无差别,是学总持门。
如是供养痴,即为供养佛,以供养佛故,成就总持门。
如是供养痴,即为供养法,以供养法故,成就总持门。
如是供养痴,即为供养僧,以供养僧故,成就总持门。
如是供养痴,即为供养戒,以供养戒故,成就总持门。
如是供养痴,即供养精进,供养精进故,成就总持门。
如是供养痴,即供养赞叹,供养赞叹故,成就总持门。
如是供养痴,即供养佛法,供养佛法故,成就总持门。
如是供养痴,即供养法性,供养法性故,成就总持门。
如是供养痴,即供养真如,供养真如故,成就总持门。
如是供养痴,即供养无生,供养无生故,成就总持门。
如是供养痴,即供养无灭,供养无灭故,成就总持门。
如是供养痴,即供养无尽,供养无尽故,成就总持门。
如是供养痴,即供养无有,供养无有故,成就总持门。
如是供养痴,即供养无边,供养无边故,成就总持门。
如是供养痴,即供养三有,供养三有故,成就总持门。
如是供养痴,即供养寂静,供养寂静故,成就总持门。
如是供养痴,即供养流转,以供养转故,成就总持门。
如是供养痴,即供养无转,供养无转故,成就总持门。
如是供养痴,即供养无有,供养无有故,成就总持门。
如是供养痴,即供养无起,供养无起故,成就总持门。
如是供养痴,即供养寂灭,供养寂灭故,成就总持门。
如是供养痴,即供养不来,供养不来故,成就总持门。
如是供养痴,即供养无行,供养无行故,成就总持门。
如是供养痴,即供养有为,供养有为故,成就总持门。
如是供养痴,即供养苦等,以供养苦等,成就总持门。
如是供养痴,即供养苦智,供养苦智故,成就总持门。
如是供养痴,即供养集智,供养集智故,成就总持门。
如是供养痴,即供养灭智,供养灭智故,成就总持门。
如是供养痴,即供养道智,供养道智故,成就总持门。
如是供养痴,即供养法智,供养法智故,成就总持门。
如是供养痴,即供养类智,供养类智故,成就总持门。
如是供养痴,供养无生智,供养无生故,成就总持门。
如是供养痴,即供养尽智,供养尽智故,成就总持门。
如是于正断,念住并神足,五根及五力,七觉八道支,
兼彼奢摩他,毗般舍那等,于斯九种法,一切皆如是。

34.43.4

[illegible]	[illegible]，	[illegible]	[illegible]	[illegible]	[illegible]	[illegible]	[illegible]	[illegible]	[illegible]
tśhjɨ1	zjọ2	rjur1	pjụ1	lhjịj2	bji1	zjɨ1	lji1	·jij1	dạ2
尔	时，	世	尊	月	光	童	子	于	言
[illegible]：	[illegible]	[illegible]	[illegible]，	[illegible]	[illegible]	[illegible]	[illegible]		
tshjiij1	neew2	goor1	gji2	tjɨ1	tjij1	dźiã2	tśhju1		
说：	善	男	子，	假	若	众	生		

尔时，世尊告月光童子言：善男子，若有众生

34.43.5

[illegible]	[illegible]	[illegible]	[illegible]，	[illegible]	[illegible]	[illegible]	[illegible]	[illegible]	[illegible]
ljịj2	·ụ2	bju1	dźjiij1	śji1	rjɨr2	tshjiij1	thow1	lo1	dźji1
大	乘	依	住，	前	所	说	陀	罗	尼
[illegible]	[illegible]	[illegible]	[illegible]，	[illegible]	[illegible]	[illegible]	[illegible]		
śjɨj1	·jiw2	kiej2	ku1	·jar1	ɣạ2	mə2	dzjwo2		
成	就	欲	则，	八	十	种	人		

住于大乘，为欲成就如上所说陀罗尼者，应当远离八十种人。

34.43.6

[illegible]	[illegible]	[illegible]。	[illegible]	[illegible]	[illegible]	[illegible]	[illegible]	[illegible]?	[illegible]
khwa1	ka2	lew2	·jar1	ɣạ2	mə2	tja1	thjij2	sjo2	thjɨ2
远	离	当。	八	十	种	者	何	云?	此
[illegible]	[illegible]	[illegible]、	[illegible]	[illegible]、	[illegible]	[illegible]	[illegible]		
tja1	wja1	sja1	mjij2	tśjuu1	·ja1	lo1	xã1		
者	父	杀、	母	害、	阿	罗	汉		

云何八十？所谓杀父、害母、杀阿罗汉、

34.44.1

[illegible]、	[illegible]	[illegible]	[illegible]	[illegible]	[illegible]	[illegible]	[illegible]	[illegible]、	[illegible]
sja1	sja1	tśjuu1	njiij1	ŋwu2	tha1	ljụ2	sjij1	thjɨ1	dzow1
杀、	屠	害	心	以	佛	身	血	放、	和

□ □ □、 □ □ □ □[①]、 □

ŋwej[2] sẽ[1] tśhjow[1] tsjiir[1] kjwir[1] nji[1] phjɨ[1] tśhji[2]

合 僧 破、 法 贼 家 出、 根

以屠害心出佛身血、破和合僧、贼住出家、无根

34.44.2

□ □ □、 □ □、 □ □ □、 □ □、

mjij[1] njɨɨ[1] tśhji[2] dow[1] ljij[2] dow[1] sjwɨ[1] sjiij[2] dow[1] dạ[2]

无 二 根、 邪 见、 邪 思 维、 邪 语、

□ □、 □ □、 □ □ □、 □

dow[1] sjwɨj[1] dow[1] kạ[1] dow[1] khu[1] dźjij[1] dow[1]

邪 业、 邪 命、 邪 精 进、 邪

二根、邪见、邪思惟、邪语、邪业、邪命、邪精进、邪

34.44.3

□、 □ □、 □ □ □、 □ □ □、 □

ljɨr[2] dow[1] djɨj[2] do[2] tji[1] nwə[1] dzjɨj[1] tji[1] nwə[1] tsjiir[1]

念、 邪 定、 处 不 知、 时 不 知、 法

□ □、 □ □ □、 □ □ □、

tji[1] nwə[1] tśja[1] tji[1] nwə[1] pjụ[1] tji[1] nwə[1]

不 知、 道 不 知、 量 不 知、

念、邪定、不知处、不知时、不知法、不知道、不知量、

34.44.4

□ □[②]、 □ □ □[③] □ □ □ □ □

·jij[1] tsjij[1] tha[1] tsjiir[1] bju[1] nioow[1] rjur[1] ɣiew[1] tjị[2] do[2]

自 他、 佛 法 依 及 诸 学 处 于

□ □ □ □、 □ □[④] □ □

pjụ[1] bjuu[1] tji[1] njwi[2] tji[1] nwə[1] mji[1] śja[1]

---

① 西夏文字意思为:“法贼出家。”

② □□,自他。后脱“□□”(不知)二字。

③ □,旁有小黑点,疑为“□”(僧)之误。

④ □□,不知。此二字当衍文。

尊 敬 不 能、 不 知 不 逸

不知自他、于佛法僧并诸学处不能尊重、于不放

34.44.5

[illegible] [illegible] [illegible] [illegible] [illegible] [illegible] [illegible] [illegible] [illegible] [illegible]

wjạ^{2} nioow^{1} buu^{2} gjij^{1} mjɨɨ^{2} kiẹj^{2} ɣa^{2} tsjɨ^{1} bjuu^{1} bjịj^{1}

放 及 殊 胜 境 界 于 亦 敬 仰

[illegible] [illegible]、 [illegible] [illegible] [illegible]、 [illegible] [illegible] [illegible]、

tji^{1} njwi^{2} tsjiir^{1} tji^{1} nwə^{1} dzjɨj^{1} tji^{1} nwə^{1}

不 能、 法 不 知、 律 不 知、

逸及殊胜境亦不宗仰、不知法、不知律、

34.44.6

[illegible] [illegible] [illegible] [illegible]、 [illegible] [illegible] [illegible] [illegible] [illegible] [illegible]

ɣiew^{1} tjị^{2} tji^{1} nwə^{1} thja^{1} dzwej^{1} tjij^{1} ljɨɨ^{1} tjij^{1} ·jij^{1}

学 处 不 知、 其 罪 若 重 若 轻

[illegible] [illegible]、 [illegible] [illegible] [illegible] [illegible] [illegible] [illegible]

tji^{1} nwə^{1} thja^{1} kie^{1} tjij^{1} ljiij^{2} tjij^{1} tsjụ^{1}

不 知、 其 戒 或 毁 或 缺

不知学处、不知其罪若重若轻、不知其戒是毁是缺、

34.45.1

[illegible] [illegible]、 [illegible] [illegible] [illegible] [illegible] [illegible] [illegible] [illegible] [illegible]、

tji^{1} nwə^{1} nioow^{1} dźjɨ$^{?}$ tjij^{1} sjij^{1} tjij^{1} tshu^{1} tji^{1} nwə^{1}

不 知、 又 行 若 细 若 粗 不 知、

[illegible] [illegible] [illegible] [illegible] [illegible] [illegible] [illegible] [illegible]、

mjij^{2} ljịj^{2} mjor^{1} dźjiij^{1} sjwɨj^{1} tsjɨ^{1} tji^{1} nwə^{1}

未 来 现 在 业 亦 不 知、

又不知行若细若粗、亦不知业未来现在、

34.45.2

[illegible] [illegible] [illegible] [illegible] [illegible] [illegible] [illegible] [illegible]、 [illegible] [illegible] bji^{2} dźju^{2} dạ^{2} tsjɨ^{1} nwə^{1} tsjij^{2} tji^{1} njwi^{2} ɣiẹ^{2} mji^{1}

下 劣 事 亦 知 了 不 能、 声 闻

[illegible] [illegible] [illegible] [illegible] [illegible] [illegible]、 [illegible] [illegible]①

·ụ^{2} ·jow^{2} mjor^{1} njwi^{2} tsjiir^{1} kjij^{1} tjij^{1} dwewr^{2}

乘 赞 如 来 法 毁、 独 觉

于下劣事亦不了知、赞声闻乘毁如来法、

34.45.3

[illegible] [illegible] [illegible] [illegible] [illegible] [illegible] [illegible] [illegible] [illegible] [illegible]

·ụ^{2} ·jij^{1} pjwɨɨr^{1} śio^{1} phie^{2} neej^{2} zji^{2} phju^{2} tśhja^{2} tśja^{1}

乘 于 劝 导 开 示 最 上 正 道

[illegible] [illegible] [illegible] [illegible]、 [illegible] [illegible]、 [illegible] [illegible]、

khwa^{1} ka^{2} dwər^{1} dźjɨɨr^{1} kie^{1} ljiij^{2} ljij^{2} ljiij^{2}

远 离 厌 舍、 戒 破、 见 破、

劝导开示辟支佛乘远离厌舍无上正道、破戒、破见、

34.45.4

[illegible] [illegible] [illegible] [illegible]、 [illegible] [illegible] [illegible] [illegible]、 [illegible] [illegible]

rjur^{1} pjụ^{1} wer^{1} ljiij^{2} mji^{1} tśja^{1} ·u^{2} dźjij^{1} ŋa^{2} dzjwo^{2}

诸 威 仪 破、 非 道 内 行、 我 人

[illegible] [illegible]、 [illegible] [illegible] [illegible] [illegible]、 [illegible] [illegible]

dju^{1} tshjiij^{1} dźiã^{2} tśhju^{1} dju^{1} tshjiij^{1} kạ^{1} mjijr^{2}

有 说、 众 生 有 说、 命 者

破诸威仪、行于非道、说有我人、说有众生、说有命者、

34.45.5

[illegible] [illegible]、 [illegible] [illegible] [illegible] [illegible] [illegible] [illegible]、 [illegible] [illegible]

dju^{1} tshjiij^{1} pu^{1} te^{1} khja^{2} lo^{1} dju^{1} tshjiij^{1} njiij^{1} phji^{1}

有 说、 补 特 伽 罗 有 说、 心 意

[illegible] [illegible]、 [illegible] [illegible] [illegible] [illegible]、 [illegible] [illegible]、

① [illegible][illegible],独觉。又曰缘觉,即辟支。

bji^{2} dźju^{2} lẹj^{2} tshjạ^{1} lə^{2} śjwo^{1} phja^{1} ljij^{2}

下 劣、 贪 瞋 痴 起、 断 见、

说有补特伽罗、志意下劣、起贪瞋痴、断见、

34.45.6

[illegible] [illegible]、 [illegible] [illegible] [illegible] [illegible]、 [illegible] [illegible] [illegible]、 [illegible]

·ju^{2} ljij^{2} ŋa^{1} ·jiw^{1} mjij^{1} ljij^{2} dju^{1} mji^{1} ljij^{2} mjij^{1}

常 见、 空 因 无 见、 有 不 见、 无

[illegible] [illegible]、 [illegible] [illegible] [illegible]、 [illegible] [illegible] [illegible]

mji^{1} ljij^{2} sjwɨj^{1} mji^{1} ljij^{2} khu^{1} dźjij^{1} mji^{1}

不 见、 业 不 见、 精 进 不

常见、空无因见、不见有、不见无、不见业、不见精进、

34.46.1

[illegible]、 [illegible] [illegible] [illegible]、 [illegible] [illegible] [illegible] [illegible]、 [illegible] [illegible]

ljij^{2} sjwɨj^{1} tji^{1} nwə^{1} sjwɨj^{1} ·jiw^{1} tji^{1} nwə^{1} do^{2} we^{1}

见、 业 不 知、 业 因 不 知、 异 熟

[illegible] [illegible]、 [illegible] [illegible] [illegible] [illegible] [illegible]、 [illegible]

tji^{1} nwə^{1} do^{2} we^{1} ·jiw^{1} tji^{1} nwə^{1} rjur^{1}

不 知、 异 熟 因 不 知、 诸

不知业、不知业因、不知异熟、不知异熟因、不知诸

34.46.2

[illegible] [illegible] [illegible]、 [illegible] [illegible] [illegible] [illegible] [illegible]、 [illegible] [illegible]

tśhji^{2} tji^{1} nwə^{1} rjur^{1} tśhji^{2} ·jiw^{1} tji^{1} nwə^{1} kiẹj^{2} ·jiw^{1}

根 不 知、 诸 根 因 不 知、 界 因

[illegible] [illegible]、 [illegible] [illegible] [illegible] [illegible]、 [illegible] [illegible]

tji^{1} nwə^{1} bie^{2} lhew^{2} tji^{1} nwə^{1} bie^{2} lhew^{2}

不 知、 解 脱 不 知、 解 脱

根、不知诸根因、不知界①、不知界因、不知解脱、不知解脱

① 西夏文本缺“不知界”。

34.46.3

[illegible]	[illegible]	[illegible]、	[illegible]	[illegible]	[illegible]、	[illegible]	[illegible]	[illegible]	[illegible]、
·jiw1	tji1	nwə1	tśja1	tji1	nwə1	tśja1	·jiw1	tji1	nwə1
因	不	知、	道	不	知、	道	因	不	知、
[illegible]	[illegible]	[illegible]	[illegible]、	[illegible]	[illegible]	[illegible]	[illegible]		
źjị1	njɨɨ2	tji1	nwə1	źjị1	njɨɨ2	·jiw1	tji1		
烦	恼	不	知、	烦	恼	因	不		

因、不知道、不知道因、不知烦恼、不知烦恼因，

34.46.4

[illegible]、	[illegible]	[illegible]	[illegible]、	[illegible]	[illegible]	[illegible]	[illegible]、	[illegible]	[illegible]
nwə1	mjii1	tji1	nwə1	mjii1	·jiw1	tji1	nwə1	śji1	bju2
知、	施	不	知、	施	因	不	知、	前	际
[illegible]	[illegible]	[illegible]	[illegible]	[illegible]、	[illegible]①	[illegible]	[illegible]		
nioow1	kụ1	bju2	tji1	nwə1	nwə1	lhji1	wee1		
及	后	际	不	知、	知	死	生		

不知施、不知施因、不知前际及于后际、不知前际及后际因、不知生死、

34.46.5

[illegible]	[illegible]、	[illegible]	[illegible]	[illegible]	[illegible]	[illegible]、	[illegible]	[illegible]	[illegible]
tji1	nwə1	lhji1	wee1	·jiw1	tji1	nwə1	rar2	dju1	tji1
不	知、	死	生	因	不	知、	漏	有	不
[illegible]、	[illegible]	[illegible]	[illegible]	[illegible]	[illegible]、	[illegible]	[illegible]		
nwə1	rar2	dju1	·jiw1	tji1	nwə1	sji1	mji1		
知、	漏	有	因	不	知、	尽	非		

不知生死因、不知有漏、不知有漏因、不知尽非

34.46.6

[illegible]	[illegible]	[illegible]、	[illegible]	[illegible]	[illegible]	[illegible]	[illegible]、	[illegible]	[illegible]
sji1	tji1	nwə1	dju1	mji1	dju1	tji1	nwə1	bju2	ljow2

---

① [illegible]，知。参汉文“不知前际及后际因”，“[illegible]”前脱“[illegible]”当衍文。

尽	不	知、	有	非	有	不	知、	边	际
[illegible]	[illegible]	[illegible]	[illegible]	[illegible]、	[illegible]	[illegible]	[illegible]		
mji^{1}	bju^{2}	ljow^{2}	tji^{1}	nwə^{1}	mjij^{1}	sej^{1}	mji^{1}		
非	边	际	不	知、	寂	静	非		

尽、不知有非有、不知边际非边际、不知寂静非

34.47.1

[illegible]	[illegible]	[illegible]	[illegible]、	[illegible]	[illegible]	[illegible]	[illegible]	[illegible]，	[illegible]
mjij^{1}	sej^{1}	tji^{1}	nwə^{1}	khwa^{1}	mji^{1}	khwa^{1}	tji^{1}	nwə^{1}	tsjir̠^{2}
寂	静	不	知、	转	非	转	不	知，	性
[illegible]	[illegible]	[illegible]	[illegible]、	[illegible]	[illegible]	[illegible]	[illegible]		
mji^{1}	tsjir̠^{2}	tji^{1}	nwə^{1}	wee^{1}	mji^{1}	wee^{1}	tji^{1}		
非	性	不	知、	生	非	生	不		

寂静、不知转非转、不知性非性、不知生非生、

34.47.2

[illegible]、	[illegible]	[illegible]	[illegible]	[illegible]	[illegible]。	[illegible]	[illegible]，	[illegible]	[illegible]
nwə^{1}	dzjar^{2}	mji^{1}	dzjar^{2}	tji^{1}	nwə^{1}	zjɨ̣^{1}	lji^{1}	tjij^{1}	neew^{2}
知、	灭	非	灭	不	知。	童	子，	若	善
[illegible]	[illegible]、	[illegible]	[illegible]	[illegible]	[illegible]，	[illegible]	[illegible]		
goor^{1}	gji^{2}	neew^{2}	sji^{2}	dzjwo^{2}	njɨ^{2}	śji^{1}	rjɨr^{2}		
男	子、	善	女	人	等，	上	所		

不知灭非灭。童子，若善男子、善女人等，为欲成就如上所

34.47.3

[illegible]	[illegible]	[illegible]	[illegible]	[illegible]	[illegible]	[illegible]	[illegible]，	[illegible]	[illegible]
tshjiij^{1}	thow^{1}	lo^{1}	dźji^{1}	śjɨj^{1}	·jiw^{2}	kiẹj^{2}	ku^{1}	thjɨ^{2}	·jar^{1}
说	陀	罗	尼	成	就	欲	则，	是	八
[illegible]	[illegible]	[illegible]	[illegible]	[illegible]	[illegible]	[illegible]	[illegible]	[illegible]。	
ɣạ^{2}	mə^{2}	mji^{1}	tsjiir^{1}	dzjwo^{2}	·jij^{1}	dźjɨɨr^{1}	ka^{2}	lew^{2}	
十	种	非	法	人	之	舍	离	当。	

说陀罗尼者，应当舍离是八十种非法之人。

汉文本

尔时,世尊告月光童子言:善男子,若有众生住于大乘,为欲成就如上所说陀罗尼者,应当远离八十种人。云何八十?所谓杀父、害母、杀阿罗汉、以屠害心出佛身血、破和合僧、贼住出家、无根二根、邪见、邪思惟、邪语、邪业、邪命、邪精进、邪念、邪定、不知处、不知时、不知法、不知道、不知量、不知自他、于佛法僧并诸学处不能尊重、于不放逸及殊胜境亦不宗仰、不知法、不知律、不知学处、不知其罪若重若轻、不知其戒是毁是缺、又不知行若细若粗、亦不知业未来现在、于下劣事亦不了知、赞声闻乘毁如来法、劝导开示辟支佛乘远离厌舍无上正道、破戒、破见、破诸威仪、行于非道、说有我人、说有众生、说有命者、说有补特伽罗、志意下劣、起贪瞋痴、断见、常见、空无因见、不见有、不见无、不见业、不见精进、不知业、不知业因、不知异熟、不知异熟因、不知诸根、不知诸根因、不知界、不知界因、不知解脱、不知解脱因、不知道、不知道因、不知烦恼、不知烦恼因、不知施、不知施因、不知前际及于后际、不知前际及后际因、不知生死、不知生死因、不知有漏、不知有漏因、不知尽非尽、不知有非有、不知边际非边际、不知寂静非寂静、不知转非转、不知性非性、不知生非生、不知灭非灭。童子,若善男子、善女人等,为欲成就如上所说陀罗尼者,应当舍离是八十种非法之人。

34.47.4

[illegible]	[illegible],	[illegible]	[illegible]	[illegible]	[illegible]	[illegible]	[illegible]:
tśhjɨ^{1}	zjọ^{2}	rjur^{1}	pjụ^{1}	ljaa^{1}	dạ^{2}	rjɨr^{2}	tshjiij^{1}
尔	时,	世	尊	偈	言	复	说:

尔时,世尊复说偈言:

34.47.5

[illegible]	[illegible]	[illegible]	[illegible]	[illegible],	[illegible]	[illegible]	[illegible]	[illegible]	[illegible],
tjij^{1}	mej^{1}	·jij^{1}	wee^{1}	sji^{1}	bju^{2}	ljow^{2}	tji^{1}	nwə^{1}	ku^{1}
若	眼	之	生	尽,	边	际	不	知	故,
[illegible]	[illegible]	[illegible]	[illegible]	[illegible],					
thja^{1}	dzjwo^{2}	zji^{2}	·jiij^{1}	lhạ^{2}					
其	人	总	持	迷,					

若不了于眼,生尽之边际,是人迷总持,

34.47.6

[illegible]	[illegible]	[illegible]	[illegible]	[illegible]。	[illegible]	[illegible]	[illegible]	[illegible]	[illegible],
sjịj^{2}	mjijr^{2}	khwa^{1}	ka^{2}	lew^{2}	tjij^{1}	mej^{1}	·jij^{1}	ŋa^{2}	mjij^{1}

智 者 远 离 应。 若 眼 之 我 无，

[illegible] [illegible] [illegible] [illegible] [illegible]，

dźiā^{2} tśhju^{1} mjij^{1} tsjij^{2} ku^{1}

众 生 无 了 则，

智者应远离。若能了于眼，无我无众生，

34.48.1

[illegible] [illegible] [illegible] [illegible] [illegible]， [illegible] [illegible] [illegible] [illegible] [illegible]。

thja^{1} dzjwo^{2} zji^{2} ·jiij^{1} dźjiij^{1} sji̱j^{2} mjijr^{2} ? njij^{1} lew^{2}

其 人 总 持 住， 智 者 亲 近 应。

[illegible] [illegible] [illegible] [illegible] [illegible]，

tjij^{1} mej^{1} ·jij^{1} wee^{1} sji^{1}

若 眼 之 生 尽，

是人住总持，智者应亲近。若能了于眼，

34.48.2

[illegible] [illegible] [illegible] [illegible] [illegible]， [illegible] [illegible] [illegible] [illegible] [illegible]，

·jwɨr^{2} dji^{2} ka^{2} njwi^{2} ku^{1} thja^{1} dzjwo^{2} zji^{2} ·jiij^{1} dźjiij^{1}

文 字 离 能 故， 其 人 总 持 住，

[illegible] [illegible] [illegible] [illegible] [illegible]。

sji̱j^{2} mjijr^{2} ? njij^{1} lew^{2}

智 者 亲 近 应。

生尽离文字，是人住总持，智者应亲近。

34.48.3

[illegible] [illegible] [illegible] [illegible] [illegible]， [illegible] [illegible] [illegible] [illegible] [illegible]，

tjij^{1} mej^{1} ·jij^{1} mjij^{1} sej^{1} dźjiij^{1} lew^{2} mjij^{1} tsjij^{2} ku^{1}

若 眼 之 寂 静， 住 所 无 了 则，

[illegible] [illegible] [illegible] [illegible] [illegible]，

thja^{1} dzjwo^{2} zji^{2} ·jiij^{1} dźjiij^{1}

其 人 总 持 住，

若能了于眼，寂静无所住，是人住总持，

34.48.4

[illegible]	[illegible]	[illegible]	[illegible]	[illegible]。	[illegible]	[illegible]	[illegible]	[illegible]	[illegible]①,
sjịj²	mjijr²	?	njij¹	lew²	tjij¹	mej¹	·jij¹	tsjịr²	tsjịr²
智	者	亲	近	应。	若	眼	自	性	性,
[illegible]	[illegible]	[illegible]	[illegible]	[illegible],					
dźjiij¹	lew²	mjij¹	tsjij²	ku¹					
住	所	无	了	则,					

智者应亲近。若能了于眼,自性无所住,

34.48.5

[illegible]	[illegible]	[illegible]	[illegible]	[illegible],	[illegible]	[illegible]	[illegible]	[illegible]	[illegible]。
thja¹	dzjwo²	zji²	·jiij¹	dźjiij¹	sjịj²	mjijr²	?	njij¹	lew²
其	人	总	持	住,	智	者	亲	近	应。
[illegible]	[illegible]	[illegible]	[illegible]	[illegible],					
tjij¹	mej¹	·jij¹	mji¹	khwa¹					
若	眼	之	无	转,					

是人住总持,智者应亲近。若能了于眼,

34.48.6

[illegible]	[illegible]	[illegible]	[illegible]	[illegible],	[illegible]	[illegible]	[illegible]	[illegible]	[illegible],
tsə̣¹	·jij¹	mjij¹	tsjij²	ku¹	thja¹	dzjwo²	zji²	·jiij¹	dźjiij¹
色	相	无	了	则,	其	人	总	持	住,
[illegible]	[illegible]	[illegible]	[illegible]	[illegible]。					
sjịj²	mjijr²	?	njij¹	lew²					
智	者	亲	近	应。					

无转无色相,是人住总持,智者应亲近。

34.49.1

[illegible]	[illegible]	[illegible]	[illegible]	[illegible],	[illegible]	[illegible]	[illegible]	[illegible]	[illegible],
tjij¹	mej¹	·jij¹	wee¹	mjij¹	tsjịr²	mjij¹	dzjar²	tsjij²	ku¹

① 依上下文,此处西夏文本似当"[illegible]"。

若 眼 之 生 无， 性 寂 灭 了 则，

[illegible]

thja^{1} dzjwo^{2} zji^{2} ·jiij^{1} dźjiij^{1}

其 人 总 持 住，

若能了于眼，无生性寂灭，是人住总持，

34.49.2

[illegible]

sjịj^{2} mjijr^{2} ? njij^{1} lew^{2} tjij^{1} mej^{1} ·jij^{1} ·jij^{1} tsjɨ̱r^{2}

智 者 亲 近 应。 若 眼 之 自 性，

[illegible]

mjiij^{2} ·jij^{1} zji^{2} khwa^{1} ka^{2}

名 相 皆 远 离，

智者应亲近。若能了于眼，自性离名相，

34.49.3

[illegible]

rjur^{1} tha^{1} tshjiij^{1} ·jow^{2} śja^{2} nioow^{1} dźju^{1} neej^{2} tji^{1} ljɨɨ^{1}

诸 佛 说 赞 叹， 及 明 示 无 能，

[illegible]

thjɨ^{2} sju^{2} tsjij^{2} njwi^{2} ku^{1}

此 如 了 能 则，

诸佛无能说，称叹及表示，如是则能了①，

34.49.4

[illegible]

thja^{1} dzjwo^{2} zji^{2} ·jiij^{1} dźjiij^{1} sjịj^{2} mjijr^{2} ? njij^{1} lew^{2}

其 人 总 持 住， 智 者 亲 近 应。

[illegible]

tjij^{1} mej^{1} ·jij^{1} ·jij^{1} tsjɨ̱r^{2}

① 如是则能了，汉文本缺此句。

若 眼 之 自 性，

是人住总持，智者应亲近。若能了于眼，

34.49.5

[illegible]	[illegible]	[illegible]	[illegible]	[illegible]，	[illegible]	[illegible]	[illegible]	[illegible]	[illegible]，
mjiij²	·jij¹	zji²	khwa¹	ka²	sjwɨ¹	sjiij²	nioow¹	ɣiwej¹	·jiij¹
名	相	皆	远	离，	思	维	及	受	持，
[illegible]	[illegible]	[illegible]	[illegible]	[illegible]，					
nẹ¹	tshjiij¹	njwi²	mjijr²	mjij¹					
演	说	能	者	无，					

自性离名相，无有能思惟，受持及演说，

34.49.6

[illegible]	[illegible]	[illegible]	[illegible]	[illegible]，	[illegible]	[illegible]	[illegible]	[illegible]	[illegible]，
thjɨ²	sju²	tsjij²	njwi²	ku¹	thja¹	dzjwo²	zji²	·jiij¹	dźjiij¹
此	如	了	能	则，	其	人	总	持	住，
[illegible]	[illegible]	[illegible]	[illegible]	[illegible]。					
sjij²	mjijr²	?	njij¹	lew²					
智	者	亲	近	应。					

如是能了知①，是人住总持，智者应亲近。

34.50.1

[illegible]	[illegible]	[illegible]	[illegible]	[illegible]，	[illegible]	[illegible]	[illegible]	[illegible]	[illegible]，
thjɨ²	sju²	zji²	·jiij¹	tsjir̠²	·jwɨr²	tsjɨ¹	dźju¹	lew²	njaa²
此	如	总	持	性，	文	亦	明	所	非，
[illegible]	[illegible]	[illegible]	[illegible]	[illegible]，					
rjur¹	rjijr²	do²	mji¹	dju¹					
诸	方	所	无	有，					

如是总持性，非文字诠辩，无有诸方所，

① 汉文本无此句。

34.50.2

[illegible]	[illegible]	[illegible]	[illegible]	[illegible]，	[illegible]	[illegible]	[illegible]	[illegible]	[illegible]，
njiij^{1}	·jij^{1}	njɨ^{2}	tjị^{2}	njaa^{2}	thjɨ^{2}	tsjiir^{1}	njiij^{1}	ljɨ̣j^{2}	mjij^{1}
心	之	至	所	无，	此	法	欢	喜	无，
[illegible]	[illegible]	[illegible]	[illegible]	[illegible]，					
nioow^{1}	tshjạ^{1}	tsjɨ^{1}	mji^{1}	dźjiij^{1}					
及	瞋	亦	不	住，					

亦非心所到，是法无欢喜，亦不住瞋恚，

34.50.3

[illegible]	[illegible]	[illegible]	[illegible]	[illegible]，	[illegible]	[illegible]	[illegible]	[illegible]	[illegible]。
mji^{1}	mju^{2}	ŋər^{1}	njij^{2}	sju^{2}	thjɨ^{2}	tsjiir^{1}	rjir^{1}	lew^{2}	mjij^{1}
不	动	山	王	如，	此	法	得	所	无。
[illegible]	[illegible]	[illegible]	[illegible]	[illegible]，					
zji^{2}	·jiij^{1}	źjɨr^{1}	mji^{1}	dju^{1}					
总	持	实	无	有，					

不动如山王，虽说无所得。总持实无有，

34.50.4

[illegible]	[illegible]	[illegible]	[illegible]	[illegible]，	[illegible]	[illegible]	[illegible]	[illegible]	[illegible]，
rjɨr^{2}	njɨ^{2}	ŋa^{2}	tsjɨ^{1}	mjij^{1}	tjij^{1}	ŋa^{2}	·jij^{1}	tsji̱r^{2}	ŋa^{1}
乃	至	我	亦	无，	若	我	自	性	空，
[illegible]	[illegible]	[illegible]	[illegible]	[illegible]。					
zji^{2}	·jiij^{1}	tsjɨ^{1}	mji^{1}	dju^{1}					
总	持	亦	无	有。					

乃至我亦无，若我自性空，总持亦无有。

34.50.5

[illegible]	[illegible]	[illegible]	[illegible]	[illegible]，	[illegible]	[illegible]	[illegible]	[illegible]	[illegible]，
zji^{2}	·jiij^{1}	·jij^{1}	tsji̱r^{2}	ŋa^{1}	thjɨ^{2}	sju^{2}	mjij^{1}	kjɨ^{1}	tshjiij^{1}
总	持	自	性	空，	此	如	无	所	说，

[illegible] [illegible] [illegible] [illegible] [illegible],
lə2 dzjwo2 dju1 zow2 zjịj1
愚 人 有 计 中,

总持自性空,如是无所说①,愚者计为有,

34.50.6

[illegible] [illegible] [illegible] [illegible] [illegible], [illegible] [illegible] [illegible] [illegible] [illegible]。
thjɨ2 lwow1 phjo2 kar2 nioow1 ŋa1 mji1 sjwɨ1 dźjị1 śjwo1
此 妄 分 别 由, 空 闻 忧 恼 生。

[illegible] [illegible] [illegible] [illegible] [illegible],
tjij1 lej2 tsjɨr2 zji2 ·jiij1
若 贪 性 总 持,

由是妄分别,不闻生忧恼。若分别贪性,

34.51.1

[illegible] [illegible] [illegible] [illegible] [illegible], [illegible] [illegible] [illegible] [illegible] [illegible],
zjɨ̣2 ŋa1 phjo2 kar2 ku1 thjɨ2 sju2 njɨɨ1 phjo2 kar2
俱 空 分 别 则, 此 如 二 分 别,

[illegible] [illegible] [illegible] [illegible] [illegible]。
sji1 dźjwa1 rjir1 tjị2 mjij1
毕 竟 得 可 不。

及以总持空,如是二分别,毕竟不可得。

34.51.2

[illegible] [illegible] [illegible] [illegible] [illegible], [illegible] [illegible] [illegible] [illegible] [illegible],
tjij1 ŋa1 ŋa1 tsjɨr2 tsjij2 zji2 ·jiij1 tsjɨ1 mji1 dju1
若 空 空 性 了, 总 持 亦 不 有,

[illegible] [illegible] [illegible] [illegible] [illegible],
rjɨr2 njɨ2 po1 tjɨ̣j1 ·jiw1
乃 至 菩 提 缘,

① 此句汉文本无。

若了空性空，总持亦非有，乃至菩提分，

34.51.3

sã^{1}	mej^{2}	thji^{2}	tsjɨ^{1}	ŋa^{1}	tjij^{1}	zji^{2}	·jiij^{1}	ŋa^{1}	tsjɨ̱r^{2}
三	摩	地	亦	空。	若	总	持	空	性，
rjɨr^{2}	njɨ^{2}	sã^{1}	mej^{2}	thji					
乃	至	三	摩	地，					

三摩地亦空。若有能了知，总持及空性，乃至三摩地，

34.51.4

zji^{2}	nwə^{1}	tsjij^{2}	njwi^{2}	ku^{1}	mej^{1}	ɣa^{2}	tsjɨ^{1}	nwə^{1}	tsjij^{2}
皆	了	知	能	则，	眼	于	亦	知	了。
tjij^{1}	mej^{1}	·jij^{1}	sji^{1}	bju^{2}					
若	眼	之	尽	边，					

于眼亦了知。若于眼尽边，

34.51.5

źjɨr^{1}	bju^{1}	tsjij^{2}	njwi^{2}	ku^{1}	thjɨ^{2}	nioow^{1}	zji^{2}	·jiij^{1}	ɣa^{1}
实	如	了	善	则，	此	由	总	持	门，
zji^{2}	dźjwa^{1}	śjɨj^{1}	·jiw^{2}	njwi^{2}					
究	竟	成	就	能。					

如实善了知，则于总持门，究竟能成就。

34.51.6

tjij^{1}	mej^{1}	·jij^{1}	wee^{1}	bju^{2}	źjɨr^{1}	bju^{1}	tsjij^{2}	njwi^{2}	ku^{1}

若　眼　之　生　边，　实　依　了　善　则，

[illegible]

thjɨ^{2}　nioow^{1}　zji^{2}　·jiij^{1}　ɣa^{1}

此　由　总　持　门，

若于眼生边,如实善了知,则于总持门,

34.52.1

[illegible]①

zji^{2}　dźjwa^{1}　śjɨj^{1}　·jiw^{2}　njwi^{2}　tjij^{1}　mej^{1}　·jij^{1}　bju^{2}　ljow^{2}

究　竟　成　就　能。　若　眼　之　边　际，

[illegible]

źjɨr^{1}　bju^{1}　tsjij^{2}　njwi^{2}　ku^{1}

实　依　了　善　则，

究竟能成就。若于眼边际,如实善了知,

34.52.2

[illegible]

thjɨ^{2}　nioow^{1}　zji^{2}　·jiij^{1}　ɣa^{1}　zji^{2}　dźjwa^{1}　śjɨj^{1}　·jiw^{2}　njwi^{2}

此　由　总　持　门，　究　竟　成　就　能。

[illegible]

tjij^{1}　mej^{1}　·jij^{1}　mjij^{1}　sej^{1}

若　眼　之　寂　静，

则于总持门,究竟能成就。若于眼寂静,

34.52.3

[illegible]

źjɨr^{1}　bju^{1}　tsjij^{2}　njwi^{2}　ku^{1}　thjɨ^{2}　nioow^{1}　zji^{2}　·jiij^{1}　ɣa^{1}

实　依　了　善　则，　此　由　总　持　门，

[illegible]

zji^{2}　dźjwa^{1}　śjɨj^{1}　·jiw^{2}　njwi^{2}

① [illegible] zji^{2},皆。此通"[illegible]"zji^{2},"[illegible]"即究竟。下皆同。

究　竟　成　就　能。

如实善了知，则于总持门，究竟能成就。

34.52.4

[illegible] [illegible] [illegible] [illegible] [illegible]， [illegible] [illegible] [illegible] [illegible] [illegible]，

tjij^{1} mej^{1} ·jij^{1} dźiə^{2} dźiej^{2} źjɨr^{1} bju^{1} tsjij^{2} njwi^{2} ku^{1}

若　眼　之　流　转，　实　依　了　善　则，

[illegible] [illegible] [illegible] [illegible] [illegible]，

thjɨ^{2} nioow^{1} zji^{2} ·jiij^{1} ɣa^{1}

此　由　总　持　门，

若于眼流转，如实善了知，则于总持门，

34.52.5

[illegible] [illegible] [illegible] [illegible] [illegible]。 [illegible] [illegible] [illegible] [illegible] [illegible]，

zji^{2} dźjwa^{1} śjɨj^{1} ·jiw^{2} njwi^{2} tjij^{1} mej^{1} ·jij^{1} mji^{1} dju^{1}

究　竟　成　就　能。　若　眼　之　无　有，

[illegible] [illegible] [illegible] [illegible] [illegible]，

źjɨr^{1} bju^{1} tsjij^{2} njwi^{2} ku^{1}

实　依　了　善　则，

究竟能成就。若于眼无有，如实善了知，

34.52.6

[illegible] [illegible] [illegible] [illegible] [illegible]， [illegible] [illegible] [illegible] [illegible] [illegible]。

thjɨ^{2} nioow^{1} zji^{2} ·jiij^{1} ɣa^{1} zji^{2} dźjwa^{1} śjɨj^{1} ·jiw^{2} njwi^{2}

此　由　总　持　门，　究　竟　成　就　能。

[illegible] [illegible] [illegible] [illegible] [illegible]，

tjij^{1} mej^{1} ·jij^{1} wee^{1} mjij^{1}

若　眼　之　生　无，

则于总持门，究竟能成就。若于眼无生，

34.53.1

[illegible] [illegible] [illegible] [illegible] [illegible]， [illegible] [illegible] [illegible] [illegible] [illegible]，

źjɨr1 bju1 tsjij2 njwi2 ku1 thjɨ2 nioow1 zji2 ·jiij1 ɣa1

实 依 了 善 则, 此 由 总 持 门,

[illegible]。

zji2 dźjwa1 śjɨj1 ·jiw2 njwi2

究 竟 成 就 能。

如实善了知,则于总持门,究竟能成就。

34.53.2

[illegible],[illegible],

tjij1 mej1 ·jij1 mjij1 dzjar2 źjɨr1 bju1 tsjij2 njwi2 ku1

若 眼 之 寂 灭, 实 依 了 善 则,

[illegible],

thjɨ2 nioow1 zji2 ·jiij1 ɣa1

此 由 总 持 门,

若于眼寂灭,如实善了知,则于总持门,

34.53.3

[illegible]。[illegible],

zji2 dźjwa1 śjɨj1 ·jiw2 njwi2 tjij1 mej1 ·jij1 wjɨ̣1 lej2

究 竟 成 就 能。 若 眼 之 变 化,

[illegible],

źjɨr1 bju1 sji1 bju2 nwə1

实 依 尽 边 知,

究竟能成就。若于眼变异,如实知尽边,

34.53.4

[illegible],[illegible]。

thjɨ2 nioow1 zji2 ·jiij1 ɣa1 zji2 dźjwa1 śjɨj1 ·jiw2 njwi2

此 由 总 持 门, 究 竟 成 就 能。

[illegible],

tjij1 mej1 ·jij1 wjɨ̣1 lej2

若 眼 之 变 化,

则于总持门,究竟能成就。若于眼变异,

34.53.5

[illegible]	[illegible]	[illegible]	[illegible]	[illegible],	[illegible]	[illegible]	[illegible]	[illegible]	[illegible],
źjɨr¹	bju¹	wee¹	bju²	nwə¹	thjɨ²	nioow¹	zji²	·jiij¹	ɣa¹
实	依	生	边	知,	此	由	总	持	门,
[illegible]	[illegible]	[illegible]	[illegible]	[illegible]。					
zji²	dźjwa¹	śjɨj¹	·jiw²	njwi²					
究	竟	成	就	能。					

如实知生边,则于总持门,究竟能成就。

34.53.6

[illegible]	[illegible]	[illegible]	[illegible]	[illegible],	[illegible]	[illegible]	[illegible]	[illegible]	[illegible],
tjij¹	mej¹	·jij¹	wjɨ¹	lej²	źjɨr¹	bju¹	bju²	ljow²	nwə¹
若	眼	之	变	化,	实	依	边	际	知,
[illegible]	[illegible]	[illegible]	[illegible]	[illegible],					
thjɨ²	nioow¹	zji²	·jiij¹	ɣa¹					
此	由	总	持	门,					

若于眼变异,如实知边际,则于总持门,

34.54.1

[illegible]	[illegible]	[illegible]	[illegible]	[illegible]。	[illegible]	[illegible]	[illegible]	[illegible]	[illegible],
zji²	dźjwa¹	śjɨj¹	·jiw²	njwi²	tjij¹	mej¹	·jij¹	wjɨ¹	lej²
究	竟	成	就	能。	若	眼	之	变	化,
[illegible]	[illegible]	[illegible]	[illegible]	[illegible],					
źjɨr¹	bju¹	mjij¹	sej¹	nwə¹					
实	依	寂	静	知,					

究竟能成就。若于眼变异,如实知寂静,

34.54.2

[illegible]	[illegible]	[illegible]	[illegible]	[illegible],	[illegible]	[illegible]	[illegible]	[illegible]	[illegible]。
thjɨ²	nioow¹	zji²	·jiij¹	ɣa¹	zji²	dźjwa¹	śjɨj¹	·jiw²	njwi²

此　由　总　持　门，　究　竟　成　就　能。

[illegible]

tjij^{1}　mej^{1}　·jij^{1}　wjɨ^{1}　lej^{2}

若　眼　之　变　化，

则于总持门,究竟能成就。若于眼变异,

34.54.3

[illegible]

źjɨr^{1}　bju^{1}　dźiə^{2}　dźiej^{2}　nwə^{1}　thjɨ^{2}　nioow^{1}　zji^{2}　·jiij^{1}　ɣa^{1}

实　依　流　转　知，　此　由　总　持　门，

[illegible]

zji^{2}　dźjwa^{1}　śjɨj^{1}　·jiw^{2}　njwi^{2}

究　竟　成　就　能。

如实知流转,则于总持门,究竟能成就。

34.54.4

[illegible]

tjij^{1}　mej^{1}　·jij^{1}　wjɨ^{1}　lej^{2}　źjɨr^{1}　bju^{1}　mji^{1}　dju^{1}　nwə^{1}

若　眼　之　变　化，　实　依　无　有　知，

[illegible]

thjɨ^{2}　nioow^{1}　zji^{2}　·jiij^{1}　ɣa^{1}

此　由　总　持　门，

若于眼变异,如实知无有,则于总持门,

34.54.5

[illegible]

zji^{2}　dźjwa^{1}　śjɨj^{1}　·jiw^{2}　njwi^{2}　tjij^{1}　mej^{1}　·jij^{1}　wjɨ^{1}　lej^{2}

究　竟　成　就　能。　若　眼　之　变　化，

[illegible]

źjɨr^{1}　bju^{1}　wee^{1}　mjij^{1}　nwə^{1}

实　依　生　无　知，

究竟能成就。若于眼变异,如实知无生,

34.54.6

[illegible]	[illegible]	[illegible]	[illegible]	[illegible]，	[illegible]	[illegible]	[illegible]	[illegible]	[illegible]。
thjɨ^{2}	nioow^{1}	zji^{2}	·jiij^{1}	ɣa^{1}	zji^{2}	dźjwa^{1}	śjɨj^{1}	·jiw^{2}	njwi^{2}
此	由	总	持	门，	究	竟	成	就	能。
[illegible]	[illegible]	[illegible]	[illegible]	[illegible]，					
tjij^{1}	mej^{1}	·jij^{1}	wjị^{1}	lej^{2}					
若	眼	之	变	化，					

则于总持门，究竟能成就。若于眼变异，

34.55.1

[illegible]	[illegible]	[illegible]	[illegible]	[illegible]，	[illegible]	[illegible]	[illegible]	[illegible]	[illegible]，
źjɨr^{1}	bju^{1}	mjij^{1}	dzjar^{2}	nwə^{1}	thjɨ^{2}	nioow^{1}	zji^{2}	·jiij^{1}	ɣa^{1}
实	依	寂	灭	知，	此	由	总	持	门，
[illegible]	[illegible]	[illegible]	[illegible]	[illegible]。					
zji^{2}	dźjwa^{1}	śjɨj^{1}	·jiw^{2}	njwi^{2}					
究	竟	成	就	能。					

如实知寂灭，则于总持门，究竟能成就。

34.55.2

[illegible]	[illegible]	[illegible]	[illegible]	[illegible]，	[illegible]	[illegible]	[illegible]	[illegible]	[illegible]，
nju^{1}	njii^{2}	lhjwa^{1}	ljụ^{2}	njiij^{1}	tśhjiw^{1}	lhjɨ^{2}	nioow^{1}	ljɨɨr^{1}	ljịj^{2}
耳	鼻	舌	身	心，	六	尘	并	四	大，
[illegible]	[illegible]	[illegible]	[illegible]	[illegible]，					
rjɨr^{2}	njɨ^{2}	rjur^{1}	wee^{1}	mjiij^{2}					
乃	至	世	生	名，					

耳鼻舌身心，六尘并四大，乃至世生名，

34.55.3

[illegible]	[illegible]	[illegible]	[illegible]	[illegible]，	[illegible]	[illegible]	[illegible]	[illegible]	[illegible]，
ŋowr^{2}	ŋowr^{2}	zji^{2}	thjɨ^{2}	sju^{2}	tjij^{1}	mej^{1}	·jij^{1}	śji^{1}	bju^{2}
一	切	皆	是	如，	若	眼	之	前	际，

[illegible]

wjɨ¹ mjij¹ do² ·jij¹ mjij¹

变 无 异 相 无,

一切皆如是。若于眼前际,无变无异相,

34.55.4

[illegible]

lhjwi¹ mjij¹ phjo² kar² mjij¹ zji² ·jiij¹ ɣa¹ dźjiij¹ ŋwu²

取 无 分 别 无, 总 持 门 住 是。

[illegible]

tjij¹ mej¹ ·jij¹ bju² sji¹

若 眼 之 边 尽,

无取无分别,是住总持门。若于眼尽边,

34.55.5

[illegible]

wjɨ¹ mjij¹ do² ·jij¹ mjij¹ lhjwi¹ mjij¹ phjo² kar² mjij¹

变 无 异 相 无, 取 无 分 别 无,

[illegible]

zji² ·jiij¹ ɣa¹ dźjiij¹ ŋwu²

总 持 门 住 是。

无变无异相,无取无分别,是住总持门。

34.55.6

[illegible]

tjij¹ mej¹ ·jij¹ wee¹ bju² wjɨ¹ mjij¹ do² ·jij¹ mjij¹

若 眼 之 生 边, 变 无 异 相 无,

[illegible]

lhjwi¹ mjij¹ phjo² kar² mjij¹

取 无 分 别 无,

若于眼生边,无变无异相,无取无分别,

34.57.1

[illegible]	[illegible]	[illegible]	[illegible]	[illegible]。	[illegible]	[illegible]	[illegible]	[illegible]	[illegible]，
zji^{2}	·jiij^{1}	ɣa^{1}	dźjiij^{1}	ŋwu^{2}	tjij^{1}	mej^{1}	·jij^{1}	bju^{2}	ljow^{2}
总	持	门	住	是。	若	眼	之	边	际，
[illegible]	[illegible]	[illegible]	[illegible]	[illegible]，					
wjɨ^{1}	mjij^{1}	do^{2}	·jij^{1}	mjij^{1}					
变	无	异	相	无，					

是住总持门。若于眼边际，无变无异相，

34.57.2

[illegible]	[illegible]	[illegible]	[illegible]	[illegible]，	[illegible]	[illegible]	[illegible]	[illegible]	[illegible]。
lhjwi^{1}	mjij^{1}	phjo^{2}	kar^{2}	mjij^{1}	zji^{2}	·jiij^{1}	ɣa^{1}	dźjiij^{1}	ŋwu^{2}
取	无	分	别	无，	总	持	门	住	是。
[illegible]	[illegible]	[illegible]	[illegible]	[illegible]，					
tjij^{1}	mej^{1}	·jij^{1}	mjij^{1}	sej^{1}					
若	眼	之	寂	静，					

无取无分别，是住总持门。若于眼寂静，

34.57.3

[illegible]	[illegible]	[illegible]	[illegible]	[illegible]，	[illegible]	[illegible]	[illegible]	[illegible]	[illegible]，
wjɨ^{1}	mjij^{1}	do^{2}	·jij^{1}	mjij^{1}	lhjwi^{1}	mjij^{1}	phjo^{2}	kar^{2}	mjij^{1}
变	无	异	相	无，	取	无	分	别	无，
[illegible]	[illegible]	[illegible]	[illegible]	[illegible]。					
zji^{2}	·jiij^{1}	ɣa^{1}	dźjiij^{1}	ŋwu^{2}					
总	持	门	住	是。					

无变无异相，无取无分别，是住总持门。

34.57.4

[illegible]	[illegible]	[illegible]	[illegible]	[illegible]，	[illegible]	[illegible]	[illegible]	[illegible]	[illegible]，
tjij^{1}	mej^{1}	·jij^{1}	dźiə^{2}	dźiej^{2}	wjɨ^{1}	mjij^{1}	do^{2}	·jij^{1}	mjij^{1}
若	眼	之	流	转，	变	无	异	相	无，

lhjwi^1	mjij^1	phjo^2	kar^2	mjij^1
取	无	分	别	无,

若于眼流转,无变无异相,无取无分别,

34.57.5

zji^2	·jiij^1	ɣa^1	dźjiij^1	ŋwu^2	tjij^1	mej^1	·jij^1	mji^1	dju^1
总	持	门	住	是。	若	眼	之	无	有,
wjɨ^1	mjij^1	do^2	·jij^1	mjij^1					
变	无	异	相	无,					

是住总持门。若于眼无有,无变无异相,

34.57.6

lhjwi^1	mjij^1	phjo^2	kar^2	mjij^1	zji^2	·jiij^1	ɣa^1	dźjiij^1	ŋwu^2
取	无	分	别	无,	总	持	门	住	是。
tjij^1	mej^1	·jij^1	wee^1	mjij^1					
若	眼	之	生	无,					

无取无分别,是住总持门。若于眼无生,

34.58.1

wjɨ^1	mjij^1	do^2	·jij^1	mjij^1	lhjwi^1	mjij^1	phjo^2	kar^2	mjij^1
变	无	异	相	无,	取	无	分	别	无,
zji^2	·jiij^1	ɣa^1	dźjiij^1	ŋwu^2					
总	持	门	住	是。					

无变无异相,无取无分别,是住总持门。

34.58.2

[illegible]

tjij^{1} mej^{1} ·jij^{1} mjij^{1} dzjar^{2} wjɨ̣^{1} mjij^{1} do^{2} ·jij^{1} mjij^{1}

若 眼 之 寂 灭， 变 无 异 相 无，

[illegible]

lhjwi^{1} mjij^{1} phjo^{2} kar^{2} mjij^{1}

取 无 分 别 无，

若于眼寂灭，无变无异相，无取无分别，

34.58.3

[illegible]

zji^{2} ·jiij^{1} ɣa^{1} dźjiij^{1} ŋwu^{2} nju^{1} njii^{2} lhjwa^{1} ljụ^{2} njiij^{1}

总 持 门 住 是。 耳 鼻 舌 身 心，

[illegible]

tśhjiw^{1} lhjɨ^{2} nioow^{1} ljɨɨr^{1} ljịj^{2}

六 尘 并 四 大，

是住总持门。耳鼻舌身心，六尘并四大，

34.58.4

[illegible]

rjɨr^{2} njɨ^{2} rjur^{1} wee^{1} mjiij^{2} ŋowr^{2} ŋowr^{2} zji^{2} thjɨ^{2} sju^{2}

乃 至 世 生 名， 一 切 皆 如 是。

[illegible]

lẹj^{2} tshjạ^{1} lə^{2} kwow^{2} khwẹj^{1}

贪 瞋 痴 忿 慢，

乃至世生名，一切皆如是。贪瞋痴忿慢，

34.58.5

[illegible]

zjɨ̣^{1} ljoor^{1} lhjụ^{1} sjwɨ^{1} źjị^{1} dźjar^{2} lju^{2} ror^{2} do^{1} ljị^{1}

嫉 诳 悭 忧 恼， 过 失 垢 毒 箭，

[Tangut]，
lhjwɨ2 rar2 phiow1 njaa1 sjwɨj1
暴 流 白 黑 业，

嫉诳慳忧恼，过失垢毒箭，暴流黑白业，

34.58.6

[Tangut]，[Tangut]，
mji1 wee1 mji1 tsjɨ1 dzjar2 mji1 śjɨ1 nioow1 mji1 lja1
不 生 不 亦 灭， 不 去 及 不 来，
[Tangut]，
mji1 mju2 nioow1 mji1 do2
不 动 及 不 异，

不生亦不灭，不去亦不来，不动亦不异，

34.59.1

[Tangut]，[Tangut]①[Tangut]，
wji1 njaa2 dźjɨ? tsjɨ1 njaa2 dźju1 njaa2 na1 tsjɨ1 njaa2
为 非 行 亦 非， 明 非 暗 亦 非，
[Tangut]②，
rar2 mji1 rar2 dźjiɨr1 njaa2
流 非 流 舍 非，

非作亦非行，非明亦非暗，非流舍暴流，

34.59.2

[Tangut]，[Tangut]，
mji1 sji1 nioow1 mji1 dźjiij1 dźjịj1 njaa2 mji1 dźjịj1 njaa2
无 尽 及 无 住， 行 非 不 行 非，
[Tangut]，
dji2 njaa2 mjɨɨ2 kowr2 njaa2
字 非 攀 援 非，

① [Tangut]，暗。原文作“[Tangut]”，形近之误。
② 西夏文本字面意思似为：“非流非舍流。”

无尽及无住，非行非不行，非字非攀缘，

34.59.3

[Tangut]	[Tangut]	[Tangut]	[Tangut]	[Tangut]，	[Tangut]	[Tangut]	[Tangut]	[Tangut]	[Tangut]，
lho$^{?}$	njaa^{2}	·o^{2}	tsjɨ^{1}	njaa^{2}	phjo^{2}	kar^{2}	lwow^{1}	sjiij^{2}	njɨ^{2}
出	非	入	亦	非，	分	别	妄	想	等，
[Tangut]	[Tangut]	[Tangut]	[Tangut]	[Tangut]，					
tśhjiw^{1}	ɣạ^{2}	njɨɨ^{1}	rjur^{1}	ɣa^{1}					
六	十	二	诸	门，					

非出亦非入，分别妄想等，六十二诸门，

34.59.4

[Tangut]	[Tangut]	[Tangut]	[Tangut]	[Tangut]，	[Tangut]	[Tangut]	[Tangut]	[Tangut]	[Tangut]。
·jij^{1}	twụ^{1}	wo^{2}	tshwew^{1}	bju^{1}	ŋowr^{2}	ŋowr^{2}	zji^{2}	thjɨ^{2}	sju^{2}
自	各	义	理	随，	一	切	皆	是	如。
[Tangut]	[Tangut]	[Tangut]	[Tangut]	[Tangut]，					
tjij^{1}	mej^{1}	·jij^{1}	śji^{1}	bju^{2}					
若	眼	之	前	际，					

各随其义理，一切皆如是。若知眼前际，

34.59.5

[Tangut]	[Tangut]	[Tangut]	[Tangut]	[Tangut]，	[Tangut]	[Tangut]	[Tangut]	[Tangut]	[Tangut]，
rjɨr^{2}	njɨ^{2}	phju^{2}	bji^{2}	nwə^{1}	lhjwi^{1}	mjij^{1}	phjo^{2}	kar^{2}	mjij^{1}
乃	至	上	下	知，	取	无	分	别	无，
[Tangut]	[Tangut]	[Tangut]	[Tangut]	[Tangut]。					
zji^{2}	·jiij^{1}	ɣa^{1}	dźjiij^{1}	ŋwu^{2}					
总	持	门	住	是。					

乃至于上下，无取无分别，是住总持门。

34.59.6

[Tangut]	[Tangut]	[Tangut]	[Tangut]	[Tangut]，	[Tangut]	[Tangut]	[Tangut]	[Tangut]	[Tangut]，
tjij^{1}	mej^{1}	·jij^{1}	sji^{1}	bju^{2}	rjɨr^{2}	njɨ^{2}	phju^{2}	bji^{2}	nwə^{1}

若 眼 之 尽 边, 乃 至 上 下 知,

[illegible]

lhjwi^{1} mjij^{1} phjo^{2} kar^{2} mjij^{1}

取 无 分 别 无,

若知眼尽边,乃至于上下,无取无分别,

34.60.1

[illegible]

zji^{2} ·jiij^{1} ɣa^{1} dźjiij^{1} ŋwu^{2} tjij^{1} mej^{1} ·jij^{1} wee^{1} bju^{2}

总 持 门 住 是。 若 眼 之 生 边,

[illegible]

rjɨr^{2} njɨ^{2} phju^{2} bji^{2} nwə^{1}

乃 至 上 下 知,

是住总持门。若知眼生边,乃至于上下,

34.60.2

[illegible]

lhjwi^{1} mjij^{1} phjo^{2} kar^{2} mjij^{1} zji^{2} ·jiij^{1} ɣa^{1} dźjiij^{1} ŋwu^{2}

取 无 分 别 无, 总 持 门 住 是。

[illegible]

tjij^{1} mej^{1} ·jij^{1} bju^{2} ljow^{2}

若 眼 之 边 际,

无取无分别,是住总持门。若知眼边际,

34.60.3

[illegible]

rjɨr^{2} njɨ^{2} phju^{2} bji^{2} nwə^{1} lhjwi^{1} mjij^{1} phjo^{2} kar^{2} mjij^{1}

乃 至 上 下 知, 取 无 分 别 无,

[illegible]

zji^{2} ·jiij^{1} ɣa^{1} dźjiij^{1} ŋwu^{2}

总 持 门 住 是。

乃至于上下,无取无分别,是住总持门。

34.60.4

[illegible]	[illegible]	[illegible]	[illegible]	[illegible]，	[illegible]	[illegible]	[illegible]	[illegible]	[illegible]，
tjij^{1}	mej^{1}	·jij^{1}	mjij^{1}	sej^{1}	rjɨr^{2}	njɨ^{2}	phju^{2}	bji^{2}	nwə^{1}
若	眼	之	寂	静，	乃	至	上	下	知，
[illegible]	[illegible]	[illegible]	[illegible]	[illegible]，					
lhjwi^{1}	mjij^{1}	phjo^{2}	kar^{2}	mjij^{1}					
取	无	分	别	无，					

若知眼寂静，乃至于上下，无取无分别，

34.60.5

[illegible]	[illegible]	[illegible]	[illegible]	[illegible]。	[illegible]	[illegible]	[illegible]	[illegible]	[illegible]，
zji^{2}	·jiij^{1}	ɣa^{1}	dźjiij^{1}	ŋwu^{2}	tjij^{1}	mej^{1}	·jij^{1}	dźiə^{2}	dźiej^{2}
总	持	门	住	是。	若	眼	之	轮	转，
[illegible]	[illegible]	[illegible]	[illegible]	[illegible]，					
rjɨr^{2}	njɨ^{2}	phju^{2}	bji^{2}	nwə^{1}					
乃	至	上	下	知，					

是住总持门。若知眼流转，乃至于上下，

34.60.6

[illegible]	[illegible]	[illegible]	[illegible]	[illegible]，	[illegible]	[illegible]	[illegible]	[illegible]	[illegible]。
lhjwi^{1}	mjij^{1}	phjo^{2}	kar^{2}	mjij^{1}	zji^{2}	·jiij^{1}	ɣa^{1}	dźjiij^{1}	ŋwu^{2}
取	无	分	别	无，	总	持	门	住	是。
[illegible]	[illegible]	[illegible]	[illegible]	[illegible]，					
tjij^{1}	mej^{1}	·jij^{1}	mji^{1}	dju^{1}					
若	眼	之	无	有，					

无取无分别，是住总持门。若知眼无有，

34.61.1

[illegible]	[illegible]	[illegible]	[illegible]	[illegible]，	[illegible]	[illegible]	[illegible]	[illegible]	[illegible]，
rjɨr^{2}	njɨ^{2}	phju^{2}	bji^{2}	nwə^{1}	lhjwi^{1}	mjij^{1}	phjo^{2}	kar^{2}	mjij^{1}
乃	至	上	下	知，	取	无	分	别	无，

[illegible]	[illegible]	[illegible]	[illegible]	[illegible]。
zji^{2}	·jiij^{1}	ɣa^{1}	dźjiij^{1}	ŋwu^{2}
总	持	门	住	是。

乃至于上下,无取无分别,是住总持门。

34.61.2

[illegible]	[illegible]	[illegible]	[illegible]	[illegible],	[illegible]	[illegible]	[illegible]	[illegible]	[illegible],
tjij^{1}	mej^{1}	·jij^{1}	wee^{1}	mjij^{1}	rjɨr^{2}	njɨ^{2}	phju^{2}	bji^{2}	nwə^{1}
若	眼	之	生	无,	乃	至	上	下	知,
[illegible]	[illegible]	[illegible]	[illegible]	[illegible],					
lhjwi^{1}	mjij^{1}	phjo^{2}	kar^{2}	mjij^{1}					
取	无	分	别	无,					

若知眼无生,乃至于上下,无取无分别,

34.61.3

[[illegible]]	[illegible]	[illegible]	[illegible]	[illegible]。	[illegible]	[illegible]	[illegible]	[illegible]	[illegible],
zji^{2}	·jiij^{1}	ɣa^{1}	dźjiij^{1}	ŋwu^{2}	tjij^{1}	mej^{1}	·jij^{1}	mjij^{1}	dzjar^{2}
总	持	门	住	是。	若	眼	之	寂	灭,
[illegible]	[illegible]	[illegible]	[illegible]	[illegible],					
rjɨr^{2}	njɨ^{2}	phju^{2}	bji^{2}	nwə^{1}					
乃	至	上	下	知,					

是住总持门。若知眼寂灭,乃至于上下,

34.61.4

[illegible]	[illegible]	[illegible]	[illegible]	[illegible],	[illegible]	[illegible]	[illegible]	[illegible]	[illegible]。
lhjwi^{1}	mjij^{1}	phjo^{2}	kar^{2}	mjij^{1}	zji^{2}	·jiij^{1}	ɣa^{1}	dźjiij^{1}	ŋwu^{2}
取	无	分	别	无,	总	持	门	住	是。
[illegible]	[illegible]	[illegible]	[illegible]	[illegible],					
nju^{1}	njii^{2}	lhjwa^{1}	lju̧^{2}	njiij^{1}					
耳	鼻	舌	身	心,					

无取无分别,是住总持门。耳鼻舌身心,

34.61.5

[illegible]

tśhjiw^{1} lhjɨ^{2} nioow^{1} ljɨɨr^{1} ljịj^{2} rjɨr^{2} njɨ^{2} rjur^{1} wee^{1} mjiij^{2}

六 尘 并 四 大， 乃 至 世 生 名，

[illegible]

ŋowr^{2} ŋowr^{2} zji^{2} thjɨ^{2} sju^{2}

一 切 皆 此 如。

六尘并四大，乃至世生名，一切皆如是。

34.61.6

[illegible]

ljɨ̣^{2} ·jij^{1} wjɨ̣^{1} lej^{2} mjij^{1} lhjwi^{1} mjij^{1} phjo^{2} kar^{2} mjij^{1}

地 之 异 变 不， 取 无 分 别 无，

[illegible]

thjɨ^{2} sju^{2} nwə^{1} tsjij^{2} ku^{1}

此 如 知 了 则，

于地不变异，无取无分别，如是了知者，

34.62.1

[illegible]

zji^{2} ·jiij^{1} ɣa^{1} śjɨj^{1} njwi^{2} ljɨ̣^{2} ·jij^{1} wee^{1} mjij^{1} ·jij^{1}

总 持 门 成 能。 地 之 生 无 相，

[illegible]

lhjwi^{1} mjij^{1} phjo^{2} kar^{2} mjij^{1}

取 无 分 别 无，

成就总持门。于地无生相，无取无分别，

34.62.2

[illegible]

thjɨ^{2} sju^{2} nwə^{1} tsjij^{2} ku^{1} zji^{2} ·jiij^{1} ɣa^{1} śjɨj^{1} njwi^{2}

此 如 知 了 则， 总 持 门 成 能。

□	□	□	□	□,
ljɨ̣^{2}	·jij^{1}	dzjar^{2}	mjij^{1}	·jij^{1}
地	之	灭	无	相,

如是了知者,成就总持门。于地无灭相,

34.62.3

□	□	□	□	□,	□	□	□	□	□,
lhjwi^{1}	mjij^{1}	phjo^{2}	kar^{2}	mjij^{1}	thjɨ^{2}	sju^{2}	nwə^{1}	tsjij^{2}	ku^{1}
取	无	分	别	无,	此	如	知	了	则,
□	□	□	□	□。					
zji^{2}	·jiij^{1}	ɣa^{1}	śjɨ̣j^{1}	njwi^{2}					
总	持	门	成	能。					

无取无分别,如是了知者,成就总持门。

34.62.4

□	□	□	□	□,	□	□	□	□	□,
ljɨ̣^{2}	·jij^{1}	lja̱^{1}	·o^{2}	·jij^{1}	lhjwi^{1}	mjij^{1}	phjo^{2}	kar^{2}	mjij^{1}
地	之	证	入	相,	取	无	分	别	无,
□	□	□	□	□,					
thjɨ^{2}	sju^{2}	nwə^{1}	tsjij^{2}	ku^{1}					
此	如	知	了	则,					

于地证入相,无取无分别,如是了知者,

34.62.5

□	□	□	□	□。	□	□	□	□	□,
zji^{2}	·jiij^{1}	ɣa^{1}	śjɨ̣j^{1}	njwi^{2}	ljɨ̣^{2}	·jij^{1}	khwa^{1}	ka^{2}	·jij^{1}
总	持	门	成	能。	地	之	远	离	相,
□	□	□	□	□,					
lhjwi^{1}	mjij^{1}	phjo^{2}	kar^{2}	mjij^{1}					
取	无	分	别	无,					

成就总持门。于地出离相,无取无分别,

34.62.6

[illegible]	[illegible]	[illegible]	[illegible]	[illegible]，	[illegible]	[illegible]	[illegible]	[illegible]	[illegible]。
thjɨ^{2}	sju^{2}	nwə^{1}	tsjij^{2}	ku^{1}	zji^{2}	·jiij^{1}	ɣa^{1}	śjɨj^{1}	njwi^{2}
此	如	知	了	则，	总	持	门	成	能。
[illegible]	[illegible]	[illegible]	[illegible]	[illegible]，					
ljɨ̣^{2}	·jij^{1}	tjị^{1}	mjij^{1}	·jij^{1}					
地	之	愿	无	相，					

如是了知者，成就总持门。于地无愿相，

34.63.1

[illegible]	[illegible]	[illegible]	[illegible]	[illegible]，	[illegible]	[illegible]	[illegible]	[illegible]	[illegible]，
lhjwi^{1}	mjij^{1}	phjo^{2}	kar^{2}	mjij^{1}	thjɨ^{2}	sju^{2}	nwə^{1}	tsjij^{2}	ku^{1}
取	无	分	别	无，	此	如	知	了	则，
[illegible]	[illegible]	[illegible]	[illegible]	[illegible]。					
zji^{2}	·jiij^{1}	ɣa^{1}	śjɨj^{1}	njwi^{2}					
总	持	门	成	能。					

无取无分别，如是了知者，成就总持门。

34.63.2

[illegible]	[illegible]	[illegible]	[illegible]	[illegible]，	[illegible]	[illegible]	[illegible]	[illegible]	[illegible]，
ljɨ̣^{2}	·jij^{1}	dźjiij^{1}	mjij^{1}	·jij^{1}	mji^{1}	lja^{1}	mji^{1}	mji^{1}	lhjwi^{1}
地	之	住	无	相，	不	来	及	不	取，
[illegible]	[illegible]	[illegible]	[illegible]	[illegible]，					
bju^{2}	mjij^{1}	mji^{1}	sji^{1}	mjij^{1}					
边	无	与	尽	无，					

于地无住相，不来亦不去，无边与无尽，

34.63.3

[illegible]	[illegible]	[illegible]	[illegible]	[illegible]。	[illegible]	[illegible]	[illegible]	[illegible]	[illegible]，
bju^{1}	śjij^{1}	mji^{1}	bju^{1}	śjij^{1}	mjiij^{2}	dji^{2}	mji^{1}	dza^{2}	tjị^{2}
相	应	不	相	应。	名	字	及	度	可，

[illegible] [illegible] [illegible] [illegible] [illegible],

bio̱1 thjuu1 dźiə2 dźiej2 ka2

观 察 轮 转 离,

相应不相应。离名字计度,观察与流转,

34.63.4

[illegible] [illegible] [illegible] [illegible] [illegible], [illegible] [illegible] [illegible] [illegible] [illegible]。

djọ2 djị2 tsjɨ1 mji1 dju1 dạ2 ŋwu2 dźju1 tshjiij1 mjij1

修 治 亦 无 有, 言 以 明 说 无。

[illegible] [illegible] [illegible] [illegible] [illegible],

mjij1 sej1 bju1 tshjiij1 mjij1

寂 静 依 所 无,

无有及修治,无言说表示。寂静无所依,

34.63.5

[illegible] [illegible] [illegible] [illegible] [illegible], [illegible] [illegible] [illegible] [illegible] [illegible],

ljɨr2 dźjiij1 nioow1 tśhja2 phja1 mee2 rewr2 nioow1 tśhji2 ɣie1

念 住 并 正 断, 神 足 及 根 力,

[illegible] [illegible] [illegible] [illegible] [illegible]。

dwewr2 ·jiw1 le2 mjij1 tśja1

觉 缘 畏 无 道。

念住并正断,神足及根力,觉支无畏道。

34.63.6

[illegible] [illegible] [illegible] [illegible] [illegible], [illegible] [illegible] [illegible] [illegible] [illegible],

thjɨ2 sju2 rjur1 ljị2 tsjiir1 lhjwi1 mjij1 phjo2 kar2 mjij1

此 如 诸 地 法, 取 无 分 别 无,

[illegible] [illegible] [illegible] [illegible] [illegible],

thjɨ2 sju2 nwə1 tsjij2 ku1

此 如 知 了 则,

如是诸地法,无取无分别,如是了知者,

34.64.1

[illegible]	[illegible]	[illegible]	[illegible]	[illegible]，	[illegible]	[illegible]	[illegible]	[illegible]	[illegible]，
zji²	·jiij¹	ɣa¹	śjɨj¹	njwi²	tjij¹	ŋa²	·jij¹	·o²	mjij¹
总	持	门	成	能，	若	我	之	入	无，
[illegible]	[illegible]	[illegible]	[illegible]	[illegible]，					
lhjwi¹	mjij¹	phjo²	kar²	mjij¹					
取	无	分	别	无，					

成就总持门。若于我无入，无取无分别，

34.64.2

[illegible]	[illegible]	[illegible]	[illegible]	[illegible]，	[illegible]	[illegible]	[illegible]	[illegible]	[illegible]。
thjɨ²	sju²	nwə¹	tsjij²	ku¹	zji²	·jiij¹	ɣa¹	śjɨj¹	njwi²
此	如	知	了	则，	总	持	门	成	能。
[illegible]	[illegible]	[illegible]	[illegible]	[illegible]，					
tjij¹	ŋa²	·jij¹	lho?	mjij¹					
若	我	之	出	无，					

如是了知者，成就总持门。若于我无出，

34.64.3

[illegible]	[illegible]	[illegible]	[illegible]	[illegible]，	[illegible]	[illegible]	[illegible]	[illegible]	[illegible]，
lhjwi¹	mjij¹	phjo²	kar²	mjij¹	thjɨ²	sju²	nwə¹	tsjij²	ku¹
取	无	分	别	无，	此	如	知	了	则，
[illegible]	[illegible]	[illegible]	[illegible]	[illegible]。					
zji²	·jiij¹	ɣa¹	śjɨj¹	njwi²					
总	持	门	成	能。					

无取无分别，如是了知者，成就总持门。

34.64.4

[illegible]	[illegible]	[illegible]	[illegible]	[illegible]，	[illegible]	[illegible]	[illegible]	[illegible]	[illegible]，
tjij¹	ŋa²	·jij¹	·jij¹	mjij¹	lhjwi¹	mjij¹	phjo²	kar²	mjij¹
若	我	之	相	无，	取	无	分	别	无，
[illegible]	[illegible]	[illegible]	[illegible]	[illegible]，					
thjɨ²	sju²	nwə¹	tsjij²	ku¹					

此 如 知 了 则,

若于我无相,无取无分别,如是了知者,

34.64.5

[illegible] [illegible] [illegible] [illegible] [illegible]。 [illegible] [illegible] [illegible] [illegible] [illegible],

zji^{2} ·jiij^{1} ɣa^{1} śjɨj^{1} njwi^{2} tjij^{1} ŋa^{2} ·jij^{1} tjḭ^{1} mjij^{1}

总 持 门 成 能。 若 我 之 愿 无,

[illegible] [illegible] [illegible] [illegible] [illegible],

lhjwi^{1} mjij^{1} phjo^{2} kar^{2} mjij^{1}

取 无 分 别 无,

成就总持门。若于我无愿,无取无分别,

34.64.6

[illegible] [illegible] [illegible] [illegible] [illegible], [illegible] [illegible] [illegible] [illegible] [illegible]。

thjɨ^{2} sju^{2} nwə^{1} tsjij^{2} ku^{1} zji^{2} ·jiij^{1} ɣa^{1} śjɨj^{1} njwi^{2}

此 如 知 了 则, 总 持 门 成 能。

[illegible] [illegible] [illegible] [illegible] [illegible],

tjij^{1} ŋa^{2} ·jij^{1} dźjiij^{1} mjij^{1}

若 我 之 住 无,

如是了知者,成就总持门。若于我无住,

34.65.1

[illegible] [illegible] [illegible] [illegible] [illegible], [illegible] [illegible] [illegible] [illegible] [illegible],

lhjwi^{1} mjij^{1} phjo^{2} kar^{2} mjij^{1} thjɨ^{2} sju^{2} nwə^{1} tsjij^{2} ku^{1}

取 无 分 别 无, 此 如 知 了 则,

[illegible] [illegible] [illegible] [illegible] [illegible]。

zji^{2} ·jiij^{1} ɣa^{1} śjɨj^{1} njwi^{2}

总 持 门 成 能。

无取无分别,如是了知者,成就总持门。

34.65.2

[illegible] [illegible] [illegible] [illegible] [illegible], [illegible] [illegible] [illegible] [illegible] [illegible],

tjij[1]	ŋa[2]	·jij[1]	wee[1]	mjij[1]	lhjwi[1]	mjij[1]	phjo[2]	kar[2]	mjij[1]
若	我	之	生	无,	取	无	分	别	无,
[illegible]	[illegible]	[illegible]	[illegible]	[illegible],					
thjɨ[2]	sju[2]	nwə[1]	tsjij[2]	ku[1]					
此	如	知	了	则,					

若于我无生,无取无分别,如是了知者,

34.65.3

[illegible]	[illegible]	[illegible]	[illegible]	[illegible]。	[illegible]	[illegible]	[illegible]	[illegible]	[illegible],
zji[2]	·jiij[1]	ɣa[1]	śjɨj[1]	njwi[2]	tjij[1]	ŋa[2]	·jij[1]	dzjar[2]	mjij[1]
总	持	门	成	能。	若	我	之	灭	无,
[illegible]	[illegible]	[illegible]	[illegible]	[illegible],					
lhjwi[1]	mjij[1]	phjo[2]	kar[2]	mjij[1]					
取	无	分	别	无,					

成就总持门。若于我无灭,无取无分别,

34.65.4

[illegible]	[illegible]	[illegible]	[illegible]	[illegible],	[illegible]	[illegible]	[illegible]	[illegible]	[illegible]。
thjɨ[2]	sju[2]	nwə[1]	tsjij[2]	ku[1]	zji[2]	·jiij[1]	ɣa[1]	śjɨj[1]	njwi[2]
此	如	知	了	则,	总	持	门	成	能。
[illegible]	[illegible]	[illegible]	[illegible]	[illegible],					
tjij[1]	ŋa[2]	·jij[1]	·jwɨr[2]	dji[2]					
若	我	之	文	字,					

如是了知者,成就总持门。若于我文字,

34.65.5

[illegible]	[illegible]	[illegible]	[illegible]	[illegible],	[illegible]	[illegible]	[illegible]	[illegible]	[illegible],
lhjwi[1]	mjij[1]	phjo[2]	kar[2]	mjij[1]	thjɨ[2]	sju[2]	nwə[1]	tsjij[2]	ku[1]
取	无	分	别	无,	此	如	知	了	则,
[illegible]	[illegible]	[illegible]	[illegible]	[illegible]。					
zji[2]	·jiij[1]	ɣa[1]	śjɨj[1]	njwi[2]					
总	持	门	成	能。					

无取无分别，如是了知者，成就总持门。

34.65.6

[illegible]	[illegible]	[illegible]	[illegible]	[illegible]，	[illegible]	[illegible]	[illegible]	[illegible]	[illegible]，
tjij^{1}	ŋa^{2}	·jwɨr^{2}	dji^{2}	ka^{2}	lhjwi^{1}	mjij^{1}	phjo^{2}	kar^{2}	mjij^{1}
若	我	文	字	离，	取	无	分	别	无，
[illegible]	[illegible]	[illegible]	[illegible]	[illegible]，					
thjɨ^{2}	sju^{2}	nwə^{1}	tsjij^{2}	ku^{1}					
此	如	知	了	则，					

若我离文字，无取无分别，如是了知者，

34.66.1

[illegible]	[illegible]	[illegible]	[illegible]	[illegible]。	[illegible]	[illegible]	[illegible]	[illegible]	[illegible]，
zji^{2}	·jiij^{1}	ɣa^{1}	śjɨ̣^{1}	njwi^{2}	mej^{1}	·jij^{1}	śji^{1}	kụ^{1}	bju^{2}
总	持	门	成	能。	眼	之	前	后	际，
[illegible]	[illegible]	[illegible]	[illegible]	[illegible]，					
bja^{2}	·ju^{2}	zjɨ̣^{2}	khwa^{1}	ka^{2}					
断	常	俱	远	离，					

成就总持门。知眼前后际，远离于断常，

34.66.2

[illegible]	[illegible]	[illegible]	[illegible]	[illegible]，	[illegible]	[illegible]	[illegible]	[illegible]	[illegible]。
·jiw^{1}	nioow^{1}	tsji̱r^{2}	ŋa^{1}	nwə^{1}	śio^{1}	dzjiij^{2}	tśier^{1}	·ju^{2}	tshjiij^{1}
因	缘	性	空	知，	导	师	方	便	说。
[illegible]	[illegible]	[illegible]	[illegible]	[illegible]，					
tjij^{1}	tsjiir^{1}	nẹ^{1}	tshjiij^{1}	zjịj^{1}					
若	法	演	说	时，					

因缘自性空，导师方便说。若演说法时，

34.66.3

[illegible]	[illegible]	[illegible]	[illegible]	[illegible]，	[illegible]	[illegible]	[illegible]	[illegible]	[illegible]，
mej^{1}	·jij^{1}	khwa^{1}	ka^{2}	ku^{1}	thja^{1}	dzjwo^{2}	lwow^{1}	phjo^{2}	kar^{2}

眼 相 远 离 则， 其 人 妄 分 别，

[illegible]①，

thjoo^{1} tsjiir^{1} tshjiij^{1} ɣiej^{1} njaa^{2}

妙 法 说 真 不，

分别于眼相，是人妄分别，不名真说法，

34.66.4

[illegible]

tjij^{1} tsjiir^{1} sjwɨ^{1} sjiij^{2} zjịj^{1} mej^{1} ·jij^{1} phjo^{2} kar^{2} ku^{1}

若 法 思 维 时， 眼 相 分 别 则，

[illegible]

thja^{1} dzjwo^{2} lwow^{1} phjo^{2} kar^{2}

其 人 妄 分 别，

若思惟法时，分别于眼相，是人妄分别，

34.66.5

[illegible]

tsjiir^{1} sjwɨ^{1} sjiij^{2} mjijr^{2} njaa^{2} tjij^{1} tsjiir^{1} djọ^{2} dzjɨɨ^{1} zjịj^{1}

法 思 维 者 非。 若 法 修 习 时，

[illegible]

mej^{1} ·jij^{1} phjo^{2} kar^{2} ku^{1}

眼 相 分 别 则，

不名思惟法。若修习法时，分别于眼相，

34.66.6

[illegible]

thja^{1} dzjwo^{2} lwow^{1} phjo^{2} kar^{2} tsjiir^{1} djọ^{2} dzjɨɨ^{1} mjijr^{2} njaa^{2}

其 人 妄 分 别， 法 修 习 者 不。

[illegible]

mej^{1} tsjir̠^{2} ŋa^{1} nwə^{1} ku^{1}

① 西夏文本字面意思为："不妙真说法。"

眼　性　空　知　则,

是人妄分别,不名修习法。若了眼空性,

34.67.1

[illegible]	[illegible]	[illegible]	[illegible]	[illegible],	[illegible]	[illegible]	[illegible]	[illegible]	[illegible],
po^{1}	tjɨj^{1}	mji^{1}	tshwew^{1}	tsjɨ^{1}	rjur^{1}	tha^{1}	thja^{1}	dzjwo^{2}	·jij^{1}
菩	提	不	趣	亦,	诸	佛	其	人	于,
[illegible]	[illegible]	[illegible]	[illegible]	[illegible]。					
·ju^{2}	śji^{1}	tsjiir^{1}	tshjiij^{1}	wji^{1}					
常	前	法	说	为。					

即不趣菩提,诸佛于是人,常现前说法。

34.67.2

[illegible]	[illegible]	[illegible]	[illegible]	[illegible],	[illegible]	[illegible]	[illegible]	[illegible]	[illegible],
tjij^{1}	mej^{1}	mji^{1}	tsjij^{2}	ku^{1}	tsə̣^{1}	tsjɨ^{1}	tsjij^{2}	tji^{1}	njwi^{2}
若	眼	无	了	则,	色	亦	了	不	能,
[illegible]	[illegible]	[illegible]	[illegible]	[illegible],					
tjij^{1}	mej^{1}	tsjij^{2}	njwi^{2}	ku^{1}					
若	眼	了	能	则,					

若不了知眼,亦不了知色,若能了知眼,

34.67.3

[illegible]	[illegible]	[illegible]	[illegible]	[illegible]。	[illegible]	[illegible]	[illegible]	[illegible]	[illegible],
tsə̣^{1}	tsjɨ^{1}	nwə^{1}	tsjij^{2}	njwi^{2}	tjij^{1}	mej^{1}	tsjij^{2}	njwi^{2}	ku^{1}
色	亦	知	了	能。	若	眼	了	能	则,
[illegible]	[illegible]	[illegible]	[illegible]	[illegible],					
tsə̣^{1}	tsjɨ^{1}	nwə^{1}	tsjij^{2}	njwi^{2}					
色	亦	知	了	能,					

于色亦了知。若能了于眼,于色亦了知,

34.67.4

[illegible]	[illegible]	[illegible]	[illegible]	[illegible],	[illegible]	[illegible]	[illegible]	[illegible]	[illegible]。

tjij^1 tsə̣^{1} nwə^1 tsjij^2 ku^1 mej^1 tsjɨ^1 nwə^1 tsjij^2 njwi^2

若 色 知 了 则， 眼 亦 知 了 能。

[illegible] [illegible] [illegible] [illegible] [illegible]，

nju^1 njii^2 lhjwa^1 ljụ^2 njiij^1

耳 鼻 舌 身 心，

若于色了知，于眼亦能了。耳鼻舌身心，

34.67.5

[illegible] [illegible] [illegible] [illegible] [illegible]， [illegible] [illegible] [illegible] [illegible] [illegible]，

tśhjiw^1 lhjɨ^2 nioow^1 ljɨɨr^1 ljịj^2 rjɨr^2 njɨ^2 rjur^1 wee^1 mjiij^2

六 尘 并 四 大， 乃 至 世 生 名，

[illegible] [illegible] [illegible] [illegible] [illegible]。

ŋowr^2 ŋowr^2 zji^2 thjɨ^2 sju^2

一 切 皆 此 如。

六尘并四大，乃至世生名，一切皆如是。

34.67.6

[illegible] [illegible] [illegible] [illegible] [illegible]， [illegible] [illegible] [illegible] [illegible] [illegible]，

tjij^1 tsjiir^1 nẹ^1 tshjiij^1 zjịj^1 ·jiw^1 ·jij^1 phjo^2 kar^2 ku^1

若 法 演 说 时， 因 相 分 别 则，

[illegible] [illegible] [illegible] [illegible] [illegible]，

thja^1 dzjwo^2 lwow^1 phjo^2 kar^2

其 人 妄 分 别，

若演说法时，分别于因相，是人妄分别，

34.68.1

[illegible] [illegible] [illegible] [illegible] [illegible]。 [illegible] [illegible] [illegible] [illegible] [illegible]，

thjoo^1 tsjiir^1 tshjiij^1 mjijr^2 njaa^2 tjij^1 tsjiir^1 nẹ^1 tshjiij^1 zjịj^1

妙 法 说 者 不。 若 法 演 说 时，

[illegible] [illegible] [illegible] [illegible] [illegible]，

mjij^1 sej^1 ·jij^1 phjo^2 kar^2

寂 静 相 分 别，

不名为说法。若演说法时,分别寂静相,

34.68.2

□	□	□	□	[□],	□	□	□	□	□。
thja^1	dzjwo^2	phjo^2	kar^2	lwow^1	thjoo^1	tsjiir^1	tshjiij^1	mjijr^2	njaa^2
其	人	分	别	妄,	妙	法	说	者	不。
□	□	□	□	□,					
tjij^1	tsjiir^1	nẹ^1	tshjiij^1	zjịj^1					
若	法	演	说	时,					

是人妄分别,不名为说法。若演说法时,

34.68.3

□	□	□	□	□,	□	□	□	□	□,
tśja^1	·jij^1	phjo^2	kar^2	ku^1	thja^1	dzjwo^2	lwow^1	phjo^2	kar^2
道	相	分	别	则,	其	人	妄	分	别,
□	□	□	□	□。					
thjoo^1	tsjiir^1	tshjiij^1	mjijr^2	njaa^2					
妙	法	说	者	不。					

分别于道相,是人妄分别,不名为说法。

34.68.4

□	□	□	□	□,	□	□	□	□	□,
tjij^1	tsjiir^1	nẹ^1	tshjiij^1	zjịj^1	tsji̱r^2	·jij^1	phjo^2	kar^2	ku^1
若	法	演	说	时,	空	相	分	别	则,
□	□	□	□	□,					
thja^1	dzjwo^2	lwow^1	phjo^2	kar^2					
其	人	妄	分	别,					

若演说法时,分别于空相,是人妄分别,

34.68.5

□	□	□	□	□。	□	□	□	□	□,
thjoo^1	tsjiir^1	tshjiij^1	mjijr^2	njaa^2	tjij^1	tsjiir^1	nẹ^1	tshjiij^1	zjịj^1

妙 法 说 者 不。 若 法 演 说 时，

[Tangut] ①，

tśiow^{1} njaa^{2} phjo^{2} kar^{2} ku^{1}

集 非 分 别 则，

不名为说法。若演说法时，分别于积集，

34.68.6

[Tangut] ，。

thja^{1} dzjwo^{2} lwow^{1} phjo^{2} kar^{2} thjoo^{1} tsjiir^{1} tshjiij^{1} mjijr^{2} njaa^{2}

其 人 妄 分 别， 妙 法 说 者 不。

[Tangut] ，

tjij^{1} tsjiir^{1} nẹ^{1} tshjiij^{1} zjịj^{1}

若 法 演 说 时，

是人妄分别，不名为说法。若演说法时，

34.69.1

[Tangut] ，，

dạ^{2} war^{2} phjo^{2} kar^{2} ku^{1} thja^{1} dzjwo^{2} lwow^{1} phjo^{2} kar^{2}

事 物 分 别 则， 其 人 妄 分 别，

[Tangut] 。

thjoo^{1} tsjiir^{1} tshjiij^{1} mjijr^{2} njaa^{2}

妙 法 说 者 不。

分别于事物，是人妄分别，不名为说法。

34.69.2

[Tangut] ，，

tjij^{1} tsjiir^{1} nẹ^{1} tshjiij^{1} zjịj^{1} mej^{1} ɣjiw^{1} lhjwi^{1} phjo^{2} kar^{2}

若 法 演 说 时， 眼 摄 取 分 别，

[Tangut] ，

thja^{1} dzjwo^{2} lwow^{1} phjo^{2} kar^{2}

① 西夏文本字面意思为："分别于非集。"

其 人 妄 分 别,

若演说法时,分别眼摄取,是人妄分别,

34.69.3

[illegible]

thjoo^{1} tsjiir^{1} tshjiij^{1} mjijr^{2} njaa^{2} tjij^{1} mej^{1} mji^{1} tsjij^{2} ku^{1}

妙 法 说 者 不。 若 眼 不 了 则,

[illegible]

thjɨ^{2} nioow^{1} lẹj^{2} kiẹj^{2} śjwo^{1}

此 由 贪 欲 生,

不名为说法。于眼不了知,是则生贪欲,

34.69.4

[illegible]

tjij^{1} tsjiir^{1} nẹ^{1} tshjiij^{1} zjịj^{1} lẹj^{2} kiẹj^{2} tsjɨ^{1} mji^{1} śjwo^{1}

若 眼 了 能 则, 贪 欲 亦 不 生。

[illegible]

nju^{1} njii^{2} lhjwa^{1} ljụ^{2} njiij^{1}

耳 鼻 舌 身 心,

若能了知眼,贪欲则不生。耳鼻舌身心,

34.69.5

[illegible]

tśhjiw^{1} lhjɨ^{2} nioow^{1} ljɨɨr^{1} ljij^{2} rjɨr^{2} njɨ^{2} rjur^{1} wee^{1} mjiij^{2}

六 尘 并 四 大, 乃 至 世 生 名,

[illegible]

ŋowr^{2} ŋowr^{2} zji^{2} thjɨ^{2} sju^{2}

一 切 皆 此 如。

六尘并四大,乃至世生名,一切皆如是。

34.69.6

[illegible]

tjij^{1} tsjiir^{1} nẹ^{1} tshjiij^{1} zjịj^{1} mə^{2} mə^{2} mjaa^{1} phjo^{2} kar^{2}

若 法 演 说 时， 种 种 果 分 别，

[illegible] [illegible] [illegible] [illegible] [illegible]，

thja^{1} dzjwo^{2} lwow^{1} phjo^{2} kar^{2}

其 人 妄 分 别，

若演说法时，分别种种果，是人妄分别，

34.70.1

[illegible] [illegible] [illegible] [illegible] [illegible]。 [illegible] [illegible] [illegible] [illegible] [illegible]，

thjoo^{1} tsjiir^{1} tshjiij^{1} mjijr^{2} njaa^{2} kjur^{2} tjị^{1} mji^{1} lhjii^{1} lhjwo^{1}

妙 法 说 者 不。 志 愿 不 退 还，

[illegible] [illegible] [illegible] [illegible] [illegible]，

tsjir̲^{2} ŋa^{1} ɣa^{2} tsjij^{2} dar^{1}

性 空 于 了 达，

不名为说法。不退于志愿，了达于性空，

34.70.2

[illegible] [illegible] [illegible] [illegible] [illegible]， [illegible] [illegible] [illegible] [illegible] [illegible]。

rjur^{1} sã^{1} mej^{2} ɣa^{1} rjir^{1} tsjiir^{1} tshjiij^{1} njwi^{2} mjijr^{2} ŋwu^{2}

诸 三 昧 门 得， 法 说 善 者 是。

[illegible] [illegible] [illegible] [illegible] [illegible]，

kjur^{2} tjị^{1} mji^{1} lhjii^{1} lhjwo^{1}

志 愿 不 退 还，

得诸三昧门，彼能善说法。不退于志愿，

34.70.3

[illegible] [illegible] [illegible] [illegible] [illegible]， [illegible] [illegible] [illegible] [illegible] [illegible]，

tjij^{1} mej^{1} phjo^{2} kar^{2} ka^{2} phjo^{2} kar^{2} mjij^{1} nioow^{1} zjịj^{1}

若 眼 分 别 离， 分 别 无 由 故，

[illegible] [illegible] [illegible] [illegible] [illegible]。

tsjiir^{1} tshjiij^{1} njwi^{2} mjijr^{2} ŋwu^{2}

法 说 善 者 是。

于眼离分别，以无分别故，彼能善说法。

34.70.4

mej1	tsji̱ṟ2	ŋa1	mji1	nwə1	mej1	·jij1	tsji̱ṟ2	tsjɨ1	lhạ2
眼	性	空	不	知，	眼	自	性	亦	迷，
mji1	nwə1	tsjij2	nioow1	zjịj1					
不	知	了	由	则，					

不了眼性空，亦迷眼自性，以不了知故，

34.70.5

tsjiir1	nẹ1	tshjiij1	lew2	mjij1	tjij1	mej1	tsji̱ṟ2	ŋa1	tsjij2
法	演	说	应	不。	若	眼	性	空	了，
mej1	·jij1	tsji̱ṟ2	tsjɨ1	nwə1					
眼	自	性	亦	知，					

是不应说法。若了眼性空，即知眼自性，

34.70.6

nwə1	nẹ1	njwi2	nioow1	zjịj1	thja1	dzjwo2	tsjiir1	tshjiij1	lew2
知	了	能	由	故，	其	人	法	说	应。
mej1	tsji̱ṟ2	ŋa1	mji1	tsjij2					
眼	性	空	不	了，					

以能了知故，是人应说法。不了眼性空，

34.71.1

gjwi2	·jij1	tsji̱ṟ2	tsjɨ1	lhạ2	mji1	nwə1	tsjij2	nioow1	zjịj1

句	自	性	亦	迷，	不	知	了	由	故，
[illegible]	[illegible]	[illegible]	[illegible]	[illegible]。					
tsjiir^{1}	nẹ^{1}	tshjiij^{1}	lew^{2}	njaa^{2}					
法	演	说	应	不。					

亦迷句自性，以不了知故，是不应说法。

34.71.2

[illegible]	[illegible]	[illegible]	[illegible]	[illegible]，	[illegible]	[illegible]	[illegible]	[illegible]	[illegible]，
tjij^{1}	mej^{1}	tsji̱r^{2}	ŋa^{1}	tsjij^{2}	gjwi^{2}	·jij^{1}	tsji̱r^{2}	tsjɨ^{1}	nwə^{1}
若	眼	性	空	了，	句	自	性	亦	知，
[illegible]	[illegible]	[illegible]	[illegible]	[illegible]，					
nwə^{1}	nẹ^{1}	njwi^{2}	nioow^{1}	zjịj^{1}					
知	了	能	由	故，					

若了眼性空，即知句自性，以能了知故，

34.71.3

[illegible]	[illegible]	[illegible]	[illegible]	[illegible]。	[illegible]	[illegible]	[illegible]	[illegible]	[illegible]，
thja^{1}	dzjwo^{2}	tsjiir^{1}	tshjiij^{1}	lew^{2}	mej^{1}	tsji̱r^{2}	ŋa^{1}	mji^{1}	tsjij^{2}
其	人	法	说	应。	眼	性	空	不	了，
[illegible]	[illegible]	[illegible]	[illegible]	[illegible]，					
·jwɨr^{2}	·jij^{1}	tsji̱r^{2}	tsjɨ^{1}	lhạ^{2}					
文	自	性	亦	迷，					

是人应说法。不了眼性空，亦迷文自性，

34.71.4

[illegible]	[illegible]	[illegible]	[illegible]	[illegible]，	[illegible]	[illegible]	[illegible]	[illegible]	[illegible]。
mji^{1}	nwə^{1}	nẹ^{1}	nioow^{1}	zjịj^{1}	tsjiir^{1}	nẹ^{1}	tshjiij^{1}	lew^{2}	njaa^{2}
不	知	了	由	故，	法	演	说	应	不。
[illegible]	[illegible]	[illegible]	[illegible]	[illegible]，					
tjij^{1}	mej^{1}	tsji̱r^{2}	ŋa^{1}	tsjij^{2}					
若	眼	性	空	了，					

以不了知故，是不应说法。若了眼性空，

34.71.5

[illegible]

·jwɨr^{2} ·jij^{1} tsji̱r^{2} tsjɨ^{1} nwə^{1} nwə^{1} nẹ^{1} njwi^{2} nioow^{1} zjịj^{1}

文 自 性 亦 知, 知 了 能 由 故,

[illegible]

thja^{1} dzjwo^{2} tsjiir^{1} tshjiij^{1} lew^{2}

其 人 法 说 应。

即知文自性,以能了知故,是人应说法。

34.71.6

[illegible]

mej^{1} tsji̱r^{2} ŋa^{1} mji^{1} tsjij^{2} mjiij^{2} ·jij^{1} tsji̱r^{2} tsjɨ^{1} lhạ^{2}

眼 性 空 不 了, 名 自 性 亦 迷,

[illegible]

mji^{1} nwə^{1} nẹ^{1} nioow^{1} zjịj^{1}

不 知 了 由 故,

不了眼性空,亦迷名自性,以不了知故,

34.72.1

[illegible]

tsjiir^{1} nẹ^{1} tshjiij^{1} lew^{2} njaa^{2} tjij^{1} mej^{1} tsji̱r^{2} ŋa^{1} tsjij^{2}

法 演 说 应 不。 若 眼 性 空 了,

[illegible]

mjiij^{2} ·jij^{1} tsji̱r^{2} tsjɨ^{1} lhạ^{2}

名 自 性 亦 知,

是不应说法。若了眼性空,即知名自性,

34.72.2

[illegible]

nwə^{1} nẹ^{1} njwi^{2} nioow^{1} zjịj^{1} thja^{1} dzjwo^{2} tsjiir^{1} tshjiij^{1} lew^{2}

知 了 能 由 故, 其 人 法 说 应。

[illegible]	[illegible]	[illegible]	[illegible]	[illegible]，
mej1	tsjɨr2	ŋa1	mji1	tsjij2
眼	性	空	不	了，

以能了知故，是人应说法。不了眼性空，

34.72.3

[illegible]	[illegible]	[illegible]	[illegible]	[illegible]，	[illegible]	[illegible]	[illegible]	[illegible]	[illegible]，
tsə̣1	·jij1	tsjɨr2	tsjɨ1	lhạ2	mji1	nwə1	nẹ1	nioow1	zjịj1
色	自	性	亦	迷，	不	知	了	由	故，
[illegible]	[illegible]	[illegible]	[illegible]	[illegible]。					
tsjiir1	nẹ1	tshjiij1	lew2	njaa2					
法	演	说	应	不。					

亦迷色自性，以不了知故，是不应说法。

34.72.4

[illegible]	[illegible]	[illegible]	[illegible]	[illegible]，	[illegible]	[illegible]	[illegible]	[illegible]	[illegible]，
tjij1	mej1	tsjɨr2	ŋa1	tsjij2	tsə̣1	·jij1	tsjɨr2	tsjɨ1	lhạ2
若	眼	性	空	了，	色	自	性	亦	知，
[illegible]	[illegible]	[illegible]	[illegible]	[illegible]，					
nwə1	nẹ1	njwi2	nioow1	zjịj1					
知	了	能	由	故，					

若了眼性空，即知色自性，以能了知故，

34.72.5

[illegible]	[illegible]	[illegible]	[illegible]	[illegible]。	[illegible]	[illegible]	[illegible]	[illegible]	[illegible]，
thja1	dzjwo2	tsjiir1	tshjiij1	lew2	mej1	tsjɨr2	ŋa1	mji1	tsjij2
其	人	法	说	应。	眼	性	空	不	了，
[illegible]①	[illegible]	[illegible]	[illegible]	[illegible]，					
rjur1	·jij1	bju1	phjo2	kar2					
世	相	依	分	别，					

① [illegible] rjur1，诸。通“[illegible]”rjur1（世）。

是人应说法。不了眼性空，依世相分别，

34.72.6

[illegible]	[illegible]	[illegible]	[illegible]	[illegible]，	[illegible]	[illegible]	[illegible]	[illegible]	[illegible]。
rjur1	dźiã2	tśhju1	rjur1	·jar2	neew2	rjir2	bju1	tji1	njwi2
诸	众	生	调	伏，	善	相	随	不	能。
[illegible]	[illegible]	[illegible]	[illegible]	[illegible]，					
mej1	dju1	mjij1	mji1	tsjij2					
眼	有	无	不	了，					

调伏诸众生，不能善随顺①。不了眼有无②，

34.73.1

[illegible]	[illegible]	[illegible]	[illegible]	[illegible]，	[illegible]	[illegible]	[illegible]	[illegible]	[illegible]，
·ji1	kha1	tsjiir1	tshjiij1	tja1	thja1	dzjwo2	gjịj1	·jur1	lẹj2
众	中	说	法	者，	其	人	利	养	贪，
[illegible]	[illegible]	[illegible]	[illegible]	[illegible]。					
ŋowr2	ŋowr2	dźiej2	ɣiwej1	mjij					
一	切	信	受	无。					

处众而说法，是人贪利养，一切无信受。

34.73.2

[illegible]	[illegible]	[illegible]	[illegible]	[illegible]，	[illegible]	[illegible]	[illegible]	[illegible]	[illegible]，
tjij1	mej1	dju1	mjij1	tsjij2	·ji1	kha1	tsjiir1	tshjiij1	tja1
若	眼	有	无	了，	众	中	说	法	者，
[illegible]	[illegible]	[illegible]	[illegible]	[illegible]，					
thja1	dzjwo2	mji1	lẹj2	zjịj1					
其	人	无	贪	著，					

若了眼有无，处众而说法，是人无贪著，

① 此处西夏文本颠倒，汉文本为：“不能善随顺，调伏诸众生。”

② 相对于汉文本，西夏文本于“调伏诸众生”“不了眼有无”之间缺一段：“若了眼性空，不依相分别，即能善随顺，调伏诸众生。”

34.73.3

ŋowr^{2}	ŋowr^{2}	dźiej^{2}	dźiej^{2}	ɣiwej^{1}	mej^{1}	tsji̱r̠^{2}	ŋa^{1}	mji^{1}	tsjij^{2}
一	切	皆	信	受。	眼	性	空	不	了，
nioow^{1}	tsjiir^{1}	lu^{2}	tśhjaa^{1}	dzuu^{2}					
及	法	座	上	居，					

一切皆信受。不了眼性空，而处于法座，

34.73.4

rejr^{2}	dzjọ^{1}	dza^{2}	kjɨ^{1}	tshjiij^{1}	ŋowr^{2}	ŋowr^{2}	dźiej^{2}	ɣiwej^{1}	mjij^{1}
多	譬	喻	虽	说，	一	切	信	受	无。
tjij^{1}	mej^{1}	tsji̱r̠^{2}	ŋa^{1}	tsjij^{2}					
若	眼	性	空	了，					

虽说多譬喻，一切无信受。若了眼性空，

34.73.5

nioow^{1}	tsjiir^{1}	lu^{2}	tśhjaa^{1}	dzuu^{2}	rjɨr^{2}	tshjiij^{1}	rjur^{1}	dzjọ^{1}	dza^{2}
及	法	座	上	居，	所	说	诸	譬	喻，
ŋowr^{2}	ŋowr^{2}	dźiej^{2}	dźiej^{2}	ɣiwej^{1}					
一	切	皆	信	受。					

而处于法座，所说诸譬喻，一切皆信受。

34.73.6

nju^{1}	njii^{2}	lhjwa^{1}	ljụ^{2}	njiij^{1}	tśhjiw^{1}	lhjɨ^{2}	nioow^{1}	ljɨɨr^{1}	ljịj^{2}
耳	鼻	舌	身	心，	六	尘	并	四	大，

[illegible]	[illegible]	[illegible]	[illegible]	[illegible],
rjɨr^2	njɨ^2	rjur^1	wee^1	mjiij^2
乃	至	世	生	名,

耳鼻舌身心,六尘并四大,乃至世生名,

34.74.1

[illegible]	[illegible]	[illegible]	[illegible]	[illegible]。
ŋowr^2	ŋowr^2	zji^2	thjɨ^2	sju^2
一	切	皆	此	如。

一切皆如是。

34.74.2

[illegible]	[illegible],	[illegible]	[illegible]	[illegible]	[illegible]	[illegible]	[illegible]	[illegible],	[illegible]
tśhjɨ^1	zjọ^2	rjur^1	pjụ^1	thjɨ^2	lwər^2	lhejr^2	tshjiij^1	dźjwa^1	lhjịj^2
尔	时,	世	尊	此	契	经	说	已,	月
[illegible]	[illegible]	[illegible]	[illegible]	[illegible]	[illegible]	[illegible],	[illegible]		
bji^1	zjɨ̣^{1}	lji^1	nioow^1	rjur^1	ljịj^2	·ji^1	rjur^1		
光	童	子	及	诸	大	众,	世		

尔时,世尊说是经已,月光童子及诸大众,一切世

34.74.3

[illegible]	[illegible]	[illegible]	[illegible]、	[illegible]、	[illegible]	[illegible]	[illegible]、	[illegible]	[illegible]
kha^1	ŋowr^2	ŋowr^2	dzjwo^2	mə^1	·ja^1	sew^2	lo^1	khjā^2	tha^2
间	一	切	人	天、	阿	修	罗、	乾	闼
[illegible]	[illegible],	[illegible]	[illegible]、	[illegible]	[illegible],	[illegible]	[illegible]		
pho^1	njɨ^2	tha^1	rjɨr^2	tshjiij^1	mji^1	zji^2	ljịj^2		
婆	等,	佛	所	说	闻,	皆	大		

间天、人、阿修罗、乾闼婆等,闻佛所说,皆大

34.74.4

[illegible]	[illegible],	[illegible]	[illegible]	[illegible]	[illegible]。
njiij^1	ljɨ̣j^2	dźiej^2	ɣiwej^1	śjij^1	dźjịj^1

心　欢，　信　受　奉　行。

欢喜，信受奉行。

34.74.5

[illegible]	[illegible]	[illegible]	[illegible]	[illegible]	[illegible]	[illegible]	[illegible]	[illegible]	[illegible]	[illegible]
ljịj^{2}	ljị^{1}	tśiow^{1}	lwər^{2}	lhejr^{2}	?	sọ^{1}	ɣạ^{2}	ljɨɨr^{1}	tsew^{2}	pə^{1}
大	宝	积	契	经	卷	三	十	四	第	矿

《大宝积经》第三十四卷　　　矿

汉文本

尔时，世尊复说偈言：

若不了于眼，生尽之边际，是人迷总持，智者应远离。

若能了于眼，无我无众生，是人住总持，智者应亲近。

若能了于眼，生尽离文字，是人住总持，智者应亲近。

若能了于眼，寂静无所住，是人住总持，智者应亲近。

若能了于眼，自性无所住，是人住总持，智者应亲近。

若能了于眼，无转无色相，是人住总持，智者应亲近。

若能了于眼，无生性寂灭，是人住总持，智者应亲近。

若能了于眼，自性离名相，诸佛无能说，称叹及表示，是人住总持，智者应亲近。

若能了于眼，自性离名相，无有能思惟，受持及演说，是人住总持，智者应亲近。

如是总持性，非文字诠辩，无有诸方所，亦非心所到，

是法无欢喜，亦不住瞋恚，不动如山王，虽说无所得。

总持实无有，乃至我亦无，若我自性空，总持亦无有。

总持自性空，愚者计为有，由是妄分别，不闻生忧恼。

若分别贪性，及以总持空，如是二分别，毕竟不可得。

若了空性空，总持亦非有，乃至菩提分，三摩地亦空。

若有能了知，总持及空性，乃至三摩地，于眼亦了知。

若于眼尽边，如实善了知，则于总持门，究竟能成就。

若于眼生边，如实善了知，则于总持门，究竟能成就。

若于眼边际，如实善了知，则于总持门，究竟能成就。

若于眼寂静，如实善了知，则于总持门，究竟能成就。

若于眼流转，如实善了知，则于总持门，究竟能成就。

若于眼无有，如实善了知，则于总持门，究竟能成就。

若于眼无生，如实善了知，则于总持门，究竟能成就。

若于眼寂灭，如实善了知，则于总持门，究竟能成就。

若于眼变异，如实知尽边，则于总持门，究竟能成就。

若于眼变异，如实知生边，则于总持门，究竟能成就。

若于眼变异，如实知边际，则于总持门，究竟能成就。

若于眼变异，如实知寂静，则于总持门，究竟能成就。

若于眼变异，如实知流转，则于总持门，究竟能成就。

若于眼变异，如实知无有，则于总持门，究竟能成就。

若于眼变异，如实知无生，则于总持门，究竟能成就。

若于眼变异，如实知寂灭，则于总持门，究竟能成就。

耳鼻舌身心，六尘并四大，乃至世生名，一切皆如是。

若于眼前际，无变无异相，无取无分别，是住总持门。

若于眼尽边，无变无异相，无取无分别，是住总持门。

若于眼生边，无变无异相，无取无分别，是住总持门。

若于眼边际，无变无异相，无取无分别，是住总持门。

若于眼寂静，无变无异相，无取无分别，是住总持门。

若于眼流转，无变无异相，无取无分别，是住总持门。

若于眼无有，无变无异相，无取无分别，是住总持门。

若于眼无生，无变无异相，无取无分别，是住总持门。

若于眼寂灭，无变无异相，无取无分别，是住总持门。

耳鼻舌身心，六尘并四大，乃至世生名，一切皆如是。

贪瞋痴忿慢，嫉诳悭忧恼，过失垢毒箭，暴流黑白业，不生亦不灭，不去亦不来，不动亦不异，非作亦非行，非明亦非暗，非流舍暴流，无尽及无住，非行非不行，非字非攀缘，非出亦非入，分别妄想等，六十二诸门，各随其义理，一切皆如是。

若知眼前际，乃至于上下，无取无分别，是住总持门。

若知眼尽边，乃至于上下，无取无分别，是住总持门。

若知眼生边，乃至于上下，无取无分别，是住总持门。

若知眼边际，乃至于上下，无取无分别，是住总持门。

若知眼寂静，乃至于上下，无取无分别，是住总持门。

若知眼流转，乃至于上下，无取无分别，是住总持门。

若知眼无有，乃至于上下，无取无分别，是住总持门。

若知眼无生，乃至于上下，无取无分别，是住总持门。

若知眼寂灭，乃至于上下，无取无分别，是住总持门。

耳鼻舌身心，六尘并四大，乃至世生名，一切皆如是。

于地不变异，无取无分别，如是了知者，成就总持门。

于地无生相，无取无分别，如是了知者，成就总持门。

于地无灭相，无取无分别，如是了知者，成就总持门。

于地证入相，无取无分别，如是了知者，成就总持门。

于地出离相，无取无分别，如是了知者，成就总持门。

于地无愿相，无取无分别，如是了知者，成就总持门。
于地无住相，不来亦不去，无边与无尽，相应不相应。
离名字计度，观察与流转，无有及修治，无言说表示。
寂静无所依，念住并正断，神足及根力，觉支无畏道。
如是诸地法，无取无分别，如是了知者，成就总持门。
若于我无入，无取无分别，如是了知者，成就总持门。
若于我无出，无取无分别，如是了知者，成就总持门。
若于我无相，无取无分别，如是了知者，成就总持门。
若于我无愿，无取无分别，如是了知者，成就总持门。
若于我无住，无取无分别，如是了知者，成就总持门。
若于我无生，无取无分别，如是了知者，成就总持门。
若于我无灭，无取无分别，如是了知者，成就总持门。
若于我文字，无取无分别，如是了知者，成就总持门。
若我离文字，无取无分别，如是了知者，成就总持门。
知眼前后际，远离于断常，因缘自性空，导师方便说。
若演说法时，分别于眼相，是人妄分别，不名真说法。
若思惟法时，分别于眼相，是人妄分别，不名思惟法。
若修习法时，分别于眼相，是人妄分别，不名修习法。
若了眼空性，即不趣菩提，诸佛于是人，常现前说法。
若不了知眼，亦不了知色，若能了知眼，于色亦了知。
若能了于眼，于色亦了知，若于色了知，于眼亦能了。
耳鼻舌身心，六尘并四大，乃至世生名，一切皆如是。
若演说法时，分别于因相，是人妄分别，不名为说法。
若演说法时，分别寂静相，是人妄分别，不名为说法。
若演说法时，分别于道相，是人妄分别，不名为说法。
若演说法时，分别于空相，是人妄分别，不名为说法。
若演说法时，分别于积集，是人妄分别，不名为说法。
若演说法时，分别于事物，是人妄分别，不名为说法。
若演说法时，分别眼摄取，是人妄分别，不名为说法。
于眼不了知，是则生贪欲，若能了知眼，贪欲则不生。
耳鼻舌身心，六尘并四大，乃至世生名，一切皆如是。
若演说法时，分别种种果，是人妄分别，不名为说法。
不退于志愿，了达于性空，得诸三昧门，彼能善说法。
不退于志愿，于眼离分别，以无分别故，彼能善说法。
不了眼性空，亦迷眼自性，以不了知故，是不应说法。
若了眼性空，即知眼自性，以能了知故，是人应说法。
不了眼性空，亦迷句自性，以不了知故，是不应说法。
若了眼性空，即知句自性，以能了知故，是人应说法。

不了眼性空,亦迷文自性,以不了知故,是不应说法。

若了眼性空,即知文自性,以能了知故,是人应说法。

不了眼性空,亦迷名自性,以不了知故,是不应说法。

若了眼性空,即知名自性,以能了知故,是人应说法。

不了眼性空,亦迷色自性,以不了知故,是不应说法。

若了眼性空,即知色自性,以能了知故,是人应说法。

不了眼性空,依世相分别,不能善随顺,调伏诸众生。

若了眼性空,不依相分别,即能善随顺,调伏诸众生。

不了眼有无,处众而说法,是人贪利养,一切无信受。

若了眼有无,处众而说法,是人不贪著,一切皆信受。

不了眼性空,而处于法座,虽说多譬喻,一切无信受。

若了眼性空,而处于法座,所说诸譬喻,一切皆信受。

耳鼻舌身心,六尘并四大,乃至世生名,一切皆如是。

尔时,世尊说是经已,月光童子及诸大众,一切世间天人、阿修罗、乾闼婆等,闻佛所说,皆大欢喜,信受奉行。

《大宝积经》卷第三十四